Die Teile »Das Wort« und »Der Satz« wurden von Lutz Götze, der Teil »Der Text« von Ernest W. B. Hess-Lüttich erarbeitet.

Dieses Buch wurde auf chlor- und säurefreiem Papier gedruckt.

Vollständige Taschenbuchausgabe August 1992
Droemersche Verlagsanstalt Th. Knaur Nachf., München

Umschlaggestaltung Manfred Waller
Druck und Bindung Ebner Ulm
Printed in Germany 5 4 3 2 1
ISBN 3-426-82010-2

Knaurs Grammatik der deutschen Sprache

Sprachsystem und Sprachgebrauch

Von Lutz Götze und
Ernest W. B. Hess-Lüttich

Herausgegeben vom
Lexikographischen Institut,
München

Knaur®

VORWORT

Grammatik: ein Wort, das bei vielen Menschen eher Widerstände weckt. Mancher erinnert sich langweiliger oder gar peinigender Deutschstunden. Andere meinen, es gebe Wichtigeres als Grammatik. Sie gilt, zumal die Grammatik der deutschen Sprache, als schwierig. Spötter wie George Bernard Shaw halten eben deshalb unsere Sprache für nicht erlernbar. Grammatik, so darf gefolgert werden, hat heutzutage einen schweren Stand.
Dagegen spricht freilich, daß in jüngster Zeit wieder mehr Menschen Fragen danach stellen, ob diese oder jene Form ‚richtiges Deutsch' sei. Sie wollen wissen, wie ‚man' sich in dieser oder jener Situation angemessen ausdrückt. Es interessiert sie, ob ein Wort, das sie noch nie zuvor gehört oder gelesen haben, ‚gutes Deutsch' ist, oder ob es nicht besser vermieden werden sollte. Gegen alle Kritiker, die von fortschreitender Sprachverhunzung sprechen und allzu leichtfertig dabei vor allem die neuen Wörter der Jugendsprache meinen, wird hier daher die These vertreten, daß es ein wieder gewachsenes Sprachbewußtsein unter der Bevölkerung gibt. Ein stärkeres Interesse an Fragen des guten und situationsangemessenen Sprachgebrauchs ist feststellbar. Ein erster wichtiger Schritt in Richtung auf etwas, das wir ‚Sprachkultur' nennen wollen, ist damit getan.
Diese Grammatik will eine solche Entwicklung fördern. Sie stellt das Sprachsystem - die Grammatik im engeren Sinne - und den Sprachgebrauch der Gegenwartssprache dar. Beides zusammen macht nach Meinung der Autoren eine moderne Grammatik aus. Das heutige Deutsch mit seinem Regelwerk und dessen täglicher Benutzung beim Sprechen und Schreiben ist das Thema. Die Grammatik trägt deshalb den Untertitel ‚Sprachsystem und Sprachgebrauch'.
Damit ist diese Grammatik nicht einfach nur eine weitere Grammatik der Gegenwartssprache neben den bereits bestehenden. Sie beschreibt und normiert nicht nur - im ersten Teil - die Formenlehre (Morphologie) und Satzlehre (Syntax), wie es nahezu alle bisherigen Grammatiken taten, die einem - in unserem Verständnis - engen Grammatikbegriff verpflichtet sind. Vielmehr wird im zweiten Teil auch der Gebrauch der sprachlichen Mittel (Laut, Wort, Satzglied, Satz) in unterschiedlichen sozialen Situationen beschrieben, also die Art und Weise, in der die Bürger - die Mitglieder unserer Sprachgemeinschaft - diese Mittel handhaben und damit Texte lesen und verstehen.
Entsprechend handeln die einschlägigen Kapitel von der Sprache in Institutionen (Ämter, öffentliche Anstalten), von Gruppensprachen wie der der Jugend, von den Besonderheiten der technischen und juristischen Fachsprachen gegenüber der Gemeinsprache, von neuen Wörtern und deren Beurteilung, von Stilniveaus und von Unterschieden der geschriebenen und gesprochenen Gegenwartssprache. Neuere linguistische Forschungsergebnisse zum Text, zu Textsorten und zur Abhängigkeit des Sprachgebrauchs von der sozialen Herkunft des Schreibers/Sprechers sowie von der Situation werden dabei berücksichtigt. Zugleich wird die in Grammatiken normalerweise übliche Grenze des einzelnen Satzes (Satzgrammatik) überwunden: der Text rückt in den Mittelpunkt der Betrachtung (Textgrammatik).

Benutzern dieser Grammatik werden damit Antworten nicht nur auf Fragen nach der formalen Richtigkeit eines sprachlichen Ausdrucks gegeben; darüber hinaus erhalten sie Hinweise auf die sprachliche Angemessenheit der jeweiligen Form in unterschiedlichen Situationen und Kontexten. Schließlich gibt die Grammatik Empfehlungen zum guten Sprachgebrauch.
Es ist die Hoffnung der Autoren, daß ‚Knaurs Grammatik der deutschen Sprache. Sprachsystem und Sprachgebrauch' ein Ratgeber in Fragen der Sprachverwendung und zugleich hilfreich bei der Entwicklung einer Sprachkultur sein möge.

München, im Herbst 1988

Hinweise für die Benutzer

Am leichtesten findet der Benutzer das jeweilige grammatische Problem über das Inhaltsverzeichnis. Zwei andere Möglichkeiten sind durch das Sachregister bzw. das Wortregister gegeben. Das Sachregister verzeichnet die verwendeten Termini in alphabetischer Reihenfolge; im Regelfall wird vom deutschen Fachausdruck, der sicher vielen Lesern noch aus der Schule bekannt ist, auf den lateinischen Terminus und von dort auf die entsprechende Seitenzahl im Text verwiesen. Beim Wortregister ist das Verfahren ähnlich: alle sprachlichen Schwierigkeiten, Besonderheiten oder Fälle, die im Text unter ‚Merke' bzw. ‚Anmerkung' aufgeführt sind, erscheinen hier in alphabetischer Abfolge und mit der jeweiligen Seitenzahl.
Zusätzlich findet man auf der Seite 573 ein Verzeichnis der im Text vorkommenden Abkürzungen.
Eine weitere Hilfe, wenn es um das Auffinden von bestimmten grammatischen Problemen geht, stellen die Kolumnen am Kopf der Seiten dar: jeweils links oben ist das Großkapitel vermerkt, rechts dagegen stehen die Themen der Unterkapitel.
Am Ende jedes Kapitels gibt es eine knappe Literaturübersicht: erwähnt werden Titel, auf die in der Grammatik Bezug genommen wurde oder die dem Leser zur weiteren Lektüre empfohlen werden.

INHALTSVERZEICHNIS

DAS WORT

I. Die Wortarten

(1) Was ein Wort ist, glaubt jeder zu wissen. Fragt man nach, wird es schon schwieriger. Wörter, so ist meist zu hören, sind die kleinsten Bedeutungseinheiten der Sprache. Oder: Ein Wort ist das, was zusammengeschrieben wird. Oder auch: Jedes Wort ist eine abgeschlossene Lautfolge, denn nach einem Wort macht man eine Pause beim Sprechen. Fazit: Die Sprachwissenschaft ist sich nicht einig.
In dieser Grammatik werden Wörter (Lexeme) als kleinste selbständige und bedeutungstragende Elemente verstanden, die eine Lauteinheit darstellen, allein stehen und zusammengeschrieben werden. Solche Wörter sind:

Haus, schlafen, groß, ich, nun usw.

(2) Aufgrund gleicher oder ähnlicher Eigenschaften können Wörter zu Wortarten (Wortklassen) zusammengefaßt werden. Bei deren Klassifizierung aber beginnt genau das Problem. Die traditionelle Grammatik nennt zunächst die folgenden Wortarten: Verb (konjugierbar), Substantiv (deklinierbar), Adjektiv (deklinierbar). Verb, Substantiv und Adjektiv gelten als die Hauptwortarten.
Daneben nennt die Grammatik Artikel (deklinierbar), Pronomen (deklinierbar), Adverb (nicht deklinierbar), Präposition (nicht deklinierbar), Konjunktion (nicht deklinierbar), Numerale (teilweise deklinierbar), Interjektion (nicht deklinierbar).
Diese Einteilung wie die benutzten Kriterien zur Klassifikation haben in vielerlei Weise Kritik hervorgerufen; so ist die Unterscheidung von Adjektiv und Adverb im Regelfall formal nicht erkennbar:

Er ist *gut.*	(Adjektiv)
Er arbeitet *gut.*	(Adverb)

Weiter ist die Abgrenzung von Demonstrativpronomen und Artikel *(dieser - das)* im Grunde nicht einsichtig.
Die Liste solcher Problemfälle läßt sich beliebig fortsetzen. Sie macht eines deutlich: jede Klassifizierung von Wortarten stößt irgendwo an ihre Grenzen, und Kompromisse sind notwendig. Versuchen Sprachwissenschaftler zuweilen, lediglich ein Kriterium zur Gliederung der Wortarten anzuwenden (entweder morphologisch oder syntaktisch oder semantisch) - dies ist die sogenannte homogene Wortartenklassifizierung -, so versuchen andere, diese drei oder auch zwei dieser Kriterien zu kombinieren, führen also eine heterogene Wortartenklassifizierung durch. Beides hat Vorteile wie Nachteile.
(3) In unserer Grammatik wenden wir die heterogene Klassifizierung an: dies mag vom rein linguistischen Standpunkt aus angreifbar sein, wird jedoch der Zielsetzung dieser Grammatik am meisten gerecht, nämlich Sprache in ihrem täglichen Gebrauch zu beschreiben. Damit sind Morphologie, Syntax, Semantik und Pragmatik gleichermaßen angesprochen. Die Wortarten in dieser Gramma-

tik sind: Verb, Substantiv, Adjektiv, Artikelwörter, Pronomen, Adverb, Präposition, Konjunktion, Partikeln, Interjektion und Satzwort.
Wir unterscheiden flektierbare und nichtflektierbare Wortarten.

Flektierbare Wortarten

Das Verb
Wörter wie *liegen, schreiben, gehen, fragen, haben, werden, überfahren, weglaufen, einschlafen, sich treffen* werden Verben genannt. Sie bilden finite Verbformen, die nach Person, Numerus, Tempus, Genus verbi und Modus verändert werden. Verben lassen sich also konjugieren: ihre Konjugation wird auch Flexion genannt. Mit Verben werden Tätigkeiten und Handlungen *(schreiben)*, Zustände *(liegen)* oder Vorgänge *(einschlafen)* bezeichnet.

Das Substantiv
Wörter wie *Haus, Mann, Arbeiterin, Rose, Frieden, München, Löwe, Flughafen* werden Substantive genannt. Substantive schreibt man mit großen Anfangsbuchstaben; in der Regel haben sie ein Artikelwort bei sich. Am Artikelwort wird das Genus (grammatisches Geschlecht) erkennbar:

der Wagen, *die* Tasche, *das* Haus

Substantive können dekliniert werden. Die Deklination wird auch Flexion genannt. Die unterscheidenden Merkmale sind Kasus (Nominativ, Genitiv, Dativ, Akkusativ), Numerus (Singular, Plural) und Genus (Maskulinum, Femininum, Neutrum):

der Tisch	(Nominativ, Singular, Maskulinum)
den Frauen	(Dativ, Plural, Femininum)
des Hauses	(Genitiv, Singular, Neutrum)

Das Substantiv wird auch Nomen genannt. Mit Substantiven bezeichnet man Lebewesen *(Herr Müller, die Katze)*, Konkreta *(das Haus)* und Abstrakta *(der Frieden)*.

Das Adjektiv
Wörter wie *groß, schön, neu, monatlich, philosophisch* werden Adjektive genannt. Wie die Substantive können sie unterschiedliche Formen nach Kasus, Numerus und Genus bilden. Adjektive lassen sich auch steigern. Dies nennt man Komparation. Adjektive bezeichnen Eigenschaften. Häufig dienen sie zur Unterscheidung von Dingen, Personen oder Sachverhalten:

Dieses Haus ist groß. Jenes dort drüben ist kleiner.

Eine Untergruppe der Adjektive sind die Zahladjektive:

eins, hundert, der zweite, erstens, ein Fünftel

Die Artikelwörter
Traditionell werden unter Artikel der bestimmte Artikel *(der, die, das)* und der unbestimmte Artikel *(ein, eine, ein)* genannt. In unserer Grammatik werden

unter Artikelwörter weitaus mehr Bereiche zusammengefaßt, weil sie sich syntaktisch gleich verhalten wie der bestimmte bzw. unbestimmte Artikel. Artikelwörter sind deklinierbar. Hier die Liste der Artikelwörter: bestimmter Artikel (Geschlechtswort), unbestimmter Artikel (Geschlechtswort), Nullartikel, Demonstrativpronomen (hinweisendes Fürwort), Possessivpronomen (besitzanzeigendes Fürwort), Interrogativpronomen (Fragefürwort), Indefinitpronomen (unbestimmtes Fürwort).

Das Pronomen

Pronomen stehen, ganz im wörtlichen Sinne (= für das Substantiv), anstelle eines Substantivs. Hierzu gehören das Personalpronomen, das Reflexivpronomen, das Relativpronomen, das substantivisch gebrauchte Indefinitpronomen und das Pronomen *es*. Pronomen können dekliniert werden. Eine besondere Rolle spielt das Pronomen *es*.

Nichtflektierbare Wortarten

Alle anderen Wortarten des Deutschen sind nicht deklinierbar (flektierbar) und werden deshalb unter dem Oberbegriff nichtflektierbare Wortarten zusammengefaßt.

Das Adverb

Sehr, morgen, hier, überraschenderweise, beinahe usw. sind Adverbien. Sie dienen zur Bezeichnung von Umständen und haben teilweise Satzgliedcharakter:

Er wohnt *hier.*	(Satzglied)
Das war eine *sehr* schöne Vorstellung.	(kein Satzglied)

Die Präposition

An, auf, mit, neben, durch, für, von usw. sind Präpositionen. Sie stehen vor dem Substantiv bzw. Pronomen:

auf dem Feld arbeiten, sich *neben* ihn stellen, *von* der Familie X abstammen

Eine Untergruppe sind die Postpositionen: sie stehen hinter dem Substantiv:

die Straße *entlang* gehen

Zu den Präpositionen gehören auch Formeln wie:

in bezug auf, im Vergleich zu, von seiten

Die Konjunktion

Es gibt koordinierende (nebenordnende) Konjunktionen *(und, aber, oder)*, subordinierende (unterordnende) Konjunktionen *(weil, obwohl, daß* usw.) und Satzteilkonjunktionen *(als, wie)*.
Konjunktionen verbinden Wörter, Teile von Sätzen oder Sätze:

Klaus *und* Inge; die Mutter von Karin *oder* seine Schwester; er sagt, *daß* sie dagegen ist

Die Partikeln

Zu den Partikeln gehören Wörter wie *denn, doch, aber, schon* (Modalpartikeln oder Abtönungspartikeln), *auch, erst, außerdem, ferner* (Gradpartikeln oder Rangierpartikeln) sowie *nicht* (Negationspartikel).

Die Interjektion und das Satzwort

Wörter wie *hurra, ah, pfui, ätsch, ach, hm* sind Interjektionen. Sie drücken, vor allem in der gesprochenen Sprache, Gefühlswerte wie Freude, Schmerz, Trauer oder Glück aus. Im Regelfall steht ein Ausrufezeichen am Ende des Satzes. Zu den Satzwörtern gehören *ja, nein, danke.*

Das Verb

Das Streiflicht

(SZ) „Benimm ist wieder in" – heißt es angeblich, und zugleich wird dabei gern auf die Wende verwiesen. Beide Begriffe „Benimm" und „in" sind modisch, aber kein gutes Deutsch. Benimm leitet sich von „Benehmen" ab, und damit ist das gute gemeint, „in" kommt aus dem Amerikanischen und kann schnell wieder out sein. Mit dem neuesten Benehmen der Deutschen beschäftigt sich eine Allensbacher Umfrage und bekam heraus, der Umgangston sei wieder förmlicher geworden, nur noch junge Leute seien schnell per „Du".

Daran wird sich so bald nichts ändern, auch wenn die Tennisschuhgeneration eines Tages von den Schlipsträgern wieder abgelöst sein wird. Denn das „Du" der Jungen ist ihr Vorzug, ist Altersgrenze. Wer hat nicht schon das beglückte Lächeln mancher Mittvierziger beobachtet, wenn sie noch und ganz selbstverständlich von jungen Leuten ins Du einbezogen werden und freudig zurückduzen. Moden vergehen.

(„Süddeutsche Zeitung", 16. 4. 1985)

(1) In unserem Text kommt eine Vielzahl von Verben vor:

> Benimm, heißt, verwiesen, leitet sich ab, ist gemeint, kann out sein, beschäftigt sich, sei geworden, wird sich ändern, hat beobachtet, einbezogen werden, zurückduzen, vergehen

(2) „Verbum" meint im Lateinischen nichts anderes als „Wort", „Verba" also „Wörter". In unserem Sprachgebrauch liegt demnach eine Bedeutungsverengung vor: Verb ist nur noch eine Wortart, nicht Bezeichnung für alle Wörter, es wird hier bedeutungsgleich mit Zeitwort bzw. Tätigkeitswort/Tuwort verwendet. Beide deutschen Benennungen weisen bereits auf Charakteristika hin: mit Verben werden Zeitangaben gemacht und Tätigkeiten bezeichnet. Es werden unterschieden:

- Handlungsverben (jemand tut etwas):

> Der Mann baut ein Haus.

- Vorgangsverben (etwas passiert):

> Die Blätter fallen.

- Zustandsverben (etwas existiert, ist vorhanden):

> München liegt an der Isar.

(3) Verben kommen in fast jedem Satz der deutschen Sprache vor und bestimmen wesentlich den Inhalt, die Aussage des Satzes.

(4) Das Verb begründet Valenzstrukturen des deutschen Satzes: von der Zahl und Art seiner Ergänzungen ist die Satzstruktur (Satzbauplan) abhängig. Zugleich bildet das konjugierte (finite) Verb zusammen mit dem infiniten Teil das Prädikat (→ S. 327).

Morphologische Unterscheidung der Verben

Finite und infinite Verbformen

(1) Grundsätzlich wird zwischen finiten (lat. finis = das Ende; in der Sprachwissenschaft: bestimmte Verbform, auch Verbum finitum) und infiniten Verbformen unterschieden. Finite Verbformen heißen auch flektierte oder konjugierte (traditionell: gebeugte) Verbformen. Die unterscheidenden Kategorien sind:

- Person (1. Person, 2. Person, 3. Person)
- Numerus (Singular, Plural)
- Tempus (Präsens, Präteritum, Perfekt, Plusquamperfekt, Futur I, Futur II)
- Genus verbi (Aktiv, Passiv)
- Modus (Indikativ, Konjunktiv, Imperativ)

(2) Es wird unterschieden zwischen regelmäßigen und unregelmäßigen Verben. Regelmäßige Verben werden auch schwache Verben, unregelmäßige auch starke Verben genannt.

(3) Die Wahl der Verbform richtet sich in Person und Numerus nach dem Subjekt, nicht umgekehrt. Dieses Phänomen wird grammatische Kongruenz (→ S. 422) genannt:

Der Mann liest.	(3. Pers. Sing.)
Ihr fahrt nach München.	(2. Pers. Pl.)

(4) Das finite Verb ist entweder eingliedrig:

Er *lacht.*

oder mehrgliedrig (Finitum und infiniter Teil):

Er *holt* sie *ab.*	(trennbare Vorsilbe)
Wir *müssen arbeiten.*	(Infinitiv)
Sie *stellt* das Problem *zur Diskussion.*	(Substantiv im Funktionsverbgefüge)

(5) Die deutsche Sprache kennt drei infinite (nicht bestimmte) Verbformen:

- Infinitiv (häufig auch genannt: Nennform, Grundform):

  Sie will *schlafen.*
  das *Singen* der Kinder

- Partizip I (häufig auch genannt: Mittelwort der Gegenwart, Partizip Präsens):

  die *singenden* Kinder, die *Singenden*

- Partizip II (häufig auch genannt: Mittelwort der Vergangenheit, Partizip Perfekt):

  Wir haben *gearbeitet.*
  der *geschriebene* Brief, das *Geschriebene* kennen

Die infiniten Verbteile können also entweder als Teil des Prädikats oder als Ergänzung (Subjekt oder andere Ergänzungen) verwendet werden.

Finite Verbformen

Regelmäßige und unregelmäßige Verben

Das Formensystem der regelmäßigen Verben (Tempussystem)

		Aktiv Indikativ	Passiv Indikativ
		Präsens	
Singular			
1. Pers.	ich	lobe	werde gelobt
2. Pers.	du	lobst	wirst gelobt
3. Pers.	er/sie/es	lobt	wird gelobt
Plural			
1. Pers.	wir	loben	werden gelobt
2. Pers.	ihr	lobt	werdet gelobt
3. Pers.	sie	loben	werden gelobt
		Präteritum	
Singular			
1. Pers.	ich	lobte	wurde gelobt
2. Pers.	du	lobtest	wurdest gelobt
3. Pers.	er/sie/es	lobte	wurde gelobt
Plural			
1. Pers.	wir	lobten	wurden gelobt
2. Pers.	ihr	lobtet	wurdet gelobt
3. Pers.	sie	lobten	wurden gelobt
		Perfekt	
Singular			
1. Pers.	ich	habe gelobt	bin gelobt worden
2. Pers.	du	hast gelobt	bist gelobt worden
3. Pers.	er/sie/es	hat gelobt	ist gelobt worden
Plural			
1. Pers.	wir	haben gelobt	sind gelobt worden
2. Pers.	ihr	habt gelobt	seid gelobt worden
3. Pers.	sie	haben gelobt	sind gelobt worden

		Aktiv Indikativ	Passiv Indikativ
		Plusquamperfekt	
Singular			
1. Pers.	ich	hatte gelobt	war gelobt worden
2. Pers.	du	hattest gelobt	warst gelobt worden
3. Pers.	er/sie/es	hatte gelobt	war gelobt worden
Plural			
1. Pers.	wir	hatten gelobt	waren gelobt worden
2. Pers.	ihr	hattet gelobt	wart gelobt worden
3. Pers.	sie	hatten gelobt	waren gelobt worden
		Futur I	
Singular			
1. Pers.	ich	werde loben	werde gelobt werden
2. Pers.	du	wirst loben	wirst gelobt werden
3. Pers.	er/sie/es	wird loben	wird gelobt werden
Plural			
1. Pers.	wir	werden loben	werden gelobt werden
2. Pers.	ihr	werdet loben	werdet gelobt werden
3. Pers.	sie	werden loben	werden gelobt werden
		Futur II	
Singular			
1. Pers.	ich	werde gelobt haben	werde gelobt worden sein
2. Pers.	du	wirst gelobt haben	wirst gelobt worden sein
3. Pers.	er/sie/es	wird gelobt haben	wird gelobt worden sein
Plural			
1. Pers.	wir	werden gelobt haben	werden gelobt worden sein
2. Pers.	ihr	werdet gelobt haben	werdet gelobt worden sein
3. Pers.	sie	werden gelobt haben	werden gelobt worden sein

Diese regelmäßige Konjugation wird traditionell auch die Konjugation der schwachen Verben genannt. Es gibt keinen Wechsel des Stammvokals wie bei den unregelmäßigen (starken) Verben (→ S. 27).

Regeln der Bildung
(1) Das Präsens im Aktiv wird gebildet, indem man an den Stamm (Wurzel) des Verbs die Endung der jeweiligen Person anfügt. (Den Stamm erhält man, wenn von der Infinitivform die Endung *-en* weggestrichen wird: *loben* → *lob-*):

1. Pers. Sing.: ich lob-e	1. Pers. Pl.: wir lob-en
2. Pers. Sing.: du lob-st	2. Pers. Pl.: ihr lob-t
3. Pers. Sing.: er/sie/es lob-t	3. Pers. Pl.: sie lob-en

Im Passiv lautet die Form: Präsensformen von *werden* + Partizip II:

ich werde gelobt

(2) Das Präteritum im Aktiv wird gebildet, indem man zwischen Stamm und Personalendung ein *-t-* einfügt (in der 2. Pers. Sing. und Pl. *-te-*):

1. Pers. Sing.: ich lob-t-e	1. Pers. Pl.: wir lob-t-en
2. Pers. Sing.: du lob-te-st	2. Pers. Pl.: ihr lob-te-t
3. Pers. Sing.: er/sie/es lob-t-e	3. Pers. Pl.: sie lob-t-en

Im Passiv lautet die Form: Präteritumsformen von *werden* + Partizip II:

ich wurde gelobt

(3) Das Perfekt im Aktiv wird gebildet durch das Präsens der Hilfsverben *haben/sein* (→ S. 48) + Partizip II des entsprechenden Verbs. *Haben* überwiegt dabei:

ich habe gelobt

Im Passiv lautet die Form: Präsensformen von *sein* + Partizip II des entsprechenden Verbs + *worden:*

ich bin gelobt worden

(4) Das Plusquamperfekt im Aktiv wird gebildet durch das Präteritum der Hilfsverben *haben/sein* (→ S. 48) + Partizip II des entsprechenden Verbs:

ich hatte gelobt

Das Passiv entsteht durch die Präteritumsformen von *sein* + Partizip II des entsprechenden Verbs + *worden:*

ich war gelobt worden

(5) Das Futur I im Aktiv wird gebildet durch die Präsensformen von *werden* + Infinitiv des Verbs:

ich werde loben

Das Passiv wird durch die Präsensformen von *werden* + Partizip II des entsprechenden Verbs + *werden* im Infinitiv gebildet:

ich werde gelobt werden

(6) Das Futur II im Aktiv wird gebildet durch die Präsensformen von *werden* + Partizip II des entsprechenden Verbs + *haben:*

ich werde gelobt haben

Das Passiv wird durch die Präsensformen von *werden* + Partizip II des entsprechenden Verbs + *worden* + *sein* gebildet:

ich werde gelobt worden sein

(7) Das Partizip II wird durch Anhängen von *-t* an den Verbstamm (bei *-t-* oder *-d-* am Ende: *-et*) gebildet; häufig tritt die Vorsilbe *ge-* hinzu (→ S. 40):

gelob-t
gearbeit-et

Besonderheiten der Bildung

(1) Präsens:

- Endet der Verbstamm auf *-t (arbeit-)* bzw. *-d (bad-),* so wird in der 2. und 3. Person Singular sowie der 2. Person Plural ein *-e* eingefügt:

du arbeitest	er arbeitet	ihr arbeitet
du badest	er badet	ihr badet

- Ebenso wird ein *-e* eingefügt, wenn der Stamm auf *-m* oder *-n* endet und ein weiterer Konsonant (außer *-l-* und *-r-*) vorangeht:

  du atmest, er atmet, ihr atmet
  aber: du lernst

- Die 2. Person Singular wird auf *-t* verkürzt, wenn der Stamm auf *-s, -ß, -x* oder *-z* endet:

  du beweist, grüßt, heizt, mixt

- Verben auf *-eln* verlieren in der 1. Person Singular das *-e-:*

  wechseln: ich wechsle

  Merke:
  In der gesprochenen Sprache geschieht dies auch bei Verben mit der Endung *-ern:*

  fordern: ich fordre/fordere

- In der 1. und 3. Person Plural der Verben auf *-eln* und *-ern* gibt es nur *-n* (statt: *-en*):

  wir wechseln / rudern

(2) Präteritum:

Auch hier wird, wie im Präsens, bei Verben auf *-d* und *-t* ein *-e* am Ende des Wortstamms eingefügt (2. und 3. Person Singular sowie 2. Person Plural):

du redetest
er redete
ihr redetet

ebenso bei *-m* und *-n* am Ende des Stammes, wenn ein zweiter Konsonant (außer *-l-* oder *-r-*) vorausgeht:

er rechnete
aber: er lernte

Besondere Gruppen der regelmäßigen Verben

(1) Unterschiedliche Präteritumsformen gibt es bei einigen regelmäßigen Verben:

backen:	er backte / buk (veraltet)
senden:	er sendete / sandte (aber: der Gesandte)
wenden:	er wendete / wandte

aber: nicht austauschbar, wenn mit Akkusativobjekt verbunden:

Er erschreckte den Mann.	(* Er erschrak den Mann.)
Er wendete das Auto.	(* Er wandte das Auto.)

(2) Einige Verben, die sog. gemischten Verben *(brennen, kennen, nennen, rennen, senden, wenden),* haben im Präteritum und Partizip II Stammvokalwechsel: *e*——►*a:*

	brennen,	brannte,	gebrannt	
	nennen,	nannte,	genannt	
ähnlich:	bringen,	brachte,	gebracht	(mit Ausfall des *-n-* und Konsonantenwechsel)
	denken,	dachte,	gedacht	

(3) Bei den modalen Hilfsverben *(wollen, sollen, müssen, dürfen, können, mögen)* und *wissen* ist die Präsensform in Wirklichkeit die alte Präteritumsform (Vokalwechsel): *ich will, soll, muß, darf, kann, mag, weiß, wir wollen, sollen, müssen, dürfen, können, mögen, wissen.* Die 1. und 3. Person Singular sind endungslos; die Form des Präteritums wird durch Anhängen von *-te* an den Verbstamm gebildet: *ich wollte, sollte, mußte, durfte, konnte, mochte, wußte.*

Das Formensystem der unregelmäßigen Verben

(1) Eine große Zahl von Verben der deutschen Sprache bildet unregelmäßige Konjugationsformen. Diese unregelmäßigen Verben (traditionell auch: starke Verben) bilden ihr Präteritum nicht durch Anhängen von *-te* an den Stamm, sondern durch Stammvokalwechsel (Ablaut: *singen - sang*), gleichermaßen ihr Partizip II *(gesungen).* Ihr Partizip II endet also auf *-en,* nicht wie bei den regelmäßigen Verben auf *-(e)t.* Schließlich sind die 1. und 3. Person Singular Präteritum endungslos *(ich/er sang).* Gelegentlich tritt Umlaut in der 2. und 3. Person Singular ein:

(a ——► *ä)* tragen: ich trage - du trägst - er trägt

(2) Die unregelmäßigen Verben lassen sich in Klassen einteilen, die ihren Stammvokal in gleicher Weise ändern. Es ist also stets auf Stammvokal und nachfolgenden Konsonanten zu achten, will man das Konjugationsschema des entsprechenden Verbs finden:

	Infinitiv	Präteritum	Partizip II
1.	*e*	*a/a:*	*o*
	treffen	*traf*	*getroffen*
	helfen	*half*	*geholfen*
	(*l/r* geht dem Stammvokal voraus oder folgt diesem + Konsonant)		
2.	*e*	*a:*	*e*
	essen	*aß*	*gegessen*
	(ein stimmloses s folgt auf den Stammvokal)		
3.	*e:*	*a:*	*o/o:*
	stehlen	*stahl*	*gestohlen*
	nehmen	*nahm*	*genommen*
	(auf den Stammvokal folgt *l* oder *m*)		

	Infinitiv	Präteritum	Partizip II
4.	*e:*	*a:*	*e:*
	lesen	*las*	*gelesen*
	sehen	*sah*	*gesehen*
	(ebenso: geben, liegen, bitten)		
	(auf den Stammvokal folgt ein stimmhaftes *s* oder kein Konsonant)		
5.	*e/e:*	*o/o:*	*o/o:*
	melken	*molk*	*gemolken*
	heben	*hob*	*gehoben*
	(Stammvokale des Infinitivs sind kurzes oder langes *e/ä/ö/ü;* ihnen folgt ein Konsonant)		
6.	*a/a:*	*i:*	*a/a:*
	halten	*hielt*	*gehalten*
	blasen	*blies*	*geblasen*
	(*l/s/t* folgt dem Stammvokal)		
	Anmerkung:		
	Hierher, allerdings mit kurzem *-i-* im Präteritum, gehört auch *fangen:*		
	fangen	*fing*	*gefangen*
7.	*a/a:*	*u:*	*a/a:*
	waschen	*wusch*	*gewaschen*
	schlagen	*schlug*	*geschlagen*
	(auf den Stammvokal folgt ein Konsonant außer *l/s/t*)		
8.	*i*	*a*	*u*
	binden	*band*	*gebunden*
	springen	*sprang*	*gesprungen*
	(auf den Stammvokal folgt *n + d/g/k*)		
9.	*i:*	*o*	*o*
	riechen	*roch*	*gerochen*
	schießen	*schoß*	*geschossen*
	(ein stimmloser Reibelaut folgt auf den Stammvokal)		
10.	*i:*	*o:*	*o:*
	bieten	*bot*	*geboten*
	(auf den Stammvokal folgt ein anderer Konsonant als unter 9 bzw. kein Konsonant)		
11.	*i*	*a*	*o*
	schwimmen	*schwamm*	*geschwommen*
	rinnen	*rann*	*geronnen*
	(auf den Stammvokal folgt *mm/nn*)		
12.	*ei*	*i:*	*i:*
	meiden	*mied*	*gemieden*
	verzeihen	*verzieh*	*verziehen*
	(auf den Stammvokal folgt ein stimmhafter Konsonant oder kein Konsonant)		
13.	*ei*	*i*	*i*
	streiten	*stritt*	*gestritten*
	(dem Stammvokal folgt ein stimmloser Konsonant)		
14.	*au/ei/o:/u:*	*i:*	*au/ei/o:/u:*
	laufen	*lief*	*gelaufen*
	rufen	*rief*	*gerufen*
	(Präsensvokal + Vokal des Partizips II sind identisch)		

Liste der unregelmäßigen Verben

(1) In der folgenden Liste sind die wichtigsten unregelmäßigen Verben des Deutschen zusammengestellt. Dabei sind die drei Stammformen angegeben: Infinitiv - Präteritum - Partizip II. Zusätzlich sind vermerkt:

- in der Spalte „Infinitiv" die 3. Person Singular Präsens, wenn sie durch Umlaut oder Vokalwechsel *(e/ä/ö ⟶ i)* von der Infinitivform abweicht;
- in der Spalte „Infinitiv" zusätzliche Worterklärungen, wenn das gleiche Verb noch eine andere Bedeutung (und meist eine andere Valenz) hat als jene, die hier gemeint ist;
- in der Spalte „Präteritum" unter der Form des Präteritums die Form des Konjunktivs II (K II), und zwar dann, wenn Umlaut oder *e/i*-Wechsel eintritt;
- in der Spalte „Präteritum" beide Formen in jenen Fällen, in denen die regelmäßige Form ebenso häufig wie die unregelmäßige Form gebraucht wird: *molk/melkte;*
- Angaben darüber, ob Formen bereits veraltet sind, selten gebraucht oder nur noch in literarischen Texten verwendet werden: veraltet/literarisch/selten, ebenso regionale Varianten;
- in der Spalte „Partizip II", ob *haben* oder *sein* im Perfekt verwendet wird. Sind beide Möglichkeiten gegeben, werden Bedeutungsunterschiede durch Umschreibungen erläutert.

(2) Zusammengesetzte Verben *(zerschneiden* zu *schneiden)* werden nur in Ausnahmefällen angegeben, da sie wie die einfachen Verben konjugiert werden. Dieser Ausnahmefall tritt dann ein, wenn das einfache Verb nicht mehr oder teilweise nicht mehr vorkommt: *(er)wägen.*

Infinitiv	Präteritum	Partizip II
befehlen *(er befiehlt)*	*befahl* K II: *beföhle/befähle* (selten)	*(hat) befohlen*
beginnen	*begann* K II: *begänne/begönne* (selten)	*(hat) begonnen*
beißen	*biß*	*(hat) gebissen*
bergen *(er birgt)*	*barg* K II: *bärge* (selten)	*(hat) geborgen*
bersten *(er birst)*	*barst* K II: *bärste* (selten)	*(ist) geborsten*
bewegen (veranlassen)	*bewog* K II: *bewöge*	*(hat) bewogen*
biegen	*bog* K II: *böge*	*(hat) gebogen* (den Nagel) *(ist) gebogen* (um die Ecke)
bieten	*bot* K II: *böte*	*(hat) geboten*
binden	*band* K II: *bände*	*(hat) gebunden*
bitten	*bat* K II: *bäte*	*(hat) gebeten*
blasen *(er bläst)*	*blies*	*(hat) geblasen*

Infinitiv	Präteritum	Partizip II
bleiben	*blieb*	*(ist) geblieben*
bleichen	*blich/bleichte*	*(ist) geblichen*
braten	*briet*	*(hat) gebraten*
(er brät)		
brechen	*brach*	*(ist) gebrochen* (Eis)
(er bricht)	K II: *bräche*	*(hat) gebrochen* (Wort, Abkommen)
dingen	*dingte* (reg.), *dang* (selten) K II: *dänge* (selten)	*(hat) gedungen (gedingt)*
dreschen	*drosch, drasch* (veraltet)	*(hat) gedroschen*
(er drischt)	K II: *drösche/dräsche* (veraltet)	
dringen	*drang*	*(hat) gedrungen* (auf etwas)
	K II: *dränge*	*(ist) gedrungen* (in ihn)
empfangen	*empfing*	*(hat) empfangen*
(er empfängt)		
empfehlen	*empfahl*	*(hat) empfohlen*
(er empfiehlt)	K II: *empföhle/empfähle* (selten)	
empfinden	*empfand* K II: *empfände*	*(hat) empfunden*
(er)löschen	*(er)losch*	*(ist) (er)loschen*
(er[er]lischt)	K II: *(er)lösche*	
(er)schrecken	*(er)schrak/(er)schreckte*	*(ist) (er)schrocken*
(er)wägen	*(er)wog* K II: *(er)wöge*	*(hat) erwogen*
essen	*aß*	*(hat) gegessen*
(er ißt)	K II: *äße*	
fahren	*fuhr*	*(ist) gefahren* (nach München)
(er fährt)	K II: *führe*	*(hat) gefahren* (das Auto)
fallen	*fiel*	*(ist) gefallen*
(er fällt)		
fangen	*fing*	*(hat) gefangen*
(er fängt)		
fechten	*focht*	*(hat) gefochten*
(er ficht)	K II: föchte (selten)	
finden	*fand* K II: *fände*	*(hat) gefunden*
flechten	*flocht*	*(hat) geflochten*
(er flicht)	K II: *flöchte* (selten)	
fliegen	*flog* K II: *flöge* (veraltet)	(ist) geflogen (Inge ... mit dem Flugzeug) *(hat) geflogen* (der Pilot ... das Flugzeug)
fliehen	*floh* K II: *flöhe* (selten)	*(ist) geflohen*
fließen	*floß* K II: *flösse* (selten)	*(ist) geflossen*
fressen	*fraß*	*(hat) gefressen*
(er frißt)	K II: *fräße*	

Infinitiv	Präteritum	Partizip II
frieren	*fror*, K II: *fröre*	*(hat) gefroren*
gären	*gor/gärte* K II: *göre* (selten)	*(hat/ist) gegoren*
gebären *(sie gebiert/ gebärt)*	*gebar* K II: *gebäre*	*(hat) geboren*
geben *(er gibt)*	*gab* K II: *gäbe*	*(hat) gegeben*
gedeihen	*gedieh*	*(ist) gediehen*
gehen	*ging*, K II: *ginge*	*(ist) gegangen*
gelingen	*gelang* K II: *gelänge*	*(ist) gelungen*
gelten *(er gilt)*	*galt* K II: *gälte/gölte* (selten)	*(hat) gegolten*
genesen	*genas* K II: *genäse* (selten)	*(ist) genesen*
genießen	*genoß* K II: *genösse* (selten)	*(hat) genossen*
geraten *(er gerät)*	*geriet*	*(ist) geraten*
geschehen *(es geschieht)*	*geschah* K II: *geschähe*	*(ist) geschehen*
gewinnen	*gewann* K II: *gewänne/gewönne* (selten)	*(hat) gewonnen*
gießen	*goß* K II: *gösse*	*(hat) gegossen*
gleichen	*glich*	*(hat) geglichen*
gleiten	*glitt/gleitete* (veraltet)	*(ist) geglitten*
glimmen	*glomm/glimmte*	*(hat) geglommen/ geglimmt*
graben *(er gräbt)*	*grub* K II: *grübe*	*(hat) gegraben*
greifen	*griff*	*(hat) gegriffen*
haben	*hatte*	*(hat) gehabt*
halten *(er hält)*	*hielt*	*(hat) gehalten*
hängen	*hing/hängte*	*(hat) gehangen (die Lampe an der Decke)/gehängt (den Mantel in den Schrank)*
hauen	*hieb/haute* (mit einer Waffe)	*(hat) gehauen*
heben	*hob*, K II: *höbe*	*(hat) gehoben*
heißen	*hieß*, K II: *hieße*	*(hat) geheißen*
helfen *(er hilft)*	*half* K II: *hälfe/hülfe* (selten)	*(hat) geholfen*
klimmen	*klomm* K II: *klömme* (selten)	*(ist) geklommen*
klingen	*klang*, K II: *klänge*	*(hat) geklungen*
kneifen	*kniff*	*(hat) gekniffen*

Infinitiv	Präteritum	Partizip II
kommen	*kam,* K II: *käme*	*(ist) gekommen*
kriechen	*kroch* K II: *kröche* (selten)	*(ist) gekrochen*
laden (aufladen) *(er lädt)*	*lud* K II: *lüde* (selten)	*(hat) geladen*
laden (einladen) *(er lädt/ladet)*	*lud* K II: *lüde* (selten)	*(hat) geladen*
lassen *(er läßt)*	*ließ*	*(hat) gelassen*
laufen *(er läuft)*	*lief*	*(ist) gelaufen*
leiden	*litt*	*(hat) gelitten*
leihen	*lieh*	*(hat) geliehen*
lesen *(er liest)*	*las* K II: *läse*	*(hat) gelesen*
liegen	*lag* K II: *läge*	*(hat) gelegen* (Gegenstand), *(ist) gelegen* (Ortsbeschreibung)
lügen	*log* K II: *löge* (selten)	*(hat) gelogen*
mahlen	*mahlte (Prät. regelmäßig)*	*(hat) gemahlen*
meiden	*mied*	*(hat) gemieden*
melken *(er milkt* [veraltet]*/ melkt)*	*molk/melkte* K II: *mölke/melkte*	*(hat) gemolken/gemelkt*
messen *(er mißt)*	*maß* K II: *mäße* (selten)	*(hat) gemessen*
mißlingen	*mißlang* K II: *mißlänge*	*(ist) mißlungen*
nehmen *(er nimmt)*	*nahm* K II: *nähme*	*(hat) genommen*
pfeifen	*pfiff*	*(hat) gepfiffen*
pflegen (der Ruhe/die Tradition)	*pflog* (lit.)/ *pflegte* K II: *pflöge* (selten)	*(hat) gepflogen/gepflegt (die Tradition)*
preisen	*pries*	*(hat) gepriesen*
quellen *(es quillt)*	*quoll* K II: *quölle* (selten)	*(ist) gequollen*
raten *(er rät)*	*riet*	*(hat) geraten*
reiben	*rieb*	*(hat) gerieben*
reißen	*riß*	*(hat) gerissen* (sich ein Loch ...) *(ist) gerissen* (das Seil)
reiten	*ritt*	*(ist) geritten* (zum Feld), *(hat) geritten* (ein Pferd)
riechen	*roch* K II: *röche* (selten)	*(hat) gerochen*
ringen	*rang* K II: *ränge* (selten)	*(hat) gerungen*

Infinitiv	Präteritum	Partizip II
rinnen	*rann* K II: *ränne/rönne* (selten)	*(ist) geronnen*
rufen	*rief*	*(hat) gerufen*
salzen	*salzte (Prät. regelmäßig)*	*(hat) gesalzen/gesalzt* *(ist) gesalzen* (übertragen)
saufen *(er säuft)*	*soff* K II: *söffe* (selten)	*(hat) gesoffen*
saugen	*sog* K II: *söge* (selten)	*(hat) gesogen*
schaffen (gestalten)	*schuf* K II: *schüfe*	*(hat) geschaffen*
schallen (erschallen)	*scholl/schallte* K II: *schölle* (selten)	*(hat) geschallt*
scheiden	*schied*	*(ist) geschieden* (verlassen) *(hat) geschieden* (trennen)
scheinen	*schien*	*(hat) geschienen*
scheißen	*schiß*	*(hat) geschissen*
schelten *(er schilt)*	*schalt* K II: *schälte/schölte* (selten)	*(hat) gescholten*
scheren (abschneiden)	*schor* K II: *schöre* (selten)	*(hat) geschoren*
schieben	*schob* K II: *schöbe*	*(hat) geschoben*
schießen	*schoß* K II: *schösse*	*(hat) geschossen*
schinden	*schindete/schund* (veraltet) K II: *schindete/schünde* (veraltet)	*(hat) geschunden*
schlafen *(er schläft)*	*schlief*	*(hat) geschlafen*
schlagen *(er schlägt)*	*schlug* K II: *schlüge* (selten)	*(hat) geschlagen*
schleichen	*schlich*	*(ist) geschlichen*
schleifen (scharf machen)	*schliff*	*(hat) geschliffen*
schleißen	*schliß/schleißte*	*(hat) geschlissen/geschleißt*
schließen	*schloß* K II: *schlösse*	*(hat) geschlossen*
schlingen	*schlang* K II: *schlänge* (selten)	*(hat) geschlungen*
schmeißen	*schmiß* (*schmeißte* = Jägersprache)	*(hat) geschmissen* (*hat geschmeißt* = Jägersprache)
schmelzen *(er schmilzt)*	*schmolz* K II: *schmölze* (selten)	*(ist) geschmolzen*
schnauben	*schnob/schnaubte* K II: *schnöbe* (veraltet)/ *schnaubte*	*(hat) geschnoben/* *geschnaubt*
schneiden	*schnitt*	*(hat) geschnitten*
schreiben	*schrieb*	*(hat) geschrieben*
schreien	*schrie*	*(hat) geschrien*

Infinitiv	Präteritum	Partizip II
schreiten	*schritt*	*(ist) geschritten*
schweigen	*schwieg*	*(hat) geschwiegen*
schwellen (anschwellen) *(er schwillt)*	*schwoll*	*(ist) geschwollen*
schwimmen	*schwamm* K II: *schwämme* (veraltet) *schwömme* (veraltet)	*(ist) geschwommen* (an das Ufer) *(hat) geschwommen* (den ganzen Tag)
schwinden	*schwand* K II: *schwände*	*(ist) geschwunden*
schwingen	*schwang* K II: *schwänge* (selten)	*(hat) geschwungen*
schwören	*schwor/schwur* (veraltet) K II: *schwöre/schwüre* (veraltet)	*(hat) geschworen*
sehen *(er sieht)*	*sah* K II: *sähe*	*(hat) gesehen*
sein *(er ist)*	*war* K II: *wäre*	*(ist) gewesen*
sieden	*sott* K II: *sötte* (selten)	*(hat) gesotten*
singen	*sang* K II: *sänge*	*(hat) gesungen*
sinken	*sank* K II: *sänke* (selten)	*(ist) gesunken*
sinnen	*sann* K II: *sänne/sönne* (veraltet)	*(hat) gesonnen* *(ist) gesonnen* (gewillt)
sitzen	*saß* K II: *säße*	*(hat) gesessen* (oberdt.: *ist gesessen*)
spalten	*spaltete (Prät. regelmäßig)*	*(hat/ist) gespalten/ gespaltet*
speien	*spie*	*(hat) gespien*
spinnen	*spann* K II: *spänne/spönne* (veraltet)	*(hat) gesponnen*
sprechen *(er spricht)*	*sprach* K II: *spräche*	*(hat) gesprochen*
sprießen	*sproß* K II: *sprösse* (selten)	*(ist) gesprossen*
springen	*sprang* K II: *spränge*	*(ist) gesprungen*
stechen *(er sticht)*	*stach* K II: *stäche* (selten)	*(hat) gestochen*
stecken (sich in einer Situation befinden)	*stak/steckte* K II: *stäke* (veraltet)/ *steckte*	*(hat) gesteckt*
stehen	*stand* K II: *stände/stünde*	*(hat) gestanden* (oberdt.: *ist gestanden*)
stehlen *(er stiehlt)*	*stahl* K II: *stähle*	*(hat) gestohlen*

Infinitiv	Präteritum	Partizip II
steigen	*stieg*	*(ist) gestiegen*
sterben	*starb*	*(ist) gestorben*
(er stirbt)	K II: *stürbe*	
stieben	*stob/stiebte*	*(ist) gestoben/gestiebt*
	K II: *stöbe/stiebte*	
stinken	*stank*	*(hat) gestunken*
stoßen	*stieß*	*(hat) gestoßen* (die Frau)
(er stößt)		*(ist) gestoßen* (auf Öl, Widerstand)
streichen	*strich*	*(hat) gestrichen* (Farbe)
		(ist) gestrichen (Vogel)
streiten	*stritt*	*(hat) gestritten*
tragen	*trug*	*(hat) getragen*
(er trägt)	K II: *trüge*	
treffen	*traf*	*(hat) getroffen*
(er trifft)	K II: *träfe*	
treiben	*trieb*	*(hat) getrieben* (der Wind)
		(ist) getrieben (der Luftballon)
treten	*trat*	*(hat) getreten* (den Mann)
(er tritt)	K II: *träte*	*(ist) getreten* (in den Dreck)
triefen	*troff* (lit.)/ *triefte*	*(hat) getroffen/getrieft*
	K II: *tröffe* (veraltet)/ *triefte*	
trinken	*trank*	*(hat) getrunken*
	K II: *tränke*	
trügen	*trog*	*(hat) getrogen*
	K II: *tröge* (lit.)	
tun	*tat*	*(hat) getan*
	K II: *täte*	
verderben	*verdarb*	*(ist) verdorben* (Käse)
(er verdirbt)	K II: *verdürbe* (selten)	*(hat) verdorben* (sich den Magen/das Klima)
verdrießen	*verdroß*	*(hat) verdrossen*
	K II: *verdrösse* (selten)	
vergessen	*vergaß*	*(hat) vergessen*
(er vergißt)	K II: *vergäße*	
verlieren	*verlor*	*(hat) verloren*
	K II: *verlöre* (selten)	
verlöschen	*verlosch*	*(ist) verloschen*
(er verlischt)	K II: *verlösche*	
(ver)zeihen	*(ver)zieh*	*(hat) (verziehen) geziehen*
wachsen	*wuchs*	*(ist) gewachsen*
(er wächst)	K II: *wüchse*	
waschen	*wusch*	*(hat) gewaschen*
(er wäscht)	K II: *wüsche*	
weben	*wob* (lit.)/ *webte*	*(hat) gewoben/gewebt*
	K II: *wöbe* (veraltet)/ *webte*	
weichen (nachgeben)	*wich*	*(ist) gewichen*

Infinitiv	Präteritum	Partizip II
weisen	*wies*	*(hat) gewiesen*
werben	*warb*	*(hat) geworben*
(er wirbt)	K II: *würbe*	
werden	*wurde/ward* (lit.)	*(ist) geworden*
(er wird)	K II: *würde*	
werfen	*warf*	*(hat) geworfen*
(er wirft)	K II: *würfe*	
wiegen	*wog*	*(hat) gewogen*
	K II: *wöge* (lit.)	
winden	*wand*	*(hat) gewunden*
	K II: *wände*	
wringen	*wrang*	*(hat) gewrungen*
	K II: *wränge* (selten)	
ziehen	*zog*	*(hat) gezogen* (die Karre)
	K II: *zöge*	*(ist) gezogen* (aufs Land)
zwingen	*zwang*	*(hat) gezwungen*
	K II: *zwänge*	

Merke:
Die Verben *backen (backte, buk), brennen (brannte), bringen (brachte), denken (dachte), dürfen (durfte), kennen (kannte), können (konnte), mögen (mochte), müssen (mußte), nennen (nannte), rennen (rannte), senden (sandte/sendete), sollen (sollte), wenden (wandte/wendete), winken (winkte), wissen (wußte), wollen (wollte)* gehören zu den regelmäßigen Verben (→ S. 27).

Besonderheiten der unregelmäßigen Verben
Häufig werden unterschiedliche Präteritumsformen gebildet, um unterschiedliche Bedeutungen auszudrücken:

schaffen:	Er schuf ein Meisterwerk.	Sie schaffte viel.
schmelzen:	Er schmelzte das Eisen.	Der Schnee schmolz.
stecken:	Sie steckte die Fahrkarte in den Entwerter.	
	Die Fahrkarte stak/steckte im Entwerter.	
wiegen:	Er wog das Gold.	Sie wiegte das Kind.

Infinite Verbformen

Der Infinitiv

(1) Gemeinhin wird in Wörterbüchern oder anderswo bei der Angabe eines Verbs der Infinitiv gewählt:

gelingen, loben, schreiben, sein

(2) Der Infinitiv ist – im Unterschied zu den finiten Verbformen – nicht nach Person, Numerus, Tempus, Genus des Verbs und Modus bestimmt und wird

gebildet durch Anhängen von *-en* (bei *-r* und *-l* ist die Endung nur *-n*) an den Verbstamm:

lob-en, schreib-en, zitter-n, lächel-n

Eine Ausnahme bilden *sein* und *tun*.

(3) Man unterscheidet folgende Infinitivformen:
- Infinitiv Präsens Aktiv:

loben, gehen

- Infinitiv Perfekt Aktiv:

gelobt haben, gegangen sein

- Infinitiv Futur I Aktiv:

loben werden, gehen werden

- Infinitiv Futur II Aktiv:

gelobt haben werden, gegangen sein werden

- Infinitiv Präsens *werden*-Passiv:

gelobt werden

- Infinitiv Perfekt *werden*-Passiv:

gelobt worden sein

- Infinitiv Präsens *sein*-Passiv:

gelobt sein

- Infinitiv Perfekt *sein*-Passiv:

gelobt gewesen sein

(4) Zu unterscheiden ist weiterhin zwischen dem einfachen und dem erweiterten Infinitiv:
- einfacher Infinitiv:

Er wird } *kommen.*
Er soll }

mit *zu:*

Das Haus droht *einzustürzen.*
Sie scheint *zu kommen.*

- erweiterter Infinitiv:

Er wird *nach Hause kommen.*

mit *zu:*

Er versprach, zu ihr *zu kommen.*
Sie kommt, um *zu telefonieren.*
Er hört Radio, *anstatt zu arbeiten.*

Besonderheiten des Infinitivs

(1) Der Infinitiv steht normalerweise mit *zu.* Infinitiv ohne *zu* steht bei folgenden Verben:

bleiben:	Sie blieb liegen.
lassen:	Er läßt sie fahren. Das läßt sich machen.
werden:	Er wird kommen.
modale Hilfsverben:	Er kann/soll/will/muß/darf/mag kommen.
Verben der sinnlichen Wahrnehmung:	Ich fühle/sehe/höre/spüre ihn kommen.

Bei den folgenden Verben steht ebenfalls der Infinitiv ohne *zu,* aber stets in besonderer Verwendungsweise:

gehen, fahren:	Wir gehen schwimmen.
haben:	Sie hat gut lachen. Ich habe mein Auto draußen stehen.
legen:	Sie legt ihr Kind/sich schlafen.
machen:	Er macht sie erröten.
schicken:	Sie schickt ihr Kind einkaufen.
sein:	Sie ist joggen. (gesprochene Sprache)

Wechsel zwischen Infinitiv mit *zu* und ohne *zu:*

helfen:	Ich helfe ihm das Auto reparieren. Sie hat ihm geholfen, den Schmerz zu überwinden.
lehren:	Sie lehrt ihn Deutsch sprechen. Sie hat ihn gelehrt, sich zurechtzufinden.
lernen:	Hans lernt schwimmen. Er hat gelernt, andere Meinungen zu tolerieren.

(2) Bei zusammengesetzten Zeiten kann der Infinitiv voran- oder nachgestellt werden:

Sie hat *zu lügen* aufgehört.
Sie hat aufgehört *zu lügen.*

In der gesprochenen Sprache dominiert eindeutig die Nachstellung.
aber:
Bei einfachem Infinitiv und den modalen Hilfsverben steht der Infinitiv stets voran:

Sie ist schwimmen gegangen.
Ich habe nicht fliegen können.
Er hat dort nicht anzurufen brauchen.

(3) Zur Kommasetzung beim Infinitiv gilt, daß beim einfachen Infinitiv kein Komma gesetzt wird, beim erweiterten Infinitiv dagegen ein Komma steht.
(4) Stehen die Verben: *wollen, sollen, müssen, dürfen, können, mögen, brauchen, führen, heißen, hören, lassen, sehen, spüren* im Nebensatz im Perfekt oder Plusquamperfekt, so wird die finite Verbform vor den Infinitiv gesetzt:

	Ich weiß, daß wir sie *hätten* hören müssen.
erweitert:	Ich weiß, daß wir sie zur Verantwortung *hätten* ziehen müssen.
	Sie freut sich, weil sie die Prüfung *hat* bestehen können.

Anmerkung:
Ohne Infinitiv (modales Hilfsverb als Vollverb) wird natürlich das Partizip II gebraucht:

Er *hat* das doch nicht *gewollt!*
Sie *hat* nach Haus *gemußt.*
Ich *habe* sie in Frieden *gelassen.*

(5) Bei einer Reihe von Verben ist ein Korrelat (→ S. 350) obligatorisch: *es aufgeben, es aushalten, es jemandem überlassen, es übernehmen, es vertragen, es verantworten; daran denken, sich daran machen; sich darauf beschränken, darauf bestehen, darauf verzichten; dazu beisteuern, dazu beitragen, jemanden dazu bringen, dazu dienen, dazu neigen*
Daneben gibt es Fälle, bei denen das Verb mit oder ohne Korrelat - häufig mit Bedeutungsunterschied - verwendet werden kann: *(es) sich angewöhnen, jemanden (dazu) einladen, sich (dessen/daran) erinnern, jemanden (dazu) überreden, (es) versprechen, (es) vorziehen*
(6) Sätze mit Infinitiven in einem Teilsatz können mit Konjunktionen verbunden werden:

zu, (an)statt zu, ohne zu, um zu

Sie heißen deshalb Infinitivkonstruktionen.

Das Partizip I

(1) Das Partizip I wird durch Anfügen von *-end* an den Verbstamm gebildet:

sing-end, geh-end, schreib-end

Bei Verben mit der Endung *-eln/-ern* wird *-nd* angefügt:

lächel-nd, zöger-nd

(2) Das Partizip I ist unveränderlich, wenn es beim Verb steht:

Ich/Wir begrüßte(n) sie lächelnd.

(3) Das Partizip I ist nicht Teil des Prädikats; es ist nicht gekennzeichnet (im Hinblick auf Tempus, Modus usw.). Das Partizip I beschreibt das Geschehen als andauernd und unvollendet:

Ich fand sie *schlafend.*
Die Kinder kamen *singend* ins Zimmer.

(4) Das Partizip I bezieht sich in aller Regel auf das Tempus des finiten Verbs:

Die bellenden Hunde versetzen sie in Panik. (= Die Hunde bellen jetzt.)
Die bellenden Hunde versetzten sie in Panik. (= die Hunde haben gestern gebellt.)

Diese zeitliche Indifferenz kann allerdings durch Zeitangaben eingeschränkt bzw. konkretisiert werden:

die am Abend landende Maschine

Merke:
Nicht normgerecht ist eine Form wie:

* der gestern stattgefunden habende Vortrag

Dagegen werden Strukturen des lateinischen Gerundivums immer häufiger analog zu Partizip-I-Formen verwendet; sie sind normgerecht:

ein zu akzeptierender Kompromiß, seine nicht mehr hinzunehmende Faulheit

(5) Feste Verbindungen mit dem Verb müssen insgesamt in das Partizip übernommen werden:

der weitere Kreise ziehende Fall
(*der ziehende Fall)

Das Partizip II

Das Partizip II wird bei den regelmäßigen Verben durch Anhängen von *-t* an den Verbstamm gebildet. Endet der Stamm auf *-d/-t* aus, wird *-et* angehängt. Bei den unregelmäßigen Verben geschieht das durch Anhängen von *-en* und Veränderung des Stammvokals (→ S. 27). Bei beiden Verbgruppen wird im Regelfall das Präfix *ge-* vorangestellt:

loben:	ge-lob-t	(regelmäßig)
mieten:	ge-miet-et	
reden:	ge-red-et	
bieten:	ge-bot-en	(unregelmäßig)
essen:	ge-gess-en	
helfen:	ge-holf-en	
schwimmen:	ge-schwomm-en	
streiten:	ge-stritt-en	

Merke:
In der gesprochenen Sprache sind auch Formen wie: *gesehn/gefahrn* (statt: *gesehen/gefahren*) möglich. Unsicherheit besteht bei: *geschrieen/geschrien.*

Das Partizip II mit *ge-*

Bei den folgenden Verben wird das Partizip II mit dem Präfix *ge-* gebildet:
- alle einfachen Verben, die auf der ersten Silbe betont sind:

baúen, fáhren, schláfen, síngen

- alle abgeleiteten Verben, deren erstes Glied (Vorsilbe) betont und also trennbar (→ S. 44) ist. *Ge-* tritt dann zwischen Vorsilbe und Verb:

ábschreiben	abgeschrieben
éinlenken	eingelenkt
hinaúsgehen	hinausgegangen
kénnenlernen	kennengelernt
rádfahren	radgefahren
téilnehmen	teilgenommen
zúhören	zugehört
zusámmenschlagen	zusammengeschlagen

Merke:
Handelt es sich dagegen um untrennbare und anfangsbetonte Verben aus Zusammensetzungen (dies sind nur wenige Fälle), steht *ge-* voran:

frúhstücken	gefrühstückt
kénnzeichnen	gekennzeichnet
réchtfertigen	gerechtfertigt
wéissagen	geweissagt
wétteifern	gewetteifert

Das Partizip II ohne *ge-*

(1) Das Partizip II ohne das Präfix *ge-* bilden:

- alle einfachen und präfigierten Verben, die nicht auf der ersten Silbe betont sind:

befólgen	befolgt
bestéllen	bestellt
entgéhen	entgangen
entlaúfen	entlaufen
erzählen	erzählt
überráschen	überrascht
vollzíehen	vollzogen
widerspréchen	widersprochen
zerschnéiden	zerschnitten

- alle Verben auf *-ieren* (und andere Fremdwörter):

akzeptíeren	akzeptiert
demonstríeren	demonstriert
posaúnen	posaunt
prophezéien	prophezeit

- alle Zusammensetzungen aus diesen Verben:

éinberufen	einberufen
éinstudieren	einstudiert
herúmposaunen	herumposaunt

Merke:
Schwankend ist der Gebrauch von *ge-* manchmal bei den Verben mit der Vorsilbe *miß-* (es dominiert die Verwendung ohne *ge-*):

	mißachten	mißachtet/seltener: gemißachtet
aber:	mißtrauen	mißtraut
	mißlingen	mißlungen

(2) Einige Verben haben unterschiedliche Partizipbildung. Es handelt sich dabei um Verben, die mit den Vorsilben *durch-, hinter-, über-, um-, unter-* und *wider-* beginnen. Wird die erste Silbe betont und ist das Verb also trennbar, wird das Partizip mit *ge-* gebildet; ist sie unbetont, entfällt *ge-*. Wir vergleichen:

dúrchlaufen:	Der Kaffee ist dúrchgelaufen.
durchlaúfen:	Wir haben die Strecke in Rekordzeit durchlaúfen.
úbersetzen:	Die Fähre hat die Leute úbergesetzt.
übersétzen:	Luther hat die Bibel übersétzt.
úntergraben:	Sie hat die Brillanten úntergegraben.
untergráben:	Er hat ihr Vertrauen untergráben.

wíederholen: Der Hund hatte den Stock wíedergeholt.
wiederhólen: Sie haben die Übung wiederhólt.

Besonderheiten des Partizips II

(1) Wie im Kapitel „Hilfsverben" (→ S. 57) dargestellt, wird in besonderen Fällen statt des Partizips II im Perfekt, Plusquamperfekt und Futur II der Infinitiv gebraucht. Dies betrifft die modalen Hilfsverben: *wollen, sollen, müssen, dürfen, können, mögen* sowie *brauchen* + *zu* und die Verben: *fühlen, heißen, helfen, hören, lassen, sehen, spüren:*

Er hat nicht kommen können.
Wir haben ihn gehen sehen.
Sie hat das Tuch fallen lassen.
Er hätte das nicht zu machen brauchen.

Merke:
Man sieht allerdings auch gelegentlich - zumal bei *lassen* - Partizip II:

Er hat seine Absicht fallengelassen.

Diese Infinitivformen sollten toleriert werden. Anders ist es bei *lehren, lernen, machen.* Hier dominiert Partizip II:

Ich habe ihn schwimmen gelehrt.
Gestern erst hat er sie kennengelernt.
Er hat sie weinen gemacht.

(2) Partizip II steht obligatorisch bei der Verwendung von modalen Hilfsverben als Vollverben:

Das hat er nicht *gekonnt.*
Sie hat einfach nicht *gewollt.*
Das hat es nun wirklich nicht *gebraucht!*

Gleiches gilt, wenn *haben* am Satzende steht:

Ich erinnere mich, ihn nach Haus gelassen zu haben.

(3) Wird *werden* im Passiv (Perfekt, Plusquamperfekt, Futur II) gebraucht (→ S. 91), lautet das Partizip II *worden;* wird *werden* als Vollverb verwendet, hingegen *geworden:*

Der Fritz ist geschlagen worden. (Hilfsverb)
Hans ist Beamter geworden. (Vollverb)

Der Gebrauch der Partizipien

(1) Zahlreiche Partizipien können wie ein Adjektiv verwendet und entsprechend dekliniert werden:

- alle Partizipien I:

das rollende Hotel, die leuchtenden Berge

- die Partizipien II der Verben mit Akkusativergänzung (sog. transitive Verben):

das geschlagene Kind

- die Partizipien II jener Verben ohne Ergänzung oder mit Dativ- bzw. Präpositionalergänzung (sog. intransitive Verben), die perfektiv (→ S. 50) sind und mit *sein* gebildet werden:

    die verblaßte Erinnerung, die ausgestandene Geschichte, der zerbrochene Tisch

  nur mit Ergänzung:

    das über die Straße gerannte Kind

(2) Nicht wie ein Adjektiv können gebraucht werden:
- die Partizipien II der Verben ohne Ergänzung oder mit Dativ- bzw. Präpositionalergänzung, die mit *haben* gebildet werden:

    Der Mann hat gebeichtet.
    * der gebeichtete Mann
    Der Kongreß hat stattgefunden.
    * der stattgefundene/stattgefunden habende Kongreß

- die Partizipien II der Verben ohne Ergänzung oder mit Dativ- bzw. Präpositionalergänzung, die nicht perfektiv sind und mit *sein* gebildet werden:

    Der Mann wandert.
    * der gewanderte Mann

- die Partizipien II der meisten reflexiven Verben:

    Der Mann hat sich gewaschen.
    * der sich gewaschene Mann
    Die Mädchen haben sich getroffen.
    * die sich getroffenen Mädchen

Anmerkung:
Formen wie *ein gelernter Bankkaufmann, ein studierter Lehrer* oder *ein gedienter Soldat* (analog zu Partizipien von Verben mit Akkusativobjekt: *ein beobachteter Mann*) werden in der gesprochenen Sprache immer häufiger gebraucht. Sie sind in dieser Textsorte akzeptabel, ansonsten allenfalls Sprachmittel der Ironie.

Die Substantivierung der Partizipien
Partizipien, die wie ein Adjektiv gebraucht werden, können substantiviert werden:

der Flüchtende, die Verlobte, das Gestorbene

sind sie nur Teil des Prädikats, ist dies nicht möglich:

Er hat gerechnet.
* der Gerechnete

Partizipialgruppen
(1) In Angabesätzen (→ S. 351) erscheinen Partizipialgruppen als Verkürzungen von Konditionalsätzen:

Wenn wir voraussetzen, daß wir Erfolg haben, (so) sieht alles ganz anders aus.
→ Vorausgesetzt, wir haben Erfolg, so sieht alles ganz anders aus.

(2) Auch bei Konsekutivsätzen und anderen Angabesätzen mit Subjektgleichheit in Haupt- und Nebensatz treten Partizipialgruppen als Verkürzungen auf:

Ich freue mich, daß ich ihn hier gesehen habe.
⟶ Ich freue mich, ihn hier gesehen zu haben.

Trennbare und untrennbare Verben

(1) Neben den einfachen Verben *(bauen, singen, fahren)* gibt es im Deutschen zusammengesetzte und abgeleitete Verben. Deren erste Glieder sind teils untrennbar, teils trennbar:
- untrennbar: *entgehen, erzählen, verfallen*
- trennbar: *abfahren, ankommen, mitbestimmen, vorlesen*

(2) Während bei den untrennbaren Verben im Infinitiv wie bei den finiten Formen die Vorsilbe beim Verbstamm verbleibt *(erzählen, sie erzählt),* ist es bei trennbaren Verben anders. In den infiniten Formen (Infinitiv, Partizip) steht die Vorsilbe vor dem Verb *(abfahren, abfahrend, abgefahren),* während bei den flektierten Formen zu unterscheiden ist zwischen:
- Zweitstellung des Verbs: Sie *kommt* in Berlin *an.* (Trennung)
- Erststellung des Verbs: *Kommt* sie in Berlin *an?* (Trennung)
- Endstellung des Verbs: Er weiß, daß sie in Berlin *ankommt.* (keine Trennung)

(3) Verben mit Vorsilben (Präfixen) werden im Regelfall durch die Betonung daraufhin unterschieden, ob sie trennbar oder untrennbar sind. Wird die Vorsilbe betont, handelt es sich um ein trennbares Verb; ist die Vorsilbe unbetont, haben wir ein untrennbares Verb.

untrennbar:	*bestéllen, gelíngen, zerschnéiden*
trennbar:	*ánkommen, fórtgehen, zúmachen*
Partizip II:	*bestéllt, gelúngen, zerschníttten*
	ángekommen, fórtgegangen, zúgemacht

Untrennbare Vorsilben

(1) Untrennbar sind Verben mit den Vorsilben *be-, ent-, er-, ge-, ver-* und *zer-: bedíenen, beláden, bezáhlen, entkómmen, entságen, entzíehen, erklären, ernähren, erzíehen, gebíeten, gefállen, getráuen, veráchten, verbíeten, verzéihen, zerschlágen, zerréden, zerstören*

(2) Untrennbar sind weiterhin Verben mit den teilweise aus anderen Sprachen (Latein, Französisch) entlehnten Vorsilben: *de(s)-, dis-, in-* und *re-: defloríeren, demobilisíeren, desorganisíeren, disambiguíeren, disqualifizíeren, indoktriníeren, infiltríeren, reintegríeren, rekonstruíeren, remilitarisíeren*

Merke:
Eine Sonderstellung nimmt *miß-* ein. Bei einigen Verben ist die Vorsilbe unbetont und also untrennbar *(mißáchten, mißbílligen, mißbraúchen, mißdeúten, mißfállen, mißglücken, mißtraúen),* bei anderen ist sie betont; dennoch ist das Verb

untrennbar *(mißbehagen, mißbilden, mißverstehen).* Allerdings wird hier fast ausschließlich die Partizip-II-Form gebraucht. Das Partizip II lautet: *mißáchtet* (selten: *gemißachtet*), mißbílligt, mißbraúcht, mißdeútet, mißfállen, mißglückt, mißtraút, mißbehagt, mißverstanden
aber: *mißgebildet*
Gelegentlich im Präteritum: *Er mißverstand sie. (* Er verstand sie miß.)*
(3) Im eigentlichen Sinne sind die untrennbaren Vorsilben die echten Präfixe, weil *be-, ent-, er-, ge-, ver-, zer-, de(s)-, dis-, in-, miß-* und *re-* nicht als selbständige Wörter vorkommen. Dagegen sind die trennbaren Vorsilben unechte Präfixe (Halbpräfixe), weil *ab-, an-, aus-, mit-* usw. auch als selbständige Wörter vorkommen:

ankommen	an der Wand
mitfahren	mit der Mutter

Trennbare Vorsilben
(1) Betonte Vorsilben und damit trennbar sind: *ab-, an-, auf-, aus-, bei-, mit-, nach-, vor-, zu-* sowie *da(r)-, dabei-, daher-, dahin-, daran-, darauf-, davor-, dazu-, ein-, empor-, fort-, her-, hin-, los-, nieder-, weg-, weiter-* und *wieder-: ábfahren, ánschauen, aúfholen, aúslaufen, béifügen, mítschreiben, náchsehen, vórlesen, zúmachen, dárbieten, dabéisein, dahérreden, dahíngehen, daránsetzen, daraúfkommen, davórspannen, dazúlernen, éinlaufen, empórkommen, fórttragen, hérstellen, hínlaufen, lóswerden, níederknüppeln, wégräumen, wéitermachen, wíederkehren*
(2) Bei den betonten Vorsilben handelt es sich damit um Präpositionen (*ab-, an-, auf-, aus-* usw.) oder um Adverbien mit eigener Bedeutung (*hin-, nieder-, weiter-* usw.).

Sowohl trennbare wie untrennbare Vorsilben
(1) Einige Vorsilben (neben *miß-*) treten sowohl ungetrennt als auch getrennt auf. Dazu gehören: *durch-, hinter-, über-, um-, unter-, wider-* und *wieder-:*

Er *umfährt* das Hindernis.
Er *fährt* die Frau *úm*.

(2) Im allgemeinen gilt die Regel, daß es sich im Falle der betonten (trennbaren) Vorsilben um die konkrete Bedeutung handelt, im Falle der unbetonten (untrennbaren) Vorsilben um die übertragene Bedeutung. Wir vergleichen:

Der Fährmann *setzt* die Menschen *über.*	(konkret)
Er *übersétzt* Seneca.	(übertragen)
Er *fährt* trotz der Kontrollen einfach *dúrch.*	(konkret)
Er *durchfährt* alle Engpässe.	(übertragen)
Er *läuft* zum Gegner *über.*	(konkret)
Er *überlíef* die Abwehr des Gegners.	(übertragen)
Sie *gräbt* den Dünger *únter.*	(konkret)
Sie *untergräbt* sein Vertrauen.	(übertragen)
Ich *hole* das Geld *wíeder.*	(konkret)
Ich *wiederhóle* den Satz.	(übertragen)
Sie *zieht* einen Mantel *über.*	(konkret)
Sie *überzíeht* ihr Konto.	(übertragen)

Merke:
Häufig spielen neben der Unterscheidung konkret/übertragen noch syntaktische Unterschiede eine Rolle:

Er ist trotz der Kontrollen einfach dúrchgefahren.
Er hat alle Engpässe durchfáhren.

Besonderheiten
Gelegentlich entspricht die Bedeutung der trennbaren Vorsilbe nicht der der entsprechenden Präposition oder des Adverbs:

Er *löscht* die Kerze *aus*.
aber: Sie kommt *aus* der Stadt.

Bei *hin-* und *her-* weiß man oft nicht, ob es trennbare Vorsilbe oder selbständiges Wort ist:

Ich ging zu meiner Mutter.	Ich ging hin.
Ich fuhr auf die Zugspitze.	Ich fuhr hinauf.

Verben, Substantive und Adjektive als Vorsilben
(1) Neben den bisher vorgestellten Präpositionen und Adverbien können auch Verben, Substantive und Adjektive vor ein Verb treten und gemeinsam ein zusammengesetztes Verb bilden:

spazíerengehen	(Verb + Verb)
maschíneschreiben, staúbsaugen	(Substantiv + Verb)
schwárzfahren, blaúmachen, blánkreiben	(Adjektiv + Verb)

Diese zusammengesetzten Verben sind, da auf der Vorsilbe betont, sämtlich trennbar.

(2) Daneben gibt es jedoch noch eine Reihe solcher Verben, die auf der ersten Silbe betont werden und dennoch untrennbar sind: *árgwöhnen, brándmarken, frúhstücken, hándhaben, kénnzeichnen, lángweilen, máßregeln, rádebrechen, réchtfertigen, schaúspielern, wéhklagen, wétteifern*
Die Erklärung für dieses Phänomen ist, daß es sich meist nicht um Zusammensetzungen aus zwei Verben handelt, sondern um ursprüngliche Substantive, aus denen Verben abgeleitet wurden:

Argwohn	⟶	argwöhnen
Frühstück	⟶	frühstücken
Maßregel	⟶	maßregeln
Rechtfertigung	⟶	rechtfertigen

Dabei fällt auf, daß die meisten dieser Verben voll flektiert werden können

handhaben - ich handhabe - ich habe gehandhabt
maßregeln - ich maßregele - ich habe gemaßregelt

bei anderen Verben jedoch nur der Infinitiv gebraucht wird:

bauspаren, kurpfuschen, kopfrechnen

(3) Bei anderen zweigliedrigen Verben (haushalten ←— Haushalt, probelaufen ←— Probelauf, notlanden ←— Notlandung, schutzimpfen ←— Schutzimpfung) tritt im Perfekt *ge-* zwischen Vorsilbe und Verbstamm:

Ich habe hausgehalten.
Ich bin notgelandet.
Das Auto ist probegelaufen.

(4) Nur im Passiv werden gebraucht:

notschlachten:	Das Vieh wird notgeschlachtet.
	(* Er notschlachtet das Vieh.)
punktschweißen:	Das Material wird punktgeschweißt.
	(* Er punktschweißt das Material.)
schutzimpfen:	Die Kinder werden schutzgeimpft.
	(* Der Arzt schutzimpft die Kinder.)

Merke:
Ein Problem schließlich ist die Schreibung von verbalen, substantivischen und adjektivischen Vorsilben beim Verb. Wir vergleichen:

(a) Wir haben geplant, radzufahren.
(b) Wir haben geplant, Auto zu fahren.
(a) Wir haben vor, spazierenzugehen.
(b) Wir haben vor, surfen zu gehen.
(a) Sie hat das Essen warmgemacht.
(b) Sie hat die Gäste warm begrüßt.

Im Falle (a) handelt es sich stets um trennbare Verbteile (die natürlich in der infiniten Form, nur getrennt durch *zu-* bzw. *ge-*, mit dem Verbstamm eine Einheit bilden), während im Falle (b) selbständige Substantive *(Auto),* Verben *(surfen)* oder Adjektive *(warm)* erscheinen. Es läßt sich freilich absehen, daß in einigen Jahren selbständige Wörter zu Verbteilen geworden sind und damit *Auto fahren* genauso geschrieben wird wie heute bereits *radfahren.* Wir vergleichen:

Ich fahre Auto.	Ich bin Auto gefahren.
Ich fahre Rad.	Ich bin radgefahren.

Syntaktische Unterscheidung der Verben

Vollverben und Hilfsverben

(1) Im Deutschen wird zwischen Vollverben und Hilfsverben unterschieden. Vollverben bilden selbständig die Satzaussage, Hilfsverben werden zur Bildung der Tempora (a), zum Ausdruck der Modalität (b) sowie des Genus des Verbs, des Passivs (c), verwendet:
- Vollverben: *lesen, gehen, arbeiten, bauen* usw.
- Hilfsverben: (a) *haben, sein, werden*
  (b) *wollen, sollen, müssen, dürfen, können, mögen*
  sowie: *brauchen zu, drohen, pflegen, scheinen*
  (c) *sein, werden*

(2) Das Vollverb kann nur Präsens und Präteritum als Tempusformen sowie Konjunktiv I und II mit eigenen Formen bilden. Für die anderen Formen (Perfekt, Plusquamperfekt, Futur I und II sowie Konjunktiv I/II der Vollzugsstufe und der Erwartungsstufe) treten die Hilfsverben *haben, sein* und *werden* zum Partizip II oder Infinitiv des Vollverbs hinzu.
(3) Vollverben kommen stets allein, Hilfsverben im Regelfall zusammen mit einem Vollverb vor. In diesem Fall bildet das Hilfsverb den finiten (flektierten) Teil des Prädikats, das Vollverb den infiniten Teil:

Er *kommt* morgen. (Vollverb)
Er *will* morgen kommen. (Hilfsverb)

Das Formensystem der Hilfsverben

Präsens Indikativ

		haben	sein	werden
Singular				
1. Pers.	ich	habe	bin	werde
2. Pers.	du	hast	bist	wirst
3. Pers.	er/sie/es	hat	ist	wird
Plural				
1. Pers.	wir	haben	sind	werden
2. Pers.	ihr	habt	seid	werdet
3. Pers.	sie	haben	sind	werden

Präteritum Indikativ

Singular				
1. Pers.	ich	hatte	war	wurde
2. Pers.	du	hattest	warst	wurdest
3. Pers.	er/sie/es	hatte	war	wurde
Plural				
1. Pers.	wir	hatten	waren	wurden
2. Pers.	ihr	hattet	wart	wurdet
3. Pers.	sie	hatten	waren	wurden

Perfekt Indikativ

Singular				
1. Pers.	ich	habe gehabt	bin gewesen	bin geworden
2. Pers.	du	hast gehabt	bist gewesen	bist geworden
3. Pers.	er/sie/es	hat gehabt	ist gewesen	ist geworden
Plural				
1. Pers.	wir	haben gehabt	sind gewesen	sind geworden
2. Pers.	ihr	habt gehabt	seid gewesen	seid geworden
3. Pers.	sie	haben gehabt	sind gewesen	sind geworden

Plusquamperfekt Indikativ

		haben	sein	werden
Singular				
1. Pers.	ich	hatte gehabt	war gewesen	war geworden
2. Pers.	du	hattest gehabt	warst gewesen	warst geworden
3. Pers.	er/sie/es	hatte gehabt	war gewesen	war geworden
Plural				
1. Pers.	wir	hatten gehabt	waren gewesen	waren geworden
2. Pers.	ihr	hattet gehabt	wart gewesen	wart geworden
3. Pers.	sie	hatten gehabt	waren gewesen	waren geworden

Futur I Indikativ

Singular				
1. Pers.	ich	werde haben	werde sein	werde werden
2. Pers.	du	wirst haben	wirst sein	wirst werden
3. Pers.	er/sie/es	wird haben	wird sein	wird werden
Plural				
1. Pers.	wir	werden haben	werden sein	werden werden
2. Pers.	ihr	werdet haben	werdet sein	werdet werden
3. Pers.	sie	werden haben	werden sein	werden werden

Futur II Indikativ (selten gebraucht)

Singular				
1. Pers.	ich	werde gehabt haben	werde gewesen sein	werde geworden sein
2. Pers.	du	wirst gehabt haben	wirst gewesen sein	wirst geworden sein
3. Pers.	er/sie/es	wird gehabt haben	wird gewesen sein	wird geworden sein
Plural				
1. Pers.	wir	werden gehabt haben	werden gewesen sein	werden geworden sein
2. Pers.	ihr	werdet gehabt haben	werdet gewesen sein	werdet geworden sein
3. Pers.	sie	werden gehabt haben	werden gewesen sein	werden geworden sein
Imperativ:		habe! habt!	sei! seid!	werde! werdet!
Infinitiv Perfekt:		gehabt haben	gewesen sein	geworden sein
Partizip:		habend/gehabt	seiend/gewesen	werdend/ geworden (worden)

Anmerkung: *habend/seiend* werden selten gebraucht.

Die Vergangenheit mit *haben/sein*

Die Vergangenheit mit *haben*

Die Formen von Perfekt oder Plusquamperfekt als Ausdruck vergangenen Geschehens werden mit *haben* gebildet:

- bei Verben, die üblicherweise mit Akkusativobjekt stehen (sog. transitive Verben; → S. 62):

  Ich habe die Geschichte erzählt.
  Sie haben vier Flaschen Wein getrunken.

  (Akkusativobjekt fehlt):

  Ich habe getrunken.

- bei pseudo-transitiven Verben (nicht passivfähig):

  Er hat eine Auszeichnung erhalten.

- bei allen sog. intransitiven Verben, die den Ablauf eines Geschehens oder einen Zustand (imperfektive Verben) kennzeichnen (mit Ausnahme der Verben der Bewegung):

  Ich habe sechs Stunden gearbeitet.
  Sie hat ganz fest geschlafen.
  Sie haben am Bahnhof gewartet.

- bei allen reflexiven Verben:

  Sie hat sich geschminkt.
  Die Kinder haben sich gewaschen.
  Wir haben uns sehr beeilt.

- bei allen reziproken Verben mit Akkusativ:

  Die Freunde haben sich (= einander) gestern getroffen.

- bei allen modalen Hilfsverben:

  Sie hat die Arbeit machen müssen.
  Ich habe das nicht gewollt.
  Er hat ihn nicht anrufen können.

- bei allen unpersönlichen Verben (imperfektive wie perfektive):

Letzten Dienstag hat es geschneit.	(i)
Es hatte tagelang geregnet.	(i)
Dann hatte es schon getagt.	(p)

Die Vergangenheit mit *sein*

Die Formen von Perfekt und Plusquamperfekt als Ausdruck vergangenen Geschehens werden mit *sein* gebildet:

- bei den sog. intransitiven Verben, die den Abschluß eines Vorgangs oder einen neuen vollendeten Zustand bezeichnen (perfektive Verben):

  Er ist angekommen.
  Sie ist erkrankt.

Merke:
Werden hingegen nicht die Veränderung, der Beginn oder der Abschluß eines Vorgangs, sondern Vorgang oder Zustand selbst bezeichnet, steht *haben*. Wir vergleichen:

	Sie haben geschwiegen.	
aber:	Sie sind verstummt.	(Ende)
	Die Kirche hat gebrannt.	
aber:	Die Kirche ist abgebrannt.	(Ende)
	Die Rose hat geblüht.	
aber:	Die Rose ist verblüht.	(Ende)
	Die Rose ist erblüht.	(Beginn)

- bei den Verben der Bewegung, wenn sie eine Ortsveränderung bezeichnen:

  Wir sind nach Haus gegangen.
  Er ist in die Türkei geflogen.
  Sie sind den Strand entlang gewandert.

  aber (keine Ortsveränderung):

  Sie haben die ganze Nacht getanzt.

  gegenüber:

  Sie sind durch den Saal getanzt.

  Merke:
  Oberdeutsch ist der Gebrauch von *sein* bei:

  Er ist im Bett gelegen.
  Sie ist an der Tür gestanden.

- bei den Verben *sein* und *bleiben* (obwohl intransitiv und imperfektiv):

  Er ist vor dem Haus geblieben.
  Letztes Jahr bin ich in Berlin gewesen.

- bei einigen zusammengesetzten oder abgeleiteten sog. transitiven Verben, deren einfaches Verb mit *sein* steht:

  Ich bin diese Aufgabe losgeworden.
  Wir sind die Adressenliste von oben bis unten durchgegangen.
  Er ist eine schlimme Verbindung eingegangen.
  Er ist die ganze Strecke abgewandert.

Haben und _sein_ in der Vergangenheit nebeneinander

Normalerweise steht bei jedem Verb im Perfekt oder Plusquamperfekt nur ein Hilfsverb: *haben* oder *sein*. Dennoch gibt es eine Anzahl Verben, bei denen – aus unterschiedlichen Gründen – *haben* und *sein* nebeneinander gebraucht werden können. Diese Gründe sind:

- Einerseits wird der Verlauf betont (imperfektiv: *haben*), andererseits die Vollendung, das Ergebnis der Handlung (perfektiv: *sein*). Wir vergleichen:

Wir *haben* fünfzig Minuten geschwommen.	(Verlauf)
Er *ist* um die Insel geschwommen.	(Ergebnis)

Merke:
Im Sprachgebrauch hat sich die Vergangenheit mit *sein* durchgesetzt.
- Es handelt sich um Unterschiede der Valenz oder anders: sog. intransitive Verben werden mit *sein* gebildet (und haben im Regelfall eine Ergänzung weniger bei sich), sog. transitive Verben hingegen mit *haben*. Im letzten Fall („Transitivität") wird die Tätigkeit des Subjekts betont, im ersten Fall („Intransitivität") der Vorgang als solcher. Wir vergleichen:

Er *hat* das Flugzeug nach Ankara geflogen. („transitiv")
Er *ist* nach Ankara geflogen. („intransitiv")
ebenso: Die Sonne *hat* das Eis geschmolzen.
Das Eis *ist* geschmolzen.
Er *hat* das Boot gesegelt.
Er *ist* nach Korsika gesegelt.
Der Arzt *hat* die Wunde geheilt.
Die Wunde *ist* geheilt.
Sie *hat* den BMW gefahren.
Sie *ist* mit dem BMW gefahren.
Ich *habe* meinen Nachbarn mit dem Fuß getreten.
Sie *ist* in einen Misthaufen getreten.
Wir *haben* die Blüte abgebrochen.
Die Blüte *ist* abgebrochen.

ebenso: *biegen, irren, schütteln, sprengen, spritzen, stoßen, trocknen, ziehen*

Das Formensystem der modalen Hilfsverben

Präsens Indikativ

		wollen	sollen	müssen
Singular				
1. Pers.	ich	will	soll	muß
2. Pers.	du	willst	sollst	mußt
3. Pers.	er/sie/es	will	soll	muß
Plural				
1. Pers.	wir	wollen	sollen	müssen
2. Pers.	ihr	wollt	sollt	müßt
3. Pers.	sie	wollen	sollen	müssen

Präteritum Indikativ

Singular				
1. Pers.	ich	wollte	sollte	mußte
2. Pers.	du	wolltest	solltest	mußtest
3. Pers.	er/sie/es	wollte	sollte	mußte
Plural				
1. Pers.	wir	wollten	sollten	mußten
2. Pers.	ihr	wolltet	solltet	mußtet
3. Pers.	sie	wollten	sollten	mußten

Perfekt Indikativ

		wollen	sollen	müssen
Singular				
1. Pers.	ich	habe gewollt	habe gesollt	habe gemußt
2. Pers.	du	hast gewollt	hast gesollt	hast gemußt
3. Pers.	er/sie/es	hat gewollt	hat gesollt	hat gemußt
Plural				
1. Pers.	wir	haben gewollt	haben gesollt	haben gemußt
2. Pers.	ihr	habt gewollt	habt gesollt	habt gemußt
3. Pers.	sie	haben gewollt	haben gesollt	haben gemußt

Plusquamperfekt Indikativ

Singular				
1. Pers.	ich	hatte gewollt	hatte gesollt	hatte gemußt
2. Pers.	du	hattest gewollt	hattest gesollt	hattest gemußt
3. Pers.	er/sie/es	hatte gewollt	hatte gesollt	hatte gemußt
Plural				
1. Pers.	wir	hatten gewollt	hatten gesollt	hatten gemußt
2. Pers.	ihr	hattet gewollt	hattet gesollt	hattet gemußt
3. Pers.	sie	hatten gewollt	hatten gesollt	hatten gemußt

Futur I Indikativ

Singular				
1. Pers.	ich	werde wollen	werde sollen	werde müssen
2. Pers.	du	wirst wollen	wirst sollen	wirst müssen
3. Pers.	er/sie/es	wird wollen	wird sollen	wird müssen
Plural				
1. Pers.	wir	werden wollen	werden sollen	werden müssen
2. Pers.	ihr	werdet wollen	werdet sollen	werdet müssen
3. Pers.	sie	werden wollen	werden sollen	werden müssen
Infinitiv Perfekt:		gewollt haben	gesollt haben	gemußt haben
Partizip II:		gewollt	gesollt	gemußt

Präsens Indikativ

		dürfen	können	mögen
Singular				
1. Pers.	ich	darf	kann	mag
2. Pers.	du	darfst	kannst	magst
3. Pers.	er/sie/es	darf	kann	mag
Plural				
1. Pers.	wir	dürfen	können	mögen
2. Pers.	ihr	dürft	könnt	mögt
3. Pers.	sie	dürfen	können	mögen

Präteritum Indikativ

		dürfen	können	mögen
Singular				
1. Pers.	ich	durfte	konnte	mochte
2. Pers.	du	durftest	konntest	mochtest
3. Pers.	er/sie/es	durfte	konnte	mochte
Plural				
1. Pers.	wir	durften	konnten	mochten
2. Pers.	ihr	durftet	konntet	mochtet
3. Pers.	sie	durften	konnten	mochten

Perfekt Indikativ

Singular				
1. Pers.	ich	habe gedurft	habe gekonnt	habe gemocht
2. Pers.	du	hast gedurft	hast gekonnt	hast gemocht
3. Pers.	er/sie/es	hat gedurft	hat gekonnt	hat gemocht
Plural				
1. Pers.	wir	haben gedurft	haben gekonnt	haben gemocht
2. Pers.	ihr	habt gedurft	habt gekonnt	habt gemocht
3. Pers.	sie	haben gedurft	haben gekonnt	haben gemocht

Plusquamperfekt Indikativ

Singular				
1. Pers.	ich	hatte gedurft	hatte gekonnt	hatte gemocht
2. Pers.	du	hattest gedurft	hattest gekonnt	hattest gemocht
3. Pers.	er/sie/es	hatte gedurft	hatte gekonnt	hatte gemocht
Plural				
1. Pers.	wir	hatten gedurft	hatten gekonnt	hatten gemocht
2. Pers.	ihr	hattet gedurft	hattet gekonnt	hattet gemocht
3. Pers.	sie	hatten gedurft	hatten gekonnt	hatten gemocht

Futur I Indikativ

Singular				
1. Pers.	ich	werde dürfen	werde können	werde mögen
2. Pers.	du	wirst dürfen	wirst können	wirst mögen
3. Pers.	er/sie/es	wird dürfen	wird können	wird mögen
Plural				
1. Pers.	wir	werden dürfen	werden können	werden mögen
2. Pers.	ihr	werdet dürfen	werdet können	werdet mögen
3. Pers.	sie	werden dürfen	werden können	werden mögen
Infinitiv				
Perfekt:		gedurft haben	gekonnt haben	gemocht haben
Partizip II:		gedurft	gekonnt	gemocht

Anmerkung:
Partizip I und Futur II sind bei den modalen Hilfsverben ungebräuchlich. Der Konjunktiv II von *mögen* lautet: ich *möchte* usw.

Der Gebrauch der Hilfsverben und modalen Hilfsverben

(1) Die Hilfsverben *haben, sein* und *werden* dienen zur Bildung der Tempora:
- *Haben/sein* in ihren Präsens- und Präteritumsformen + Partizip II des jeweiligen Verbs bilden Perfekt und Plusquamperfekt. Partizip II und Infinitiv von *haben/sein* bilden Infinitiv Perfekt:

  ich habe/hatte gefragt; gefragt haben
  ich bin/war gegangen; gegangen sein

- Unter bestimmten Gebrauchsbedingungen - vor allem in der gesprochenen Sprache - weist die Form des Perfekts nicht auf Vergangenes, sondern auf Zukünftiges hin (→ S. 87):

  Morgen ist er in Tokio angekommen.

- *Sein* bildet darüber hinaus mit dem Partizip II des jeweiligen Verbs bei passivfähigen Verben (→ S. 91) das *sein*-Passiv („Zustandspassiv"):

  Die Post ist geöffnet.

- *Werden* dient mit dem Infinitiv des jeweiligen Verbs zur Bildung von Futur I, mit dem Infinitiv Perfekt zur Bildung von Futur II:

  Wir werden schlafen.
  Er wird Ende November seine Arbeit beendet haben.

- Häufig drückt die *werden*+ Infinitiv-Struktur nicht Zukünftiges, sondern eine Vermutung aus (→ S. 277):

  Er wird wohl scheitern.

- *Werden* als Hilfsverb wird weiterhin zusammen mit dem Partizip II des jeweiligen Verbs gebraucht zur Bildung des *werden*-Passivs („Vorgangspassiv"):

  Sie wird zur Rechenschaft gezogen.
  Das Haus ist eingeweiht worden.

(Zum Gebrauch von *haben, sein* und *werden* als Vollverben: → S. 56)
(2) Die modalen Hilfsverben *wollen, sollen, müssen, dürfen, können, mögen* werden zum Ausdruck der Modalität (→ S. 116) gebraucht. Sie variieren die Aussage des Satzes. Wir vergleichen:

Er will radfahren. Er soll radfahren.
Er muß radfahren. Er darf radfahren.
Er kann radfahren.

(3) Vor allem in der gesprochenen Sprache wird häufig der Infinitiv des Verbs weggelassen und ein elliptischer Satz (→ S. 56, 327) gebildet:

Er will. Sie darf. Wir müssen.

Besonderheiten des Gebrauchs der Hilfsverben und modalen Hilfsverben

(1) Bei den Hilfsverben *sein* und *haben* steht der Infinitiv mit *zu* (mit unterschiedlicher Bedeutung; → S. 58), beim Hilfsverb *werden* sowie bei allen modalen Hilfsverben *(wollen, sollen, müssen, dürfen, können, mögen)* steht der Infinitiv ohne *zu:*

Er hat noch drei Prüfungen zu machen.
Das ist bis morgen zu erledigen.
aber: Sie wird morgen in London eintreffen.
Wir können das bis morgen erledigen.
Er muß noch die Prüfungen absolvieren.
Das soll nie mehr geschehen.

Ausnahmen:

Müller hat gut reden!
Inge hat leicht lachen!

(2) Zwischen Hilfsverb bzw. modalem Hilfsverb und Verb steht kein Komma:

Er hat gut reden.
Sie will morgen nach Berlin kommen.

(3) Steht das Hilfsverb oder modale Hilfsverb im Perfekt oder Plusquamperfekt oder aber im Nebensatz, muß der Infinitiv des Vollverbs vorangestellt werden (bei untrennbaren Vollverben ist es austauschbar):

Ich hatte noch zu lesen gehabt.
Er sagte, daß er noch anrufen mußte.
aber: Ich hatte zu schlafen versucht.
Ich hatte versucht zu schlafen.

(4) Das Partizip II von *werden* als Hilfsverb heißt *worden* (ohne *ge-*):

Die Rechnung ist noch nicht bezahlt worden.

Anmerkung:
Werden die modalen Hilfsverben als Vollverben gebraucht, steht Partizip II mit *ge-:*

Sie hat das nicht gewollt.

(5) Hilfsverben und modale Hilfsverben + Infinitiv bilden keinen Imperativ:

* Sei laufen!
* Wolle schreiben!

(6) Hilfsverben werden auch wie Vollverben gebraucht. Sie stehen dann ohne Infinitiv:

Er hat ein Auto. (= besitzen)
Er wird Schauspieler.

Bei modalen Hilfsverben liegt dann elliptischer Gebrauch vor:

Das mag sie. (essen)
Er kann viel. (= er versteht/weiß viel)
Keiner durfte aus dem Flugzeug. (gehen)

(7) Hilfsverben und modale Hilfsverben können kein Passiv bilden (→ S. 94); modale Hilfsverben können jedoch mit einer Passivform verbunden werden:

> Sie will bewundert werden.
> Das kann gemacht werden.

Anmerkung:
Eine Umschreibung hierfür ist: *sein* + *zu* + Infinitiv:

> Das ist zu machen.

(8) Bei Perfekt und Plusquamperfekt der modalen Hilfsverben steht nicht das Partizip, sondern der Infinitiv:

> Ich habe das nicht machen wollen.
> Sie hatte ihn nicht sehen können.

(9) Kompliziert ist die Wortstellung im Nebensatz mit modalen Hilfsverben im Perfekt oder Plusquamperfekt. Das Hilfsverb rückt dann vom Satzende in die Satzmitte vor den Infinitiv von Vollverb und modalem Hilfsverb (→ S. 418):

> Er hat eine Bank überfallen, weil er die Rechnung nicht hat bezahlen können.

anders ohne modales Hilfsverb:

> Er hat eine Bank überfallen, weil er sein ganzes Geld verspielt hatte.

(10) *Nicht brauchen* + *zu* + Infinitiv wird als Synonym zu *nicht müssen* gebraucht:

> Du brauchst das nicht zu machen. (= Du mußt das nicht machen.)

Bei Sätzen mit positiver Aussage ist eine Partikel *(nur, kaum)* hinzuzufügen:

> Du brauchst nur hinzugehen.
> Du brauchst das kaum zu machen.

Merke:
In der gesprochenen Sprache wird *brauchen* gelegentlich ohne *zu* verwendet; in der geschriebenen Sprache ist das jedoch nicht normgerecht:

> * Sie braucht das nicht machen.

(11) Die Modalitätsverben *drohen, pflegen, scheinen, wissen* (→ S. 398) stehen in Verbindung mit Verben im Infinitiv mit *zu*. Ihre Bedeutung weicht dann von der der entsprechenden Vollverben ab:

> Das Haus drohte einzustürzen. (= Es bestand die Gefahr, daß ...)
> aber: Er drohte ihr mit der Scheidung.
> Sie pflegt um diese Zeit in Nizza zu sein. (= Sie ist normalerweise dort.)
> aber: Sie pflegt ihr Gesicht.
> Er scheint sie zu vernachlässigen. (= Es hat den Anschein, daß ...)
> aber: Das scheint nur so.
> Sie weiß sich zu benehmen. (= können)
> aber: Sie weiß alles über uns.

(12) *Bekommen, erhalten, kriegen* dienen als Hilfsverben - im Gegensatz zu den gleichlautenden Vollverben - zur Passiv-Umschreibung (→ S. 95). Die Form tritt vor allem in der gesprochenen Sprache auf:

Sie bekam/erhielt/kriegte eine Uhr geschenkt.

Die Bedeutung der modalen Hilfsverben

(1) *Wollen* drückt im Normalfall eine Absicht, einen Willen aus:

Wir wollen es in Zukunft besser machen.
Niemand will Krieg!

weitere Verwendungsweisen:

Sie will ein Leben lang auf ihn warten. (= werden)	(Zukünftiges)
Sie will die Tat nicht begangen haben.	(Behauptung: Vergangenes)
Die Skizze will lediglich das Problem verdeutlichen.	(Festlegung)
Die Frage will behandelt sein. (= müssen)	(Zwang)
Wenn wir alle Sachfragen ausführlich diskutieren wollten, müßten wir bis ins Jahr 2000 hier sitzen.	(Bedingung)
Es hat den Anschein, als ob sie ihren Mann in der Karriere überholen wollte.	(irrealer Vergleich)

(2) *Sollen* drückt meist eine Empfehlung oder einen Auftrag aus:

Du sollst das Rauchen aufgeben. (schwächer als: du mußt)
Ich soll die Blumen abgeben. (= ich habe den Auftrag)

weitere Verwendungsweisen:

Er soll sich im Ausland aufhalten.	(Vermutung)
Sie meint, ich solle die Prüfung wiederholen.	(Aufforderung in der indirekten Rede)
Du solltest das Rauchen aufgeben. (Konjunktiv II)	(höfliche Aufforderung)
Du solltest Walsers neuen Roman lesen.	(Empfehlung, Rat)
Sie war eine starke Trinkerin. Das sollte ihr später zum Verhängnis werden.	(Vorwegnahme zukünftigen Geschehens)
Wenn du nach München kommen solltest, komm unbedingt bei uns vorbei!	(Konditionalsatz)

(3) *Müssen* drückt Zwang, Notwendigkeit, Pflicht aus:

Das mußt du machen!
Ich muß die Prüfung bestehen.

Anmerkung:
Haben + zu für aktivische und *sein + zu* für passivische Verwendung werden wie *müssen* verwendet:

Das hast du zu machen! (= Das mußt du machen!)
Der Brief ist bis morgen zu schreiben. (= Der Brief muß bis morgen geschrieben werden!)

weitere Verwendungsweisen:

Der Müller muß verrückt sein!	(Vermutung/Gewißheit)
Du mußt einfach die Inszenierung von Peymann sehen!	(Aufforderung)

(4) Die Grundbedeutung von *dürfen* ist: Erlaubnis, Zulassung, Recht:

Hier darfst du rauchen.
Darf ich Sie begleiten?
Wir dürfen mit Fug und Recht von einer postindustriellen Gesellschaft sprechen.

weitere Verwendungsweisen:

Das dürfte ins Auge gehen.

(Diese Vermutung hat einen höheren Sicherheitsgrad als jene bei *können* oder *mögen,* aber einen geringeren als bei *müssen*).
(5) *Können* drückt im Regelfall die Möglichkeit aus, etwas zu tun:

Ich kann kommen.

Daneben wird die Fähigkeit eines Menschen ausgedrückt:

Ich kann sieben Sprachen sprechen.

weitere Verwendungsweisen:

Das könnte Frau Geyer gewesen sein.	(Vermutung)
Sie können jetzt gehen!	(Erlaubnis)

(6) *Mögen* drückt meist einen Wunsch aus:

Ich möchte gern heiraten.
Möge sie gesund bleiben! (Konjunktiv I)

daneben die Lust, etwas zu tun:

Möchtest du mitkommen?

Die Form *ich mag, du magst, er mag* ... drückt Sympathie aus:

Carola mag mich.
Er mag Carola.

weitere Verwendungsweisen:

Er mag 60 Jahre sein.	(Vermutung)
Sie sagt, ich möchte sie in Ruhe lassen. (=ich solle sie in Ruhe lassen)	(indirekte Rede)
Mag sie auch recht haben, ich bin trotzdem dagegen.	(einräumende Bedingung)

Persönliche und unpersönliche Verben

(1) Im Verhältnis zum Subjekt gibt es wesentliche Unterschiede bei den Verben. Einerseits gibt es Verben, die mit allen Personen des Konjugationsschemas (→ S. 23) verbunden werden können (persönliche Verben), andererseits gibt es Verben, die nur mit einer oder mehreren bestimmten – aber nicht allen – Per-

sonen Sätze bilden (unpersönliche Verben). Zu dieser Gruppe gehören auch die sogenannten Witterungsverben:
- persönliche Verben:

baden: ich bade, du badest, er/sie/es badet, wir baden, ihr badet, sie baden
lesen: ich lese, du liest, er/sie/es liest, wir lesen, ihr lest, sie lesen

- unpersönliche Verben (Pronomen *es*):

Es schneit.
* Ich schneie.
* Der Schnee schneit.

ebenso: *blitzen, donnern, hageln, nieseln, regnen, reifen, tagen, wetterleuchten*
(2) Daneben gibt es zahlreiche Vollverben, die nur mit bestimmten Personen bzw. Personalpronomen verbunden werden können:
- Verben, die einen Vorgang bezeichnen und damit ein persönliches Subjekt nicht zulassen (nur 3. Pers. Sing./Pl. zulässig):

Das Experiment mißglückte.
* Ich mißglückte.

ebenso: *sich ereignen, geschehen, glücken, passieren, widerfahren*
- Verben, die entweder mit *wir/ihr/sie* (bzw. Substantiven im Plural) oder *ich/du/er/sie/es* + *mit* realisiert werden. Dazu gehören auch einige reziproke Verben:

Wir verabreden einen Treffpunkt.
Ich verabrede einen Treffpunkt mit ihm.
Er verabredet einen Treffpunkt mit ihm.
aber:* Wir verabreden einen Treffpunkt mit uns.

ebenso: *ausmachen, sich einigen, sich treffen, vereinbaren*
- „unechte" unpersönliche Verben:

Es klingelt.
Frau Meier klingelt.

- „unechte" unpersönliche Verben mit einer zusätzlichen Personenangabe im Akkusativ oder Dativ (dabei fällt das Pronomen *es* fast immer weg):

Es friert mich. ⟶ Mich friert.

ebenso: *bangen* (D), *dürsten* (A), *frösteln* (A), *hungern* (A)
Dabei ist auch ein persönliches Subjekt möglich:

Mich friert. ⟶ *Ich* friere.

Merke:
Bei einer Untergruppe ist dieses persönliche Subjekt nicht möglich:

Es mißlingt ihm alles.
⟶ Ihm mißlingt alles.
⟶* Ich mißlinge alles.

ebenso: *fehlen* (D), *gelingen* (D), *geziemen* (D), *glücken* (D), *grauen* (D/selten A), *grausen* (D/selten A), *jammern* (A), *reuen* (A)

Reflexive und reziproke Verben

Reflexive Verben

(1) Reflexive (rückbezügliche) Verben sind solche, bei denen die Person, die vom Objekt bezeichnet wird, identisch ist mit der Person des Subjekts:

Sie beeilt sich.

(2) Als Objekt erscheint dann bei der 3. Person das Reflexivpronomen *sich*, bei der 1. und 2. Person der Dativ bzw. Akkusativ des Personalpronomens: *mir - mich, dir - dich, uns - uns, euch - euch:*

Ich wasche mich.	Wir verletzen uns.
Du schadest dir.	Ihr kämmt euch.
Er hilft sich.	Sie schminken sich.

(3) Es gibt zwei Gruppen von reflexiven Verben: die sogenannten echten reflexiven Verben und die sogenannten unechten reflexiven Verben.

„Echte" reflexive Verben
Bei den sogenannten echten reflexiven Verben ist das Reflexivpronomen obligatorisch (also Teil des Prädikats) und kann daher nicht durch ein Nomen oder Pronomen ersetzt werden:

Ich weigere mich.
* Ich weigere Hans.
* Ich weigere ihn.

ebenso:
mit Akkusativ: *sich bedanken, sich beeilen, sich befinden, sich begeben, sich erholen, sich nähern, sich schämen, sich sorgen, sich verlieben*
mit Dativ: *sich aneignen, sich anmaßen, sich ausbitten, sich einbilden, sich getrauen, sich gleichbleiben, sich vornehmen*

„Unechte" reflexive Verben
Bei den sogenannten unechten reflexiven Verben ist das Reflexivpronomen nicht Teil des Prädikats, sondern Ergänzung (→ S. 319), weil es durch ein Nomen oder Pronomen im Akkusativ oder Dativ ersetzt werden kann:

Ich wasche *mich*. Ich wasche *meine Schwester*. Ich wasche *sie*.

ebenso:
mit Akkusativ: *sich anziehen, sich erschießen, sich kämmen, sich rasieren, sich retten, sich schminken, sich töten, sich verändern, sich verletzen, sich verteidigen*
mit Dativ: *sich erlauben, sich gefallen, sich gestatten, sich helfen, sich holen, sich kaufen, sich nutzen, sich schaden, sich widersprechen*
Merke: Sonderformen reflexiver Verben sind (→ S. 95):

Das Schloß läßt sich öffnen.
Das Buch verkauft sich gut.
Mit dem Bleistift schreibt es sich schlecht.
Der Mord klärt sich auf.

Reziproke Verben

(1) Reziproke Verben sind solche, bei denen ein Wechselverhältnis zwischen A und B ausgedrückt wird.

Peter und Inge treffen sich.
A B

(2) Es müssen also stets mindestens zwei Personen beteiligt sein; reziproke Verben kommen demzufolge nur im Plural vor. Zum Ausdruck des Wechselverhältnisses werden die gleichen pronominalen Formen wie bei den reflexiven Verben verwendet: *uns, euch, sich* (geschriebene Sprache auch: *einander*):

Wir treffen uns.
Ihr begegnet euch.
Sie schlagen sich.

(3) Auch bei den reziproken Verben gibt es die Klasse der sog. echten reziproken Verben sowie die Klasse der sog. unechten reziproken Verben.

„Echte" reziproke Verben
Bei den sogenannten echten reziproken Verben ist kein Austausch mit einem anderen Nomen oder Pronomen möglich:

Wir freunden uns an.
Ihr habt euch geeinigt.

ebenso: *sich balgen, sich beratschlagen, sich duellieren, sich überwerfen, sich verfeinden*

„Unechte" reziproke Verben
Die Klasse der sogenannten unechten reziproken Verben ist dadurch charakterisiert, daß sie unter bestimmten Bedingungen reziprok gebraucht werden (a). In einem anderen Kontext (b) liegt jedoch keine reziproke Bedeutung vor:

(a) Wir sprechen uns aus.
(b) Ich spreche das Wort aus.

ebenso: *sich auseinandersetzen, sich besprechen, sich streiten, sich treffen, sich vertragen*
Merke:
Eine Besonderheit stellen jene Verben dar, die sowohl reziprok als auch nichtreziprok und dabei in gleicher Bedeutung gebraucht werden:

Wir unterscheiden uns.
Karl unterscheidet mich von Dagmar.
Wir trennen uns.
Der Richter trennt mich von meiner Frau.

Verben und Ergänzungen

(1) In traditionellen Grammatiken wird normalerweise zwischen transitiven (früher auch: zielend), intransitiven (früher auch: nichtzielend), relativen und absoluten Verben unterschieden.

(2) Transitive Verben sind danach solche, bei denen eine Akkusativergänzung stehen kann, die im Passiv zum Subjekt wird (→ S. 91):

Er schreibt ein Buch.

Das Buch wird von ihm geschrieben.

(3) Intransitive Verben sind danach solche, die entweder keine weitere Ergänzung - außer dem Subjekt - bei sich haben (absolute Verben), als auch solche, die noch mindestens eine weitere Ergänzung benötigen, damit der Satz grammatisch korrekt ist (relative Verben). Dabei kann es sich um Genitivergänzungen, Dativergänzungen, bestimmte Akkusativergänzungen (die aber nicht passivfähig sind), Präpositionalergänzungen oder Verbindungen dieser Ergänzungen handeln. Wir vergleichen:

Der Baum wächst.	(absolutes Verb)
Wir erinnern uns des Verbrechens.	(relatives Verb: Genitiv)
Ich danke meiner Frau.	(relatives Verb: Dativ)
Wir warten auf den Postboten.	(relatives Verb: Präpositionalergänzung)
München liegt an der Isar.	(relatives Verb: Situativergänzung)

Die Problematik der traditionellen Unterscheidung, d.h. ihre Ungenauigkeit, wird an diesen Beispielen deutlich. Sie wird sogar noch verstärkt durch die Tatsache, daß transitive Verben sowohl mit als auch ohne Akkusativergänzung gebraucht werden können, d.h., einmal ist die Akkusativergänzung im Satz notwendig (obligatorisch), im anderen Fall nicht notwendig (fakultativ):

	Er erwartet den Freund.	(Akkusativ notwendig)
→*	Er erwartet.	
	Ich schreibe einen Brief.	(Akkusativ nicht notwendig)
→	Ich schreibe.	

(4) Die Valenzgrammatik hat in den letzten Jahrzehnten eine andere Unterscheidung der Verbindung von Verb und Ergänzungen vorgeschlagen, die die genannten Mängel beseitigt. Sie ermittelt zunächst mit Hilfe unterschiedlicher Proben (→ S. 318), welche Teile im Satz obligatorisch (nicht weglaßbar) und welche fakultativ (weglaßbar) sind. Auf dieser Grundlage stellt sie Klassen von Ergänzungen auf, die zu Satzbauplänen (Satzmustern) zusammengestellt werden. Damit wird ein Gedanke aufgegriffen, der ansatzweise in der Rektion der Verben bereits deutlich geworden war: der Rektion zufolge „regieren" oder „fordern" bestimmte Verben bestimmte Kasus, die casus obliqui (= abhängige Fälle: Genitiv, Dativ, Akkusativ), im Gegensatz zum Subjekt, dem casus rectus (= unflektierter unabhängiger Fall: Nominativ). An dieser Festlegung ist zweierlei falsch bzw. problematisch: einmal ist es schlicht eine Behauptung, daß Verben bestimmte Kasus „fordern" - gleich schlüssig wäre die umgekehrte Behauptung, daß nämlich bestimmte Kasus bestimmte Verben „fordern". Zum zweiten ist bei der Rektion nichts darüber gesagt, ob Subjekte, Ergänzungen, Adverbialbestimmungen, Infinitive oder Nebensätze beim Verb stehen bzw. ob sie fakultativ oder obligatorisch sind. Die valenzgrammatische Unterscheidung überwindet diese Ungenauigkeiten (→ S. 64 ff.).

Die Valenz des Verbs

Wie wir in den Abschnitten „Verb" (→ S. 22) und „Satz" (→ S. 317) festgestellt haben, eröffnen Verben „Leerstellen", die mit Ergänzungen gefüllt werden. Hier sind zahlreiche Verben in alphabetischer Reihenfolge aufgeführt. Zu jedem Verbeintrag wird der dazugehörige Satzbauplan vermerkt; gibt es mehrere Satzbaupläne beim Einzelverb, so werden diese entsprechend der Übersicht (→ S. 367) nacheinander klassifiziert.
Fakultative Teile werden in Klammern angegeben, bei Präpositionalergänzungen wird die Präposition vermerkt, ebenso die sprachlichen Elemente bei der Einordnungsergänzung: *als/wie/zu*. Bei Reflexivverben wird der Kasus des Reflexivpronomens in Klammern nach dem Pronomen aufgeführt.
Folgende Abkürzungen werden gebraucht:

S	=	Subjekt
A	=	Akkusativergänzung
G	=	Genitivergänzung
D	=	Dativergänzung
P	=	Präpositionalergänzung
Sil	=	Situativergänzung (lokal)
Sit	=	Situativergänzung (temporal)
R	=	Richtungsergänzung
E	=	Einordnungsergänzung
Ar	=	Artergänzung
I	=	Infinitivergänzung

abändern:	S+A
abbezahlen:	S+A
abbiegen:	S(+R)
abbrechen:	S+A
abdrucken:	S+A
abfahren:	S+A, S(+R)
abfallen:	S(+R)
abfliegen:	S(+R)
abfotografieren:	S+A
abfragen:	S+A(+A)
abgeben:	S+A, S+A (+D), S+A (+P/*an*)
abgehen:	S+P/*von*, S+R
abgrenzen:	S+A(+P/*von*)
abhängen:	S+A, S+P/*von*
abholen:	S+A(+Sil)
abhören:	S+A, S+A+A
abkommen:	S+P/*von*
abkürzen:	S+A
abladen:	S+A(+R)
ablegen:	S+A, S+A(+Sil)
ablehnen:	S(+A)
ableiten:	S+A(+P/*von*)
abmachen:	S+A, S+A(+R)
abnehmen:	S+A, S+A+D
abraten:	S+D(+P/*von*)
abrechnen:	S(+P/*mit*)
abschalten:	S(+A)
abschleppen:	S+A(+R)
absetzen:	S+A(+P/*von*)
sich-(A):	S+A+R
abspielen:	S+A
sich-(A):	S+Sit/Sil
absteigen:	S(+R)
abstimmen:	S(+P/*für/gegen*)
sich-(A):	S(+P/*mit*)
abtrocknen:	S(+A)
abwarten:	S(+A)
sich abwenden:	S+P/*von*
achten:	S+A, S+P/*auf*
ähneln:	S+D
anbauen:	S+A, S+A+R
anblicken:	S+A
anbrennen:	S, S+A
anbringen:	S+A, S+A(+Sil)
anbrüllen:	S+A
andauern:	S(+Sit)

ändern:	S(+P/*an*), S+A
sich-(A):	S+A
andeuten:	S+A
androhen:	S+A(+D)
anfahren:	S, S+A
anfangen:	S, S(+Sit), S(+Sil), S+A, S+A(+P/*mit*)
anfertigen:	S+A
anflehen:	S+A, S+A(+P/*um*)
anfliegen:	S+A
angeben:	S+A(+D), S+P/*mit*
angehen:	S+A, S+A+P/*um*
angehören:	S+D
angreifen:	S+A
sich ängstigen (A):	S(+P/*um*)
anhalten:	S, S+A, S(+Sit)
anhängen:	S+D, S+A
anhören:	S+A
sich-(D):	S+A, S+Ar/E/*wie*/*nach*
anklagen:	S+A(+G)
ankleben:	S+A(+R)
ankommen:	S(+Sit/Sil)
ankommen es:	S+P/*auf*, S+P/*auf*(+D)
annehmen:	S+A, S+A(+P/*von*), S+A+E/*als*
sich-(A):	S+G
anpassen:	S+A(+D)
sich-(A):	S+A(+D), S+A+P/*an*
anquatschen:	S+A
anreden:	S+A(+E/*als*/*mit*)
anregen:	S+A(+P/*zu*)
anrufen:	S+A, S(+Sil), S+A+P/*um*
ansagen:	S+A
anschauen:	S+A
sich-(D):	S+A+D
anschließen:	S+P/*an*
sich-(A):	S+A+D
ansehen:	S+A, S+A(+D), S+A+Ar/E/*als*
sich-(A):	S+A
ansetzen:	S+P/*an*
ansprechen:	S+A
anstellen:	S+A
anstoßen:	S+A, S+Sil
antreffen:	S+A(+Sil)
antworten:	S(+D), S+P/*auf*(+D)
anweisen:	S+A
anzeigen:	S+A, S+A(+P/*wegen*)
appellieren:	S+P/*an*
arbeiten:	S(+Ar/Sil), S+E/*als*, S(+P/*an*), S(+P/*für*)
ärgern:	S+A
sich-(A):	S+A(+P/*über*)
atmen:	S
aufarbeiten:	S+A
aufbauen:	S+A(+E/*zu*)
aufdecken:	S+A
aufessen:	S+A
auffahren:	S(+R)
auffallen:	S(+D)
auffliegen:	S
aufführen:	S+A
sich-(A):	S+A+Ar/E/*wie*
aufgeben:	S, S+A
aufgehen:	S
aufhängen:	S+A
aufheben:	S+A(+R), S+A(+P/*gegen*)
sich aufhellen:	S
aufhören:	S(+Sit), S(+P/*mit*)
aufklären:	S+A(+P/*über*)
aufkommen:	S(+Sit)
aufladen:	S+A(+R)
aufmachen:	S, S+A
aufnehmen:	S+A, S+A (+P/*mit*/*zu*)
aufpassen:	S(+P/*auf*)
aufräumen:	S(+A), S(+P/*mit*)
aufregen:	S+A
sich-(A):	S+A(+P/*über*)
aufrufen:	S+A(+P/*zu*)
aufschließen:	S(+A)
aufschreiben:	S+A
aufsetzen:	S+A(+R)
aufspalten:	S+A(+P/*in*)
aufspielen:	S(+D)
sich-(A):	S+A+Ar/E/*als*
aufspringen:	S(+R/*auf*)
aufstapeln:	S+A(+Sil)

aufstehen:	S(+R/*von*)
aufstellen:	S+A(+R)
aufteilen:	S+A(+P/*auf*/*in*)
auftragen:	S+A(+R)
aufziehen:	S+A
ausarbeiten:	S+A(+P/*zu*)
ausbauen:	S+A(+P/*zu*)
ausbessern:	S+A
ausbilden:	S+A(+E/*zu*)
ausfahren:	S, S+A
ausfliegen:	S
ausfragen:	S+A(+P/*nach*, *über*)
ausgeben:	S+A
sich-(A):	S+A+E/*als*
ausgehen:	S, S+D
ausgraben:	S+A(+R)
auskommen:	S(+P/*mit*)
ausladen:	S(+A)
ausliefern:	S+A(+D/R/*an*)
ausmachen:	S+A, S+D
ausmalen:	S+A(+P/*mit*)
ausnutzen:	S+A
auspumpen:	S+A(+R/*aus*)
ausrufen:	S+A(+E/*zu*)
sich ausruhen:	S(+P/*von*)
ausschauen:	S(+R/*nach*)
ausschließen:	S+A(+R/*aus*)
aussehen:	S+Ar/E/*wie*, S+P/*nach*
sich äußern:	S(+P/*zu*)
aussprechen:	S+A(+D)
sich-(A):	S+A+P/*für*/*gegen*, S+A+P/*über*
aussteigen:	S(+R)
ausstellen:	S+A(+D)
aussterben:	S
aussuchen:	S+A
ausüben:	S+A
ausweichen:	S(+D), S+P/*vor*
ausziehen:	S(+R/*aus*), S+A, S+A+D
backen:	S(+A)
baden:	S(+A)
sich-(A):	S+A
bauen:	S+A(+R), S+P/*auf*, S+P/*an*
beachten:	S+A
beanspruchen:	S+A
beantragen:	S+A
beantworten:	S+A(+D)

bearbeiten:	S+A
sich bedanken:	S(+P/*für*) (+P/*bei*)
bedauern:	S+A
bedeuten:	S+A(+D)
bedienen:	S+A
sich-(A):	S+A+G
bedürfen:	S+G
sich beeilen:	S(+P/*mit*)
beenden:	S+A(+P/*mit*)
befahren:	S+A
befehlen:	S+A(+D)
sich befinden:	S+Sil
befragen:	S+A(+P/*über*/*nach*)
befreien:	S+A(+P/*von*)
sich begeben:	S+R
begegnen:	S+D(+Ar)
beginnen:	S+A, S+Sit, S(+A) (+P/*mit*)
begleiten:	S+A(+R)
beglückwünschen:	S+A(+P/*zu*)
begrüßen:	S+A
behalten:	S+A, S+A+Ar
behandeln:	S+A, S+A+Ar/E/*wie*
beharren:	S+P/*auf*
behaupten:	S+A
sich-(A):	S+A(+P/*gegen*)
beibringen:	S+A+D
beißen:	S+A, S+A/D+R
beistimmen:	S+D
beitreten:	S+D
bekämpfen:	S+A
bekanntgeben:	S+A(+D)
beklagen:	S+A
sich-(A):	S+A(+P/*über*)
bekommen:	S+A, S+A(+P/*von*), S+D(+Ar)
beliefern:	S+A(+P/*mit*)
belohnen:	S+A(+P/*für*)
bemalen:	S+A(+P/*mit*)
bemängeln:	S+A
bemerken:	S+A, S+A(+P/*zu*)
sich bemühen:	S+A+P/*um*
benachrichtigen:	S+A(+P/*über*/*von*)
sich benehmen:	S+Ar/E/*wie*
beneiden:	S+A(+P/*um*)
benutzen:	S+A(+P/*zu*)

beobachten:	S + A(+ P/*bei*)
bepflanzen:	S + A(+ P/*mit*)
beraten:	S + A
sich-(A):	S + A + P/*über*
berichten:	S + A(+ D) (+ P/*über*/*von*)
berufen:	S + A
sich-(A):	S + A + P/*auf*
beruhen:	S + P/*auf*
beruhigen:	S + A(+ P/*mit*)
beschäftigen:	S + A(+ P/*mit*)
sich-(A):	S + A(+ P/*mit*)
beschimpfen:	S + A
sich beschränken (A):	S + A + P/*auf*
beschreiben:	S + A(+ D)
beschuldigen:	S + A(+ G)
beschützen:	S + A(+ P/*vor*)
sich beschweren (A):	S + P/*über*
beschwören:	S + A
besetzen:	S + A, S + A(+ P/*mit*)
besichtigen:	S + A
sich besinnen:	S + G, S + P/*auf*
besorgen:	S + A(+ D/P/*für*)
bestehen:	S, S + A, S + P/*auf*, S + P/*aus*/*in*
bestellen:	S + A
bestimmen:	S + A(+ P/*zu*), S + P/*über*
bestrafen:	S + A(+ P/*für*)
besuchen:	S + A
beteiligen:	S + A + P/*an*
sich-(A):	S + A + P/*an*
betonen:	S + A
betrachten:	S + A, S + A + E/*als*
sich betragen (A):	S + Ar/E/*wie*
betrügen:	S + A(+ P/*um*)
betteln:	S(+ P/*um*)
beurteilen:	S + A(+ Ar/ + E/*als*)
bewahren:	S + A(+ P/*vor*)
bewegen:	S + A,
(bewegte, bewegt)	S + A + R, S + A + P/*zu*
sich-(A):	S + A(+ Sil)
sich bewerben (A):	S + P/*um*
bewerten:	S + A(+ Ar/E/*als*)
bewundern:	S + A
bezahlen:	S + A(+ P/*für*/*mit*)
bezeichnen:	S + A, S + A + Ar/E/*als*
beziehen:	S + A, S + P/*auf*
sich-(A):	S(+ P/*mit*), S + P/*auf*
bieten:	S + A(+ D) (+ P/*für*)
bilden:	S + A
bitten:	S + A(+ P/*um*)
bleiben:	S(+ D), S + Sil, S + Ar/E
blicken:	S + R
blitzen:	S
blühen:	S
bluten:	S(+ D)
braten:	S(+ A)
brauchen:	S + A(+ P/*für*/*zu*)
brechen:	S, S + A, S + P/*mit*
brennen:	S, S + P/*vor*, S + A + R, S + P/*auf*
bringen:	S + A(+ D) (+ R), S + A + P/*auf*, S + P/*über*, S + P/*zu*, S + A + R
es-:	S + P/*zu*
brüllen:	S(+ Ar/E/*wie*)
bürgen:	S + P/*für*
bürsten:	S + A(+ R) (+ P/*mit*)
sich-(A):	S + A
dämmern:	S
danken:	S + D(+ P/*für*)
dauern:	S(+ Sit)
debattieren:	S(+ A)/(+ P/*über*)
denken:	S(+ A), S + P/*an*, S + P/*über*/*von* + Ar
sich-(D):	S + A
dienen:	S + D, S + P/*zu*, S + E/*als*
diskutieren:	S(+ A)/(+ P/*über*)
donnern:	S
drängen:	S, S + A(+ P/*zu*), S(+ R)
sich-(A):	S + A + R
drehen:	S(+ R)
sich-(A):	S + A(+ R), S + A(+ P/*um*)
drohen:	S + D, S (Modalitätsverb)

drucken:	S+A(+R)
drücken:	S+A(+D), S+A+R
sich-(A):	S+A+P/*vor*/*um*
duften:	S(+P/*nach*)
dúrcharbeiten:	S+A(+P/*auf*)
durchdénken:	S+A(+P/*auf*)
durchfáhren:	S+A
dúrchkommen:	S(+P/*mit*)
dúrchschauen:	S+A
durchsúchen:	S+A(+P/*auf*)
dürfen:	S+R, S+A
sich eignen (A):	S+P/*für*/*zu*
eilen:	S(+R)
eilen es:	S+D(+P/*mit*)
einbauen:	S+A(+R)
sich einbilden (D):	S+A, S+A (+P/*auf*)
eindringen:	S+R/*in*
einfallen:	S+D, S+R/*in*
einführen:	S+A, S+R/*in*
eingehen:	S(+P/*an*), S+P/*auf*
eingreifen:	S+P/*in*
einkaufen:	S+A
sich-(A):	S+A+P/*in*
einladen:	S+A(+P/*zu*) (+R)
einpacken:	S+A(+R)
einpflanzen:	S+A(+R) (+Sil/*in*)
einreichen:	S(+D/P/*an*)
einschreiben:	S+A(+R)
sich einschreiben (A):	S+A+P/*in*
einsetzen:	S+A, S(+Sit)
sich-(A):	S+A(+P/*für*/*gegen*)
einsteigen:	S(+R/*in*)
eintreten:	S(+R/*in*), S+P/*für*/*gegen*
einwilligen:	S(+P/*in*)
ekeln:	S+A
sich-(A):	S+A(+P/*vor*)
empfehlen:	S+A(+D)
entführen:	S+A(+R)
entgegengehen:	S+D
entgehen:	S+D
sich enthalten (A):	S+A+G
entlassen:	S(+R)
entschädigen:	S+A(+P/*für*)
entscheiden:	S+A(+P/*für*/*gegen*), S+P/*über*

sich-(A):	S+A+P/*für*/*gegen*
sich entschließen (A):	S+P/*zu*
entschuldigen:	S+A
sich-(A):	S+A(+P/*für*)/(Sil/*bei*)
sich entspannen (A):	S(+P/*von*)
entsprechen:	S+D
entstehen:	S(+Sit, Sil), S+P/*aus*, S+E
enttäuschen:	S+A
entwickeln:	S+A, S+A(+E/*zu*)
sich-(A):	S+A+P/*zu*
entziehen:	S+A+D
erachten:	S+A+Ar/*als*
erarbeiten:	S+A
erbauen:	S+A(+P/*aus*)
sich ereignen (A):	S+Sil, Sit
erfahren:	S+A, S+A (+P/*von*/*durch*)
erfinden:	S+A
erfragen:	S+A
erfreuen:	S+A
sich-(A):	S+G/P/*an*
ergeben:	S+A
sich-(A):	S(+P/*in*)
erhalten:	S+A, S+A+P/*von*
sich erholen:	S(+P/*von*) (+Sil)
erinnern:	S+A(+P/*an*)
sich-(A):	S+A(+P/*an*)
sich erkälten:	S
erkennen:	S+A, S+A(+P/*an*)
erklären:	S+A(+D), S+A+P/*für*
sich-(A):	S+P/*für*/*als*
erkranken:	S+P/*an*
sich erkundigen (A):	S(+P/*nach*)
erlauben:	S+A(+D)
erlernen:	S+A
ermahnen:	S+A(+P/*zu*)
ermorden:	S+A(+P/*mit*)
ermutigen:	S+A(+P/*zu*)
ernennen:	S+A(+E/*zu*)
eröffnen:	S+A, S+A(+D)
sich-(A):	S+A
sich erregen:	S+A+P/*über*
erreichen:	S+A
erröten:	S(+P/*über*)
erscheinen:	S+Sil, Sit, S+Ar, S+E/*als*

erschrecken: (erschreckte)	S+A
erschrecken: (erschrak)	S(+P/*über*), S(+P/*vor*)
ersticken:	S, S+A
ertrinken:	S(+Sil, Sit)
erwähnen:	S+A
erwarten:	S+A(+P/*von*)
sich erweisen (A):	S+Ar/E/*als*
erzählen:	S+A(+D)+P/*von/über*
erziehen:	S+A(+P/*zu*)
essen:	S(+A) (+R/*aus*)
existieren:	S(+Sil, Sit), S+P/*von*
fahren:	S, S+A, S(+R), S+I
fallen:	S+R(+D), S+P/*durch*, S+Ar
fassen:	S+A
fegen:	S+A(+R/*aus*), S+A+Ar
fehlen:	S(+D), S+P/*an*
feiern:	S+A
feilen:	S+A(+Ar)
feststellen:	S+A
finden:	S+A(+Sil), S+A+Ar/E
sich-(A):	S, S+P/*in*
fliegen:	S, S+A, S(+R)
fließen:	S+R
fluchen:	S(+P/*auf*)
flüchten:	S+R, S+P/*vor*
sich-(A):	S+A+R
folgen:	S+D(+R), S+P/*auf*, S+P/*aus*
fotografieren:	S(+A)
fragen:	S+A(+A), S(+A) (+P/*nach*), S(+A) (+P/*um*)
sich-(A):	S+A
freisprechen:	S+A(+P/*von*)
freuen:	S+A
sich-(A):	S+A(+G), S+A(+P/*über/auf*), S+A(+P/*an*)
frieren:	S(+Sil/*an*)
sich fügen (A):	S(+D)/(+P/*in*)
fühlen:	S+A, S+I, S+P/*mit*
sich-(A):	S+Ar
führen:	S+A(+R), S+A+Sil, S+P/*zu*
füllen:	S+A(+R), S+A(+P/*mit*)
fürchten:	S+A, S+P/*um*
sich-(A):	S+A(+P/*vor*)
gackern:	S
geben:	S+A+D/+P/*an*, S+A+P/*auf*, S+A+P/*für*
es-:	A(+Sil)
gefallen:	S+D
es-:	D+Sil/Ar
gegenüberstehen:	S+D
gegenüberstellen:	S+A+D
gehen:	S, S+A, S+R, S(+Sil), S+E, S+Ar(+D), S+I, S+P/*um*
es-:	D+Ar, P/*um*(+D)
gehören:	S+D, S+R, S+P/*zu*
sich-(A):	S
gelangen:	S+P/*zu*, S+R
gelingen:	S(+D)
gelten:	S(+Sil, Sit), S+Ar/E/*als*
genügen:	S(+D)
geraten:	S+D+Ar, S+R
geschehen:	S(+Sil, Sit), S+D, S+P/*mit*, S+P/*aus* (Begründung)
gestehen:	S+A(+D)
gewähren:	S+A(+D)
gewinnen:	S(+A), S+A (+P/*aus*), S+P/*an*, S(+P/*für*)
gewöhnen:	S+A+P/*an*
sich-(A):	S+A+P/*an*
gießen:	S+A(+P/*aus*), S+A+Ar
es-(A):	S
glauben:	S+A(+D), S+P/*an*
gleichschalten:	S+A

glücken:	S+D
gratulieren:	S+D(+P/*zu*)
grauen:	D(+P/*vor*)
grünen:	S
grüßen:	S+A(+P/*von*)
gucken:	S+P/*nach*, S+R
haben:	S+A, S+A+Sil, S+A+E/*als*, S+P/*in*, S+I
es-:	S+Ar, S+P/*mit*+I
hageln:	S
halten:	S, S+A, S+Sil, S+A+Ar, S+A+P/*von*
sich-(A):	S, S+A+P/*an*, S+Ar
handeln:	S(+Sit), S+P/*mit*
sich-es(A):	P/*um*
hängen: *(hing, gehangen)*	S+P/*an*, S(+Sil/*über*)
hängen: (hängte, gehängt)	S+A+R, S+A+Ar
heben:	S+A(+R)
heilen:	S+A(+P/*von*)
heiraten:	S(+A), S(+R)
heißen:	S+E, S+A+E
helfen:	S+D, S+P/*bei*, S(+D)+P/*gegen*
herstellen:	S+A(+E/*aus*)
hindern:	S+A+P/*an*/*bei*
hoffen:	S+A, S+P/*auf*
holen:	S+A, S+A(+R/*aus*)
sich-(D):	S+A
hören:	S+A, S+I, S(+A)+P/*von*, S+A+P/*an*
hungern:	S(+P/*nach*)
informieren:	S+A(+P/*über*/*von*)
sich-(A):	S+A(+P/*über*)
interessieren:	S+A
sich-(A):	S+A+P/*für*
sich irren (A):	S(+P/*in*)
kämmen:	S+A(+D), S+A(+R)
sich-(A):	S+A
kämpfen:	S(+P/*für*/*gegen*), S(+P/*um*)
kaufen:	S+A
kennen:	S+A(+Sil), S+A+Ar/E/*als*
kennenlernen:	S+A
klagen:	S(+P/*über*)
klappen:	S, S+A+R
es-:	S+P/*mit*
klarmachen:	S+A(+D)
kleben:	S+A(+R), S(+Sil)
klettern:	S(+R)
klopfen:	S, S+R+(Pert.)
knien:	S(+Sil)
knirschen:	S(+Sil), S+P/*mit*
kochen:	S, S(+A), S+A+Ar
kommen:	S+D, S+P/*auf*, S+P/*zu*, S+R, S+Ar, S+I
können:	S+A
kontrollieren:	S+A(+P/*nach*/*auf*)
sich konzentrieren (A):	S+A(+P/*auf*)
kosten:	S+A(+A), S+A
kratzen:	S+A(+R)
kriegen:	S+A(+P/*von*), S+A(+R), S+A+Ar, S+A+I
kritisieren:	S+A, S+A(+P/*an*)
sich kümmern (A):	S+P/*um*
lachen:	S(+P/*über*), S+P/*vor*/*aus* (Begründung)
lächeln:	S(+P/*über*)
laden:	S+A+R, S+A+Ar
lassen:	S+A, S+A+Sil, S+A+Ar, S+A+I
sich-(A):	S+I
außer acht lassen:	S+A
bleiben lassen:	S+A
in Frieden lassen:	S+A(+P/*mit*)
passieren lassen:	S+A
in Ruhe lassen:	S+A
im Zweifel lassen:	S+A
laufen:	S, S+A, S+R, S(+Sil, Sit)
läuten:	S
leben:	S, S(+P/*für*), S+P/*von*, S(+Sil), S+Ar

lecken:	S+A(+R/*von*)
legen:	S+A, S+A+R
sich-(A):	S+A, S+A+R
lehren:	S+A(+A)
leiden:	S(+A), S+P/*an*/*unter*
leihen:	S+A+D
lenken:	S+A
das Interesse lenken:	S+R/*auf*
lernen:	S+A(+P/*aus*/*an*), S+P/*von*, S+I
lesen:	S, S+A, S(+P/*aus*), S(+P/*über*/*von*), S+Ar
leuchten:	S+R
lieben:	S+A
liefern:	S+A+D/R/*an*
liegen:	S+D, S+P/*an*, S+Sil
es:	S+D+P/*an*
loben:	S+A(+E/*als*)
lohnen:	S+A+Ar
sich-(A):	S
losfahren:	S+R
losgehen:	S+P/*mit*
machen:	S+A, S+A(+D), S+A+P/*zu*, S+P/*aus*
sich-(D):	S, S+A+P/*aus*
malen:	S(+A) (+Ar)
marschieren:	S(+R)
meinen:	S+A, S+A(+P/*mit*)
es-:	S+P/*mit*+Ar
melden:	S+A(+D)
sich-(A):	S+A(+R/Sil), S+A+P/*zu*
merken:	S+A, S+A+P/*an*
sich-(D):	S+A
mieten:	S+A
mischen:	S+A, S+A+P/*mit*
mißfallen:	S+D
mißlingen:	S+D
mitarbeiten:	S(+P/*bei*/*an*)
mitbestimmen:	S+A, S(+P/*bei*)
mitmachen:	S+P/*bei*
mitteilen:	S+A(+D)
mitwirken:	S(+P/*an*)
mögen:	S+A
montieren:	S+A(+R)
müssen:	S+R
nachdenken:	S(+P/*über*)
nachgeben:	S(+D)
nachlesen:	S+A(+Sil)
nachwirken:	S(+Sit)
nageln:	S+A+R
nähen:	S(+A) (+R)
sich nähern (A):	S+D
nehmen:	S+A, S+A+D, S+A+P/*zu*, S+A+R, S+A+E/*als*
sich-(D):	S+A, S+A+P/*auf*, S+A+P/*zu*
es-:	S+Ar
neigen:	S+P/*zu*
sich-(A):	S+A
nennen:	S+A(+D), S+A+P/*nach*, S+A+Ar/E
nutzen:	S+A, S+A+Ar/E/*als*
nützen:	S+D, S+A+P/*zu*
öffnen:	S+A
sich-(A):	S+A
operieren:	S(+A), S+Sil/Ar
opfern:	S+A(+P/*für*)
sich-(A):	S+A+P/*für*
organisieren:	S+A
orientieren:	S+A(+P/*über*)
sich-(A):	S+A+P/*nach*/*an*
packen:	S+A, S+A+R
passen:	S(+D), S+P/*zu*
passieren:	S+Sil, Sit, S+A, S+A+D
pfeifen:	S(+A), S+P/*auf*
pflegen:	S+A
sich-(A):	S+A
phantasieren:	S(+P/*von*)
planen:	S+A
pressen:	S+A
probieren:	S+A
produzieren:	S+A(+P/*aus*)
protestieren:	S(+P/*gegen*)
prozessieren:	S(+P/*gegen*)
prüfen:	S+A(+P/*auf*)
putzen:	S(+A), S+A(+D)/Pert.

sich-(A):	S+A, S+A(+D)/(Pert.)
quälen:	S+A
sich-(A):	S+A
radfahren:	S
rasieren:	S+A
sich-(A):	S+A, S+A(+D)/(Pert.)
raten:	S+A, S+D(+P/*zu*)
rauchen:	S(+A)
rechnen:	S(+A), S+P/*mit*, S+A+P/*zu*
reden:	S(+A), S(+P/*von*/*über*)
regieren:	S(+A) (+Sit)
regnen:	S
reiben:	S+A
sich-(A):	S+A+P/*mit*/*an*
reichen:	S+D, S+A+D, S+A+R/*an*
reinigen:	S+A(+P/*mit*), S+A(+D)
reisen:	S(+R)
reißen:	S+A+R
reiten:	S(+A), S(+P/*auf*) (+R)
reizen:	S+A(+P/*zu*)
rennen:	S+R
retten:	S+A(+P/*aus*/*vor*)
sich-:	S+A(+P/*aus*/*vor*)
richten:	S+A+P/*an*, S+A+R
sich-(A):	S+A+P/*nach*
riechen:	S+Ar/E/*nach*
rosten:	S
rufen:	S(+A), S(+A) (+R), S+P/*nach*
sich rühmen:	S+A+G/P/*wegen*
rutschen:	S+R
sagen:	S+A(+D/P/*zu*), S+P/*über*/von
sich-(D):	S+A
sägen:	S+A(+R/*aus*)
sammeln:	S+A(+R), S+P/*für*
sich-(A):	S+A(+Sil)
schaden:	S+D
schaffen:	S+A, S+A+R
sich schämen:	S+G/P/*wegen*
schauen:	S+R
scheinen:	S(+R), S+Ar
schenken:	S+A(+D)
sich scheuen:	S+P/*vor*
schicken:	S+A(+D) (+R/*an*), S+A+R, S+P/*nach*
sich-(A):	S+A(+P/*für*)
schieben:	S+A(+R)
sich-(A):	S+A+R
schießen:	S+R, S+Ar
schimpfen:	S+A(+E), S+P/*auf*/*über*
schlafen:	S(+Sil), S+P/*mit*
schlagen:	S, S+A, S+A+R, S+A+Ar, S+P/*nach*
sich-(A):	S+P/*um*, S+P/*für*
schleifen:	S+A+R, S+A+Ar
schließen:	S+A, S+P/*mit*, S+A+P/*aus*, S+P/*von*, S(+Ar)
schmecken:	S+A, S(+D) (+Ar), S(+P/*nach*)
schmieren:	S+A+R
schneiden:	S+A(+R), S(+Ar)
sich-(A):	S+A, S+A+R
schneien:	S
schrauben:	S+A+R/Ar
schreiben:	S, S(+A) (+D), S(+P/*an*), S+A(+R), S+A+Ar/E/*wie*
sich-(A):	S+P/*mit*
schreien:	S(+Ar), S+P/*vor* (Begründung)
schützen:	S+A(+P/*vor*/*gegen*)
schweben:	S(+R)
schwimmen:	S, S+A, S(+Sil), S(+R)
schwitzen:	S(+Ar)
schwören:	S(+A) (+P/*auf*)
segeln:	S(+R)

sehen:	S+A, S+A+I, S+P/*nach*, S+R, S+A+P/*in*, S+Ar
sich sehnen:	S+P/*nach*
sein:	S+G, S+P/*an*, S+P/*aus*, S+P/*für/gegen*, S+P/*von*, S+Sil, Sit, S+Ar/E, S+D+Ar
es-:	S+Ar, S+P/*mit*+Ar (Adjektivvalenz)
senden: (sendete, gesendet)	S+A
senden: (sandte, gesandt)	S+A(+D/P/*an*), S+A(+R)
setzen:	S+A+P/*auf*, S+A+R
sich-:	S(+A+R)
singen:	S(+A), S+P/*vor*
sinnen:	S+P/*auf*
sitzen:	S(+Sil), S+Ar
sollen:	S+R
sorgen:	S+P/*für*
sich-(A):	S+P/*um*
sparen:	S+A, S(+P/*an*), S+P/*für/auf*
sich spezialisieren:	S+P/*auf*
spielen:	S+A, S+A(+R), S(+P/*gegen/mit/um*)
sprechen:	S(+A), S+P/*mit*/P/*zu*, S+P/*von/über*, S(+P/*mit*) (+P/*von/über*), S+P/*für/gegen*
springen:	S, S(+R)
spülen:	S+A, S+A+R/*hinunter*
spüren:	S+A
stammen:	S+R/*von/aus*
starten:	S, S+A, S+Sil, Sit
stattfinden:	S(+Sil, Sit)
stecken:	S+Sil, S+A+R
stehen:	S, S+D, S(+Sil), S+P/*zu*, S+P/*auf*
steigen:	S, S+R

stellen:	S+A+D, S+A+R, S+A(+P/*auf*)
sich-(A):	S+D, S+A+R
sterben:	S(+Sit), S+P/*an*
stillegen:	S+A
stimmen:	S, S+A, S+P/*für/gegen*, S+A+Ar
stinken:	S+Ar/P/*nach*
stören:	S(+A) (+P/*bei*)
sich-(A):	S+P/*an*
stoßen:	S+A, S+R, S+P/*auf*
sich-(A):	S+P/*an*
streben:	S+P/*nach*
streichen:	S+A, S+A(+Ar)
sich-(D):	S+R+Pert.
streiken:	S(+P/*für/gegen*)
streiten:	S+P/*für/um/über*
sich-(A):	S+A(+P/*mit*) (+P/*um/über*)
streuen:	S+A+R
stricken:	S+A(+P/*aus*)
studieren:	S(+A)
stürzen:	S+A, S+R, S+A+R
sich-(A):	S+A+R
suchen:	S+A, S+P/*nach*
tanzen:	S(+A), S(+A) (+P/*nach/zu*)
taugen:	S+A, S+P/*zu*
täuschen:	S+A
sich-(A):	S+A+P/*in*
teilen:	S+A, S+A(+P/*mit*), S+A(+P/*in/unter*)
sich-(A):	S+A, S+P/*in*
teilnehmen:	S+P/*an*
telefonieren:	S(+P/*mit*), S(+R)
töten:	S+A(+P/*mit*)
sich-(A):	S+A(+P/*mit*)
tragen:	S+A(+R), S+A+Ar
trauern:	S+P/*um/über*
träumen:	S(+P/*von*)
treffen:	S+A(+Sil), S(+P/*auf*), S(+R), S+Ar
sich-(A):	S+A+P/*mit*

treiben:	S+A+R
trennen:	S+A(+P/*aus/von*)
sich-(A):	S+A+P/*von*
treten:	S+A, S+R
trinken:	S(+A), S+P(*auf*)
trösten:	S+A
sich-(A):	S+A+P/*mit*
tun:	S+A(+D), S+A+P/*für*, S+Ar(+D)
sich-:	S+Sil
üben:	S(+A)
sich-:	P/*in*
überárbeiten:	S+A
überbríngen:	S+A(+D)
übereínstimmen:	S(+P/*in*)
überfáhren:	S+A
überfǘhren:	S+A, S+A+G
übergében:	S+A(+D/R/*an*)
übergíeßen:	S+A(+P/*mit*)
überhólen:	S+A
überlégen:	S+A
sich-(D):	S+A
überprüfen:	S+A(+P/*auf*)
überraschen:	S+A(+P/*mit*), S+A(+P/*bei*)
überréden:	S+A(+P/*zu*)
überréichen:	S+A(+D/P/*an*)
überspríngen:	S+A
überzeugen:	S+A(+P/*von*)
sich-(A):	S+A+P/*von*
úmändern:	S+A(+P/*in*)
úmarbeiten:	S+A(+P/*zu/in*)
úmbauen:	S+A(+P/*zu/in*)
umfáhren:	S+A
umgében:	S+A, S+A+P/*mit*
úmschulen:	S+A(+P/*zu*)
úmsteigen:	S(+P/*auf*)(+R/*in*)
úmziehen:	S(+R), S+A
sich-(A):	S+A
unterbréchen:	S+A
únterbringen:	S+A(+Sil)
unterhálten:	S+A
sich-(A):	S+A(+P/*mit*)(+P/*über*)
unternéhmen:	S+A
únterordnen:	S+D
sich-(A):	S+A+D
unterríchten:	S+A(+P/*in*), S+A(+P/*über/von*)
unterschréiben:	S+A
unterstǘtzen:	S+A
untersúchen:	S+A(+P/*auf*)
unterzíehen:	S+A+G
sich-(A):	S+A+G
verabreden:	S+A+P/*mit*
sich-(A):	S+A+P/*mit*(+P/*zu*)
verabschieden:	S+A
sich-(A):	S+A(+P/*von*)
verachten:	S+A
verändern:	S+A(+E/*zu*)
sich-(A):	S+A(+P/*zu*)
veranlassen:	S+A
veranstalten:	S+A
verärgern:	S+A(+P/*mit*)
verbessern:	S+A(+E/*zu*)
sich-(A):	S+A
verbieten:	S+A(+D)
verbinden:	S+A, S+A(+P/*mit*)
verbringen:	S+A+Sil
verdächtigen:	S+A+G
verdienen:	S+A, S+P/*an*, S+Ar
vererben:	S+A(+D/P/*an*)
verfallen:	S(+P/*zu/in*)
verführen:	S+A(+P/*zu*)
vergessen:	S+A
sich-(A):	S+A
vergiften:	S+A
vergleichen:	S+A(+P/*mit*)
sich-(A):	S+A+P/*mit*
verhaften:	S+A(+P/*wegen*)
verhalten:	S+A
sich-(A):	S+Ar
sich verheiraten (A):	S+A+P/*mit*
verhindern:	S+A
verhungern:	S
verkaufen:	S+A(+D/P(*an*), S+A(+R)
verlangen:	S+A, S+P/*nach*, S+A+P/*von*
verlängern:	S+A(+P/*auf/um*)
verlassen:	S+A
sich-(A):	S+P/*auf*
verletzen:	S+A, S+A(+Sil)
sich-(A):	S
sich verlieben (A):	S+P/*in*
verlieren:	S+A, S+P/*an*

sich-(A):	S
vermieten:	S+A(+D/P/*an*)
vermuten:	S+A, S+R+P/*in*/*von*
vernachlässigen:	S+A
veröffentlichen:	S+A
verpflichten:	S+A+P/*zu*
verschenken:	S+A(+R/*an*)
verschreiben:	S+A(+D)
sich-(A):	S
versichern:	S+A+G, S+A(+D), S+A(+P/*gegen*)
sich-(A):	S+A(+P/*gegen*)
versorgen:	S+A(+P/*mit*)
sich verspäten:	S(+P/*mit*)
versprechen:	S+A(+D)
sich-(D):	S+A+P/*von*
sich-(A):	S
verstecken:	S+A(+P/*vor*)
sich-(A):	S+A+P/*vor*
verstehen:	S+A, S+A+P/*unter*, S+A+P/*von*, S+A+Ar/E/*als*
sich-(A):	S+P/*auf*, S+P/*zu*, S+P/*mit*
verstoßen:	S+A, S+P/*gegen*
versuchen:	S+A
sich-(A):	S+A+P/*an*/*in*
verteidigen:	S+A(+P/*gegen*)
sich-(A):	S+A(+P/*gegen*)
verteilen:	S+A(+R/*an*), S+A(+P/*auf*/*unter*)
sich-(A):	S(+Sil)
vertrauen:	S+D, S+P/*auf*
verurteilen:	S+A(+P/*zu*)
sich verwandeln (A):	S+A+P/*in*
verwechseln:	S+A(+P/*mit*)
verzeihen:	S+D
verzichten:	S+P/*auf*
vollziehen:	S+A
sich-(A):	S+Sil, Sit
vorbereiten:	S+A(+P/*auf*)
sich-(A):	S+A(+P/*auf*)
vorkommen:	S(+Sil), S+D+Ar
vorlegen:	S+A(+D)
vorlesen:	S(+A)(+D), S(+P/*aus*)
vorliegen:	S(+Sil)
	(+P/*gegen*)
vorstellen:	S+A, S+A(+D)
sich-(D):	S+A(+Ar/E/*als*), S+A(+P/*unter*)
wachsen:	S(+Sil), S(+R)
wagen:	S+A
sich-(A):	S+P/*an*
wählen:	S+A(+P/*in*/*zu*), S+P/*zwischen*
wandern:	S(+R)
warten:	S+A, S(+P/*auf*), S(+P/*mit*)
waschen:	S(+A)
sich-(A):	S+A, S+A+D
wechseln:	S, S+A, S+A(+P/*in*/*mit*)
wecken:	S+A(+P/*aus*), S+A(+Sil)
sich wehren (A):	S(+P/*gegen*)
weinen:	S(+P/*über*/*um*), S(+P/*vor*)
wenden: (wendete, gewendet)	S(+A)
wenden: (wandte, gewandt)	S(+R)
sich-(A):	S+A+P/*an*/*gegen*
werden:	S+P/*aus*/*zu*, S+Ar/E
es-:	Ar/E
werfen:	S+A, S+A+R, S+P/*mit*
sich-(A):	S+A+P/*auf*
widersprechen:	S+D
widmen:	S+A+D
wiederholen:	S+A
sich-(A):	S
wiegen:	S+A
wiehern:	S
winken:	S(+D), S+A+R, S+R
wischen:	S+A+R
wissen:	S+A, S+A+P/*von*/*über*, S+P/*um*
wohnen:	S+Sil
wollen:	S+A, S+R
wundern:	S+A
sich-(A):	S+A(+P/*über*)
wünschen:	S+A, S+A(+D)

zahlen:	S+A(+D/P/*an*), S+Ar	*ziehen:*	S, S+A(+D=Pertinenzdativ), S+P/*an*, S+R, S+A+R, S+A+Ar
zählen:	S+A, S+A+P/*unter*, S+P/*zu*, S+A+P/*zu*, S+A+E/*als*, S+P/*auf*	*zielen:*	S(+P/*auf*)
		zittern:	S+P/*um*
zeichnen:	S+A, S+A(+R)	*zögern:*	S
zeigen:	S+A(+D), S+R	*zudecken:*	S+A
sich-:	S, S+Ar/E/*als*	*zugehen:*	S+P/*auf*
zerbrechen:	S+A(+P/*zu*)	*es-:*	S+Sil+Ar
zerdrücken:	S+A(+P/*zu*)	*zuhören:*	S(+D)
zerfallen:	S(+P/*zu*/*in*)	*zumachen:*	S+A, S(+Sit)
zerreißen:	S, S+A(+P/*in*)	*zuschließen:*	S(+A)
zerschlagen:	S+A(+P/*zu*)	*zweifeln:*	S(+P/*an*)
zerschneiden:	S+A(+P/*in*)	*zwingen:*	S+A(+P/*zu*)

Semantische Unterscheidung der Verben

Die Aktionsarten

(1) Gemeinhin werden die Verben der deutschen Sprache ihrer Bedeutung nach in Handlungsverben *(arbeiten, lachen)*, Vorgangsverben *(blühen, schlafen)*, Zustandsverben *(bleiben, wohnen)* unterschieden sowie in weitere Unterklassen wie Veranlassungsverben (Kausativa: *fällen, setzen*) oder Wiederholungsverben (Iterativa: *husten, tropfen*).

(2) Ein anderes wichtiges Unterscheidungskriterium für die Bedeutung der Verben sind die Aktionsarten. Unter der Aktionsart eines Verbs versteht man die Art und Weise sowie die Abstufung dessen, wie das Geschehen abläuft. Die dabei deutlich werdenden Unterschiede beziehen sich auf zwei Ebenen:

- den zeitlichen Ablauf (Beginn, Dauer, Ende des Geschehens)
- den inhaltlichen Ablauf (Veranlassung, Wiederholung, Verstärkung des Geschehens)

(3) Häufig berühren sich aber beide Ebenen, und eine deutliche Unterscheidung ist deshalb nicht möglich. Eindeutig ist in jedem Fall die Trennung aufgrund von Wortbildungsmitteln, vor allem mit Hilfe von Präfixen (Vorsilben) und Suffixen (Nachsilben).

Klassen der Aktionsarten

Im einzelnen werden folgende Aktionsarten unterschieden:

(1) Verben, die den Ablauf eines Geschehens ohne zeitliche Begrenzung (Anfang bzw. Ende) kennzeichnen, heißen imperfektive oder durative Verben: *andauern, blühen, essen, gehen, schlafen, schwitzen, sein*

Untergruppen der imperfektiven Verben sind:

- Iterative oder frequentative Verben, also solche, die eine Wiederholung gleichartiger Vorgänge ausdrücken (Endung meist *-eln* bzw. *-ern*): *flattern, grübeln, meckern, plätschern, streicheln, zischeln*

- Intensive Verben, also solche, die den Grad/die Intensität eines Geschehens ausdrücken. Dabei kann es sich sowohl um eine Verstärkung als auch um eine Abschwächung handeln: *brüllen, fressen, saufen, schreien* (Verstärkung), *hüsteln, lächeln, schluchzen, tänzeln* (Abschwächung)

(2) Verben, die die zeitliche Begrenzung eines Geschehens bzw. den Übergang eines Geschehens in einen anderen ausdrücken, werden perfektive oder terminative Verben genannt: *anfangen, aufhören, umleiten*

Je nach dem Zeitpunkt bzw. der Phase, die exakt bezeichnet wird, unterscheidet man folgende Untergruppen:

- Inchoative oder ingressive Verben, also solche, die den Beginn eines Geschehens kennzeichnen: *abfliegen, aufmachen, einschlafen, erblühen, losfahren*
- Resultative oder egressive Verben, also solche, die das Ende eines Geschehens bezeichnen: *aufessen, aufhören, aufwachen, verblühen, verglühen, verrosten, vollenden, zerschlagen, zerschneiden, zumachen*
- Punktuelle oder momentane Verben, also solche, die lediglich einen Punkt des Geschehens beschreiben: *angreifen, finden, treffen*
- Mutative Verben, also solche, die den Übergang von einem Geschehen in einen anderen kennzeichnen: *sich erkälten, gesund werden, umleiten*
- Faktitive Verben, also solche, die das Bewirken eines Geschehens bezeichnen: *blondieren, reinigen, schwärzen, trocknen*
- Kausative Verben, also solche, die das Veranlassen eines Geschehens und damit einen neuen Zustand kennzeichnen: *fällen, legen, säugen, setzen*
  auch: *zu Fall bringen, zum Gehen veranlassen, zum Stehen bringen*

Formen der Aktionsarten

(1) Da die deutsche Sprache im Gegensatz zu anderen Sprachen - dem Russischen etwa - kein ausgebautes grammatisches System der Aktionsarten aufweist, werden Unterschiede in den Aktionsarten sehr häufig auch mit lexikalischen Mitteln (Wörter, Wortgruppen) ausgedrückt. Wir haben damit nebeneinander: Wortbildungsmittel, lexikalische Mittel und syntaktische Mittel.

(2) Wortbildungsmittel zur Bestimmung der Aktionsarten sind Präfixe (Vorsilben), Suffixe (Nachsilben) und Infixe (Vokalwechsel *e/i* in der Wortmitte, Wechsel des Stammvokals):

blühen	(durativ)	erblühen	(inchoativ)
fallen	(durativ)	fällen	(kausativ)
leiten	(durativ)	umleiten	(mutativ)
liegen	(durativ)	legen	(kausativ)
rosten	(durativ)	verrosten	(egressiv)
schlagen	(durativ)	zerschlagen	(egressiv)

(3) Lexikalische Mittel sind vor allem Wörter oder Wortgruppen:

Sie *fährt bis zum* Bahnhof.	(egressiv)
Es *fing an* zu schneien.	(inchoativ)
Sie singt *ununterbrochen.*	(durativ)
Sie pflegt *täglich* in die Sauna zu gehen.	(iterativ)
Das Konzert beeindruckte uns *ungeheuer.*	(intensiv)

(4) Syntaktische Mittel zur Bestimmung der Aktionsarten sind vor allem die Funktionsverbgefüge (→ S. 81) sowie Konstruktionen mit Hilfsverben. Gerade bei den Aktionsarten wird deutlich, daß die Funktionsverbgefüge (*zum Abschluß bringen, zur Diskussion stellen* usw.) sehr wohl ihre Berechtigung haben und ein pauschales Urteil wie „Hang zur Nominalisierung" bzw. „Substantivitis" nicht erlauben:

Er ist zornig.	Er gerät in Zorn.	(inchoativ)
Ich diskutiere das Problem.	Ich stelle das Problem zur Diskussion.	(inchoativ)
Der Baum blüht.	Der Baum steht in Blüte.	(durativ)
Ich schreibe an meiner Doktorarbeit.	Ich bringe meine Doktorarbeit zum Abschluß.	(egressiv)

Besonderheiten der Aktionsarten

(1) Die Unterscheidung zwischen imperfektiven (durativen) und perfektiven Verben ist vor allem für die Bildung der zusammengesetzten Tempora (Perfekt, Plusquamperfekt) wichtig. Grundsätzlich gilt: Verben ohne Ergänzung und Verben mit Genitiv-, Dativ- oder Präpositionalergänzung (sog. intransitive Verben), die imperfektiv sind, bilden ihr Perfekt mit *haben;* sind sie perfektiv, wird das Tempus mit *sein* gebildet (→ S. 50):

Die Blume *ist* erblüht.	(perfektiv)
Die Blume *hat* geblüht.	(imperfektiv)
Die Blume *ist* verblüht.	(perfektiv)
Er *ist* aufgestanden.	(perfektiv)
Er *hat* im Bett gelegen.	(imperfektiv)
Er *ist* wieder ins Bett gegangen.	(perfektiv)
Inge *ist* eingeschlafen.	(perfektiv)
Inge *hat* geschlafen.	(imperfektiv)
Inge *ist* aufgewacht.	(perfektiv)

(2) Diese Unterscheidung gilt auch für Verben mit *haben* bzw. *sein* im Perfekt bei gleichzeitigem Bedeutungsunterschied:

Hans *hat/ist* drei Stunden geschwommen.	(imperfektiv)
Hans *ist* 1500 Meter geschwommen.	(perfektiv)
Hans *ist* bis zur Insel geschwommen.	(perfektiv)

Anmerkung:
Diese Unterscheidung gilt nur für die Verben ohne Ergänzung sowie solche mit Genitiv-, Dativ- oder Präpositionalergänzung (sog. intransitive Verben); die Verben mit Akkusativergänzung (sog. transitive Verben) sowie die reflexiven und reziproken Verben bilden das Perfekt grundsätzlich mit *haben* (→ S. 61).
Diesen Regeln folgen nicht die Verben *sein* und *bleiben:* obwohl intransitiv und imperfektiv, wird das Perfekt mit *sein* gebildet:

Ich bin letzte Woche in Paris gewesen.

(3) Die Unterscheidung zwischen imperfektiven und perfektiven Verben ist weiterhin wichtig für die Attribuierbarkeit des Partizips II, also seine Überführung in ein Attribut beim Substantiv. Dies ist nur möglich bei Verben, die ihr Perfekt

mit *sein* bilden - also bei sog. intransitiven Verben mit perfektiver Aktionsart; es ist nicht möglich bei Verben mit dem *haben*-Perfekt, also bei sog. intransitiven Verben mit imperfektiver Aktionsart. Wir vergleichen:

Der Mann ist eingeschlafen.	⟶	der eingeschlafene Mann
Der Mann hat geschlafen.	⟶	* der geschlafene Mann

analog:

Die Blume ist erblüht.	⟶	die erblühte Blume
Die Blume hat geblüht.	⟶	* die geblühte Blume
Die Blume ist verblüht.	⟶	die verblühte Blume
Der Mann ist zur Insel geschwommen.	⟶	der zur Insel geschwommene Mann
Der Mann hat geschwommen.	⟶	* der geschwommene Mann

Diese Unterscheidung betrifft also nur die sog. intransitiven Verben; die sog. transitiven Verben unterliegen keiner Einschränkung bei der Attribuierung des Partizips II:

Er sieht den Mann.	⟶	der gesehene Mann
Sie schreibt die Arbeit.	⟶	die geschriebene Arbeit

Bei reflexiven Verben wird das Attribut folgendermaßen gebildet:

Die Frau hat sich gewaschen.
⟶ Die Frau ist gewaschen.
⟶ die gewaschene Frau

Die Attribuierung ist nicht möglich bei reziproken Verben:

Hans und Inge haben sich getroffen.
⟶* Hans und Inge sind getroffen.
⟶* die getroffenen Hans und Inge

Passivbildung

Unter den passivfähigen sog. transitiven Verben (→ S. 63) ist bei der Bildung des *sein*-Passivs („Zustandspassiv") zu unterscheiden zwischen Verben mit Akkusativergänzung und perfektiver Aktionsart (a) und solchen mit imperfektiver Aktionsart (b). Bei (a) ist immer ein *sein*-Passiv möglich:

Ich habe die Arbeit abgeschlossen.
⟶ Die Arbeit ist abgeschlossen.
Er hat ein Auto gekauft.
⟶ Das Auto ist gekauft.

Manche Verben mit imperfektiver Aktionsart (b) lassen ein *sein*-Passiv nicht zu:

Inge hat Hans beglückwünscht.
⟶* Hans ist beglückwünscht.
Ich praktiziere ein Verfahren.
⟶* Das Verfahren ist praktiziert.
Sie streichelt ihre Katze.
⟶* Die Katze ist gestreichelt.
ähnlich: *ausfragen, ausüben, befragen, bewundern, verwenden*

Andere Verben mit imperfektiver Aktionsart lassen das *sein*-Passiv zu. Die Erklärung liegt darin, daß sie eine perfektive Bedeutung annehmen können (z. B. durch Präfigierung):

Ich schreibe einen Brief.
→ Der Brief ist geschrieben.
Müller baut eine Garage an.
→ Die Garage ist angebaut.
ebenso: *beleuchten, beschäftigen, ernten, essen, ziehen*

Die Funktionsverben

In Sätzen wie:

Sie *stellte* die Frage *zur Diskussion.*
Der Minister *setzte* die Anlage *in Betrieb.*
Das Problem *kam* im Bundestag *zur Sprache.*
Er *brachte* die Frauen *in große Verlegenheit.*
Seine Interpretation *fand Zustimmung.*
Die Reise *nahm einen guten Verlauf.*

wird deutlich, daß die Verben *stellen, setzen, kommen, bringen, finden, nehmen* eine andere Bedeutung haben als üblicherweise.
Wir vergleichen:

(a) Sie *stellte* die Vase auf den Tisch.
(b) Sie *stellte* die Frage *zur Diskussion.*
(a) Er *brachte* die Frau zum Bahnhof.
(b) Er *brachte* die Frau *in große Verlegenheit.*

In den Fällen (a) ist die ursprüngliche Bedeutung von *stellen/bringen* noch voll erhalten, während sie in den Fällen (b) verblaßt oder sogar verschwunden ist. Die Verben in diesen Gefügen haben also nur noch die Funktion eines Verbs, sind aber nicht mehr isoliert und selbständig benutzbar. Sie heißen daher Funktionsverben und sind stets mit einem Abstraktum (häufig von Verben abgeleitete Substantive) zu einem Gefüge verbunden. Diese Struktur nennt man auch Funktionsverbgefüge. Sie bestehen aus:

- Funktionsverb + Substantiv + Präposition:

  in Anspruch nehmen

- Funktionsverb + Artikel + Präposition + Substantiv:

  zur Diskussion stellen

  (der Artikel ist mit der Präposition verschmolzen: *zu* + *der* → *zur*)
- Funktionsverb + Substantiv (Akkusativ):

  Abschied nehmen, Vereinbarungen treffen

Funktionsverb und Substantiv zusammen bilden also eine Bedeutungseinheit; das Substantiv gibt dabei die Bedeutung des Gefüges an, während das Funktionsverb weitgehend sinnentleert ist und lediglich die Kennzeichnung von Person, Tempus, Genus und Modus übernimmt.

Syntaktische Merkmale der Funktionsverbgefüge

Funktionsverbgefüge kann man von anderen präpositionalen Ergänzungen, Richtungs- oder Situativergänzungen innerhalb der Satzbaupläne (→ S. 367) durch syntaktische Proben unterscheiden:

- Das Substantiv im Funktionsverbgefüge ist nicht direkt erfragbar:

  Er brachte seine Frau in Verlegenheit.
  * Wohin brachte er seine Frau?

- Das Substantiv im Funktionsverbgefüge ist nicht durch ein Pronomen zu ersetzen:

  Sein Vorschlag fand allgemeine Zustimmung.
  * Sein Vorschlag fand sie.

- Der Artikel beim Substantiv kann nicht verändert werden:

  Das Problem kam im Bundestag zur Sprache.
  * Das Problem kam im Bundestag zu einer Sprache.

- Es gibt keine Singular/Plural-Opposition beim Substantiv:

  Seine Interpretation fand Zustimmung.
  * Seine Interpretation fand Zustimmungen.

- Mit wenigen Ausnahmen kann beim Substantiv kein Attribut stehen:

  Der Minister setzte die Anlage in Betrieb.
  * Der Minister setzte die Anlage in schnellen Betrieb.
  aber: Seine Interpretation fand Zustimmung.
  Seine Interpretation fand große Zustimmung.

Zu vielen Funktionsverbgefügen existieren Synonyme in Gestalt eines Vollverbs:

Erlaubnis geben/erlauben, eine Mitteilung machen/mitteilen, den Vorzug geben/bevorzugen, Hilfe leisten/helfen, Angaben machen/angeben

Besonderheiten der Funktionsverbgefüge

(1) Häufig gibt es Unterschiede zwischen dem einfachen Verb und dem Funktionsverbgefüge. Diese betreffen vor allem:

- Aktionsarten (→ S. 78):

angreifen	in Angriff nehmen
ängstigen	in Angst versetzen
blühen	zum Blühen bringen
diskutieren	zur Diskussion stellen

Wir vergleichen:

Wir diskutieren das Problem.	(imperfektiv)
Wir stellen das Problem zur Diskussion.	(perfektiv)

Funktionsverbgefüge dienen also dazu, ein imperfektives (andauerndes) Geschehen sprachlich so zu verändern, daß entweder der Anfang oder das Ende betont wird.

- Passivumschreibung: Funktionsverbgefüge dienen häufig als Umschreibung des *werden*-Passivs („Vorgangspassiv“). Wir vergleichen:

  Sein Vortrag fand allgemeine Zustimmung.
  → Seinem Vortrag wurde allgemein zugestimmt.
  Das Bild kam zur Versteigerung.
  → Das Bild wurde versteigert.

- Informationsdichte: Funktionsverbgefüge haben eine hohe Informationsdichte und besetzen aufgrund der ihnen eigenen Klammerfunktion (→ S. 404) stets das Satzende, wo normalerweise die neue Information - das Rhema - vermittelt wird. Solche Gefüge wirken nachhaltiger auf den Leser/Hörer als die vergleichbaren einfachen Verben. Sie werden daher besonders häufig in Texten zur Informationsvermittlung verwendet. Wir vergleichen:

  Der Minister sprach das Problem an.
  → Der Minister brachte das Problem zur Sprache.
  Wir schlossen die Untersuchung ab.
  → Wir brachten die Untersuchung zum Abschluß.

(2) Sind Funktionsverbgefüge schlechtes Deutsch? Funktionsverbgefüge wurden und werden von der Stilkritik gemeinhin als schlechtes Deutsch, Nominalstil oder „Substantivitis“ verdammt; statt dessen empfiehlt sie die entsprechenden einfachen Verben. Dieses Urteil ist so nicht zu akzeptieren, wenngleich Wendungen, vornehmlich in der Beamtensprache, wie *in Wegfall kommen, zur Kenntnis bringen* oder *zur Ausfertigung gelangen* nichts anderes sind als Sprachverhunzungen. Vor ihrer Verwendung kann nicht genügend gewarnt werden. Dennoch haben Funktionsverbgefüge in Textsorten der Fachsprachen, insbesondere der Medien und der Wissenschaftssprache, ihre Berechtigung.

Liste der Funktionsverbgefüge

Funktionsverbgefüge entstehen durch Analogiebildungen im Substantivbereich: Relativ wenigen Funktionsverben - die häufigsten sind: *bringen und kommen* - stehen zahlreiche Substantive gegenüber. Hier eine Liste der wichtigsten Funktionsverbgefüge im Deutschen:

bereiten
eine Enttäuschung
Freude
Sorgen

bleiben
in Abhängigkeit
außer Betracht
in Betrieb
in Form
im Gespräch
in Kraft
in Schwung
in Unruhe

bringen
zum Abschluß
zur Abstimmung
zur Anwendung
zur Anzeige
zur Aufführung
zum Ausdruck
in Berührung
in Betrieb
in Bewegung
zum Durchbruch
zur Einsicht
zu Ende
in Erfahrung
Erfolg
zur Explosion
in Fahrt
zu Fall
in Fluß
in Form
in Gang
Gefahr
in Gefahr
zu Gehör
zur Geltung
ins Gespräch
zur Kenntnis
in Kontakt
unter Kontrolle
zum Lachen
Nachteile
in Ordnung
zur Raserei
Resultate
ins Rollen
zur Ruhe
in Schwung
ins Spiel
zur Sprache
zum Stehen
in Stimmung
zur Überzeugung

in Umlauf
in Unordnung
in Verbindung
in Verlegenheit
zur Vernunft
zur Versteigerung
in Versuchung
zur Verzweiflung
zum Vorschein
zustande
zuwege
in Wut
in Zorn
in Zusammenhang

erleiden
eine Niederlage
Verletzungen

fallen
ins Auge
in Ohnmacht
zum Opfer

führen
einen Angriff
Aufsicht
sich vor Augen
Beschwerde
zu Ende
Gespräche

geben
Anlaß
Anweisung
in Arbeit
den Auftrag
in Auftrag
den Ausschlag
zur Bearbeitung
das Einverständnis
Gelegenheit
die Stimme
die Zusicherung

gehen
in Auftrag
in Betrieb
in Druck
zu Ende
in Erfüllung
in Führung
vor Gericht
vonstatten
in Stellung
zugrunde

gelangen
zur Anschauung
zur Aufführung
zur Vernunft
zur Überzeugung

geraten
in Abhängigkeit
in Angst
in Begeisterung
in Bewegung
in Ekstase
in Gefahr
ins Gerede
in Rückstand
ins Rollen
ins Schleudern
in Schwierigkeiten
in Vergessenheit
in Versuchung
in Widerspruch
in Wut
in Zweifel

haben
die Absicht
Angst
Appetit
in Arbeit
in Besitz
Beziehungen
Chancen
Einfluß
zur Folge
den Verdacht
zur Verfügung
zum Ziel
Zweifel

halten
Abstand
in Aufregung
eine Ansprache
in Betrieb
in Bewegung
in Gang
Maß
in Ordnung
in Schwung

in Stimmung
ein Versprechen
zugute

kommen
zum Abschluß
zur Abstimmung
zur Anwendung
zur Anzeige
zur Aufführung
zum Ausdruck
in Berührung
zur Besinnung
in Betracht
in Bewegung
zu Bewußtsein
zum Durchbruch
zur Einsicht
zu Ende
zur Entscheidung
zu dem Entschluß
zu dem Ergebnis
in Erregung
in Fahrt
in Form
in Frage
in Gang
in Gefahr
zur Geltung
ins Geschäft
zu Hilfe
zur Kenntnis
in Konflikt
in Kontakt
zu Ohren
in Ordnung
ins Rollen
zur Ruhe
ins Schleudern
zum Schluß
in Schwung
zur Sprache
zum Stillstand
zur Überzeugung
in Verdacht
in Verlegenheit
zur Vernunft
zur Versteigerung
in Versuchung
zum Vorschein
zugute
zustande
zur Wirkung

zu Wort
in Wut
in Zorn
zum Zuge

lassen
außer acht
außer Betracht
in Betrieb
in Ruhe
in Unordnung
im Stich
in (im) Zweifel

leisten
Hilfe
Widerstand

liegen
auf der Hand
in Konflikt
zugrunde

nehmen
Abschied
sich in acht
in Angriff
zum Anlaß
in Anspruch
Anteil
in Betrieb
Einfluß
in Empfang
in Kauf
zur Kenntnis
zu Protokoll
Rücksicht
Stellung
in Schutz

sein
in Abhängigkeit
in Arbeit
außer Atem
im Begriff
zu Besuch
außer Betrieb
in Betrieb
in Bewegung
in Druck
im Einsatz
am Ende
zu Ende

im Entstehen
in Erregung
in Fahrt
im Fluß
in Form
in Gang
im Gespräch
im Irrtum
in Kontakt
außer Kraft
in Kraft
in der Lage
in Ordnung
im Recht
in Schwung
in Sicht
imstande
in Stimmung
der Überzeugung
in Unordnung
am Werk
in Wut
in Zorn
im Zweifel

setzen
den Akzent
in Betrieb
in Bewegung
in Beziehung
in Brand
in Erstaunen
in Gang
in Kenntnis
außer Kraft
in Kraft
Maßstäbe
sich zur Ruhe
instand
in Umlauf
sich in Verbindung
sich zur Wehr
sich zum Ziel

stehen
vor dem Abschluß
unter Anklage
unter Aufsicht
in Aussicht
zur Auswahl
unter Beobachtung
in Berührung
in Beziehung
zur Debatte
zur Diskussion
unter Druck
in Einklang
zur Entscheidung
außer Frage
in Frage
im Gegensatz
in Konkurrenz
in Kontakt
unter Kontrolle
Rede und Antwort
in Verbindung
zur Verfügung
in Verhandlung(en)
zum Verkauf
zur Wahl
in Wettbewerb
in Widerspruch
in Zusammenhang
außer Zweifel
in Zweifel

stellen
in Abrede
Anforderungen
unter Anklage
den Anspruch
zur Auswahl
Bedingungen
unter Beweis
zur Debatte
zur Diskussion
unter Druck
Forderungen
in Frage
unter Kontrolle
auf die Probe
in Rechnung
zur Rede
unter Strafe
zur Verfügung
zur Wahl

stoßen
auf Ablehnung
auf Kritik

treffen
eine Absprache
eine Auswahl
eine Entscheidung
Maßnahmen
Vorsorge

treten
in Aktion
in Beziehung
in Erscheinung
in Kraft
in Verbindung
zutage

versetzen
in Angst
in Aufregung
in Begeisterung
in Erstaunen
in Furcht
in Schrecken
in Wut

vertreten
die Ansicht
die Meinung
den Standpunkt

ziehen
in Betracht
Bilanz
in Erwägung
ins Gespräch
die Konsequenzen
seine Lehren
zur Rechenschaft
zur Verantwortung
in Zweifel

Das Tempus

Funktionen der Tempora

(1) Entsprechend dem lateinischen Vorbild gibt es sechs Tempora (Zeitformen): Präsens, Präteritum, Perfekt, Plusquamperfekt, Futur I, Futur II; diese entsprechen drei Zeitstufen: Gegenwart, Vergangenheit, Zukunft.

(2) Diese Zeitstufen sind keineswegs absolute, sondern relative Kategorien, die stets neu durch den Sprachbenutzer geschaffen werden. Das Problem besteht nun vor allem darin, daß mit einer Zeitform unterschiedliche Zeitstufen ausgedrückt werden können. Zugleich wird häufig eine modale Komponente deutlich. Obendrein werden Zeitstufen auch durch lexikalische Mittel *(morgen, 1765)* ausgedrückt. Wir vergleichen:

Präsens:	Er lebt seit 1956 in München.	(Gegenwart)
	Morgen fährt er nach Köln.	(Zukunft)
	Goethe geht 1765 nach Leipzig.	(Vergangenheit)
Futur I:	Seine Krankheit wird bald vorüber sein.	(Zukunft)
	Das wirst du noch büßen!	(Drohung)
	Du wirst jetzt deine Schulaufgaben machen!	(Befehl)
	Ich werde dich nie verlassen!	(Versprechen)
Perfekt:	Wir haben gestern ein Auto gekauft.	(Vergangenheit)
	Er hat es nicht so gemeint.	(Allgemeingültiges)
	Nächstes Jahr hat er die 80 erreicht.	(Zukunft)

(3) Zeitform (Tempus) und Zeitstufe müssen also stets sauber getrennt werden. Im folgenden sind die wichtigsten Funktionen (Verwendungsweisen) der Tempora des Deutschen genannt.

Das Präsens

(1) Das Präsens drückt ein Geschehen aus, das zum Zeitpunkt der Aussage (Sprechzeitpunkt) andauert:

Die Tochter zieht sich modisch an.

(2) Das Präsens drückt allgemeingültige Sachverhalte aus:

Jede Generation kritisiert die andere.

(3) Das Präsens drückt Zukünftiges aus (konkurrierend mit Futur I):

Morgen fliege ich nach New York.

(4) Das Präsens drückt Vergangenes aus:

1832 stirbt Goethe.	(historisches Präsens)
Zwei Stunden in einem überfüllten Bus. Wir sind die einzigen Fremden in dieser schaukelnden Sardinenbüchse. Überall Halt: ein Arbeiter will einsteigen. Wieder Halt: eine Frau mit Säugling will aussteigen. (Max Frisch, „Tagebuch“)	(lebhafte Schilderung, episches Präsens)

(5) Das Präsens wird in Schlagzeilen gebraucht:

Gorbatschow stärkt seine Hausmacht.
(„Süddeutsche Zeitung“, 24.4.1985)

Die Atomfehde geht weiter.
(„DER SPIEGEL“, 21.9. 1987)

(6) Das Präsens drückt einen Befehl aus (imperativische Bedeutung):

Du räumst jetzt dein Zimmer auf!

(7) In Verbindung mit einer Partikel drückt das Präsens eine Vermutung aus (modale Komponente):

Sie ist wohl (vielleicht) zu Haus.
Das geht schon in Ordnung

Das Präteritum

(1) Das Präteritum wird stets gebraucht, um eine Handlung (ein Geschehen) mitzuteilen, die zum Sprechzeitpunkt vergangen oder abgeschlossen ist:

> Die Allensbacher Umfrage bekam heraus, der Umgangston sei wieder förmlicher geworden.

(2) Das Präteritum ist das charakteristische Erzähltempus in der geschriebenen Sprache (episches Präteritum):

> Eines Morgens kam Ulrich nach Hause und war übel zugerichtet. Seine Kleider hingen zerrissen von ihm, er mußte feuchte Bauschen auf den zerschundenen Kopf legen, seine Uhr und seine Brieftasche fehlten ... Er legte sich zu Bett, und, indes die matten Glieder sich wieder behutsam getragen und umhüllt fühlten, überlegte er noch einmal dieses Abenteuer.
> (Robert Musil, „Der Mann ohne Eigenschaften")

(3) Das Präteritum drückt in der gesprochenen Sprache eine besonders lebhafte Erinnerung oder eine intensive Frage aus:

> Wo war doch gleich die Staatsoper?
> Wie hieß denn nun sein Vater?

(4) Das Präteritum wird in der „erlebten Rede" benutzt:

Ich fragte meine Frau: „Gibt es wirklich keine Rettung mehr?"	(= direkte Rede)
Ich fragte meine Frau, ob es wirklich keine Rettung mehr gebe.	(= indirekte Rede)
Gab es wirklich keine Rettung mehr?	(= erlebte Rede)

(5) Das Präteritum als Vergangenheitstempus dominiert bei *haben, sein* und *werden,* wenn sie als Vollverben benutzt werden, sowie bei den modalen Hilfsverben:

> Ich hatte kein Geld bei mir.
> Dann war alles vorbei.
> Das wurde bald besser.
> Er wollte dir doch nur helfen.

(6) Bei einer Reihe von Verben wird als Ausdruck der Vergangenheit ausschließlich das Präteritum verwendet:

angehen:	Das ging niemand etwas an.
gehen:	Das Zimmer ging auf die Straße.
pflegen:	Morgens pflegte er länger zu schlafen.
scheinen:	Es schien kein Ende zu nehmen.
fortfahren:	Der Redner fuhr fort, seine Gedanken darzulegen.
heißen:	Das hieß nichts anderes, als daß er die Tat begangen hatte.

Das Perfekt

(1) Das Perfekt drückt im allgemeinen den Vollzug einer Handlung im Vergangenen, Gegenwärtigen oder Zukünftigen aus:

> Morgen habe ich die Prüfung bestanden.

Dabei kann ein Adverb oder ein Temporalsatz den Zeitpunkt verdeutlichen:

Gestern hat er das Auto gekauft.

(2) Das Perfekt wird dann gebraucht, wenn das Geschehen bis an den Sprechzeitpunkt heranreicht:

Soeben ist er gekommen. * Soeben war er gekommen.

(3) Das Perfekt wird - wie das Präsens - bei allgemeingültigen Aussagen verwendet:

Das haben wir immer so gemacht.

(4) Das Perfekt kann auch Zukünftiges ausdrücken (dabei muß eine Zeitangabe den Inhalt des Satzes verdeutlichen):

Morgen abend um 23 Uhr ist er in Tokio angekommen.

(5) Das Perfekt ist das vorherrschende Erzähltempus in der gesprochenen Sprache:

Und dann sind wir in Bonn angekommen und gleich zum Bundestag gefahren.
Dort sind wir vom Präsidenten empfangen worden, der hat uns alles gezeigt.

Merke:
Bei den Hilfsverben und modalen Hilfsverben dominiert allerdings das Präteritum (*ich hatte, war, wollte* usw.).

(6) Das Perfekt steht in Überschriften oder als Abschluß einer Erzählung in der geschriebenen Sprache:

Zernagt vom Zahn der Zeit

(7) Das Perfekt dominiert in Fragesätzen, die Vergangenes bezeichnen:

Ist sie nun Ärztin geworden?
Haben sie nun geheiratet?

(8) Perfekt und Präsens stehen in einem engen zeitlichen Verhältnis zueinander (consecutio temporum: → S. 89):

Seit ich ihn gesehen habe, schätze ich ihn.

Das Plusquamperfekt

(1) Wie das Perfekt drückt das Plusquamperfekt („Vorvergangenheit") den Vollzug einer Handlung/eines Geschehens aus, allerdings nicht für Gegenwart oder Zukunft, sondern ausschließlich für die Vergangenheit:

Ich hatte gerade den Fernsehapparat eingeschaltet, da klingelte das Telefon.

(2) Das Plusquamperfekt steht in einem zeitlichen Verhältnis zum Präteritum (consecutio temporum), ähnlich dem Verhältnis des Perfekts zum Präsens. Das wird deutlich in temporalen Nebensätzen:

Nachdem wir *gegessen hatten, rauchte* er eine Zigarette.

(3) Häufig wird der Bezugszeitpunkt mit einem Temporaladverb *(später)*, einer Jahreszahl *(1900)* oder einem Temporalsatz angegeben:

Als er abfahren wollte, hatte es angefangen zu schneien.

Das Futur I

(1) Das Futur I drückt zukünftiges Geschehen ohne Rücksicht auf die tatsächliche Verwirklichung aus:

Er wird auf die Universität gehen.

Dieser Bezug auf Zukünftiges kann durch ein Temporaladverb verdeutlicht werden (hier steht das Futur I in Konkurrenz zum Präsens):

Morgen werden wir nach München fahren.

(2) In dem „*werden* + Infinitiv-Gefüge" ist fast immer ein modaler Aspekt enthalten, der von Gewißheit über Vermutung, Unsicherheit und Zweifel bis zum Nichtglauben reicht:

Das wird Vater regeln!	(Gewißheit)
Das wird er schon schaffen!	(Zuversicht)
Er wird jetzt zu Hause sein.	(Vermutung)

verdeutlichend dabei sind: *vielleicht, wohl, sicher, bestimmt* usw.
(3) Die Struktur „*werden* + Infinitiv" drückt ein Versprechen aus:

Ich werde dir immer treu sein!

(4) Das Futur I drückt aber auch Gegenwärtiges aus; dabei erwartet der Sprecher Zustimmung. Häufig handelt es sich hier um rhetorische Floskeln oder Sprechhülsen:

Sie werden mir sicher zustimmen, meine Damen und Herren, wenn ich jetzt eindeutig erkläre, daß ...

Anmerkung:
Diese Struktur ist in der Sprache der Politik sehr häufig anzutreffen.

Das Futur II

(1) Das Futur II drückt Zukünftiges aus, also etwas, das man sich zu einem bestimmten Zeitpunkt als abgeschlossen vorstellt. Dabei schwingt stets ein Moment der Unsicherheit mit; temporale und modale Komponente sind gleichzeitig gegeben:

Er wird (wohl) die Lösung gefunden haben.

Diese Funktion des Futurs II ist austauschbar mit dem Perfekt:

Er hat (wohl) die Lösung gefunden.

Der Modalcharakter (Unsicherheit/Vermutung) kann durch eine temporale Angabe verstärkt werden:

Bis Monatsende wird er die Lösung gefunden haben.

(2) Häufiger ist der Gebrauch des Futurs II zur Kennzeichnung vergangenen Geschehens, das vermutet wird:

Der Gast wird (wohl) (letzte Woche) abgereist sein.

austauschbar mit dem Perfekt:

Der Gast ist wohl letzte Woche abgereist.

Anmerkung:
Soll im Perfekt die Vermutung (oder eine andere Modalität) ausgedrückt werden, ist *wohl* (usw.) obligatorisch, sonst handelt es sich um eine Feststellung. Beim Futur II ist *wohl* (usw.) fakultativ.

Empfehlungen zum Gebrauch der Tempora

Da die Funktionen der Tempora nicht so leicht überschaubar sind, hier einige Grundregeln der Verwendung:

- Präsens: Das Präsens benutze man für allgemeingültige Aussagen sowie für andauernde zeitunbestimmte, also für gegenwarts-, vergangenheits- oder zukunftsbezogene Sätze, deren Zeitbezug dann jeweils durch Temporalangaben (*morgen, letzte Woche* usw.) verdeutlicht wird.
- Präteritum: Das Präteritum benutze man als Erzählzeit in der geschriebenen Sprache sowie zur Darstellung eines zum Sprechzeitpunkt schon vergangenen Geschehens.
- Perfekt: Das Perfekt benutze man als Erzählzeit in der gesprochenen Sprache sowie zur Darstellung des Vollzugs oder Abschlusses einer Handlung im Vergangenen, Gegenwärtigen oder Zukünftigen (Aktzeit).
- Plusquamperfekt: Das Plusquamperfekt benutze man, um etwas in der Vergangenheit Abgeschlossenes darzustellen. In zeitlichem Verhältnis steht das Plusquamperfekt zum Präteritum (Aktzeit).
- Futur I: Das Futur I („*werden* + Infinitiv-Gefüge") drückt, wie das Präsens, gegenwärtiges oder zukünftiges Geschehen aus. Im Unterschied zum Präsens ist fast immer eine modale Komponente (Vermutung, Unsicherheit) enthalten.
- Futur II: Das Futur II drückt wie das Perfekt Vergangenes oder Zukünftiges aus, allerdings schwingt stets eine modale Komponente (Vermutung, Unsicherheit) mit. In der geschriebenen Sprache ist es weitaus häufiger als in der gesprochenen Sprache.

Die Zeitenfolge (consecutio temporum)

(1) In Temporalsätzen - und nur hier - gibt es relativ feste Regeln der Zeitenfolge in Haupt- und Nebensatz: entweder werden nur Vergangenheitstempora (Präteritum, Plusquamperfekt, temporale Verwendungsweisen von Perfekt und Futur II) oder nur Nichtvergangenheitstempora (Präsens, Futur I, allgemeingültige Verwendung des Perfekts oder modaler Gebrauch des Futurs II) miteinander verbunden:

Er stand an der Tür, während die Truppen vorbeizogen.
Ich gehe an den Strand, wenn es hell wird.

(2) Bei *nachdem* lautet die Regel: Perfekt im Nebensatz, dann Präsens im Hauptsatz; Plusquamperfekt im Nebensatz, dann Präteritum im Hauptsatz:

> Nachdem er das akzeptiert hat, ist alles klar.
> Nachdem er das akzeptiert hatte, war alles klar.

(3) Bei *wenn* (= *immer wenn*) entsprechen sich im Regelfall die Tempora in Haupt- und Nebensatz:

> (Immer) wenn ich sie sehe/sah/gesehen habe/sehen werde, bin/war ich fasziniert/bin ich fasziniert gewesen/werde ich fasziniert sein.

(4) Bei *wenn* (einmaliges Geschehen) können nur Nichtvergangenheitstempora gebraucht werden, bei *als* (einmaliges Geschehen) dagegen nur Vergangenheitstempora:

> Wenn sie zur Tür hereinkommt, rufe ich ihren Namen.
> Als sie zur Tür hereinkam, rief ich ihren Namen.

Das Genus des Verbs: Aktiv und Passiv

(1) Neben dem Genus des Substantivs (grammatisches Geschlecht) gibt es noch das Genus des Verbs (genus verbi). Es kennzeichnet die Art des verbalen Geschehens: Aktiv (traditionell: Tätigkeitsform) und Passiv (traditionell: Leideform). Die beiden traditionellen Termini werden wegen ihrer Ungenauigkeit hier nicht verwendet.

> A. „Benimm ist wieder in", *heißt es* angeblich, und zugleich *wird* dabei gern auf die Wende *verwiesen*. Beide Begriffe „Benimm" und „in" *sind modisch*, aber kein gutes Deutsch. Benimm *leitet sich* von „Benehmen" *ab*, und damit *ist* das gute *gemeint;* „in" *kommt* aus dem Amerikanischen und *kann* schnell wieder out *sein*. Mit dem neuesten Benehmen der Deutschen *beschäftigt sich* eine Allensbacher Umfrage und *bekam heraus*, der Umgangston sei wieder förmlicher geworden, nur noch junge Leute *seien* schnell per „Du".
> B. Zahlreiche byzantinische Kirchen *wurden* nach der Eroberung 1453 von den Türken in Moscheen *umgewandelt*. Eine der ältesten ist die Myrelaion-Klosterkirche, die heutige Bodrum Camii. Sie *wurde* vermutlich schon im 8. Jahrhundert *gegründet*, aber unter Romanos I. Lakapenos vollkommen *neu erbaut* und *diente* mehreren Kaisern *als Ruhestätte*. Die in eine Moschee verwandelte Kirche brannte zuletzt 1902 aus, bietet aber noch eine sehenswerte Ruine. Nach dem System der mehrkuppeligen Kreuzkuppelkirche *sind* auch noch andere Kirchen *erbaut*, so die Erlöserkirche Pantokrator, heute Mollazeyrek Camii, die auf das 12. Jahrhundert zurückgeht und zu den schönsten Kirchen der Komnenen-Zeit gehört. Neben dem Komnenen Manuel I. (1143–80) *sind* hier auch einige Paläologen *begraben*.
> (K. W. Blohn, „Städte und Stätten der Türkei", 1971)

(2) Beide Texte zeigen unterschiedlichen Gebrauch der Verbformen: Der erste Text ist gekennzeichnet durch ein Nebeneinander von Aktiv und Passiv:

es heißt, sind modisch, kommt, kann sein, beschäftigt sich, bekam heraus, seien	(= Aktiv)
wird verwiesen, ist gemeint	(= Passiv)
leitet sich ab	(= „Passiversatzformen")

(3) Im zweiten Text dominiert hingegen das Passiv:

wurden umgewandelt, wurde gegründet, wurde neu erbaut, sind erbaut, sind begraben	(= Passiv)
diente als Ruhestätte	(= „Passiversatzformen")

(4) Aktiv und Passiv sind also höchst unterschiedlich auf Textsorten verteilt; sie haben verschiedene Funktionen und sind keineswegs die Umkehr der jeweils anderen Struktur.

Das Formensystem von Aktiv und Passiv

	Aktiv	*werden*-Passiv („Vorgangspassiv")	*sein*-Passiv („Zustandspassiv")
Präsens	ich operiere	ich werde operiert	ich bin operiert
Präteritum	ich operierte	ich wurde operiert	ich war operiert
Perfekt	ich habe operiert	ich bin operiert worden	ich bin operiert gewesen
Plusquamperfekt	ich hatte operiert	ich war operiert worden	ich war operiert gewesen
Futur I	ich werde operieren	ich werde operiert werden	ich werde operiert sein
Futur II	ich werde operiert haben	ich werde operiert worden sein	ich werde operiert gewesen sein

Das *werden*-Passiv, auch „Vorgangspassiv" genannt, wird gebildet vom Partizip II des Verbs + *werden* in der jeweiligen Konjugationsform. Im Perfekt, Plusquamperfekt und Futur II heißt es *worden,* nicht *geworden.*
Das *sein*-Passiv, auch „Zustandspassiv" genannt, wird gebildet vom Partizip II des Verbs + *sein* in der jeweiligen Konjugationsform.

Die Funktionen von Aktiv und Passiv

(1) Wesentlich für die Unterscheidung von Aktiv und Passiv ist der jeweilige Gebrauch. Die alte Regel, das Passiv sei lediglich die Umkehrung des Aktivs:

Der Hund beißt den Mann.
→ Der Mann wird von dem Hund gebissen.

ist also nicht aufrechtzuerhalten, da beide Sätze keineswegs identisch sind. Das Aktiv ist auch keineswegs immer eine „Tätigkeitsform", wie oft behauptet, ebenso wie das Passiv häufig keine „Leideform" darstellt, denn mit dem Aktiv werden ausgedrückt:

Ich fahre das Auto in die Garage.	(Handlung)
Das Wasser fließt. Der Mond scheint.	(Vorgang/Zustand)
Es regnet. Was gibt es?	(unpersönlicher Sachverhalt)
Er weigert sich zu kommen.	(reflexive Struktur)

Die Passiv-Struktur drückt keineswegs nur „Leiden" aus:

Er wird gelobt/beschenkt.	(positives Erlebnis)
Die ganze Nacht wurde getanzt.	(aktives Verhalten)
Jetzt wird gearbeitet!	(Befehl)

(2) Aktiv und Passiv geben dem Sprecher/Schreiber die Möglichkeit, Sachverhalte - entsprechend dem jeweiligen Ausdruckswillen - unterschiedlich auszudrücken. Beim Aktiv steht der Handelnde, der Täter, der Verursacher im Mittelpunkt (agens-zugewandt), beim Passiv der Vorgang/das Geschehen bzw. der Zustand:

- *werden*-Passiv (Vorgang/Geschehen): nicht-agenszugewandt (agensabgewandt) und prozessual
- *sein*-Passiv (Zustand): nicht-agenszugewandt (agensabgewandt) und nicht-prozessual

(3) Das Passiv ist also eine Darstellungsform, die der Sprecher gewöhnlich dann wählt, wenn er den Täter der Handlung/des Vorgangs entweder nicht kennt, für nicht wichtig hält oder ihn bewußt nicht nennen will:

In einem Supermarkt ist eingebrochen worden.	(Täter nicht bekannt)
Klaus und Rosemarie wurden gestern getraut.	(Der Name des Standesbeamten ist dem Sprecher unwichtig.)
Programm auf dem Soldatenfriedhof in Bitburg soll weiter gekürzt werden.	(Die USA als Initiator sollen nicht genannt werden.) („Süddeutsche Zeitung", 27./28.4.1985)

Gegen diese Ansicht spricht auch nicht die Tatsache, daß natürlich beim Passiv die Angabe des Agens - des Täters/Verursachers der Handlung/des Vorgangs also - möglich ist:

Inge ist (von einem Auto) überfahren worden.

Zum einen ist die Agensangabe bei Passivsätzen relativ selten, zum anderen steht auch bei diesem Satz die Betroffene - *Inge* also - im Mittelpunkt, es sei denn, die Agensangabe soll bewußt betont werden.

(4) Schließlich spricht noch ein Argument für die Auffassung, daß Aktiv und Passiv nicht lediglich Umkehrungen der jeweils anderen Struktur, sondern jeweils unterschiedliche kommunikative Strategien sind: Zählungen haben ergeben, daß in der deutschen Gegenwartssprache 93% aller finiten Verbformen auf das Aktiv entfallen und lediglich 7% auf das Passiv (ca. 5% auf das *werden*-Passiv, ca. 2% auf das *sein*-Passiv). Wäre das Passiv nichts weiter als eine Umkehrung des Aktivs, wäre sein Anteil sicher höher.

(5) Passivstrukturen dominieren also überall dort, wo die Täterangabe nicht möglich oder nicht wichtig ist oder bewußt unterlassen wird. Dies betrifft alle Textsorten, in Sonderheit aber einige, die geradezu als charakteristisch für Passivformen angesehen werden können:

- Beschreibung historischer Prozesse (→ S.90)
- Verordnungen und Erlasse:

Allgemeine Hinweise für die Einführung und Änderung von Studiengängen
1. Um die Einführung eines Studienganges handelt es sich immer dann, wenn an einer Hochschule ein bisher nicht vorhandenes Studienangebot, das auf einen bestimmten berufsqualifizierenden Abschluß oder ein bestimmtes Ausbildungsziel *gerichtet ist* und das Studium eines Studienfaches oder mehrerer Studienfächer umfaßt (§ 83 Abs. 1 WissHG), *eingerichtet werden soll.*

2. Die Änderung eines Studiengangs liegt vor, wenn Zugangsvoraussetzungen, Inhalt und Aufbau oder Abschluß eines bestehenden Studienangebots wesentlich *geändert werden sollen*, insbesondere wenn durch die Einführung neuer Studienrichtungen oder Studienschwerpunkte das Studienfach *verändert wird*, oder wenn durch die Einführung neuer Fachgebiete zusätzliche Personal- oder Sachausstattungen erforderlich werden ...
4. Auf § 83 Abs. 4 WissHG, nach dem der Lehrbetrieb in neuen Studiengängen erst dann *aufgenommen werden soll*, wenn eine entsprechende Prüfungsordnung *genehmigt* oder *erlassen worden ist, wird hingewiesen*. Daraus ergibt sich auch, daß für nicht genehmigte Studienangebote keine Studenten zum Studium *eingeschrieben* bzw. *zugelassen werden dürfen*.
(„Runderlaß des Ministers für Wissenschaft und Forschung des Landes Nordrhein-Westfalen", 8.3.1985)

- Fachsprachen der Naturwissenschaften und Technik:

Funkentstörung: Maßnahmen zur Unterdrückung elektromagnetischer Wellen, die zu einer Beeinträchtigung des Rundfunk- oder Fernsehempfangs führen. Eine wichtige Rolle spielt die Funkentstörung bei Kfz. Dämpfung der elektromagnetischen Wellen *wird* bei der Zündanlage durch Einsatz von Widerständen entweder im Kerzenstecker, dem Verteilerfinger oder durch Verwendung von Widerstands-Zündkabeln *erreicht*. Siebung soll die Ausbreitung elektromagnetischer Störwellen entlang elektrischer Leitungen unterbinden. Hierzu *werden* überwiegend Kondensatoren und Drosseln *eingesetzt*, die an der Lichtmaschine oder elektromotorisch betriebenen Verbrauchern *angeordnet sind*.
Die Funkentstörung *wird* nach ihrer Wirkung in Fern- und Nahentstörung *unterschieden*. Fernentstörung zur Vermeidung störender Einwirkungen auf fremde Rundfunkempfangsgeräte *ist* gesetzlich *vorgeschrieben*.
(„KNAUR-Lexikon der Technik")

- Kochbücher (Kochrezepte):

Den vorbereiteten Karpfen in 2 cm breite Tranchen schneiden. In einer gut gefetteten, feuerfesten Form *wurde* das in Streifen geschnittene Wurzelgemüse halbgar *gedünstet*. Die Tranchen kommen auf dieses Gemüsebeet und *werden* leicht *gesalzen*. Dann *wird* soviel Weiß- oder auch Rotwein *aufgegossen*, bis der Fisch gerade *bedeckt ist*. Das Gericht *wird* bei starker Hitze zum Kochen *gebracht*. Die Brühe soll etwas einkochen. *Man reicht* dazu geröstetes Weißbrot.

- Sprache der Medien, insbesondere Zeitungen:

Boenisch sagte vor der Bundespressekonferenz, über Einzelheiten des Zeremoniells in Bitburg *werde* mit den USA noch *verhandelt*. Dem Vernehmen nach *wird* in der Regierung *erwogen*, die umstrittene Kranzniederlegung am Ehrenmal ausfallen zu lassen. Dafür *sollte* dann die Begegnung des Präsidenten und des Kanzlers mit amerikanischen und deutschen Soldatenfamilien auf dem US-Luftwaffenstützpunkt in der Eifel *verlängert werden*. Eine endgültige Entscheidung *werde* voraussichtlich erst nächste Woche *getroffen*.
(„Süddeutsche Zeitung", 27./28.4.1985)

(6) Alle diese Textbeispiele entstammen Textsorten der geschriebenen Sprache: der Passivgebrauch in der geschriebenen Sprache übertrifft bei weitem den in der gesprochenen Sprache.

Besonderheiten des Gebrauchs

Kein *werden*-Passiv („Vorgangspassiv") können bilden:

- die modalen Hilfsverben (→ S. 57):

  Er will sie heiraten.
  ——►* Sie wird heiraten gewollt.

- Verben mit Infinitiv ohne *zu (fühlen, hören, lassen, sehen, spüren):*

  Ich höre ihn singen.
  ——►* Er wird singen gehört.

- die reflexiven Verben:

  Sie kämmt sich.
  ——►* Sie wird von sich gekämmt.

- die *haben*-Relation *(bekommen, besitzen, erhalten, haben):*

  Wir haben einen neuen Wagen.
  ——►* Ein neuer Wagen wird von uns gehabt.

- Fügungen mit Maß- und Mengenangaben:

  Er wiegt 90 Kilogramm.
  ——►* 90 Kilogramm werden von ihm gewogen.

- Verben mit einem „inneren Objekt" (wie *einen schweren Kampf kämpfen*):

  Sie kämpft einen schweren Kampf.
  ——►* Ein schwerer Kampf wird von ihr gekämpft.

- die Struktur *„es gibt":*

  Es gibt eine Menge Neuigkeiten.
  ——►* Eine Menge Neuigkeiten wird gegeben.

- Fügungen mit der Angabe von Körperteilen (Akkusativergänzung):

  Er schüttelt den Kopf.
  ——►* Der Kopf wird von ihm geschüttelt.

- Gefüge mit *kennen, wissen, können:*

  Er kennt alle Ausgrabungen in Lykien.
  ——►* Alle Ausgrabungen in Lykien werden von ihm gekannt.

- feste Verbverbindungen wie *Mut fassen, Atem holen, Gefahr laufen:*

  Sie holt Atem.
  ——►* Atem wird von ihr geholt.

- lexikalisierte Gefüge mit *es:*

  Es hagelt Vorwürfe.
  ——►* Vorwürfe werden von es gehagelt.

- sog. intransitive Verben, deren Subjekt nicht Urheber der Handlung ist:

  Sie ähnelt ihrer Freundin.
  ——►* Ihre Freundin wird von ihr geähnelt.
  aber: Jetzt wird zugehört/losgefahren. (nur gesprochene Sprache)

Konkurrenzformen des *werden*-Passivs („Passiversatzformen“)

Texte, in denen zahlreiche Passivformen auftreten, wirken schnell hölzern und langatmig; sie gelten allgemein als stilistisch wenig gelungen und häufig als Bürokratendeutsch. Dies mag ein wesentlicher Grund für Aktiv-Formen mit passivischer Aussage sein, die auch „Passiversatzformen“ genannt werden:

- *man:*

  Man regelte das Problem. (= Das Problem wurde geregelt.)

- *bekommen/erhalten/kriegen* + Partizip II:

  Sie bekam ein Auto geschenkt. (= Ihr wurde ein Auto geschenkt.)
  Er erhielt die Post nachgesandt. (= Ihm wurde die Post nachgesandt.)

- *erfahren/erhalten/finden/gelangen/kommen* + Substantiv (Funktionsverbgefüge):

  Das Referat fand Zustimmung. (= Ihm wurde zugestimmt.)

- Verben mit reduzierter Valenz:

  Die Bank öffnet um 9 Uhr. (= Die Bank wird um 9 Uhr geöffnet.)

- Reflexivkonstruktionen mit unpersönlichem Subjekt:

  Das Auto fährt sich gut. (= Das Auto kann gut gefahren werden.)

- *sich lassen* + Infinitiv:

  Das läßt sich machen. (= Das kann gemacht werden.)

- *sein/bleiben/stehen/gehen* + *zu* + Infinitiv:

  Der Berg ist zu bezwingen. (= Der Berg kann bezwungen werden.)
  Das bleibt abzuwarten. (= Das muß abgewartet werden.)

- *es gibt* + *zu:*

  Es gibt viel zu tun. (= Viel muß getan werden.)

- Wortbildungsmittel *(-bar, -lich, -fähig):*

  Das ist realisierbar. (= Das kann realisiert werden.)
  Das Glück war unbeschreiblich. (= Das Glück konnte nicht beschrieben werden.)
  Er ist nicht transportfähig. (= Er kann nicht transportiert werden.)

Werden- und *sein*-Passiv

(1) Das *werden*-Passiv („Vorgangspassiv“) wurde als nicht-agenszugewandt und prozessual beschrieben:

Die Stadt wird wiederaufgebaut.

(2) Das *sein*-Passiv („Zustandspassiv“) hingegen wurde als nicht-agenszugewandt/agensabgewandt und nicht-prozessual beschrieben:

Die Stadt ist wiederaufgebaut.

Dem Vorgang (Wiederaufbau) folgt also das Ergebnis, der Zustand, das Resultat. Ebenso:

Das Buch wird gedruckt. (Vorgang)
Das Buch ist gedruckt. (Zustand, Ergebnis)

Merke:
Die meisten „transitiven“ Verben (Verb + Akkusativobjekt) lassen auch die Bildung des *sein*-Passivs zu. Nicht möglich hingegen ist im Regelfall die Bildung des *sein*-Passivs bei „intransitiven“ Verben:

	In Amerika suchen sie nach Gold.	(Aktiv)
⟶	Nach Gold wird (von ihnen) in Amerika gesucht.	(*werden*-Passiv)
⟶*	Nach Gold ist (von ihnen) in Amerika gesucht.	(*sein*-Passiv)

(3) Die Zahl der *sein*-Passiv-Formen - normalerweise sehr selten - wird dadurch größer, daß häufig - zumal in der gesprochenen Sprache - die *werden*-Passiv-Form um die konjugierte Form des *werden* verkürzt wird, so daß es wie ein *sein*-Passiv erscheint:

Die Bank ist geschlossen worden.
⟶ Die Bank ist geschlossen.

(4) Häufig, vor allem in Norddeutschland, wird für eine Handlung das *sein*-Passiv anstelle des korrekten *werden*-Passivs gebraucht:

Sie sind aufgefordert, bis zum 20.10. die Rechnung zu bezahlen.

Das „unpersönliche“ Passiv

Es wird getanzt.
Es wurde der Toten gedacht.
Es wird den Veranstaltern gedankt.

(1) Das sogenannte unpersönliche Passiv als Variante des *werden*-Passivs kann von allen Verben ohne Akkusativergänzung gebildet werden, also solchen mit Genitiv-, Dativ- oder Präpositionalergänzung („intransitive Verben“). Die Struktur ist auf die 3. Person Singular beschränkt *(es)*. An die Stelle des *es*, das formal die Subjektstelle besetzt, kann auch eine Adverbialangabe treten; dann entfällt *es*. Wir vergleichen:

Es wird getanzt.	⟶	*Hier* wird getanzt.
Es wurde der Toten gedacht.	⟶	*Gestern* wurde der Toten gedacht.
Es wird den Veranstaltern gedankt.	⟶	*In Berlin* wird den Veranstaltern gedankt.

Anmerkung:
Da man die Form des „unpersönlichen“ Passivs häufig als hölzern empfindet, erfolgt oft Umwandlung in die Ersatzform *man:*

Es wird getanzt.	⟶	Man tanzt.
Es wurde der Toten gedacht.	⟶	Man gedachte der Toten.
Es wird den Veranstaltern gedankt.	⟶	Man dankt den Veranstaltern.

(2) Auch bei „intransitiven" Verben, die das Perfekt mit *sein* bilden, ist das „unpersönliche" Passiv üblich:

Es wird gegangen/gerannt/gelaufen.

(3) Ein „unpersönliches" *sein*-Passiv ist unüblich und auf wenige Verben mit Genitiv-, Dativ- oder Präpositionalergänzung beschränkt. Obendrein wird die Form als Verkürzung des Perfekts des *werden*-Passivs empfunden:

Den Schiffbrüchigen ist geholfen. (= Es ist den Schiffbrüchigen geholfen.)	←	Den Schiffbrüchigen ist geholfen worden.
Der Toten ist gedacht. (= Es ist der Toten gedacht.)	←	Der Toten ist gedacht worden.

Der Modus und die Modalität

(1) Ein Sprecher/Schreiber kann ein Geschehen als wirklich, möglich, vorstellbar, gewünscht, befohlen, unwirklich, unsicher oder unmöglich darstellen. Er kann weiter die Aussage (Rede) eines anderen wiedergeben und seine eigene Meinung dazu ausdrücken. Diese unterschiedlichen Aussagemöglichkeiten bezeichnet man als Modalität des Satzes, ausgedrückt durch morphologische und lexikalisch-pragmatische Mittel.
(2) Die morphologischen Möglichkeiten werden unter dem Begriff des Modus (Plural: die Modi), der Aussageweise des Verbs also, zusammengefaßt: Indikativ, Konjunktiv, Imperativ.
(3) Die lexikalisch-pragmatischen Mittel sind die Adverbien *(vielleicht, sicher(lich), möglicherweise, bestimmt, hoffentlich, fast, beinahe)* sowie die Modalpartikeln *(denn, schon, doch),* modale Wortgruppen *(meiner Meinung nach, meines Erachtens)* sowie die modalen Hilfsverben *(wollen, sollen, müssen, dürfen, können, mögen)* und die Umschreibungen:
- *haben* + Infinitiv mit *zu*
- *sein* + Infinitiv mit *zu.*

Zu den lexikalisch-pragmatischen Mitteln gehört auch die Umschreibung der Konjunktiv-Form mit *würde.*

Die Modi

Wir unterscheiden:
- Indikativ:

Gabriele *telefoniert* mit ihrem Vater.
Die Zeiten *ändern sich.*

- Konjunktiv I:

Hans sagt, Gabriele *telefoniere* mit ihrem Vater.
Sie *habe* heute keine Zeit.
Sie *seien* für morgen verabredet.
Edel *sei* der Mensch, hilfreich und gut. (Goethe)

- Konjunktiv II:

  Wenn Rosemarie heute Zeit *hätte, ginge* sie ins Kino.
  Ich *wäre* nicht so leichtsinnig wie er.
  Wenn er doch nach München *käme!*

- Imperativ:

  Telefoniere doch nicht so lange!
  Kommt morgen wieder!
  Laßt uns endlich mit dem Streit *aufhören*!

Tempusparadigma und Konjunktivparadigma

Tempusparadigma

Präsens Aktiv Indikativ

	regelmäßiges Verb	unregelmäßiges Verb	modales Hilfsverb	Hilfsverben		
ich	lebe	fahre	kann	bin	habe	werde
du	lebst	fährst	kannst	bist	hast	wirst
er/sie/es	lebt	fährt	kann	ist	hat	wird
wir	leben	fahren	können	sind	haben	werden
ihr	lebt	fahrt	könnt	seid	habt	werdet
sie	leben	fahren	können	sind	haben	werden

Präteritum Aktiv Indikativ

	regelmäßiges Verb	unregelmäßiges Verb	modales Hilfsverb	Hilfsverben		
ich	lebte	fuhr	konnte	war	hatte	wurde
du	lebtest	fuhrst	konntest	warst	hattest	wurdest
er/sie/es	lebte	fuhr	konnte	war	hatte	wurde
wir	lebten	fuhren	konnten	waren	hatten	wurden
ihr	lebtet	fuhrt	konntet	wart	hattet	wurdet
sie	lebten	fuhren	konnten	waren	hatten	wurden

Perfekt: *ich habe gelebt/bin gefahren/habe gekonnt/bin gewesen/habe gehabt/bin geworden*

Plusquamperfekt: *ich hatte gelebt/war gefahren/hatte gekonnt/war gewesen/hatte gehabt/war geworden*

Futur I: *ich werde leben/werde fahren/werde können/werde sein/werde haben/werde werden*

Futur II: *ich werde gelebt haben/werde gefahren sein/werde gekonnt haben/werde gewesen sein/werde gehabt haben/werde geworden sein*

Konjunktivparadigma

Konjunktiv I

	regelmäßiges Verb	unregelmäßiges Verb	modales Hilfsverb	Hilfsverben		
ich	lebe	fahre	könne	sei	habe	werde
du	lebest	fahrest	könnest	sei(e)st	habest	werdest
er/sie/es	lebe	fahre	könne	sei	habe	werde
wir	leben	fahren	können	seien	haben	werden
ihr	lebet	fahret	könnet	seiet	habet	werdet
sie	leben	fahren	können	seien	haben	werden

Anmerkung:
Vor allem die Formen der 2. Person Singular und Plural *(du, ihr)* sind nur noch in der geschriebenen Sprache üblich.

Konjunktiv II

	regelmäßiges Verb	unregelmäßiges Verb	modales Hilfsverb	Hilfsverben		
ich	lebte	führe	könnte	wäre	hätte	würde
du	lebtest	führest	könntest	wärest	hättest	würdest
er/sie/es	lebte	führe	könnte	wäre	hätte	würde
wir	lebten	führen	könnten	wären	hätten	würden
ihr	lebtet	führet	könntet	wäret	hättet	würdet
sie	lebten	führen	könnten	wären	hätten	würden

Konjunktiv I/II der Verlaufsstufe: *er lebe/lebte; fahre/führe; könne/könnte; sei/wäre; habe/hätte; werde/würde*

Konjunktiv I/II der Vollzugsstufe: *er habe/hätte gelebt; sei/wäre gefahren; habe/hätte gekonnt; sei/wäre gewesen; habe/hätte gehabt; sei/wäre geworden*
Konjunktiv I/II der Erwartungsstufe: *er werde/würde leben/fahren/können/sein/haben/werden; er werde/würde gelebt haben/gefahren sein/gekonnt haben/gewesen sein/gehabt haben/geworden sein*

Anmerkung:
Verlaufsstufe, Vollzugsstufe, Erwartungsstufe (→ S. 101).
Zur Erläuterung:
(1) Das Tempusparadigma der regelmäßigen (schwachen) und unregelmäßigen (starken) Verben wurde bereits ausführlich auf den Seiten 23 und 27 dargestellt und ist hier verkürzt aufgenommen worden, weil die Konjunktivformen davon abgeleitet werden.
(2) Die Konjunktivformen werden durch Anfügen eines *-e-* an den Stamm des Verbs gebildet: beim Konjunktiv I an die Präsensform (deshalb fälschlicherweise Konjunktiv Präsens genannt), beim Konjunktiv II an die Präteritumsform (deshalb fälschlicherweise Konjunktiv Präteritum genannt). Ist vor dem einzufügenden *-e-* bereits ein auslautendes *-e-* vorhanden oder folgt eines, erscheint

nur ein *-e-* und keine Verdoppelung *(er leb-e/lebt-e)*. Beim Konjunktiv I gibt es - im Unterschied zum Indikativ Präsens - keinen Umlaut bei der 2. und 3. Person Singular der unregelmäßigen Verben (Infinitiv: *waschen;* Indikativ: *du wäschst;* Konjunktiv I: *du waschest*) und keinen *e/i*-Wechsel (Infinitiv: *nehmen;* Indikativ: *du nimmst;* Konjunktiv I: *du nehmest*).
Beim Konjunktiv II der unregelmäßigen Verben lautet der Stammvokal um (Indikativ: *er fuhr/kam/hob/sang;* Konjunktiv II: *er führe/käme/höbe/sänge*).
Die gemischten Verben als besondere Gruppe der regelmäßigen Verben *(rennen, brennen)* bilden den Konjunktiv II mit dem Stammvokal *-e-* (Indikativ: *er rannte;* Konjunktiv II: *er rennte*).
Insgesamt zeichnet sich der Konjunktiv damit gegenüber dem Indikativ durch eine größere Regelmäßigkeit aus.

Der Indikativ

Der Indikativ (lat. indicare = anzeigen) ist der häufigste, gewissermaßen neutrale Modus. Der Sachverhalt wird im Regelfall als real und gegeben dargestellt und uneingeschränkt als gültig anerkannt. Gleichwohl ist der traditionelle Terminus „Wirklichkeitsform" falsch, weil der Indikativ keineswegs immer ein „wirkliches" Geschehen ausdrückt. Der Indikativ wird wegen seines uneingeschränkten Verwendungsbereichs als neutral bzw. Normalmodus der Sprache verstanden; werden Einschränkungen für die Gültigkeit der Äußerung gemacht, stehen Konjunktiv bzw. Imperativ:

- Indikativ im Aussagesatz:

  Gabriele telefoniert mit ihrem Vater.

- Indikativ im Nebensatz (Gliedsatz):

  Es stimmt nicht, daß sie das gesagt hat.
  Ich komme nur, wenn sie sich vorher entschuldigt.

- Indikativ im Aufforderungssatz:

  Du machst das nicht!

- Der Indikativ steht auch in Sätzen mit fiktivem, auf Zukünftiges verweisendem oder bedingt möglichem Inhalt, wenn die Aussage als real begriffen wird:

Das Raumschiff landete auf der Venus.	(fiktiv)
In der nächsten Woche werde ich sie anrufen.	(zukünftig)
Wenn ich genügend arbeite, werde ich die Prüfung bestehen.	(bedingt möglich)

Merke:
Sätze mit Verben im Indikativ können durch lexikalisch-pragmatische Mittel differenziert bzw. in ihrer Aussagemöglichkeit variiert werden:

Das ist *sicherlich* richtig.
Meiner Meinung nach hat sie gelogen.
Sie *will* die Prüfung bestehen.
Das ist *zu machen*.
Sie werden *schon* kommen.

Der Konjunktiv

Konjunktiv und Tempussystem

(1) Zahlreiche traditionelle und auch aktuelle Grammatiken - so die DUDEN-Grammatik - gehen davon aus, daß zu allen Indikativformen (also neutralen Formen) eine entsprechende Konjunktivform (markierte/merkmaltragende Form) gehöre. Dies wird in entsprechenden Tabellen deutlich, in denen beispielsweise nebeneinander erscheinen:

	Indikativ	Konjunktiv I	Konjunktiv II
Präsens	du liebst	du liebest	
Präteritum	du liebtest		du liebtest
Perfekt	du hast geliebt	du habest geliebt	
Plusquamperfekt	du hattest geliebt		du hättest geliebt
Futur I	du wirst lieben	du werdest lieben	du würdest lieben
Futur II	du wirst geliebt haben	du werdest geliebt haben	du würdest geliebt haben

Auf diese Weise wird suggeriert, es gebe ein dem Indikativ vergleichbares Tempusparadigma im Konjunktiv I sowie Konjunktiv II. Lediglich einzelne defekte Stellen seien zu verzeichnen, wie das Schema zeigt: so fehlt im Präsens und Perfekt der Konjunktiv II, während im Präteritum und Plusquamperfekt Konjunktiv I nicht vorhanden ist. Diese Auffassung freilich ist falsch: Konjunktiv I und Konjunktiv II unterscheiden sich n i c h t in temporaler Hinsicht. Zwischen *er gehe* und *er ginge* bzw. *er müsse* und *er müßte* gibt es bezüglich der Zeitaussage keinen Unterschied: sie sind in diesem Aspekt synonym.

Ähnlich verhält es sich mit den zusammengesetzten Vergangenheitstempora Perfekt und Plusquamperfekt: zwischen *er habe gesagt* und *er hätte gesagt* gibt es keinen zeitlichen Unterschied, wohl aber einen modalen: *er habe gesagt* wird in der indirekten Rede zur neutralen Wiedergabe einer Äußerung benutzt; *er hätte gesagt* erscheint in konjunktivischen Bedingungsgefügen (Irrealis) oder aber in der indirekten Rede, wenn sich der Sprecher von der Aussage des anderen distanzieren will (→ S. 107).

(2) Nun stellt sich natürlich die Frage, wofür dann eigentlich die Formen von Konjunktiv I und Konjunktiv II in nahezu allen Tempora vorhanden sind, wenn sie sich gerade in temporaler Hinsicht nicht oder wenig unterscheiden. Das läßt sich teilweise sprachgeschichtlich erklären.

(3) In dieser Grammatik wird argumentiert, daß temporale Unterschiede festzustellen sind zwischen (vgl. „Grundzüge einer deutschen Grammatik", 1981):

(a) Konjunktiv I/II der Verlaufsstufe
(b) Konjunktiv I/II der Vollzugsstufe
(c) Konjunktiv I/II der Erwartungsstufe

Im einzelnen:

- Die Verlaufsstufe bei Konjunktiv I und II (a) wird mit den Standardformen gebildet:

er mache/gehe	(Konjunktiv I)
er machte/ginge	(Konjunktiv II)

Beide Formen dienen dazu, etwas zeitlos Ablaufendes, das auch im Moment der Äußerung gültig ist, in der indirekten Rede wiederzugeben (Verlaufsstufe).

- Bezieht sich die wiedergegebene oder kommentierte Äußerung auf etwas, was vor dem Sprechzeitpunkt liegt (also bereits vollzogen ist), sind die Formen *habe/hätte* bzw. *sei/wäre* + Partizip II zu gebrauchen (b) (Vollzugsstufe):

er habe gemacht/sei gegangen	(Konjunktiv I)
er hätte gemacht/wäre gegangen	(Konjunktiv II)

- Bezieht sich die wiedergegebene oder kommentierte Äußerung auf etwas, was erst nach dem Sprechzeitpunkt eintritt, so sind die Formen *werde/würde* + Infinitiv bzw. *werde/würde* + Infinitiv Perfekt (selten) zu verwenden (c) (Erwartungsstufe):

er werde/würde machen//werde/würde gehen	(Konjunktiv I)
er werde/würde gemacht haben//werde/würde gegangen sein	(Konjunktiv II)

(4) Dieser Regel folgt auch die Umwandlung der Tempora beim Wechsel von der direkten in die indirekte Rede:

direkte Rede		indirekte Rede
Indikativ Präsens	⟶	Konjunktiv I/II Verlaufsstufe (oder *würde*-Form)
Indikativ Präteritum	⟶	Konjunktiv I/II Vollzugsstufe
Indikativ Perfekt	⟶	Konjunktiv I/II Vollzugsstufe (oder *würde*-Form)
Indikativ Plusquamperfekt	⟶	Konjunktiv I/II Vollzugsstufe
Indikativ Futur I	⟶	Konjunktiv I/II Erwartungsstufe
Indikativ Futur II	⟶	Konjunktiv I/II Erwartungsstufe

Hierzu einige Beispiele:

direkte Rede		indirekte Rede
Indikativ Präsens	⟶	Konjunktiv I/II Verlaufsstufe (oder *würde*-Form)
Hans sagt: „Heute gehe ich ins Kino."		Hans sagt, daß er heute ins Kino gehe/ginge/gehen würde.
Indikativ Präteritum	⟶	Konjunktiv I/II Vollzugsstufe
Hans sagt(e): „Gestern waren wir im Kino."		Hans sagt(e), daß sie gestern im Kino gewesen seien/wären.
Indikativ Perfekt	⟶	Konjunktiv I/II Vollzugsstufe (oder *würde*-Form)
Hans sagt(e): „Den Film habe ich in München gesehen."		Hans sagt(e), den Film habe/hätte er in München gesehen/würde er in München gesehen haben.
Indikativ Plusquamperfekt	⟶	Konjunktiv I/II Vollzugsstufe
Hans sagt(e): „Am 1. Juni waren wir abgereist."		Hans sagt(e), am 1. Juni seien/wären sie abgereist.
Indikativ Futur I	⟶	Konjunktiv I/II Erwartungsstufe
Hans sagt: „Morgen werde ich abfahren."		Hans sagt, er werde/würde morgen abfahren.
Hans sagt: „Morgen werde ich wieder laufen können."		Hans sagt, daß er morgen wieder werde/würde laufen können.

direkte Rede		indirekte Rede
Indikativ Futur II	→	Konjunktiv I/II Erwartungsstufe
Hans sagt: „Bis 1990 werde ich die Prüfung bestanden haben.“		Hans sagt, bis 1990 werde/würde er die Prüfung bestanden haben.
Hans sagt: „Bis 1988 werde ich ins Ausland gegangen sein.“		Hans sagt, daß er bis 1988 ins Ausland gegangen sein werde/würde.

Anmerkung:
In der gesprochenen Sprache ist, um die Vorzeitigkeit zu verdeutlichen, beim Plusquamperfekt die Hilfsform: *habe/hätte gesehen gehabt* bzw. *sei/wäre abgereist gewesen* zulässig, in der geschriebenen Sprache nicht. Nicht zulässig aber ist diese Form bei *haben/sein* als Vollverben (* wäre krank gewesen gewesen).
(5) Entsprechend verwendet man bei den passivfähigen Verben (→ S. 63) die Konjunktivformen *werde/würde* (*werden*-Passiv) bzw. *sei/wäre* (*sein*-Passiv) für die Verlaufsstufe, die zusammengesetzten Formen für die Vollzugsstufe bzw. Erwartungsstufe:

Indikativ Präsens	Konjunktiv I/II der Verlaufsstufe
werden-Passiv:	
Hans sagt: „Heute werde ich eingeladen.“	Hans sagt, daß er heute eingeladen werde/würde.
sein-Passiv:	
Hans sagt: „Heute bin ich eingeladen.“	Hans sagt, daß er heute eingeladen sei/wäre.
Indikativ Präteritum/ Perfekt/Plusquamperfekt	Konjunktiv I/II der Vollzugsstufe
werden-Passiv:	
Hans sagt: „Letzte Woche wurde ich eingeladen/bin/war ich eingeladen worden.“	Hans sagt, er sei/wäre letzte Woche eingeladen worden.
sein-Passiv:	
Hans sagt: „Letzte Woche war ich eingeladen/bin/war ich eingeladen gewesen.“	Hans sagt, er sei/wäre letzte Woche eingeladen gewesen.
Indikativ Futur I/II	Konjunktiv I/II der Erwartungsstufe
werden-Passiv:	
Hans sagt: „Nächste Woche werde ich eingeladen werden/eingeladen worden sein.“	Hans sagt, er werde/würde nächste Woche eingeladen werden/eingeladen worden sein.
sein-Passiv:	
Hans sagt: „Nächste Woche werde ich eingeladen sein/eingeladen gewesen sein.“	Hans sagt, er werde/würde nächste Woche eingeladen sein/eingeladen gewesen sein.

Fazit:
Es wird deutlich, daß dem voll ausgebauten Tempusparadigma beim Indikativ kein identisches Paradigma im Konjunktiv entspricht. Wir haben es vielmehr bei den Formen von Konjunktiv I und Konjunktiv II – die im Hinblick auf das Tempus synonym, im Hinblick auf ihre Bedeutung und ihren Gebrauch freilich höchst unterschiedlich sind – mit einem Modusparadigma (Konjunktivparadigma) zu tun, das sich wesentlich vom Indikativparadigma unterscheidet.

Der Gebrauch des Konjunktivs

(1) Einerseits sind Sätze im Konjunktiv weitaus seltener als Sätze im Indikativ: der Konjunktiv stellt also die Besonderheit dar. Andererseits sind die Verwendungsweisen so unterschiedlich, daß der nach wie vor weitverbreitete Terminus „Möglichkeitsform" abzulehnen ist.

(2) Angesichts der weitgehenden Zeitstufenunabhängigkeit des Konjunktivs sind die Verwendungsbereiche und Gebrauchsbedingungen entscheidend. Dabei muß sogleich mit einem Vorurteil aufgeräumt werden, nämlich der Behauptung, der Konjunktiv sei letztlich eine überholte und elitäre sprachliche Form, die eigentlich überflüssig ist. Dem ist keineswegs so: auf Konjunktiv I wie Konjunktiv II kann heute und auch in der Zukunft nicht verzichtet werden; allerdings sollten beide Strukturen auch nicht gewissermaßen als Gütesiegel einer Sprache überbewertet werden; auf veraltete Formen (*er flöge, schwämme, du fahrest, du lebest* usw.) kann man außerdem verzichten. Die gesprochene Sprache kennt sie ohnehin kaum noch.

(3) Entscheidend sind also die Funktionen des Konjunktivs. Der Schriftsteller Albert Janetschek hat es so ausgedrückt:

Verteidigung des Konjunktivs

Die Umfunktionierer
unserer Sprache
nennen ihn überflüssig
und veraltet

Sie plädieren
für seine Abschaffung
mit dem Hinweis
auf seine Schwierigkeit

Doch wie drückt man
(beispielsweise)
Wünsche aus
im Indikativ?

Könnten wir uns abfinden
mit einer Sprache
ohne Flügel?

Der Gebrauch des Konjunktivs I

(1) Der Konjunktiv I steht in Hauptsätzen, die einen Wunsch (Optativ), eine Bitte oder auch eine Aufforderung beinhalten (häufig schwer zu unterscheiden). Dabei ist die gemeinte Person meist nicht anwesend oder soll aus bestimmten Gründen nicht angesprochen werden:

Edel *sei* der Mensch, hilfreich und gut! (Goethe)
Ein Redner *sei* kein Lexikon! (Tucholsky)
Gebe ihm Gott eine Erleuchtung!
Man *müsse* das akzeptieren!
Man *nehme* 1 kg Zucker und 1 kg Mehl.
Werfe niemand den ersten Stein!

Anmerkung:
Ist hingegen die Person, die gemeint ist, direkt ansprechbar, so ist in Aufforderungssätzen der Imperativ (→ S. 112) vorzuziehen:

> Komm her!
> Gib den Brief zurück!

Aufforderungssätze können auch als Nebensätze auftreten, entweder eingeleitet mit *daß* oder uneingeleitet:

> Er bat ihn, *daß* er das mache.
> Ich bat ihn, er *möge* das machen.

Schon im zweiten Beispiel wird die Nähe zur indirekten Rede deutlich.
(2) Der Konjunktiv I wird vor allem aber in der indirekten Rede gebraucht, durch die die Aussage eines Dritten wiedergegeben wird:
- wörtliche Rede (Hans zu Karin):

> Ich komme morgen nicht zu dir.

- indirekte Rede (Karin zu Angelika):

> Hans sagt, daß er morgen nicht zu mir komme. (Hans sagt, er komme morgen nicht zu mir.)

- Dieses kann weiter berichtet werden (Angelika zu mir):

> Karin erzählt, daß Hans gesagt habe, daß er nicht zu ihr komme.
> Karin erzählt, Hans habe gesagt, er komme morgen nicht zu ihr.

Bei der indirekten Rede tritt Personenwechsel ein. Der Sprecher der wiedergegebenen Rede (= Hans) erscheint in der Rolle der 3. Person Singular (= er), der/die Angesprochene der direkten Rede (= Karin) wird zum/zur Berichtenden in der 1. Person Singular (= Pronominaltransformation):

> Hans zu Karin: Ich komme morgen nicht zu dir.
>
> Karin zu Angelika: Hans sagt, daß er morgen nicht zu mir komme.

(3) In der indirekten Rede der geschriebenen Sprache (schöne Literatur, Reportagen usw.) ist stets dann der Konjunktiv I zu gebrauchen, wenn er eindeutig ist, also nicht die gleiche Form wie der Indikativ aufweist:

> Ich habe gesagt, daß er nicht kommen *könne*.
> Sie meint, daß Horst krank *sei*.
> Sie hat uns mitgeteilt, sie *werde* ins Ausland gehen.
> Sie erklärte vor Gericht, ihr Mann *habe* das nicht wissen können.

Besonderheiten beim Gebrauch des Konjunktivs I
(1) Sind die Formen des Indikativs Präsens und des Konjunktivs I identisch, kann Konjunktiv II zur Verdeutlichung der indirekten Rede benutzt werden:

> Inge erzählte, gestern seien ihre Eltern zu Besuch gewesen. Sie *hätten* viel zu erzählen gehabt.

(2) In der gesprochenen Sprache setzen sich bei der Redewiedergabe, besonders bei nichteingeleiteten Nebensätzen (die immer häufiger in der gesprochenen

Sprache vorkommen), zunehmend Konjunktiv II (vor allem bei den Hilfsverben), Indikativ oder Umschreibung mit *würde* + Infinitiv durch. Dies wird für die gesprochene Sprache als Norm anerkannt:

Sie sagt, daß sie wieder gesund sei. Sie sagt, sie sei wieder gesund.	(schriftsprachliche Norm)
Sie sagt, sie wäre wieder gesund. Sie sagt, sie ist wieder gesund. Sie sagt, sie würde wieder gesund sein.	(gesprochene Sprache)

Dabei gilt, daß die Pronominaltransformation *(ich ⟶ sie)* im Grunde für die indirekte Rede ausreicht: Modusumwandlung (Indikativ ⟶ Konjunktiv I) und *daß* (Einleitung des Nebensatzes) sind in der gesprochenen Sprache entbehrlich.
Diese Tendenz ist auch in offizieller und öffentlicher Sprache immer häufiger zu beobachten. Bei mit *daß* oder einem Fragewort eingeleiteter indirekter Rede tritt zunehmend der Indikativ auf:

Der Minister erklärte, daß er dem Vorschlag zustimmt.
Der Bundeskanzler ließ mitteilen, wann er nach New York reist.

(3) Konjunktiv I ist hingegen obligatorisch, wenn die einleitende Konjunktion *daß* fehlt:

Nach zweijähriger Arbeit ... hat Rita Süssmuth erklärt, eine der wichtigsten Aufgaben der gegenwärtigen Frauenforschung *sei* es, die gesetzlichen Rahmenbedingungen für die Gleichstellung von Mann und Frau voranzutreiben.
(„Süddeutsche Zeitung", 31.8./1.9.1985)

nicht möglich:

* Rita Süssmuth erklärte, eine der wichtigsten Aufgaben ist es ...

Anmerkung:
Bei der sogenannten berichteten Rede - eine Folge mehrerer in indirekte Rede umgewandelter Sätze - ist Konjunktiv I obligatorisch, um zu verdeutlichen, daß es sich um eine Redewiedergabe handelt:

Die stellvertretende Vorsitzende der SPD-Fraktion im Bundestag und Amtsvorgängerin Geißlers, Anke Fuchs, sagte, der Minister *habe* sich vor allem als Meister der Demagogie und der Verketzerung des politischen Gegners hervorgetan. Seine Nachfolgerin *werde* sich in diesem Punkt sicher positiv von ihm abheben. Frau Süssmuth *sei* der SPD durch ihr langjähriges Engagement beim Familienbund deutscher Katholiken bekannt. Die SPD *biete* ihr eine faire Zusammenarbeit an.
(„Süddeutsche Zeitung", 31.8./1.9.1985)

(4) Immer häufiger findet sich auch in der geschriebenen Sprache indirekte Rede ohne Redeeinleitung *(Ich sagte, ...)* und ohne *daß*. Dieses besondere Stilmittel bedarf, um eindeutig zu sein, des Konjunktivs. Die Nähe zu den Aufforderungssätzen wird deutlich:

Da *müsse* man bedenken, was ein Austritt *bedeute*.
(= bedenke, was ein Austritt bedeutet!)
(„DIE ZEIT", 30.8.1985)

Der Gebrauch des Konjunktivs II

Der Konjunktiv II wird in folgenden Fällen verwendet:

- anstelle des Konjunktivs I in der indirekten Rede
- in irrealen Aussage- und Fragesätzen (also Hauptsätzen, deren Inhalt nicht wirklich, sondern nur gedacht, angenommen ist)
- in irrealen Wunschsätzen
- in irrealen Konditionalsätzen (Bedingungssätzen)
- in irrealen Konsekutivsätzen (Folgesätzen)
- in irrealen Vergleichssätzen
- in Sätzen der vorsichtigen Redeweise

Konjunktiv II in der indirekten Rede

(1) Wie bereits dargestellt (→ S. 105), steht Konjunktiv II in der indirekten Rede häufig dann, wenn Indikativ Präsens und Konjunktiv-I-Form identisch sind:

Du meinst, wir *könnten* das anders machen?

Dazu ein Gedicht von Eugen Roth:

Der eingebildete Kranke

Ein Griesgram denkt mit trüber List,
Er wäre krank. (was er nicht ist!)
Er müßte nun mit viel Verdruß
Ins Bett hinein. (was er nicht muß!)
Er hätte, sprach der Doktor glatt,
Ein Darmgeschwür. (was er nicht hat!)
Er soll verzichten, jammervoll
Aufs Rauchen ganz. (was er nicht soll!)
Und werde, heißt es unbeirrt,
Doch sterben dran. (was er nicht wird!)
Der Mensch könnt, als gesunder Mann
Recht glücklich sein. (was er nicht kann!)
Möcht glauben er nur einen Tag,
Daß ihm nichts fehlt. (was er nicht mag!)

Abhängig von den Verben des Sagens und Denkens (lat. verba dicendi et sentiendi) *denken, sprechen, heißen (es),* gibt es in Roths Gedicht den Indikativ *(soll),* Konjunktiv I *(werde)* und auch Konjunktiv II *(hätte).* Zu erwarten wäre:

Er *habe,* sprach der Doktor glatt.

Daß Roth dennoch *hätte* wählt, ist sicher nicht seiner Unkenntnis der deutschen Grammatik zuzuschreiben, sondern der Überlegung, die Aussage des Doktors nicht nur als Redewiedergabe, sondern zugleich als irreal, unwirklich, nur erdacht darzustellen: Konjunktiv II als Modus der Irrealität.

Aber mit der Irrealität ist auch nur ein Teil der Lösung des Problems angesprochen; daneben schwingt in dem Satz auch die Distanz, die Skepsis des Doktors mit: er will sich mit dem Gebrauch des Konjunktivs II in der indirekten Rede vom Inhalt des Gesagten distanzieren. Hier wird also eine wesentliche Funktion des Konjunktivs II in der indirekten Rede deutlich, die Distanzierung vom Inhalt der Aussage.

(2) Diese Auffassung von der besonderen Leistung des Konjunktivs II gegenüber dem Konjunktiv I in der indirekten Rede wird noch durch die Tatsache erhärtet, daß Zählungen ergeben haben, mehr als zwei Drittel aller Konjunktiv-II-Formen in der indirekten Rede seien in der 3. Person Singular, nur 20% in der 1. Person Singular oder Plural. Nun sind aber, wie wir wissen, in der 3. Person Singular Indikativ und Konjunktiv I stets formal unterschiedlich *(er fährt - er fahre, sie ist - sie sei, es geht - es gehe),* also dürfte - der Ersetzungsregel folgend - überhaupt kein Konjunktiv II erscheinen. Es müssen also andere Gründe existieren, die seinen Gebrauch anstelle des Konjunktivs I motivieren. Wir meinen, es sind die genannten: Distanzierung von der Aussage oder Verweis auf die Irrealität. Im Grunde heißt das, daß die Regel, Konjunktiv I wird in der indirekten Rede, wenn er formal mit dem Indikativ Präsens übereinstimmt, durch Konjunktiv II ersetzt, nur für die 1. Person Singular und Plural *(ich/wir)* sowie die 3. Person Plural *(sie)* gilt, wo diese Identität in der Tat häufig gegeben ist.

Konjunktiv II in irrealen Aussage- und Fragesätzen

Der Konjunktiv II dient als Ausdruck des Nichtwirklichen. Er wird deshalb auch Irrealis genannt. Trifft ein Sachverhalt nicht zu, wobei aber die Möglichkeit seines Eintretens in der Zukunft nicht ausgeschlossen ist, sprechen wir von Potentialis. Dabei drücken - vom Sprechzeitpunkt aus - die Formen *er hätte gelebt/wäre gefahren* vollzogenes Geschehen (Vollzugsstufe), *er lebte/führe* dagegen zeitlos ablaufendes Geschehen (Verlaufsstufe) aus. Die Formen *er würde leben/würde fahren* beziehen sich auf etwas, das erst nach dem Sprechzeitpunkt eintritt (Erwartungsstufe):

- Aussagesätze:

Sie führe nach München.	(Verlaufsstufe)
Er hätte anders gelebt als seine Verwandten.	(Vollzugsstufe)
Sie würde diese Straße nicht mehr fahren.	(Erwartungsstufe)

Anmerkung:

Sätze, die vollzogenes Geschehen im Irrealis ausdrücken, können mit einem Adverbial *(morgen, nächste Woche* usw.) auf etwas verweisen, das erst nach dem Sprechzeitpunkt geschieht:

Morgen hätte sie die Prüfung bestanden.

- Fragesätze:

Führe sie nach München?	(Verlaufsstufe)
Hätte er anders gelebt als seine Verwandten?	(Vollzugsstufe)
Würde sie diese Straße nicht mehr fahren?	(Erwartungsstufe)

Konjunktiv II in irrealen Wunschsätzen

Irreale Wunschsätze sind an der Schwelle zwischen Hauptsätzen und elliptischen Nebensätzen, bei denen der Folgesatz fehlt, angesiedelt (Optativ). Häufig werden zur Verstärkung des Wunsches *doch* oder *nur* eingefügt:

- Ellipse (Folgesatz fehlt):

Wenn Hans die Prüfung bestünde ...

- Hauptsatz:

  Wenn sie nur wieder gesund würde! Wenn es doch wahr wäre!

- Verb in Spitzenstellung (häufig literarisch):

  Wäre es nur wahr! Käme sie doch schon heute!

Konjunktiv II in irrealen Konditionalsätzen

(1) Dazu ein Text von Bertolt Brecht:

> Wenn die Haifische Menschen *wären*
>
> ‚Wenn die Haifische Menschen *wären*', fragte Herrn K. die kleine Tochter seiner Wirtin, ‚*wären* sie dann netter zu den kleinen Fischen?' ‚Sicher', sagte er. ‚Wenn die Haifische Menschen *wären, würden* sie im Meer für die kleinen Fische gewaltige Kästen bauen lassen, mit allerhand Nahrung drin, sowohl Pflanzen als auch Tierzeug. Sie *würden* sorgen, daß die Kästen immer frisches Wasser *hätten,* und sie *würden* überhaupt allerhand sanitäre Maßnahmen treffen. Wenn zum Beispiel ein Fischlein sich die Flosse verletzen *würde,* dann *würde* ihm sogleich ein Verband gemacht, damit es den Haifischen nicht *wegstürbe* vor der Zeit. Damit die Fischlein nicht trübsinnig *würden, gäbe* es ab und zu große Wasserfeste; denn lustige Fischlein schmecken besser als trübsinnige. Es *gäbe* natürlich auch Schulen in den großen Kästen. In diesen Schulen *würden* die Fischlein lernen, wie man in den Rachen der Haifische schwimmt. Sie *würden* zum Beispiel Geographie brauchen, damit sie die großen Haifische, die faul irgendwo liegen, finden *könnten.* Die Hauptsache *wäre* natürlich die moralische Ausbildung der Fischlein. Sie *würden* unterrichtet werden, daß es das Größte und Schönste sei, wenn ein Fischlein sich freudig aufopfert, und daß sie alle an die Haifische glauben *müßten,* vor allem, wenn sie sagten, sie *würden* für eine schöne Zukunft sorgen. Man *würde* den Fischlein beibringen, daß diese Zukunft nur gesichert *sei,* wenn sie Gehorsam *lernten.* Vor allen niedrigen, materialistischen, egoistischen und marxistischen Neigungen *müßten* sich die Fischlein hüten und es sofort den Haifischen melden, wenn eines von ihnen solche Neigungen *verriete.* Wenn die Haifische Menschen *wären, würden* sie natürlich auch untereinander Kriege führen, um fremde Fischkästen und fremde Fischlein zu erobern. Die Kriege *würden* sie von ihren eigenen Fischlein führen lassen. Sie *würden* die Fischlein lehren, daß zwischen ihnen und den Fischlein der anderen Haifische ein riesiger Unterschied *bestehe.* Die Fischlein, *würden* sie verkünden, sind bekanntlich stumm, aber sie schweigen in ganz verschiedenen Sprachen und können einander unmöglich verstehen. Jedem Fischlein, das im Krieg ein paar andere Fischlein, feindliche, in anderer Sprache schweigende Fischlein *tötete* ...

Die Bedingung - die Gegenwelt, die Brecht in Konditionalsätzen darstellt (die Haifische = das Schreckliche, Böse) und gleichsam konstruiert - ist irreal und hält gerade deshalb der Welt der Menschen den Spiegel vor. In irrealen Konditionalsätzen wird die Bedingung entweder explizit genannt *(Wenn die Haifische Menschen wären),* oder sie geht implizit aus dem Kontext hervor. Bedingter Hauptsatz und bedingender Nebensatz stehen im Konjunktiv II *(wären, müßten, hätten, wegstürbe, lernten, gäbe, verriete, würden führen, könnten, würden lehren, tötete* usw.). Dabei kann die Konjunktion *wenn* (bzw. *falls*) auch entfallen, das Verb steht dann in Spitzenstellung:

> Wären die Haifische Menschen, würden sie ...

(2) Immer häufiger tritt - vor allem in der gesprochenen Sprache und bei unregelmäßigen Verben (*flöge, schwämme, sänke, löge* usw.) - in irrealen Bedingungssätzen an die Stelle der Konjunktiv-II-Form die Form *würde* + Infinitiv (eingeleitet durch *wenn*), seltener die uneingeleitete Form *würde* + Infinitiv/Partizip II:

Wenn er morgen nach Berlin führe/flöge/ginge, wäre ich dabei.
→ Wenn er morgen nach Berlin fahren/fliegen/gehen würde, wäre ich dabei.
→ Würde er morgen nach Berlin fahren/fliegen/gehen, wäre ich dabei.
Wenn sie noch gelebt hätte, wäre ich zu ihr gefahren.
→ Wenn sie noch gelebt haben würde, wäre ich zu ihr gefahren.
→ Würde sie noch gelebt haben, wäre ich zu ihr gefahren.

Merke:
- Neben dem konjunktivischen Bedingungsgefüge bzw. der Ersetzung durch die *würde*-Form gibt es auch noch ein Bedingungsgefüge im Indikativ (realer Konditionalsatz):

  Wenn es schneit, wird das Autofahren zur Qual.
  Wenn es schneite, wurde das Autofahren zur Qual.
  Wenn es geschneit hat, ist das Autofahren zur Qual geworden.

  Dieses Bedingungsgefüge drückt aus, daß etwas als real oder wahr gilt bzw. behauptet wird. Erfahrungen oder wissenschaftliche Erkenntnisse sind die Grundlage. Wissenschaftliche Aussagen - wenn sie keine Hypothesen sind - stehen deshalb stets im Indikativ.
- Bezweifelt der Sprecher aber die Erfüllbarkeit von Bedingung und Folge, wählt er den Konjunktiv. Wir vergleichen:

  Wenn er so weiter trinkt, ist er bald Alkoholiker. (Realität)
  Wenn er so weiter trinken würde, wäre er bald Alkoholiker. (Irrealität)

- Sogar Mischung von Indikativ (im Bedingungssatz) und Konjunktiv (im Hauptsatz) ist möglich, wenn der Sprecher/Schreiber die Erfüllung der Bedingung als realistisch ansieht:

  Die Prüfung könnte er bestehen, wenn er wirklich arbeitet.

- Neben dem Konditionalsatz gibt es die irrealen Konzessivsätze (→ S. 358). Sie werden mit *auch wenn/sogar wenn/selbst wenn* eingeleitet und gehen von einem unzureichenden Gegengrund aus:

  Auch wenn/selbst wenn wir ihm helfen würden, käme er nicht zurecht.

Konjunktiv II in irrealen Konsekutivsätzen
Irreale Konsekutivsätze (Folgesätze) werden mit *daß/als daß* eingeleitet und haben im Hauptsatz oft ein Korrelat *(so, zu):*

Sie war *so* früh angekommen, daß wir uns beinahe verpaßt hätten.
Helmut ist *zu* intelligent, als daß er das nicht bemerkt hätte.

Tritt die erwartete Folge nicht ein, steht *ohne daß:*

Die Nacht verging, *ohne daß* es zu neuen Krawallen gekommen wäre (gekommen ist).
Er redete lange, *ohne daß* er das Thema erschöpfend behandelt hätte.

Bei Subjektgleichheit in Hauptsatz und Nebensatz ist Infinitiv mit *zu* möglich:

Er redete lange, ohne das Thema erschöpfend behandelt zu haben.

Konjunktiv II in irrealen Vergleichssätzen
Irreale Vergleichssätze beschreiben nichtwirkliches Geschehen: der verglichene Sachverhalt trifft nicht zu. Sie werden mit *als ob* eingeleitet:

Sie rannte, *als ob* sie in Lebensgefahr wäre (gewesen wäre).
auch: Sie rannte, *als* wäre sie in Lebensgefahr (gewesen).

Konjunktiv II in Sätzen der vorsichtigen Redeweise
Sätze der vorsichtigen Redeweise mit Konjunktiv II sind, vor allem in der gesprochenen Sprache, äußerst häufig. Sie drücken Zurückhaltung gegenüber dem Ansprechpartner aus, eine gewisse Höflichkeit und auch das Bemühen des Sprechers/Schreibers, die eigene Position nicht als zu dominant erscheinen zu lassen:

Ich würde sagen, glauben, meinen, behaupten, denken usw.
Könnten Sie mir, bitte, das Salz reichen?
Würden Sie mir den Mantel geben?
Das hätte ich nicht erwartet!
Wer wäre (war) der Nächste?
Dürfte (darf) ich Ihnen noch Kaffee einschenken?

Anmerkung:
Die Formen *Ich würde sagen/glauben/meinen* usw. sind zu Worthülsen (Floskeln) geworden, zumal in der Sprache der Politik. Sie sollten gemieden werden.

Empfehlungen zum Gebrauch des Konjunktivs

(1) Konjunktiv I und Konjunktiv II unterscheiden sich nicht in zeitlicher Hinsicht: *man komme* und *man käme* sind im Hinblick auf die Zeitstufe identisch. Sie haben demzufolge kein voll ausgebautes Tempusparadigma, sondern ein Modusparadigma. Es genügt die Kenntnis der Formen von Konjunktiv I und II, die zusammengesetzten Formen sind für Indikativ und Konjunktiv bis auf das finite Verb identisch.
(2) Daher werden Konjunktiv I und Konjunktiv II im Hinblick auf ihre Funktionen unterschieden. Die wichtigsten sind: Konjunktiv I in der indirekten Rede, Konjunktiv II im Irrealis/Potentialis.
(3) In Textsorten der geschriebenen Sprache (→ S. 457) sowie in offizieller gesprochener Sprache gilt die Norm der Schriftsprache: Konjunktiv I in der indirekten Rede, Konjunktiv II bei irrealen Bedingungsgefügen (Irrealis) sowie in irrealen Wunsch- und Vergleichssätzen.
(4) In Textsorten spontan gesprochener Sprache (→ S. 457) gilt: bei der indirekten Rede herrscht die *würde*-Form vor. Die Konjunktiv-I-Form ist selten; vor allem tritt sie bei Hilfsverben und modalen Hilfsverben auf *(er habe, sie könne)*. Ansonsten nimmt der Gebrauch des Indikativs Präsens in der indirekten Rede zu.

Bei irrealen Bedingungsgefügen und irrealen Wunschsätzen dominiert die *würde*-Form *(wenn er kommen würde);* daneben haben wir Formen des Konjunktivs II vor allem bei Hilfsverben und modalen Hilfsverben *(wenn sie hätte/könnte).*
(5) Die bekannte Ersetzungsregel, daß bei Formgleichheit von Konjunktiv I und Indikativ der Konjunktiv II in der indirekten Rede steht, gilt nur eingeschränkt und zwar lediglich im Hinblick auf die 1. Person Singular und Plural *(ich lachte, wir liefen)* sowie die 3. Person Plural *(sie kämen).*
(6) In den anderen Personalformen wird Konjunktiv II anstelle von Konjunktiv I (der ja formal anders ist als der Indikativ Präsens) benutzt, um die Distanz/Skepsis des Sprechers/Schreibers gegenüber dem Inhalt der Aussage zu verdeutlichen *(Klaus sagte, du wärest gesund).*
(7) Grundsätzlich gilt weiterhin, daß in Ergänzungssätzen (*daß*-Sätze) Konjunktiv I mehr in öffentlicher Sprache (Reden, Interviews) benutzt wird, Konjunktiv II hingegen eher in nicht-öffentlichen bzw. privaten Situationen:

Er behauptet, daß der Unternehmer ein ordentlicher Mann *sei.*	(öffentlich)
Er behauptet, daß der Unternehmer ein ordentlicher Mann *wäre.*	(nicht-öffentlich)

(8) Die Normierungsbestrebungen, den Konjunktiv I zugunsten des Konjunktivs II zurückzudrängen, sind daher zurückzuweisen: beide Formen haben unterschiedliche Funktionen.
(9) Falsch ist: *er/sie/es bräuchte.* Korrekt dagegen: *brauchte.*

Der Imperativ

Der Imperativ (lat. imperare = befehlen; traditionell: Befehlsform) wird zur Formulierung von Aufforderungen gebraucht.
(1) Die Formen des Imperativs werden nach dem Präsensstamm gebildet:

	Imperativ Singular	Imperativ Plural	Höflichkeitsform
(tragen)	Trag(e)!	Tragt!	Tragen Sie!
(kommen)	Komm(e)!	Kommt!	Kommen Sie!

(2) Dabei schwankt der Gebrauch des *-e* im Imperativ Singular. Die Form mit *-e* wird häufig als veraltet oder gespreizt verstanden. Daher: *Frag! Schlaf! Komm! Geh! Wasch!* (Ohne Apostroph). Das *-e* ist obligatorisch bei Verben auf *-eln, -ern* und *-nen* (dabei kann das Stamm-*e* ausfallen), weiterhin bei Verben auf *-ig* sowie bei Verben, deren Stamm auf Konsonant + *-m/-n* auslautet:

(lächeln)	Läch(e)le doch einmal!
(feiern)	Fei(e)re nicht jeden Tag!
(leugnen)	Leugne es nicht ab!
(berichtigen	Berichtige das bitte!
(atmen)	Atme ruhig weiter!
(öffnen)	Öffne, bitte, das Fenster!

Bei Verben, deren Stamm auf *-d/-t* endet, steht meist ein *-e* am Wortende:

(reden)	Rede nicht so viel!
(bitten)	Bitte ihn doch darum!

Ausnahme: Geht dem *-m/-n* ein *m, n, l, r* oder ein *h* voraus, entfällt das *-e:*

Kämm dich!
Renn schneller!
Lern endlich!

(3) Verben mit Vokalwechsel *e/i* in der 2. Person Singular (*ich lese - du liest; ich nehme - du nimmst* usw.) haben kein *-e* am Wortende:

Nimm! Lies! Gib! Versprich es! Iß! Vergiß es! Brich! Stirb!

Ausnahmen:

Werde! Sieh(e)!

(4) Wechselnde Imperativformen:

Erschrick nicht! Erschrecke die Tiere nicht!

(5) Der Imperativ Plural entspricht der 2. Person Plural Aktiv Indikativ des Verbs:

Ihr geht - Geht! Ihr lauft - Lauft!

(6) Endet der Stamm auf einen Doppelkonsonanten, dann wird wie bei der Konjugation ein *-e* aus Gründen der Aussprache eingefügt:

Ihr bittet - Bittet!

(7) Der Imperativ von *sein* lautet *sei* und *seid:*

Sei fleißig! Seid pünktlich!

(8) Die Höflichkeitsform entspricht der 3. Person Plural Präsens Indikativ Aktiv:

Kommen Sie morgen! Rufen Sie wieder an!

Der Gebrauch des Imperativs

(1) Der Imperativ ist keinesfalls nur „Befehlsform" (weshalb auch der deutsche Terminus unpassend ist) oder bezeichnet nur Aufforderungen (wie umgekehrt auch zahlreiche andere sprachliche Mittel Aufforderungscharakter haben; → S. 114). Der Imperativ drückt vielmehr neben dem Befehl auch Bitte, Wunsch oder Warnung aus (wobei die Grenzen meist fließend sind):

Öffne das Fenster!	(Befehl)
Geben Sie mir, bitte, das Salz!	(Bitte)
Edel sei der Mensch, hilfreich und gut!	(Wunsch)
Achtet auf den Verkehr!	(Warnung)

(2) Der Imperativ Singular wird gegenüber einer einzigen Person gebraucht, die man duzt; der Imperativ Plural gegenüber mehreren Personen, die man duzt. Ansonsten gebraucht man die Höflichkeitsform.

(3) Eine Reihe von Verben bildet keine Imperativformen. Dies sind die unpersönlichen Verben (*es regnet, schneit* usw.), die modalen Hilfsverben *(können, sollen, wollen, müssen, dürfen, mögen)* sowie einzelne Vollverben wie *bekommen, kriegen, vermissen, kennen, geraten.*

(4) Befehle oder Aufforderungen sind eine pragmatische Kategorie, die keineswegs nur mit dem Imperativ Singular/Plural oder der Höflichkeitsform gebildet werden. Andere syntaktische Möglichkeiten der Aufforderung sind:

- der kategorische Indikativ Präsens bzw. Futur:

  Du kommst sofort zurück, Hans!
  Das werden Sie bis morgen erledigen!

- die 1. Person Singular Präsens:

  Ich bekomme noch ein Bier, Herr Ober!

- die Frageform (2. Person Singular/Plural):

  Willst du nicht noch ein Stück Kuchen?
  Kommst du morgen nach?

- die 1. Person Plural (zu einem Partner):

  Wir sind morgen in München, nicht wahr?

- der Konjunktiv I + *man:*

  Man nehme ein Pfund Zucker und drei Zitronen.

- der Infinitiv:

  Aufpassen! Nicht rauchen!

- der Infinitiv mit *zu* + *haben/sein:*

  Du hast dich anständig zu benehmen!
  Das ist noch heute zu erledigen!

- das Partizip II:

  Hergehört! Stillgestanden!

- das subjektlose Passiv:

  Jetzt wird gearbeitet! Morgen wird abgereist!

- isoliert gebrauchte Substantive, Adjektive oder Adverbien:

  Feuer! Schneller! Hoch!

- Nebensätze mit *daß:*

  Daß du mir ja nichts davon erzählst!

- Satzgefüge mit einem Verb des Aufforderns:

  Ich erwarte/verlange, daß ihr das bis morgen erledigt!

- modale Hilfsverben:

  Du mußt abreisen! Ihr sollt kommen! Wollt ihr wohl ruhig sein! Wir müssen endlich nach Hause gehen! Das dürft ihr nicht machen!

- *lassen:*

  Laß das endlich! Laßt ihn in Ruhe!
  Lassen wir es genug sein!

- die implizite Aufforderung:

  Es zieht! (Machen Sie die Tür zu!)
  Die Pflanze ist vertrocknet! (Gieß sie bitte!)
  Ich habe Hunger! (Mach mir etwas zu essen!)

Je nach Personenkonstellation und Verhältnis zum angesprochenen Partner kann der Sprecher/Schreiber aus diesen sprachlichen Mitteln der Aufforderung jeweils das auswählen, das seinen Vorstellungen am meisten entspricht.

Lexikalisch-pragmatische Mittel der Modalität

Zu den lexikalisch-pragmatischen Mitteln der Modalität gehören Adverbien, Modalpartikeln und modale Wortgruppen sowie die modalen Hilfsverben, die Umschreibungen *haben* + Infinitiv mit *zu*, *sein* + Infinitiv mit *zu* und schließlich die Umschreibung der Konjunktiv-Form mit *würde* (→ S. 117).

Adverbien

(1) Adverbien sind nichtflektierbare, erststellenfähige Wörter, die die Aussage des Satzes hinsichtlich ihrer Sicherheit, Wahrscheinlichkeit bzw. Unsicherheit differenzieren können (→ S. 242): *bestimmt, sicher(lich), hoffentlich, möglicherweise, vielleicht:*

Bestimmt ist er daran interessiert.
Er hat *sicher(lich)* viel geleistet.
Hoffentlich kommt sie.

(2) Adverbien können weiterhin eine Meinungsäußerung zum Thema beinhalten: *leider, unglücklicherweise, dankenswerterweise, erfreulicherweise:*

Ich habe sie *leider* nicht gesehen.
Erfreulicherweise ist alles gutgegangen.

Modalpartikeln

Modalpartikeln sind nichtflektierbare, nicht erststellenfähige und meist unbetonte Wörter, die die Satzaussage modifizieren (→ S. 275): *doch, denn, schon, ja* usw.:

Das ist *doch* unglaublich!
Wieviel kostet es *denn?*
Das war *schon* eine Leistung!

Modale Wortgruppen

Analog verhält es sich mit modalen Wortgruppen. Auch sie verändern die Satzaussage, meist in Richtung Einschränkung der Gültigkeit: *meiner Meinung nach, meines Erachtens, nach meiner Überzeugung* usw.:

Meines Erachtens ist hier nichts mehr zu machen.

Modale Hilfsverben

(1) Die modalen Hilfsverben *wollen, sollen, müssen, dürfen, können, mögen* + Infinitiv modifizieren ebenfalls die Satzaussage (→ S. 55):

Ich *will* das nicht *machen.*
Sie *möchte* um vier Uhr nach Hause *gehen.*

(2) Wichtig sind die modalen Hilfsverben bei der indirekten Rede; dabei kommt die Absicht des Sprechers (illokutives Potential; → S. 460) zum Tragen:

	direkte Rede		indirekte Rede
Sprecher:	Mach das nicht!	(Aufgeforderter):	Er sagt, ich *solle* das nicht machen.
Sprecher:	Hier ist Rauchen verboten!	(Aufgeforderter):	Er sagt, wir *dürfen/dürften* hier nicht rauchen.
Sprecher:	Das schafft ihr sicher bis morgen!	(Aufgeforderter):	Er sagt, wir *können/könnten* es bis morgen schaffen.
Sprecher:	Rufst du mich, bitte, Montag an?	(Aufgeforderter):	Er sagt, ich *möge/möchte* ihn Montag anrufen.
Sprecher:	Das ist bis zwei Uhr zu erledigen!	(Aufgeforderter):	Er sagt, ich *müsse* das bis zwei Uhr erledigen.

Anmerkung:
Die bei der Redewiedergabe verwendeten modalen Hilfsverben (*solle, dürfen/dürften* usw.) sind häufig gegen andere modale Hilfsverben austauschbar (*solle - dürfe; möchte - solle* usw.). Das ist jeweils davon abhängig, wie stark bzw. intensiv der Aufgeforderte die Aufforderung interpretiert - ob als Befehl, Empfehlung, Bitte oder Wunsch.

Haben/sein + Infinitiv mit *zu*

Haben/sein und Infinitiv mit *zu* sind Umschreibungen von modalen Hilfsverben (modaler Infinitiv):

- *haben* + Infinitiv mit *zu:*

Du hast das bis morgen zu erledigen.	(= Du mußt das bis morgen erledigen.)
Wir haben das nicht zu klären.	(= Wir müssen/brauchen das nicht (zu) klären.)
Er hat weder das eine noch das andere zu klären.	(= Er darf weder das eine noch das andere klären.)

- *sein* + Infinitiv mit *zu:*

Da ist nichts mehr zu machen.	(= Da kann man nichts mehr machen.)
Nur ein Problem ist noch zu klären.	(= Nur ein Problem muß noch geklärt werden.)
Dazu ist nichts zu sagen.	(= Dazu braucht man nichts mehr zu sagen.)
Der Gegner ist nicht auf die leichte Schulter zu nehmen.	(= Der Gegner darf nicht auf die leichte Schulter genommen werden.)

Der Gebrauch der *würde*-Form

Der Gebrauch des Konjunktivs I in der indirekten Rede und des Konjunktivs II als Irrealis ist, wie wir gezeigt haben, weitgehend textsortenabhängig: in offiziellen Texten der geschriebenen Sprache (Presseerklärungen, Kommentare, Artikel), in der schönen Literatur sowie in Vorträgen (vorbereitete gesprochene Sprache) überwiegt der Gebrauch der schriftsprachlichen Norm, also Konjunktiv I (indirekte Rede) und Konjunktiv II (Irrealis). In halboffiziellen bzw. persönlichen Gesprächen - also in Texten spontan gesprochener Sprache - hört man hingegen anstelle von Konjunktiv I/II immer häufiger die *würde*-Form, die zu den lexikalisch-pragmatischen Mitteln gezählt wird. Eine der Ursachen dafür dürfte die zunehmende Unsicherheit bzw. Unkenntnis sein, welche Konjunktivform korrekt ist:

Er hat gesagt, er würde morgen kommen.
Ich würde vorschlagen, daß ...
Das würde ich nicht akzeptieren.
Ich würde das nicht tun.
Würden Sie mir, bitte, den Zucker geben?

Solche Konjunktivumschreibungen betreffen vor allem die unregelmäßigen Verben (statt der veralteten Formen: *flöge, schwämme, tröffe* usw.), aber auch regelmäßige Verben, deren Konjunktivformen in der gesprochenen Sprache häufig als gespreizt oder akademisch empfunden werden.
Insgesamt muß aber eingeräumt werden, daß die Stellung der *würde*-Form im Rahmen des Konjunktivs noch relativ unklar ist.

Eisenberg, Peter 1986: Grundriß der deutschen Grammatik, Stuttgart
Engel, Ulrich/Helmut Schumacher 1976: Kleines Valenzlexikon deutscher Verben, Tübingen
Engelen, Bernhard 1975: Untersuchungen zu Satzbauplan und Wortfeld in der geschriebenen deutschen Sprache der Gegenwart, München
Götze, Lutz 1979: Valenzstrukturen deutscher Verben und Adjektive, München
Heidolph, Karl Erich u.a. 1981: Grundzüge einer deutschen Grammatik, Berlin
Jäger, Siegfried 1971: Der Konjunktiv in der deutschen Sprache der Gegenwart, München
Latzel, Sigbert 1977: Die deutschen Tempora Perfekt und Präteritum, München

Ansprüche

Die Kritik des Bundesverfassungsgerichtspräsidenten Wolfgang Zeidler am vermeintlich übermächtigen Einfluß der Kirchen auf die staatliche Rechtsordnung hat Bemerkenswertes an den Tag gebracht: Jedenfalls die katholische Kirche in der Bundesrepublik beansprucht solchen Einfluß offenbar noch immer. Anders ist es kaum zu erklären, daß der Vorsitzende der Deutschen Bischofskonferenz fordert, aus dem Diskussionsbeitrag Zeidlers – zugunsten einer Fristenlösung beim Schwangerschaftsabbruch und zugunsten aktiver Sterbehilfe durch den Arzt – müßten „Konsequenzen gezogen werden". Soll der höchste Richter dieses Landes etwa sein Amt verlieren, weil er der zutreffenden Ansicht ist, die Gesetze würden nicht von den Kirchen, sondern vom weltlichen Gesetzgeber gemacht?

Allerdings enthalten auch die weltlichen Gesetze zum Schutz des werdenden und des zu Ende gehenden Lebens eine Wertentscheidung, was Zeidler nicht angemessen zur Sprache brachte. Die Parlamentsmitglieder, die diese Gesetze schufen, mögen dabei sogar von christlichen Überzeugungen bestimmt gewesen sein. Daraus kann die Amtskirche jedoch keinen Anspruch herleiten, der staatliche Gesetzgeber müsse sich als Vollzugsorgan katholischer Moraltheologie verstehen.

H. Sch.

(„DIE ZEIT", 24. 1. 1986)

(1) In diesem Text kommen zahlreiche Substantive (spätlat. [verbum] substantivum, eigtl. = Wort, das für sich allein besteht; Singular: das Substantiv) vor:

> Ansprüche, Kritik, Bundesverfassungsgerichtspräsidenten, Wolfgang Zeidler, Einfluß, Kirchen, Rechtsordnung, Tag, Bundesrepublik, Vorsitzende, Bischofskonferenz, Diskussionsbeitrag, Fristenlösung, Schwangerschaftsabbruch, Sterbehilfe, Arzt, Konsequenzen, Richter, Landes, Amt, Ansicht, Gesetze, Gesetzgeber, Schutz, Lebens, Wertentscheidung, Sprache, Parlamentsmitglieder, Überzeugungen, Amtskirche, Vollzugsorgan, Moraltheologie

(2) Substantive (auch: Nomina/Nomen, Singular: das Nomen, und traditionell Hauptwörter, Nennwörter, Namenwörter oder Dingwörter) werden:

- mit großen Anfangsbuchstaben (Majuskel) geschrieben;
- in der Regel dekliniert (flektiert), also in Kasus und Numerus verändert:

der Tisch/die Tische	(Nominativ Singular/Plural)
des Hauses/der Häuser	(Genitiv Singular/Plural)
dem Kind/den Kindern	(Dativ Singular/Plural)
den Wagen/die Wagen	(Akkusativ Singular/Plural)

- häufig mit einem Artikelwort (→S.207) verbunden *(der Mann, die Blumen, einigen Frauen, manche Zeitungen),* durch das das grammatische Geschlecht (Genus) verdeutlicht wird:

der Tisch, der Gärtner	(Maskulinum)
die Tasche, die Tochter	(Femininum)
das Haus, das Kind	(Neutrum)

- zur Benennung von Lebewesen (Menschen, Tiere oder Pflanzen), konkreten Dingen oder abstrakten Phänomenen (Ideen, Begriffe usw.) verwendet:

der Vater, die Kuh, die Rose, der Tisch, der Frieden, das Streikrecht

- als Subjekt, Ergänzung oder Attribut gebraucht:

Der *Vater* ist krank.	(Subjekt; Nominativergänzung)
Ich sehe das *Haus*.	(Akkusativergänzung)
Das hängt von *Professor Müller* ab.	(Präpositionalergänzung)
Der Hut ihres *Mannes* paßt zum Mantel.	(Attribut)

(3) Verben, Adjektive, Partizipien und andere Wortarten können durch Voranstellen eines Artikels substantiviert werden. Sie werden dann mit großen Anfangsbuchstaben geschrieben:

das Singen, die Schöne, die Singenden/Erwarteten

(4) Substantive haben eine lexikalische Bedeutung und können unabhängig von Kontextbedingungen stehen (Autosemantikon). Prowörter (*es;* → S.234) haben keine eigene Bedeutung und vertreten nur ein anderes Satzglied (Synsemantikon).

Anmerkung:
Das eigentliche Kriterium für die Definition eines Substantivs ist die Großschreibung: Substantive werden mit einem großen Anfangsbuchstaben (Majuskel) geschrieben. Umgekehrt wird auch definiert: Was groß geschrieben wird, ist ein Substantiv. Eine solche Definition läuft auf einen Zirkelschluß hinaus.

Die Deklination des Substantivs

Das Substantiv tritt im Satz in verschiedenen Formen auf, die Kasus (Singular: der Kasus) oder traditionell Fälle genannt werden. In unserem Text haben wir folgende Beispiele:

die Kritik	(Nominativ Singular Femininum)
des Bundesverfassungsgerichtspräsidenten	(Genitiv Singular Maskulinum)
von den Kirchen	(Dativ Plural Femininum)

Die Kasus des Substantivs

(1) Die deutsche Sprache hat vier Kasus: den Nominativ (casus rectus) sowie Genitiv, Dativ und Akkusativ (casus obliqui). Der Kasus des Substantivs ist normalerweise von der Valenz des Verbs (→ S. 64) abhängig:

singen	→	der Tenor	(Nominativ)
gedenken	→	der Toten	(Genitiv)
helfen	→	der Frau	(Dativ)
treffen	→	die Gruppe	(Akkusativ)

(2) Daneben gibt es noch zwei andere Valenzen, die den Kasus der Substantive bestimmen: die Valenz des Substantivs (→ S. 153) und die des Adjektivs (→ S. 192):

- Valenz des Substantivs:

Interesse	→	des Ausländers	(Genitiv)
Abhängigkeit	→	von der Politik	(Präpositionalkasus)

- Valenz des Adjektivs:

überdrüssig sein	→	der Sache	(Genitiv)
angenehm sein	→	dem Kranken	(Dativ)
leid sein	→	den Aufwand	(Akkusativ)
erpicht sein	→	auf die Auszeichnung	(Präpositionalkasus)

(3) Grundsätzlich ist im Deutschen zwischen dem reinen/direkten Deklinationskasus *(des Landes, dem Land, das Land)* und dem indirekten Präpositionalkasus *(mit dem Land, über das Land)* zu unterscheiden.

(4) Es hat in der Vergangenheit zahlreiche Versuche gegeben, den Kasus der deutschen Sprache eindeutige inhaltliche Funktionen zuzuordnen. So wurde vom Dativ als der Zuwendgröße, vom Akkusativ als der Zielgröße gesprochen. Solche Versuche sind allerdings stets problematisch.

Im Regelfall drücken einzelne Kasus eine Vielzahl von semantischen Relationen aus. Daher gilt: eine exakte Zuordnung einzelner Kasus zu jeweils einem bestimmten Verwendungsbereich gibt es nicht. Wohl aber ist es möglich, unterschiedliche syntaktische Funktionen der Kasus aufzulisten.

Syntaktische Funktionen der Kasus

(1) Der Nominativ kann verwendet werden:

- als Subjekt:

  Die Frau liest eine Zeitung.

- als Einordnungsergänzung:

  Er wird *Lehrer.*

- als Anredeform:

  Lieber *Peter*! Meine *Damen* und *Herren*, ...

- als Apposition (Substantiv im gleichen Kasus):

  Der Wagen, *ein BMW,* schleuderte gegen die Planke.

- als absoluter Nominativ:

  Sie will die Prüfung absolvieren, *eine enorme Aufgabe.*

(2) Der Genitiv tritt auf:
- als Genitivergänzung:

  Sie bedarf *unserer Unterstützung.*

- als Genitivattribut:

  der Vater *meiner Nichte*

  Untergruppen sind:
  (a) genitivus possessivus (besitzanzeigender Genitiv/*haben* -Relation):

  das Fahrrad *der Schwester*

  (b) genitivus subiectivus (Genitiv beim Subjekt):

  die Interpretation *des Wissenschaftlers* (=der Wissenschaftler interpretiert)

  (c) genitivus obiectivus (Genitiv beim Objekt):

  die Rettung *der Kinder* (=man rettet die Kinder)

  Anmerkung:
  Häufig sind genitivus subiectivus und genitivus obiectivus nicht sofort zu unterscheiden: *Die Befragung der Teilnehmer* kann heißen: *die Befragung durch die Teilnehmer* oder: *die Teilnehmer wurden befragt.* Um sicherzugehen, wird für den genitivus subiectivus die Form mit *durch* empfohlen:

  die Befragung *durch die Teilnehmer* ...

  (d) genitivus qualitatis (Genitiv der Eigenschaft):

  ein Herr *mittlerer Größe*

  (e) genitivus partitivus (Teilhabe-Genitiv):

  20% *der Aktien*, dreiviertel *der Strecke*

  (f) genitivus explicativus (erläuternder Genitiv):

  das Elend *des Rauchens*

- als adverbialer Genitiv:

  eines Morgens

- als präpositionaler Genitiv:

  Sie kamen *wegen des Todesfalles.*

- als Apposition:

  Sie erinnern sich des 8. Mai, *des Tages der Befreiung.*

Anmerkung:
Die Mehrzahl aller Genitivformen im Deutschen sind damit Attribute oder adverbiale bzw. präpositionale Strukturen. Die Genitivergänzung ist eindeutig

in der Minderzahl und wird obendrein, besonders in der gesprochenen Sprache, mehr und mehr durch den Präpositionalkasus ersetzt:

Sie erinnern sich *des Unfalls.*
⟶ Sie erinnern sich *an den Unfall.*

Gleichwohl halten wir es nicht für gerechtfertigt, den Genitiv nicht mehr als Kasus zu bezeichnen und ihm nur noch eine attributive Funktion zuzuerkennen. Der Genitiv bleibt damit für uns als gleichberechtigter Kasus neben Nominativ, Dativ und Akkusativ im Deklinationsschema.

(3) Der Dativ wird verwendet:
- als Dativergänzung:

  Wir helfen *unserer Mutter.*

- als Pertinenzdativ (Zugehörigkeitsdativ):

  Er legt *ihr* die Hand auf die Schulter.

- als dativus ethicus (ethischer Dativ):

  Daß du *mir* ja nicht Haschisch rauchst!

- als dativus commodi (Vorteilsdativ):

  Ich trage *ihr* den Koffer.

- als dativus incommodi (Nachteilsdativ):

  Sie hat *mir* den Wagen kaputtgefahren.

- als Ergänzung eines Adjektivs (Valenz des Adjektivs):

  Sie ist *dem Chef* bekannt.

- als präpositionaler Dativ:

  Das Konzert begann *nach dem Gottesdienst.*

- als Apposition:

  Wir halfen Frau Schulze, *unserer Seniorin.*

(4) Der Akkusativ steht:
- als Akkusativergänzung:

  Sie unterstützen *die Minderheit.*

- als Einordnungsergänzung:

  Ich nenne ihn *einen Lügenbold.*

- als Ergänzung bei Witterungsverben: (nicht passivfähig)

  Es hagelt *Eiskörner.*

- als Maß- und Erstreckungsergänzung: (nicht passivfähig)

  Sie wiegt *sechzig Kilogramm.*
  Wir fahren *200 Kilometer.*

- als Ergänzung eines Adjektivs (Valenz des Adjektivs):

  Das ist *die Mühe* wert.

- als Pertinenzakkusativ (Zugehörigkeitsakkusativ):

  Er reinigt ihr *das Gesicht.*

- als Zeitangabe:

  Es regnet *den ganzen Tag.*

- als adverbiales Gefüge mit *wie/als:*

  Ich sehe ihn *wie meinen Vater.*

- als absoluter Akkusativ:

  Er saß neben ihr, *die Fäuste* geballt.

- als präpositionaler Akkusativ:

  Ohne ihre Hilfe wäre seine Arbeit nie fertig geworden.

- als Apposition:

  Ich begrüße Dr. Diller, *den Direktor* des Instituts.

Semantische Funktionen der Kasus
Mit aller Vorsicht lassen sich folgende Inhaltsbereiche einzelnen Kasus zuordnen:

(1) Der Nominativ als Subjektkasus bezeichnet meistens den Urheber einer Tätigkeit oder Handlung, das Agens:

Er hält einen Vortrag.

Weiterhin kann es das Lebewesen bezeichnen, das von einer Handlung betroffen wird:

Der Hund wird geschlagen.

Daneben ist das Subjekt Resultat eines Geschehens:

Das Haus wird gebaut.

Der Nominativ dient ferner als Mittel (Instrument):

Wasser löscht Feuer. (= Mit Wasser löscht man Feuer.)

(2) Der Genitiv ist vor allem attributiver Natur:

Das ist ein Teil *des Ganzen.*
zwanzig Kinder *der Gruppe*

Sehr häufig wird der Genitiv (zusammen mit der Akkusativergänzung) in der juristischen Terminologie und den Fachsprachen verwendet:

Sie wird *des Totschlags* angeklagt.
Das Gericht beschuldigte ihn *des Mordes.*

(3) Der Dativ hat verschiedenartige Verwendungsbereiche, die ihn wohl zum interessantesten Kasus der deutschen Sprache machen. Gleichwohl wird er bis heute relativ stiefmütterlich behandelt. Neben den bereits vermerkten Strukturen (ethischer Dativ, dativus commodi/incommodi, Pertinenzdativ usw.) ist hier noch der Dativ des Zweckes (finaler Dativ) zu nennen, der aber nur in der geschriebenen Sprache erscheint und in der gesprochenen Sprache durch ein Präpositionalgefüge mit *für* ersetzt wird:

Sie lebte nur *ihren Kindern.* (= für ihre Kinder)

(4) Der Akkusativ ist der eigentliche Kasus der Ergänzungen. Die Mehrzahl aller Ergänzungen steht im Akkusativ; der Satzbauplan

Verb + Subjekt + Akkusativergänzung

ist der mit Abstand häufigste der deutschen Sprache. Im Regelfall handelt es sich um Personen oder Sachen, die von einer Tätigkeit oder Handlung betroffen sind (affiziertes Objekt):

Er fährt *das Auto.*
Sie fragen *den Polizisten.*

Handelt es sich um das Resultat eines Geschehens, ist es ein effiziertes Objekt:

Müllers bauen *ein Haus.*

Akkusative stehen in Funktionsverbgefügen und festen Verbverbindungen:

Er leistet *Hilfe.* Sie fahren *Rad.*

Ansonsten gibt es Akkusative in Einordnungsergänzungen, Maß- und Erstrekkungsergänzungen (→ S. 372, 392) sowie zur Bezeichnung von Besitzansprüchen und Eigenschaften:

Sie hat *drei Autos.* Er hat *viel Humor.*

Anmerkung:
Gerade die letzten Beispiele dürften deutlich gemacht haben, wie eng syntaktische und semantische Funktionen miteinander verbunden sind.

Die Deklination im Singular

Wir unterscheiden drei Deklinationstypen, die jedoch nicht jeweils einem bestimmten Genus entsprechen. Vielmehr gehören z.B. alle Neutra und bestimmte Maskulina zu Typ 1. Im einzelnen: → S. 127:

	Typ 1 (Genitiv auf *-(e)s)*	Typ 2 (Genitiv auf *-(e)n)*	Typ 3 (Genitiv endungslos)
N	der Baum/das Bild	der Bär/der Löwe	die Tasche
G	des Baum-(e)s/des Bild-es	des Bär-en/des Löwe-n	der Tasche
D	dem Baum(e)/dem Bild(e)	dem Bär-en/dem Löwe-n	der Tasche
A	den Baum/das Bild	den Bär-en/den Löwe-n	die Tasche

Charakteristisch ist für:
Typ 1: Im Genitiv gibt es die Deklinationsendung *-s* bzw. (nach *-d* und *-t*) *-es.* Im Dativ (vor allem bei einsilbigen Substantiven) steht gelegentlich *-e.*

Typ 2: Hier werden im Genitiv, Dativ und Akkusativ *-n* bzw. *-en* angehängt.
Typ 3: Dieser Typ weist keine Deklinationsendungen auf.

Die Genitivendung

(1) Die Endung bei Typ 1 lautet *-s* bzw. *-es*. Die volle Form *-es* steht:

- bei Substantiven auf *-s* (*-nis* wird zu *-nisses* verdoppelt), *-ß*, *-x*, *-tsch* und *-z*:

  des Hauses, des Bildnisses, des Flusses, des Reflexes, des Matsches, des Harzes

- überwiegend bei Substantiven auf *-sch* und *-st*:

  des Rausches, des Gerüstes

- bei vielen einsilbigen Substantiven und zur Vermeidung von Mehrfachkonsonanz:

  des Tuches, des Stiftes, des Freundes, des Dampfes, des Mannes, des Jahres, des Arztes, des Kopfes
  aber: des Dachs, des Films

- bei Voranstellung des Genitivattributs:

  des Jahres Mitte, Gottes Gnade, des Kindes Glück

Die Endung *-s* steht:

- bei zwei- und mehrsilbigen Substantiven, die auf eine unbetonte Silbe enden (vor allem *-al*, *-at*, *-chen*, *-e*, *-el*, *-en*, *-er*, *-lein*, *-ler*, *-ling*, *-ner*, *-tel*):

  des Denkmals, des Monats, des Bäumchens, des Gebirges, des Flegels, des Märchens, des Zentners, des Knäbleins, des Künstlers, des Lehrlings, des Redners, des Gürtels

- bei Substantiven, die auf Vokal, Diphthong oder Vokal + *h* enden:

  des Kinos, des Sofas, des Taus, des Schuhs, des Rehs

- bei Substantivierungen von Farbadjektiven:

  des Blaus, des Gelbs, des Rots
  aber: des Schwarz

Schwankend (*-es* bzw. *-s*) ist der Gebrauch bei:

- Zusammensetzungen:

  des Werkzeug(e)s, des Hausberg(e)s

- bei zwei- und mehrsilbigen Substantiven, die auf der letzten Silbe betont sind:

  des Gewehr(e)s, des Betrug(e)s

Anmerkung: In der gesprochenen Sprache dominiert *-s*.

(2) Die Endung bei Typ 2 lautet auf *-(e)n*. Die volle Form *-en* steht:

- bei Substantiven mit konsonantischem Auslaut:

  des Bären, des Christen, des Lumpen, des Menschen, des Narren
  aber: des Herrn

- bei Fremdwörtern auf *-and, -ant, -ent, -ik, -ist, -ot, -rg, -t:*

  des Doktoranden, des Demonstranten, des Präsidenten, des Katholiken, des Sozialisten, des Patrioten, des Chirurgen, des Banditen

Die Endung *-n* erhalten:
- Substantive mit auslautendem *-e,* die Lebewesen bezeichnen:

  des Chinesen, des Franzosen, des Gatten, des Kollegen, des Laien, des Neffen, des Russen, des Sklaven

- Substantive mit der Endung *-oge* als Berufsbezeichnung:

  des Biologen, des Ethnologen, des Pädagogen

Anmerkung:
- Eine Mischform aus Typ 1 und Typ 2 stellen jene Substantive dar, die im Genitiv, Dativ und Akkusativ dem Typ 2 folgen, aber zusätzlich im Genitiv noch ein *-s* anfügen:

  der Buchstabe - des Buchstabens - dem Buchstaben - den Buchstaben
  ebenso: Frieden, Funken, Gedanke, Glauben, Samen

  Man hört auch (gehoben):

  der Friede, der Funke, der Glaube, der Same

- Ohne Deklinationsendung bleiben im Singular die Fremdwörter auf *-us (-ismus)* und *-os:*

  des Rhythmus, des Kapitalismus, des Kosmos (ohne Apostroph!)

Die Dativendung

(1) Im Regelfall ist das *-e* als Dativkennzeichen am Ende der Substantive, die zum Deklinationstyp 1 gehören, möglich. Diese Form wirkt aber meist gespreizt und wird deshalb immer seltener verwendet. Im literarischen Stil hingegen wird das *-e* oft aus stilistischen oder rhythmischen Gründen angefügt, besonders bei einsilbigen Substantiven:

dem Bette, dem Hause, dem Manne

Fest ist das *-e* bei lexikalisierten Formen, insbesondere Redewendungen:

im Grunde genommen, zu Kreuze kriechen, sich etwas zunutze machen, zu Rate ziehen

Darüber hinaus steht *-e* in festen Wendungen:

im Auftrage von; im Falle, daß; von Hause aus; zu Hause sein; im Sinne von

aber:
Häufig fällt das *-e* allerdings auch bei diesen Wendungen - zumal in der gesprochenen Sprache - weg.
(2) Das *-e* steht nicht:
- bei Fremdwörtern:

  dem Auto, dem Journal, dem Senator

- bei zwei- und mehrsilbigen Substantiven mit unbetonten oder schwachbetonten Endsilben *(-al, -chen, -en, -er, -is, -lein, -ler, -ling, -tum):*

  dem Denkmal, dem Kindchen, dem Wagen, dem Lehrer, dem Zeugnis, dem Bächlein, dem Filmkünstler, dem Lehrling, dem Herzogtum

- bei Eigennamen:

  dem Heinrich, auf dem Karlsplatz in München, auf dem Rhein

- bei Substantiven, die auf einfachen oder Doppelvokal enden:

  mit dem Opa, in dem Schnee

- bei substantivierten Farbadjektiven und Angaben von Sprachen:

  mit dem Gelb, in mangelhaftem Deutsch

- bei Substantiven mit der Endung Diphthong oder Vokal + *h*:

  dem Bau, dem Stroh

Als Faustregel gilt inzwischen: Der Dativ ohne *-e* überwiegt immer mehr!

Substantiv und Deklinationstyp

(1) Typ 1: Hierzu gehören alle Neutra sowie jene Maskulina, die nicht Typ 2 sind:

das Buch, das Hochhaus, das Hotel, das Schiff usw.
der Baum, der Hagel, der Lehrer, der Wagen

Typ 2: Folgende Substantivgruppen gehören zu Typ 2:
- Menschenbezeichnungen:

  der Franzose, der Fürst, der Held, der Junge, der Schöffe, der Sklave, der Tscheche, der Zar

- Tierbezeichnungen:

  der Affe, der Bär, der Bulle, der Hase, der Löwe, der Rabe

Typ 3: Alle Feminina gehören zu diesem Typ:

die Blume, die Einbildung, die Frau, die Klugheit, die Mannschaft
aber: die Seite - von seiten

(2) Mischformen der Deklinationstypen gibt es häufig:
- Typ 1 und Typ 2:

der Buchstabe	des Buchstabens
der Friede(n)	des Friedens

- Bedeutungsdifferenzierung bewirkt Deklinationsunterschied:

Typ 1		Typ 2	
der Fels	(hartes Gestein)	der Felsen	(schroffer Gebirgsteil)
der Lump	(schlechter Mensch)	der Lumpen	(dreckiges Tuch)
der Tropf	(dummer Mensch)	der Tropfen	(Wasser)

- Wegfall des *-e* zur Bedeutungsdifferenzierung:

	der Scheck	(Bankanweisung)	der/die Schecke	(Pferd)
	der Jud	(beleidigend)	der Jude	(Angehöriger des mosaischen Glaubens)
	Karls schlechtes Deutsch	(seine schlechte Kenntnis der Sprache)	das Deutsche	(die deutsche Sprache)
auch:	das Gejammer		das Gejammere	(ohne Bedeutungsunterschied)

Anmerkung: Gelegentlich gibt es Unterschiede bei der Bildung des Genitivs, ohne daß damit Bedeutungsunterschiede verbunden wären:

der März - des Märzes/März (veraltet: des Märzen), der Protz - des Protzen/Protzes, der Oberst - des Obersten/Obersts, der Nachbar - des Nachbarn/Nachbars (selten), der Pfau - des Pfau(e)s/des Pfauen

Aber diese und einige andere Beispiele sind Ausnahmen; im Regelfall gehört jedes Substantiv einem einzigen Deklinationstyp an.

Die Deklination im Plural

Im Unterschied zum Singular (drei Deklinationstypen) gibt es im Plural fünf Deklinationstypen. Der Unterschied zwischen den Kasus innerhalb eines Deklinationstyps ist aber vergleichsweise gering: lediglich im Dativ Plural erscheint als Flexionskennzeichen ein *-n,* das obendrein entfällt, wenn der Nominativ Plural auf *-n* oder *-s* auslautet. Wichtig ist deshalb die Bildung des Nominativs Plural, weil sie die Zuordnung jedes Substantivs zu einem der fünf Deklinationstypen ermöglicht. Sie lauten so:

	Typ 1 (Nominativ auf *-e*)	Typ 2 (Nominativ auf *-(e)n*)	Typ 3 (Nominativ auf *-er*)	Typ 4 (Nominativ endungslos)	Typ 5 (Nominativ auf *-s*)
N	die Stoff-e	die Schmerz-en	die Feld-er	die Balken	die Sofa-s
G	der Stoff-e	der Schmerz-en	der Feld-er	der Balken	der Sofa-s
D	den Stoff-en	den Schmerz-en	den Feld-ern	den Balken	den Sofa-s
A	die Stoff-e	die Schmerz-en	die Feld-er	die Balken	die Sofa-s

	mit Umlaut		mit Umlaut		
N	die Kämm-e		die Büch-er	die Vögel	
G	der Kämm-e		der Büch-er	der Vögel	
D	den Kämm-en		den Büch-ern	den Vögel-n	
A	die Kämm-e		die Büch-er	die Vögel	

Anmerkung:
Bei Typ 1, Typ 3 und Typ 4 lauten einige Substantive um. Bei Typ 2 lautet die Endung im Nominativ *-en,* wenn das Substantiv auf einen Konsonanten auslautet (außer *-l* und *-r: die Pantoffel-n, die Vetter-n*). Lautet das Substantiv hingegen vokalisch aus, steht *-n: die Hase-n, die Löwe-n* (außer bei *-au* und *-ei: die Pfau-en, die Bäckerei-en*).

Substantiv und Deklinationstyp

Ohne Zweifel bereitet die Zuordnung aller Substantive zu einem der fünf Deklinationstypen im Plural erhebliche Probleme. Es gibt eine Vielzahl von Formen, die sich nur schwer einordnen lassen, weshalb - um sicherzugehen - die Benutzer dieser Grammatik im Zweifelsfall stets das Wörterbuch zur Hand nehmen sollten. Ein relativ sicheres Indiz für die Pluralbildung ist die Endung im Singular; wenn diese freilich nicht eindeutig oder aussagekräftig ist, können lediglich Tendenzen angegeben werden. Gleiches gilt auch für im Plural umlautende Substantive.

Diese Schwierigkeit wird deutlich an einigen ein- und zweisilbigen Substantiven, deren Stammformen die Pluralendung nicht erkennen lassen. Wir vergleichen:

der Tag	die Tage	(Typ 1 ohne Umlaut)
der Arzt	die Ärzte	(Typ 1 mit Umlaut)
der Schluß	die Schlüsse	(Typ 1 mit Umlaut)
der Dorn	die Dornen	(Typ 2)
das Nest	die Nester	(Typ 3 ohne Umlaut)
das Grab	die Gräber	(Typ 3 mit Umlaut)
der Tadel	die Tadel	(Typ 4 ohne Umlaut)
der Laden	die Läden	(Typ 4 mit Umlaut)
das Tief	die Tiefs	(Typ 5)
der Uhu	die Uhus	(Typ 5)

Es ist dennoch gerechtfertigt, von eindeutigen Zuordnungen, Tendenzen und Besonderheiten bei der folgenden Liste auszugehen, um eine Übersicht zu ermöglichen.

(1) Typ 1 (Nominativ Plural auf *-e*):

a) eindeutige Zuordnungen bei Substantiven (Maskulina, Feminina, Neutra) mit der Endung:

-al	der General	die General-e/die Generäl-e
-ar	der Bibliothekar	die Bibliothekar-e
-är	der Funktionär	die Funktionär-e
-bold	der Trunkenbold	die Trunkenbold-e
-(e)rich	der Gänserich	die Gänserich-e
-eur	der Regisseur	die Regisseur-e
-ian	der Pavian	die Pavian-e
-ich	der Teppich	die Teppich-e
-ig	der König	die König-e
-il	das Krokodil	die Krokodil-e
-iv	das Stativ	die Stativ-e
-ling	der Findling	die Findling-e
-nis	die Finsternis	die Finsternis-se
-sal	das Schicksal	die Schicksal-e

b) überwiegend bilden die einsilbigen Maskulina und Neutra den Plural auf *-e:*

der Tisch - die Tisch-e, der Hof - die Höf-e, das Erz - die Erz-e
Besonderheit: Umlaut bei umlautfähigem Stammvokal

- ebenso einige einsilbige Feminina:

  die Zunft - die Zünft-e, die Braut - die Bräut-e, die Kuh - die Küh-e
  Besonderheit: stets Umlaut

- zwei- und mehrsilbige Maskulina:

  der Bericht - die Bericht-e, der Anfang - die Anfäng-e, der Eisenbahnzug - die Eisenbahnzüg-e
  Besonderheit: Umlaut bei umlautfähigem Stammvokal

- Neutra mit untrennbarem Präfix:

  das Gebot - die Gebot-e, das Verhör - die Verhör-e

(2) Typ 2: (Nominativ Plural auf *-(e)n*):

a) eindeutige Zuordnungen bei Maskulina und Feminina (meist Fremdwörter) mit der Endung:

-age	die Etage	die Etage-n
-ant	der Fabrikant	die Fabrikant-en
-anz	die Vakanz	die Vakanz-en
-at	der Kandidat	die Kandidat-en
-ät	die Universität	die Universität-en
-el	der Muskel	die Muskel-n
-er	die Feder	die Feder-n
-heit	die Schönheit	die Schönheit-en
-ie	die Akademie	die Akademie-n
-in	die Lehrerin	die Lehrerinn-en
-ion	die Demonstration	die Demonstration-en
-keit	die Freundlichkeit	die Freundlichkeit-en
-(r/l)ei	die Bäckerei	die Bäckerei-en
-schaft	die Freundschaft	die Freundschaft-en
-ung	die Berufung	die Berufung-en
-ur	die Dressur	die Dressur-en

- ebenso zweisilbige Maskulina und Feminina mit der Endung *-e:*

  der Lotse - die Lotse-n, die Waage - die Waage-n

b) überwiegend bilden die Feminina den Plural auf *-(e)n:*

  die Bahn - die Bahn-en, die Blume - die Blume-n, die Frau - die Frau-en

- ebenso einige Neutra:

  das Bett - die Bett-en, das Hemd - die Hemd-en, das Ohr - die Ohr-en

- einige einsilbige Maskulina:

  der Nerv - die Nerv-en, der Schreck - die Schreck-en, der See - die See-n

- außerdem einige Fremdwörter:

  der Doktorand - die Doktorand-en, der Geograph - die Geograph-en, der Pilot - die Pilot-en

(3) Typ 3: (Nominativ Plural auf *-er*):

a) eindeutige Zuordnungen bei abgeleiteten Neutra mit der Endung *-tum:*

das Fürstentum - die Fürstentüm-er

- sowie die Maskulina auf *-tum:*

der Irrtum - die Irrtüm-er, der Reichtum - die Reichtüm-er

b) überwiegend bilden einsilbige Neutra den Plural auf *-er:*

das Brett - die Brett-er, das Dorf - die Dörf-er, das Faß - die Fäss-er
Besonderheit: Umlaut bei umlautfähigem Stammvokal

- ebenso einige einsilbige Maskulina:

der Geist - die Geist-er, der Gott - die Gött-er, der Rand - die Ränd-er
Besonderheit: Umlaut bei umlautfähigem Stammvokal

- einige Kollektiva mit *-t* am Ende des Wortstammes:

das Geschlecht - die Geschlecht-er, das Gespenst - die Gespenst-er, das Gesicht - die Gesicht-er

(4) Typ 4: (Nominativ Plural endungslos):

a) eindeutige Zuordnungen bei allen Maskulina und Neutra mit der Endung:

-chen	das Mädchen	die Mädchen
-en	der Karren	die Karren
-ger	der Metzger	die Metzger
-le	das Kasperle	die Kasperle
-lein	das Fräulein	die Fräulein
-ler	der Radler	die Radler
-ner	der Schreiner	die Schreiner
-sel	der Schlüssel	die Schlüssel
-tel	der Gürtel	die Gürtel

b) im Plural endungslos sind einige Maskulina und Neutra auf *-el* und *-er:*

der Strudel - die Strudel, das Schnitzel - die Schnitzel
das Opfer - die Opfer
aber: der Bauer - die Bauer-n, der Pantoffel - die Pantoffel-n, der Stachel - die Stachel-n, der Vetter - die Vetter-n

- einige Neutra (Kollektiva) mit der Vorsilbe *Ge-* und Vokal am Ende des Wortstammes:

das Gebirge - die Gebirge
das Gelage - die Gelage
das Gewebe - die Gewebe

c) Besonderheit: wenige Feminina auf *-er* lauten im Plural um und sind endungslos:

die Mutter - die Mütter, die Tochter - die Töchter

(5) Typ 5: (Nominativ Plural auf *-s*):

a) eindeutige Zuordnungen bei Familiennamen:

die Müller-s
die Fromm-s

- bei Abkürzungen und Kurzwörtern:

der Juso - die Juso-s, der LKW - die LKW-s, die Lok - die Lok-s

b) überwiegend den Plural auf *-s* bilden viele Fremdwörter (besonders englische und französische):

das Meeting - die Meeting-s, das Repertoire - die Repertoire-s, das Trikot - die Trikot-s

- ebenso Fachwörter:

das Hoch - die Hoch-s, das Tief - die Tief-s

- Wörter aus der Seemannssprache:

das Deck - die Deck-s, der Pier - die Pier-s, das Wrack - die Wrack-s

- Substantive, die auf Vokal oder unbetonte Silbe enden:

der Nackedei - die Nackedei-s, der Opa - die Opa-s, das Sofa - die Sofa-s

- Zusammenrückungen (→ S. 294):

das Stelldichein - die Stelldichein-s
aber: der Möchtegern - die Möchtegern-e, der Störenfried - die Störenfried-e, der Tunichtgut - die Tunichtgut-e

(6) Insgesamt bietet sich so ein relativ überschaubares Bild der Pluralendungen. Mit Hilfe einiger Faustregeln läßt sich darüber hinaus für den Benutzer in der überwiegenden Zahl aller Fälle Klarheit schaffen. Diese Regeln lauten so:
Abkürzungen, Kurzwörter und viele Fremdwörter bilden ihren Plural auf *-s*.
Die meisten einsilbigen Maskulina und Neutra bilden ihren Plural auf *-e*, einige sind endungslos. Einige einsilbige Neutra haben den Plural auf *-er*.
Feminina bilden ihren Plural meist auf *-(e)n*.
Einige Maskulina und Neutra auf *-el/-er* sind im Plural endungslos, ansonsten lautet ihr Plural *-n*.
Lautet der Singular bereits auf *-e*, entfällt dieses bei der Pluralbildung.
Im Zweifelsfalle empfiehlt sich stets der Blick in das Wörterbuch.

Doppelformen bei der Pluralbildung

Neben einer Vielzahl unterschiedlicher Pluralformen (ohne Bedeutungsunterschied) aufgrund mundartlicher, umgangssprachlicher oder fachsprachlicher Varianten (z. B.: *die Kräne - die Krane, die Mägen - die Magen, die Obersten - die Oberste, die Rosse - die Rösser, die Schlucke - die Schlücke, die Wagen - die Wägen*) gibt es einige Substantive mit unterschiedlichen Pluralformen, die verschiedene Bedeutung signalisieren.

Ohne Genusunterscheidung im Singular

die Bank	die Bänke	(Sitzmöbel)
	die Banken	(Geldinstitute)
der Bau	die Baue	(Tierhöhlen)
	die Bauten	(Gebäude)
der Block	die Blöcke	(kompakte Gegenstände)
	die Blocks	(Häuserblocks)
der Dorn	die Dornen	(Enden der Rose, Distel ...)
	die Dorne	(Werkzeuge)
der Druck	die Drucke	(von Büchern, Zeitungen)
	die Drücke	(technisches Maß)
der Hahn	die Hähne	(Tiere)
	die Hahnen	(Klemmvorrichtungen)
das Kleinod	die Kleinode	(landschaftliche Schönheiten)
	die Kleinodien	(Schmuckstücke)
das Land	die Länder	(politische Strukturen)
	die Lande	(geographische Region, vgl.: zu Wasser und zu Lande)
die Mutter	die Mütter	(jeweils ein Teil der Eltern)
	die Muttern	(Teile der Schrauben)
der Spund	die Spünde	(Faßverschlüsse)
	die Spunde	(junge Burschen)
der Strauß	die Sträuße	(Blumen; veraltet für: Kampf)
	die Strauße	(Laufvögel)
das Tuch	die Tücher	(Stoffstücke)
	die Tuche	(Rohmaterialien der Textilindustrie)
das Wasser	die Wässer	(bestimmte Sorten Wasser: Gesichtswässer)
	die Wasser	(die Gewässer)
das Wort	die Wörter	(Wörter einer Sprache)
	die Worte	(berühmte, geflügelte Worte; Zitate)

Mit Genusunterscheidung im Singular

der Band	die Bände	(Bücher)
das Band	die Bänder	(Mittel zum Binden)
	die Bande	(geistige Verbindungen, Fesseln)

der Bauer	die Bauern	(Landwirte)
der/das Bauer	die Bauer	(Käfige für Vögel)
der Bund	die Bünde	(Bündnisse; oberer Hosenrand)
das Bund	die Bunde	(etwas Gebundenes)
der Flur	die Flure	(Korridore)
die Flur	die Fluren	(Felder und Wiesen)
der Kiefer	die Kiefer	(Knochen im Schädel)
die Kiefer	die Kiefern	(Nadelbäume)
die Koppel	die Koppeln	(Viehweiden)
das Koppel	die Koppel	(Gürtel beim Militär)
der Leiter	die Leiter	(Vorgesetzte)
die Leiter	die Leitern	(Geräte zum Steigen)
der Mangel	die Mängel	(Fehler)
die Mangel	die Mangeln	(Wäscherollen)
der Ort	die Orte	(fachsprachlich für: Ortschaften/geometrischer Punkt)
das Ort	die Örter	(die Enden von Strecken)
der Schild	die Schilde	(Schutzwaffen)
das Schild	die Schilder	(Hinweiszeichen)
die Steuer	die Steuern	(Finanzabgaben)
das Steuer	die Steuer	(Lenkvorrichtungen bei Autos, Schiffen)
der Tor	die Toren	(dumme Menschen)
das Tor	die Tore	(große Türen)

Pluralbildung durch *-leute, -männer, -frauen*

(1) Bei Berufsbezeichnungen und Gattungen lautet die Pluralform auf *-leute:*

der Fachmann - die Fachleute, der Kaufmann - die Kaufleute

(2) Zunehmend (besonders im öffentlichen Dienst) findet für weibliche Berufstätige die Bezeichnung *-frau(-en)* Verwendung:

die Amtsfrau - die Amtsfrauen
anstelle: *die Amtmännin - die Amtmänninnen
die Fachfrau - die Fachfrauen/Fachleute
die Kauffrau - die Kauffrauen/Kaufleute

umgekehrt auch:

der Hausmann - die Hausmänner

(3) Soll die Einzelperson betont werden, erscheint im Plural die Form *-männer:*

der Amtmann - die Amtmänner, der Ehemann - die Ehemänner, der Lebemann - die Lebemänner, der Schneemann - die Schneemänner, der Staatsmann - die Staatsmänner

(4) Austauschbare Pluralformen haben:

der Feuerwehrmann - die Feuerwehrmänner/Feuerwehrleute, der Seemann - die Seemänner/Seeleute, der Vertrauensmann - die Vertrauensmänner/Vertrauensleute

Anmerkung:
Die Neubildungen *(Kauffrau, Fachfrau, Hausmann)* aufgrund jüngerer soziologischer Veränderungen und die damit verbundene Überwindung traditioneller Rollen lassen für die Zukunft vermuten, daß weitere Berufs- und Geschlechtsbezeichnungen mit *-frau* entwickelt und verwendet werden.

Die Deklination der Fremdwörter

Was ein Fremdwort ist, weiß niemand genau. Allzu häufig fallen in der Statistik Lehnwörter und Fremdwörter zusammen. Im Rahmen dieser Grammatik kann dieses definitorische Problem jedoch nicht gelöst werden. Wir behalten deshalb den Terminus Fremdwort bei.
Die deutsche Sprache weist eine vergleichsweise große Zahl von Fremdwörtern auf, die zum großen Teil aus dem Englischen übernommen (entlehnt) worden sind. Gegen diese Übernahme hat es schon im 19. Jahrhundert (hier gegen das Französische) energischen Widerstand gegeben; zu den heftigsten Kritikern gehörten Friedrich Ludwig Jahn („Turnvater Jahn") und Joachim Heinrich Campe, die als Sprachpuristen gegen die „welschen Wörter" zu Felde zogen. Beispielsweise schlugen sie die folgenden deutschen Wörter anstelle der übernommenen vor: *Eßlust* statt *Appetit, Zerrbild* statt *Karikatur, Gottestum* statt *Religion, Leuthold* statt *Patriot, Volkstum* statt *Nationalität, Heerschau* statt *Revue, Freistaat* statt *Republik, Stelldichein* statt *Rendezvous*. Die Wirkung war, wie wir heute wissen, gering.
Seit dem Ende des Zweiten Weltkrieges ist ein starker Einfluß des amerikanischen Englisch auf das Deutsche festzustellen: *weekend, pool, rail, jet* usw. Die Schreibung bereitet allzu häufig Schwierigkeiten, darum wird empfohlen, bei Unklarheiten stets ins Wörterbuch zu schauen! Ohne hier einem neuerlichen sprachlichen Purismus das Wort reden zu wollen, sei dennoch an den Sprachbenutzer appelliert, nicht dem Drange zu erliegen, durch häufigen Gebrauch von Fremdwörtern den Eindruck der Weltläufigkeit oder gar Bildung zu erwekken. So notwendig zahlreiche Fremdwörter - zumal für das internationale Gespräch - sind, so unsinnig sind sie häufig im Alltag. Für *outfit, hydrofoil, mainstream* oder *moral majority* gibt es gute deutsche Wörter, die vorzuziehen sind: *Kleidung, Luftkissenfahrzeug, Hauptrichtung* oder *moralische Mehrheit*.
Die Deklination der Fremdwörter folgt im Prinzip jener der deutschen Substantive (→ S. 124).

Singular der Fremdwörter
(1) Typ 1: (Genitiv auf *-(e)s*):

N	der Basar	das Fabrikat
G	des Basar-s	des Fabrikat-(e)s
D	dem Basar	dem Fabrikat
A	den Basar	das Fabrikat

Dem Typ 1 folgen die meisten Maskulina und Neutra unter den Fremdwörtern; einziger auffallender Punkt ist die Genitivendung *-(e)s*. Lautet der Stamm auf

-d/-t aus, kann *-e* vor das *-s* treten. Dativ und Akkusativ sind mit der Grundform (Nominativ) identisch. Ein *-e* im Dativ - wie bei einigen deutschen Substantiven - kommt nicht vor.
Zu Typ 1 gehören auch Substantive auf *-or,* die den Plural auf *-en* bilden: *Assessor, Doktor, Professor.* Weiterhin die Substantive auf *-iv: Imperativ, Passiv.*

(2) Typ 2: (Genitiv auf *-(e)n*):

N	der Artist	der Demonstrant	der Ökologe
G	des Artist-en	des Demonstrant-en	des Ökologe-n
D	dem Artist-en	dem Demonstrant-en	dem Ökologe-n
A	den Artist-en	den Demonstrant-en	den Ökologe-n

Zu Typ 2 gehören Maskulina, die Berufsbezeichnungen oder Zugehörigkeiten zu einer Gruppe benennen. Die Endungen dieser Substantive sind: *-and (Doktorand), -ant (Sympathisant), -at (Kandidat), -ent (Absolvent), -ist (Germanist), -nom (Agronom), -oge (Ethnologe)* sowie Substantive wie *Philosoph, Pilot* usw. Der Typ 2 ist gekennzeichnet durch die Endung *-(e)n* im Genitiv, Dativ und Akkusativ. Lautet der Stamm auf *-d/-t* aus, steht *-en.*

(3) Typ 3: (Genitiv endungslos):

N	die Akademie	die Frisur	die Nation
G	der Akademie	der Frisur	der Nation
D	der Akademie	der Frisur	der Nation
A	die Akademie	die Frisur	die Nation

Zu Typ 3 gehören die Feminina unter den Fremdwörtern mit den folgenden Endungen:

-age	die Montage, die Reportage
-anz/-enz	die Vakanz, die Differenz
-e (unbetont)	die Chance, die Fontäne
-ie [-ɪə]	die Familie, die Tragödie
-ie [-ɪ:]	die Infamie, die Energie
-ik	die Kritik, die Republik
-(i)on	die Faszination, die Union
-(i)tät	die Quantität, die Majestät
-ur	die Karikatur, die Zensur

ebenso einige Maskulina und Neutra auf *-os/-us:*

der Mythos, das Epos, der Egoismus, das Genus

Ausnahme:
Andere Fremdwörter bilden - wie Typ 1 - den Genitiv auf *-es* mit Verdoppelung:

der Autobus - des Autobusses, der Kosmos - des Kosmosses

Doppelformen der Fremdwörter im Genitiv Singular
Neben diesen drei Deklinationstypen im Singular - und auch das macht die Unsicherheit beim Gebrauch der Fremdwörter im Deutschen deutlich - gibt es

noch einige Substantive mit der Endung *-s, -ß, -st* und *-x* sowie weitere Substantive, die ihren Genitiv ohne Endung bzw. mit der Endung *-en* oder mit der Endung *-(e)s* bilden:

der Atlas - des Atlas/des Atlass-es, der Kompaß - des Kompaß/des Kompass-es, der Magnet - des Magnet-s/des Magnet-en, der Papagei - des Papagei-s/des Papagei-en, der Partisan - des Partisan-s/des Partisan-en

Plural der Fremdwörter

Auch hier gilt grundsätzlich das, was zum Singular der Fremdwörter gesagt wurde: viele Fremdwörter folgen der Deklination deutscher Substantive (→ S. 128). Nur einige Substantive bilden ihren Plural mit fremden Endungen bzw. Mischformen.

(1) Nominativ Plural auf *-e:*

Die meisten Maskulina und Neutra unter den Fremdwörtern bilden den Nominativ Plural auf *-e*. Im einzelnen:

- Maskulina und Neutra mit den Endungen:

-al	der Pokal	die Pokal-e
-an	der Ozean	die Ozean-e
-ar	das Exemplar	die Exemplar-e
-ier	das Turnier	die Turnier-e
-iv	das Motiv	die Motiv-e
-on	der Baron	die Baron-e

- Maskulina auf:

-är	der Funktionär	die Funktionär-e
-eur/ör	der Friseur/Frisör	die Friseur-e/die Frisör-e
-in	der Termin	die Termin-e
	(auch: das Magazin - die Magazin-e)	

Merke:
Maskulina und Neutra auf *-in* mit der nasalen Aussprache [-ɛ̃] bilden den Plural auf *-s:*

das Bulletin - die Bulletin-s

- Neutra mit der Endung:

-ell	das Modell	die Modell-e
	(auch: der Pedell - die Pedell-e)	
-ent	das Kontingent	die Kontingent-e
-(i)at	das Inserat	die Inserat-e
	das Plagiat	die Plagiat-e
-il	das Konzil	die Konzil-e
-ment	das Medikament	die Medikament-e

Merke:
Neutra auf *-ment* mit der nasalen Aussprache [-mã] bilden den Plural auf *-s:*

das Engagement - die Engagement-s

(2) Nominativ Plural auf *-(e)n:* Mit sehr wenigen Ausnahmen (*die Metro-s, die Kamera-s, die Boa-s* usw.) gehören in diese Gruppe alle Feminina unter den Fremdwörtern. Auch hier klassifizieren wir nach der Endung:

-age	die Etage	die Etage-n
-anz	die Instanz	die Instanz-en
-e [unbetont]	die Chance	die Chance-n
-enz	die Differenz	die Differenz-en
-ie [-ɪə]	die Familie	die Familie-n
-ie [-ɪ:]	die Epidemie	die Epidemie-n
-ik	die Chronik	die Chronik-en
	(auch: der Katholik - die Katholik-en, das Mosaik - die Mosaik-en)	
-(i)on	die Nation	die Nation-en
-(i)tät	die Universität	die Universität-en
-ur	die Frisur	die Frisur-en

Weiterhin gehören einige Maskulina, die Berufsbezeichnungen oder Gruppenzugehörigkeit signalisieren, zu dieser Gruppe:

-and	der Konfirmand	die Konfirmand-en
-ant	der Sympathisant	die Sympathisant-en
-at	der Soldat	die Soldat-en
-ent	der Dirigent	die Dirigent-en
-et	der Athlet	die Athlet-en
-ist	der Artist	die Artist-en
-it	der Antisemit	die Antisemit-en
-nom	der Astronom	die Astronom-en
-oge	der Ethnologe	die Ethnologe-n
-or	der Assessor	die Assessor-en
	(aber: der Major - die Major-e, der Meteor - die Meteor-e, der Korridor - die Korridor-e)	
-soph	der Philosoph	die Philosoph-en

aber: Die Endung *-ien* haben einige Neutra:

das Adverb - die Adverb-ien, das Indiz - die Indiz-ien, das Material - die Material-ien

(3) Nominativ Plural auf *-er:* Nur wenige Fremdwörter bilden ihren Plural auf *-er:*

das Hospital - die Hospitäl-er, das Regiment - die Regiment-er

(4) Nominativ Plural auf *-s:* Die zahlreichen Fremdwörter mit der Endung *-s* im Nominativ Plural lassen sich nicht nach dem grammatischen Geschlecht im Singular klassifizieren, sondern nach anderen Merkmalen. Vor allem ist die Herkunft wichtig: So gehören beispielsweise Wörter aus dem Englischen (Großbritannien oder USA) und Französischen zu dieser Gruppe:
- aus dem Englischen:

der Airport, das Baby (die Babys), der Boom, die City (die Citys), der Cocktail, der Crash, der Fan, der Gag, der Hit, das Hobby (die Hobbys), der Jet, die Kombine, das Meeting, das Pony (die Ponys), der Rowdy, das/der Shuttle, der Song, die Story (die Storys), das Team, der Trip, das Weekend

aber: der Bestseller - die Bestseller (endungslos)

- aus dem Französischen:

der Attaché, das Bassin, das Bulletin, das Detail, der Doyen, das Feuilleton, der Gobelin, der Gourmand, der Gourmet, das Hotel, das Mannequin, der Plafond, das Plateau, das Ragout, der Refrain, das Repertoire, die Saison, das Varieté

Unsicherheiten werden deutlich bei zulässigen Schreibunterschieden:

der Bobby - die Bobbys/die Bobbies, die Lady - die Ladys/die Ladies, die Party - die Partys/die Parties, der Rowdy - die Rowdys/die Rowdies

An diesem Phänomen wird ein Problem der Fremdwörter deutlich: da in der Gegenwart nahezu täglich - oft völlig unnötig und einzig wegen des bereits kritisierten Hanges zur „Weltläufigkeit" bzw. der Neigung, beim Gesprächspartner Eindruck zu erwecken - Fremdwörter in die deutsche Sprache übernommen und häufig nur kurze Zeit verwendet werden (Modewörter), breitet sich Unsicherheit im Gebrauch aus. Häufig erfolgt die Pluralbildung in Analogie zu bereits bekannten deutschen Wörtern oder Fremdwörtern; häufig weicht die Schreibweise sogar in einzelnen Büchern, Zeitungen und Zeitschriften deutlich voneinander ab. Unsere Übersicht kann da nur in begrenztem Umfang Hilfe geben; deshalb noch einmal der Hinweis: im Zweifelsfall lieber das deutsche Wort gebrauchen!

Fremdwörter mit fremden Endungen und Mischformen

(1) Fremdwörter, die aus der griechischen, lateinischen oder aus lebenden romanischen Sprachen übernommen worden sind, folgen häufig dem Pluralsystem der deutschen Substantive nicht, sondern bilden eigene Pluralformen oder Mischformen. Meist handelt es sich dabei um fachsprachliche Ausdrücke:

(2) Nominativ Plural auf *-a:*

das Abstraktum - die Abstrakta, das Femininum - die Feminina, das Genus - die Genera, das Maskulinum - die Maskulina, das Maximum - die Maxima, das Minimum - die Minima, das Neutrum - die Neutra, das Tempus - die Tempora, das Visum - die Visa

Doppelformen: das Dogma - die Dogmen/die Dogmata, das Examen - die Examen/die Examina, das Forum - die Fora/die Foren/die Forums, das Lexikon - die Lexika/die Lexiken, das Praktikum - die Praktika/die Praktiken, das Thema - die Themen/die Themata, das Verbum - die Verba/die Verben

(3) Nominativ Plural auf *-e:*

der Baron - die Barone, das Bataillon - die Bataillone, der Kanton - die Kantone, das Mikrophon - die Mikrophone, das Telefon - die Telefone

der Korridor - die Korridore, der Major - die Majore, der Meteor - die Meteore, der Tenor - die Tenöre

der Bus - die Busse
Doppelformen: der Kaktus - die Kaktusse/die Kakteen

(4) Nominativ Plural auf *-en:*

das Drama - die Dramen, die Firma - die Firmen

der Dämon - die Dämonen, das Elektron - die Elektronen, das Neutron - die Neutronen, das Proton - die Protonen

der Direktor - die Direktoren, der Doktor - die Doktoren, der Professor - die Professoren, der Transformator - die Transformatoren, der Traktor - die Traktoren

das Album - die Alben, das Datum - die Daten, das Individuum - die Individuen, das Museum - die Museen, das Spektrum - die Spektren, das Zentrum - die Zentren

der Antagonismus - die Antagonismen, der Organismus - die Organismen, der Rhythmus - die Rhythmen, der Typus - die Typen, das Virus - die Viren, der Zyklus - die Zyklen

das Epos - die Epen, das Konto - die Konten, die Praxis - die Praxen, die Villa - die Villen

(5) Nominativ Plural auf *-i:*

das Cello - die Celli, der Gondoliere - die Gondolieri, der Modus - die Modi, der Numerus - die Numeri, der Papyrus - die Papyri, der Terminus - die Termini

Doppelformen: das Porto - die Porti/die Portos, das Solo - die Soli/die Solos

(6) Nominativ Plural auf *-s:*

der Bonbon - die Bonbons, der Champignon - die Champignons, der Coupon - die Coupons, der Jargon - die Jargons, das Medaillon - die Medaillons, der Pavillon - die Pavillons, der Salon - die Salons

Doppelformen: der Balkon - die Balkons/die Balkone, das Komma - die Kommas/die Kommata, das Schema - die Schemas/die Schemata, das Semikolon - die Semikolons/die Semikola

(7) Nominativ Plural auf *-s* mit Veränderung:

der Appendix - die Appendizes, der Index - die Indizes, der Pater - die Patres

Doppelformen: der Kodex - die Kodizes/die Kodexe, die Matrix - die Matrizes/die Matrizen

Doppelformen der Fremdwörter im Plural

Zum Abschluß führen wir noch einmal einige der wichtigsten Doppelformen unter den Fremdwörtern auf, die Muttersprachlern wie Ausländern erhebliche Schwierigkeiten bereiten:

der Atlas - die Atlanten/die Atlasse, die Aula - die Aulen/die Aulas, der Balkon - die Balkons/die Balkone, das Dogma - die Dogmen/die Dogmata, das Examen - die Examina/die Examen, der Filius - die Filii/die Filiusse, das Forum - die Foren/die Fora/die Forums, der Globus - die Globen/die Globusse, der Kaktus - die Kakteen/die Kaktusse, der Karton - die Kartons/die Kartone, der Kodex - die Kodizes/die Kodexe, das Kollektiv - die Kollektive/die Kollektivs, das Komma - die Kommata/die Kommas, das Konto - die Konten/die Kontos, der Leutnant - die Leutnants/die Leutnante, das Lexikon - die Lexika/die Lexiken, der Lift - die Lifts/die Lifte, der Magnet - die Magnete/die Magneten, der Park - die Parks/die Parke, das Porto - die Porti/die Portos, das Praktikum - die Praktiken/die Praktika, das Pronomen - die Pronomen/die Pronomina, das Schema - die Schemata/die Schemas, das Semikolon - die Semikolons/die Semikola, das Solo - die Solos/die Soli, das Tempo - die Tempi/die Tempos, das Thema - die Themen/die Themata, das Verbum - die Verben/die Verba

Die Deklination der Eigennamen

Eigennamen ohne Artikelwort

Eigennamen zur Bezeichnung von Personen, Familien- oder Vornamen, geographischen Gegebenheiten, Schiffen, Flugzeugen, Zügen und Völkern stehen meist im Singular. Sie sind endungslos, wenn sie ohne ein Artikelwort (→ S. 217) verwendet werden - mit einer Ausnahme, dem Genitiv. Dort lautet die Endung *-s* (ohne Apostroph):

Hölderlins Gedichte (oder: die Gedichte Hölderlins), Napoleons Niederlage, Jürgens Arbeit, Vaters Zigarre, Omas Rheuma

daher:	*Maximilian* strebte nach Eroberungen.	(Nominativ)
	Er hilft *Karl* bei der Arbeit.	(Dativ)
	Wir sehen *Goethe* als größten Dichter an.	(Akkusativ)

Anmerkung:
Endet der Stamm auf *-s, -ß, -z* oder *-x*, sind folgende Genitivformen möglich:

- Voranstellung und Apostroph (geschriebene Sprache):

Marx' „Kapital", *Leibniz'* „Theodizee" (im literarischen Gebrauch ist auch möglich: Leibnizens „Theodizee"), *Klaus'* Operation

- Nachstellung und Präpositionalgefüge mit *von* (gesprochene Sprache):

die „Fackel" *von Kraus*, die Idee *von Hans*

- mit Artikelwörtern:

die Schriften *des Horaz*

Merke:
Im religiösen Bereich sind fremdsprachige Endungen üblich:

der Tod Jesu Christi, Mariä unbefleckte Empfängnis

Eigennamen mit Artikelwort

(1) Werden Eigennamen mit einem der Artikelwörter gebraucht, wird der Name im Regelfall nicht dekliniert, weil der Kasus bereits am Artikelwort deutlich wird:

ein Stück *des* jungen *Goethe*, die Partie *des Tristan*

Handelt es sich aber bereits um einen Gattungsnamen, wird er dekliniert:

der Besitzer *des/eines Fords*

Anmerkung:
Wird ein Artikel vor dem Eigennamen gebraucht, trägt dieser das Deklinationsmerkmal; steht noch ein Wort davor, wird auch dieses dekliniert:

der Beitrag *des Dekans* Müller

Bei mehreren Namen einer Person steht das Genitiv-*s* nur beim letzten Namen:

die Werke Georg Wilhelm Friedrich *Hegels*, Rainer *Marias* Geburtstag

auch bei *von/de/zu:*

die Opern Carl Maria von *Webers*
die Bauwerke Henri van de *Veldes*
aber: die Lieder *Wolframs* von Eschenbach (Familienname = Ortsname)

(2) Familien- oder Vornamen werden nur dann im Plural verwendet, wenn sie als Gattungsbezeichnungen gebraucht werden. Dabei überwiegt der bestimmte Artikel:
- Familiennamen (Endung *-s*):

die Manns, die Grimms

- Vor- und Personennamen (Endung *-(e)n*):

die Cäsaren, die Fritzchen, die Renaten

Anmerkung:
In der gesprochenen Sprache herrscht hier bereits die Pluralform *-s* vor:

die Adolfs, die Astrids

Dasselbe gilt für Diminutivformen auf *-chen* oder *-lein*, die nach der Norm nicht dekliniert werden:

die Fritzchens, die Ingeleins

(3) Steht ein Adjektiv beim Eigennamen, wird so dekliniert:

die Armeen *des prächtigen Sultans Suleiman* aus dem Morgenlande, die Rede *des Geschäftsführenden Direktors Meyer*
aber: die Rede des Herrn Ministers/Minister Blumenwitz

(4) Eine Apposition nach dem Eigennamen steht im gleichen Kasus:

am Hofe des Sultans Suleiman *des Prächtigen*, Zar Peter *des Großen* Westpolitik, Botschafter des Kaisers Karl *des Vierten*

(5) *Doktor* als Teil des Eigennamens und *Fräulein* werden nicht dekliniert:

das Referat *des Doktor Werner*, die Kündigung *Ihres Fräulein Merk*

(6) Anredeformen sind:

An *Herrn Bundespräsidenten* ...
An *Herrn Bundespräsident* ...
aber: An Herrn Bundestagsabgeordneten Wagner
* An Herrn Bundestagsabgeordneter Wagner

Die Deklination der geographischen Namen

Geographische Namen mit Nullartikel

(1) Außer pluralischen Namen (*die Niederlande, die Vereinigten Staaten von Amerika* usw.) kommen geographische Namen nur im Singular vor. Normalerweise sind sie mit dem Nullartikel verbunden, d.h. ohne Artikel. Geographische Namen mit Nullartikel, die Neutra sind (Ortsnamen, zahlreiche Ländernamen, Kontinentnamen), haben im Genitiv die Endung *-s;* die anderen Kasus weisen keine Endung auf:

Das ist *Bayerns* Besonderheit.
Sie wohnen in *Münchens* schönster Lage.
aber: Das ist in Italien so. Sie liebt England.

Merke:
Steht ein Adjektiv vor dem geographischen Namen, kann das *-s* entfallen:

die Befreiung des besetzten Jerusalem(s)

(2) Ähnlich wie bei den Eigennamen (→ S. 141) sind bei geographischen Namen, die auf *-s, -ß, -z* oder *-x* auslauten, zur sprachlichen Erleichterung verschiedene Formen des Genitivs möglich:

- Präpositionalgefüge mit *von* (gesprochene Sprache):

das Theater *von Graz,* die Kathedrale *von Reims*
aber: die Weinberge *des Elsaß*

- Voranstellung und Apostroph (nur geschriebene Sprache):

Paris' Bürgermeister, *Florenz'* Uffizien

- Gattungsnamen vor dem Eigennamen:

das Theater der steirischen Metropole Graz, die Kathedrale der Champagnermetropole Reims, die Avenuen der Lichterstadt Paris

Geographische Namen mit bestimmtem Artikel

(1) Nicht eindeutig ist die Deklinationskennzeichnung im Genitiv bei geographischen Namen mit bestimmtem Artikel. Bei den deutschen Maskulina und Neutra steht fast immer *-s:*

des Brockens, des Matterhorns, des Mondes, des Rhein(e)s

(2) Bei geographischen Namen aus anderen Sprachbereichen dominiert die Tendenz, kein *-s* zu setzen:

des Jangtsekiang, des Kongo(s), des Mississippi, des Montblanc, des Mount Everest, des Nil(s), des Ural(s), des Vesuv(s)
Ausnahme: des Orients, des Pazifiks

(3) Geographische Namen auf *-s, -ß, -x* oder *-z* mit Artikel werden entweder nicht dekliniert oder mit der Endung *-es* versehen (schwankender Gebrauch):

die Monde des Mars, die Schönheit des Harzes, die Weine des Elsaß/Elsasses

(4) Werden geographische Namen mit Artikel literarisch gebraucht, besteht die Tendenz, den Genitiv nicht zu kennzeichnen. In der gesprochenen Sprache dominiert Genitiv-*s:*

die Idee eines geeinten Europa	(literarisch)
Berlin liegt im Herzen des geteilten Europas.	(gesprochene Sprache)

(5) Auch der Plural bei Ländernamen mit bestimmtem Artikel ist schwankend:

die zwei Deutschland(s)

Die Deklination von Straßen-, Firmen-, Institutions-, Zeitschriften-, Schiffs- und Flugzeugnamen

(1) Namen von Straßen, Firmen, Institutionen, Zeitschriften, Schiffen, Flugzeugen, Theaterstücken usw. werden grundsätzlich dekliniert; dies geschieht selbst dann, wenn sie in Anführungszeichen gesetzt sind:

Gestern war ich in der *Blauen Grotte.*
In Istanbul waren wir an der *Hohen Pforte.*
In Hamburg wohnte sie im *„Atlantischen Hof".*
Das habe ich in der *„Frankfurter Allgemeinen Zeitung"* gelesen.
Das ist eine Erklärung des *Weißen Hauses.*
Er ist Bonner Botschafter des *Vatikans.*

Merke:
Eher literarisch, auf jeden Fall auf die geschriebene Sprache begrenzt, ist Endungslosigkeit (vor allem bei einsilbigen und Fremdwörtern):

der Dichter des „Faust", der Komponist des „Peer Gynt", die Meinung des Kreml

(2) Soll ansonsten der Eigenname nicht dekliniert werden, muß der entsprechende Gattungsname vorangestellt werden (häufig sprachlich holperig):

im Hotel „Atlantischer Hof", im Feuilleton *der Tageszeitung „Frankfurter Allgemeine Zeitung"*

Die Deklination der Völker- und Städtenamen

(1) Völkernamen werden normal dekliniert wie Gattungsnamen (→ S. 172). Der Artikelgebrauch ist unterschiedlich: möglich sind sowohl bestimmter und unbestimmter wie Nullartikel. Wir vergleichen:

Das ist *der Franzose* von gestern abend.
Er ist *(ein) Franzose.*
Die Italiener kann ich am besten leiden.
Der Papyrus wurde von *(den) Ägyptern* entdeckt.
Deutsche gelten als pünktlich.
Chinesen habe ich als sehr freundliche Menschen kennengelernt.

(2) Die Pluralendung folgt entweder dem Typ *-er* oder dem Typ *-(e)n:*
- Plural auf *-er:* Hier handelt es sich um substantivische Ableitungen mit *-er* bereits im Singular (Genitiv Singular: *-s*):

der Amerikaner - die Amerikaner, der Belgier - die Belgier, der Engländer - die Engländer, der Holländer - die Holländer, der Japaner - die Japaner, der Mexikaner - die Mexikaner, der Hamburger - die Hamburger, der Pariser - die Pariser, der Stockholmer - die Stockholmer

auch: der Afrikaner - die Afrikaner, der Neger - die Neger

aber: Gehört *-er* zum Stamm des Namens, lautet die Endung *-n:*

der Bayer - die Bayern

Merke:
Bei einigen Völker- und Städtenamen gibt es Veränderungen:

Ecuador - die Ecuadorianer, Honduras - die Honduraner, Piemont - die Piemonteser, Kairo - die Kairoer/Kairiner, Neapel - die Neapolitaner, Tokio - die Tokioter/selten: die Tokioer, Venedig - die Venezianer

Bei mehrsilbigen und mehrgliedrigen Städtenamen ist nur Umschreibung möglich, ebenso bei zahlreichen ausländischen Städten:

die Einwohner von Los Angeles, die Frauen von Wladiwostok, die Fischer von Lima, die Menschen von Rio de Janeiro, die Frauen von Buenos Aires

- Plural auf *-(e)n:* Dieser Endung folgen die meisten Völkernamen (Genitiv Singular: *-n*):

der Chinese - die Chinesen, der Deutsche - die Deutschen, der Franzose - die Franzosen, der Hesse - die Hessen, der Uigure - die Uiguren

Merke:
Einige Völker- und Einwohnernamen dieser Gruppe weisen Veränderungen auf:

Genua - die Genuesen, Guatemala - die Guatemalteken, Kanton - die Kantonesen

Besonderheit:
Völker- und Stammesnamen mit vokalischem Auslaut können Doppelformen im Genitiv Singular und Nominativ Plural bilden:

der Bantu - des/die Bantu(s), der Dakota - des/die Dakota(s), der Eskimo - des/die Eskimo(s), der Israeli - des/die Israeli(s)

Die Deklination von Kurz- und Abkürzungswörtern

(1) Kurzwörter und Silbenwörter werden im Regelfall dekliniert:

N / Singular	G / Singular	N / Plural
der Bus	des Busses	die Busse
die Lok	der Lok	die Loks
der Macho	des Machos	die Machos
der Trafo	des Trafos	die Trafos
der Twen	des Twens	die Twens
die Uni	der Uni	die Unis
der Vopo	des Vopos	die Vopos

(2) Hingegen werden Abkürzungswörter, die nicht voll ausgesprochen, sondern einzeln buchstabiert werden, nicht dekliniert:

N / Singular	G / Singular	N / Plural
die AG	der AG	die AG
das EKG	des EKG	die EKG
der Pkw/PKW	des Pkw	die Pkw

Anmerkung:
In der gesprochenen Sprache - besonders bei Feminina - wird häufig im Plural zur Differenzierung ein *-s* angefügt:

die AG - die AGs
die TU - die TUs
auch: das KZ - die KZs
der Pkw - die Pkws

Wegfall der Deklination

(1) Immer wieder tauchen im täglichen Sprachgebrauch deklinierte neben nichtdeklinierten Substantivformen auf, und viele Sprachbenutzer sind im Zweifel darüber, welche Form korrekt ist. Wir vergleichen:

in den ersten Tagen *des Mai(s), vier Glas/Gläser* Bier, der Chef *des Kreml(s), den Prinz(en),* der Präsident *aller Israeli(s),* die Wirkung *des Rot(s)*

Insgesamt herrscht eine gewisse Toleranzspanne bzw. Interpretationsmöglichkeit. Zu unterscheiden ist auch hier zwischen der Gebrauchsnorm in der gesprochenen Sprache, die beide Formen zuläßt, und der Idealnorm der geschriebenen Standardsprache, die nur die deklinierte Form erlaubt.

(2) Wegfall der Deklination ist zugelassen:

- bei Eigennamen:

  die Werke *des jungen Goethe,* die Auffassung *des Duden(s),* der Chef *des Kreml(s)*

- bei Mengenbezeichnungen:

  zwei Kaffee(s), zehn Pfennig(e)

  aber: fremde Währungen werden immer flektiert:

  Sie verdient 400 Dollars.

- bei Maßangaben:

  der Kauf *eines Zentner Fleisches/Zentners Fleisch,* das Ausschenken *eines Liter Weines/Liters Wein*

  Merke:
  Dekliniert werden hier entweder die Mengenangabe oder der Gegenstand, aber nicht beides oder keines von beiden:

  * der Kauf eines Zentners Fleisches
  * der Kauf eines Zentner Fleisch

Doppelter Genitiv (bei der Mengenangabe wie beim Gegenstand selbst) ist dann erforderlich, wenn ein Adjektiv hinzutritt:

der Kauf eines Kilos trockenen Lachses

Ein Problemfall ist das folgende Beispiel:

(a) Sie kam zurück mit einer Schale warmem Tee.
(b) Sie kam zurück mit einer Schale warmen Tees.

Nach der standardsprachlichen Norm müßte (a) korrekt sein, da der gleiche Kasus (präpositionaler Dativ) für das gesamte Gefüge gilt. In der täglichen Sprache dominiert jedoch eindeutig (b), also der teilhabende Genitiv (genitivus partitivus). Deshalb auch:

Sie duftete nach einem Hauch orientalischer Essenzen.

- bei Abkürzungs- und Kurzwörtern:

der Besitzer *des PKW(s)*, die Vorsitzenden *der AG(s)*

- bei Wortpaaren:

die Verbindung *zwischen Professor und Student*

Merke:
Es kann auch Flexion des zweiten Gliedes auftreten:

die Dichter des Sturm und Drangs

- bei Präpositionalgefügen mit *von:*

eine Perle *von Sohn*, ein Wunder *von Lexikon*

Merke:
Tritt zusätzlich noch ein Artikelwort oder Adjektiv vor das Substantiv, dann muß dekliniert werden:

ein Hund von einem Journalisten

- bei Erwähnungen:

der Dichter *des „Faust"*, Aspekte *eines modernen Deutschland(s)*

- bei Bezeichnungen der Wochentage und Monate:

der Schnee *des Januar(s)*, am Vorabend *des Karfreitag(s)*

- bei Kunstepochen:

ein Wunderwerk *des Rokoko(s)*, der größte Musiker *des Barock(s)*

- bei Substantivierungen:

Ansichten *eines modernen Deutsch(s)*

(3) Obligatorisch ist die Deklination dagegen:
- bei Substantiven mit *-(e)n* im Dativ Plural:

Hunderte *von Kilometern*, der Kauf *von Antikmöbeln*, Preissturz *bei Stöckelschuhen*

- bei Substantiven des Deklinationstyps 2 Singular (→ S. 124):

  Der Tierarzt gab *einem Löwen* eine Spritze.
  Ich habe *einen Helden* gesehen.
  Sie sind *dem Kometen* Halley auf der Spur.

- bei Fremdwörtern mit Genitiv *-s:*

  die Besucher des *Venezianischen Karnevals,* der Erfinder *des Radars,* die Formen *des Konjunktivs*

Anmerkung:
Entgegen dieser standardsprachlichen Norm tauchen, vor allem in der gesprochenen Sprache, immer häufiger nichtdeklinierte Formen auf. Das betrifft sogar deutsche Wörter:

* des Vergißmeinnicht, des Habicht, des Bahnhof

Diese Formen sind jedoch nicht korrekt.

Die Deklination der substantivierten Verben, Adjektive und Partizipien

(1) Verben, Adjektive und Partizipien (in sehr viel geringerer Zahl auch Pronomen, Zahladjektive, Adverbien, Präpositionen und Konjunktionen) können substantiviert werden, d.h., sie werden wie ein Substantiv gebraucht. Das geschieht, indem ein Artikelwort vorangestellt wird (→ S. 212):

singen - das Singen, schön - der/die/das Schöne

oder Ableitungen gebildet werden:

sprechen - das Gesprochene, gehen - der Gang, laufen - der Lauf

(2) Normalerweise werden diese Substantivierungen entsprechend den Deklinationstypen 1 oder 2 Singular (→ S. 124) behandelt. Eine Ausnahme bildet der Akkusativ bei Typ 2 Singular *(-e):*

	Typ 1	Typ 2
N	das Singen	das Schöne/Gesprochene
G	des Singen-s	des Schöne-n/Gesprochene-n
D	dem Singen	dem Schöne-n/Gesprochene-n
A	das Singen	das Schöne/Gesprochene

(3) Keine Deklinationsendungen erscheinen bei substantivierten Pronomen, Zahladjektiven, Adverbien, Präpositionen und Konjunktionen. Der Kasus wird also nur am Artikelwort deutlich:

N	G	D	A
das Es	des Es	dem Es	das Es
die Drei	der Drei	der Drei	die Drei
das Hier	des Hier	dem Hier	das Hier
das Auf	des Auf	dem Auf	das Auf
das Wenn und Aber	des Wenn und Aber	dem Wenn und Aber	das Wenn und Aber

Anmerkung:
Häufig muß man jedoch bei Substantivierungen (mit Ausnahme des substantivierten Infinitivs) mit unterschiedlichen Formen rechnen:

die Forschungen zum gesprochenen Russisch/Russischen
die neuen Spielarten des Schwarz/Schwarzes

Eine Tendenz in Richtung Deklination und damit Überwindung der unflektierten Form scheint sich anzudeuten.

Der Numerus des Substantivs

(1) Der Numerus (Plural: die Numeri) eines Substantivs gibt an, ob das vom Substantiv Bezeichnete einmal oder mehrfach vorhanden ist. Dazu Beispiele aus unserem Text:

die Kritik der Einfluß die Rechtsordnung die Bundesrepublik	einmal vorhanden = Singular (Einzahl)
die Kirchen die Konsequenzen die Gesetze	mehrfach vorhanden = Plural (Mehrzahl)

(2) Die Substantive der ersten Gruppe bezeichnen etwas, das nur einmal vorhanden ist oder eine Einheit bildet: sie stehen im Singular. Die Substantive der zweiten Gruppe bezeichnen etwas, das mehrfach - zählbar oder nicht zählbar - vorhanden ist oder eine Vielheit markiert: sie stehen im Plural.
Merke: Konkreta sind normalerweise zählbar, Abstrakta im Regelfall nicht.
(3) Im Regelfall können die Substantive Singular und Plural bilden, Ausnahmen sind die Eigennamen (→S. 141) sowie die Singulariatantum (→S. 150) und Pluraliatantum (→S. 152).

Singular und Plural

Singular und Plural werden formal auf dreierlei Weise gekennzeichnet:
- durch die Endung und/oder Veränderung des Stammlauts des Substantivs:

Singular	Plural
Baum	Bäume
Stuhl	Stühle
Haus	Häuser
Bleistift	Bleistifte

- durch den bestimmten Artikel:

Singular	Plural
der Baum	die Bäume
der Stuhl	die Stühle
das Haus	die Häuser
der Bleistift	die Bleistifte

- durch andere Artikelwörter oder Zahladjektive:

Singular	Plural
ein Baum	drei Bäume
dieser Stuhl	hundert Stühle
mein Haus	viele Häuser
kein Bleistift	einige Bleistifte

Merke:
Allerdings kann auch mit dem Singular eine Vielheit bezeichnet werden:

Was ist *des Deutschen* Vaterland? (= das Vaterland aller deutschen Staatsbürger)
Das Getreide wogte bis an den Horizont. (= unendlich viele Getreidehalme)

Singulariatantum
Singulariatantum (Singular: das *Singularetantum*) sind Substantive, die nur im Singular vorkommen, also keinen Plural bilden. Dazu gehören:
(1) Eigennamen:
- Personennamen (Vor- und Familiennamen, Künstlernamen):

Johann Wolfgang von Goethe, Mark Twain

- Namen der Haustiere:

Pucki, Rex

- Titel von Büchern:

„Torquato Tasso", „Professor Unrat"

- Namen von Schiffen, Zügen:

„Europa", „Senator"

- Fluß-, Länder-, Ortsnamen:

der Po, Frankreich, New York

- Betriebsnamen:

Bayer Leverkusen

Merke:
Sind mehrere Vertreter eines Namens oder die Familie angesprochen, steht der Plural:

In Deutschland gibt es fünf *Rothenburgs*.
Unsere Vermieter sind die *Meiers*.
Die Geschichte der *Hohenzollern* ist berühmt.

(2) Stoffnamen:

Bronze, Gold, Milch, Regen, Sand, Schnee, Zucker

Merke:
Werden hiervon Pluralformen gebildet, handelt es sich meist um fachsprachliche Benennungen:

Die *Sände* wiesen unterschiedlichen Siliciumgehalt auf.
Es gab verschiedene *Stähle* zur Auswahl.
Die Tropen verfügen über zahlreiche *Hölzer.*

oder Gattungsbezeichnungen:

Elsässische *Weine* mag ich sehr.

oder Benennungen von Einzelstücken:

Da liegen die *Brote.*
Die *Gräser* wiegen sich im Wind.

(3) Sammelnamen (Kollektiva):

die Bourgeoisie, das Getreide, das Mobiliar, die Polizei, das Vieh

Merke:
Auch hier sind Ausnahmen möglich. Sollen Gruppen dieser Sammelnamen anderen Gruppen gegenübergestellt oder von ihnen unterschieden werden, sind folgende Möglichkeiten gegeben:

Alle *Viehsorten* waren vertreten.
Die *Flotten* der Gegner standen sich gegenüber.
Die *Gebirge* waren nicht zu überwinden.

(4) Maßangaben:

Dutzend, Glas, Kilogramm, Pfennig

Merke:
Soll hingegen nicht das Maß (die Menge allgemein), sondern das konkrete Objekt, der einzelne Gegenstand, benannt werden, steht Plural:

Er warf zwei *Gläser* an die Wand.
Er besaß nur noch drei *Pfennige.*

Doppelformen sind möglich bei:

drei Kaffee(s)/vier Kognak(s)/zwei Whisky(s)

Stets dekliniert werden Feminina auf *-e* und fremde Maßangaben:

Vier *Tassen* Kaffee, bitte!
Das macht drei *Dollars.*
10.000 *Lire* sind wenig Geld.

Zentner, Kilo werden nur im Genitiv Singular und Dativ Plural dekliniert:

des Zentners/den Zentnern, des Kilos/den Kilos

daher: *Sie wiegt 70 Kilo.*

(5) Abstrakta: Abstrakta sind Singulariatantum, wenn sie Allgemeinbegriffe beinhalten:

Ohne *Fleiß* kein Preis!
Nichts als *Ärger* hatten wir heute.
Eine *Gemeinheit* ist das!
Essen und *Trinken* waren einmalig.

Merke:
Soll hier weiter differenziert werden, sind Pluralformen möglich:

Unglück - Unglücksfälle
Ärgernis - Ärgernisse

Pluraliatantum
Pluraliatantum (Singular: das Pluraletantum) sind solche Substantive, die ausschließlich (oder zumindest überwiegend) im Plural vorkommen. Dazu gehören:
(1) geographische Bezeichnungen:
- Länder:

die Niederlande, die Vereinigten Staaten

- Inseln:

die Antillen, die Balearen, die Hebriden

- Gebirge:

die Alpen, die Anden, die Rocky Mountains

(2) Personengruppen:

Eltern, Gebrüder, Leute

(3) Zeitnamen:

Ferien, Iden, Flitterwochen

Merke:
Ostern, Pfingsten, Weihnachten werden normalerweise als neutrales Substantiv im Singular verstanden und ohne Artikel (Nullartikel) gebraucht:

Weihnachten war wunderschön.

Nur in Wunschformeln ist Plural üblich:

Fröhliche Weihnachten!
Frohe Ostern!

(4) Bezeichnungen für Pflanzenarten:

Nadelhölzer

(5) Sammelnamen in Handel und Wirtschaft:

Lebensmittel, Rauchwaren, Spirituosen, Strickwaren, Textilien

(6) Rechtsbegriffe und Bankbegriffe:

Aktiva, Alimente, Diäten, Effekten, Jura (Studium), Passiva, Spesen

(7) Krankheiten:

Blattern, Masern, Pocken
aber: das Fieber, die Grippe, der Keuchhusten

(8) Sonstiges:

Allüren, Eingeweide, Einkünfte, Fasten (Fastentage), Fisimatenten, Genitalien, Honneurs, Immobilien, Konsorten, Koteletten, Ländereien, Makkaroni, Memoiren, Moneten, Mores, Personalien, Pretiosen, Quisquilien, Realien, Shorts, Spaghetti, Sperenzien, Spikes, Streitigkeiten, Thermen, Trümmer, Unkosten, Utensilien, Viktualien, Wirren

Die Valenz des Substantivs

(1) Ähnlich wie Verben und Adjektive sind auch Substantive - in der Mehrzahl substantivierte Verben - Valenzträger, d.h., sie eröffnen „Leerstellen“, die mit Wörtern bzw. Wortgruppen gefüllt werden. Im Regelfall handelt es sich bei diesen um Attribute. Im Hinblick auf die jeweilige Bedeutungsstruktur unterscheidet man:

- Abstrakta:
  Tätigkeitsbezeichnungen (nomina actionis):

  das Handeln der Personen

  Eigenschaftsbezeichnungen (nomina qualitatis):

  die Höhe des Hauses

- Konkreta:
  Täterbezeichnungen (nomina agentis):

  der Besucher der Ausstellung

  Beziehungsbezeichnungen:

  die Tochter vom Unterwirt

  Gegenstands-/Werkzeugbezeichnungen (nomina instrumenti):

  der Zeiger des Meßinstruments

(2) In syntaktischer Hinsicht handelt es sich um drei Klassen:

- Substantiv im Genitiv:

  der Aufbau des Landes

- Substantiv im Präpositionalkasus:

  der Rest an Glaubwürdigkeit

- zwei Substantive: Genitiv und Präpositionalkasus bzw. Infinitivsatz oder Nebensatz:

  der Anteil des Staates an den Investitionen; der Jubel der Sportler darüber, den Pokal errungen zu haben; die Meinung des Präsidenten, daß die Lage aussichtslos ist

Anmerkung:
Sind mehrere Präpositionalgefüge möglich, wird dies durch die entsprechenden Präpositionen verdeutlicht, die durch Schrägstriche getrennt sind.

(3) Substantiv im Genitiv:

Abbau ...
Abbild ...
Abbruch ...
Abdruck ...
Abfahrt ...
Abhandlung ...
Ablauf ...
Abschaffung ...
Absolvent ...
Abteilung ...
Abzug ...
Analyse ...
Anatomie ...
Anbau ...
Aneignung ...
Anfang ...
Anführer ...
Anhänger ...
Annexion ...
Arbeit ...
Armut ...
Aufbau ...
Aufzucht ...
Ausbau ...
Ausbruch ...
Ausfall ...
Autor ...
Bau ...
Bearbeiter ...
Bedeutung ...
Befangenheit ...
Begleiter ...
Begriff ...
Beobachter ...
Beschützer ...
Besitzer ...
Besuch ...
Beweis ...
Bitte ...
Blindheit ...
Breite ...
Bruch ...
Bruder ...
Charakter ...
Dringlichkeit ...
Eitelkeit ...
Enkel ...
Entwicklung ...
Erfinder ...
Erzeuger ...
Fahrer ...
Fall ...
Falschheit ...
Fassung ...
Feind ...
Fertigkeit ...
Festigkeit ...
Finale ...
Flanke ...
Flügel ...
Fortgang ...
Freund ...
Gang ...
Gleichheit ...
Größe ...
Grund ...
Heftigkeit ...
Heilung ...
Hunger ...
Jugend ...
Kälte ...
Keuschheit ...
Klarheit ...
Leitung ...
Lenkung ...
Nachahmung ...
Opfer ...
Partner ...
Periode ...
Politik ...
Quelle ...
Regierung ...
Reife ...
Repräsentant ...
Ring ...
Schärfe ...
Schatten ...
Schlaf ...
Schrei ...
Schwäche ...
Schwester ...
Stärke ...
Steigerung ...
Stellung ...
Studium ...
Tendenz ...
Tiefe ...
Umzug ...
Untergang ...
Verdienst ...
Verfall ...
Verfassung ...
Verlust ...
Vermögen ...
Vertreter ...
Verzweiflung ...
Weigerung ...
Weite ...
Wert ...
Würde ...
Zeuge ...
Zukunft ...

(4) Substantiv im Präpositionalkasus:

Abstimmung + über
Anwärter + auf
Ausschnitt + aus/von
Aussicht + auf
Bedarf + an
Begriff + von
Beweis + für
Diskrepanz + zwischen
Durst + auf/nach
Einsicht + in
Entwicklung + von/zu
Flucht + von
Hauch + von
Heer + von
Kandidat + für
Periode + von
Preis + von
Reihe + von
Rest + an/von
Spur + von
Widerstand + von/gegen

(5) Zwei Substantive: Genitiv (G) und Präpositionalkasus bzw. Infinitivsatz (Inf) oder Nebensatz (NS):

Aberkennung + G + durch
Abfall + G + von
Abgabe + G + an/durch/von
Abhängigkeit + G + von
Abkehr + G + von
Abkommen + G + mit/über
Ablehnung + G + durch
Ableitung + G + aus/in/durch
Ablieferung + G + an/durch
Ablösung + G + durch

Abmachung + G + mit/über
Abmarsch + G + von/nach
Abneigung + G + gegen
Abreise + G + aus/von/nach
Abschied + G + von
Absprache + G + mit/über
Abstammung + G + von
Abstand + G + von/zu
Abstieg + G + in/nach/von
Abstimmung + G + mit
Abwanderung + G + aus/nach/in
Abzug + G + von/nach/durch
Achtung + G + vor
Ähnlichkeit + G + mit
Anerkennung + G + durch
Anfrage + G + bei/nach
Angewohnheit + G + Inf
Angriff + G + auf/durch
Angst + G + vor
Ankunft + G + in/auf/bei
Anmeldung + G + bei/durch
Annahme + G + durch
Anrecht + G + auf/Inf/NS
Anschauung + G + über
Anschluß + G + an
Ansicht + G + über
Ansprache + G + an/vor
Anspruch + G + auf
Anteil + G + an
Anteilnahme + G + an
Antrag + G + auf
Antwort + G + an/auf
Appell + G + an/Inf/NS
Appetit + G + auf
Applaus + G + für
Arbeit + G + an
Ärger + G + über
Argument + G + gegen
Attacke + G + auf/gegen
Attentat + G + auf/gegen
Aufdeckung + G + durch
Aufenthalt + G + in/bei/auf
Aufforderung + G + an/zu/Inf/NS
Auflehnung + G + gegen
Aufmerksamkeit + G + auf
Aufnahme + G + in/durch/bei
Aufstand + G + gegen
Aufstieg + G + bis zu/in
Ausarbeitung + G + durch
Ausbruch + G + aus
Ausflug + G + nach/in/zu
Ausfuhr + G/von + nach/durch
Ausgestaltung + G + durch
Auslieferung + G + an/durch
Ausrüstung + G + mit
Aussöhnung + G + mit
Auszeichnung + G + mit/durch
Beantwortung + G + durch
Bearbeitung + G + mit/durch
Beauftragung + G + mit/durch/Inf/NS
Bebauung + G + mit
Bedeutung + G + für
Bedrohung + G + durch
Befangenheit + G + gegenüber
Befehl + G + an
Befreiung + G + aus/von/durch
Begegnung + G + mit
Begeisterung + G + für
Begründung + G + durch/mit/Inf/NS
Behandlung + G + durch/mit
Behauptung + G + gegen/durch/Inf
Beherrschung + G + durch
Beitrag + G + zu/Inf/NS
Bekanntschaft + G + mit
Beliebtheit + G + bei
Belieferung + G + mit/durch
Belohnung + G + mit/durch/für
Benutzung + G + für/als/zu
Beobachtung + G + durch/mit
Beratung + G + durch
Bereitschaft + G + zu/Inf/NS
Bericht + G + an/von/über
Berufung + G + als/an/auf/nach/durch
Beschränkung + G + um/auf
Beschreibung + G + durch
Beschuldigung + G + gegen/durch
Beschuß + G + durch/mit
Beschwerde + G + über
Beseitigung + G + durch
Besprechung + G + mit/durch
Bestürzung + G + über/Inf
Besuch + G + bei/in/auf
Beteiligung + G + an/Inf/NS
Beurteilung + G + durch
Bewerbung + G + bei/in/um
Bezeichnung + G + mit/durch
Beziehung + G + zu/mit
Bitte + G + an/um
Bündnis + G + mit
Dank + G + an/für
Debatte + G + mit/über
Demonstration + G + für/gegen
Diskussion + G + mit/über
Drang + G + nach/Inf/NS
Drohung + G + gegenüber/mit
Druck + G + auf

Duell + G + mit
Durchführung + G + durch
Ehrgeiz + G + Inf
Ehrung + G + durch
Eid + G + auf
Eifersucht + G + auf
Eignung + G + für/als
Einbau + G + in/durch
Einbruch + G + in
Eindruck + G + auf/von
Einfluß + G + auf
Einfuhr + G + von/aus/in
Einführung + G + in/durch
Eingang + G + bei/in
Eingriff + G + in
Einigung + G + mit/über
Einladung + G + an/zu/bei/durch
Einlieferung + G + in/durch
Einmischung + G + in
Einstellung + G + durch/zu
Eintreten + G + für
Einwand + G + gegen
Einweisung + G + in/durch
Einwirkung + G + auf
Ekel + G + vor
Empfang + G + durch
Empfänglichkeit + G + für
Empfindlichkeit + G + gegen
Empörung + G + über/gegen
Entfernung + G + von
Enthüllung + G + durch
Entlassung + G + aus/durch
Entrüstung + G + über
Entscheidung + G + durch/über/für/gegen
Entschlossenheit + G + zu/Inf/NS
Entschuldigung + G + bei/für/Inf
Entzücken + G + über
Erbitterung + G + über
Erforschung + G + durch
Erhaltung + G + durch
Erhebung + G + gegen
Erinnerung + G + an/Inf/NS
Erklärung + G + über/durch
Erkrankung + G + an
Erkundung + G + durch
Erlaß + G + über/durch
Erlösung + G + aus/von
Ermächtigung + G + zu/durch
Ermäßigung + G + durch
Ernennung + G + zu/durch
Eröffnung + G + durch
Erschließung + G + durch
Erschütterung + G + durch/über
Erstaunen + G + über
Ersuchen + G + an/um
Erteilung + G + an/durch
Erweiterung + G + um/durch
Erwiderung + G + auf
Erzeugung + G + aus/durch
Fähigkeit + G + zu/Inf/NS
Fahndung + G + nach
Fahrt + G + nach/in/auf
Feststellung + G + durch/Inf/NS
Flucht + G + aus/von/in/nach/über/vor
Flug + G + aus/von/in/nach/über
Folge + G + für
Forderung + G + an/auf/nach/Inf/NS
Förderung + G + durch
Frage + G + an/nach
Freude + G + auf/über/an/Inf/NS
Freundschaft + G + mit/zu
Front + G + gegen
Furcht + G + vor/Inf
Gang + G + in/nach/zu
Garantie + G + für/durch
Gebrauch + G + als/durch
Geduld + G + mit
Gehorsam + G + gegenüber
Gelegenheit + G + für/zu
Genehmigung + G + zu/durch
Geschick + G + in/bei/Inf
Geschicklichkeit + G + in/zu
Gespräch + G + mit/über
Gewißheit + G + über
Gewöhnung + G + an/durch
Glaube + G + an/Inf/NS
Gleichgültigkeit + G + gegenüber
Gliederung + G + in
Griff + G + nach/zu
Groll + G + gegen/auf
Gründung + G + durch
Gruß + G + an
Haftung + G + für
Hang + G + zu
Härte + G + gegenüber
Haß + G + auf
Heilung + G + von/durch
Herrschaft + G + über
Hetze + G + gegen
Hilfe + G + bei/für/in
Hoffnung + G + auf/Inf/NS
Hunger + G + nach
Identifizierung + G + durch
Identität + G + mit

Immunität + G + gegen
Information + G + durch/über
Interesse + G + an
Intervention + G + gegen/bei
Jagd + G + nach/auf
Jammer + G + über/Inf/NS
Jubel + G + über/Inf/NS
Kameradschaft + G + mit
Kampf + G + mit/gegen/für/um
Kapitulation + G + vor
Kauf + G + durch
Klage + G + über/gegen/auf
Kollision + G + mit
Kommentar + G + zu/über
Konferenz + G + mit/über/zu
Konsequenz + G + in/bei
Konzentration + G + auf
Kooperation + G + mit/bei
Kritik + G + an/durch
Landung + G + auf/bei/in
Leidenschaft + G + für/zu
Leistung + G + für/von
Lieferung + G + an/durch
Linderung + G + durch
Lob + G + durch/für
Lohn + G + für
Lösung + G + durch
Lust + G + auf
Macht + G + über
Mangel + G + an
Maßnahme + G + für/gegen/zu
Meinung + G + zu/über/von/Inf/NS
Meldung + G + an/über/zu
Mischung + G + aus/von
Mißachtung + G + durch
Mißtrauen + G + gegenüber
Mitteilung + G + an/über
Mitwirkung + G + an/bei
Möglichkeit + G + zu/Inf
Monopol + G + auf/für
Mühe + G + mit/Inf
Nachfrage + G + nach
Nachricht + G + an/für/über/von
Nachsuchen + G + um
Nachweis + G + durch/auf
Neigung + G + Inf
Neugier + G + auf
Nutzen + G + für
Opfer + G + an/für
Orientierung + G + auf/durch/über
Pflege + G + durch
Pflicht + G + gegenüber/zu
Plan + G + für/zu
Polemik + G + gegen
Popularität + G + bei
Porträt + G + von
Probe + G + von/zu
Programm + G + für/zu
Protest + G + gegen
Prozeß + G + gegen
Prüfung + G + in/auf/durch
Qualifizierung + G + in/durch
Rache + G + an/für
Rat + G + an/für
Ratifizierung + G + durch
Rationalisierung + G + durch
Reaktion + G + auf
Rechenschaft + G + gegenüber/über
Rechnung + G + über/für
Recht + G + auf
Reichtum + G + an
Reise + G + an/in/durch/nach
Reiz + G + auf
Rekonstruktion + G + durch
Rekord + G + in/an
Rendezvous + G + mit
Respekt + G + vor
Rettung + G + aus/vor/durch
Reue + G + über
Rezept + G + für
Rolle + G + in/bei
Rücksicht + G + auf
Rücksprache + G + mit
Ruf + G + nach
Schädigung G + durch
Scheu + G + vor
Schlag + G + auf/gegen/mit
Schluß + G + von/aus/auf
Schmerz + G + über
Schock + G + durch
Schrei + G + nach
Schreiben + G + an
Schuld + G + an
Schutz + G + vor/durch
Schwäche + G + gegenüber/für
Schwur + G + auf
Sehnsucht + G + nach
Sendung + G + an/durch/über
Sieg + G + über
Sinn + G + für/nach
Solidarität + G + mit
Sorge + G + um/wegen/für
Sorgfalt + G + in/bei
Spekulation + G + auf/mit
Spende + G + für
Spiel + G + mit/gegen

Spott + G + über
Steigerung + G + um/auf/durch
Stellung + G + zu
Stolz + G + auf
Störung + G + durch
Streben + G + nach
Streit + G + mit/um/über
Sturz + G + aus/durch
Suche + G + nach
Sucht + G + nach
Talent + G + zu
Tausch + G + für/gegen
Täuschung + G + durch
Teilnahme + G + an
Teilung + G + in/durch
Tendenz + G + zu
Trachten + G + nach
Trauer + G + um/über
Treffen + G + mit
Trennung + G + von/durch
Treue + G + zu
Trieb + G + zu
Triumph + G + über
Trost + G + für
Überarbeitung + G + durch
Überblick + G + über
Überdruß + G + in bezug auf
Übereinkunft + G + mit/über
Übereinstimmung + G + mit
Überfall + G + auf
Überfluß + G + an
Übergabe + G + an/durch
Übergang + G + über/zu
Übermittlung + G + an/über
Überreichung + G + an/durch
Übersetzung + G + aus/in/durch
Übertragung + G + von-auf/durch
Überzeugtheit + G + von
Umformung + G + in/durch
Umfrage + G + unter/in
Umgang + G + mit
Umschlag + G + von-in
Umwandlung + G + in
Umzug + G + von-nach/aus-in/zu
Unmut + G + (gegen)über
Unterdrückung + G + durch
Unterhaltung + G + mit/über/durch
Unterordnung + G + unter
Unterredung + G + mit/über
Unterricht + G + in/durch
Unterschied + G + von/in
Unterschrift + G + unter
Unterstützung + G + durch
Unterweisung + G + in/durch
Unwille + G + über
Urteil + G + über
Veranlagung + G + zu
Verantwortung + G + für
Verarbeitung + G + zu
Verbindung + G + mit/durch
Verdienst + G + um/an
Verdruß + G + über
Vereinbarung + G + mit/über
Vereinigung + G + mit/durch
Verfügung + G + über
Vergehen + G + an/gegen
Vergleich + G + mit
Vergnügen + G + an
Verhalten + G + gegenüber/gegen
Verhältnis + G + zu/mit
Verhandlung + G + mit/über
Verheimlichung + G + vor
Verhör + G + durch
Verkauf + G + an
Verkürzung + G + durch
Verlangen + G + nach
Verlegung + G + von-nach
Verleihung + G + an
Verlobung + G + mit
Verlust + G + an
Vermessenheit + G + gegenüber
Vermutung + G + Inf/NS
Vernachlässigung + G + durch
Veröffentlichung + G + durch
Verordnung + G + über
Verrat + G + von/an
Versand + G + an
Verschiebung + G + von-auf/um
Verschleierung + G + durch
Verschwiegenheit + G + gegenüber
Verschwörung + G + gegen
Versetzung + G + in/nach
Versicherung + G + gegenüber
Versöhnung + G + mit/durch
Versorgung + G + mit
Verständigung + G + mit/über
Verständnis + G + für
Verstärkung + G + durch
Verstoß + G + gegen/NS
Verteidigung + G + gegen
Verteilung + G + an/unter
Vertrag + G + mit/über
Vertrauen + G + zu/in
Vertretung + G + durch
Verurteilung + G + zu/durch
Verwandtschaft + G + mit

Verwunderung + G + über
Verzicht + G + auf
Voraussetzung + G + für/zu
Vorbehalt + G + gegenüber
Vorbereitung + G + auf/für
Vorlesung + G + über
Vorrat + G + an
Vorsatz + G + zu/Inf
Vorschlag + G + zu/Inf/NS
Vorsprung + G + vor/gegenüber
Vorstellung + G + von/vor/durch
Vorstoß + G + in/auf
Warnung + G + an/vor
Wartung + G + durch
Weg + G + von/über/in/nach/zu
Weisung + G + an
Werbung + G + um/für
Wettbewerb + G + mit/um
Wette + G + mit/um
Widerstand + G + gegen
Wiedergabe + G + durch
Wille + G + zu/Inf/NS
Wirkung + G + auf
Wissen + G + um
Wunsch + G + nach
Zahlung + G + an
Ziehung + G + durch
Zorn + G + auf
Zufriedenheit + G + mit
Zug + G + von-nach
Zulassung + G + zu
Zunahme + G + an/um
Zurückhaltung + G + von/vor/gegenüber
Zurücknahme + G + durch
Zurücksetzung + G + gegenüber
Zusage + G + an/Inf
Zusammenhang + G + mit
Zuständigkeit + G + für
Zustimmung + G + zu
Zutritt + G + zu
Zuversicht + G + in
Zuvorkommenheit + G + gegenüber
Zwang + G + zu/Inf/NS
Zweifel + G + an

Das Genus des Substantivs

(1) Substantive werden durch drei Kennzeichnungen bestimmt:
Numerus, Kasus und Genus. Numerus (Singular, Plural) und Kasus (Nominativ, Genitiv, Dativ, Akkusativ) sind für die syntaktische Struktur der Sprache wichtig und ändern sich jeweils abhängig von der Funktion im Satz.
Das Genus (Plural: die Genera) bestimmt die formale Zugehörigkeit des jeweiligen Substantivs zu einer der drei Kategorien:

- Maskulinum (Plural: die Maskulina) - das grammatisch männliche Geschlecht: *der*
- Femininum (Plural: die Feminina) - das grammatisch weibliche Geschlecht: *die*
- Neutrum (Plural: die Neutra) - das grammatisch sächliche Geschlecht: *das*.

(2) Das Genus wird durch den jeweiligen bestimmten oder unbestimmten Artikel verdeutlicht. Die beim Substantiv stehenden Adjektive oder Artikelwörter werden vom Genus des Substantivs bestimmt:

der kleine Mann, eine kleine Frau, mein kleines Haus

(3) Jedes Substantiv der deutschen Sprache weist normalerweise ein Genus auf, das am Artikel deutlich wird:

der Mann, die Frau, das Kind

Jedoch gibt es eine Reihe von Substantiven, die mehrere Genera aufweisen (→ S. 166):

der/das Joghurt, der/das Curry, die/das Cola

(4) Grundsätzlich ist zwischen grammatischem Geschlecht (Genus) und natürlichem Geschlecht (Sexus) zu unterscheiden. Im Deutschen wie in zahlreichen anderen Sprachen besteht keine durchgehende 1:1-Entsprechung zwischen Genus und Sexus, oder anders: die drei Genera haben keine Parallelität in den zwei Kategorien des Sexus: männliches und weibliches Geschlecht.
Egon Erwin Kisch hat dieses Phänomen, das gerade für deutschlernende Ausländer problemträchtig ist, in seinem „Paradies Amerika" glossiert: „Einige junge Amerikanerinnen lassen sich vom Doktor Becker die Grundbegriffe der deutschen Sprache beibringen und lachen sich schief darüber, daß ‚Kind' sächlichen Geschlechts sei, unbeschadet, ob es einen Knaben oder ein Mädchen bedeute. Kichernd suchen sie unter dem Tisch dessen männliches Geschlechtsmerkmal, da sie hören, man sage: ‚der Tisch'. Als aber ‚Fräulein' und ‚Mädchen' als Neutra bezeichnet werden, prusten sie heraus und rennen davon."

Grammatisches Geschlecht - natürliches Geschlecht

Eine Entsprechung von grammatischem Geschlecht (Genus) und natürlichem Geschlecht (Sexus) gibt es nur im Ausnahmefall. Im Regelfall ist darüber hinaus - anders als etwa im Russischen - das Genus am Substantiv nicht zu erkennen. Dies wäre lediglich im Rahmen einer historischen Grammatik des Deutschen möglich.
Der Ausnahmefall - also die Kennzeichnung des Genus am Substantiv und damit Übereinstimmung von Genus und Sexus - betrifft die Substantivgruppen Personenbezeichnungen und Tiernamen.

Personenbezeichnungen
(1) Hier herrscht Parallelität von Genus und Sexus:

der Vater - die Mutter, der Sohn - die Tochter, der Onkel - die Tante, der Opa - die Oma, der Bruder - die Schwester, der Enkel - die Enkelin

Anmerkung:
Bereits hier gibt es Besonderheiten, d.h. Nichtübereinstimmung von Genus und Sexus:

das Weib, das Mannequin, das Fräulein, das Mädchen, das Schätzle (=jeweils weibliche Personen)
die Wache, das Kasperle (=jeweils männliche Personen)

Merke:
- Ist bei Personengruppen das natürliche Geschlecht nicht bekannt, steht Neutrum, auch bei *niemand/jemand:*

Alles herhören!
Um zehn Uhr muß *alles* im Bett sein!
Jemand *Neues* ist dazugekommen.
Niemand *anderes* hat noch dazu gesprochen.

Regional begrenzt auf das Oberdeutsche ist Maskulinum:

Jemand *anderer* stand vor der Tür.

- Im Akkusativ dominiert Maskulinum:

  Ich habe jemand *Großen* gesehen.

- Maskulinum dominiert - auch wenn es sich um weibliche Personen handelt - bei Artikelwörtern:

  Ich habe *jemanden* gesehen, *der* sehr groß war.
  Ich habe *jemanden* an *seinem* Hut erkannt.

(2) Nach wie vor gilt es in der Standardsprache als korrekt, wenn bei Berufsbezeichnungen oder Tätigkeitsangaben Maskulinum gebraucht wird und darunter Männer wie Frauen verstanden werden. Das Maskulinum hat dabei eine verallgemeinernde Funktion (generisches Maskulinum), schließt also weibliche Personen ein:

Es gibt hier dreißig *Mitarbeiter.*
Jeder kann bei uns gut verdienen.
Alle *Schüler* sollen um 10 Uhr in der Aula sein.
Inge will *Redakteur* werden.

Gleichwohl ist eine Tendenz in der gesprochenen wie in der geschriebenen Sprache zu erkennen, das weibliche Geschlecht bei Berufsbezeichnungen bzw. Angaben über den Handelnden (nomina agentis) deutlich zu kennzeichnen. Dies geschieht entweder - wie seit langem praktiziert - durch Anfügen der Endung *-in* (Motionsbildung):

der Lehrer - die Lehrerin, der Friseur - die Friseurin/Frisöse, der Ingenieur - die Ingenieurin, der Staatssekretär - die Staatssekretärin, der Kollege - die Kollegin

oder durch Voranstellen des verdeutlichenden Artikels:

der Abgeordnete - die Abgeordnete

oder durch Anhängen des geschlechtsspezifischen *-mann* bzw. *-frau:*

der Kaufmann - die Kauffrau, der Milchmann - die Milchfrau

Weitgehend durchgesetzt hat sich auch die Trennung der natürlichen Geschlechter bei der Anrede - zumindest in sozial hochbewerteten Berufen:

Herr Präsident - Frau Präsidentin, Herr Staatssekretär - Frau Staatssekretärin, Herr Professor - Frau Professorin

Von feministischer Seite wird in diesem Zusammenhang auf die dauerhafte Diskriminierung der Frauen durch den Sprachgebrauch hingewiesen und Gleichstellung gefordert: neben dem (das weibliche Geschlecht einschließenden) Indefinitpronomen *man* solle gleichberechtigt gebraucht werden *frau.* Die Entwicklung der nächsten Jahre bleibt abzuwarten.

Tiernamen

(1) Häufig entspricht bei Tierbezeichnungen das grammatische Geschlecht dem natürlichen Geschlecht:

der Bär - die Bärin, der Hund - die Hündin, der Löwe - die Löwin, der Tiger - die Tigerin sowie: der Bock - die Geiß/die Ricke, der Bulle - die Kuh, der Eber - die Sau, der Hahn - die Henne, der Hirsch - die Hirschkuh, der Kater - die Katze, der Stier - die Kuh

(2) Keine Unterscheidung nach natürlichem Geschlecht erfolgt bei:

das Pferd	(der Hengst/die Stute)
das Rind	(der Bulle/die Kuh)
das Reh	(der Bock/die Ricke)
die Biene	(die Drohne/der Weisel)
die Maus	(der Mäuserich/die Maus)

(3) Jungtiere sind meist Neutrum:

das Fohlen, das Küken, das Kalb, das Lamm

Mit Ausnahme dieser aufgeführten Personenbezeichnungen und Tiernamen läßt sich in der deutschen Sprache das Genus nicht am Substantiv erkennen. Es ist deshalb auch außerordentlich schwierig, im Rahmen einer Grammatik der Gegenwartssprache geeignete Regeln zur Genusbestimmung zu geben, weil sie normalerweise stets von einer Fülle von Ausnahmen begleitet sind. Es empfiehlt sich daher stets, beim jeweiligen Substantiv den bestimmten Artikel als genusverdeutlichende Größe anzugeben, wie es auch in Wörterbüchern geschieht.

Das Genus der Konkreta und Abstrakta

Neben den Endungen, die das Genus kennzeichnen (→ S. 169), sind aufgrund ihrer Bedeutung:

(1) Maskulina:

- Namen der Tage, Monate, Zeiten und Jahreszeiten:

der Montag, der Mittwoch, der Februar, der Dezember, der Lenz, der Frühling

aber: die Woche, das Jahr

- Namen der Himmelsrichtungen, Winde und Niederschläge:

der Norden, der Osten, der Mistral, der Monsun, der Passat, der Taifun, der Hagel, der Regen, der Schnee

aber: die Bora; Namen der Hurrikane: die Alice, die Jenny

- Namen der Mineralien und Gesteine:

der Basalt, der Feldspat, der Granit, der Kies, der Quarz, der Schiefer, der Sand

aber: die Kreide

- Namen von Autos und Zügen:

der BMW, der Mercedes, der Volkswagen, der „Gambrinus", der „Herrenhausen"

- Namen von Spirituosen:

der Gin, der Kognak, der Rum, der Wodka

- Namen zahlreicher Berge:

  der Ararat, der Brocken, der Montblanc, der Mount Everest, der Watzmann
  aber: (Zusammensetzung): das Matterhorn, die Zugspitze

- Namen von Währungen:

  der Dollar, der Franc, der Peso, der Rubel, der Zloty
  aber: die Drachme, die Krone, die Mark, das Pfund

(2) Feminina:
- Namen von Schiffen und Flugzeugen:

  die „Bremen", die „Europa", die „Queen Elizabeth", die Boeing, die DC 10, die 747

  aber: (Zusammensetzung): der Airbus

- Namen von Bäumen und vielen Blumenarten:

  die Eiche, die Erle, die Kiefer, die Aster, die Gerbera, die Orchidee
  aber: der Ahorn, das Veilchen

- Namen von Schriftarten:

  die Antiqua, die Borgis

- Namen von Zigarettensorten:

  die Philip Morris, die Reval

- Namen substantivierter Zahlen:

  die Drei, die Dreihundert, die Million

- Namen zahlreicher deutscher Flüsse; außerdem die meisten ausländischen Flüsse auf *-a* oder *-e:*

  die Amper, die Donau, die Elbe, die Lena, die Rhône, die Seine, die Themse
  aber: der Amazonas, der Inn, der Lech, der Main, der Neckar, der Nil, der Mississippi

(3) Neutra:
- Namen der meisten chemischen Elemente, der Metalle und Medikamente:

  das Brom, das Helium, das Neon, das Radon, das Aluminium, das Gold, das Kupfer, das Messing, das Uran, das Zink, das Zinn, das Aspirin, das Valium
  aber: der Phosphor, der Schwefel; Zusammensetzungen wie: der Sauerstoff, der Wasserstoff

- Namen von Hotels, Gaststätten und Kinos:

  das „Adlon", das „Ritz", das „Waldorf Astoria"
  das „Bella Italia", das „Theatiner", das „Tusculum"
  aber: der „Bayrische Hof", der „Bär"

- Namen von Buchstaben, Sprachen und technischen Größen:

  das A, das Ypsilon, das Arabische, das Farsi, das Suaheli, das Urdu, das Ohm, das Watt

- Substantivierungen von Adjektiven, Verben und anderen Wortarten:

  das Blau, das Große, das Grün, das Schöne, das Lesen, das Schreiben, das Meine, das Wenn und Aber

- Verkleinerungsformen auf *-chen, -lein* und *-le:*

  das Häuschen, das Entlein, das Häusle

- Namen von Kollektivbegriffen mit der Vorsilbe *Ge-:*

  das Gebirge, das Gelände, das Gewässer

  pejorativ (negativ):

  das Gelaber (ugs.), das Geschrei, das Gezeter

- Namen von Bieren, Wasch- und Reinigungsmitteln:

  das Bier, das Pils, das Persil, das Sunil, das Ajax

Das Genus der Eigennamen

Bei den meisten Personennamen stimmen Genus und Sexus überein:

der große Hans, die hübsche Gabriele, Ingelore und ihr Freund

Eine Ausnahme stellen die Verkleinerungsformen (Diminutiva) dar: *-chen, -lein, -le;* hier gilt das grammatische Geschlecht (Neutrum) unabhängig davon, ob es sich um eine männliche oder weibliche Person handelt:

das Hänschen, das Trudchen, das Annilein, das Heinerle

Damit ist auch die grundsätzliche Entscheidung in Zweifelsfällen deutlich: grammatisches Geschlecht dominiert über das natürliche Geschlecht.

also: Dein Trudchen Wohmann
* Deine Trudchen Wohmann

Das Genus der geographischen Namen

(1) Unproblematisch sind die Pluraliatantum (→ S. 152):

die Alpen, die Anden, die Azoren, die Bahamas, die Dardanellen, die Niederlande

(2) Ansonsten sind die meisten Namen von Kontinenten, Ländern, Regionen, Inseln und Städten - soweit sie ohne Attribut artikellos sind - Neutra:

das große Asien, das herrliche Österreich, das flache Niedersachsen, das klimatisch gesunde Borkum, das wiederaufgebaute Berlin

Merke:
Eine Reihe von Ländernamen sowie Namen von Regionen mit der Endung *-a, -au, -e, -ei* oder *-ie* sind Femininum:

die Puszta, die Toscana, die Wachau, die Bretagne, die Provence, die Ukraine, die Tschechoslowakei, die Normandie
sowie die Krim, die Pfalz, die Schweiz, die UdSSR

(3) Maskulin sind:
- einige Ländernamen:

der Irak, der Iran, der Libanon (aber auch ohne Artikel üblich: Irak, Iran, Libanon)

- zahlreiche Berg- und Gebirgsnamen:

der Arber, der Ätna, der Brocken, der Großglockner, der Harz, der Himalaja, der Jura, der Kaukasus, der Makalu, der Montblanc, der Mount Everest, der Olymp, der Taunus
aber: die Eifel, die Rhön, die Sierra Nevada

- Namen ausländischer Flüsse:

der Amazonas, der Euphrat, der Ganges, der Hwangho, der Jangtsekiang, der Mekong, der Mississippi, der Missouri, der Nil, der Ob, der Parana
aber: die Kama, die Lena, die Wolga (Endung: *-a*)
sowie die Isère, die Loire, die Rhône, die Saône, die Seine, die Themse (Endung: *-e*)

Merke:
Bei deutschen Flüssen ist häufig die Etymologie entscheidend, deshalb gibt es Maskulinum und Femininum in relativ gleicher Zahl nebeneinander:

der Inn, der Kocher, der Lech, der Main, der Neckar, der Regen, der Rhein
die Amper, die Donau, die Elbe, die Fulda, die Iller, die Werra, die Weser

- alle Planeten mit Ausnahme von *Erde* und *Venus*
Merke:
Sterne und Sternbilder haben unterschiedliches Genus:

der Orion, der Bär, der Sirius, der Löwe, die Kassiopeia, die Waage, das Chamäleon

Das Genus der Schiffs-, Flugzeug- und Kraftfahrzeugnamen

(1) Schiffsnamen sind feminin:

die „Bremen“, die „Europa“, die „Hamburg“

(2) Flugzeugnamen sind feminin:

die „Coburg“, die „Condor“

ebenso Gattungsbezeichnungen:

die Boeing, die Iljuschin, die McDonnell Douglas, die Tupolew, die 747
aber: der Airbus, der Clipper, der Starfighter

(3) Kraftfahrzeuge sind Maskulina:

der BMW, der Honda, der Lancia, der Mercedes, der VW
aber: die Isabella (weiblicher Vorname)

(4) Bezeichnungen für Motorräder sind feminin:

die BMW, die Suzuki

Das Genus der Kurz- und Abkürzungswörter

Abkürzungswörter und Kurzwörter richten sich im Genus nach ihrem Grundwort bzw. der ungekürzten Vollform:

das Auto (das Automobil), die CSU (die Christlich-Soziale Union), der OP (der Operationssaal), die SPD (die Sozialdemokratische Partei Deutschlands), der Stasi (der Staatssicherheitsdienst), der Trafo (der Transformator)

Das Genus der Zusammensetzungen

Das Genus von Zusammensetzungen richtet sich nach dem Genus des Grundworts (→ S. 159):

die Atombombe (die Bombe), das Dienstjubiläum (das Jubiläum), die Haustür (die Tür), der Sonnabend (der Abend)
aber: der Mittwoch (die Woche), die Wehmut (der Mut)

Schwankendes Genus

(1) Wir hatten festgestellt, daß jedes Substantiv der deutschen Sprache im Regelfall einem Genus zuzuordnen ist, das am bestimmten/unbestimmten Artikel deutlich wird. Wir hatten weiter festgestellt, daß mit Ausnahme bestimmter Endungen (→ S. 169) normalerweise am Substantiv selbst das Genus nicht erkennbar ist, weshalb zur eindeutigen Genuskennzeichnung der Artikel oder/und ein Adjektiv beim jeweiligen Substantiv vermerkt werden muß. Nun gibt es aber eine Reihe von deutschen und fremden Substantiven in unserer Sprache, die im Laufe der Sprachentwicklung ihr Genus verändert haben oder schwankendes Genus aufweisen, also zwei - in Einzelfällen sogar drei - Genera zuzuordnen sind.
(2) Normalerweise behalten fremde Substantive bei der Übernahme in die deutsche Sprache ihr Genus bei:

la chaiselongue - die Chaiselongue, le champagne - der Champagner, le perron - der Perron, le quai - der Kai, la tante - die Tante

(3) Aber häufig wird das Genus auch geändert, üblicherweise in Analogie zu deutschen Wörtern bzw. der Endung wegen:

le bagage - die Bagage, le bouillon - die Bouillon, le cigare - die Zigarre, la place de la Bastille - der/die Platz de la Bastille, le plateau - das Plateau

(4) Bei Substantiven aus dem Englischen/Amerikanischen, wo bekanntlich nur ein Artikel existiert, ist die Unsicherheit im Deutschen besonders groß:

die/das Cola, der/das (auch: die) Dschungel, der/das Joghurt, der/das Radar

Wenn es möglich ist, behilft man sich bei Übernahmen aus anderen Sprachen mit Analogiebildungen:

das Business - analog zu: das Geschäft, das Gate - analog zu: das Tor, obwohl: der Flugsteig, das Hydrofoil - analog zu: das Luftkissenfahrzeug, auch: der Hydrofoil, der Jet - analog zu: der Helikopter/Hubschrauber, die Pershing - analog zu: die Rakete

(5) Daneben gibt es eine Vielzahl von Substantiven mit schwankendem Genus:

a) Substantive mit gleicher Form, gleicher Bedeutung und unterschiedlichem Genus:

der/die Abscheu
der/das Abszeß
der/das Apostolat
der/das Argot
der/das Barock
der/das Bauer (Käfig)
der/das Bereich
der/das Biotop
der/das Bonbon
der/das Break
der/das Breisgau
der/das Cartoon
die/das Chinchilla
der/das Curry
der/das Dotter
der/die/das Dschungel
die/das Elastik
der/das Episkopat
der/das Erbteil
der/das Filter
der/das Gelee
der/die Gischt
der/das Gulasch
der/das Gummi
der/das Halfter
der/das Joghurt
der/das Juchten
der/das Kalkül
der/das Kasperle
der/das Katheder
der/das Kehricht
der/das Keks
der/die Klunker
der/das Knäuel
der/das Kompromiß
der/das Lampion
der/das Lasso
der/das Liter
der/das Meteor
der/das Meter[1]
der/das Mündel
der/das Pflichtteil
der/das Podest
der/das Poster
der/das Primat
der/das Pyjama
der/die Quader
der/das Radar
der/das Sakko
der/das Schlamassel
der/das Schnipsel
der/das Schrot
der/das Silo
die/das Soda
der/das Spind
der/das Tabernakel
der/das Teil[2]
der/das Terpentin
der/das Twinset
der/das Verhau
der/das Virus
der/die Wulst
der/das Zepter
der/das Zigarillo
der/das Zölibat
der/das Zubehör

[1] Maskulinum: der Geometer, der Gasometer
Neutrum: das Barometer, das Thermometer
aber: der/das Zentimeter, der/das Meter

[2] Maskulinum: der Anteil, der Erdteil, der Stadtteil
Neutrum: das Abteil, das Gegenteil, das Urteil
aber: der/das Erbteil, der/das Oberteil

Anmerkung:
Bei *-mut* wird unterschieden:
Maskulinum: *der Edelmut, der Hochmut, der Unmut*
Femininum: *die Anmut, die Großmut, die Schwermut, die Wehmut*

b) Substantive mit gleicher Form, verschiedener Bedeutung und unterschiedlichem Genus:

der Alp (seelischer Druck)	die Alp (Bergweide)
der Balg (Tierhaut)	das Balg (unartiges Kind)
der Band (Buch)	das Band (etwas zum Binden; Beziehung)
der Bauer (Landwirt)	der/das Bauer (Käfig)
der Bord (Schiffsrand)	das Bord (Bücherbrett)
der Bulle (Stier)	die Bulle (Urkunde)
der Bund (Union; Hosenbund)	das Bund (Bündel)
der Ekel (Abscheu)	das Ekel (widerwärtiger Mensch)
der Erbe (Person, die erbt)	das Erbe (Hinterlassenschaft)

der Flur (Korridor)	die Flur (Felder)
der Gehalt (Wert)	das Gehalt (Lohn)
der Golf (Meeresbucht)	das Golf (Spiel)
der Hut (Kopfbedeckung)	die Hut (Vorsicht)
der Junge (Knabe)	das Junge (junges Tier)
der Kaffee (Getränk)	das Kaffee (Gaststätte)
der Kiefer (Knochen)	die Kiefer (Nadelbaum)
die Koppel (Viehweide)	das Koppel (Gürtel)
der Kredit (Darlehen)	das Kredit (Guthaben)
der Kristall (Mineral)	das Kristall (geschliffenes Glas)
der Kunde (Käufer)	die Kunde (Nachricht)
der Leiter (Vorgesetzter)	die Leiter (Gerät im Haushalt)
der Mangel (Not, Fehler)	die Mangel (Wäscherolle)
die Mark (Geldeinheit)	das Mark (Knocheninneres)
die Maß (bayerische Bezeichnung für 1 Liter Bier)	das Maß (Menge)
der Mast (Schiffsbaum)	die Mast (Fütterung von Schweinen)
der Mensch (Lebewesen)	das Mensch (negativ für Frau)
der Militär (Soldat)	das Militär (Armee)
der Moment (Augenblick)	das Moment (Merkmal, Faktor)
der Morgen (frühe Tageszeit)	das Morgen (Zukunft)
der Ort (Ortschaft)	das Ort (bergmännischer Ausdruck für Teil des Stollens)
der Pack (Packen)	das Pack (negativ für schlechte Menschen)
der Paternoster (Aufzug)	das Paternoster (Gebet)
der Pony (Haarfrisur)	das Pony (Pferd)
der Positiv (Grundform des Adjektivs)	das Positiv (Foto)
der Raster (Druckwesen)	das Raster (Fernsehtechnik)
der Schild (Schutzwaffe)	das Schild (Erkennungszeichen)
der Schock (Erschütterung)	das Schock (60 Stück)
der See (Binnengewässer)	die See (Meer)
die Steuer (Abgabe an den Staat)	das Steuer (Lenkrad)
der Stift (Bleistift; früher für Lehrling)	das Stift (Kloster)
der Tau (Niederschlag)	das Tau (starkes Seil)
der Tor (Narr)	das Tor (große Tür)
der Verdienst (Gehalt)	das Verdienst (Leistung)
die Wehr (Verteidigung)	das Wehr (Stauanlage)
der Weise (kluger Mann)	die Weise (Art)

c) Verwandte Wörter mit ähnlicher Form, verschiedenem Genus und unterschiedlicher oder gleicher Bedeutung:

der Akt (Theateraufzug; Werk der bildenden Kunst; in der Verwaltungssprache für Vorgang)	die Akte (Schriftstück)
der Bakken (Sprungschanze)	die Backe (Wange)
das Deck (Schiffsoberfläche)	die Decke (obere Raumfläche; Material zum Zudecken)
das Eck (in Ortsbezeichnungen, z. B. das Deutsche Eck)	die Ecke (Straßenende)
das Etikett (Aufkleber)	die Etikette (Sitte, Umgangsformen)
der Gurt (Gürtel)	die Gurte (fachsprachlich für Gurt)
der Hacken (Ferse)	die Hacke (Ferse; Gerät in der Landwirtschaft)

das Idyll (schöne Gegend)	die Idylle (Gedichtgattung; schöne Gegend)
der Kohl (Kraut)	die Kohle (Brennstoff)
der Laden (Geschäft)	die Lade (Möbelteil)
der Lug (veraltet, z. B. Lug und Trug)	die Lüge (Unwahrheit)
der Muff (Handwärmer)	die Muffe (Verbindungsstück von Rohren)
der Niet (Verbindungsstück)	die Niete (Metallbolzen; Fehler)
der Rabatt (Preisnachlaß)	die Rabatte (schmales Beet)
das Rohr (Pflanzenteil; Zylinder)	die Röhre (Körperorgan, z. B. Luftröhre; Teil techn. Geräte: Radioröhre usw.)
der Ruin (Zusammenbruch)	die Ruine (verfallenes Bauwerk)
der Schurz (fachsprachlich für Schürze)	die Schürze (Kleidungsstück)
der Socken (in der gesprochenen Sprache für Socke)	die Socke (Strumpf)
der Spalt (schmale Öffnung)	die Spalte (Gletscherspalte; Zeitungsspalte)
der Spann (Fußrücken)	die Spanne (Zeitraum)
der Spitz (Hund; süddt. für Spitze)	die Spitze (Ecke von etwas)
der Sproß (Pflanzentrieb; Nachkomme)	die Sprosse (Leiterteil)
der Stollen (unterirdischer Gang; Teil des Fußballschuhs; sächsisch für die Stolle)	die Stolle / der Stollen } (Weihnachtsgebäck)
der Streifen (Band)	die Streife (Patrouille)
das Tablett (Geschirrbrett)	die Tablette (Medikament)
der Trupp (Gruppe von Menschen)	die Truppe (Schauspielertruppe; Militär)
der Typ (Gattung; Besonderheit)	die Type (gegossener Druckbuchstabe; auffälliger Mensch)
die Zehe (Körperteil)	der Zeh (Körperteil)

Erkennbarkeit des Genus

Es gibt bestimmte formale Kriterien, an denen man das Genus der Substantive erkennen kann. Dies sind:

(1) Maskulina:

(a) endungslose Substantive, die von Verben abgeleitet sind	der Betrieb, der Gang, der Sprung, der Tratsch
(b) Endungen:	Beispiele:
-and (lat.)	der Doktorand, der Konfirmand
-ant (lat.)	der Brillant, der Fabrikant
-är (frz.)	der Aktionär, der Funktionär aber: das Militär, das Salär
-ast (gr.-lat.)	der Gymnasiast, der Päderast
-at (lat.-frz.)	der Bürokrat, der Magnat
-ent (lat.)	der Absolvent, der Referent aber: das Talent
-er	der Fehler, der Lehrer
-et (gr.-lat.)	der Athlet, der Magnet
-eur/ör (frz.)	der Amateur, der Likör
-ich	der Bottich, der Teppich
-ier [-ɪ: r] (frz.)	der Kavalier, der Offizier
-ier [-ɪe:] (frz.)	der Bankier, der Croupier
-ig	der König, der Pfennig aber: das Reisig

-iker (gr.-lat.)	der Elektriker, der Fanatiker
-ist (gr.-lat.-frz.)	der Aorist, der Pianist
-ling	der Lehrling, der Zwilling; aber: die Reling
-loge (gr.)	der Geologe, der Sinologe
-or (lat.)	der Doktor, der Motor, der Rektor
-s	der Fuchs, der Knirps, der Schnaps
-us (gr.)	der Egoismus, der Zyklus aber: das Tempus

(2) Feminina:

(a) endungslose Substantive auf *-t*, die von Verben abgeleitet sind	die Fahrt, die Saat aber: der Dienst, der Durst
(b) Substantive auf *-e* (vor allem zweisilbige Wörter)	die Blume, die Ecke, die Glocke aber: der Bote, das Ende
(c) Endungen:	Beispiele:
-a (gr.-lat.)	die Ballerina, die Kamera
-ade (frz.)	die Ballade, die Promenade
-age (frz.)	die Bagage, die Etage
-aise/äse (frz.)	die Marseillaise, die Polonäse
-ance (frz.)	die Alliance (Allianz), die Renaissance
-äne (frz.)	die Fontäne, die Migräne
-anz (lat.)	die Ambulanz, die Brillanz
-ät (lat.-frz.)	die Fakultät, die Qualität
-ei	die Bäckerei, die Bücherei
-elle (frz.)	die Bagatelle, die Mademoiselle
-enz (lat.)	die Audienz, die Differenz
-ette (frz.)	die Doublette, die Toilette
-euse (frz.)	die Diseuse, die Masseuse
-heit	die Dunkelheit, die Trunkenheit
-ie [-iː] (lat.-frz.)	die Galerie, die Kolonie
-ie [-iə] (lat.)	die Folie, die Historie
-iere (frz.)	die Bonbonniere, die Garderobiere aber: der Gondoliere
-ik (gr.-lat.)	die Klinik, die Kritik, die Mathematik, die Statistik
-ille (frz.)	die Bastille, die Quadrille
-ine (gr.-lat.-frz.)	die Margarine, die Terrine
-ion (lat.-frz.)	die Bastion, die Kalkulation, die Nation, die Station
-isse (gr.-lat.-frz.)	die Diakonisse, die Kulisse
-itis (gr.)	die Arthritis, die Gastritis
-ive (lat.-frz.)	die Alternative, die Offensive
-keit	die Fähigkeit, die Schnelligkeit
-ose (gr.)	die Arthrose, die Zyrrhose
-schaft	die Freundschaft, die Wirtschaft
-sis/se (gr.)	die Dosis, die Exegese, die Katharsis
-ung	die Werbung, die Widmung
-ur (lat.)	die Karikatur, die Zensur
-üre (frz.)	die Allüre, die Broschüre

(3) Neutra:

(a) Diminutive auf *-lein*, *-chen*, *-le*, *-icht*	das Büchlein, das Bäumchen, das Blümle, das Dikkicht, das Röhricht aber: der Habicht

(b) Kollektiva mit der Vorsilbe *Ge-*	das Gebirge, das Gebüsch
(c) Endungen:	Beispiele:
-eau/o (frz.)	das Tableau, das Büro
-en (substantivierte Infinitive)	das Schwimmen, das Singen
-ett (frz.)	das Ballett, das Büfett
-il (lat.-frz.)	das Ventil
-in (gr.-lat.)	das Benzin, das Nikotin
-ing (engl.)	das Hearing, das Meeting
-ium (lat.)	das Direktorium, das Gremium
-ma (gr.)	das Asthma, das Drama, das Klima, das Komma, das Phlegma
-(m)ent (gr.-lat.)	das Dokument, das Ferment, das Patent aber: der Zement
-ment [-mã] (frz.)	das Abonnement, das Appartement
-tel	das Drittel, das Viertel aber: die Klientel
-tum	das Eigentum, das Königtum aber: der Irrtum, der Reichtum
-um (lat.)	das Forum, das Zentrum

Bedeutungsgruppen des Substantivs

Konkreta und Abstrakta

(1) Substantive dienen, wie wir festgestellt haben, zur Bezeichnung von Lebewesen, Gegenständen und abstrakten Phänomenen. Man kann aber auch so einteilen:

Substantive
/ \
Konkreta Abstrakta

(2) Konkreta (Singular: das Konkretum) bezeichnen Gegenständliches, sind also Gegenstandswörter:

Mann, Frau, Tisch, Auto, München, Johann Wolfgang von Goethe

Konkreta werden unterschieden in Gattungsnamen, Eigennamen, Stoffnamen und Sammelnamen.
Dabei muß berücksichtigt werden, daß eine Unterscheidung häufig nicht so leicht möglich ist und z.B. bei Stoff- und Sammelnamen sowie bei Gattungs- und Eigennamen Überschneidungen vorkommen. Eine Einordnung ist letztlich stets nur aufgrund des Gebrauchs im Satz möglich.
(3) Abstrakta (Singular: das Abstraktum) hingegen sind Substantive, die nicht Gegenständliches, sondern Ideen, Gedanken, Eigenschaften und Begriffe benennen. Sie heißen deshalb auch Begriffswörter:

Geist, Philosophie, Mathematik	(menschliche Ideen)
Klugheit, Höhe, Würde	(Eigenschaften)
Ehe, Familie, Verwandtschaft	(Beziehungen)
Frieden, Krieg, Krankheit, Liebe	(Zustände)
Kilometer, Pfund, Jahr, Monat, Ohm	(Maßangaben)

Anmerkung:
Eine Reihe von Substantiven kann sowohl Konkretes als auch Abstraktes bezeichnen; dabei ist der unterschiedliche Gebrauch die Ursache der jeweils verschiedenen Bedeutung:

Alter	alte Leute (konkret)
	Zeitspanne, die häufig durch Krankheiten, Rentnerdasein usw. gekennzeichnet ist (abstrakt)
Grund	Grund und Boden (konkret)
	Ursache (abstrakt)
Arbeit	Arbeit eines Menschen in der Fabrik (konkret)
	Tätigkeit vieler Menschen (abstrakt)
Wesen	einzelne Person (konkret)
	Art und Weise (abstrakt)

Gattungsnamen

(1) Gattungsnamen oder Appellativa (Singular: das Appellativum) bezeichnen:

- Personen, Tiere, Pflanzen oder Gegenstände als Gattung:

der Mensch, der Bär, das Flugzeug

- jedes einzelne Element dieser Gattung:

zwei Frauen, vier Tische, zahlreiche Blumen

(2) Gattungsnamen sind damit die allgemeinste und umfassendste Gruppe der Substantive. Sie verfügen über alle Merkmale eines Substantivs, sind also gekennzeichnet durch Numerus (sie bilden Singular und Plural), Kasus (sie können in der Regel dekliniert werden) und Genus (sie gehören im Regelfall einem der drei Geschlechter an, was am Artikel deutlich wird).

(3) Eine weitere Klassifizierung innerhalb der Gattungen ist möglich (z.B.):

- Dinge:	Fortbewegungsmittel: *Auto, Flugzeug, Rad, Schiff*
	Sitzgelegenheiten: *Bank, Hocker, Sessel*
- Pflanzen:	Bäume: *Ahorn, Birke, Eiche, Tanne*
	Blumen: *Nelke, Rose, Tulpe*
	Sträucher: *Brombeere, Holunder, Weißdorn*
- Menschen:	Altersgruppen: *Erwachsene, Greise, Kinder*
	Glaubensrichtungen: *Buddhisten, Christen, Juden*

(4) Bei den Gattungsnamen können normalerweise alle Artikelwörter (→ S. 208) stehen, mit Ausnahme des Nullartikels, der im Singular so gut wie nicht möglich ist:

der Stuhl - * Stuhl

aber: Bei Aufzählungen kann der Nullartikel sehr wohl verwendet werden:

Stuhl, Bank und Tisch haben sie verkauft.

(5) Gattungsnamen und Eigennamen voneinander zu unterscheiden, ist häufig schwierig oder sogar unmöglich:

Dieses Flugzeug ist eine *Boeing*.
Sie ist eine richtige *Kassandra*.

In jedem Falle handelt es sich um Gattungsnamen, die aus Eigennamen entstanden sind. Ebenso: *Kaschmir* (Region bzw. Stoff), *Duden* (Sprachwissenschaftler bzw. Regelwerk), *Mekka* (Ort in Saudi-Arabien bzw. Sammelplatz bestimmter Gruppen), *Siegfried* (Figur des germanischen Mythos bzw. jeder starke Mann), *Kreml* (altes Schloß in Moskau bzw. Zentrum der Macht im sog. real existierenden Sozialismus), *Midas* (König von Phrygien bzw. einer, dem alles zu Gold wird, was er berührt).
Umgekehrt ist es mit Fällen, bei denen Eigennamen aus ursprünglichen Gattungsbezeichnungen (Berufen) entstanden sind:

Bäcker, Dreher, Gärtner, Müller

(6) Da die Grenze zwischen Gattungs- und Eigennamen häufig fließend ist, ergeben sich Probleme für die Rechtschreibung. Zum einen werden - nach der derzeit gültigen Rechtschreibnorm - Adjektive bei Gattungsnamen mit kleinem, bei Eigennamen hingegen mit großem Anfangsbuchstaben geschrieben. Wir vergleichen:

der lange Hans, der Lange Eugen

Zum zweiten liegt hier gerade das zentrale Problem einer Reform der Groß- und Kleinschreibung. Nach dem Willen der Reformer sollen in Zukunft alle Gattungsnamen - außer am Beginn eines Satzes - mit kleinem Anfangsbuchstaben (Minuskel) geschrieben werden, um damit die Vielzahl der Zweifelsfälle *(zugrunde gehen - zu Rate ziehen, radfahren - Auto fahren)* zu beseitigen. Mit großem Anfangsbuchstaben (Majuskel) sollen in der Satzmitte nur noch die Eigennamen geschrieben werden, aber genau die lassen sich nicht eindeutig abgrenzen. Vermutlich muß ein Kompromiß geschlossen werden.

Eigennamen

(1) Mit Eigennamen (nomina propria, Singular: das nomen proprium) werden Lebewesen, Gegenstände oder Ideen bezeichnet, die nur einmal vorkommen und damit unverwechselbar sind, also bestimmte einzelne oder einmalige Menschen, Tiere, Pflanzen, Länder, Städte, Berge, Seen, Meere, Schiffe, Institutionen, geistige und kulturelle Schöpfungen. Mit dem Eigennamen werden sie aus der Menge anderer Individuen, Institutionen, Gegebenheiten oder Ideen herausgehoben: sie werden individualisiert bzw. identifiziert. Unter den Eigennamen gibt es:

- Personennamen (Vor- und Familiennamen, Künstlernamen):

  Rainer, Schulz, Lolita

- Namen der Haustiere:

  Pucki, Rex, Simmerl

- Namen von Schiffen bzw. Zügen:

  „Bremen“, „Titanic“, „Gambrinus“

- Namen von Büchern, Filmen oder technischen Apparaten:

  „Buddenbrooks“, „High noon“, „Challenger“

- Namen von Städten, Ländern, Kontinenten, Straßen, Gestirnen, Bergen, Gebirgen, Seen, Flüssen und Meeren:

  Hamburg, Bayern, Ungarn, Asien, Broadway, Orion, Montblanc, Anden, Bodensee, Nil, Karibik

- Namen von Vereinen:

  Bayern München, Harlem Globetrotters

- Namen von Museen, Denkmälern, Hotels, Gaststätten, Betrieben, Firmen:

  Eremitage, Freiheitsstatue
  „Waldorf Astoria", „Hofbräuhaus"
  Yamaha, Firma Schwarz

(2) Auf der Grenze zu den Gattungsnamen liegen Kalendernamen *(Sonntag, Silvester, Ostermontag, August, Winter)* sowie Namen verschiedener Produkte *(Mercedes, BMW, Siwamat, Persil, Calvados, Starfighter),* weil zu jedem der Typen eine Vielzahl von einzelnen Exemplaren gehört.

(3) Im Regelfall sind Eigennamen auf den Singular beschränkt und können, da sie individualisieren bzw. identifizieren, nicht mit dem unbestimmten Artikel verbunden werden:

der Orion, die Weigel, das „Waldorf Astoria"

Dagegen kommen nur im Plural vor (Pluraliatantum; → S. 152):

die Alpen, die Jungfern-Inseln, die Niederlande, die Orkneys, die Rocky Mountains

Stoffnamen

(1) Stoffnamen dienen zur Bezeichnung von Materialien, von Gegebenheiten, die in der Natur vorkommen, oder von Produkten menschlicher Arbeit. Im einzelnen unterscheiden wir:

- Bezeichnungen von natürlichen Vorkommen:

  Erz, Gold, Kohle, Kupfer, Öl

- Bezeichnungen von natürlichen Gegebenheiten:

  Hagel, Regen, Schnee, Tau, Wasser

- Bezeichnungen von pflanzlichen und tierischen Produkten:

  Fleisch, Gummi, Milch, Wolle

- Bezeichnungen von Materialien:

  Glas, Holz, Leder, Stahl, Zement

- Bezeichnungen von Erzeugnissen menschlicher Arbeit:

  Bier, Butter, Kaffee, Schokolade, Seife, Tee, Waschpulver, Wein

(2) Stoffnamen stehen normalerweise im Singular, ohne Artikel und werden in dieser Eigenschaft nicht dekliniert: *Butter, Hagel, Leder, Öl.*

Ich hätte gern drei Bier.
Bitte 100 Liter Öl.

Merke:
Steht hingegen der bestimmte Artikel vor dem Stoffnamen oder wird die Pluralform benutzt, sind es Gattungsbezeichnungen. Häufig handelt es sich dabei um fachsprachliche Wendungen (→ S. 150).

Die Erze liegen sehr tief unter der Oberfläche.
Aus Finnland kommen *die besten Hölzer.*

Sammelnamen

(1) Sammelnamen oder Kollektiva (Singular: das Kollektivum) bezeichnen eine große Anzahl (Vielheit) von Personen, Tieren, Pflanzen oder Dingen, wobei die einzelnen Elemente dieser Vielheiten durch andere Wörter ausgedrückt werden. Sammelnamen können also keine einzelnen Vertreter (Individuen) benennen. Sammelnamen sind singularische Substantive, auch wenn einige formal im Plural stehen:

Sammelnamen	Beispiele
Familie	Kinder, Mutter, Oma, Opa, Vater
Gebirge	Almen, Berge, Felsen, Täler
Mannschaft	Libero, Stürmer, Torwart, Verteidiger
Gewässer	Fluß, Meer, Ozean, See
Gemüse	Auberginen, Blumenkohl, Fenchel, Kohl, Paprika, Salat, Zucchini

(2) Zahlreiche Sammelnamen erkennt man an der Vorsilbe *Ge-:*

Gebirge, Getreide, Gewässer, Gewitter

(3) Sammelnamen werden meist ohne Artikel oder mit dem bestimmten Artikel gebildet, der unbestimmte Artikel ist selten. Dominierend sind Substantive im Neutrum *(das Gebirge, das Gemüse, das Vieh, das Volk),* seltener Maskulinum und Femininum. Probleme gibt es beim Numerus (Singular oder Plural):

- Im Singular drücken manche Substantive entweder Sammel- oder Gattungsbezeichnungen aus:

Handwerkszeug < Menge von Werkzeugen für den Handwerker / einzelnes Gerät (Hammer, Bohrer usw.)

- Im Plural sind die Sammelnamen Gattungsbezeichnungen:

die Angeln, die Bohrer, die Flotten, die Kräne, die Sägen, schwedische Stähle, chinesische Teppiche, französische Weine

- Zahlreiche Sammelnamen sind nur im Singular möglich (Singulariatantum):

Bevölkerung, Getreide, Marine, Obst, Polizei, Schmuck, Vieh, Wild

Merke:
Durch Anhängen von *-arten/-sorten* ist vereinzelt Plural möglich:

Obstsorten, Waldarten, Weinsorten

- Soll die Vielzahl von Gruppen als Teil eines Sammelnamens betont werden, ist Plural möglich:

  die Mannschaften der Bundesländer, die Regierungen der Bundesstaaten, viele (verschmutzte) Gewässer, die (europäischen) Heere, alle (amerikanischen) Völker

- Schließlich gibt es die Klasse der Sammelnamen, bei denen nur Plural möglich ist (Pluraliatantum):

  Ferien, Geschwister, Naturalien, Spirituosen, Utensilien

Augst, Gerhard 1979: „Neuere Forschungen zur Substantivflexion", in: Zeitschrift für germanistische Linguistik 7, S. 220-232
DUDEN 1984: Grammatik der deutschen Gegenwartssprache (= DUDEN Bd. 4), Mannheim/Wien/Zürich
Erben, Johannes 1980: Deutsche Grammatik. Ein Abriß, München
Helbig, Gerhard/Joachim Buscha 1985: Deutsche Grammatik. Ein Handbuch für den Ausländerunterricht, Leipzig
Sommerfeldt, Karl-Ernst/Herbert Schreiber 1983: Wörterbuch der Valenz und Distribution der Substantive, Tübingen

Das Adjektiv

Paris, 16. März – Bei den Wahlen zur französischen Nationalversammlung haben die bürgerlichen Oppositionsparteien RPR und UDF nach den noch unvollständigen Ergebnissen vom Sonntagabend die absolute Mehrheit von 289 Sitzen nur knapp überschritten. Gemäß den Resultaten von Hochrechnungen wird die neogaullistische RPR über 161 Abgeordnete verfügen, die UDF über 128, denen noch sechs unabhängige bürgerliche Vertreter zur Seite stehen. Den bisher regierenden Sozialisten und der mit ihnen verbündeten linksbürgerlichen MRG wurden nach denselben Hochrechnungen 210 Mandate zugeschrieben. Die Kommunistische Partei erhält im neuen Abgeordnetenhaus voraussichtlich 36, die rechtsextreme Nationale Front 33 Sitze.

Der Erfolg der bürgerlichen Opposition ist damit weniger eindeutig ausgefallen, als nach den Ergebnissen von Meinungsumfragen erwartet wurde. In den Parteiführungen von RPR und UDF hatte man in den Tagen vor der Wahl mit mindestens 300 Mandaten gerechnet. Auf der anderen Seite verloren die Sozialisten zwar ihre bisherige Mehrheit, konnten sich jedoch besser halten, als ihre Führung es selbst erhofft hatte. Intern hatte sich die Leitung der PS das Ziel von mindestens 200 Mandaten gesetzt. Die Sozialisten bleiben somit Frankreichs stärkste Partei, auch wenn sie die Regierungsbank räumen müssen. Der Rückgang der Kommunisten, die in der letzten Nationalversammlung noch 44 Mandate inne hatten, setzt sich fort. Am anderen Ende des politischen Spektrums ist der Erfolg der Nationalen Front, die mit den Kommunisten gleichzog, erheblich größer, als es den Vorhersagen entsprach. An bestimmten Schwerpunkten, so in Marseille, wo sie zur zweitstärksten Partei wurde, schnitt die Nationale Front noch besser ab als im Landesdurchschnitt.

(„Süddeutsche Zeitung", 17.3.1986)

(1) In unserem Text gibt es zahlreiche Adjektive (spätlat. adiectivum, eigtl. = das Beigefügte; Singular: das Adjektiv, traditionell auch Eigenschaftswort/Artwort):

> französischen, bürgerlichen, unvollständigen, absolute, knapp, neogaullistische, unabhängige, regierenden, verbündeten, linksbürgerlichen, neuen, rechtsextreme, eindeutig, anderen, bisherige, stärkste, letzten, politischen, nationalen, erheblich, größer, bestimmten, zweitstärksten

(2) Adjektive dienen zur Kennzeichnung von Eigenschaften, im einzelnen
- zur Charakterisierung von Substantiven:

> die *bürgerlichen* Parteien

- zur Charakterisierung von Adjektiven:

> Der Erfolg ... ist *erheblich* größer.

- als selbständiges Satzglied (Artergänzung):

> Der Erfolg ist *eindeutig*.

(3) Adjektive kommen in attributiver und prädikativer Stellung vor:

die *absolute* Mehrheit *stärkste* Partei	(attributiv)
Der Erfolg ... ist *eindeutig*.	(prädikativ)

(4) In attributiver Stellung steht stets ein Artikel beim Adjektiv, und zwar – entsprechend unseren Beispielen – der bestimmte, der unbestimmte oder der Nullartikel (→ S. 208). Als Attribut zum Substantiv wird das Adjektiv immer dekliniert (*scharfer* Konflikt, die *junge* Frau, ein *grünes* Tuch), als Artergänzung bleibt es undekliniert (Der Erfolg ist *eindeutig*.).

(5) Wird das Adjektiv attributiv gebraucht, gibt es unterschiedliche Deklinationsmuster und die Komparation (Steigerung), in prädikativer Stellung nur die Komparation.

Die Deklination des Adjektivs

Wie der bestimmte oder unbestimmte Artikel stimmt das Adjektiv mit dem Substantiv in Numerus, Kasus und Genus überein. Im einzelnen unterscheiden wir:

- die starke Deklination	(mit Nullartikel)
- die schwache Deklination	(nach bestimmtem Artikel oder vergleichbarem Artikelwort; → S. 210)
- die gemischte Deklination	(nach unbestimmtem Artikel oder vergleichbarem Artikelwort; → S. 210)

Die starke Deklination

	Singular			Plural
	Mask.	Femin.	Neutr.	
N	groß-er Mann	groß-e Frau	groß-es Kind	groß-e Menschen
G	groß-en Mannes	groß-er Frau	groß-en Kindes	groß-er Menschen
D	groß-em Mann(e)	groß-er Frau	groß-em Kind(e)	groß-en Menschen
A	groß-en Mann	groß-e Frau	groß-es Kind	groß-e Menschen

(1) Man nennt diese Deklination starke (pronominale) Deklination: das Adjektiv trägt die Endung des bestimmten Artikels *der/die/das/die*. Eine Ausnahme bildet der Genitiv Singular beim Maskulinum und Neutrum; hier ist die Endung nicht *-es*, sondern *-en*. Das ist von der Sprache her logisch, weil bereits das Substantiv die Artikelendung *(Mannes, Kindes)* trägt und eine doppelte Kennzeichnung überflüssig ist.

(2) Stark dekliniert werden Adjektive nach *deren, dessen*, den endungslosen Formen *manch, solch, viel, welch, wenig, etwas, mehr* sowie *viele, etliche, mehrere, einige* (nur Plural):

> manch *großer* Mann, etwas *gutes* Essen, fünf *kleine* Kinder, (mit) viel *altem* Holz, viele *neue* Freunde, (wegen) etlicher *faszinierender* Abende

Die schwache Deklination

	Singular			Plural
	Mask.	Femin.	Neutr.	
N	der groß-e Mann	die groß-e Frau	das groß-e Kind	die groß-en Menschen
G	des groß-en Mannes	der groß-en Frau	des groß-en Kindes	der groß-en Menschen
D	dem groß-en Mann(e)	der groß-en Frau	dem groß-en Kind(e)	den groß-en Menschen
A	den groß-en Mann	die groß-e Frau	das groß-e Kind	die groß-en Menschen

(1) Die Deklination mit dem bestimmten Artikel oder vergleichbaren Artikelwörtern (*dieser, jener* usw.) heißt schwache Deklination, weil sie - mit Ausnahme des Nominativs und Akkusativs Singular bei den Feminina und Neutra sowie des Nominativs Singular bei den Maskulina (Endung: *-e*) - nur die Endung: *-en* aufweist - also ähnlich wie die Substantive auf *-(e)n* (Typ 2). Sie wird deshalb auch nominale Deklination genannt. Die Erklärung ist einfach: da das Artikelwort *(der, die, das, die)* bereits die starke (pronominale) Deklination aufweist, findet keine doppelte Flexionskennzeichnung statt.
(2) Schwach dekliniert werden Adjektive nach *der, die, das, die* sowie *derjenige, derselbe, dieser, jeder, jedweder, jeglicher, jener, mancher, irgendwelcher* (meist nur Plural), *alle* (nur Plural) und *solche* (meist nur Plural) samt ihren Entsprechungen im Femininum und Neutrum:

> dieses *lackierte* Auto, (wegen) desjenigen *großen* Dichters, (trotz) mancher *modernen* Frau, (mit) irgendwelchen *neuen* Errungenschaften, solche *grünen* Fenster

Die gemischte Deklination

	Singular			Plural
	Mask.	Femin.	Neutr.	
N	ein groß-er Mann	eine groß-e Frau	ein groß-es Kind	keine groß-en Menschen
G	eines groß-en Mannes	einer groß-en Frau	eines groß-en Kindes	keiner groß-en Menschen
D	einem groß-en Mann(e)	einer groß-en Frau	einem groß-en Kind(e)	keinen groß-en Menschen
A	einen groß-en Mann	eine groß-e Frau	ein groß-es Kind	keine groß-en Menschen

(1) Dieses Deklinationsmuster heißt gemischt, weil es Elemente der starken und schwachen Deklination enthält: pronominal sind Formen wie *einem, einer, eines* (vgl. *diesem, dieser, dieses*), nominal sind Formen wie *ein.*
(2) Entsprechend dem Muster der gemischten Deklination werden Adjektive dekliniert nach *ein, eine, ein, kein, keine, kein,* den Possessivpronomina *mein, dein, sein;* weiterhin nach *manch ein, solch ein, welch ein, irgendein* (nur Singular):

> kein *neuer* Gedanke, mein *kleines* Kind, solch (eine) *schöne* Frau, (trotz) irgendeines *jungen* Ochsen

Merke:
Da sehr häufig Unklarheiten bestehen, sei hier noch einmal zusammengefaßt. Es muß unterschieden werden zwischen:

> die/diese/meine/alle/irgendwelche/manche *neuen* Freunde

und

> viele/etliche/mehrere/einige *neue* Freunde

Nach *manch/welch/solch* erhält das Adjektiv im Singular die gleichen Endungen wie nach dem Nullartikel:

welch *schönes* Haus - *schönes* Haus

Besonderheiten der Deklination

(1) Natürlich sind auch die Deklinationsmuster attributiv gebrauchter Adjektive nicht ohne Besonderheiten und Ausnahmen. So verlieren Adjektive auf *-el* bei der Deklination wie auch bei der Komparation (→ S. 184) das *-e:*

Das Kleid ist *dunkel.*
→ ein *dunkles* Kleid
→ Das Kleid ist *dunkler.*

Das Haus ist *komfortabel.*
→ ein *komfortables* Haus
→ Das Haus ist *komfortabler.*

Hingegen wird bei Adjektiven auf *-er* und *-en* das *-e* in der geschriebenen Sprache beibehalten, in der gesprochenen Sprache jedoch meist getilgt. Bei entlehnten Adjektiven wird es immer weggelassen:

ein *heit(e)rer* Tag, ein *verweg(e)ner* Skifahrer
aber: ein *integrer* Politiker, eine *propre* Hausfrau

Anmerkung:
Befindet sich ein Diphthong im Stamm vor der Endung *-er,* entfällt das *-e* bei der Deklination:

das *teure* Kleid (nicht: das teuere Kleid)

(2) Im Regelfall haben mehrere aufeinanderfolgende Adjektive die gleiche Deklinationsendung:

ein *hübsches, kleines* Mädchen
(mit) den *ersten hellen* Sonnenstrahlen
die *zierliche, faszinierende* Frau

Ausnahmen sind jene Fälle, wo hyperkorrekte Doppelkennzeichnungen der Kasus vermieden werden - besonders in der gesprochenen Sprache: Diese Formen finden sich nach *all-* und *ander-, manch-, verschieden, viel, wenig* sowie einigen Zahladjektiven:

die Ursache *mancher großen* (selten: großer) Kriege
Sie kamen mit *verschiedenem neuwertigen* (selten: neuwertigem) Material.

Anmerkung:
Diesem Typ folgen auch Adjektive, wenn das erste Adjektiv dem zweiten untergeordnet ist:

mit *feinem französischen* Champagner

(3) Das Adjektiv *hoch* verändert den auslautenden Konsonanten bei der Deklination:

das *hohe* Paar, mit *hohen* Absätzen

(4) Problematisch und letztlich nicht entschieden ist die Deklinationsendung des zweiten Adjektivs nach *folgend, beide* und *sämtlich.* Es setzt sich aber mehr

und mehr die schwache Deklination durch, vor allem in der gesprochenen Sprache:

> Ich schlage *folgendes neue* (selten: neues) Verfahren vor.
> *Beide verletzten* (selten: verletzte) Arme wurden operiert.

Grundsätzlich gilt auch hier die Regel, daß Doppelkennzeichnung der starken Deklination als hyperkorrekt empfunden und daher vermieden wird.
(5) Nach *zwei* und *drei* folgt das Adjektiv im Genitiv Plural in der geschriebenen Sprache der starken Deklination *(zweier guter Freunde)*, in der gesprochenen Sprache der schwachen *(zweier guten Freunde)*.
(6) Unsicherheiten treten bei den nachfolgenden Adjektiven auf, wobei als Grundregel jedoch stets die bereits erwähnte gilt: das zweite Adjektiv wird nicht stark, sondern schwach flektiert: *ähnlich, derartig, einige, einzeln, gewiß, sogenannt, unzählig, weitere, zahllos, zahlreich* usw.:

> die Erkundung *einzelner neuen* (veraltet: neuer) Territorien, mit *weiterem unbekannten* (veraltet: unbekanntem) Material, trotz *zahlloser schönen* (veraltet: schöner) Erinnerungen, wegen *sogenannter kranken* Menschen (veraltet: kranker), *beider großen* (veraltet: großer) Erwartungen

(7) Bei mehreren Adjektiven, die durch Bindestrich verbunden sind, wird nur das letzte flektiert:

> der Kaiser der *österreichisch-ungarischen* Doppelmonarchie, die *rheinisch-westfälische* CDU

(8) Bei artikellosen Adjektiven in der Apposition (substantivisches Attribut, das im Kasus mit dem vorausgehenden Substantiv übereinstimmt) tritt starke Deklination ein:

> Das Manuskript stammt von Herrn Dr. Mayer, *ordentlichem* Professor in Erlangen.

Anmerkung:
Im Dativ Singular kann schwache Deklination auftreten:

> Er kam mit seiner Gattin Elfriede, *geborenen* Duncker (auch schon Nominativ: *geborene* Duncker).

Die Deklination substantivierter Adjektive und Partizipien

Die Deklination substantivierter Adjektive und Partizipien folgt diesem Schema:

- starke Deklination nach *ein, mein, dein, sein, unser, euer, ihr, mir, viel, wenig, etwas, nichts:*

> ein *Gutes,* mein *Ältester,* mir *Unschuldigem,* der Freund meines *Besten*

- schwache Deklination nach *der, die, das, die, jeder, dieser, jener, wir, ihr* und den Zahladjektiven *zwei* und *drei:*

> der *Anwesende,* die *Versammelten,* wir *Deutschen,* ihr *Leichtfertigen,* die Geschichte dreier *Verzweifelten* (auch: Verzweifelter), die Pflichten jedes *Vorgesetzten*

Anmerkung:
Wir Deutsche/wir Deutschen? Nach einem Personalpronomen wird heute allgemein das substantivierte Adjektiv im Nominativ Plural schwach dekliniert. Es heißt also: *Wir Deutschen.* Otto von Bismarck hatte *wir Deutsche* gesagt. Aber starke Flektion: *Man kennt uns Deutsche.*

- Bei unbestimmten Zahladjektiven ist im Regelfall schwache Deklination vermerkt:

  etliches Neue, jeglicher Interessierte, manches Gute, zahlreiches Alte

  Schwankungen treten auf bei *irgendwelch-:*

  irgendwelches *Unbekannte/Unbekanntes,* irgendwelche *Ausgezeichnete/Ausgezeichneten*

- Substantivierte Adjektive oder Partizipien werden, wie oben gesagt, im Regelfall wie Adjektive in attributiver Stellung dekliniert. Doch werden einige bereits so weit als Substantive empfunden, daß sie auch deren Deklination folgen. Hier ist ein Sprachveränderungsprozeß im Gange, der im Sprachgebrauch seinen Niederschlag findet. Dabei sind Endung und Genus von Bedeutung. Wir vergleichen (Nominativ und Genitiv Singular sowie Nominativ Plural):

  die Kranke - der Kranken - die Kranken (substantivische Deklination)
  aber: eine kranke Frau - zwei kranke Frauen (adjektivische Deklination)

die Illustrierte - der Illustrierten	die Illustrierten	(substantivisch)
	die Illustrierte	(adjektivisch)
die Parallele - der Parallele	die Parallelen	(substantivisch)
	die Parallele	(adjektivisch)
die Gerade - der Geraden	die Geraden	(substantivisch)
	die Gerade	(adjektivisch)

- Daneben gibt es in der deutschen Sprache noch eine Reihe von substantivierten Adjektiven, die nicht dekliniert werden. Es handelt sich meist um lexikalisierte (erstarrte) Formen:

  jenseits von Gut und Böse, groß und klein, durch dick und dünn

Die Komparation des Adjektivs

(1) Adjektive haben zwei Besonderheiten, so hatten wir festgestellt: die Deklination und die Komparation. Nach den Deklinationsmustern werden jetzt die Formen der Komparation (Steigerung, Graduierung) behandelt. Es sind drei:

	attributiv	prädikativ
○ Positiv ↓ (Grundstufe)	das schöne Haus	schön
○ Komparativ ↓ (1. Steigerungsstufe)	das schönere Haus	schöner (als)
○ Superlativ (2. Steigerungsstufe)	das schönste Haus	am schönsten

Anmerkung:
Manche Grammatiken vermerken daneben noch eine vierte Stufe - den Elativ - als herausgehobenen, absoluten Superlativ:

höchster, bester, faszinierendster

(2) In unserer Grammatik gehen wir von drei Steigerungsformen aus.

Die Steigerungsformen

(1) Steigerungsformen werden benutzt, um quantitative oder qualitative Unterschiede, also Graduierungen, auszudrücken. Der Positiv (Grundstufe) drückt die gleiche Qualität wie ein anderes Vergleichbares aus:

Wir halten ihn für *intelligent.*
Der Rock ist *kurz.*

(2) Dagegen drückt der Komparativ (1. Steigerungsstufe) Ungleiches - ein Mehr oder ein Weniger - aus:

Wir halten ihn für *intelligenter* als Thomas.
Der Rock ist *kürzer* als der Mantel.

Die Vergleichspartikel lautet: *als.* Falsch sind das früher gebrauchte *wie* oder *als wie* (im Bairischen verbreitet). Veraltet ist *denn.* Teilweise wird *denn* noch in literarischer Sprache verwendet, üblich ist es lediglich noch in der Wendung *denn je:*

Wir sind mehr *denn je* entschlossen zu kämpfen.

(3) Der Superlativ (2. Steigerungsstufe, auch Höchststufe, Meiststufe) schließlich drückt erneut Ungleiches aus:

Wir halten ihn für *am intelligentesten* (von allen).
Der Rock ist *am kürzesten* (von allen).

Anmerkung:
- Nicht alle Adjektive bilden aufgrund ihrer Bedeutung eine eigene Superlativform, weil sie in ihrer Grundform bereits die höchste Graduierung ausdrükken. Sie können also nicht gesteigert werden (→ S. 187):

  absolut, maximal, minimal

- Daneben gibt es eine Reihe von lexikalischen Mitteln wie Partikeln zur Bildung von Komparativ und Superlativ (→ S. 185, 188).

Der Positiv

(1) Mit der Grundstufe des Adjektivs wird entweder die Eigenschaft eines Lebewesens/Gegenstandes/Gedankens ausgedrückt oder gesagt, daß zwei oder mehr Lebewesen/Gegenstände/Gedanken im Hinblick auf eine Eigenschaft/Qualität gleich sind. Ein Mehr oder Weniger gibt es nicht:

Der Tisch ist *lang.* Der Mann ist *groß.*
Die Tische sind *lang.* Die Männer sind *groß.*

(2) Der Vergleich zweier nicht unterschiedlicher Lebewesen/Gegenstände/Gedanken kann auch durch die Vergleichspartikel *so ... wie* ausgedrückt werden:

Der braune Tisch ist *so* lang *wie* der schwarze.

verstärkend:

Der braune Tisch ist *ebenso* (genau so) lang *wie* der schwarze.

Anmerkung:
- *So ... wie* kann freilich auch bei entsprechenden Zahladjektiven Ungleichheit ausdrücken:

  Der braune Tisch ist doppelt/dreimal/hundertmal *so* groß *wie* der schwarze.

- Dabei gibt es Grenzformen. Wir finden nebeneinander (ausschließlich in der geschriebenen Sprache, besonders in der schönen Literatur):

  doppelt *so* groß *wie*
  doppelt *so* groß *als* (hier wird die faktische Ungleichheit betont)

  In der gesprochenen Sprache gilt *als* beim Positiv als gespreizt.
- Daneben gibt es noch den Positiv, der mit idiomatischen Wendungen ausgedrückt wird. Hier fehlt meist *so:*

  Sie ist (so) schön wie ein lichter Morgen.
  Er ist (so) faul wie Oskar.

Der Komparativ

Der Komparativ (1. Steigerungsstufe) drückt Ungleiches aus: normalerweise zwei, im Einzelfall auch mehr Lebewesen/Gegenstände/Gedanken, sind im Hinblick auf eine Qualität/Eigenschaft unterschiedlich. Entweder handelt es sich um ein Mehr oder ein Weniger. Die Vergleichspartikel lautet *als,* veraltet oder literarisch ist *denn.*

Die Bildung des Komparativs
Der Komparativ wird durch Anhängen der Endung *-er* an die Grundform des Adjektivs gebildet; bei einigen umlautfähigen Wörtern tritt Umlaut ein:

dumm - dümmer, groß - größer, interessant - interessanter, kalt - kälter, schön - schöner, tief - tiefer

Entsprechend lautet die attributive Form:

das schönere Haus, der kältere Winter

oder prädikativ:

Das Haus ist schöner.
Der Winter ist kälter.

Anmerkung:
Bei Adjektiven auf *-el* entfällt beim Komparativ stets das *-e,* bei Adjektiven mit

der Endung *-er* und *-en* kann dies der Fall sein; steht jedoch ein Diphthong vor *-er*, fällt das *-e* grundsätzlich aus:

das dunklere Kleid, ein edlerer Wein, der heiklere Punkt
aber: der heit(e)rere Tag, die bescheidenere Frau
aber: ein saurerer Wein, der teurere Wagen

Die Deklination des Komparativs
Die Deklination des Komparativs folgt der der Grundstufe des jeweiligen Adjektivs:

der größere Mann - des größeren Mannes, die schönere Frau - der schöneren Frau, das kleinere Kind - des kleineren Kindes

Unregelmäßige Formen des Komparativs
Eine Reihe von Adjektiven bildet ihren Komparativ mit unregelmäßigen Formen. Dazu gehören:

gut - besser
hoch - höher
nahe - näher
viel - mehr
wenig – weniger / minder

Besonderheiten des Komparativs
(1) Verstärkt werden kann der Komparativ durch Modaladverbien (→ S. 249):

Das Haus ist *wesentlich/bedeutend* höher als unseres.
Seine Antwort war *entschieden* besser als meine.

(2) Umgekehrt kann der Unterschied der verglichenen Elemente auch eingeschränkt werden:

Sie ist *etwas* kleiner als Clarissa.
Sie ist *um weniges* kleiner als Clarissa. } (= aber nicht sehr)

(3) Besondere Nuancen (Schattierungen) können auch durch zusätzliche lexikalische Mittel erzielt werden:

Nichts wäre mir lieber als ihre Nähe!	(= am liebsten)
Nichts leichter als das!	(= am leichtesten)
Alle waren besser als du!	(= du warst am schlechtesten)
Ich habe nicht mehr als fünf Autos gesehen.	(= nur fünf)
Ich habe dich nicht weniger als fünfmal ertappt.	(= mindestens fünfmal)
Er ist der jüngere der beiden Brüder.	(= aber beide Brüder sind nicht mehr jung)
Das wird an höherer Stelle entschieden.	(= von jemandem, der mehr Kompetenzen hat)
Letztes Jahr hatten wir eine niedrigere Inflationsrate.	(= aber sie ist immer noch hoch)

(4) Die Komparativformen *ersterer* - *letzterer* (textkonstitutive Mittel) verweisen auf bereits Erwähntes. Sie werden wie die Grundstufe (Positiv) verwendet:

Er hat diese vier Punkte behandelt. Ersteren fand ich besonders interessant.

Alle vier Kandidatinnen haben bestanden. Aber letztere war die beste.

(5) Adjektive wie *erstklassig, mündlich, spottbillig, bargeldlos, neunmal, unnahbar* bilden weder Komparativ- noch Superlativform (→ S. 187).

Der Superlativ

Der Superlativ (2. Steigerungsstufe) drückt Ungleiches aus, das aber nicht direkt mit einem anderen Objekt/Lebewesen verglichen, sondern absolut gesetzt wird:

Das *schönste* Haus am Starnberger See liegt in Berg.
Dieses Haus ist *am schönsten*.

Die Bildung des Superlativs

(1) Der Superlativ wird durch Anhängen der Endung *-st* oder *-est* an die Grundform des Adjektivs gebildet. Bei umlautfähigen Adjektiven tritt gelegentlich - wie beim Komparativ - Umlaut ein:

schön - am schönsten, tief - am tiefsten, kalt - am kältesten

Entsprechend lautet die attributive Form:

das schönste Haus, der kälteste Winter

oder prädikativ:

Das Haus ist das schönste.

Anmerkung:
Häufig setzt sich bei umlautfähigen Komparativen und Superlativen die nichtumlautende Form durch:

naß - nasser - am nassesten, fromm - frommer - am frommsten

(2) Bei der Frage, ob *-st* oder *-est* an die Grundform angehängt werden, sind der auslautende Konsonant (bzw. die Konsonantenverbindung) sowie die Silbenzahl von Bedeutung. Dabei treten gelegentlich Zweifelsfälle auf:

- Die Endung *-est* steht obligatorisch bei einsilbigen oder endbetonten mehrsilbigen Adjektiven nach *-d, -t, -s, -sch, -ß, -sk, -x* sowie *-z:*

  die *fadeste* Veranstaltung, die *netteste* Einladung, das *loseste* Maul, die *rascheste* Entscheidung, der *süßeste* Kuß, die *fixeste* Schülerin, die *stolzeste* Frau

- Gleiches gilt für die Endungen *-los* und *-haft:*

  die *verantwortungsloseste* Entscheidung, der *gewissenhafteste* Politiker

  Anmerkung:
  Eine Ausnahme von unserer Regel bildet das Adjektiv *groß:*

  das größte Haus (* größeste)

- Alle anderen, vor allem die stammbetonten Adjektive, bilden ihren Superlativ auf *-st:*

  die *ärmste* Familie, der *heilsamste* Prozeß, das *kleinste* Kind, der *sympathischste* Mann

- Zweifelsfälle treten auf bei Adjektiven mit der Endung Diphthong oder Vokal/Diphthong + *h:*

  der treu(e)ste Ehemann, die frei(e)sten Völker, die froh(e)sten Menschen

(3) Farbadjektive *(rot, blau, schwarz)* bilden in der Standardsprache aus semantischen und stilistischen Gründen keine Steigerungsformen, also auch keinen Superlativ. In der gesprochenen Sprache sind gleichwohl immer wieder Formen zu hören wie: *das roteste (röteste) Kleid* sowie als Metapher: *der schwärzeste Tag*.
Für die Standardsprache jedoch schließen wir die Komparation von Farbadjektiven aus. Um graduelle Unterschiede innerhalb der einzelnen Farben zu kennzeichnen, gibt es stattdessen lexikalische Mittel:

ein *besonders blauer* Himmel, ein *blaßrosa* Hemd, ein *burgunderrotes* Kleid, die *giftgrüne* Bluse, ein *tiefschwarzer* Tag

Die Deklination des Superlativs
Die Deklination des Superlativs folgt der der Grundstufe des jeweiligen Adjektivs:

der größte Mann - des größten Mannes, die schönste Frau - der schönsten Frau, das kleinste Kind - des kleinsten Kindes

Unregelmäßige Formen des Superlativs
Eine Reihe von Adjektiven bildet ihren Superlativ mit unregelmäßigen Formen. Dazu gehören:

gut - beste
hoch - höchste
nahe - nächste
viel - meiste

wenig – wenigste / mindeste

Besonderheiten des Superlativs
(1) Superlative werden nur von solchen Adjektiven gebildet, deren Semantik eine höchste Steigerungsstufe erlaubt. Daher gibt es in der Standardsprache keinen Superlativ von Farbadjektiven (*blau, grün, rot* usw.).
(2) Absolute Adjektive (*erstklassig, leer, maximal, minimal, optimal* usw.) haben ebenfalls keine Superlativform.
Anmerkung:
Formen der Werbesprache wie: *maximalste Leistung, minimalster Nikotinanteil* sind Sprachverhunzungen.
(3) Adjektive wie *blind, eckig, leblos, leer, mißlungen, mündlich, quadratisch, rund, schriftlich, sterblich, still, stumm, tot, vollkommen* usw. können wegen ihrer Bedeutung keinen Superlativ bilden.

Anmerkung:
In der Literatursprache gibt es von diesen Adjektiven gleichwohl Steigerungsformen:

der *blindeste* Versuch, die *mißlungenste* Inszenierung

Diese Steigerungsformen dienen meist dazu, eine noch größere Ausdruckskraft zu erzielen. Man sollte solche Formen in der geschriebenen wie gesprochenen Sprache jedoch äußerst behutsam verwenden.
(4) Adjektive wie *federleicht, spottbillig, strohdumm, bärenstark* usw. gehören gleichfalls zu den Adjektiven ohne höchste Steigerungsstufe.
(5) Adjektive mit dem Suffix *-los (bargeldlos, fettlos, kinderlos, männerlos)* weisen die gleiche Besonderheit auf.
Anmerkung:
Offensichtlich ist bei diesen Adjektiven schon eine Veränderung eingetreten, denn *die schonungsloseste Kritik* scheint bereits akzeptiert zu werden.
(6) Zahladjektive *(neunmal, einfach, ganz, halb)* lassen keine Höchststufe zu.
(7) Negierte Adjektive *(unnahbar, unverzichtbar, unrettbar)* erlauben von ihrer Bedeutung her keinen Superlativ.
Anmerkung:
Sollten diese Adjektive dennoch gesteigert werden müssen, dann bieten sich vor allem lexikalische Mittel an:

ein *bei weitem* unverzichtbarer Grundsatz

(8) Eine Variante des Superlativs sind jene emotional geprägten Formen, die besonders ausdrucksstark sind:

mit *freundlichsten* Grüßen, Ihr *ergebenster* Diener, *weitestgehende* Vollmachten, mit *innigsten* Wünschen
Ich werde mein *Möglichstes* tun.
Unterlassen Sie das *tunlichst!*

Solche sprachlichen Formeln wirken heute sogar in der geschriebenen Sprache antiquiert, manchmal sogar eher belustigend. In der gesprochenen Sprache sind sie unüblich. Sie sollten daher - wenn überhaupt - mit Vorsicht und sehr sparsam verwendet werden.

Verstärkungen des Superlativs
(1) Um die Aussage der Höchststufe noch zu steigern, stellt die deutsche Sprache lexikalische Mittel zur Verfügung. Dazu gehören: *aller-, bei weitem, denkbar, weitaus* sowie (mit dem Positiv): *(ganz) besonders, sehr, überaus, höchst erstaunlich, äußerst ungewöhnlich:*

Sie ist das *allerschönste / bei weitem / weitaus / denkbar* schönste Mädchen.
Das Buch ist *(ganz) besonders / sehr / überaus / höchst / ungewöhnlich* interessant.

(2) Weiterhin können Substantive zusammen mit dem Positiv den Charakter des Superlativs ausdrücken:

der *bärenstarke* Mann	(= stark wie ein Bär)
die *spottbillige* Reise	(= billig, daß es jeder Beschreibung spottet)

ebenso: *baumlang, bienenfleißig, bildschön, eiskalt, federleicht, mäuschenstill, nagelneu, samtweich, schneeweiß, strohdumm, todsicher*

(3) Neuerdings, besonders in der Sprache der Medien und der Jugendsprache, sind weitere Wortbildungsmittel als Ausdruck des Superlativs üblich: *knallhart, superschnell, todchic, ätzend, fetzig, geil.* Manche dieser Modewörter dürften aber bald überholt sein (Augenblicksbildungen).

(4) Eher von literarischem Wert sind Doppelformen zur Steigerung des Adjektivs:

das *ewige, ewige* Warten, seine *schwarz-schwarze* Gesinnung, das *kurze, kurze* Leben

Merke:
Eine häufige Unsitte im öffentlichen Sprachgebrauch - sowohl in der geschriebenen als auch in der gesprochenen Sprache - sind die doppelten Superlativformen bei zusammengesetzten Adjektiven oder Partizipien vom Typ:

* die größtmöglichste Freiheit

Diese Form ist nicht zulässig. Korrekt ist die einfache Kennzeichnung des Superlativs *(die größtmögliche Freiheit),* also entweder beim ersten Teil der Zusammensetzung oder beim zweiten Teil (Grundwort):

- vorderer Teil: *bestmöglich, höchstbesoldet, höchstrichterlich, meistbegünstigend, schwerstverständlich*
- Grundwort: *hochfliegendste* Erwartungen, *neumodischste* Anzüge, *tiefschürfendste* Untersuchungen, *weitreichendste* Pläne

In Einzelfällen sind jedoch Doppelformen möglich:

der weitestgehende/weitgehendste Antrag
die weitestverbreitete/weitverbreitetste Rasse

Der Gebrauch des Adjektivs

Die Adjektive der deutschen Sprache können im Hinblick auf ihre Stellung im Satz in drei Gruppen eingeteilt werden:

- attributiv und prädikativ verwendet:

das *blaue* Haus - Das Haus ist *blau.*

- nur attributiv verwendet:

die *eigentliche* Aufgabe (* Die Aufgabe ist eigentlich.)

- nur prädikativ verwendet:

Sie ist ihm *feind.* (* Sie feind ist ...)

Attributiv und prädikativ gebrauchte Adjektive

Die meisten Adjektive können attributiv und prädikativ angewendet werden. Sie werden dekliniert und können gesteigert werden:

- Deklination:

das *blaue* Haus - des *blauen* Hauses - dem *blauen* Haus - das *blaue* Haus

- Komparation:

  das *interessante* Gespräch - Das Gespräch ist *interessant.*
  das *interessantere* Gespräch - Das Gespräch ist *interessanter.*
  das *interessanteste* Gespräch - Das Gespräch ist *am interessantesten.*

Besonderheiten

(1) Bei Maßangaben (*alt, dick, groß, hoch, lang, weit* usw.) sind folgende Sätze möglich:

Er ist 1,83 m *groß.*
Sie ist 64 kg *schwer.*
Herr Müller ist 60 Jahre *alt.*
Der Turm ist 400 m *hoch.*
Das Rohr ist 50 cm *weit.*
Die Strecke ist 3 km *lang.*

Die Antonyme (Wörter mit dem entgegengesetzten Wortsinn: *hoch-tief, dick-dünn*) sind hingegen nicht so zu verwenden:

Der Turm ist 300 m *hoch.*
→* Der Turm ist 300 m *tief.*
Das Rohr ist 50 cm *weit.*
→* Das Rohr ist 50 cm *eng.*

Verwendet werden kann das Antonym nur in ironischer bzw. paradoxer Redeweise (a), im Komparativ (b) oder mit *zu* (c):

(a) Sie ist 63 kg *leicht.*
Herr Müller ist 60 Jahre *jung.*
(b) Das Rohr ist 50 cm *enger* (als das andere).
(c) Das Rohr ist 3 cm *zu eng.*

aber: Es gibt hier Grenzbereiche aufgrund semantischer Verträglichkeiten:

* Das Rohr ist 50 cm eng.
* Die Strecke ist 3 km *kurz.*

(2) Bei zahlreichen Adjektiven stehen casus obliqui (Genitiv, Dativ, Akkusativ, Präpositionalkasus):

Er ist *des Mordes* schuldig.	(Genitiv)
Sie ist *ihrer Mutter* dankbar.	(Dativ)
Sie ist *von ihrem Vater* abhängig.	(Präpositionalkasus)

Dabei werden die Genitivkonstruktionen häufig durch Präpositionalgefüge oder Infinitivkonstruktionen ersetzt:

Er ist sogar eines Mordes fähig.
→ Er ist sogar zum Mord fähig.
→ Er ist sogar fähig zu morden.

Zur Valenz der Adjektive: → S. 192.

(3) Einige Adjektive, die attributiv wie prädikativ gebraucht werden können, sind nicht steigerungsfähig. Dazu gehören: *fertig, tot, wechselseitig, der zweite*

Attributiv gebrauchte Adjektive

Neben den sowohl attributiv als auch prädikativ gebrauchten Adjektiven gibt es eine zweite Gruppe von Adjektiven, die nur attributiv verwendet werden können. Dazu gehören:

(1) Stoffadjektive: *eisern, hölzern, kupfern, papieren, samten, seiden, stählern, steinern, wollen:*

die *eisernen* Träger	(* Die Träger sind eisern.)
die *seidenen* Stoffe	(* Die Stoffe sind seiden.)
die *steinernen* Zeugnisse	(* Die Zeugnisse sind steinern.)

Anmerkung:
Prädikativer Gebrauch ist entweder nur in übertragener Bedeutung oder durch Umschreibung mit einem Substantiv möglich:

Sein Benehmen ist hölzern. Sein Gesichtsausdruck war stählern.	(übertragene Bedeutung)
Ihre Haut war wie Samt. Sein Gesichtsausdruck war wie von Stein. Die Stoffe sind aus Seide.	(durch Umschreibung)

(2) Exozentrische Konstruktionen: Das sind Fügungen, deren Bedeutung sich nicht aus der Summe der Bedeutungen der Einzelwörter ergibt:

Er ist ein *hoher* Politiker. (* Der Politiker ist hoch.)

(3) Lokaladjektive und Zeitadjektive:

die *hintere* Stelle	(* Die Stelle ist hinter.)
der *höchste* Berg	(* Der Berg ist höchst.)
das *linke* Gebäude	(* Das Gebäude ist link.)
die *obere* Etage	(* Die Etage ist oben.)
der *vordere* Zahn	(* Der Zahn ist vorder.)
die *sofortige* Entscheidung	(* Die Entscheidung ist sofortig.)
die *damalige* Regierung	(* Die Regierung ist damalig.)

Anmerkung:
Zu allen diesen Lokaladjektiven gibt es für den prädikativen Gebrauch adverbiale Entsprechungen:

die hintere Stelle	→	Die Stelle liegt dahinter.
der höchste Berg	→	Der Berg ist am höchsten.
das linke Gebäude	→	Das Gebäude befindet sich links.
der vordere Zahn	→	Der Zahn ist/liegt vorn.

ebenso: auswärtig - auswärts, dortig - dort, hiesig - hier
sowie: baldig - bald, gestrig - gestern, heutig - heute, jetzig - jetzt, morgig - morgen

(4) Herkunftsbezeichnungen:

die *Berliner* Mauer	(* Die Mauer ist berlinerisch.)
das *Warschauer* Ghetto	(* Das Ghetto ist warschauerisch.)
die *chinesische* Kulturrevolution	(* Die Kulturrevolution ist chinesisch.)

Anmerkung:
Hier gibt es Grenzbereiche. Prädikativ verwendbar sind durchaus:

der französische Wein, der holländische Käse, das bayerische Bier

Offensichtlich sind hier Adjektiv und Substantiv noch nicht sehr eng miteinander verbunden wie beispielsweise bei *die chinesische Kulturrevolution.*
(5) Ordinalzahlen:

der *hundertste* Geburtstag	(* Der Geburtstag ist hundert.)
die *dritte* Tochter	(* Die Tochter ist dritt.)

Prädikativ gebrauchte Adjektive

Umgekehrt gibt es auch eine Reihe von Adjektiven, die nur prädikativ gebraucht werden können. Dazu gehören vor allem solche Adjektive, die von Substantiven abgeleitet worden sind: *angst, bange, egal, eingedenk, entzwei, feind, fündig, gewahr, gram, schade, schuld:*

Der Reifen ist *entzwei.* Ich bin ihm *feind/gram.* Das ist *schade.*

Die Valenz des Adjektivs

Ähnlich wie bei den Verben (→S.64) und Substantiven (→S.153) gibt es auch eine Valenz der Adjektive, d.h., zahlreiche Adjektive in prädikativer Stellung verbinden sich obligatorisch mit einer oder mehreren Ergänzungen. Wir vergleichen:

Subjekt (Nominativergänzung):	*Sie ist schön.*
Genitivergänzung:	*Er ist sich seines Sieges gewiß.*
Dativergänzung:	*Das ist ihm egal.*
Akkusativergänzung:	*Ich bin die Anstrengungen leid.*
Präpositionalergänzung:	*Sie ist neidisch auf ihre Schwester.*
Präpositionalergänzung:	*Er ist abhängig von seinem Chef.*
Genitiv-/Präpositionalergänzung:	*Sie ist großer Leistungen/zu großen Leistungen fähig.*
Dativ- und Präpositionalergänzung:	*Gabriele ist ihrem Vater in diesem Punkt sehr ähnlich.*

Adjektive mit einer Ergänzung

Adjektiv + Nominativergänzung (Subjekt): *blau, dreckig, dumm, elegant, faul, fleißig, galant, grün, häßlich, jung, klug, modern, schlecht, schön, schwarz usw.*

Adjektive mit zwei Ergänzungen

(1) Adjektiv + Subjekt + Genitivergänzung: *bewußt, eingedenk, fähig, gewahr, gewiß, kundig, ledig, müde, schuldig, sicher, überdrüssig, verdächtig, wert, würdig*
Anmerkung:
Bei *müde* und *überdrüssig* kann der Genitiv alternativ mit dem Akkusativ verwendet werden:

Ich bin *der Sache / die Sache* müde/überdrüssig.

ebenso bei *wert:*

Das ist *keiner Erwähnung* wert. (= würdig)
Das Thema ist *diesen Aufwand* nicht wert. (= lohnt sich nicht)

(2) Adjektiv + Subjekt + Dativergänzung: *ähnlich, angemessen, angenehm, behilflich, bekannt, bekömmlich, beschwerlich, dankbar, egal, ergeben, erwünscht, fremd, gefährlich, gehorsam, gleichgültig, hinderlich, klar, lästig, möglich, peinlich, recht, treu, überlegen, verhaßt, willkommen*
Anmerkung:
Bei einigen dieser Adjektive wird die Tendenz deutlich, daß anstelle der Dativergänzung immer mehr die präpositionale Konstruktion verwendet wird:

Das ist mir angenehm.	→	Das ist angenehm für mich.
Das ist mir gefährlich.	→	Das ist gefährlich für mich.
Das ist mir egal.	→	Das ist egal für mich.

(3) Adjektiv + Subjekt + Akkusativergänzung: *leid, los, satt*
Anmerkung:
Mit einer Maßergänzung, die nicht passivfähig ist und daher nur formal wie ein Akkusativ erscheint, werden Sätze der folgenden Art gebildet:

Sie ist sechzig Kilogramm schwer.
Er ist 1,90 m groß.
ebenso: alt, dick, hoch, lang, weit

(4) Adjektiv + Subjekt + Präpositionalergänzung:

an:	arm, gewöhnt, interessiert, schuld
auf:	angewiesen, begierig, böse, eifersüchtig, eingebildet, gespannt, neidisch, neugierig, stolz, wütend, zornig
bei:	behilflich, beliebt, verhaßt
für:	angenehm, bedeutungslos, bequem, bezeichnend, charakteristisch, geeignet, gefährlich, genug, interessant, nachteilig, nötig, nützlich, passend, schmerzlich, vorteilhaft, wichtig, zuständig
gegen:	gleichgültig, grausam, hart, streng, unempfindlich

Anmerkung:
Die Konstruktion: *Er ist streng gegen sie* wirkt oft veraltet. Statt dessen wird immer häufiger gebraucht: *Er ist streng zu ihr/zu ihr streng.*

gegenüber:	empfindlich, höflich, konkret, konziliant, optimistisch, pessimistisch, zurückhaltend
in:	erfahren, geschickt, gewandt, verliebt
mit:	befreundet, bekannt, einverstanden, fertig, vergleichbar, verheiratet, verlobt, verwandt, zufrieden
nach:	ehrgeizig, gierig
über:	ärgerlich, aufgebracht, bestürzt, betroffen, entsetzt, erfreut, erstaunt, froh, glücklich, traurig, verstimmt, zornig
um:	besorgt
von:	abhängig, erschöpft, frei, müde, überzeugt, verschieden, voll
vor:	blaß, krank, sicher, starr, stumm, tot
zu:	aufdringlich, bereit, entschlossen, fähig, freundlich, geeignet, geschaffen, lieb, niederträchtig

(5) Adjektiv + Subjekt + Situativergänzung: *ansässig, beheimatet, daheim, tätig, wohnhaft*

Adjektive mit drei Ergänzungen

In wenigen Fällen treten Adjektive mit drei Ergänzungen auf: die dritte ist stets fakultativ. Dazu gehören: *ähnlich/behilflich/dankbar/ebenbürtig/gleich/überlegen/verantwortlich/wert:*

Klaus ist seiner Frau beim Saubermachen *behilflich.*
Er ist ihr im Deutschen *ebenbürtig/gleich.*
Du bist mir für die Veranstaltung *verantwortlich.*

Anmerkung:
Daneben gibt es noch einige Fälle von schwankender Valenz bei Adjektiven, ohne daß dabei Bedeutungsunterschiede auftreten:

Ich bin *des Ärgers* leid. - Ich bin *den Ärger* leid.
Er ist *eines Verbrechens* fähig. - Er ist *zu einem Verbrechen* fähig.

Das Zahladjektiv

Attributiv gebrauchte Adjektive, so hatten wir festgestellt, sind solche, die bei einem Substantiv stehen und mit einem der Artikelwörter verbunden sind:

der *neue* Wagen, sein *alter* Hut, ein *modernes* Glas, *schöne* Frauen

In der Position des Adjektivs können auch stehen:

der *zweite* Wagen, sein *fünfter* Hut, ein *ganzes* Glas, *zehn* Kälber, *viele* Blumen

Diese Wörter heißen daher auch Adjektive, genauer: Zahladjektive. Sie antworten auf die Frage: *Wieviel?* (Plural: *Wie viele?*). Dazu gehören:
- Kardinalzahlen (Grundzahlen, Kardinalia): *eins, zwei, drei, zehn, hundert, tausend* usw.
- Ordinalzahlen (Ordnungszahlen, Ordinalia): *der erste/erster, der zweite/zweiter, der dritte/dritter, der zehnte/zehnter, der hundertste/hundertster, der tausendste/tausendster* usw.
- Bruchzahlen: *drittel, viertel, zehntel* usw.
- Gattungszahlen: *einerlei, dreierlei, hunderterlei* usw.
- Vervielfältigungszahlen und Wiederholungszahlen: *zweimalig, zweifach, hundertfach* usw.
- Einteilungszahlen: *erstens, zweitens, zehntens* usw.
- unbestimmte Zahladjektive: *einzeln, verschieden, viel, zahlreich* usw.

Die Kardinalzahlen

Kardinalzahlen bezeichnen eine exakte, zählbare Menge oder Anzahl von Personen oder anderen Lebewesen, Gegenständen oder Abstrakta.
Kardinalzahlen stehen entweder beim Substantiv (attributiv) oder im Prädikats-

bereich (prädikativ). Sie sind normalerweise nicht deklinierbar und können nicht gesteigert werden. Ausnahmen in der Deklination: → S. 196. Werden Kardinalzahlen statt mit Buchstaben (*eins, vier* usw.) mit Ziffern ausgedrückt (*1, 4* usw.), ist die Deklination nur am Artikelwort oder Substantiv erkennbar.

Die Bildung der Kardinalzahlen

(1) Wir unterscheiden folgende Kardinalzahlen:
- einfache Kardinalzahlen: *eins, vier, zehn* usw.
- zusammengesetzte Kardinalzahlen: *vierunddreißig, einhundertzwanzig* usw.
- abgeleitete Kardinalzahlen: *dreißig, achtzig* usw.
- Kombination von Kardinalzahlen: *vier Milliarden, sechs Billionen* usw.

(2) Die Zahladjektive *eins* bis *zwölf* sind einfache, die folgenden Zahlen *dreizehn, vierzehn, fünfzehn* usw. zusammengesetzte Kardinalzahlen. Die jeweiligen Zehnerzahlen (Dekaden) sind aus den einfachen Kardinalzahlen abgeleitet (Endung: *-zig*):

vier ⟶ vierzig, neun ⟶ neunzig

(3) Die Zahlen jenseits *zwanzig* werden im Deutschen - im Unterschied zum Englischen, Französischen, Spanischen, Russischen und anderen Sprachen - folgendermaßen gebildet: die Einerzahl wird vorangestellt, die Zehnerzahl nachgestellt:

vierundzwanzig	(englisch: twenty-four)
sechsundachtzig usw.	(englisch: eighty-six)

Jenseits von *hundert* und *tausend* werden die Zahlen so gebildet: zuerst die Tausender, dann die Hunderter, gefolgt von den Einern und Zehnern:

(ein)hundert(und)neun
vierhundert(und)sechsundvierzig
viertausendneunhundertachtundsechzig usw.

(4) Die Kardinalzahlen werden in einem Wort geschrieben. Einige Besonderheiten gibt es bei der Schreibung:

	sechzehn		* sechszehn
	siebzehn		* siebenzehn
	dreißig		* dreizig
	sechzig		* sechszig
	siebzig		* siebenzig
aber:	einhundert	oder	hundert
	eintausend	oder	tausend
	einhundertundneun	oder	hundertneun.

In der gesprochenen Sprache überwiegen die kürzeren Formen, d.h., *ein* wird in Zusammensetzungen am Wortanfang ausgelassen, während es in der Wortmitte erhalten bleibt:

hundert, tausend, hunderttausend, dreitausendeinhundertzwanzig

(5) Überblick über die Kardinalzahlen:

0-10:	null, eins, zwei, drei, vier, fünf, sechs, sieben, acht, neun, zehn
11-20:	elf, zwölf, dreizehn, vierzehn, fünfzehn, sechzehn, siebzehn, achtzehn, neunzehn, zwanzig
21-30:	einundzwanzig, zweiundzwanzig ... dreißig
40-90:	vierzig, fünfzig, sechzig, siebzig, achtzig, neunzig
101-110:	(ein)hundert(und)eins, (ein)hundert(und)zwei ... (ein)hundert(und)zehn
121-125:	(ein)hunderteinundzwanzig, (ein)hundertzweiundzwanzig ... (ein)hundertfünfundzwanzig
200-900:	zweihundert, dreihundert ... neunhundert
1001-1005:	(ein)tausend(und)eins, (ein)tausend(und)zwei ... (ein)tausend(und)fünf
1021-1025:	(ein)tausendeinundzwanzig, (ein)tausendzweiundzwanzig ... (ein)tausendfünfundzwanzig
1100-1105:	(ein)tausendeinhundert, (ein)tausendeinhunderteins, (ein)tausendeinhundertzwei ... (ein)tausendeinhundertfünf
1200-1900:	(ein)tausendzweihundert, (ein)tausenddreihundert ... (ein)tausendneunhundert
2000-9000:	zweitausend, dreitausend ... neuntausend
10000-90000:	zehntausend, zwanzigtausend ... neunzigtausend
100000-900000:	(ein)hunderttausend, zweihunderttausend ... neunhunderttausend

(6) Die folgenden Substantive sind Feminina:

1000000 ...	eine Million, zwei Millionen, dreihundert Millionen ...
1000000000 ...	eine Milliarde, zweihundert Milliarden ...
1000000000000 ...	eine Billion, vierhundert Billionen ...

(7) Die weiteren Kardinalzahlen sind:

eine Billiarde (1000 Billionen), eine Trillion (1000 Billiarden), eine Trilliarde (1000 Trillionen), eine Quadrillion (1000 Trilliarden), eine Quintillion (1 Million Quadrillionen), eine Sextillion (eine Million Quintillionen) usw.

Die Deklination der Kardinalzahlen

(1) *Eins:* Von den Kardinalzahlen wird nur *eins* vollständig dekliniert: ohne Artikel (Nullartikel) wie *kein,* nach Artikelwörtern wie jedes andere Adjektiv:

eines Mannes, *einer* Frau, durch *ein* Tor, wegen meines *einen* Auges, ich möchte nicht *einen* dieser Menschen wiedersehen, *ein* Student, dieser *eine* Lehrer, mit *einem* neuen Wagen

Besonderheiten:

- In der gesprochenen Sprache und teilweise auch in der geschriebenen Sprache - außerhalb der schönen Literatur - wird im Nominativ Neutrum *eins* statt *eines* verwendet:

Eins haben wir begriffen: so geht das nicht.

Beim Zählen steht *eins: eins, zwei, drei* usw.

- Unflektiertes *ein* steht bei zusammengesetzten Zahlen ab *einundzwanzig,* bei Bruchzahlen sowie vor *bis* bzw. *oder: ein* Viertel, *ein* Drittel:

  Der Fisch wiegt *ein* bis eineinhalb Kilogramm.
  Die Fahrt dauert *ein* oder zwei Stunden länger.

- Dekliniert wird *ein* in attributiver Stellung, wenn eine größere Zahl *(hundert, tausend)* vorangeht. Das nachfolgende Substantiv steht meist im Singular:

  Das Goethe-Institut hat *(ein)hunderteine* Zweigstelle.
  Sie liest die Geschichten aus *Tausendundeiner* Nacht.

  aber auch im Plural (ohne *und*):

  Durch *hundertein* Tunnels sind wir gefahren.

- In festen Wendungen steht *eins:*

  Das ist mir *eins* (= egal).
  Sie wurden *eins* (= sie einigten sich).

  Anmerkung:
  In Zahlenfolgen, bei denen jede einzelne Zahl genannt wird, steht *eins:*

  eine Meile = *eins* Komma sechs null neun Kilometer

  ebenso bei Zeitangaben:

  Es ist viertel vor *eins.*

  Wenn aber *Uhr* gesagt wird, steht *ein:*

  Ich komme um *ein* Uhr dreißig.

- In Verbindung mit *ander-* steht meist flektiertes *ein:*

  Einer um den *anderen* starb an der Front.
  aber: Ein ums anderemal war es erfolglos.
  Du hast ein und denselben Mann geküßt, nicht zwei!
  Das ist doch ein und dasselbe!

  Solche bereits teilweise verfestigten (lexikalisierten) Formen haben die Tendenz, *ein* unflektiert zu verwenden.

(2) *Zwei, drei:* Nur die Kardinalzahl *eins* hat ein volles Deklinationsschema, wie wir festgestellt hatten. Die Kardinalzahlen *zwei* und *drei* werden im Genitiv dekliniert, wenn kein Artikelwort bei ihnen steht (Nullartikel):

Unter Anwesenheit *zweier* Minister fand die Eröffnung statt.
Bei Anwendung *dreier* Medikamente kann sie gesund werden.

Anmerkung:
Diese Genitive können entweder präpositional (a) umschrieben oder auch durch ein Artikelwort (b) ersetzt werden:

(a) Unter Anwesenheit *von zwei* Ministern fand die Eröffnung statt.
(b) Bei Anwendung *der/dieser drei* Medikamente kann sie gesund werden.

Tritt ein Adjektiv zu den Zahladjektiven *zwei* und *drei*, so wird dieses stark flektiert:

unter Anwesenheit zweier hochrangiger Minister
bei Anwendung dreier wirksamer Medikamente

(3) *Beide:* Werden zwei bekannte Lebewesen oder Gegenstände miteinander verbunden, kann *beide* benutzt werden:

Karl und Hans sind Brüder. *Beide* studieren Theologie.

Die Deklination von *beide* richtet sich nach der der Adjektive. Problematisch ist die Deklination nach den Personalpronomen *wir, ihr, sie:*

Wir *beide* gehen jetzt ins Kino. (starke Deklination)
Ihr *beiden* / Ihr *beide*, seid jetzt mal ruhig. (schwache/starke Deklination)
Sie *beide* kommen bitte her! (starke Deklination)

Ebenso wird *beide* nach den Possessivpronomen *unser, euer* und nach *uns, euch* sowie den Artikelwörtern *dies* (Singular), *alles/alle* stark flektiert:

Euch *beide* haben wir lange erwartet.
Dieses *beides* haben wir erledigt.
Alle *beide* sind im Gefängnis.

Anmerkung:

- Folgt nach *beide* ein Adjektiv, dann wird dieses schwach dekliniert:

  Alle *beide großen* Schwestern sind in England.

- Die Stellung von *beide* im Satz ist frei, kann allerdings aus Gründen der Akzentsetzung festgelegt sein:

  Beide Männer waren damals im Gefängnis.
  Die Männer waren damals *beide* im Gefängnis.
  Ich habe sie gestern deutlich gesehen - *beide!* (betont)

(4) *Zwei* bis *zwölf:* Neben der Möglichkeit, Genitivformen von den Kardinalzahlen *zwei* und *drei* zu bilden, können die Zahlen *zwei* bis *zwölf* auch in den Dativ gesetzt werden:

Von *zweien* der Demonstranten sind Fotos gemacht worden.
Mit *dreien* hatten wir gerechnet, nicht mit *zehnen.*

Die Substantivierung der Kardinalzahlen

(1) Alle Kardinalzahlen können substantivisch gebraucht werden. Das betrifft sowohl die Zahlen *eins, zehn, hundert* und *tausend* als auch die Kollektiva *Dutzend, Schock* und *Mandel.*
(2) Von allen Kardinalzahlen können substantivische Formen gebildet werden. Diese werden dann wie Nomina dekliniert und groß geschrieben:

Sie ist hart an der Grenze der *Siebzig.*
Die *Million* ist jetzt erreicht.

Anmerkung:
Folgt ein Adjektiv auf *Million/Milliarde*, so wird dieses schwach dekliniert:

die *Millionen Deutschen*

(3) Von den Kardinalzahlen *hundert, tausend* und *zehn-/hunderttausend* können Neutra gebildet werden. Dem gleichen Bildungstyp (Genitiv auf *-s*, Plural auf *-e*) folgen die erwähnten Kollektivzahlen:

> Das *Hundert* ist voll.
> Das *Dutzend* hätten wir geschafft.
> Zu *Hunderttausenden* wurden die Armenier vernichtet.

Anmerkung:
- In der gesprochenen Sprache wird häufig die Deklinationsendung weggelassen:

  > Viele *Zehntausend* nahmen an der Demonstration teil.

- Wird der Gegenstand/die Person der Zählung genannt, steht er/sie normalerweise im gleichen Kasus wie die Kardinalzahl. Dies gilt vor allem für die gesprochene Sprache:

  > *Dutzende* braune Kühe grasten auf der Alm.

  Eine Ausnahme bilden Formen des Genitivs (genitivus partitivus), die jedoch fast nur noch in der geschriebenen Sprache vorkommen:

  > Tausende engagierter Christen haben den Aufruf unterschrieben.

  Dieser Genitiv nach Kardinalzahlen kann durch ein Präpositionalgefüge mit *von* ersetzt werden:

  > Tausende *von engagierten* Christen haben den Aufruf unterschrieben.

Die Angabe der Uhrzeit (Stunden, Minuten)

(1) Die Angabe der Uhrzeit erfolgt für die erste Hälfte (0–12 Uhr) mit den unflektierten Kardinalzahlen:

> Es ist ein Uhr.
> Es ist (ein) viertel nach zwei Uhr.
> Es ist halb drei Uhr.
> Es ist (ein) viertel vor fünf Uhr.
> } (diese Formen sind selten)

In der gesprochenen Sprache wird im Regelfall *Uhr* weggelassen; für *ein* steht *eins:*

> Es ist eins.
> Es ist (ein) viertel nach zwei.
> Es ist halb drei.
> Es ist (ein) viertel vor fünf. (= Es ist dreiviertel fünf.)
> auch: Es ist Punkt/genau eins.

(2) Für die zweite Tageshälfte (12–24 Uhr) gibt es eine offizielle Zeitangabe, die allerdings in der alltäglichen Kommunikation so gut wie nie verwendet wird:

> 13.15 Uhr: Es ist 13 Uhr fünfzehn (Minuten).
> 21.30 Uhr: Der Zug kommt um 21 Uhr dreißig (Minuten) an.
> 19.20 Uhr: Das Flugzeug landet um 19 Uhr zwanzig (Minuten).

Anmerkung:
Diese offizielle Zeitangabe setzt sich bei Zugfahrplänen, Flugplänen und anderen öffentlichen Textsorten auch für die erste Tageshälfte durch:

9.15 Uhr: neun Uhr fünfzehn (Minuten) (statt: [ein] viertel nach neun)
7.35 Uhr: sieben Uhr fünfunddreißig (Minuten) (statt: fünf [Minuten] nach halb acht)

(3) In der gesprochenen wie in der geschriebenen Sprache der täglichen Kommunikation werden für die zweite Tageshälfte aber nach wie vor die seit langem üblichen Zeitangaben verwendet:

13.15 Uhr: Es ist (ein) viertel/fünfzehn (Minuten) nach eins. (= Es ist viertel zwei.)
21.30 Uhr: Der Zug kommt (um) halb zehn an.
19.20 Uhr: Das Flugzeug landet (um) zwanzig nach sieben

Zur Sicherheit werden manchmal Zeitadverbiale angefügt:

13.15 Uhr: viertel nach eins mittags
19.20 Uhr: zwanzig nach sieben abends

(4) Minuten oder Sekunden sind zu flektieren:

Es ist drei Uhr fünfzehn *Minuten* zwanzig *Sekunden.*

Die Angabe von Jahreszahlen
Bei der Angabe von Jahreszahlen gebraucht man statt der Zahl *tausend* die entsprechenden Hundertzahlen, also:

1749: siebzehnhundertneunundvierzig
1987: neunzehnhundertsiebenundachtzig

Wird nur das Jahr (ohne Tag und Monat) angegeben, entfällt meist - vor allem in der gesprochenen Sprache - *im Jahr(e)* oder *das Jahr:*

Goethe wurde 1749 geboren.
Heute haben wir 1987.

Anmerkung:
Die aus dem Englischen entlehnte Form *in* ist nicht normgerecht:

* Das Ergebnis in 1985 war 5% besser als 1984.

Die Ordinalzahlen

Ordinalzahlen sind: *der erste, die dritte, das zwanzigste.* Sie legen eine bestimmte Stelle, einen bestimmten Fixpunkt in einer geordneten und zählbaren Reihe von Personen oder Gegenständen fest. Aufgrund dieser Eigenschaft treten sie überwiegend im Singular auf, selten im Plural. Ordinalzahlen stehen beim Substantiv (attributiv) oder sind substantiviert, können dekliniert und nicht gesteigert werden. Sie antworten auf die Frage: *Der/die/das wievielte?*

Die Bildung der Ordinalzahlen
Ordinalzahlen werden gebildet, indem ein Artikelwort vorangestellt und an die

Kardinalzahlen (*fünf, hundert* usw.) das Suffix (Endung) *-t-* bzw. *-st-* + *-e* angehängt wird:

- *1-19* (Endung *-t*):

  der zweite, der vierte, der fünfte, der sechste, der zehnte, der vierzehnte
  aber: eins: der erste (Superlativ von einte), drei: der dritte, sieben: der siebente/siebte, acht: der achte

  Merke: Formen wie *der erstere, der letztere* sind als Varianten zulässig.

- ab *20* (Endung *-st*, vergleichbar dem Superlativ):

  der zwanzigste, der achtunddreißigste, der hundertste, der tausendste, der millionste usw.
  aber: der hunderteinte (* hunderterste)

- Bei zusammengesetzten Zahlen wird lediglich das letzte Glied Ordinalzahl:

  der 24. März: der vierundzwanzigste März
  die 358. Vorstellung: die dreihundertachtundfünfzigste Vorstellung

Anmerkung:
Bei Kalenderangaben fehlt in der gesprochenen Sprache oft der Monat (wenn es eindeutig ist):

Gestern war der Fünfzehnte.
aber: (Briefkopf) Berlin, den 15. 1. 1986
(den fünfzehnten ersten neunzehnhundertsechsundachtzig)

Die Deklination der Ordinalzahlen

(1) Die Deklination der Ordinalzahlen folgt jener der Adjektive (→ S. 178).
(2) Bei zusammengesetzten Ordinalzahlen wird das letzte Glied dekliniert:

Wir gedachten des *dreihundertsten* Geburtstages von Johann Sebastian Bach.

Merke:
Bei Kalenderangaben wird die Ordinalzahl flektiert, aber nicht der Monat:

am Morgen des *achten* Oktober

(3) Werden Ordinalzahlen in Ziffern geschrieben, so wird ein Punkt nach der Ziffer gesetzt (a); bei Königsgeschlechtern und anderen Adelsfamilien wird die römische Ziffer mit Punkt gewählt (b):

(a) Heute ist der erste Mai. - 1. Mai
Die Veranstaltung findet am Dienstag, dem fünfzehnten Januar, statt. - 15. Januar
(= findet Dienstag, den fünfzehnten Januar, statt)
(b) Elizabeth I., Friedrich II., Richard III. (substantivischer Gebrauch)

Anmerkung:
Soll eine gleichmäßige Verteilung innerhalb einer Reihe/Serie bezeichnet werden, steht *jede-*. Dabei kann die nachfolgende Ordinalzahl durch *alle* + Kardinalzahl ersetzt werden, wenn es sich um Zeitangaben handelt:

jeden dritten Monat - alle drei Monate
jede fünfte Sekunde - alle fünf Sekunden

Bei allen anderen Angaben ist jedoch kein Austausch möglich:

jeder dritte Mann ≠ alle drei Männer
jedes zehnte Auto ≠ alle zehn Autos

Merke:
Während die Standardnorm der geschriebenen Sprache bei der Bezeichnung der Mitgliederzahl einer Gruppe die Struktur:

zu + Ordinalzahl ohne Endung *(zu zweit)*

vorschreibt, wird in der gesprochenen Sprache gleichberechtigt

zu + Kardinalzahl + *-en (zu zweien)*

verwendet. Also:

geschriebene Sprache	gesprochene Sprache
zu viert	zu vieren
zu acht	zu achten

Die Bruchzahlen

ein halbes Pfund Butter, ein viertel Pfund Kaffee, eine Halbe (Bier), vier Sechzehntel (Noten)

Mit diesen Wörtern *(halbe, viertel, sechzehntel)* werden Teile vom Ganzen bezeichnet. Wir nennen sie Bruchzahlen.

Die Bildung der Bruchzahlen
Bruchzahlen bestehen aus Zähler und Nenner. Der Zähler ist eine Kardinalzahl (*ein, zwei, vier* usw.), der Nenner eine Ordinalzahl, an die das Suffix *-el* angehängt wird:

ein viertel/Viertel, zwei achtel/Achtel, fünf tausendstel/Tausendstel, drei hunderteintel/Hunderteintel
aber: ein halb (statt: ein Zweitel)

Der Gebrauch der Bruchzahlen
(1) Bruchzahlen werden im Zusammenhang mit Maßangaben (Länge, Höhe, Gewicht, Druck usw.) gebraucht. Als solche sind sie Adjektive und werden mit kleinem Anfangsbuchstaben geschrieben *(ein halbes Bier);* werden sie substantivisch gebraucht, erfolgt Großschreibung: *eine Halbe.*
(2) Bruchzahlen können mit Maßangaben feste Fügungen (zusammengesetzte Substantive) bilden:

ein Viertelpfund, die Achtelliterklasse, die Zweiunddreißigstelnote, eine Dreiviertelstunde, das Halbjahr

Anmerkung:
Beim Einkaufen oder im Restaurant hat es sich in der gesprochenen Sprache eingebürgert, *Pfund, Kilogramm, Liter* usw. als Maßangaben wegzulassen:

Ein viertel Appenzeller, bitte!
Einen halben Roten, bitte!

(3) Bruchzahlen können in Ziffern ausgedrückt und dann folgendermaßen gelesen werden:

3½ Stunden	dreieinhalb Stunden	oder
	drei und eine halbe Stunde	

ähnlich bei Dezimalbrüchen:

8/10 Sekunden	acht zehntel Sekunden	oder
	acht Zehntelsekunden	oder
	acht Zehntel einer Sekunde	
5,75 Kilometer	fünfdreiviertel Kilometer	oder
	fünf Komma fünfundsiebzig Kilometer	oder
	fünf Komma sieben fünf Kilometer	

Merke:
Statt *einundeinhalb* wird in der gesprochenen Sprache meist *anderthalb* gebraucht (unflektiert):

anderthalb Monate

Nur in idiomatischen Wendungen wird die Bruchzahl flektiert:

Auf einen Schelm setzt er anderthalbe!

Die Gattungszahlen

Gattungszahlen bezeichnen eine bestimmte oder unbestimmte Anzahl von Lebewesen oder Gegenständen innerhalb einer Gattung. Sie werden gebildet durch Anhängen des Suffixes *-erlei* an die entsprechende Kardinalzahl bzw. das Artikelwort: *zwei + -erlei = zweierlei, neun + -erlei = neunerlei, alle + -erlei = allerlei:*

- bestimmte Anzahl:

Man nehme *dreierlei* Kräuter für die Suppe: Basilikum, Estragon und Thymian.

- unbestimmte Anzahl:

Seine Meinung ist mir *einerlei* (= egal).
Die Kinder brachten *allerlei* Spielzeug mit.
Der Innenminister sieht derzeit *keinerlei* Veranlassung zum Rücktritt.
Sie führte *tausenderlei* Bedenken gegen unsere Initiative an: alle waren lächerlich.

Die Vervielfältigungszahlen

(1) Vervielfältigungszahlen bezeichnen die Anzahl der Lebewesen oder Gegenstände, die in einer bestimmten Ordnung vorhanden sind. Vervielfältigungszahlen können attributiv und prädikativ verwendet werden. Sie werden durch Anhängen des Suffixes *-fach* an die entsprechende Kardinalzahl gebildet: *acht - achtfach, hundert - hundertfach:*

Mit dem *achtfachen* Betrag hat er das Haus erworben.
Mit einem *zehntausendfachen* Schrei wurde das Tor bejubelt.

Merke:
Neben *zweifach* wird häufig auch *doppelt* gebraucht:

die zweifache/doppelte Wegstrecke

In der gesprochenen Sprache wird zunehmend *doppelt* bevorzugt, das freilich nur teilweise bedeutungsgleich mit *zweifach* ist. *Doppelt* bezeichnet im Grunde die Wiederholung des gleichen Tatbestandes, während zweifach auf das Verschiedenartige der zwei Tatbestände hinweist:

Er ist doppelt bestraft. (= wegen des gleichen Delikts zweimal)
Er ist zweifach bestraft. (= wegen zweierlei Delikte)

Allerdings wird diese Unterscheidung selten beachtet. Nicht austauschbar sind *zweifach* und *doppelt* bei den folgenden Beispielen:

doppelter Whisky
doppelter Boden

(2) Eine Untergruppe der Vervielfältigungszahlen sind die Wiederholungszahlen, die auf *-malig* enden: *einmalig, dreimalig, zehnmalig*. Sie geben das zeitliche Nacheinander, nicht Nebeneinander (wie die Vervielfältigungszahlen), einer bestimmten Ordnung an. Wir vergleichen:

- Vervielfältigungszahl: *der dreifache Gewinner des „Oscar“* (in einem Jahr)
- Wiederholungszahl: *der dreimalige Gewinner des „Oscar“* (in mehreren Jahren nacheinander)

Anmerkung:
Auch diese Unterscheidung wird - besonders in den Zeitungen und Zeitschriften, aber auch in der Alltagssprache - nur selten beachtet.

(3) Das Adverb zu *einmalig, dreimalig, zehnmalig* usw. lautet: *einmal, dreimal, zehnmal* usw.:

Sie hat sich *dreimal* das Bein gebrochen. (in drei verschiedenen Jahren)

Die Einteilungszahlen

(1) Einteilungszahlen gliedern die Abfolge von Punkten innerhalb einer bestimmten Ordnung. Sie stehen somit in enger Verbindung zu den Ordinalzahlen. Gebildet werden sie durch Anhängen des Suffixes *-ns* an die Ordinalzahl: *erstens, drittens, zehntens* usw. Da eine Gliederung von Punkten selten in höhere Zahlenbereiche hinaufreicht, gibt es Einteilungszahlen meist nur von kleineren Zahlen:

Erstens habe ich ihn nicht gesehen, und *zweitens* kenne ich ihn überhaupt nicht.
Zehntens kommen wir zum Punkt Verschiedenes.

(2) In Ziffern ausgedrückt, werden Einteilungszahlen wie Ordinalzahlen geschrieben:

1. = erstens
8. = achtens usw.

Die unbestimmten Zahladjektive

Eine Reihe von unbestimmten Zahlwörtern befindet sich an der Grenze zwischen den Artikelwörtern (Untergruppe: Indefinitpronomen) und den hier behandelten Zahladjektiven. Formal (syntaktisch) verhalten sie sich im Regelfall wie Adjektive (sie können dekliniert sowie attributiv und prädikativ verwendet werden, sind aber in der Regel nicht zu steigern); von ihrer Bedeutung her (semantisch) sind sie unbestimmte (indefinite) Artikelwörter. Wir führen sie wegen der Systematik der Zahladjektive hier auf. Zu den unbestimmten Zahladjektiven gehören: *ander-, einzeln, ein bißchen, etwas, ganz, gering, gesamt, gewiß, halb, nichts, ein paar, sämtlich-, sonstig-, übrig-, ungezählt, vereinzelt, verschieden, viel, wenig, zahllos, zahlreich*

Der Gebrauch der unbestimmten Zahladjektive

(1) Die am häufigsten verwendeten unbestimmten Zahladjektive sind *viel* und *wenig*. Beide sind attributiv und prädikativ verwendbar, können gesteigert (→ S. 185, 187) und dekliniert werden:

- mit bestimmtem Artikel:

  die *vielen/wenigen/zahllosen/ungezählten* Menschen

- mit unbestimmtem Artikel:

  ein *Weniges*

- mit Nullartikel:

  viele/wenige/zahllose/ungezählte Menschen

- ohne Substantiv:

  Wir kennen *viele/wenige/ungezählte/verschiedene* in dieser Stadt.

(2) Steht kein Artikelwort voran, werden *viel* und *wenig* häufig nicht dekliniert:

Er hat *viel* Leid in seinem Leben erfahren.
Wir haben *wenig* Zeit zum Überlegen.
Viel Dogmatik und *wenig* Einsicht!
Es gibt *wenig* Momente ...
aber: *Vielen* Dank!
Er bedarf *vieler* Freundschaftsbeweise. (= Genitiv)
Die *vielen* Leute machen mir Sorgen.
Den *wenigen* Besuchern konnte sie nicht imponieren.

Merke:
Wird *viel* mit einem Adjektiv verbunden und nicht flektiert, können Mißverständnisse auftreten. Deshalb muß es zur Differenzierung im ersten Falle dekliniert werden:

viele jüngere Damen (= eine Anzahl jüngerer Damen)
viel jüngere Damen (= sie waren erheblich jünger als andere Damen)

(3) *Halb, ganz:* Werden *halb* und *ganz* prädikativ gebraucht, so sind die Formen nicht dekliniert; in attributiver Verwendung gibt es sowohl die nichtdeklinierte wie auch die deklinierte Form:

Das überzeugt nicht *ganz*/nur *halb*.	(prädikativ)
Halb München/das *halbe* München war auf den Beinen.	(attributiv)

(4) *Andere, sonstige:* Diese unbestimmten Zahladjektive werden attributiv gebraucht und können nicht gesteigert werden, prädikativer Gebrauch ist literarisch. Anders ist es mit *übrig,* das häufig auch prädikativ verwendet werden kann:

Sie hat *andere/sonstige* Wünsche.
Ihre Wünsche sind *andere/sonstige.* (literarisch)
Die *übrigen* Gäste blieben bis zwei Uhr.
3,- DM waren noch *übrig.*

Bei der Flexion von *ander-* fällt häufig entweder das *-e-* vor *-m* und *-n* oder das *-e-* in der Wortmitte aus:

die and(e)r(e)n Autos mit den and(e)r(e)n Gästen, in and(e)r(e)m Geiste

(5) *Ein paar* bezeichnet eine unbestimmte Anzahl von Lebewesen oder Dingen; es ist auf den Plural beschränkt. Zu unterscheiden ist es von *ein Paar* (= zwei gleiche Elemente):

Wir haben *ein paar* (= einige) Kleinigkeiten gekauft.
aber: Sie hat sich ein Paar Schuhe gekauft.

(6) *Etwas, nichts:* Nach *etwas, nichts* in attributiver Verwendung wird das folgende Adjektiv stark flektiert:

etwas Schönes/nichts Gutes

Eine Ausnahme stellt der Genitiv dar, der - aus Gründen der Unterscheidbarkeit vom Nominativ - schwach flektiert:

statt etwas Schönem

Bierwisch, Manfred 1970: „Einige semantische Universalien in deutschen Adjektiven", in: H. Steger (Hrsg.): Vorschläge für eine strukturelle Grammatik des Deutschen, Darmstadt
Helbig, Gerhard/Joachim Buscha 1985: Deutsche Grammatik. Ein Handbuch für den Ausländerunterricht, Leipzig
Motsch, Wolfgang 1971: Syntax des deutschen Adjektivs, Berlin
Sommerfeldt, Karl-Ernst/Herbert Schreiber 1983: Wörterbuch zur Valenz und Distribution deutscher Adjektive, Tübingen

Politik auch Frauensache

Nur jeder vierte Mann dagegen

Allensbach (AZ) - So ändern sich die Zeiten: Der Satz „Politik ist Männersache" hat für eine große Mehrheit der Bundesbürger keine Bedeutung mehr. Das ergab eine repräsentative Umfrage des Instituts für Demoskopie in Allensbach.

Allerdings sind 25 von hundert Männern immer noch dieser Ansicht, ermittelten die Meinungsforscher. Immerhin bejahten 56 Prozent der Männer und 71 Prozent der Frauen die Frage: „Gefällt es Ihnen, wenn eine Frau sich politisch betätigt?"

Die Aussage „Politik ist Männersache" war im Jahre 1966 von 51 Prozent der Frauen abgelehnt worden. Heutzutage wenden sich schon 76 Prozent gegen diese Aussage. Bei den Männern erhöhten sich die entsprechenden Zahlen von 42 auf 67 Prozent.

(„Abendzeitung", 29. 1. 1985)

(1) In diesem Text treten unterschiedliche Artikelwörter auf:

jeder, die, der, eine, keine, des, dieser, in dem (im), diese, den

Dies alles sind Artikelwörter (lat. articulus = Gelenk, Glied, traditionell auch Geschlechtswörter). Obwohl scheinbar völlig unterschiedlich, verhalten sie sich in syntaktischer Hinsicht wie der bestimmte Artikel *der/die/das/die* oder der unbestimmte Artikel *ein/eine/ein* und werden deshalb einer gemeinsamen Wortklasse zugeordnet. Da Artikelwörter gewissermaßen das Substantiv begleiten, werden sie auch Begleiter des Substantivs genannt.

(2) Artikelwörter stehen immer vor einem Substantiv (bzw. einem substantivierten Verb, Adjektiv usw.):

Jeder vierte Mann ist dagegen.
So ändern sich *die* Zeiten.
Das ergab *eine* repräsentative Umfrage.

Merke:
Zwischen Artikelwort und Substantiv können andere Wörter (z.B. Adjektive) treten:

> Die *entsprechenden* Zahlen erhöhten sich.
> Das ergab eine *repräsentative* Umfrage.

(3) Artikelwörter stimmen mit dem nachfolgenden Substantiv (und dem Adjektiv, wenn vorhanden) in Genus, Numerus und Kasus überein (Kongruenz):

> *eine* repräsentative *Umfrage*
> *die* entsprechenden *Zahlen*
> *jeder* unbekannte *Mann*

(4) Artikelwörter können nicht allein im Satz verschoben werden, sondern immer nur mit dem dazugehörigen Substantiv:

> Heutzutage wenden sich 76% gegen diese Aussage.
> ⟶ Gegen diese Aussage wenden sich heutzutage 76%.
> ⟶* Gegen Aussage wenden sich diese heutzutage 76%.
> ⟶* Diese gegen Aussage wenden sich heutzutage 76%.

(5) Vor einem Artikelwort kann kein weiteres Artikelwort stehen:

> Das ergab eine repräsentative Umfrage.
> ⟶* Das ergab eine die repräsentative Umfrage.

Merke:
In Ausnahmefällen treten dennoch zwei Artikelwörter auf:

> Was geschieht in diesem unseren Lande?

Solche Gebilde sind Sprachverhunzungen. Sie sind kein Beitrag zur Sprachkultur. Eine Ausnahme bilden lediglich die Verbindungen mit *alle:*

> alle meine Freunde, alle diese Kinos

Anders sieht es mit folgenden Verbindungen aus: *ein jeder, manch ein, solch ein, welch ein.* Sie sind freie Varianten von: *jeder, mancher, solcher, welcher.*
(6) Neben den Artikelwörtern, die im Satz erscheinen, gibt es noch solche, die nicht im Satz auftauchen: beim Substantiv steht also kein Artikelwort. Wir sprechen in diesem Fall vom Nullartikel:

> Politik ist auch *Frauensache.*
> *Jungen* und *Mädchen* kamen.
> Das nennen wir *Risikofreudigkeit.*

Liste der Artikelwörter

Zu den Artikelwörtern werden gezählt:
- der bestimmte Artikel (Geschlechtswort):

> der, die, das, die

- der unbestimmte Artikel (Geschlechtswort):

> ein, eine, ein

- der Nullartikel: Ø
- das Demonstrativpronomen (hinweisendes Fürwort):

  dieser, diese, dieses, diese
  Variante: bei Neutra im Nominativ/Akkusativ Singular: *dies*
  jener, jene, jenes, jene
  derjenige, diejenige, dasjenige, diejenigen
  derselbe, dieselbe, dasselbe, dieselben
  solch ein, solch eine, solch ein
  ein solcher, eine solche, ein solches, solche

- das Possessivpronomen (besitzanzeigendes Fürwort):

  mein, meine, mein, meine
  Variante: dessen, deren, dessen, deren

- das Interrogativpronomen (Fragefürwort):

  welcher, welche, welches, welche
  Varianten: welch ein, welch eine, welch ein; was für ein, was für eine, was für ein, was für

- das Indefinitpronomen (unbestimmtes Fürwort):

  mancher, manche, manches, manche
  Varianten: manch ein, manch eine, manch ein; einiger, einige, einiges, einige; etlicher, etliche, etliches, etliche; irgendein, irgendeine, irgendein; irgendwelcher, irgendwelche, irgendwelches, irgendwelche

  aller, alle, alles, alle
  dazu Variante 1: alle die (diese, jene, meine)
  Variante 2: all der (dieser, jener, mein); all die (diese, jene, meine); all das (dieses, jenes, mein); all die (diese, jene, meine)

  jeder, jede, jedes
  Varianten: jedweder, jedwede, jedwedes, jedwede; jeglicher, jegliche, jegliches, jegliche

  kein, keine, kein, keine

  mehrere (nur Plural)

Die Deklination der Artikelwörter

(1) Die meisten Artikelwörter werden wie Adjektive mit Nullartikel dekliniert (starke Deklination des Adjektivs; → S. 178):

	Singular Mask.	Femin.	Neutr.	Plural
N	dies-er	dies-e	dies-es	dies-e
G	dies-es	dies-er	dies-es	dies-er
D	dies-em	dies-er	dies-em	dies-en
A	dies-en	dies-e	dies-es	dies-e

Anmerkung:
Genitiv Singular im Maskulinum und Neutrum lautet auf *-es* im Unterschied zum Adjektiv mit Nullartikel (Endung: *-en*).

(2) Verschiedene Artikelwörter weichen von diesem Grundtyp ab:
- der bestimmte Artikel *der:*

	Singular Mask.	Femin.	Neutr.	Plural
N	d-er	d-ie	d-as	d-ie
G	d-es	d-er	d-es	d-er
D	d-em	d-er	d-em	d-en
A	d-en	d-ie	d-as	d-ie

- der unbestimmte Artikel *ein,* die Indefinitpronomen *irgendein/kein* sowie die Possessivpronomen *mein, dein* usw.:

	Singular Mask.	Femin.	Neutr.	Plural
N	mein	mein-e	mein	mein-e
G	mein-es	mein-er	mein-es	mein-er
D	mein-em	mein-er	mein-em	mein-en
A	mein-en	mein-e	mein	mein-e

- das Demonstrativpronomen *derjenige* bzw. *derselbe:*

	Singular Mask.	Femin.	Neutr.	Plural
N	derselb-e	dieselb-e	dasselb-e	dieselb-en
G	desselb-en	derselb-en	desselb-en	derselb-en
D	demselb-en	derselb-en	demselb-en	denselb-en
A	denselb-en	dieselb-e	dasselb-e	dieselb-en

Besonderheiten der Deklination

(1) *Ein/eine/ein* (unbestimmter Artikel) sowie *irgendein* (Indefinitpronomen) haben keine Pluralformen. Im Plural steht statt dessen der Nullartikel:

ein Baum - Bäume, eine Tasche - Taschen,
ein Kind - Kinder

oder *irgendwelche:*

irgendein Mann - irgendwelche Männer

(2) *Mehrere* kann nur im Plural verwendet werden:

In anonymen Anrufen bei *mehreren* Zeitungsredaktionen hat sich ein Unbekannter zu der Ermordung von Hans Ulrich Lenzlinger bekannt.
aber: *mehr* (= Komparativ von *viel*):
1979 fanden *mehr* Vorträge statt.

(3) *Einige, etliche* und *alle* stehen im Plural. Sie sind im Singular nur verwendbar bei:
- Stoffbezeichnungen:

Einiges Blei war schon ausgeflossen.
Etliches Mehl war verschüttet.

- Abstrakta, die physikalisch (Größe, Gewicht, Länge, Druck) nicht meßbar sind:

Der Kellner Paul hat *etliches* Geld veruntreut.
Aller Ruhm ist dahin.

Alle ist in der Umgangssprache häufig austauschbar mit *ganz:*

Der *ganze* Ruhm ist dahin.

(4) Bei *welch ein/solch ein/manch ein/all der* (Singular) wird der erste Teil des Gefüges nicht dekliniert:

Welch eine Überraschung ist das!

Der Plural lautet: *welche/solche/manche/alle:*

Auf *solche* Fragen antworte ich nicht.
Manchen Leuten kann man nicht vertrauen.

(5) *Jeder* wird im Plural durch *alle* ersetzt:

Fast *jeder* Bundesbürger möchte ein Auto erwerben.
Fast *alle* Bundesbürger möchten ein Auto erwerben.

(6) Die Artikelwörter *dessen* und *deren* (Possessivpronomen) werden nicht dekliniert; sie richten sich in Genus und Numerus - anders beispielsweise als im Französischen - nach dem Substantiv im übergeordneten Satz, nicht nach dem Substantiv, vor dem sie stehen:

Das ist *Martins* Mutter. - Ich habe *dessen* Mutter noch nie gesehen.

Das ist *Inges* Vater. - Ich habe *deren* Vater noch nie gesehen.

(7) *Dieses* und *dies* sind austauschbar:

Dieses/dies Kind meine ich.

Wichtige Funktionen des bestimmten, unbestimmten und des Nullartikels

Die Funktionen der Artikelwörter sind außerordentlich unterschiedlich. Am deutlichsten ist dies im Bereich folgender Artikelwörter zu erkennen: bestimmter, unbestimmter und Nullartikel.
(1) Der bestimmte und der unbestimmte Artikel verdeutlichen Kasus, Numerus und Genus des nachfolgenden Substantivs:

der/ein Baum (= Maskulinum Singular Nominativ)

Grundsätzlich gilt: Jedes Substantiv ist jeweils nur einem Artikel verbunden; an diesem Artikel ist das Genus (grammatisches Geschlecht) zu erkennen:

der Baum (= Maskulinum)
die Straße (= Femininum)
das Haus (= Neutrum)

Anmerkung:
Es gibt jedoch zahlreiche Substantive mit schwankendem Genus (*der/das/die Dschungel, der/das Radar, das/der Gulasch, das/der Barock, der/das Keks, die/das Cola, der/das Sakko, der/das Spind, der/das Teil* usw.). Gleichwohl ist es richtig, den Artikelwörtern eine genusverdeutlichende Funktion zuzuschreiben. Diese wird insbesondere bei Homonymen (Wörter unterschiedlicher Bedeutung bei gleicher Schreibung) deutlich, wo nämlich der unterschiedliche Artikel den jeweiligen Gebrauch signalisiert (→ S. 167):

der Band (= das Buch)
das Band (= die Schnur)
die Band (= engl. die Kapelle)

(2) Die drei Artikelformen dienen zur Individualisierung (I) bzw. Generalisierung (G):

Das Auto steht an der Ecke.	(I)
Ein Mann weint nicht.	(G)
Autos fahren schnell.	(G)

(3) Die drei Artikelformen sind Kennzeichen für die Substantivierung von Verben, Adjektiven, Adverbien usw.:

Das Schwimmen macht mir Spaß.
Ein Großer hat uns verlassen.
Wichtiges ist passiert.

(4) Bestimmter und unbestimmter Artikel dienen zur Unterscheidung von Bekanntem (Thema) und Neuem (Rhema; → S. 433):

An der Ecke steht	*ein Mann.*	*Der Mann* raucht	*eine Zigarette.*
(= Thema)	(= Rhema)	(= Thema)	(= Rhema)

(5) Letztlich haben der bestimmte und der unbestimmte Artikel eine possessive Funktion:

Gestern haben sich fünf Skifahrer *das/ein/ihr* Bein gebrochen.

Funktionen des bestimmten Artikels

(1) Der bestimmte Artikel wird verwendet, wenn ein Substantiv durch die Situation identifiziert werden soll (d.h., es ist klar, was jeweils gemeint ist):

Das Abendessen ist um 7 Uhr.
Der Mai damals war unvergeßlich.
(Jemand ruft): „*Der* Dachstuhl brennt."

(2) Der bestimmte Artikel hat oft eine demonstrative Funktion:

Ich meine *die* Frau da drüben.

(3) Weiterhin hat der bestimmte Artikel häufig eine distributive Funktion (Angabe von Maßbezeichnungen):

Die Äpfel kosten 4 Mark *das* Kilo.	(hier ist der Artikel mit *pro*
Das Flugzeug fliegt 800 km *die* Stunde.	austauschbar)

(4) Der bestimmte Artikel wird vor allem aber dafür gebraucht, ein nachfolgendes Substantiv zu individualisieren, also von anderen zu unterscheiden und eindeutig zu machen:

> Siehst du *das* Auto dort?
> *Der* Elektriker ist heute krank.

Diese Funktion wird besonders deutlich, wenn mit dem bestimmten Artikel auf Objekte/Personen/Gegebenheiten verwiesen wird, die nur einmal vorkommen (Eigennamen; → S. 141): geographische Bezeichnungen, Namen von Personen.

Der bestimmte Artikel bei geographischen Bezeichnungen

(1) Bei der Nennung von Gebirgen, Bergen, Seen, Flüssen, Meeren und Gestirnen wird der bestimmte Artikel verwendet:

> Das sind *die* Alpen.
> Morgen fahren wir auf *die* Zugspitze.
> Konstanz liegt *am* (*an + dem*) Bodensee.
> Dort leuchtet *der* Orion.

(2) Auch einige Ländernamen werden mit dem bestimmten Artikel verbunden; die meisten sind artikellos:

> *die* Schweiz, *die* Türkei, *die* Tschechoslowakei, *die* Vereinigten Staaten von Nordamerika (USA), *die* Niederlande
> *(der)* Irak, *(der)* Iran, *(der)* Libanon, *(der)* Sudan

Merke:
Bei Angabe der Staatsform (Republik, Königreich usw.) steht stets der bestimmte Artikel:

> *die* Bundesrepublik Deutschland, *das* Königreich Großbritannien, *die* Sowjetunion (UdSSR), *der* Freistaat Bayern

(3) Landschaften, Inseln, Täler werden ebenfalls mit dem bestimmten Artikel verbunden:

> *der* Balkan, *der* Darß, *der* Bosporus, *der* Peloponnes
> *die* Normandie, *die* Bretagne, *die* Riviera, *die* Champagne, *die* Pfalz, *die* Lausitz, *die* Krim
> *das* Engadin, *das* Elsaß, *das* Ries
> *der* Aargau, *das* Allgäu, *das* Vogtland, *die* Steiermark (Zusammensetzungen)

(4) Bei der Angabe von Straßen, Gebäuden und Schiffen verwendet man den bestimmten Artikel:

> *die* Goethestraße, *das* Rathaus, *der* Mainzer Dom, *die* „Bremen"

Merke:
Wird der Eigenname jedoch als Vertreter einer Klasse gebraucht, steht der unbestimmte Artikel:

> In Bonn gibt es auch *eine* Thomas-Mann-Straße.

(5) Die nähere Bestimmung eines Länder- oder Städtenamens durch ein Adjek-

tiv, eine Apposition oder ein Genitivattribut geschieht in Verbindung mit dem bestimmten Artikel:

die herrliche Provence, *das* Wien, das ich liebe, *das* Frankreich de Gaulles

Der bestimmte Artikel bei Personennamen
Normalerweise werden Personennamen ohne Artikel gebraucht (→ S. 216); in einer Reihe von Fällen steht jedoch der bestimmte Artikel:

- bei Werken der Kunst sowie bei Schauspielrollen:

  die „Mona Lisa“, *der* Marquis Posa

  Merke:
  Bei Bühnenwerken fehlt der Artikel:

  Morgen wird „Aida“ gespielt.

- zur Angabe von Beruf, Tätigkeit oder Titel:

  der Dichter Novalis, *der* Präsident des Bauernverbandes

  Merke:
  Gehört der Titel zum Namen, entfällt der Artikel:

  Dort steht Doktor Rupp.

  Steht der Titel oder eine Verwandtschaftsbezeichnung als Apposition voran, entfällt der Artikel:

  Königin Beatrix, Präsident Mitterrand, Herr Müller, Fräulein Wagner

- bei Namen mit Bekanntheitsgrad:

  Er liest *den* Konsalik.

- bei Herrschergeschlechtern:

  die Hohenzollern, *die* Cäsaren

- bei Familiennamen von Frauen (seltener bei Männern):

  Damals hat *die* Giehse gespielt.

  Merke:
  In der gesprochenen Sprache ist häufig damit ein abschätziger (pejorativer) Sinn verbunden:

  Die Meyer quatscht den ganzen Tag!

- beim Superlativ:

  Das ist *der* beste Beethoven, den ich je gehört habe.

Merke:
Wird ein Personennamen oder Titel als Bezeichnung für eine Gattung verwendet (Klassifizierung), steht der unbestimmte Artikel:

Er ist *ein* zweiter Nietzsche.
Das ist *ein* völlig neuer „Faust“.

Funktionen des unbestimmten Artikels
(1) Im Unterschied zum bestimmten Artikel steht der unbestimmte Artikel stets dann, wenn die Personen oder Dinge, die angesprochen werden, unbekannt sind und auch nicht identifiziert werden sollen (a). Weiterhin (b) dient der unbestimmte Artikel zur Bezeichnung von Elementen einer Klasse (Klassifizierung). Schließlich steht der unbestimmte Artikel beim erstmaligen Auftauchen des Substantivs im Text (c):

(a) Dort drüben läuft *ein* Kind.
(b) Ich möchte *einen* Volkswagen kaufen.
(c) Gestern hat es *ein* Gewitter gegeben. *Es* war aber bald vorüber.
(= Rhema) (= Thema)

(2) Im einzelnen handelt es sich um folgende Funktionen:
- generalisierende Funktion (→ S. 212):

Eine Kuh ist ein Säugetier.

- in differenzierender Funktion bei Stoffnamen oder Abstrakta:

Ein trockener Rotwein paßt besser zum Rehrücken als *ein* süßer Rotwein.

- in vergleichender Funktion bei Eigennamen:

Ein Fußballer wie Beckenbauer ist einmalig.

- bei Eigennamen, die eine Klasse bezeichnen:

Das ist *ein* Rembrandt.

- bei Maßangaben in Verbindung mit dem Verb *haben:*

New York hat *eine* Nord-Süd-Ausdehnung von 50 km.

- bei Angabe der Abstammung:

Sie ist *eine* Rothschild. Er ist *ein* Sioux-Indianer.

- bei *haben* + Akkusativ:

Er hat *eine* Tochter / *einen* Mercedes.

Funktionen des Nullartikels
(1) Beim Nullartikel - wenn also weder bestimmter noch unbestimmter Artikel steht - geht es n i c h t um Bestimmtheit (Individualisierung, Identifizierung) oder Unbestimmtheit (Unbekanntheit bzw. Klassifizierung), also den Gegensatz von bestimmtem und unbestimmtem Artikel. Vielmehr werden Substantive vor allem dann ohne Artikel gebraucht, wenn Ungegliedertes bzw. Unbegrenztes (z. B. Stoffbezeichnungen, Abstrakta) ausgedrückt werden:

Sie ißt gern *Hammelfleisch*. Wir brauchen *Geld*. Alle wollen *Frieden*.

(2) Es gibt im einzelnen folgende Verwendungsweisen:
- Nullartikel im Plural, wenn im Singular der unbestimmte Artikel *(ein/eine/ ein)* steht:

Kinder gehen in die Schule.
Auf der anderen Straßenseite stehen *Bäume*.

- zur Bezeichnung der Gattung im Plural (Generalisierung):

  Wale sind *Säugetiere.*

- zur Kennzeichnung des Berufs, der Religion, der Funktion oder der Nationalität *(sein/werden/als):*

  Er ist *Schlosser.*
  Sie wird *Vizepräsidentin* der Universität.
  Er wird als *Nachfolger* vorgeschlagen.

  aber: Wird ein voran- oder nachgestelltes Attribut hinzugefügt, stehen *der* oder *ein:*

  Er ist *der* jüngste Bürgermeister Bayerns.
  Sie ist *eine* Amerikanerin, wie ich sie mir vorstelle.

  Merke:
  Zu unterscheiden ist die Berufsangabe (Nullartikel) von der - häufig abschätzig gemeinten - Beurteilung (unbestimmter Artikel):

  Er ist Schauspieler. (= Berufsangabe)
  Er ist *ein* Schauspieler. (= Beurteilung: jemand, der täuscht)

- bei Angabe von Eigenschaften oder Zuständen:

  Sie verlangt *Pünktlichkeit.*
  Ohne *Ausdauer* ist das nicht zu schaffen.

- bei festen Verbverbindungen:

  Gestern *hatten* sie *Erfolg.*
  Er *holt Atem.*

  Merke:
  Beim Verb *haben* stehen *der* oder *ein,* wenn ein Attribut angefügt wird:

  Gestern hatten sie *den* Erfolg, den sie schon lange brauchten.
  Die Kinder haben *einen* Riesenhunger, wie schon lange nicht mehr.

- bei allen Länder- und Kontinentnamen mit Ausnahme jener mit dem bestimmten Artikel (→ S. 213):

  Morgen sind wir in *Österreich.*
  Sie lebt in *Europa.*

- bei Personennamen:

  Das ist *Hannelore.*

- bei Genitiv- oder Präpositionalgefügen:

  Er betrat *schnellen Schrittes* den Gerichtssaal.
  Das tut sie nur *aus Eifersucht.*

- bei Angaben von Wochentagen, Monatsnamen und Jahreszeiten:

  Heute ist *Montag.*
  Jetzt haben wir *Mai.*
  Bald ist *Winter.*

- bei festen Zwillingsformeln:

  Mann und Frau, Ebbe und Flut, Kind und Kegel, Haus und Hof, weder Fisch noch Fleisch

- bei Zahladjektiven:

  Das sind *fünf Kilo* Kartoffeln.

- bei vorangestelltem Genitiv:

  Das ist *Gabrieles* Tante.

- bei Festen religiöser Herkunft:

  Wie feiert ihr *Weihnachten*?
  Zu Ostern fliegen wir nach Elba. (bairisch: *an Ostern*)

Merke:
Bei allen anderen Festen/Feiertagen steht der bestimmte Artikel:

  Der 1. Mai ist der Tag der Arbeit.

- bei Titeln, die zum Namen gehören, sowie Anredeformen:

  Heute spricht *Professor Wagner.*
  Frau Doktor Hauser leitet die Prüfung.

- bei bestimmten Verwandtschaftsbezeichnungen (*Vater, Mutter, Großvater, Großmutter* sowie *Tante/Onkel,* letztere mit Namensnennung), vor allem in der gesprochenen Sprache:

  Großvater/Opa schenkt uns ein Motorrad.
  Wir schreiben an *Onkel Heinz.*

- bei nachgestellten Berufs- oder Tätigkeitsbezeichnungen:

  Hans Müller, *Schweißer von Beruf,* hält Streikwache.

- in Überschriften von Zeitungen oder häufig bei Buchtiteln:

  „*Terror* ohne Grenzen", „*Holzfällen*", „*Transit*"

- bei Schauspiel- und Operntiteln:

  Heute gibt es „*Faust I*".
  Morgen spielen wir „*Fidelio*".

Merke:
Bei Werken der bildenden Kunst steht *der/die/das:*

  Das ist „Der Denker" von Rodin.
  Dort hängt „Das Stahlwerk" von Menzel.

Verschmelzungen des bestimmten Artikels mit einer Präposition

(1) Schon im Eingangstext war eine Form der Verschmelzung von bestimmtem Artikel mit einer Präposition enthalten:

  im Jahre 1966 (i*n* + *dem*)

(2) Solche Verschmelzungen sind, vor allem in der gesprochenen Sprache, außerordentlich häufig. Sie betreffen:
- *der* + Präposition: *zur* (standardsprachlich)
- *das* + Präposition: *ans, ins* (standardsprachlich), *vors, aufs, hinters, ums, übers, unters, durchs, fürs* (nur gesprochene Sprache)
- *dem* + Präposition: *am, im, beim, vom, zum* (standardsprachlich), *überm, unterm, hinterm, vorm* (nur gesprochene Sprache)
- *den* + Präposition: *vorn, hintern, übern, untern* (nur gesprochene Sprache)

(3) Zum Gebrauch ist zu sagen, daß verschmolzene Formen im Regelfall unbetont sind (a), während die getrennte Form den Ton trägt und Hinweischarakter hat (b); beide Formen werden auch anaphorisch (auf vorher im Text Stehendes verweisend) verwendet (c).

> (a) Morgen fahren wir *zur* Tante.
> (b) Morgen fahren wir *zu dér* Tante, die wir nicht leiden können.
> (c) Ein Mann stand an der Ecke. *In dem* Mann erkannten wir den Mörder.
> (c) Letzte Woche waren wir in einem italienischen Restaurant. *Im* Restaurant war es sehr voll.

(4) Obligatorisch sind Verschmelzungen bei:
- festen Verbverbindungen:

> *aufs* Land fahren, *beim* Wort nehmen, *ums* Leben kommen, *hinters* Licht führen, *ans* Ufer setzen, *ins* Verderben stürzen

- Eigennamen:

> Hotel *zum* Bär(en), Köln *am* Rhein, *im* Nahen Osten, *im* Engadin

- prädikativen Adjektiven (Superlativ) sowie Zahladjektiven:

> *am* schönsten, *am* besten, *am* ersten Mai,
> *zum* ersten . . ., *zum* zweiten . . ., *fürs* erste

- substantivierten Infinitiven:

> *beim* Joggen, *zum* Weinen, Lust *am* Diskutieren

Weitere Artikelwörter

Hier werden nun weitere Artikelwörter der eingangs aufgeführten Liste in ihrer Verwendung dargestellt. Im Unterschied zum bestimmten, unbestimmten und Nullartikel ist ihr Gebrauch eindeutig.

dieser

Hier wird auf nahe Gelegenes (a) oder im Text zuvor Erwähntes (b) verwiesen:

> (a) Siehst du *dieses* Kleid hier?
> (b) Das ist eine völlig neue Zeitschrift. *Diese* Zeitschrift spricht vor allem Frauen an.

jener

Mit diesem Artikelwort wird auf weiter Entferntes oder nicht unmittelbar zuvor Erwähntes verwiesen:

> Das sind Erinnerungen an *jene* Tage vor dem Kriegsanbruch.

derjenige
Damit wird eine Person oder Sache identifiziert, die im nachfolgenden Relativsatz näher beschrieben wird:

> Das ist *derjenige* Mann, der gestern die Bank überfallen hat.

derselbe
Das Artikelwort dient zur Identifizierung einer Person bzw. Sache:

> Das ist *dieselbe* Frau wie gestern.

solch ein/ein solcher
Mit diesen Wörtern wird eine Auswahl aus einer Menge von Personen oder Sachverhalten unter Hinweis auf ihre Qualität vorgenommen:

> *Einen solchen Vater* hätte ich gern gehabt.
> Das ist *solch ein Unsinn,* wie ich ihn noch nie gehört habe.

mein/dessen
Damit werden die Zugehörigkeit bzw. der Besitz beschrieben:

> Das ist *mein* Auto. Das ist der Mann, *dessen* Auto ich gekauft habe.

welcher/welch ein
Mit diesen Artikelwörtern wird die Frage nach einem Element aus einer gegliederten Menge (im Gegensatz zu: *was für ein*) formuliert:

> *Welcher* Junge hat das gefragt?

mancher/manch ein
Hiermit wird ein Teil aus einer Gesamtheit beschrieben:

> *Mancher* Lehrer sehnt sich nach dem Rohrstock.

einige(r)
Im Singular werden damit ungegliederte Begriffe (Stoffbezeichnungen/Abstrakta), im Plural einige Elemente aus einer Menge bezeichnet:

> Dazu ist *einige* Kraft nötig.

etliche(r)/irgendein/irgendwelche(r)
Damit wird eine ungenaue Angabe über eine Menge oder abstrakte Größe gemacht:

> Dann gab es noch *etliche/irgendwelche* Schwierigkeiten.

alle(r)
Hiermit werden die Gesamtheit einer ungeordneten Menge (Stoffbezeichnung/Abstrakta) im Singular bzw. alle Teile einer gegliederten Menge im Plural ausgedrückt:

> Sie hat *alles* Mehl verschüttet. (= das ganze Mehl)
> Er hat *alle* Hoffnung aufgegeben.

jeder/jedweder/jeglicher
Mit diesen Artikelwörtern werden sowohl die Gesamtheit wie jedes einzelne Exemplar einer Gruppe/Menge angesprochen (nur im Singular):

> *Jedes* Auto hat einen Katalysator.

kein

(1) *Kein, keine, keines, keine* stehen grundsätzlich dann als Negation, wenn im nicht verneinten Satz *ein, eine, eines* steht:

Das ist *ein* Buch. → Das ist *kein* Buch.

Merke:
Soll die Negation verstärkt werden, steht *nicht ein* (betont):

Nicht eine Mark hat er gespendet!

(2) *Kein* steht weiterhin im Plural (verneint), wenn im Singular der unbestimmte Artikel und im Plural der Nullartikel realisiert sind:

Er verdient *eine Million.* → Er verdient *Millionen.* → Er verdient *keine Millionen.*

(3) *Kein* steht vor allem:
- bei zahlreichen festen Verbverbindungen:

Wir haben *Durst.* → Wir haben *keinen Durst.*

- bei Angabe des Berufs, der Nationalität, der Funktion, des Titels oder der Weltanschauung (Einordnungsergänzung):

Sie ist *Lehrerin.* → Sie ist *keine Lehrerin.*
Er ist *Tscheche.* → Er ist *kein Tscheche.*

- beim Präpositionalattribut:

Sie ist eine Geschäftsfrau *mit großem Erfolg.*
→ Sie ist eine Geschäftsfrau *mit keinem großen Erfolg.*

(4) Häufig ist die Unterscheidung von *kein* und *nicht* schwierig:

Er ist *kein* Professor. → Er ist *nicht* Professor.

Als Faustregel läßt sich sagen, daß die Verneinung mit *kein* eine Satzteilnegation ist (→ S. 280), also in diesem Falle nicht der gesamte Satz verneint wird:

Er ist kein Professor. (sondern Lehrer)

Hingegen ist die Verneinung mit *nicht* schwankend: es kann sich sowohl um Satznegation wie um eine Satzteilnegation handeln, abhängig jeweils von der Betonung:

Er ist́ nicht Professor. (Satznegation)
Er ist nicht Proféssor. (Satzteilnegation)

mehrere

Dieses Wort wird nur im Plural verwendet; damit werden Elemente aus einer Menge/Gesamtheit bezeichnet (aber mehr als einige):

Sie hat schon *mehrere* Prüfungen abgelegt.

Grimm, Hans-Jürgen/Gertraud Heinrich 1976: Der Artikel, Leipzig
Vater, Heinz 1963: Das System der Artikelformen im heutigen Deutsch, Tübingen

Berühmt – aber nicht in Deutschland

„Heute früh", sagte er während wir uns vor das offene Kaminfeuer setzen, „bekam ich ein Glückwunschtelegramm von Maria Piscator, der Witwe Erwins. Dreißig Jahre hatte ich nichts von ihr gehört." Später bringt der Postbote einen Stoß Gratulationsbriefe, wie sie seit acht Tagen dem Dichter Robert Penn Warren ins Haus flattern. Anlaß ist seine Ernennung zum ersten amerikanischen *poeta laureatus*, ein Amt, daß 1985 durch Gesetz vom Kongreß geschaffen wurde. Warren spielt diese von den Medien genußreich verbreitete Ehrung skeptisch lächelnd herunter. „Wie Sie vielleicht wissen", sagt der achtzigjährige in Kentucky geborene, in südstaatlicher Mundart sprechende Herr, „war ich schon 1944/45 Berater (Consultant in Poetry) an der Kongreßbibliothek, von meinem Kollegen Archibald McLeish berufen. Das war noch ein richtiger Job. Ich wohnte ein Jahr in Washington, sichtete Manuskripte, schrieb Gutachten, gab Empfehlungen ab. Damals gelang mir auch ein echter Coup. Wir erfuhren, daß in Amherst ein paar ungeöffnete Kisten mit Manuskripten und Briefen von Emily Dickinson (The Belle of Amherst) bei irgendwelchen Nachkommen der Dichterin herumstanden. Ich sollte den Wert schätzen. Der Fund war phantastisch, geradezu unbezahlbar. Soweit ich weiß, wurde das Material dann auch von der Kongreßbibliothek erworben."

(„Süddeutsche Zeitung", 4.4. 1986)

(1) Wir haben dem Bereich Artikelwörter eine große Anzahl jener Wörter zugeordnet, die traditionell als Pronomen (lat. pronomen, eigtl. = Wort, das für ein Nomen steht; auch Pronomina, Singular: das Pronomen, und traditionell: Fürwörter) bezeichnet werden. Dies geschah aufgrund des für alle Wörter gleichen syntaktischen Verhaltens. Im einzelnen handelte es sich um die folgenden Untergruppen (→ S. 209):

- Demonstrativpronomen (hinweisende Fürwörter):

  dieser, diese, dieses, diese usw.

- Possessivpronomen (besitzanzeigende Fürwörter):

  mein, meine, mein, meine usw.

- Interrogativpronomen (Fragefürwörter):

  welcher, welche, welches, welche usw.

- Indefinitpronomen (unbestimmte Fürwörter):

  mancher, manche, manches, manche usw.

(2) Damit bleiben unter der Rubrik Pronomen zu behandeln:
- Personalpronomen (*ich, du* usw.)
- Reflexivpronomen (*mich, sich* usw.)
- Relativpronomen (*der, welcher* usw.)
- substantivisch gebrauchte Indefinitpronomen (*etwas, man, niemand* usw.)
- das Pronomen *es*

Das Personalpronomen

(1) In unserem Text (→ S. 221) kommen zahlreiche Personalpronomen (auch Personalpronomina, traditionell: persönliche Fürwörter) vor:

er, wir, ich, ihr, sie, Sie, mir

(2) Personalpronomen sind Wörter, die stellvertretend für Substantive stehen und Personen, Dinge oder Abstrakta bezeichnen. Sie machen deutlich, welche Person oder welche Sache gemeint ist. Mit anderen Worten: Mit Personalpronomen bezieht sich der Sprecher/Schreiber auf Personen oder Sachen der Realität. Damit sind Personalpronomen Teil der Verweismittel (Deiktika) der deutschen Sprache (→ S. 438):

> „Heute früh", sagt *er,* während *wir* uns vor das offene Kaminfeuer setzen, „bekam *ich* ein Glückwunschtelegramm von Maria Piscator, der Witwe Erwins. Dreißig Jahre hatte *ich* nichts von *ihr* gehört."

Der Autor des Textes bezieht sich mit den Personalpronomen auf die folgenden Personen, die im Gespräch vor dem Kaminfeuer erwähnt werden:

er = Robert Penn Warren
wir = Warren, Autor, möglicherweise Warrens Ehefrau
ich = Warren
ihr = Maria Piscator

(3) Im einzelnen unterscheiden wir drei Kategorien von Personalpronomen:
- 1. Person *(ich, wir):* Person(en), die von sich spricht/sprechen oder schreibt/schreiben
- 2. Person *(du, ihr):* Person(en), die angesprochen/angeschrieben wird/werden
- 3. Person *(er, sie, es, sie):* Person(en), über die gesprochen/geschrieben bzw. auf die referiert wird

Anmerkung:
Die Höflichkeitsform *Sie* gehört zur zweiten Kategorie, allerdings ist sie formal mit der dritten Kategorie verwandt. Die Höflichkeitsform gilt für Singular und Plural.

Das Personalpronomen der 1. und 2. Person

Die Deklination

	1. Person		2. Person		Höflichkeitsform
	Sing.	Pl.	Sing.	Pl.	Sing. und Pl.
N	ich	wir	du	ihr	Sie
G	meiner	unser	deiner	euer	Ihrer
D	mir	uns	dir	euch	Ihnen
A	mich	uns	dich	euch	Sie

(1) Es fällt auf, daß das Deklinationsschema vollständig ausgebaut ist, aber einzelne Formen mehrfach, d.h. in zwei Kasus auftreten: *uns, euch, Sie. Uns* und *euch* werden auch als Reflexivpronomen *(Wir waschen uns. Ihr beeilt euch.)* benutzt.
(2) Ansonsten ist auch beim Deklinationsschema des Personalpronomens jenes Phänomen zu beobachten, das bei den Verben und Substantiven zu beobachten ist, die Flucht aus dem Genitiv und das Ersetzen durch eine präpositionale Fügung:

Ich erinnere mich *deiner.*
Ich erinnere mich *an dich.*

(3) Daneben fällt die Verwandtschaft des Personalpronomens im Genitiv mit dem Possessivpronomen *(meiner - mein, deiner - dein)* auf: das Possessivpronomen hat sich - historisch gesehen - aus dem Personalpronomen entwickelt.
(4) Schließlich wird deutlich, daß die Personalpronomina der 1. und 2. Person lediglich im Hinblick auf Numerus und Kasus differenziert sind, nicht hinsichtlich des Genus. Das hat seine Ursache offensichtlich darin, daß beim Sprechakt normalerweise klar ist, welche Person/Personen mit *ich* oder *du* bzw. *wir* oder *ihr* gemeint ist/sind, also: wer spricht und wer angesprochen wird. Bei der 3. Person - über die etwas berichtet wird - ist dies nicht eindeutig, weshalb hier eine Aufgliederung des Genus in *er, sie, es* vorgenommen wird.

Der Gebrauch

(1) Im vertraulichen Gespräch bzw. im familiären Bereich wird der Gesprächspartner mit *du* angeredet, bei mehreren Personen mit *ihr.* Das Duzen ist weiter üblich unter Kindern und Jugendlichen, von Erwachsenen zu Jugendlichen (nicht aber umgekehrt), in der Verwandtschaft, weitgehend an den Universitäten unter Studenten als Folge der studentischen Bewegung von 1968 (allerdings kaum noch gegenüber Dozenten und Professoren), schließlich innerhalb der Sozialdemokratischen Partei Deutschlands (SPD) sowie bei den GRÜNEN und in der alternativen Szene. In der Deutschen Demokratischen Republik (DDR) ist das Duzen weit mehr verbreitet, so innerhalb der kommunistischen SED und des Jugendverbandes FDJ sowie weiterer Organisationen. Allerdings ist auch hier - ähnlich wie in der Bundesrepublik - eine langsame Rückkehr zur Höflichkeitsform *Sie* festzustellen. Diese Form wird sowohl gegenüber einer einzelnen Person wie gegenüber mehreren gebraucht.

(2) *Du* wird schließlich verwendet beim Imperativ (→ S. 112), bei Todesanzeigen und Friedhofsreden sowie bei der Anrede höherer Wesen *(Vater unser, der du bist im Himmel, ...)*, Fabel- oder Märchenwesen *(... ich weiß, daß du Rumpelstilzchen heißt)* sowie in idiomatischen Wendungen:

> Was *du* heute kannst besorgen, das verschiebe nicht auf morgen!

Hier wird eine Nähe zum unpersönlichen *man* deutlich:

> Wie *man* sich bettet, so liegt man!
> Beim Alten Wirt ißt *du/man* gut!

(3) *Ihr* wird gebraucht bei der kirchlichen Predigt *(Brüder und Schwestern, ihr habt euch hier versammelt ...)*.
Anmerkung:
Nach der geltenden Rechtschreibnorm wird *Du, Deiner, Dir, Dich* sowie *Sie, Ihrer, Ihnen, Sie* in Briefen mit großem Anfangsbuchstaben geschrieben.
(4) Der Gebrauch des Personalpronomens der 1. Person Plural *(wir)* bezieht sich zunächst auf eine Gruppe von Menschen (in Fabeln auch sprechende Tiere), in die sich der Sprecher/ Schreiber einbezieht:

> *Wir* Mitglieder des Schachvereins ...
> *Wir* sind heute hier zusammengekommen, um ...

Daneben wird *wir* in bestimmten Textsorten verwendet:
- in offiziellen Reden als pluralis majestatis („Majestätsplural"): historisch:

  > *Wir*, Friedrich, König von Preußen ...

  heute verbrämt: (Regierungschef):

  > *Wir* sind zu dem Entschluß gekommen, ...

- in wissenschaftlichen Abhandlungen als pluralis modestiae („Plural der Bescheidenheit"): (der Autor):

  > *Wir* gehen jetzt noch auf unsere Untersuchungsergebnisse ein.

- in der Sprache Erwachsener gegenüber Kindern:

  > Und jetzt gehen *wir* schön in die Schule!

- in der Sprache mancher Ärzte bei der Untersuchung:

  > Nun, Frau Meier, wie geht es *uns* denn heute?

(5) Die Personalpronomen der 1. und 2. Person im Dativ und Akkusativ *(mir - mich, dir - dich, uns - uns, euch - euch)* dienen als Reflexivpronomen.
(6) Bei reziproken Verben (*sich begegnen, sich unterhalten;* → S. 62) steht statt *uns* und *euch* häufig *einander.*
Anmerkung:
Beim Genitiv (*meiner, deiner* usw.) im Zusammenhang mit *-halben, -wegen* und *-willen* wird wegen der Aussprache *-(e)t* eingeschoben:

> meinethalben, deinetwegen, euretwegen, meinetwillen

Das Personalpronomen der 3. Person

Die Deklination

	Singular Mask.	 Neutr.	 Femin.	Plural
N	er	es	sie	sie
G	seiner	seiner	ihrer	ihrer
D	ihm	ihm	ihr	ihnen
A	ihn	es	sie	sie

(1) Auch hier ist - wie bei der 1. und 2. Person - eine Verwandtschaft des Personalpronomens im Genitiv mit dem Possessivpronomen erkennbar: *seiner - sein, seiner - sein, ihrer - ihr, ihrer - ihr.*
(2) Deutlich wird weiterhin, daß außer dem Maskulinum alle Formen im Nominativ und Akkusativ identisch sind - anders als bei der 1. und 2. Person.

Der Gebrauch
(1) Die Personalpronomen der 3. Person werden besonders häufig anstelle eines Nomens im Text verwendet, um zweierlei zu erreichen:
- Das Nomen wird nicht wiederholt, der Text wird dadurch lebendiger.
- Das Personalpronomen bezieht sich auf das vorausgehende Nomen; dadurch entsteht ein Textzusammenhang. Das Pronomen fungiert somit als Anapher (→S. 437):

> Der Mann steht an der Ecke. Er liest eine Zeitung.

Merke:
Bei artikellosen Substantiven ist diese Möglichkeit nur beschränkt gegeben:

> Sie fuhren Auto. Es war ein BMW. (noch möglich aufgrund semantischer Bindung)
> Er ging zu Bett. Es war sehr warm. (nicht eindeutig)

(2) Das Personalpronomen der 3. Person Plural *(sie)* bezeichnet eine unbestimmte Menge oder Anzahl von Personen, Institutionen oder Dingen, die nicht beim Namen genannt werden:

> Später bringt der Postbote einen Stoß Gratulationsbriefe, wie *sie* seit acht Tagen dem Dichter Robert Penn Warren ins Haus flattern.
> *Sie* haben mich mit zum Skilaufen genommen.

(3) Zum Gebrauch des häufig vorkommenden Personalpronomens *es:* →S. 233.
(4) In der gesprochenen Sprache wird das Personalpronomen der 3. Person im Genitiv *(seiner, ihrer)* häufig durch die Variante des Possessivpronomens *(dessen, deren)* ersetzt, wenn es sich um Sachen und nicht um Personen handelt - wohl aus dem Grunde, daß dieser Genitiv als gespreizt empfunden wird und sich ohnehin auf dem Rückzug befindet. Wir vergleichen:

> Er bedarf der Hilfe nicht.
> (Er bedarf ihrer nicht.) ⟶ Er bedarf deren nicht.

Das Reflexivpronomen

Ich wehre *mich* dagegen.
Sie hat *sich* geweigert zu kommen.
Du kämmst *dich*. Ihr solltet *euch* schämen!

(1) In diesen Sätzen treten Reflexivpronomen auf: *mich, sich, dich, euch*. Reflexivpronomen (auch Reflexivpronomina, traditionell: rückbezügliche Fürwörter) stellen zusammen mit dem reflexiven Verb eine Verbindung her, bei der vom Objekt ein Rückbezug auf das Subjekt erfolgt:

Ich wasche mich.
(Subjekt) (Objekt)

Daher stimmt das Reflexivpronomen im allgemeinen mit dem Subjekt des gleichen Satzes in Person und Numerus überein, nicht aber im Kasus.

(2) Die Abgrenzung des Reflexivpronomens vom Personalpronomen ist nicht immer ganz einfach, weil es sich häufig um die gleichen Formen handelt.

(3) Im Kapitel „Reflexive Verben" (→S.61) haben wir zwischen sogenannten echten und sogenannten unechten reflexiven Verben unterschieden. „Echte" reflexive Verben sind solche, bei denen das Reflexivpronomen nichtweglaßbarer, also letztlich semantisch entleerter Prädikatsteil ist (*sich weigern, sich schämen* usw.), „unechte" reflexive Verben hingegen solche, bei denen das Reflexivpronomen austauschbar und also Ergänzung zum Verb ist: eine Stelle im Valenzplan (*sich kämmen, sich waschen* usw.). Wir vergleichen:

Ich weigere *mich*.	Ich wasche *mich*.
* Ich weigere ihn/das Kind.	Ich wasche *ihn/das Kind*.

Deutlich wird, daß die sogenannten unechten reflexiven Verben in Wahrheit echte Reflexiva sind, da nur bei ihnen der Rückbezug: Objekt - Subjekt gegeben ist.

Die Deklination

(1) Reflexivpronomen kommen im Genitiv, Dativ, Akkusativ und Präpositionalkasus vor, nicht im Nominativ. Hier das gesamte Schema:

	Singular			Plural		
	1. Pers.	2. Pers.	3. Pers.	1. Pers.	2. Pers.	3. Pers.
G	meiner	deiner	seiner (Mask./Neutr.) ihrer (Femin.)	unser	euer	ihrer
D	mir	dir	sich	uns	euch	sich
A	mich	dich	sich	uns	euch	sich

(2) Um keine Schwierigkeiten beim Gebrauch des Reflexivums zu bekommen, hat die 3. Person des Reflexivpronomens (im Gegensatz zur 1. und 2. Person: dort sind Personalpronomen und Reflexivpronomen identisch) eine eigene Form: *sich*. Dadurch wird verhindert, daß Personalform und Reflexivform

identisch sind. Dieses Reflexivpronomen gibt es nur für den Dativ und Akkusativ, nicht für den Genitiv (dort ist es mit dem Personalpronomen identisch):

Er/sie/es schadet *sich*. (Dativ)
Er/sie/es wäscht *sich*. (Akkusativ)
Er bedarf *seiner*. (zweideutig: — *seiner selbst*) / — eines anderen) (Genitiv)
* Er bedarf sich.

Der Gebrauch

(1) Eingangs war festgestellt worden, daß sich das Reflexivum stets auf das Subjekt des gleichen Satzes bezieht (→ S. 226). Nun gibt es aber auch Fälle, bei denen sich das Reflexivum auf die Akkusativergänzung bezieht:

Der Journalist Terjung hätte Wehner vor sich (selbst) beschützen müssen.

Hier handelt es sich also um eine besondere Form der Reflexivität.

(2) Der gleiche Fall tritt auf bei Verben mit Akkusativ und Infinitivergänzung *(lassen, sehen, hören, fühlen, spüren)*. Auch hier bezieht sich das Reflexivpronomen auf die Akkusativergänzung, nicht auf das Subjekt:

Ich lasse ihn sich anziehen.
Wir hören sie sich bewegen.
Sie sieht ihn sich waschen.
aber: * Sie sieht mich mich waschen. (1. Person Singular)

Besonderheiten:

- Mehrdeutig können Sätze sein, bei denen die Bezugssubstantive in Genus und Kasus gleich sind:

  Der Politiker läßt seinen Stellvertreter *für sich* sprechen. (= für den Politiker oder für den Stellvertreter)

- Bei Ergänzungssätzen in Infinitivform ist es unumgänglich, Personalpronomen einerseits oder Reflexivpronomen andererseits zu verwenden, um den jeweiligen Bezug zu verdeutlichen:

  Franz hat Johannes zugesagt, *ihn* morgen abend zu treffen. (= nur Johannes)
  Franz hat Johannes zugesagt, *sich* morgen abend zu treffen. (= beide treffen sich, möglicherweise noch weitere Personen)

- Bei reziproken Verben wie *sich treffen, sich begegnen, sich unterstützen* usw. kann der wechselseitige Bezug außer durch das Reflexivpronomen auch durch *einander* bzw. *sich gegenseitig/wechselseitig* verdeutlicht werden:

  Sie halfen sich in der Gefahr.
  Sie halfen einander in der Gefahr.
  Sie halfen sich gegenseitig in der Gefahr.
  aber: * Sie halfen sich einander in der Gefahr.

(3) Tritt eine Ergänzung hinzu, wechselt der Kasus:

Ich wasche *mich*.
Ich wasche *mir* die Hände.

Selbst

(1) Ein besonderes Problem im Rahmen der Reflexivität stellt *selbst* dar. In Strukturen wie

er *selbst;* die Frau *selbst* ist gekommen;
ich habe die Gläser *selbst* ausgewählt usw.

wird die Reflexivität deutlich. Generell kann *selbst* zu allen Reflexivpronomen hinzutreten und damit die Aussage verstärken:

Ich bin meiner *selbst* nicht mächtig.
Ich maße mir *selbst* das nicht an. (= Ich selbst maße mir das nicht an.)
aber: * Ich beeile mich selbst sehr. (zu stark betont)

(2) Gelegentlich können Unsicherheiten auftreten, wer/was mit *selbst* gemeint bzw. verstärkt ist. Dabei kommt es wesentlich auf die Betonung an:

a) Ich *selb́st* habe die Gläser ausgewählt.
b) Ich habe *selbst* die Gläser ausgewählt.
c) Ich habe die Gläser *selb́st* ausgewählt.

Zur Sicherheit empfiehlt es sich, *selbst* unmittelbar im Anschluß an die gemeinte Person zu setzen, sonst könnte b) zweideutig sein:

Ich selbst war es, der die Gläser ausgewählt hat.
oder: Ich habe sogar die Gläser ausgewählt.

Das Relativpronomen

Anlaß ist seine Ernennung zum ersten amerikanischen poeta laureatus, ein Amt, *das* 1985 durch Gesetz vom Kongreß geschaffen wurde.
außerdem: Er sah den Mann, *der* an der Ecke stand.
Wir begegneten zahlreichen Menschen, *denen* die Freude über das schöne Wetter anzusehen war.

(1) Wörter wie *das, der, denen* usw., aber auch *welcher, welche, welches* leiten Nebensätze mit relativischem Charakter (Relativsätze) ein. Sie heißen deshalb Relativpronomen (auch Relativpronomina, traditionell: bezügliche Fürwörter).

(2) *Welcher, welche, welches, welche?* werden auch als Interrogativpronomen gebraucht und sind in dieser Verwendung Artikelwörter (→ S. 219):

Welcher Schauspieler hat den „Tasso“ gespielt?
Welches Kind hat den Wettbewerb gewonnen?

(3) Relativpronomen dienen als Stellvertreter eines Substantivs (Lebewesen, Gegenstand, Abstraktum) im Nebensatz:

Der Mann, *der* gestern kam, ...
Die Tasche, *die* hier gelegen hat, ...
Der Frieden, *den* wir alle wollen, ...

(4) Die am häufigsten gebrauchten Relativpronomen sind die Artikelwörter *der, die, das, die* usw.

Die Deklination und der Gebrauch von *der, die, das*

	Singular			Plural
	Mask.	Femin.	Neutr.	
N	der	die	das	die
G	dessen	deren	dessen	deren
D	dem	der	dem	denen
A	den	die	das	die

(1) In der gesprochenen Sprache wird häufig für *deren* (Genitiv Plural) *der* gebraucht:

Das sind die Männer, wegen *der* (Standardsprache: *deren*) wir so viel Ärger hatten.

In der geschriebenen Sprache ist *deren* allerdings, ebenso wie für Genitiv Singular Femininum, obligatorisch.

(2) *Dessen* und *deren* in possessiver oder relativer Funktion (Artikelwort bzw. Relativpronomen) können als Attribut vor ein Substantiv treten. Sie sind unveränderbar, also nach Genus und Kasus nicht markiert. Das nachfolgende Adjektiv - wenn vorhanden - muß daher stark flektiert werden:

Der Politiker, dessen *erstem* Auftritt wir folgten, war ...
* Der Politiker, dessen ersten Auftritt wir folgten, war ...
Die Firma, deren *erfreuliche* Bilanzen vorliegen, ...
* Die Firma, deren erfreulichen Bilanzen vorliegen, ...
aus *dessen altem* Auto
* aus dessem alten Auto
wegen *deren erheblicher* Unterstützung
* wegen derer erheblichen Unterstützung

Der Gebrauch von *deren - derer*

(1) Vor einem Substantiv kann nur *deren* (nicht *derer*) stehen, wie die Beispiele gezeigt haben. In der Frage, ob *deren* oder *derer* als alleinstehendes Pronomen bzw. als nachgestelltes Genitivattribut verwendet werden kann, sind die Auffassungen unterschiedlich. Die Schulgrammatik läßt beides zu; wir halten nur *deren* für richtig:

Alle Fürsorge, *deren* wir uns erfreuen, wurde auf die Kinder übertragen.
* Alle Fürsorge, derer wir uns erfreuen, wurde auf die Kinder übertragen.

Als Regel gilt:
- *Derer* ist k a t a p h o r i s c h, weist also voraus auf weitere Informationen im Satz. Es kann vor einem Relativsatz oder in einem präpositionalen Gefüge stehen:

Das ist aufgrund *derer* passiert, die verhaftet worden sind.

Die Freude *derer,* die gewonnen haben, ...

- *Derer* kann durch *derjenigen* (Artikelwort) ersetzt werden:

  Die Freude *derjenigen, die* gewonnen haben, ...

- *Deren* hingegen hat anaphorische Funktion, verweist also im Text auf bereits zuvor Gesagtes:

  Alle Retter haben versagt. Wir bedürfen *deren* nicht mehr.

(2) Als Relativpronomen ist nur *deren* korrekt:

Die Familie, innerhalb *deren* sie sich sicher fühlt, ...
Die Autorität, *deren* sich der Papst in der Dritten Welt erfreut, ...
Die Verbrechen, *aufgrund deren* eine Bestrafung in Frage käme, ...

Anmerkung:
Zusammen mit den Nachsilben *-halben, -wegen* und *-willen* wird aus Aussprachegründen nach *dessen-* und *deren-* ein *-t* eingeschoben: *dessenthalben, derentwegen,* um *derentwillen:*

Claudio Arrau, *dessentwegen* das Konzert verschoben werden mußte, war urplötzlich erkrankt.

Die Deklination und der Gebrauch von *welcher, welche, welches*

	Singular Mask.	Femin.	Neutr.	Plural
N	welcher	welche	welches	welche
G	dessen	deren	dessen	deren
D	welchem	welcher	welchem	welchen
A	welchen	welche	welches	welche

(1) Ähnlich wie *der, die, das* können auch *welcher, welche, welches* als Relativpronomen gebraucht werden, allerdings ausschließlich in der geschriebenen Sprache, und hier auch nur, um eine Anhäufung von Relativpronomen bei mehreren Relativsätzen oder eine Überschneidung mit dem Artikelwort *der, die, das* zu vermeiden:

Der Mann, *welcher* gestern an der Ecke stand, sowie jener, *der* heute dazugekommen ist: beide sind verdächtig.

(2) *Welcher, welche, welches* gelten allgemein als eher schwerfällig, finden aber häufig in der schönen Literatur (Thomas Mann) Verwendung. Gebraucht werden sie vor allem bei abstrakten Substantiven:

Sie hatte ganz plötzlich ihren Mann verlassen, *mit welcher* Entscheidung wir uns abgefunden hatten.

Anmerkung:
Zu *welcher, welche, welches* als Artikelwort (Interrogativpronomen; → S. 209): Beim Gebrauch als Artikelwort lautet der Genitiv nicht *dessen/deren,* sondern *welches/welchen:*

Welches/welchen Mordwerkzeugs hat er sich bedient?

Die Deklination und der Gebrauch von *wer* und *was*

Wer bezieht sich auf Personen (ohne Geschlechtsunterschied), *was* auf Dinge oder Abstrakta:

Ich weiß nicht, *wem* ich die Karte gegeben habe.
Das ist alles, *wessen* ich mich erinnere.
Wen ich zuerst sehe, erschieße ich.
Das ist richtig, *was* er gesagt hat.
Was gemacht werden muß, sollten wir sofort tun.

	Personen	Dinge
N	wer	was
G	wessen	wessen
D	wem	-
A	wen	was

Anmerkung:
In Verbindung mit einer Präposition (Präpositionalkasus) steht nicht *wer* oder *was*, sondern *der* oder *das* oder das Pronominaladverb:

Das Interessante, *auf dem / worauf* wir aufbauen können, ist seine Haltung zum Waffenexport.

Merke:
Wer und *was* werden auch als Interrogativpronomen (Fragefürwörter) gebraucht:

Wer singt da? - Katja.
Was ist geschehen? - Ein Mord.

Das Indefinitpronomen

(1) Unter den Artikelwörtern (→S. 209) hatten wir bereits die attributiv gebrauchten Indefinitpronomen behandelt, weil sie sich syntaktisch wie der bestimmte Artikel verhalten:

all die Äpfel, *etliche* Kinder, *jede* Buche, *mancher* Mann, *mehrere* Bilder usw.

(2) Ausgeklammert hatten wir die wie ein Substantiv gebrauchten Indefinitpronomen. Dazu gehören: *man, (irgend) etwas, (irgend) jemand, irgendwer, niemand, nichts.*
Anders als die Indefinitpronomen, die als Artikelwörter verwendet werden, haben diese Indefinitpronomen kein ausgebildetes Deklinationsschema. Sie sind entweder Maskulina *(man, (irgend) jemand, irgendwer, niemand)* oder Neutra *(etwas, nichts)* im Singular und bezeichnen einzelne oder mehrere Personen oder Dinge ohne Genusdifferenzierung. Von einem Kasusschema kann man nur selten sprechen; es handelt sich jeweils nur um einzelne Formen.

Der Gebrauch von *man*

(1) Mit *man* werden eine oder mehrere Personen bezeichnet, die nicht näher charakterisiert werden.

Anmerkung:
Zur Diskussion *man/frau:* → S. 161.

(2) Das Indefinitpronomen *man* wird nicht dekliniert, einen Genitiv gibt es nicht. Dativ und Akkusativ werden vom substantivierten unbestimmten Artikel *einer* übernommen:

Man spricht über sie in der Stadt.	(= viele Menschen)
Das geht *einem* ganz schön auf die Nerven.	(= allen)
Seine Rede interessiert *einen* überhaupt nicht.	(= die Anwesenden)

N	man
G	-
D	einem
A	einen

Anmerkung:
Einem und *einen* werden, zumal in der gesprochenen Sprache, häufig verwechselt.

Nichts freut *einen* so sehr wie dein Geschenk.
* Nichts freut einem so sehr wie dein Geschenk.

Die Deklination und der Gebrauch von *jemand, niemand*

(1) Das substantivische Indefinitpronomen *jemand, niemand* hat ein voll ausgebautes Deklinationsschema, teilweise sogar Doppelformen:

N	jemand	niemand
G	jemandes	niemandes
D	jemandem/jemand	niemandem/niemand
A	jemanden/jemand	niemanden/niemand

(2) In der gesprochenen Sprache überwiegt eindeutig die endungslose Form, während in der Schriftsprache - vor allem in der schönen Literatur - die deklinierte Form häufig anzutreffen ist:

Von *niemand* ist sie erkannt worden. (gesprochene Sprache)
Von *niemandem* ist sie erkannt worden. (geschriebene Sprache)

(3) *Jemand* wird ähnlich gebraucht wie *man,* bezeichnet allerdings im Regelfall nur eine einzelne beliebige Person und keine Gruppe von Menschen. *Niemand* ist die Verneinung von *jemand.*

(4) Die Formen *jemand/niemand* + *anders/*Adjektiv stehen normalerweise unverändert in allen Kasus:

Ich habe *jemand anders* damit beauftragt.
Sie haben *niemand Besseres* gefunden.

(5) Im Dativ und Genitiv allerdings überwiegt Deklination des Adjektivs:

Ich versprach *niemand Fremdem* die Ehe.
Das war *jemandes Bösen* Tat.

Anmerkung:
- Im Regelfall steht das Adjektiv nach *jemand/niemand* im Neutrum:

  jemand *Großes*, niemand *anderes*

  In der gesprochenen Sprache jedoch, insbesondere im süddeutschen Raum, tritt häufig Maskulinum an die Stelle des Neutrums:

  jemand Großer, niemand anderer

- Man hört auch in der gesprochenen Sprache: *Wer (Großes):*

  Da ist *wer (Großes)* gegen die Mauer gefahren.

  Ansonsten steht: *irgendwer.*
- Attribute sind - mit Ausnahme von *man* - bei allen substantivischen Indefinitpronomen möglich. Dies können entweder genitivische Attribute oder präpositionale Attribute sein:

  irgendeiner *der Gruppe*
  irgend jemand *aus der Gruppe*

- Auch die bereits erwähnten Formen (→ S. 232) sind Attribute und werden im Regelfall stark flektiert:

  jemand *Großes*, niemand *anderes*
  aber: alles *Liebe* und *Gute* (nach Artikelwort)

Der Gebrauch von *etwas, nichts*

(1) *Etwas* oder *irgend etwas* sowie *nichts* werden nicht dekliniert; *nichts* ist die Verneinung von *etwas*. Im Akkusativ sowie in Verbindung mit einer Präposition wird die Form des Nominativs benutzt. *Etwas* bezeichnet einen beliebigen Gegenstand oder ein Abstraktum, *irgend* verstärkt diese Unbestimmtheit:

Etwas stand hinter dem Haus: ein Hund?
Ich habe *irgend etwas* nicht verstanden.
Sie möchte *nichts* mehr davon hören.

(2) In der gesprochenen Sprache ist für *nichts* auch *nix* zu hören, zumal im Süddeutschen; für *etwas* wird *was* verwendet:

Ich will dir mal *was* sagen!.

(3) *Etwas* steht in enger Nachbarschaft zu dem gleichlautenden Zahladjektiv. *Nichts* und *etwas* stehen nach Präpositionen:

Von *nichts* kommt nichts.

***Es* als Pronomen**

Der Gebrauch von *es*

Wir haben *es* bereits (→ S. 225) als Personalpronomen der 3. Person Singular kennengelernt:

Es spielt auf der Straße. (= das Kind)

Diese Funktion ist die gebräuchlichste: als Stellvertreter für Neutra im Nominativ oder Akkusativ. *Es* hat jedoch darüber hinaus eine Reihe anderer Funktionen im Satz. Hier sind alle aufgeführt:
- *es* als Stellvertreter für Neutra im Nominativ oder Akkusativ
- *es* als Stellvertreter bei Einordnungsergänzung oder Artergänzung
- *es* als Bezugswort für einen ganzen Satz
- *es* als Korrelat (Platzhalter) im einfachen Satz
- *es* als Korrelat bei Subjekt- und Objektsätzen
- *es* als formales Subjekt
- *es* als formales Objekt
- *es* und die Pronominaladverbien

_Es_ als Stellvertreter für Neutra im Nominativ oder Akkusativ

Hast du *das Auto* in die Werkstatt gebracht?
⟶ Ja, *es* ist am Freitag fertig.

Es steht anstelle des im ersten Satz erwähnten Neutrums und ist damit austauschbar. Dabei gilt, daß der Bezug immer eindeutig sein muß, d.h., das Neutrum im vorausgehenden Satz muß erkennbar sein, und *es* darf sich nur auf ein einziges Objekt beziehen, nicht auf eine Klasse von Gegenständen. Handelt es sich um eine Klasse, kein Individuum, steht *dieses/jenes*. Deshalb:

Ich würde gern ein Fahrrad kaufen. (= Klasse)
Wie gefällt Ihnen *dieses/jenes/dies* hier?
* Wie gefällt Ihnen es?

aber: Ich würde gern *dieses blaue Fahrrad* kaufen. (= individuelles Objekt)
Hier ist *es*. Wie gefällt *es* Ihnen?
*Wie gefällt dieses Ihnen?

_Es_ als Stellvertreter bei Einordnungs- oder Artergänzung

Es kann stellvertretend für Adjektive oder Substantive bei *sein, bleiben, werden* gebraucht werden:

Karin ist intelligent, und Hans ist *es* auch.
Klaus Müller wird Lehrer, und sein Freund wird *es* auch.

Dieses *es* kann nicht in Spitzenstellung (am Satzbeginn) stehen, ist aber durch *das* ersetzbar, allerdings kann dabei die Satzgliedstellung verändert werden:

Klaus Müller wird Lehrer, und das wird sein Freund auch.

_Es_ als Bezugswort für einen ganzen Satz

In ähnlicher Weise wie als Einordnungsergänzung oder Artergänzung tritt *es* auch bei Vollverben auf, allerdings bezieht sich das Pronomen hier auf den ganzen Satz:

Wir wären die Dummen und hätten *es* auch verdient.
Hast du die Schulaufgaben gemacht? Dein Bruder hat *es* schon getan.

_Es_ als Korrelat (Platzhalter) im einfachen Satz
Es steht am Satzbeginn als Platzhalter eines Subjekts. Ein Adverbial an der Spitze des Satzes erfüllt die gleiche Funktion:

> *Es* ist ein Überfall letzte Woche hier passiert.
> *Letzte Woche* ist hier ein Überfall passiert.

Wenn das Subjekt an die erste Stelle des Satzes tritt, entfällt *es:*

> Ein Überfall ist hier letzte Woche passiert.

ähnlich in Passivsätzen (unpersönliches Passiv):

> *Es* wird mit seinem Ableben gerechnet.
> Mit seinem Ableben wird gerechnet.
> oder: *Es* wird regelmäßig hier geraucht.
> Hier wird regelmäßig geraucht.

Merke:
Das Subjekt, nicht *es,* kongruiert mit dem Verb (Kongruenz; → S.428):

> *Es werden* folgende neue Gesetze erlassen:
> Folgende neue Gesetze werden erlassen:

Anmerkung:
- Die häufig als gespreizt empfundene Ausdrucksweise dürfte der Grund dafür sein, daß - besonders in der gesprochenen Sprache - die Sätze mit Platzhalter-*es* selten vorkommen; Subjekt oder Adverbial erscheinen statt dessen am Satzbeginn:

> Folgende neue Gesetze werden erlassen.
> Hier wird regelmäßig geraucht.

- Ähnlich verhält es sich bei Sätzen, in denen *es* syntaktisches Objekt ist. *Es* ist auch hier semantisch leer, entfällt aber - im Gegensatz zu den obengenannten Fällen - in der Satzmitte nicht automatisch, sondern kann erscheinen. Dazu gehören:

> Es friert/hungert/durstet/fröstelt/schüttelt mich/ihn.
> → Mich/ihn friert/hungert/durstet/fröstelt/schüttelt (es).
> Es schwindelt/graust/graut mir/ihr (selten: *mich/sie*).
> → Mir/ihr schwindelt/graust/graut (es).

Zu dieser Gruppe gehören auch Adjektive mit *sein* und *werden* + *es* + Dativ:

> Es ist mir heiß. Mir ist (es) heiß.

ebenso: *angst und bange, kalt, schlecht, übel, warm*
Merke:
Bei *ekeln, gruseln, schaudern* usw. *(mir/mich ekelt)* sind Dativ wie Akkusativ möglich. Aber nur! *Ich ekle mich vor ihm.*

_Es_ als Korrelat bei Subjekt- und Objektsätzen
(1) Bei nachgestelltem Subjektsatz, der mit *daß, ob* oder einem mit *w* beginnenden Wort (*warum, weil, weshalb* usw.) eingeleitet wird, steht im Hauptsatz

(Obersatz) als Korrelat ein *es* am Satzbeginn. Tritt ein anderes Wort an die Satzspitze, kann *es* in der Satzmitte stehen oder entfallen:

Es ärgert mich außerordentlich, daß sie weggefahren ist.
→ Mich ärgert außerordentlich, daß sie weggefahren ist.
→ Außerordentlich ärgert (es) mich, daß sie weggefahren ist.

Das *es* in diesem Satz ist ein Signal, das auf ein Element hinweist, über das im Nebensatz noch etwas ausgesagt wird (Rhematisierungsfunktion). Dieses trifft gleichermaßen auf die Funktion in Objektsätzen zu. In solchen Objektsätzen steht *es* - im Gegensatz zu den Subjektsätzen - in der Satzmitte und nie an der Satzspitze:

Ich verantworte es nicht, wenn hier geraucht wird.
* Es verantworte ich nicht, wenn hier geraucht wird.
Ich bedau(e)re es sehr, daß die Beziehungen so angespannt sind.
* Es bedau(e)re ich sehr, daß die Beziehungen so angespannt sind.

Ähnlich nach den Verben: *es begrüßen, es erlauben, es ertragen, es wünschen* sowie *es absehen auf, es anlegen auf, es aufnehmen mit, es bringen zu, es halten mit, es lassen bei* usw.
(2) Stehen Subjekt- oder Objektsatz als Vordersatz - also vor dem Hauptsatz - entfällt das Korrelat. Statt dessen kann *das* vor den Hauptsatz gestellt werden:

Es ärgert mich außerordentlich, daß sie weggefahren ist.
→ Daß sie weggefahren ist, (das) ärgert mich außerordentlich.
Ich bedau(e)re es sehr, daß die Beziehungen so schlecht sind.
→ Daß die Beziehungen so schlecht sind, (das) bedau(e)re ich sehr.

Anmerkung:
- Von der Semantik des Verbs hängt es ab, ob *es* erscheint oder nicht. Bei der Mehrzahl der Verben ist *es* fakultativ, z. B.: *bedauern (es), begrüßen (es), bezweifeln (es), erlauben (es), erwarten (es), verantworten (es), wünschen (es):*

  Ich wünsche (es), daß er kommt.

- Bei einer kleineren Zahl von Verben ist *es* normalerweise Bestandteil des Verbs und muß deshalb in jedem Fall erscheinen, z. B.: *es absehen auf, es anlegen auf, es bringen zu, es gut meinen:*

  Er hat *es* darauf abgesehen, sie zu beleidigen.
  → Sie zu beleidigen, darauf hat er *es* abgesehen.

Allerdings gibt es Zweifelsfälle. In der gesprochenen Sprache vor allem ist festzustellen, daß *es* häufig dort gebraucht wird, wo es fakultativ ist, also weggelassen werden kann. Wir vergleichen:

Es ärgert ihn besonders, daß sie dagegen ist.
Ihn ärgert (es) besonders, daß sie dagegen ist.
Ich erlaube (es) gern, daß ihr mitmacht.
aber: *Es* reizt sie außerordentlich, ihn zu provozieren.
Außerordentlich reizt *es* sie, ihn zu provozieren.

Die Regel sollte so lauten: selbst da, wo *es* fakultativ ist, wird es meist verwendet, um ein Signal zu setzen bzw. dem Gesprächspartner anzudeuten, daß noch etwas Wichtiges kommt, nämlich die eigentliche Aussage. Dies ist besonders in der gesprochenen Sprache wichtig, wo ja kein überschaubarer Text vorliegt.

***Es* als formales Subjekt**

(1) Neben den bisher behandelten Fällen tritt *es* auch als sogenanntes formales Subjekt auf: *Es* ist in solchen Fällen zwar semantisch leer und kann am Satzanfang stehen, darf aber auf keinen Fall weggelassen werden, auch in der Satzmitte oder am Ende nicht. Das Wort ist deshalb auch kein Platzhalter, der bekanntlich nur an der Satzspitze erscheint.

(2) Die wichtigste Verbgruppe, die hierher gehört, sind die sogenannten Witterungsverben (*blitzen, hageln, regnen* usw.):

Es blitzt/donnert/friert/hagelt/regnet/schneit.
sowie: Es weihnachtet/es zieht.

Es kann in dieser Funktion nicht durch ein anderes Substantiv oder ein anderes Pronomen ersetzt werden, ist mithin auch kein Satzglied:

Es regnet.
* Der Regen regnet.

(3) In gleicher Stellung, aber eben durch ein Substantiv ersetzbar und damit Satzglied, erscheint *es* bei *brennen, klopfen, stinken* usw.:

Es blüht/brennt/dämmert/grünt/klopft/schmeckt/stinkt/tagt/taut.
Es brennt. Das Haus brennt.

Zu dieser Gruppe gehören auch Verben, die Geräusche ausdrücken, wie *klingeln, krachen, poltern* usw.:

Es klingelt/klirrt/kracht/läutet/poltert/zwitschert.
Es klingelt. Herr Müller klingelt.

sowie die Verben, die Gerüche vermitteln (*duften, stinken* usw.):

Es duftet/riecht/stinkt.
Es duftet. Die Rose duftet.

(4) Eine Anzahl Adjektive bildet beim Hilfsverb *sein* eine Artergänzung *(kühl, schön, trocken):*

Es ist/wird heiß/kalt/kühl/schön/schwül/spät/trocken/warm.
Es ist warm. Das Wasser ist warm.

Es ist / es sind

(1) *Es* in Sätzen mit *sein* ist gleichfalls formales Subjekt:

Wer ist da? Es ist Hans / Hans ist es.
Wer kommt da? Es sind Gabriele und Ingelore/Einheimische.

Bei dem letzten Beispiel tritt ein grammatisches Problem auf, nämlich die Nichtkongruenz von Subjekt und Prädikat. Die an sich grammatisch korrekte Form:

* Sie sind Gabriele und Ingelore/Einheimische.

ist nicht normgerecht. Aus diesem Dilemma rettet nur eine hilfsweise Erklärung: *sein* kongruiert mit der Einordnungsergänzung, nicht mit dem formalen Subjekt *es*.

(2) Austauschbar mit *sie* (Plural) ist *es*, wenn das Subjekt des ersten Satzes nicht unbestimmt, sondern bestimmt ist. Wir vergleichen:

Im Restaurant sitzen Frau Müller und Frau Schuster.
Es / sie sind Schwestern. (bestimmt)
Im Restaurant sitzen zwei Damen. Es sind Frau Müller und Frau Schuster.
* Sie sind ... (unbestimmt)

Es gibt

Sätze mit *es gibt* (formales Subjekt) sind sogenannte Existenzaussagen. Es gibt keinen (anaphorischen) Rückbezug auf etwas bereits Gesagtes oder Geschriebenes, also Bekanntes; *es gibt* führt etwas Neues ein, also einen rhematischen Satzteil (→ S. 433):

Es gibt Kinder, Frauen und Männer hier.

Bei der Umstellung ist *es* obligatorisch, kann also nicht weggelassen werden:

Kinder, Frauen und Männer *gibt es* hier.

ebenso bei: *es bedarf* (+ Genitiv), *es geht um* (+ Akkusativ), *es handelt sich um* (+ Akkusativ).

_Es_ als formales Objekt

Bei einer Reihe von meist schon lexikalisierten Formen (feste Verbverbindungen) ist *es* formales Objekt: *es* kann nicht weggelassen werden, kann nur in der Satzmitte und nie am Satzbeginn stehen und ist durch kein Substantiv zu ersetzen. Damit ist zugleich gesagt, daß dieses *es* kein Satzglied ist, sondern Teil des Prädikats. Zu dieser Gruppe gehören: *es eilig/gut/leicht/schlecht/schwer haben, es aufrichtig/ernst/gut/übel/schlecht meinen, es sich einfach/leicht/schwer/unmöglich machen, es müde/leid/los/satt/überdrüssig/zufrieden sein, es weit/zu etwas bringen.*

Wir vergleichen:

Herr Michaels hat es eilig.
→* Es hat Herr Michaels eilig.
Sie meinen es gut mit ihm.
→* Es meinen sie gut mit ihm.
Sie macht es sich unnötig schwer.
→* Es macht sie sich unnötig schwer.
Ich bin es seit langem satt.
→* Es bin ich seit langem satt.
Er hat es weit gebracht.
→* Es hat er weit gebracht.

Anmerkung:

Die Struktur *es leid/satt/überdrüssig sein* läßt gewisse Austauschmöglichkeiten mit Substantiven zu:

Ich bin es/die Diskussion/den Krach/den Streit leid.

Es und die Pronominaladverbien

(1) *Es* und die Pronominaladverbien (→ S. 255, 349) haben im Text die gleiche Funktion: sie verweisen auf andere Satzteile. Wir vergleichen:

Ich begrüße *es*, daß der Vertrag abgeschlossen wird.
Ich bestehe *darauf*, daß der Vertrag abgeschlossen wird.

Es ebenso wie das Pronominaladverb *darauf* signalisieren, daß der Inhalt des Hauptsatzes weiter hinten - nämlich im Nebensatz - ausgeführt wird.

(2) Allerdings gibt es zwischen *es* und den Pronominaladverbien (*darauf, dafür, damit* usw.) Unterschiede in der Satzgliedstellung:

- Beim nachgestellten Ergänzungssatz kann *es* - im Gegensatz zum Pronominaladverb - nicht am Satzbeginn des Gefüges stehen:

Ich begrüße *es*, daß der Vertrag abgeschlossen wird.
* Es begrüße ich, daß der Vertrag abgeschlossen wird.
aber: Ich bestehe *darauf*, daß der Vertrag abgeschlossen wird.
Darauf bestehe ich, daß der Vertrag abgeschlossen wird.

- Bei Voranstellung des Ergänzungssatzes entfällt *es* am Beginn des Hauptsatzes, *darauf* bleibt erhalten:

Daß der Vertrag abgeschlossen wird, begrüße ich.
Daß der Vertrag abgeschlossen wird, *darauf* bestehe ich.

DUDEN 1984: Grammatik der deutschen Gegenwartssprache (= DUDEN Bd. 4), Mannheim/Wien/Zürich
Eisenberg, Peter 1986: Grundriß der deutschen Grammatik, Stuttgart
Helbig, Gerhard/Joachim Buscha 1985: Deutsche Grammatik. Ein Handbuch für den Ausländerunterricht, Leipzig
Kemme, Hans-Martin 1978: Der Gebrauch des *es* im Deutschen, München

Nichtflektierbare Wortarten

(1) Im Unterschied zu den Wortarten: Verb, Substantiv, Adjektiv, Artikelwörter und Pronomen sind Adverbien, Interjektionen, Konjunktionen, Partikeln und Präpositionen nicht flektierbar (deklinierbar). Ihre Abgrenzung bereitet Probleme.

(2) Das Adverb ist eine der schwierigsten und obendrein mehrdeutigen Kategorien des Wortschatzes der deutschen Sprache. Das beginnt beim Terminus selbst: ad verbium kann Beiwort im Sinne von „Nebenwort“ sein, also gleichsam ein Wort zweiten Ranges mit dienender Funktion; ad verbium kann aber auch mit „zum Verb gehörig“ übersetzt werden, also ein Wort, das das Verb und nur das Verb näher charakterisiert und erläutert. Entsprechend dieser Unsicherheit ist auch die Eingrenzung von Adverbien bzw. ihre Abgrenzung gegenüber den anderen Wortarten bis heute ein Problem geblieben. Adverbien sind trotz ihrer relativ begrenzten Zahl Wörter, die so unterschiedliche Bereiche erfassen wie:

- lokale Gegebenheiten: *dort, dorthin, hier, oben, rechts, vorn, wohin* usw.
- temporale Gegebenheiten: *gestern, immer, nachher, niemals, oft* usw.
- modale Gegebenheiten: *gern, leider, vielleicht* usw.
- kausale Gegebenheiten: *darum, demnach, sonst, trotzdem, warum* usw.
- graduierende Gegebenheiten: *höchst, sehr, wenig* usw.

(3) Gemeinhin wird bei den Adverbien unterschieden zwischen nichtdeklinierbaren („echten“) Adverbien (*dort, jetzt, leider* usw.) sowie deklinierbaren („unechten“) Adverbien, die mit dem gleichlautenden Adjektiv übereinstimmen. Sie werden gelegentlich auch „Adjektivadverbien“ oder „adverbial gebrauchte Adjektive“ genannt. Wir vergleichen:

Der Hund ist *schnell.*	(Adjektiv)
Der Hund läuft *schnell.*	(Adverb)

(4) Ein besonderes Problem bei der Abgrenzung der Adverbien von anderen Wortarten bereiten die Partikeln. Bei ihnen gibt es nach allgemeiner Ansicht folgende Untergruppen (→ S. 275):

- Modalpartikeln (Abtönungspartikeln):

  denn, doch, ja, wohl usw.

- Gradpartikeln (Rangierpartikeln):

  erst, ferner, nur, selbst, sogar usw.

- Negationspartikel:

  nicht

Einige von ihnen sind vom Wortkörper her identisch mit Adverbien, aber verschieden in der Bedeutung (Homonyme):

Das ist *doch* die Höhe!	(Partikel)
Doch zurück konnte er nicht mehr.	(Adverb)

(5) Das Problem ist also alles andere als einfach. Eine Lösung wäre, Partikeln als Oberbegriff für alle Wortarten anzusetzen, die nicht deklinierbar sind, also für Adverbien, Konjunktionen, Präpositionen, Modalpartikeln und Gradpartikeln. Dem widerspricht eine wesentliche Eigenschaft der Modalpartikeln: sie können im Gegensatz zu den anderen genannten Wortarten nicht an der Satzspitze stehen und nicht allein auf dem Satzfeld verschoben werden, sondern immer nur mit dem dazugehörigen Satzglied:

	Das ist es *ja.*	(Partikel)
*	Ja ist es das.	
aber:	Das Haus steht *dort.*	(Adverb)
	Dort steht das Haus.	

Unvereinbares würde damit zusammengebracht.
Eine zweite Lösung wäre, Partikeln nicht als eigene Wortart einzuführen, sondern sie jeweils teilweise den Adverbien *(doch, eben, wohl)* bzw. den Konjunktionen *(aber, denn)* wegen der jeweiligen Ähnlichkeit zuzurechnen. Das hätte freilich zur Konsequenz, daß trotz unterschiedlichen Gebrauchs etwa von *denn* (Konjunktion bzw. Partikel) das Wort in einer Kategorie erschiene und damit möglicherweise das Verschiedenartige verwischt würde:

Was gibt es *denn* zu essen?	(Modalpartikel)
Denn nach Hause konnte er nicht mehr.	(Konjunktion)

Auch diese Lösung ist also nicht befriedigend. Wir werden deshalb die Partikeln als eigenständige Wortart neben den anderen Wortarten Adverbien, Präpositionen, Konjunktionen und Interjektionen behandeln.

Das Adverb

Lieber AZ-Leser

Das Altwerden kann einem schon vergehen: Nicht nur, weil man runzlig und vergeßlich wird. Wie die Dinge im Augenblick stehen, muß man damit rechnen, von einem unbekannten Vormund zwangsweise in einem personell ausgedünnten, aber dafür überbelegten Altenheim zwischengelagert zu werden. Und weil sich kein normaler Mensch heute mehr ein Pflegeheim leisten kann, sobald er auf Hilfe angewiesen ist, wird man mit Sicherheit zum Sozialfall.

Die Stadt München wird ihre Altenheimgebühren drastisch erhöhen. Aber jetzt schon kostet so ein Pflegeplatz mehr Pflegesatz (2200 Mark), als der alte Mensch höchstens an Rente bekommen darf, damit ihn die Stadt überhaupt in eins ihrer Heime aufnimmt. Den oft beträchtlichen Differenzbetrag bestreiten gelegentlich Angehörige, meistens aber die Sozialhilfe.

Was die Stadt an Zuschuß für ihre Altenheime spart, werden in Zukunft eben die Bezirke zusätzlich in die Sozialhilfe buttern. Es sind immer die gleichen Steuergelder, die hier verbraten werden. Verbessert wird nichts: Dazu müßte die Stadt ihr Angebot an ambulanten Diensten endlich bedarfsgerecht ausbauen und der Staat sich endlich zu einer gesetzlichen Pflegekostenversicherung durchringen.

Das wäre Sozialpolitik. Was in München passiert, bleibt Erbsenzählerei.

Anne Urbauer

(„Abendzeitung", 21. 10. 1987)

(1) In dem Text kommen zahlreiche Adverbien vor:

> nur, damit, zwangsweise, personell, dafür, heute, drastisch, jetzt, schon, höchstens, überhaupt, oft, gelegentlich, meistens, zusätzlich, immer, hier, dazu, endlich

Adverbien (lat. ad verbium, eigtl. = Nebenwort oder zum Verb gehörig; Singular: das Adverb, traditionell auch Umstandswort genannt) bezeichnen, wie wir gesehen haben, lokale, temporale, kausale, modale und graduierende Gegebenheiten oder Umstände im weitesten Sinne. Sie werden verwendet:

- als Adverbial, das die Aussage des gesamten Satzes näher bestimmt („Satzadverb"):

> *Dort* kommt meine Freundin.
> *Gestern* habe ich das Manuskript abgeschlossen.

- als nähere Bestimmung des Verbs (ohne Adverb wäre der Satz ungrammatisch):

> Herr Müller wohnt *oben*.

- als nähere Bestimmung des Substantivs, Adjektivs oder Adverbs:

Die Straße *hier rechts* führt zum Bahnhof.	(Substantiv)
Die Frau ist *sehr* attraktiv.	(Adjektiv)
Sie schwimmen *besonders* gern.	(Adverb)

- als Pronominaladverbien, die Stellvertreter einer Präpositionalergänzung sind:

Sie hofft *darauf.* (=auf seine Zusage)
Das hängt *davon* ab, ob wir die Mehrheit haben. (=von unserer (eventuellen) Mehrheit ab)

(2) Adverbien können somit in zwei Funktionen verwendet werden; sie sind entweder selbständiges Satzglied oder Teil eines Satzgliedes (Attribut):

Sie arbeiten / sind *schnell.*	(Satzglied)
Die Vase *dort links* gefällt mir.	(Teil des Satzglieds)

(3) In ihrer Grundform sind Adverbien immer endungslos, unabhängig davon, wie sie verwendet werden.

Die Komparation des Adverbs

(1) Adverbien können unterschiedlich gesteigert werden. Hier wird die Trennung zwischen ursprünglichen („echten") Adverbien und adverbial gebrauchten Adjektiven wichtig. Sogenannte echte Adverbien (*darum, dort, gestern, leider* usw.) können im Regelfall nicht gesteigert werden, adverbial gebrauchte Adjektive lassen sich dagegen unbegrenzt steigern - ebenso wie Adjektive (→ S. 182).
(2) Die wenigen steigerbaren sogenannten echten Adverbien folgen im Prinzip der Steigerung der Adjektive: der Komparativ trägt die Endung *-er,* der Superlativ wird mit *am ...... sten* gebildet. Einige Adverbien bilden Komparativ und Superlativ mit anderen Wortformen:

bald - eher - am ehesten
gern(e) - lieber - am liebsten
oft - öfter/häufiger - am häufigsten
sehr }
viel } - mehr - am meisten
wenig - weniger/minder - am wenigsten/am mindesten
wohl - besser/wohler - am besten/am wohlsten

Besonderheiten der Komparation
(1) Im Komparativ werden gelegentlich Formen des adverbialen Genitivs mit *des* gebraucht:

Des öfteren haben wir ihn daran erinnert.

(2) Vor allem in der gesprochenen Sprache sind adverbiale Formen mit der Endung *-s* üblich:

Öfters ist sie hierhergekommen.
Wir haben *durchwegs* gute Erfahrungen gemacht.

(3) Im Superlativ sind folgende Formen adverbial gebrauchter Adjektive üblich (Endung *-st*):

Wollen Sie mir das *freundlichst* geben?
Ich danke Ihnen *höflichst*.
Kommen Sie *möglichst* schon um sechs!

Anmerkung:
Diese Superlativformen haben in der geschriebenen wie gesprochenen Sprache erheblich zugenommen; man sollte sie aber vermeiden. Die Formen im Positiv tun es auch und sind auf jeden Fall vorzuziehen:

Wollen Sie mir das *freundlicherweise* geben?
Ich danke Ihnen *höflich*.
Kommen Sie *nach Möglichkeit* schon um sechs.

Andere Formen im Superlativ enden auf *-ens;* hier handelt es sich um einen adverbialen Genitiv. Dazu gehören: *erstens, bestens, frühestens, höchstens, längstens, meist(ens), mindestens, nächstens, spätestens, wenigstens*
Formen mit *zu-* drücken ebenfalls einen Superlativ aus: *zuerst, zuletzt, zumeist, zunächst, zuoberst, zutiefst, zuunterst*

Die Klassifikation des Adverbs

Wir unterscheiden Lokaladverbien, Temporaladverbien, Modaladverbien, Kausaladverbien und Pronominaladverbien. Hier eine Liste der wichtigsten Vertreter:

lokal (Raum, Ort, Richtung)	temporal (Zeit)	modal (Art und Weise)	kausal (Begründung)
dort	jetzt	gern	daher
hier	bald	so	deshalb
nirgendwo	gestern	anders	trotzdem
hierher	vormittags	sehr	dennoch
dorthin	nachher	außerdem	infolgedessen
bergauf	später	ebenfalls	sonst
querfeldein	bisher	vergebens	andernfalls
weg	täglich	dagegen	seinetwegen
heim	immer	blindlings	jedenfalls
wo?	wann?	wie?	weshalb?
woher?	seit wann?		
wohin?	wie lange?		

Eine besondere Klasse sind die Pronominaladverbien: *darum, damit, dagegen, dazu, darauf, hierauf, hierzu, hierbei, womit, wozu, wogegen*

Anmerkung:
Formal läßt sich noch eine weitere Klasse von Adverbien definieren, die Frageadverbien (Interrogativadverbien). Dazu gehören: *wann, bis wann, seit wann, warum, wie, wieviel, wo*

Frageadverbien leiten - wie ihr Name sagt - Fragen ein und bilden damit Fragesätze. Sie stehen obligatorisch am Anfang des Satzes. In unserer semantisch orientierten Darstellung bilden sie jedoch keine eigene Klasse, sondern sind der jeweils inhaltlich gleichen Klasse zugeordnet (*wie lange* = temporal, *wo* = lokal, *wie* = modal usw.).

Die Lokaladverbien

Lokaladverbien bestimmen die Umstände des Ortes und der Richtung eines Sachverhalts näher. Sie dienen damit wesentlich dazu, die räumlichen Vorstellungen des Sprechers/Schreibers sprachlich zu vermitteln, sind also Mittel der lokalen Deixis (Zeigefeld der Sprache; →S. 438). Grundsätzlich unterscheiden wir zwischen Ortsadverbien und Richtungsadverbien:

(1) Ortsadverbien: *hier, da, dort, draußen, drinnen, drüben, oben, unten, rechts, links, vorn, hinten, innen, außen, nirgends/nirgendwo, irgendwo, allseits, überall, allenthalben, mittendrin, darin, obenauf, wo* (literarisch: *droben/drunten*):

> *dort* steht ein Mann, die Frau *da,* das Buch *da oben,* das Wetter *draußen, wo* ist sie?, *irgendwo* ist die Straße, das Zimmer *innen, mittendrin* steht ein Tisch

Anmerkung:
Einige Ortsadverbien können wie ein Adjektiv gebraucht und dann flektiert werden:

> das *innere* Verständnis, die *linke* Straße,
> das *obere* Stockwerk, die *untere* Kante

(2) Richtungsadverbien (Ausgangspunkt bzw. Ziel der Richtung): *hierher, hierhin, dorther, dorthin, (von) überallher, irgendwohin, irgendwoher, überallhin, nirgendwohin, nirgendwoher, aufwärts, abwärts, vorwärts, rückwärts, seitwärts, heimwärts, heim, nach vorn/hinten/oben/unten, beiseite, querfeldein, bergauf, bergab, weg, wohin, woher:*

> *dorthin* fährt das Auto, *hierher* kommst du!, *bergauf* geht es leichter, *überallher* kamen die Menschen, die Straße *abwärts, wohin* willst du?, *weg* von hier, *von überallher* kamen die Demonstranten

Anmerkung:
In der Sprache der Werbung sind Neologismen entwickelt worden, die dem Typus *-wärts* folgen. Sie gehören nicht zur Standardsprache: *frischwärts, weichwärts*

Besonderheiten der Orts- und Richtungsadverbien
(1) Aus Ortsadverbien können Richtungsadverbien durch Gebrauch der Präposition *von* bzw. *nach* gebildet werden:

	Er ist *drüben.*	
	Er kommt *von drüben.*	(Herkunft)
	Er geht *nach drüben.*	(Ziel)
ebenso:	*draußen, drinnen, innen, außen, oben, unten, links, rechts*	

(2) Eine besondere Schwierigkeit bildet der Gebrauch der richtungweisenden Vorsilben *hin-* bzw. *her-*. Die Regel besagt, daß *her-* dann gebraucht wird, wenn es sich um die Richtung auf den Sprecher/Schreiber zu handelt (sprecherzugewandte Richtung), *hin-* dagegen die vom Ort des Sprechers/Schreibers wegführende (sprecherabgewandte) Richtung bezeichnet:

sprecherzugewandt:	*Komm her!*
	Geld her!
	Komm herein! (Der Sprecher ist im Raum)
	Er kommt heraus. (Der Sprecher ist draußen)
sprecherabgewandt:	*Geh' hinaus!* (Der Sprecher ist im Raum)
	Geh' hinein! (Der Sprecher ist draußen)
	Ich gehe nicht dahin! (zum Fest)

Allerdings setzt sich, besonders in der gesprochenen Sprache, immer häufiger die Vorsilbe *her-* (*herunter, herauf, herein* usw.) bzw. deren Verkürzung *r-* (*runter, rauf, rein* usw.) in den Fällen durch, die nach der Regel auf *hin-* lauten müßten:

sprecherabgewandt:	*Die Flasche fiel ihm herunter/runter.* (neben: *hinunter*)
sprecherabgewandt:	*Du gehst jetzt die Straße herauf/rauf.* (neben: *hinauf*)
sprecherabgewandt:	*Er drängte seine Frau heraus/raus.* (neben: *hinaus*)

Handelt es sich um übertragenen Gebrauch, gilt die genannte Regel grundsätzlich nicht:

Er zieht über sie *her.*
Das haut *hin!*
Sie macht viel *her.*
Sie gab sich ihm *hin.*

(3) Bei Lokaladverbien - im Unterschied zu den Pronominaladverbien - können *her-* und *hin-* nicht nur allein gebraucht, sondern auch getrennt werden:

	Woher kommt er? - *Wo* kommt er *her?*
	Er fährt *dorthin.* - *Dort* fährt er *hin.*
	Er kommt *dorther.* - *Dort* kommt er *her.*
aber:	Womit beschäftigst du dich? - *Wo beschäftigst du dich mit?
	Ich beschäftige mich damit. - *Da beschäftige ich mich mit.
	Ich erkläre hierzu, daß ... - *Hier erkläre ich zu, daß ...

(4) *Herum* bedeutet dem Wortsinn nach: *sich im Kreis bewegen, um etwas herumlaufen; umher* dagegen meint eine planlose, ziellose Bewegung: *umherirren.* Trotz dieser klaren definitorischen Trennung ist vor allem in der gesprochenen Sprache häufig wechselnder Gebrauch festzustellen:

Sie rannte im Zimmer *umher* (auch: *herum*).
Er führte sie im Garten *umher* (auch: *herum*).
Auf dem Tisch lagen überall Papiere *umher* (auch: *herum*).

Bei einer zwar unnützen, aber vor allem lang andauernden Tätigkeit steht gleichfalls *herum:*

Sie hingen/lungerten den ganzen Tag in Kneipen *herum.*
Einige Zuschauer saßen im leeren Kino *herum.*
Die Kinder wühlten im Sand *herum.*

(5) Wird das Richtungsadverb *weg* bzw. *fort* gebraucht, handelt es sich stets um eine vom Sprecher/Schreiber wegführende/abgewandte Richtung:

> Er wollte nur das Auto *wegbringen.*
> Sie gingen am Morgen *weg.*
> Nichts wie *weg* hier!

In der gesprochenen Sprache dominiert eindeutig *weg,* in der geschriebenen Sprache - vor allem in der schönen Literatur - überwiegt *fort:*

> Nach zehn Jahren ging er *fort.*

In Einzelfällen ist auch *hinweg* anzutreffen (sehr literarisch):

> *Hinweg* vom Ring!

entsprechend auch in Verben:

> jemanden *hinwegraffen*
> darüber *hinwegsehen*

Anmerkung:
Handelt es sich freilich um übertragene Bedeutung im Sinne von „nach oben gelangen", „Karriere machen", „Erfolg haben", „vorankommen", ist nur *fort* möglich:

> Die Arbeit schreitet erfolgreich *fort.*
> Sein *Fortkommen* scheint gesichert.

Die Temporaladverbien

(1) Temporaladverbien bestimmen die Umstände der Zeit näher. Dies geschieht in verschiedener Hinsicht:

- Bestimmung des Zeitpunktes: *jetzt, morgen, soeben* usw.:

  > Er kommt Freitag *morgen / heute abend /* Ostersonntag *vormittag* an.
  > *Soeben / einstmals / seinerzeit / ehemals* war das anders.

- Bestimmung der Zeitdauer: *bisher, lange, niemals* usw.:

  > Sie arbeiten *tagsüber / nachts / wochenlang / monatelang / jahrelang.*
  > Er war *bisher / stets / immer / allezeit / zeitlebens* freundlich zu uns.

- Bestimmung des Vorher bzw. Nachher: *seither, später, zuvor* usw. (vom Sprechzeitpunkt aus):

  > *Vorher / zuvor* war sie im Kino.
  > *Nachher / hinterher / danach / darauf* ging sie nach Haus.
  > *Bisher / bislang / seither / seitdem* ist nichts mehr passiert.

- Bestimmung der Wiederholung eines Sachverhalts: *häufig, stets, täglich, werktags* usw.:

  > Meier kommt *immer / regelmäßig / stets / ununterbrochen / manchmal / bisweilen / häufig / oft / zeitweise* zu spät zur Arbeit.
  > Er hat uns *nochmals / mehrmals / vielmals / täglich / werktags / feiertags / wochentags / wöchentlich / durchweg(s)* geholfen.

(2) Um die Reihenfolge innerhalb eines Geschehens zu bezeichnen, gibt es folgende sprachliche Mittel:
- *erstens, zweitens, drittens*
- *zuerst, anschließend, weiterhin, schließlich, zuletzt*
- *zum erstenmal / ersten Mal, zum zweitenmal / zweiten Mal*
- *als erstes, als zweites, als drittes, als letztes*

Anmerkung:
Von einigen Temporaladverbien werden Adjektive abgeleitet, im Regelfall durch Anfügen der Nachsilbe *-ig* (→ S. 315): *bald - baldig, einmal - einmalig, einst - einstig, gestern - gestrig, heute - heutig, morgen - morgig, seither - seitherig, sofort - sofortig*
aber: *erst - erstmalig, nächtlich - nächtlich, täglich - täglich*

Die Modaladverbien

Modaladverbien bestimmen Art und Weise eines Geschehens oder Sachverhalts näher. Zu dieser Gruppe gehören vor allem die adverbial gebrauchten Adjektive (Adjektivadverbien) sowie die graduierenden Adverbien. Eine Untergruppe der Modaladverbien sind die Modalwörter. Sie verhalten sich, obwohl formal gleich, syntaktisch anders als die Modaladverbien.

Adverbial gebrauchte Adjektive

Sie arbeitet *engagiert / fleißig / intensiv / langsam / schlampig / schnell.*

Nahezu jedes Adjektiv kann in Verbindung mit einem Vollverb in prädikativer Stellung als Adverb verwendet werden. Diese adverbial gebrauchten Adjektive sind endungslos und - im Unterschied etwa zum Englischen, Französischen oder Spanischen - formal nicht vom jeweiligen Adjektiv unterschieden. Adverbial gebrauchte Adjektive lassen sich steigern:

Sie arbeitet *fleißig.*
Hans arbeitet *fleißiger.*
Die Mädchen arbeiten *am fleißigsten.*

„Echte" Modaladverbien
Wir unterscheiden folgende Untergruppen:
- Modaladverbien zur Kennzeichnung von Art und Weise des Geschehens (nur in Ausnahmefällen zu steigern): *anders, anstandslos, automatisch, eilends, ergeben, freiwillig, gern, glattweg, irgendwie, nebenbei, rundheraus, rundweg, so, umsonst, unterderhand, unverrichteterdinge, unverzüglich, vergebens:*

Wir haben das *anders / so / gern / anstandslos / umsonst / vergebens / irgendwie* getan.
Die Opposition hat den Angriff *unverzüglich / eilends / rundheraus / rundweg / glattweg* verurteilt.
Sie kehrte *unverrichteterdinge* zurück.

- Modaladverbien zur Beurteilung eines Geschehens (nicht zu steigern; Endungen: *-weise, -lings* und Einzelwörter): *blindlings, dummerweise, freundlicherweise, glücklicherweise, höflicherweise, möglicherweise, rücklings, unglücklicherweise, zufälligerweise:*

  Sie kam *glücklicherweise / dummerweise / zufälligerweise / unglücklicherweise.*
  Blindlings ist er gefolgt.
  Sie lag *rücklings* auf dem Boden.

- Modaladverbien zur Bezeichnung des Grades, der Intensität oder der Ungewißheit (nicht zu steigern): *alles in allem, ansatzweise, beinahe, besonders, cirka, einigermaßen, etwa, fast, gegen, geradezu, halbwegs, insgesamt, nachgerade, nahezu, partiell, schätzungsweise, schlechterdings, schlechthin, teils, teilweise, weitaus, zutiefst:*

  Er hat *besonders* gut / *weitaus* besser / *geradezu* fantastisch gespielt.
  Fast / beinahe / nahezu fertig ist der Bau.
  Gegen / etwa / schätzungsweise um 9 Uhr ist die Veranstaltung zu Ende.

- Modaladverbien zur Verstärkung bzw. Abschwächung der Aussage (nicht zu steigern): *allerdings, ausgerechnet, außerdem, besonders, darüber hinaus, freilich, genau, gerade, gleichwohl, insbesondere, jedoch, mindestens, nichtsdestoweniger, obendrein, selbst, sogar, weiterhin, wenigstens, zudem, zumal, zumindest:*

  Sie nieste, und *obendrein / außerdem / zudem / darüber hinaus / weiterhin* hustete sie ganz furchtbar.
  Ausgerechnet / gerade / genau / selbst / sogar ihm mußte das passieren.
  Allerdings / freilich / jedoch / gleichwohl / nichtsdestoweniger hat er sich nicht vorbereitet.

Die Modalwörter
Eine besondere Gruppe innerhalb der Modaladverbien sind die Modalwörter. Formal sind sie weitgehend identisch mit den Modaladverbien; in ihrem syntaktischen Verhalten und ihrer Bedeutung unterscheiden sich Modaladverbien und Modalwörter. Letztere sind im eigentlichen Sinne „Satzadverbien", also Adverbien zum ganzen Satz und nicht zu einem einzigen Satzglied:

Er tritt *sicher* auf.

Zwei Interpretationen sind möglich:

(a) Er tritt *überlegen/ruhig/gelassen/souverän* auf. (Modaladverb)
(b) Es ist *sicher/mehr als wahrscheinlich*, daß er auftritt. (Modalwort)

Modalwörter sind demnach solche, die zwar im Hinblick auf die Form (z.B.: *sicher*) sowie die Stellung im Satz mit den Adverbien (beide können sowohl am Satzanfang wie in der Satzmitte erscheinen) übereinstimmen, sich aber in zwei Punkten wesentlich anders verhalten als Modaladverbien: sie charakterisieren einmal die Aussage des gesamten Satzes und können in einen Ergänzungssatz (→S.343) umgeformt werden (a); zum zweiten reicht das Modalwort als Antwort auf eine Entscheidungsfrage aus, während Modaladverbien dies nicht können, sondern nur auf eine Ergänzungsfrage (*w*-Frage) antworten (b). Wir vergleichen:

(a) Sie arbeitet *sicherlich*. (Modalwort)
—→ Es ist sicher/wahrscheinlich, daß sie arbeitet.
aber: Sie arbeitet *fleißig*. (Modaladverb)
—→* Es ist fleißig, daß sie arbeitet.
(b) Sie arbeitet *sicherlich*. (Modalwort)
—→ Arbeitet sie? Sicherlich!
aber: Sie arbeitet *fleißig*. (Modaladverb)
—→* Arbeitet sie? Fleißig.
—→ Wie arbeitet sie? Fleißig.

Damit wird die besondere Funktion des Modalwortes deutlich: es ist nicht Adverb zum Verb, sondern Adverb zum ganzen Satz, letztlich ein verkürzter selbständiger Satz. Das wird noch deutlicher, wenn man zwei Besonderheiten der Stellung im Satz berücksichtigt: das Modalwort steht - hierin noch dem Modaladverb vergleichbar - häufig beim, genauer: hinter dem Verb, aber es trägt nicht - im Gegensatz zum Modaladverb - den Satzakzent:

Sie *árbeítet* sicherlich. (Modalwort)
Sie arbeitet *pünḱtlich*. (Modaladverb)

Dazu gehört, daß das Modalwort sehr viel häufiger als das Modaladverb an die Satzspitze tritt, dann den Satzakzent trägt und so seine vom Verb unabhängige Funktion dokumentiert:

Śichérlich arbeitet sie.

Schließlich wird der Unterschied im Zusammenhang mit der Negationspartikel *nicht* (→ S. 415) deutlich: die Partikel steht immer v o r dem Modaladverb, aber stets h i n t e r dem Modalwort.

Sie arbeitet *nicht* fleißig. (Modaladverb)
—→* Sie arbeitet fleißig nicht.
Sie arbeitet sicherlich *nicht*. (Modalwort)
—→* Sie arbeitet nicht sicherlich.

Damit wird erneut die unterschiedliche Funktion von Modaladverb und Modalwort unterstrichen: nach dem Gesetz der topologischen Verbferne, also der Grundregel, daß ein Satzglied desto weiter vom Verb entfernt im Satz steht, je enger es mit ihm semantisch verbunden ist, ist demnach das Modaladverb enger mit dem Verb verbunden (weil es am Satzende steht) als das Modalwort, das näher beim Verb steht: deshalb erscheint hier die Negationspartikel am Schluß des Satzes.
In einzelnen Fällen ist dennoch eine Unterscheidung von Modaladverb und Modalwort nicht möglich, so bei den von Adjektiven abgeleiteten Wörtern mit dem Suffix *-weise* bzw. *-lings: blindlings, dummerweise, glücklicherweise, höflicherweise, jählings* usw.

Die Einteilung der Modalwörter
(1) Modalwörter lassen sich syntaktisch in zwei Gruppen einteilen:
- nur prädikativ gebraucht und unveränderlich (nicht zu deklinieren und nicht

zu steigern): *allerdings, anscheinend, bedauerlicherweise, durchaus, erstaunlicherweise, glücklicherweise, gottseidank, hoffentlich, kaum, keineswegs, leider, lieber, möglicherweise, sicherlich, unglücklicherweise, vielleicht, wohl, womöglich, zweifellos*

- attributiv und prädikativ zu verwenden und zu deklinieren (wenn attributiv): *angeblich, bestimmt, gewiß, natürlich, offenbar, scheinbar, selbstverständlich, sicher, tatsächlich, unbedingt, unzweifelhaft, vermutlich, wahrscheinlich, wirklich*
  Anmerkung:
  Einige dieser Modalwörter lassen sich steigern: *natürlich, selbstverständlich, sicher, wahrscheinlich*

(2) Eine semantische Gliederung der Modalwörter ist gleichfalls möglich. Die Aussage des gesamten Satzes kann entweder in ihrem Wahrheitsgehalt verstärkt oder - graduell unterschiedlich - bezweifelt, verneint oder aber auch positiv hervorgehoben werden:

- Verstärkung der Aussage: *bestimmt, gewiß, natürlich, sicherlich, tatsächlich, unbedingt*
- Relativierung der Aussage: *freilich, zweifellos*
- Distanz gegenüber dem Inhalt der Aussage: *scheinbar*

  Anmerkung:
  In der gesprochenen Sprache werden häufig *anscheinend* und *scheinbar* falsch angewendet. Mit *anscheinend* will der Sprecher zum Ausdruck bringen, daß etwas so ist, wie es sich darstellt, wie es erscheint:

  Der Zustand ist anscheinend gut.

  Das Adverb *scheinbar* drückt dagegen eine Distanzierung des Sprechers aus; er traut dem Dargestellten nicht:

  Der Zustand ist scheinbar gut.

- Zweifel am Inhalt der Aussage: *angeblich, kaum, möglicherweise, vermutlich, womöglich*
- Verneinung der Aussage: *keineswegs, keinesfalls*
- positive gefühlsbetonte Hervorhebung: *dankenswerterweise, glücklicherweise, hoffentlich*
- bedauernde gefühlsbetonte Hervorhebung: *bedauerlicherweise, unglücklicherweise*

(3) Eine andere Gliederung nach semantischen Kriterien unterscheidet zwischen solchen Modalwörtern, die (a) die unterschiedliche Gültigkeit eines Sachverhalts ansprechen *(angeblich, möglicherweise, offenbar, sicherlich, vermutlich, wirklich)*, und solchen, die (b) den Sachverhalt als real (wirklich) annehmen und ihn kommentieren bzw. bewerten (*bedauerlicherweise, erfahrungsgemäß, erstaunlicherweise, glücklicherweise, hoffentlich, klugerweise, leider, sinnvollerweise, wunschgemäß* usw.). Wir vergleichen:

(a) Er schreibt *angeblich / offenbar / vermutlich / wirklich* eine Doktorarbeit.
(b) Er schreibt *erstaunlicherweise / glücklicherweise / hoffentlich / leider / wunschgemäß* eine Doktorarbeit.

Die Kausaladverbien

(1) Kausaladverbien bezeichnen den Grund, die Ursache, die Folge, die Bedingung oder den Zweck eines Sachverhalts näher: *allerdings, also, andernfalls, daher, dann, demnach, demzufolge, dennoch, deshalb, deswegen, doch, folglich, infolgedessen, insofern, jedenfalls, mithin, nichtsdestoweniger, schlimmstenfalls, seinetwegen, somit, sonst, trotzdem, ungeachtet dessen, warum, weshalb, weswegen:*

Deshalb / deswegen ist alles anders geworden. (Grund)
Er hat sie gesehen, und *trotzdem / dennoch / nichtsdestoweniger* hat er sie nicht begrüßt. (Gegengrund)
Seinetwegen sind wir jetzt hier. (Ursache)
Wir konnten *demzufolge / folglich / infolgedessen / somit / mithin / also* nicht rechtzeitig weiterfahren. (Folge)
Mach' das jetzt, *sonst / andernfalls* wird sie böse! (Bedingung)

(2) Unter den Kausaladverbien gibt es einige (*also, doch* usw.), die Homonyme sind: sie werden auch als Modalpartikeln gebraucht.
Anmerkung:
Zahlreiche Kausaladverbien können auch satzverbindende (konjunktionale) Funktion übernehmen. Sie stehen dann am Satzbeginn:

Er sah sie; *trotzdem* ging er nicht auf sie zu.
Wir kennen uns, *deshalb* brauchen wir keine Erklärungen.
Gestern ist nichts passiert, *allerdings* besagt das noch nichts.

Die Pronominaladverbien

(1) Pronominaladverbien (auch: Präpositionaladverbien) spielen eine besondere Rolle innerhalb der Adverbien. Es handelt sich um Wörter wie *damit, darin, hieraus, hierbei, wonach, wozu* usw. Erkennbar wird, daß Pronominaladverbien formal an der Grenze zwischen Adverb und Präposition angesiedelt, inhaltlich aber (und daher auch der Name) den Pro-Wörtern, insbesondere den Pronomen, verwandt sind: Pronominaladverbien sind Stellvertreter für Substantive, Satzglieder oder Teilsätze, die vorher oder nachher im Satz erscheinen:
- vorher:

(vorausgehender Satz: Ein Bier kostet zwei Mark.) *Dazu* langt es noch bei mir.

- nachher:

Ich bestehe *darauf,* daß du morgen mitkommst.

(2) Pronominaladverbien verbinden Sätze zu Texten (→ S. 437).

Die Bildung der Pronominaladverbien
Pronominaladverbien werden aus den Adverbien *da, hier* und *wo* und den Präpositionen *an, auf, bei, hinter, mit, nach, über, unter* usw. gebildet. Das Adverb steht voran, die Präposition folgt; beginnt die Präposition mit einem Vokal,

wird aus Gründen der Aussprache ein *-r-* eingeschoben (*darauf, darin, woran* usw.):

	da(r)-	hier-	wo(r)-
an	daran	hieran	woran
auf	darauf	hierauf	worauf
aus	daraus	hieraus	woraus
bei	dabei	hierbei	wobei
durch	dadurch	hierdurch	wodurch
für	dafür	hierfür	wofür
gegen	dagegen	hiergegen	wogegen
hinter	dahinter	hierhinter	
in	darin	hierin	worin
mit	damit	hiermit	womit
nach	danach	hiernach	wonach
neben	daneben	hierneben	
über	darüber	hierüber	worüber
um	darum	hierum	worum
unter	darunter	hierunter	worunter
von	davon	hiervon	wovon
vor	davor	hiervor	wovor
zu	dazu	hierzu	wozu
zwischen	dazwischen	hierzwischen	

Anmerkung:
Von den übrigen Präpositionen können keine Pronominaladverbien gebildet werden; die entsprechenden Gefüge lauten dann: *ohne sie, statt seiner* usw. (Präposition + Pronomen).

Der Gebrauch der Pronominaladverbien
Pronominaladverbien beziehen sich entweder auf einzelne Satzglieder bzw. Teile von Satzgliedern oder auf den gesamten Satz:

- Satzglieder:

Er freut sich *darauf* / auf die Ferien. Europa hängt *davon* / von den Öllieferungen ab.	(Präpositionalergänzung)
Er spricht über Finanzprobleme. *Worüber* spricht er? Sie sehnt sich nach Sonne. *Wonach* sehnt sie sich?	(Frageadverb)
Sie hatte 20. Geburtstag. *Daran* hatten wir nicht gedacht. Sie hatte 20. Geburtstag, *woran* wir nicht gedacht hatten.	(Relativanschluß)

- ganzer Satz:

Sie kam die Treppe herunter. *Dabei* fiel mir ein, was ich sagen wollte.
Er vertrat problematische Thesen. *Dagegen* fiel mir leider nichts ein.

Anmerkung:
(1) Pronominaladverbien können im Regelfall nicht für Personen stehen; sie bezeichnen also Konkreta oder Abstrakta, die als präpositionale Ergänzungen/Angaben auftreten. Deshalb sind die Umwandlungen folgender Sätze falsch:

Er freute sich auf seine Freundin.
→ * Er freute sich darauf.
(richtig: Er freute sich *auf sie.*)
Er spricht über seine Kollegen.
→ * Worüber spricht er?
(richtig: *Über wen* spricht er?)

Erscheint - im Umkehrfall - bei konkreten Substantiven oder Abstrakta die auf Personen beschränkte Form: Präposition + Personalpronomen, so ist auch dies falsch:

Hilfst du mir bei der Arbeit?
→ * Ja, ich helfe dir bei ihr.
(richtig: Ja, ich helfe dir *dabei.*)

(2) Häufig ist heute - vor allem in der gesprochenen Sprache - in Sätzen vom Typ der aufgeführten anstelle des Pronominaladverbs die Struktur: Präposition + Pronomen (bzw. Präposition + *was* im weiterführenden Nebensatz) zu hören bzw. zu lesen. Diese Formen sind nicht normgerecht (s.o.). Eine Ausnahme bilden relativische Attributsätze:

Du mußt damit vorsichtig umgehen.
→ * Du mußt damit, was du gehört hast, vorsichtig umgehen.
(richtig: Du mußt *mit dem,* was du gehört hast, vorsichtig umgehen.)

(3) Ein weiterer Fehler, wieder vor allem in der gesprochenen Sprache, ist die Aufsplitterung des Pronominaladverbs im Satz:

* Da kann ich nichts für. (richtig: Dafür kann ich nichts.)
* Da krieg' ich 100 DM für. (richtig: Dafür kriege ich ...)
* Wo hast du das her? (richtig: Woher hast du das?)
* Hier sag' ich nichts zu. (richtig: Hierzu sage ich nichts.)

(4) Ähnlich falsch wie diese Formen sind die in der gesprochenen Sprache gelegentlich vorkommenden Doppelungen:

* Da dafür kriegst du nichts!
* Da damit kannst du nichts anfangen!
* Da dagegen müßt ihr was tun!

Besonderheiten des Gebrauchs der Pronominaladverbien
(1) Von der Regel, daß bei einer Person stets die Struktur: Präposition + Pronomen (*über ihn, an sie, mit ihr* usw.) und nicht das Pronominaladverb erscheint, weicht die Sprache ab, wenn es um Personengruppen geht:

Vor mir gingen zwanzig Menschen, *darunter* sechs Frauen (auch: *unter ihnen*).
Die Soldaten standen in Reih' und Glied. Ich stellte mich *daneben.*

(2) Unüblich sind *wohinter, woneben, wozwischen.* Für sie steht ersatzweise: *wohin? wo?*

> Ich gehe hinter die Kirche. - *Wohin* gehst du?
> Ich lege das Blatt zwischen die Seiten. - *Wohin* legst du es?
> Er steht neben der Treppe. - *Wo* steht er?

Pronominaladverbien im Text

Von der Funktion der Pronominaladverbien, Sätze zu Texten zu verbinden, haben wir bereits mehrfach gesprochen. Hier noch einmal die verschiedenen Möglichkeiten:

- vorausweisend (kataphorisch):

> Ich bestehe *darauf,* daß sie teilnimmt.

In dieser Form signalisiert das Pronominaladverb *darauf* (ähnlich wie *es* in der gleichen Funktion) dem Hörer/Leser, daß der Inhalt des Sachverhalts *bestehen auf / halten für* im Nebensatz (Gliedsatz) ausgeführt wird. Das Pronominaladverb baut gewissermaßen eine Spannung auf, die im Nebensatz gelöst wird.

- zurückverweisend (anaphorisch):

> Ich werde das tun. *Darauf* können Sie sich verlassen.

> Ich werde das tun, *worauf* Sie sich verlassen können.

Sowohl in den beiden Hauptsätzen als auch im Satzgefüge (Hypotaxe) verknüpfen die Pronominaladverbien die Aussage des ersten mit dem zweiten Satz (bzw. Satzteil). Sie verweisen auf das bereits Gesagte.

Besonderheiten des Gebrauchs des Adverbs

(1) Immer häufiger geschieht es, daß ein Adverb mit dem jeweiligen Verb, bei dem es steht, zusammengeschrieben und damit Teil des Prädikats (→S. 328) wird: *hochfahren, nachschauen, vorausdenken, wegführen* usw.
In der flektierten Form werden beide Verbteile getrennt, beim Partizip II wird *-ge-* eingefügt:

> Der Regisseur *fährt hoch.*
> Sie hatte *vorausgedacht* / wurde *weggeführt.*

(2) Einige von Substantiven abgeleitete Adverbien mit dem Suffix *-weise* können als Adjektiv gebraucht und auch dekliniert werden. Sie stehen dann vor dem Substantiv:

> Mit dem *probeweisen* Betrieb des Kernkraftwerkes wird nächste Woche angefangen.
> Die *schrittweise* Einführung der 35-Stunden-Woche ist das Ziel der Gewerkschaften.

Nicht normgerecht sind sprachliche Neuschöpfungen wie:

* das neuliche Treffen der Regierungschefs
* das rückwärtse Fahren
* die drübenen Menschen

(3) Falsch sind Doppelungen, die vor allem Politiker in jüngster Zeit häufig gebrauchen:

* Ich habe gestern bereits schon gesagt, ...
* Darüber hinaus möchte ich noch anfügen, daß ...
* Dazu kommt noch hinzu, daß ...
* Dafür kommen ausschließlich nur ältere Menschen in Frage.
* Ich habe lediglich nur darauf hinweisen wollen, daß ...

Bartsch, Renate 1972: Adverbialsemantik. Die Konstitution logisch-semantischer Repräsentationen von Adverbialkonstruktionen, Frankfurt
Droescher, W. 1974: „Das deutsche Adverbialsystem", in: Deutsch als Fremdsprache 11, Leipzig
Hohnlander, Inger 1979: Zur Distribution und Leistung des Pronominaladverbs als Bezugselement eines das Verb ergänzenden Nebensatzes/Infinitivs, Uppsala
Starke, G. 1977: „Zur Abgrenzung und Subklassifizierung der Adjektive und Adverbien", in: Gerhard Helbig (Hrsg.): Beiträge zur Klassifizierung der Wortarten, Leipzig

Die Präposition

„Die ‘Symptome’ (der Magersucht, S.J.) kommen nicht einfach von einem anderen Planeten herbeigeschwebt. Im Gegenteil. Wir müssen begreifen, daß es sich um eine Störung handelt, deren Ursprung darin liegt, wie Frauen sich in dieser Welt erfahren.“

Erleichterung breitet sich angesichts dieses eindeutigen Ansatzes aus. Nach der Lektüre einer ganzen Reihe von Büchern zum Thema Magersucht bin ich reichlich bedient mit Therapeuten- und Betroffenenberichten, mit psychosozialen Erklärungsansätzen und Analysen, die zwar gesellschaftliche Zusammenhänge nicht ganz außen vorlassen, dennoch aber bei mir ein Gefühl von Begrenztheit hinterließen. Immer wieder: überfürsorgliche Mütter, ehrgeizige Väter, überforderte Mädchen, die sich den an sie gestellten Anforderungen nicht gewachsen fühlen. Fast bin ich so weit, alle Emanzipationsbestrebungen zu verdammen, da sie scheinbar die Mädchen überwältigen, sie hoffnungslos überfordern.

(„taz“, 16.4. 1986)

(1) In unserem Text kommen zahlreiche Präpositionen (Singular: Präposition, traditionell Verhältniswörter genannt) vor:

von, im, um, in, angesichts, nach, zum, mit, bei, an

(2) Präpositionen (lat. praeponere = vorsetzen, voransetzen, voranstellen) sind Wörter, die nicht dekliniert und nicht gesteigert werden können. Sie kommen stets zusammen mit anderen Wörtern oder Wortgruppen (z. B. Präpositionalgefüge) vor und bestimmen in aller Regel deren Kasus. Sie sind weder selbständige Satzglieder noch Attribute, sondern stehen bei einem Wort (Substantiv, Pronomen usw.) in verschiedenen syntaktischen Strukturen:

- Präpositionalergänzung:

  Er wartet *auf seine Frau.*

- Situativergänzung:

  Die Vase steht *auf dem Tisch.*

- Richtungsergänzung:

  Er kommt *aus Stockholm.*

- Attribut:

  Den Baum *neben der Straße* meine ich.

(3) Innerhalb der Präpositionalergänzung bestimmt die Valenz des Verbs den Kasus des Substantivs, und die Präposition ist weitgehend bedeutungsentleert *(warten auf seine Frau, abhängen vom Wetter).*

Bei den Situativ- und Richtungsergänzungen sowie den Attributen dagegen haben die Präpositionen eine Bedeutung und bestimmen weitgehend den Kasus des Substantivs (Rektion):

> *an die Wand* gehen, *anstelle eines Hauses,* die Vase *neben dem Fenster, auf dem Bauernhof* leben

Somit wirken Valenz des Verbs und Rektion der Präposition nebeneinander, teilweise ineinander.
(4) Präpositionen sind im eigentlichen Sinn - ähnlich wie Konjunktionen - Bindeglieder: sie verbinden Satzglieder bzw. Teile von Satzgliedern miteinander:

Er wartet *auf* dem Bahnhof.	(warten - Bahnhof)
Sie ist abhängig *von* ihren Eltern.	(abhängig sein - Eltern)

(5) Präpositionen stehen in der Regel - dem Wortsinn entsprechend - vor dem Nominalgefüge:

> *bei* seinem Examen, *durch* den Tunnel, *mit* der Mutter, *vor* dem Baum, *wegen* des Termins

Jedoch gibt es auch einige Präpositionen - genauer müßte es Postpositionen heißen -, die hinter dem Gefüge stehen:

> die Straße *entlang,* der Einfachheit *halber*/krankheits*halber,* seiner Mutter *zuliebe*

Schließlich gibt es wenige Präpositionen, die sowohl vor als auch hinter dem Gefüge stehen können bzw. das Gefüge einklammern:

> *wegen* ihres Erfolges - ihres Erfolges *wegen*
> *umwillen* seiner Familie - *um* seiner Familie *willen*

Anmerkung:
Die Präposition *wegen* mit dem Genitiv wird bei Personalpronomen häufig nachgestellt, um der gespreizt klingenden Form (*wegen meiner/seiner/ihrer* usw.) zu entgehen und nicht den - in der gesprochenen Sprache inzwischen allzu häufig gebrauchten - Dativ (*wegen mir/ihm/ihr* usw.) zu benutzen. Deshalb:

> meinetwegen, seinetwegen, ihretwegen, unseretwegen, euretwegen usw.
> ebenso: meinethalben/deinethalben

(6) Das Präpositionalgefüge kann bestehen aus:
- Präposition + Substantiv:

> auf dem Tisch, gegen die Wand

- Präposition + Adjektiv:

> auf französisch, bei rot

- Präposition + Adverb:

> bis hier, für morgen, nach links

- Präposition + Pronomen:

> an sie, bei ihr, mit ihnen

(7) Häufig verschmelzen Präpositionen mit dem bestimmten Artikel, besonders in der gesprochenen Sprache:

am (= an dem), im, ins, zum, vorm, vom, übern, aufs, hinters, unterm

Präposition und Kasus

Das Verhältnis von Präposition und Kasus (des Substantivs, Adjektivs, Artikelworts oder Pronomens) wird traditionell Rektion genannt. Danach wird unterschieden zwischen:
- Präpositionen mit einem Kasus
- Präpositionen mit zwei Kasus
- Präpositionen ohne Kasusrektion

Präpositionen mit einem Kasus

(1) Akkusativ: *à, bis, durch, für, gegen, je, ohne, pro, um, wider:*

bis nächsten Montag, *für* ihren Mann, *pro* Einwohner, *um* die Stadt

(2) Dativ: *aus, bei, binnen, entgegen, entsprechend, fern, gegenüber, gemäß, laut, mit (mitsamt), nach, nächst, nahe, seit, von, zu, zuliebe, zuwider:*

aus dem Dorf, *entgegen* seiner Darstellung, *gemäß* der Erklärung, *seit* dem Morgen, *von* ihm, ihr *zuwider*

(3) Genitiv: *abseits, abzüglich, angesichts, anhand, anstelle, aufgrund (auf Grund), ausgangs, außerhalb, beiderseits, dank, diesseits, eingangs, einschließlich, halber, hinsichtlich, infolge, inmitten, innerhalb, jenseits, kraft, laut, mangels, mittels, oberhalb, seitens (von seiten), statt (anstatt), trotz, umwillen, unbeschadet, ungeachtet, unterhalb, unweit, vorbehaltlich, während, wegen, zugunsten, zwecks:*

abseits der Straße, *eingangs* des Dorfes, *infolge* seiner Krankheit, *kraft* seiner Vollmacht, *laut* (der) Erklärung, *statt* ihrer Mutter

Merke:
- Manche Präpositionen sind veraltet: *betreffs, bezüglich, namens* usw.
- In der gesprochenen Sprache wird gelegentlich auch *von* eingefügt:

aufgrund von, innerhalb von

- Formelhaft sind: *mit Bezug auf, mit Blick auf, im Hinblick auf, mit Rücksicht auf, im Vergleich zu, im Verhältnis zu, in bezug auf, von seiten, auf seiten*

Präpositionen mit zwei Kasus

Eine Anzahl von Präpositionen kann sowohl beim Dativ als auch beim Akkusativ stehen: Der Dativ steht, wenn es sich um situatives, nicht bewegungs- oder zielgerichtetes Geschehen, also um keine Ortsveränderung, handelt (Situativergänzung), der Akkusativ, wenn es sich um bewegungs- oder zielgerichtetes Geschehen, also um Ortsveränderung, handelt (Richtungsergänzung). In unserem Schema der Ergänzungen (→ S. 384, 388) wird der Unterschied deutlich. Zu den Präpositionen, die sowohl Dativ als auch Akkusativ regieren, gehören: *an, auf, hinter, neben, in, über, unter, vor, zwischen*

Anmerkung:

- Gelegentlich gibt es Zweifelsfälle, ob Situativergänzung oder Richtungsergänzung (Dativ oder Akkusativ) verwendet werden:

  Wir haben die Summe in *unserer/unsere* Bilanz einbezogen.
  Inge hat sich in *dem/das* Zimmer eingeschlossen.
  Gabriele hat die Geschenke in *den/dem* Koffer eingepackt.
  Ich stelle die Tasche in *die/der* Garderobe ab.

  Beide Kasus sind möglich. Es scheint sich jedoch in einigen anderen Fällen eine Tendenz zu einem der beiden Kasus durchzusetzen:

  Der Nachbar hat jetzt *an das* (selten: dem) Haus noch einen Stall angebaut.
  Der Kranke wurde *auf die* (selten: der) Station aufgenommen.
  Wir vergruben das Geld *in der* (selten: die) Erde.

- Eindeutig ist die Kasuswahl beim *sein*-Passiv. Hier wird stets der Dativ verwendet:

  Das Bild *ist an der Wand* befestigt.
  Der Kranke *ist auf der Station* aufgenommen.

- In übertragener Bedeutung steht bei *auf* und *über* der Akkusativ:

  Sie kommt *auf alle Fälle!*
  Kinder *über zwei Jahre* müssen den vollen Preis bezahlen.

- Nach *an, in, neben, unter, vor, zwischen* steht der Dativ:

  Das liegt *an seiner Einstellung.*
  Unter gewissen Bedingungen wäre ich bereit.

Schwankender Kasus

Eine besondere Rolle spielen einzelne Präpositionen, bei denen der Kasus schwankt, ohne daß sich die Bedeutung ändert:
(1) Bei *ab* stehen Ortsangaben im Dativ, häufig jedoch ohne Artikel:

Ab dem Bahnhof/ab München fährt ein Bus.

Handelt es sich um Zeitangaben oder Zahlangaben, sind Dativ oder Akkusativ möglich (häufig mit Nullartikel):

Ab zehn Uhr bin ich im Büro zu erreichen.
Ab dem zehnten/ab zehntem/ab zehnten September ist das Kino geschlossen.

(2) Bei *außer* steht normalerweise der Dativ:

Außer ihm waren alle anwesend.

Bei festen Verbindungen ist mit Ausnahme des Genitivgefüges *außer Landes* keine Kasusstruktur zu erkennen:

Sie befanden sich *außer Reichweite.*
„Außer Atem" ist einer von Godards Filmen.

(3) *Binnen* wird mit Dativ oder Genitiv gebraucht; der Dativ scheint sich in der gesprochenen Sprache durchzusetzen:

Binnen einem Jahr veränderte sich das Stadtbild.
Binnen kurzem wurde die Firma verlagert.
daneben: *binnen eines Jahres, binnen zwei Monaten*
(geschriebene Sprache auch: *binnen zweier Monate*)

(4) *Bis* wird mit dem Akkusativ verbunden; bei Orts- oder Länderangaben kann eine Apposition im Dativ folgen, bei Zeitangaben im Akkusativ:

Bis nächsten Mittwoch wollen wir uns Zeit lassen.
Bis München, dem Zentrum Oberbayerns, geht der Intercity.
Bis Montag, den 2. Mai, ist alles bereinigt.

(5) In der gesprochenen Sprache wird *dank* im Singular mit Genitiv oder Dativ verbunden, im Plural mit dem Genitiv (der Dativ ist der ursprüngliche Kasus: *jemandem danken*):

Dank seines Einsatzes/dank seinem Einsatz konnte der Termin eingehalten werden. *Dank unserer neuen Maschinen* entstand eine fabelhafte Reproduktion.

(6) Die Präposition *entlang* wird in präpositionaler Stellung (vor dem Substantiv) mit Genitiv oder Dativ verbunden, in postpositionaler Stellung mit dem Akkusativ, selten mit dem Dativ:

Sie gingen entlang *des Flusses/dem Fluß.*
Sie gingen *den Fluß/dem Fluß* entlang.

(7) *Längs* wird mit dem Genitiv verbunden, seltener mit dem Dativ:

Längs des Flusses/längs dem Fluß schlängelte sich der Weg dahin.

Anmerkung:
Bei einer Reihe von Präpositionen *(innerhalb, laut, mangels),* die der Regel entsprechend den Genitiv nach sich haben, erscheint zunehmend der Dativ, besonders dann, wenn weder ein Artikelwort noch ein Adjektiv vorausgeht:

innerhalb vier Tagen, *laut* Presseberichten, *mangels* Beweisen, *während* drei Monaten

Ohne Flexionskennzeichnung erscheinen Substantive häufig nach *abzüglich, inklusive, laut, wegen:*

abzüglich Rabatt, *inklusive* Mehrwertsteuer, *laut* Bundesregierung

(8) In der gesprochenen Sprache tritt nach *trotz, während, wegen* zunehmend Dativ statt des Genitivs auf; auch hier wird die Flucht aus dem Genitiv deutlich (in der geschriebenen Sprache steht der Genitiv):

trotz seinem Plan, *während seinem* Krankenhausaufenthalt, *wegen dem* Vortrag

vor allem, um zwei Genitivformen zu vermeiden:

trotz dem Vorschlag des Onkels

Diese Formen stellen in der gesprochenen Sprache keine Normverletzungen dar. Ebenso Formen wie:

trotzdem, trotz alledem, trotz allem, währenddem, wegen allem

(Ursprünglich stand bei *trotz* der Dativ, vgl.: *jemandem trotzen.*)

(9) *Zufolge/zu(un)gunsten* werden in präpositionaler Stellung mit dem Genitiv verbunden; steht die Präposition aber hinter dem Substantiv/Pronomen (postpositionale Stellung: Postposition), erscheint der Dativ:

> *Zugunsten seines Sohnes* wurde so entschieden.
> *Ihrem Plan zufolge* startet die Aktion morgen.

Präpositionen ohne Kasusrektion

Präpositionen zwischen Zwillingsformeln regieren keinen Kasus:

> Zug *um* Zug ging es voran. Punkt *für* Punkt gingen wir das Papier durch.

Semantische Gliederung der Präpositionen

Die Bedeutung und der Gebrauch der Präpositionen stellen viele Sprachbenutzer vor Probleme. Allzu unterschiedlich scheinen die Verwendungsbereiche.
(1) Ein Teil der Präpositionen ist von der Valenz der Verben, Substantive und Adjektive (→ S. 64, 153, 192) bestimmt; die Präpositionen selbst haben keine Bedeutung mehr, sondern sind nur noch syntaktisches Steuerungsmittel:

> verantwortlich sein *für*, die Sehnsucht *nach*, abhängen *von* usw.

Solche, fest im Valenzplan der Verben, Substantive und Adjektive verankerten Präpositionen werden deshalb hier ausgeklammert.
(2) Daneben jedoch gibt es einige Bedeutungsbereiche, denen sich Präpositionen zuordnen lassen:

- lokal: *ab, an, auf, aus, außerhalb, bei, diesseits, durch, entlang, hinter, in, inmitten, jenseits, längs, nach, neben, oberhalb, über, unter, unterhalb, unweit, vor, zwischen:*

> *ab* (ab München), *an* (an der Wand/an der Isar), *auf* (auf der/auf die Leiter), *aus* (aus dem Haus), *außerhalb* (außerhalb der Ortschaft), *bei* (bei meiner Mutter), *diesseits* (diesseits der Elbe), *durch* (durch den Tunnel), *entlang* (entlang des Flusses/den Fluß entlang), *hinter* (hinter der/hinter die Kirche), *in* (in der/in die Stadt), *inmitten* (inmitten des Getümmels), *jenseits* (jenseits der Autobahn), *längs* (längs des Baches/längs dem Bach), *nach* (nach Köln/nach Haus), *neben* (neben der/neben die Brücke), *oberhalb* (oberhalb der Stadt), *über* (über der/über die Brücke), *unter* (unter dem/unter den Tisch), *unterhalb* (unterhalb des Schlosses), *unweit* (unweit des Stadions), *vor* (vor der/vor die Universität), *zwischen* (zwischen den/zwischen die Brücken)

- temporal: *ab, an, auf, außerhalb, bei, binnen, bis, durch, für, gegen, in, innerhalb, mit, nach, seit, über, um, vor, während, zu, zwischen:*

> *ab* (ab Weihnachten), *an* (am Anfang/an Ostern [oberdt.]), *auf* (auf vier Monate), *außerhalb* (außerhalb der Ferien), *bei* (bei schlechtem Wetter), *binnen* (binnen drei Tagen), *bis* (bis/bis zum Freitag), *durch* (die ganze Woche [(hin)durch]), *für* (für drei Tage), *gegen* (gegen halb acht Uhr), *in* (in drei Wochen), *innerhalb* (innerhalb/innerhalb von vierzehn Tagen), *mit* (mit Einbruch der Dunkelheit), *nach* (nach dem Ende der Vorstellung), *seit* (seit gestern/seit langem), *über* (über fünf Wochen), *um* (um 14 Uhr), *vor* (vor drei Tagen/vor Sonnenaufgang), *während* (während der Vorstellung), *zu* (zu Ostern), *zwischen* (zwischen drei und vier Uhr)

Anmerkung:
Bei Jahreszahlen steht *im (im Jahre 1985)*. Das aus dem Englischen stammende *in* (*in 1985) ist nicht normgerecht.

- modal: *an, auf, aus, außer, bis, dank, durch, für, gegenüber, gemäß, in, kraft, laut, mit, nach, ohne, über, um, unter, von, zufolge:*

  an (am größten), *auf* (auf die Sekunde genau/auf deutsch), *aus* (aus Holz), *außer* (außer Atem), *bis* (bis zum Zusammenbruch), *dank* (dank seines Intellekts/dank seinem Intellekt), *durch* (durch Boten übermittelt), *für* (für seine Größe/Tag für Tag), *gegenüber* (gegenüber ihm/den Kindern gegenüber), *gemäß* (gemäß unserer Absprache), *in* (in der Bedeutung/in deutscher Sprache), *kraft* (kraft Amtes), *laut* (laut Presseerklärung), *mit* (mit Wirkung von/mit wehenden Haaren), *nach* (der Größe nach/allem Anschein nach), *ohne* (ohne Begeisterung), *über* (über Gebühr strapaziert), *um* (Zug um Zug), *unter* (unter der Voraussetzung/unter Beifallsovationen), *von* (ein Mann von Welt/von Ratten zerfressen), *zufolge* (den Erhebungen zufolge)

- kausal: *auf, aus, halber, infolge, um ... willen, vor, wegen:*

  auf (auf seine Empfehlung hin), *aus* (aus ethischen Gründen), *halber* (der Ordnung halber), *infolge* (infolge seiner Krankheit), *um ... willen* (um Gottes willen), *vor* (vor Angst/vor Schmerzen), *wegen* (wegen Bestechung/wegen Lambsdorff)

- konzessiv: *trotz, ungeachtet/unbeschadet:*

  trotz (trotz ihres guten Willens), *ungeachtet/unbeschadet* (ungeachtet seiner rhetorischen Fähigkeiten)

- übertragen: *aus, außerhalb, bei, durch, hinter, in, jenseits, unter, zwischen:*

  aus (aus der Übung), *außerhalb* (außerhalb meines Forschungszweiges), *bei* (bei Wind und Wetter/bei Nietzsche), *durch* (durch die Verspätung des Zuges), *hinter* (hinter die Fassade sehen), *in* (in Frage stellen/in die Beratung eintreten), *jenseits* (jenseits unserer Möglichkeiten), *unter* (unter uns gesagt), *zwischen* (zwischen den Parteien)

Besonderheiten des Gebrauchs der Präpositionen

(1) Unsicherheiten in der Schreibung bei teilweise lexikalisierten Formen wie *anstelle von/an Stelle von, aufgrund von/auf Grund von* sind unnötig: beide Formen sind normgerecht.
(2) Stehen mehrere Präpositionen nacheinander, so bestimmt die letzte den Kasus des nachfolgenden Substantivs, Adjektivs oder Pronomens:

> Er ging mit ihr bis zu dem Dorf.

(3) Handelt es sich um Präpositionalergänzungen bzw. präpositionale Angaben, die so ineinander verschachtelt sind, daß die Präpositionen nebeneinander stehen, ist es häufig schwierig, die korrekte Endung zu finden:

> nach mit Erfolg absolviertem Examen
> für ohne Führerschein angetroffene Fahrer

Es empfiehlt sich in solchen Fällen, ein Artikelwort einzufügen oder die Gefüge in Relativsätze aufzulösen:

> nach dem Examen, das mit Erfolg absolviert wurde, ...
> für die ohne Führerschein angetroffenen Fahrer ...

(4) Neben den bereits aufgeführten Präpositionen gibt es zahlreiche andere Wörter, die von Adverbien, Verben oder Substantiven abgeleitet sind und jetzt als Präpositionen benutzt werden. Dazu gehören:

- Ableitungen aus Adverbien: *links, rechts* + Genitiv: *links des Rheines*
- Ableitungen aus Verben: *betreffend* + Akkusativ: *betreffend seine Vorschläge, seine Vorschläge betreffend*
  entsprechend + Dativ: *entsprechend ihrem Antrag, ihrem Antrag entsprechend*
- Ableitungen aus Substantiven: *südlich, nördlich* usw. + Genitiv: *südlich des Flusses*

Anmerkung:

- Bei *südlich* usw. wird in der gesprochenen Sprache meist *von* benutzt:

  > *südlich vom* Fluß, *östlich von* der Grenze

- In der Standardsprache tritt *von* statt des Genitivs stets dort auf, wo das nachfolgende Substantiv ohne Artikel steht:

  > südlich von Hamburg, östlich von Polen usw.

  Die Form *südlich Hamburgs* ist gleichfalls akzeptabel. Nicht korrekt ist dagegen die unflektierte Form: * südlich Hamburg.

Brinkmann, Hennig 1971: Die deutsche Sprache. Gestalt und Leistung, Düsseldorf
DUDEN 1984: Grammatik der deutschen Gegenwartssprache (= DUDEN Bd. 4), Mannheim/Wien/Zürich

Die Konjunktion

Nun versuchte sich Birgit Breuel, überzeugte Marktwirtschaftlerin und vehemente Verfechterin des Subventionsabbaus, mit der German Oil im Krisen-Geschäft. Mit finanzstarken neuen Raffinerie-Teilhabern sollten Netback-Verträge geschlossen werden. Bei denen bekommt der Öllieferant nur so viel Geld für seine Ware, wie nach Abzug der Verarbeitungskosten und einer Gewinnspanne vom Verkaufserlös der Endprodukte übrigbleibt. Damit hofften die niedersächsischen Ölkonsorten, den kostendeckenden Betrieb der Anlage sicherstellen und die anders kalkulierende Konkurrenz ausstechen zu können. Doch die Rechnung ging nicht auf. Die vermeintlich so exklusiven Netback-Verträge sind inzwischen bei dem Überangebot auf dem Ölmarkt keine Seltenheit mehr.

Während man sich im niedersächsischen Wirtschaftsministerium noch bemüht, eine Lösung für Wilhelmshaven - jeder sechste in der Stadt ist arbeitslos - zu finden, steht für die Branche ein großer Gewinner bei der ganzen Aktion jetzt schon fest: German-Oil-Teilhaber Gert Lutter. Der ist mit Hilfe der halbstaatlichen Ölgesellschaft so gut ins Geschäft gekommen, daß er im vergangenen Jahr den Umsatz seiner eigenen Ölfirma Marimpex mehr als verdoppeln konnte.

Die German Oil hatte - vertreten durch Gert Lutter - im Nahen Osten umfangreiche Lieferverträge abgeschlossen. Den Weiterverkauf des Erdöls übernahm Lutters Marimpex gegen eine Provision, da die niedersächsische Gesellschaft bis heute nicht über eigene Verarbeitungsmöglichkeiten verfügt.

So vereinbarte Lutter schon im Mai 1985, als die German-Oil-Raffinerie nicht mehr als eine Idee war, mit der staatlichen iranischen Ölgesellschaft N.I.O.C. die Lieferung von fünf Millionen Tonnen Rohöl bis zum Mai dieses Jahres.

(„stern", 24.4. 1986)

(1) In unserem Text kommen zahlreiche Konjunktionen (lat. coniungere = verbinden; Singular: die Konjunktion, traditionell auch Bindewörter) vor: *so ... wie, während, daß, da, als.* Konjunktionen sind unveränderliche Wörter. Sie sind weder Satzglieder noch Attribut, sondern verbinden Wörter, Teile von Sätzen oder ganze Sätze miteinander:

Inge *und* Klaus	(Wörter)
die Mutter von Karin *oder* seine Schwester	(Teile von Sätzen)
Er kam, *weil* er es nicht mehr aushalten konnte.	(Sätze)

(2) Konjunktionen sind also ein wichtiges Mittel der Verbindung, der Koordination von Satzelementen. Weitere Mittel neben den Konjunktionen sind die

Asyndese (Aufzählung gleicher Elemente ohne *und;* → S. 337), die doppelte Nennung des gleichen Kasus bei der Einordnungsergänzung (→ S. 393) und auch die enge Apposition (Attribut im gleichen Kasus wie das Substantiv; → S. 335):

Er kam, sah, siegte. Es gibt hier Erlen, Tannen, Eichen, Fichten.	(= Asyndese)
Ich nenne ihn einen Lügner.	(= Einordnungsergänzung)
Doktor Müller, Fräulein Klein	(= Apposition)

(3) Innerhalb der Konjunktionen unterscheiden wir koordinierende (nebenordnende) Konjunktionen, Satzteilkonjunktionen und subordinierende (unterordnende) Konjunktionen.

(4) Der Form nach sind einfache von mehrgliedrigen Konjunktionen zu unterscheiden. Es gibt etwa 70 bis 80 Konjunktionen im Deutschen.

Koordinierende Konjunktionen

(1) Koordinierende (auch: nebenordnende) Konjunktionen verbinden Sätze gleichen Grades (Hauptsätze mit Hauptsätzen, Nebensätze mit Nebensätzen) sowie Wörter:

Gabriele geht zum Baden, *und* ich muß arbeiten.	(Hauptsätze)
Ich erfuhr, daß sie krank war *und* nicht kommen konnte.	(Nebensätze)
Die Lehrer *und* die Kinder waren nicht da.	(Wörter)

(2) Zu den koordinierenden Konjunktionen gehören:

- einfache Konjunktionen: *aber, allein, bzw., denn, d.h., doch, jedoch, oder, sondern, (so)wie, und*
- mehrgliedrige Konjunktionen: *entweder ... oder, nicht nur ... sondern auch, so ... wie, sowohl ... als auch, weder ... noch, zwar ... aber*

Anmerkung:
Koordinierende Konjunktionen sind solche, bei denen (im Aussagesatz) das Verb hinter der Konjunktion und dem ersten Satzglied steht:

Sie geht, *doch* sie kommt bestimmt wieder.

Im Unterschied dazu *doch* als Adverb:

Sie geht, *doch* kommt sie bestimmt wieder. (Stellungsänderung)

(3) Die koordinierenden Konjunktionen lassen sich semantisch in unterschiedliche Gruppen gliedern:

- kopulativ: *und, sowie, sowohl ... als auch, sowohl ... wie, nicht nur ... sondern auch*
- kausal: *denn*
- alternativ: *oder, beziehungsweise, entweder ... oder, weder ... noch*
- adversativ: *aber, allein, doch, sondern*
- restriktiv: *aber*
- konkretisierend: *das heißt*

Kopulative (anreihende) Konjunktionen

(1) Die häufigste Konjunktion der deutschen Sprache gehört in diese Gruppe: *und*. Die Konjunktion dient dazu, mehrere Elemente in einem einfachen Satz zusammenzufassen und auf eine Größe zu beziehen:

Inge *und* Klaus *und* ich leben jetzt hier.

Gleiches gilt für Sätze, die mit *und* verbunden sind:

Er fährt heute, *und* sie will morgen nachkommen.

(2) Aufzählungen sind auf dreierlei Weise möglich:

Alles rennet, rettet, flüchtet.	(asyndetisch: ohne *und*)
Franz *und* Gabriele sind verreist.	(monosyndetisch: einfaches *und*)
Die Kinder *und* die Eltern *und* die Lehrer *und* der Direktor waren anwesend.	(polysyndetisch: mehrfaches *und*)

(3) Möglich sind auch paarweise Koppelungen mit *und/oder:*

Wagner *und* Nietzsche, Hofmannsthal *und* Richard Strauss waren auf verschiedene Weise kongenial.
Angst *oder* Wut, Trauer *oder* Empörung, aber auch Verständnis *und* Zustimmung: so weit reicht die Gefühlspalette nach dem Überfall auf Libyen.

(4) Stärker als *und* wirken *sowohl ... als/wie (auch)* und *nicht nur ... sondern auch:*

Sowohl Wagner *als auch* Nietzsche, Hofmannsthal *wie (auch)* Richard Strauss waren auf verschiedene Weise kongenial.

(5) Handelt es sich um zwei gleichartige Tätigkeiten, die mit *und* verbunden sind, wird das Verb nur einmal aufgeführt:

Sie geht ins Kino *und* ich ins Theater.

Akzeptabel ist auch:

Sie sagte zu, zum Seminar zu kommen *und* daß der Bericht fertig würde.

(6) Ironisierende, gelegentlich schockierende Sprachwirkungen werden durch Koppelung ungleicher Teile erzielt:

Sie trägt die Koffer *und* er die Verantwortung.
Er raucht, *und* sie hat auch Lungenkrebs.

Die kausale (begründende) Konjunktion

(1) Hierunter fällt lediglich *denn:*

Wir mußten uns warm anziehen, *denn* es war kalt geworden.

(2) Die dem Sachverhalt entsprechenden subordinierenden Konjunktionen lauten *da* und *weil* (→ S. 271).
(3) *Weil* steht auch zwischen Teilen eines Satzgliedes zur Begründung der Aussage:

Das ist ein großer, *weil* wichtiger Tag für ihn.

Alternative (ausschließende) Konjunktionen

(1) Die wichtigste Konjunktion dieser Gruppe ist *oder*. Sie drückt eine Alternative aus: von zwei oder mehr Möglichkeiten trifft nur eine zu:

> Erika *oder* Katharina *oder* auch Eva kann es gewesen sein.

Entweder ... oder verdeutlicht diesen Sachverhalt:

> *Entweder* er *oder* ich!

Die Stellung des Verbs kann wechseln:

> *Entweder* er *kommt*, oder wir gehen allein.
> *Entweder kommt* er, oder wir gehen allein.

Negatives Pendant ist *weder ... noch:*

> *Weder* er *noch* ich können schwimmen.

(2) *Beziehungsweise (bzw.)* kann alternativ, aber auch restriktiv (einschränkend) verwendet werden:

> Er *bzw.* sein Vater fliegt nach Stockholm. (alternativ)
> Die Farbe ist rot *bzw.* weinrot. (restriktiv)

Im gleichen Sinne wird restriktives *aber* verwendet:

> Er hat zwar gut geredet, *aber* genützt hat es nichts.

Adversative Konjunktionen

Adversative Konjunktionen drücken einen Gegensatz aus:

> Die Botschaft hör ich wohl, *allein* mir fehlt der Glaube. („Faust")
> Morgen können wir ihn nicht sehen, *sondern* erst übermorgen.

Häufig steht im Vordersatz *zwar:*

> Du hast *zwar* recht, *aber* wir können es doch nicht machen.

Anmerkung:

- *Aber* und *sondern* sind nicht beliebig austauschbar. Bei echten Antonymen (Gegensatzwörter) steht *sondern,* nicht *aber:*

  > Das Fußballspiel steht nicht 3:0, *sondern* es steht 2:1.

  dagegen (kein Antonym):

  > Er liebt das Fernsehen nicht, *aber/sondern* er geht regelmäßig ins Theater.

- Wird ein Teil herausgegriffen, steht *aber* (restriktive Konjunktion):

  > Sie gießt die Blumen, *aber* nur die Rosen.

Die konkretisierende Konjunktion

Die Konjunktion *das heißt* (Abkürzung: *d.h.*) dient zur genaueren Erläuterung, zur Konkretisierung des Sachverhalts. Sie wird von Kommas eingeschlossen, es sei denn, es folgen ein Infinitivgefüge oder ein unvollständiger Satz:

> Ich fliege morgen nach Amerika, *d.h.*, zuerst geht es nach New York.
> Sie will unbedingt weitermachen, *d.h.* morgen wieder arbeiten.

Besonderheiten des Gebrauchs der koordinierenden Konjunktionen

(1) Der Terminus „koordinierende Konjunktionen“ suggeriert, daß hier Gleiches nebeneinander stehe. Dem ist aber nicht so. Beispielsweise kann *denn* nur Hauptsätze miteinander verbinden, nicht gleichgeordnete Nebensätze oder Satzglieder. Anders ist es bei *und* sowie *oder:* beide können sowohl Hauptsätze als auch gleichgeordnete Nebensätze sowie Satzglieder und Aufzählungen verbinden:

Er kommt, *und* sie geht.	(Hauptsätze)
Ich weiß, daß er gesund ist *und* morgen wieder arbeitet.	(Nebensätze)
Sie *oder* wir kommen.	(Satzglieder)
Er *oder* sie *oder* ich *oder* wir machen das.	(Aufzählungen)

(2) *Aber* wiederum kann in Haupt- und Nebensätzen, aber auch bei Infinitivgruppen sowie Adverbien stehen:

Müller arbeitet, *aber* Meyer erhält die Auszeichnung.	(Hauptsätze)
Müller sagt, daß er kommen möchte, *aber* keine Zeit hat.	(Nebensätze)
Sie griff in die Diskussion ein, um ihn zu korrigieren, *aber* nicht zu beleidigen.	(Infinitivgruppe)
Es regnete jeden Tag, *aber* gestern ganz besonders.	(Adverbien)

Satzteilkonjunktionen

Satzteilkonjunktionen verbinden Teile von einfachen Sätzen (Satzglieder oder Attribute) und nicht zwei oder mehrere Sätze. Dazu gehören *als* und *wie* (vor allem in Verbindung mit Artergänzung und Einordnungsergänzung). Bei Adjektiven steht *wie* beim Positiv, *als* beim Komparativ:

Er wird *als* gefährlich angesehen. Er arbeitet *als* Ingenieur.
Sie benimmt sich *wie* verrückt. Sie behandelt ihn *wie* ein Kind.
Er ist so klug *wie* seine Schwester, aber dümmer *als* alle anderen.
Ich schätze ihn *als* unseren Vorgesetzten. Ich schätze ihn *wie* unseren Vorgesetzten.
Sie hängen an ihr *als* einer sympathischen Frau.
weiterhin: Meier *als* Vorsitzender, eine Interpretation *wie* die von Karajan.

auch *desto, um so* (proportionale Konjunktionen):

Je mehr, *desto* besser!
Fangen wir jetzt an, *um so* früher kommen wir nach Hause.

Zu unterscheiden davon ist die subordinierende Konjunktion *um so mehr/ weniger als* (→ S. 271).

Subordinierende Konjunktionen

(1) Subordinierende Konjunktionen verbinden Sätze unterschiedlichen Grades miteinander (Hauptsatz und Nebensatz, Nebensätze unterschiedlichen Grades).

Sie werden auch Subjunktionen oder unterordnende Konjunktionen genannt. Genauer ließe sich formulieren, daß subordinierende Konjunktionen den von ihnen eingeleiteten Nebensatz in einen Obersatz (= Hauptsatz) einbetten. Möglich sind auch mehrfache Unterordnungen. Wir vergleichen:

Ich weiß, daß sie morgen kommt. (Obersatz) (Nebensatz)	(einfache Unterordnung)
Ich weiß, daß sie morgen kommt, (Obersatz) (Nebensatz 1. Grades) weil sie es geschrieben hat. (Nebensatz 2. Grades)	(mehrfache Unterordnung)

Der Nebensatz kann auch vorn stehen (Vordersatz):

Daß sie morgen kommt, weiß ich.

(2) Wichtigstes Kennzeichen dieser Nebensatzkonstruktion (Satzgefüge) ist neben der Konjunktion die Endstellung des finiten Verbs (gebeugten Verbs) im Nebensatz:

Sie sagt, daß er angerufen *hat.*

Merke:
Die Endstellung des Verbs gilt auch beim irrealen Vergleichssatz (→ S. 111):

Sie tat (so), als ob sie das nichts anginge.
aber: Sie tat (so), als *ginge* sie das alles nichts an.

(3) Zu den subordinierenden Konjunktionen gehören:
- einfache Konjunktionen: *als, bevor, bis, da, damit, daß, ehe, falls, indem, nachdem, ob, obgleich, obwohl, seit(dem), sobald, solange, während, weil, wenn, wenn auch, zumal*
- mehrgliedrige Konjunktionen: *als daß, als ob, als wenn, (an)statt daß, außer daß, außer wenn, je . . . desto, kaum daß, ohne daß, so daß, wenn auch . . . so doch*

(4) Die subordinierenden Konjunktionen können aufgrund ihrer Verwendung in unterschiedliche Gruppen eingeteilt werden:
- kausal: *weil, da, zumal, um so . . . als*
- konsekutiv: *daß, um . . . zu, so daß/so . . . daß, zu . . . als daß/um, ohne daß/ohne . . . zu*
- konditional: *wenn, ehe, bevor, falls, sofern, außer wenn*
- konzessiv: *obgleich, obwohl, obzwar, wenn auch, wenngleich, wiewohl, ungeachtet*
- modal: *indem, dadurch . . . daß*
- temporal: *als, seit(dem), während, sobald, solange, sooft, nachdem, bevor, bis, ehe, wenn, kaum daß, indem*
- vergleichend: *als, wie, so . . . wie, als ob/wenn, denn*
- restriktiv: *außer daß, nur daß, soviel, soweit/insoweit (als), sofern/insofern (als)*
- adversativ: *während*
- final: *damit, daß, um . . . zu, außer um . . . zu*
- für „Ersatzhandlungen“: *(an)statt daß, anstatt . . . zu*

Kausale (begründende) Konjunktionen

(1) Die häufigste subordinierende kausale Konjunktion ist *weil:*

> Sie kommt nicht, *weil* sie krank ist.

Diese Konjunktion ist mit der koordinierenden Konjunktion *denn* austauschbar.

(2) Nimmt der Sprecher an, daß die Ursache des Sachverhalts allgemein bekannt ist, steht *da:*

> *Da* wir nicht zahlen können, müssen wir die Bedingungen akzeptieren.

(3) Ein zusätzlicher Grund wird mit *zumal* angeschlossen:

> Aus dem Ausflug wird nichts, *zumal* der Bus kaputt ist. (zusätzlicher Grund: Der erste Grund war das schlechte Wetter.)

auch durch *um so mehr als:*

> Aus dem Ausflug wird nichts, *um so mehr als* der Bus kaputt ist.

negativ durch *um so weniger als:*

> Sie hat die Stelle nicht bekommen, *um so weniger als* ihre Prüfung schlecht war.

Konsekutive (folgernde) Konjunktionen

Konsekutive Konjunktionen leiten Sätze ein, die die Folge des Hauptsatzes beschreiben:

> Sie sagte nichts mehr, *so daß* das Gespräch zu Ende war.
> Wir diskutierten vier Stunden, *ohne daß* wir ein Ergebnis erzielt hätten.
> (= Wir diskutierten vier Stunden, *ohne* ein Ergebnis *zu* erzielen.)

Konditionale (bedingende) Konjunktionen

Konditionale Konjunktionen leiten Sätze ein, die die Bedingung des zuvor Gesagten ausdrücken (→ S. 360). Die wichtigste Konjunktion ist *wenn:*

> Er kommt, *wenn* er Zeit hat.

Anmerkung:

- Konditionaler und temporaler Gebrauch von *wenn* sind häufig nicht exakt zu trennen, auch bei *immer/jedesmal wenn.* Eindeutig konditionale Bedeutung liegt vor, falls *wenn* mit Konjunktiv oder mit dem Korrelat *so* erscheint:

  > *Wenn* ich das *könnte,* würde ich es machen.
  > *Wenn* das *so* ist, geht es in Ordnung.
  > aber: *Wenn* er eintritt, nimmt er den Hut ab. (konditional und temporal)

- *Bevor* ist nicht nur temporale Konjunktion. Steht nämlich im Hauptsatz die Negationspartikel *nicht,* ergibt sich eine Bedingung. Im Nebensatz erscheint im Regelfall die Negationspartikel erneut. Steht der Nebensatz hinter dem Hauptsatz, kann *nicht* entfallen:

  > *Bevor* du das nicht erledigt hast, darfst du nicht ins Kino.
  > Er will nicht in Urlaub fahren, *bevor* er (nicht) mit der Arbeit fertig ist.

Konzessive (einräumende) Konjunktionen

(1) Konzessive Konjunktionen bezeichnen einen Sachverhalt, der eingeräumt (konzediert) wird:

Obwohl sie krank war, ging sie (doch) in die Schule.
ebenso: *obgleich, obschon, wenngleich* (nur Schriftsprache), *obzwar, wiewohl* (veraltet)

Anmerkung:
Im täglichen Sprachgebrauch, vor allem in der gesprochenen Sprache, wird häufig die Konjunktion *obwohl* mit dem Adverb *trotzdem (daß)* verwechselt:

Obwohl sie krank war, ging sie zur Schule.
* Trotzdem (daß) sie krank war, ging sie zur Schule.

Dieser Gebrauch ist nicht normgerecht und daher nicht zu akzeptieren. Korrekt ist dagegen:

Sie war krank. Trotzdem ging sie zur Schule.

(2) Eine weitere Konjunktion, die zu den konzessiven gezählt wird, ist *ungeachtet;* sie wird heute aber häufiger als Präposition verwendet:

Ungeachtet ihres Auftretens traf sie auf Sympathien. (= Ungeachtet, wie sie auftrat, traf sie auf Sympathien.)

Modale Konjunktionen

Modale Konjunktionen umfassen einen breiten Inhaltsbereich. Im engeren Sinne rechnen wir die instrumentalen Konjunktionen *(indem, dadurch ... daß)* dazu:

Wir lösen das Problem, *indem* wir mehr zahlen.
(= Wir lösen das Problem *dadurch, daß* wir mehr zahlen.)

Temporale Konjunktionen

Temporale Konjunktionen leiten Nebensätze ein, die entweder Gleichzeitigkeit *(indem, während),* Vorzeitigkeit *(nachdem, seit dem, sobald)* oder Nachzeitigkeit *(bevor, bis, als)* ausdrücken - jeweils vom Sprechzeitpunkt aus betrachtet (→ S. 353):

Indem ich mich nach vorn bewege, fällt ein Schuß.	(Gleichzeitigkeit)
Nachdem das Tor gefallen war, verließen wir das Stadion.	(Vorzeitigkeit)
Bevor/ehe sie zur Universität fuhr, ging sie noch am Postamt vorbei.	(Nachzeitigkeit)

Anmerkung:
Auch *wie* ist als temporale Konjunktion in der gesprochenen Sprache möglich, um die Wirkung des Satzes zu verstärken:

Wie ich nach Haus komme, ist die Katze weg! (Präsens)

Vergleichende Konjunktionen

(1) Es gibt reale und irreale Vergleiche und ebensolche Sätze (→ S. 111, 184). Für

reale Vergleiche stehen die Konjunktionen *wie, so ... wie, als* (+Komparativ) und *denn* (+Komparativ) zur Verfügung:

Sie ist *eben(so)* groß *wie* ihre Schwester.
Er ist größer *als* sein Bruder.
Er trinkt jetzt häufiger *denn* je.

(2) Irreale Vergleichssätze werden mit den Konjunktionen *als ob/als wenn* bzw. deren Verkürzung *als* (mit unmittelbar folgendem Verb) eingeleitet:

Sie tut so, *als ob/als wenn* sie nichts wüßte.
Sie tut so, *als* wüßte sie nichts. (geschriebene Sprache)

Anmerkung:
Bei irrealen Vergleichssätzen muß der Nebensatz immer hinter dem Hauptsatz stehen! Möglich sind aber auch einfache Sätze mit anderer Bedeutung: Sie drücken Verärgerung oder Erstaunen aus:

Als ob er das nicht gewußt hätte!
Als hätte er das nicht gewußt!

Restriktive (einschränkende) Konjunktionen
Restriktive subordinierende Konjunktionen leiten Nebensätze ein, die die Bedeutung des Sachverhalts einschränken:

Soviel ich weiß, kommt sie nicht.
Das geht in Ordnung, *(in)sofern* (als) wir betroffen sind.

Die adversative Konjunktion
(1) Die adversative Konjunktion *während* leitet Sätze ein, die einen Gegensatz zu dem im Hauptsatz Ausgesagten ausdrücken:

Er ging nach Haus, *während* ich noch bleiben mußte.
Während es im Sommer kalt war, haben wir im Winter geschwitzt.

Anmerkung:
Die subordinierende Konjunktion *während* ist im Regelfall austauschbar mit den koordinierenden Konjunktionen *aber* bzw. *jedoch* (veränderte Verbstellung):

Er ging nach Haus, *aber/jedoch* ich mußte bleiben.
Er ging nach Haus, *während* ich bleiben mußte.

(2) *Während* hat häufig sowohl temporale wie adversative Bedeutung, insbesondere dann, wenn die Sachverhalte des Haupt- bzw. Nebensatzes einander nicht unmittelbar widersprechen, also keine Antonyme sind:

Während ich mich auf die Prüfung vorbereitete, flog sie nach London.

Finale Konjunktionen
(1) Finale Konjunktionen leiten Nebensätze ein, die den Zweck oder das Ziel des Sachverhalts ausdrücken. Der Hauptsatz nennt die Voraussetzung dafür:

Sie kommt, *damit* wir das Problem besprechen können.

(2) Bei Subjektgleichheit in Haupt- und Nebensatz ist Verkürzung zur Infinitivkonstruktion möglich:

Sie verließen den Strand nicht, *außer um* Zigaretten zu holen.

Konjunktionen, die „Ersatzhandlungen" beschreiben
Einige subordinierende Konjunktionen beschreiben „Ersatzhandlungen", d.h., die vom Sprecher erwartete Handlung tritt nicht ein. Statt dessen wird ein anderer Sachverhalt genannt:

Die Studenten verließen die Universität, *(an)statt daß* sie die Vorlesung besucht hätten.

Bei Subjektgleichheit im Haupt- und Nebensatz ist Verkürzung zum Infinitivsatz möglich:

Die Studenten verließen die Universität, *(an)statt* die Vorlesung *zu* besuchen.

Die Konjunktion *ob*

Ob steht im abhängigen Entscheidungsfragesatz:

Er weiß nicht, *ob* sie kommt.
umkehrbar: *Ob* sie kommt, weiß er nicht.

Im einfachen Fragesatz steht *ob* dann, wenn Unsicherheit oder Zweifel ausgedrückt werden sollen:

Ob sie kommt?

Verstärkt wird der Zweifel durch die Modalpartikel *wohl* (→ S.275):

Ob sie *wohl* kommt?

Konjunktionen, die Infinitivkonstruktionen einleiten

Wie die obenerwähnten Fälle *(anstatt daß/anstatt zu, außer daß/außer um zu, ohne daß/ohne zu)* gezeigt haben, gibt es Konjunktionen, die Infinitivkonstruktionen einleiten. Voraussetzung dafür ist Subjektgleichheit in Haupt- und Nebensatz. Diesen erweiterten Infinitivkonstruktionen *(um zu, (an)statt zu, ohne zu)* stehen einfache Gefüge mit *zu* gegenüber, die gleichfalls in die Kategorie der Infinitivkonstruktionen fallen:

Er bat uns, sofort *zu* kommen.
Sie sind entschlossen, ins Ausland *zu* gehen.

Brettschneider, G. 1978: Koordination und syntaktische Komplexität, München
Erben, Johannes 1980: Deutsche Grammatik. Ein Abriß, München

Die Partikeln

Zwei Dialoge stehen sich gegenüber:

A	B
X: Ja, das ist doch nicht zu glauben! Wo kommst du denn her? Ich habe gehört, du bist in Rom!	X: Das ist nicht zu glauben! Wo kommst du her? Ich hörte, du bist in Rom!
Y: War ich auch. Letztes Jahr. Aber jetzt bin ich schon acht Monate in München.	Y: Das war ich auch. Im letzten Jahr wohnte ich noch da. Aber jetzt lebe ich bereits acht Monate in München.
X: Ist ja sagenhaft, ich will nämlich auch nach München, aber nur für ein paar Tage. Freunde besuchen, weißt du.	X: Das ist sagenhaft, ich will auch nach München. Aber ich bleibe nur ein paar Tage. Ich will in München Freunde besuchen.
Y: Fantastisch, dann haben wir ja ein paar Stunden Zeit, um miteinander zu reden.	Y: Gut, dann können wir während der Fahrt miteinander reden.
X: Ja eben, aber sag' mal, fährt denn der Zug eigentlich hier ab?	X: Ja, aber sage mir, auf welchem Gleis fährt der Zug nach München ab?

Beide Texte sind Dialoge, also eine Textsorte der gesprochenen Sprache. Unzweifelhaft dürfte der links stehende Text eher authentisch wirken: reale, spontan gesprochene Sprache, wie sie täglich vorkommt. Der rechts stehende Text hingegen wirkt merkwürdig steif und holperig, eher wie geschriebene Sprache in Dialogform.
Der Grund ist eindeutig: In dem links stehenden Text erscheint eine Vielzahl von Partikeln, genauer Modalpartikeln, im zweiten Text fehlen sie vollkommen. Dies sind: *doch, denn, ja, nämlich, eben, mal, eigentlich*. Modalpartikeln sind gewissermaßen die Würze der gesprochenen Sprache; sie modifizieren und färben die Ausdrucksweise. Mit ihrer Hilfe lassen sich Nuancen und Schattierungen des Ausdrucks erzielen.
Zu den Partikeln (Singular: die Partikel) werden die Modalpartikeln (Abtönungspartikeln), die Gradpartikeln (Rangierpartikeln) und die Negationspartikel *nicht* gerechnet.

Die Modalpartikeln

(1) Modalpartikeln sind die zahlenmäßig größte Gruppe unter den Partikeln. Dazu gehören: *aber, auch, bloß, denn, doch, eben, eh, eigentlich, einfach, erst, etwa, halt, immerhin, ja, jedenfalls, mal, nur, ohnehin, ruhig, schließlich, schon, sowieso, überhaupt, vielleicht, wohl* usw.

(2) Zahlreiche Modalpartikeln haben gleichlautende Vertreter mit anderer Bedeutung (Homonyme) in anderen Wortarten, z. B.:

denn	(Konjunktion):	*Sie weiß es, denn wir haben darüber gesprochen.*
	(Partikel):	*Was machst du denn hier?*
doch	(Adverb):	*Sie geht, doch kommt sie bestimmt wieder.*
	(Konjunktion):	*Sie geht, doch sie kommt bestimmt wieder.*
	(Partikel):	*Das ist doch die Höhe!*
ja	(Satzwort):	*Ja, das habe ich gekauft!*
	(Partikel):	*Ist ja toll!*
aber	(Konjunktion):	*Sie weiß es, aber er antwortet.*
	(Partikel):	*Das ist aber eine Überraschung!*
wohl	(Adverb):	*Sie fühlen sich wohl in Bayern.*
	(Partikel):	*Würden Sie wohl aufhören zu brüllen?*
schon	(Adverb):	*Wir haben das schon erledigt.*
	(Partikel):	*Ist schon gut!*
einfach	(Adjektiv):	*Die Lösung ist einfach.*
	(Partikel):	*Das ist einfach nicht wahr!*
vielleicht	(Adverb):	*Er kommt vielleicht.*
	(Partikel):	*Das war vielleicht ein Stau!*

(3) Die Grenze zu gleichlautenden Adverbien, Satzwörtern und Konjunktionen ist häufig fließend, wie unsere Liste gezeigt hat. Als Kriterien für die Bestimmung von Modalpartikeln gelten:

- Modalpartikeln sind normalerweise unbetont, nur in Ausnahmefällen tragen sie den Satzakzent:

Das ist *doch* die Höhe!	(Partikel)
Sie geht, *doch* kommt sie wieder!	(Adverb)

- Modalpartikeln können im Regelfall nicht am Satzanfang stehen:

Das ist *doch* die Höhe!
* Doch ist das die Höhe!

- Modalpartikeln können weggelassen werden, ohne daß der Satz ungrammatisch wird:

Was machst du *denn* hier?
⟶ Was machst du hier?

- Entfällt die Modalpartikel, ist es nicht mehr eindeutig, ob es sich im Satz um Wunsch, Empörung, Aufforderung, Beruhigung, Warnung, Überraschung usw. handelt:

Was machst du *denn* hier?	(Überraschung)
Was machst du hier?	(neutrale Frage)
Das ist *einfach* nicht wahr!	(Ärger)
Das ist nicht wahr.	(neutrale Feststellung)

- Modalpartikeln beziehen sich nicht auf einzelne Wörter, sondern auf den ganzen Satz:

Das ist *doch* die Höhe!
Das ist *ja* die Höhe!

- Modalpartikeln nennen oft gemeinsames Vorwissen/übereinstimmende Einschätzung von Sprecher und Hörer:

  Das war *vielleicht* ein Stau, nicht wahr?

Der Gebrauch der Modalpartikeln

Modalpartikeln haben unterschiedliche Verwendungsbereiche. Die wichtigsten sind:

- Aufforderung: Neben den bekannten grammatischen Formen der Aufforderung (→ S. 114) gibt es zahlreiche Modalpartikeln, die Aufforderungen sprachlich ausdrücken, meist zusammen mit dem Imperativ: *doch, eben, (eben/gerade/doch) mal, einfach, nur, ruhig, schon:*

  Halt' *eben/gerade/doch mal* die Leiter!
  Geht *einfach* zu ihm hin!

- Warnung/Drohung: *bloß, ja, nur, schon, wohl:*

  Sei *bloß* vorsichtig!
  Komm' mir *ja/nur* nicht nach Mitternacht zurück!

- Überraschung: *aber, denn, ja, nicht, vielleicht:*

  Das ist *aber* eine Menge Geld!
  Ist er *denn* Fachmann?

  Anmerkung:
  Hierzu gehört auch *nicht* ohne negierende Funktion:

  Was du *nicht* sagst!

- Vermutung: *doch wohl, ja wohl, schon, wohl:*

  Es hat *doch wohl* keine Verletzten gegeben?
  Das wird *schon* gutgehen.

- Widerspruch und Einwand: *allerdings, doch, doch nicht, erst:*

  Du wirst jetzt *doch nicht* abfahren!
  Das Referat war schlecht? Du hättest *erst* 'mal den Müller hören sollen!

- Entscheidungsfrage *(Ja/Nein): auch, denn, eigentlich, etwa, überhaupt:*

  Hat sie *denn* früher gearbeitet?
  Gibt es hier *überhaupt* etwas zu essen?

- Ergänzungsfrage (Wortfrage): *bloß, denn, doch, doch gleich, eigentlich, noch, 'mal, nur, überhaupt:*

  Was hat sie *bloß?*
  Was war *denn* 1492?

- Meinungsäußerung: *auch, doch, eben/halt, einfach, ja, nun mal:*

  Das ist *ja* eine Katastrophe!
  Menschen sind *nun mal* keine Engel!

- rhetorische Fragen: *auch, eigentlich, schon, vielleicht, wohl:*

  Wer will *eigentlich* Krieg?
  Können wir das *vielleicht* entscheiden?
  Was ist da *schon* wichtig?

- Einschränkung: *eigentlich, immerhin, schon (mal):*

  Wir wollen ein Haus kaufen, aber *eigentlich* haben wir kein Geld.
  Das war *immerhin* eine Drei im Examen.

- Wunsch (Konjunktiv II): *bloß, doch, nur:*

  Hättest du *bloß* nichts gesagt!
  Wenn er *doch* käme!
  Wenn sie *nur* einmal den Mund hielte!

- Kommentar: *allerdings, bloß nicht/ja nicht, eben, immerhin, schon:*

  A: Das ist vielleicht ein starkes Stück! B: *Allerdings!*
  A: Bonn ist seit langem die Hauptstadt. B: *Schon,* aber ansonsten ein Provinznest.

- Verallgemeinerung: *eh, jedenfalls, ohnehin, schließlich, sowieso, überhaupt:*

  Jetzt ist *eh* alles wurscht! (gesprochene Sprache)
  Der Meyer ist *ohnehin* ein mieser Typ!
  Wir haben ihn *schließlich* als Kandidat vorgeschlagen.

- Unsicherheit: *wohl:*

  Ob er *wohl* kommt?

Anmerkung:
Wie aus der Übersicht deutlich wird, können mehrere Modalpartikeln unterschiedlich angewendet werden. Andere Partikeln sind im Gebrauch gegeneinander austauschbar. Deshalb ist immer die Gesprächssituation dafür entscheidend, welche Partikel die richtige ist.
Möglich sind natürlich auch Reihungen von Partikeln wie Franz Kafkas *aber denn doch wohl nicht gar so sehr* oder der Wunsch: Die deutsche Grammatik lernen wir *ja nun wohl denn doch!*
Die Reihenfolge der Partikeln ist dabei nicht fest geregelt; im wesentlichen kommt es auf die Zielsetzung des Sprechers und die jeweilige Situation an. Für die gesprochene Sprache bietet sich damit ein reiches Feld der Gestaltungsmöglichkeiten.

Die Gradpartikeln

Gradpartikeln sind sprachliche Elemente, die einen Teil der Aussage des Satzes unterschiedlich gewichten. Zu den Gradpartikeln gehören: *auch, einzig, erst, ferner, noch, nur, schon, selbst, sogar* usw.

Der Gebrauch der Gradpartikeln

(1) Teilweise überschneidet sich der Gebrauch der Gradpartikeln mit jenem gleichlautender Adverbien, Konjunktionen oder Modalpartikeln. Trotzdem ist

die besondere Bedeutung von Gradpartikeln daran erkennbar, wie sie unterschiedliche Teile im Satz graduell (quantitativ oder qualitativ) von anderen Satzgliedern abheben. Gradpartikeln beziehen sich also - im Unterschied zu den Modalpartikeln - im Regelfall auf einzelne Satzglieder, selten auf den gesamten Satz:

Ich habe den Minister gesehen.
→ *Sogar* ich habe den Minister gesehen. (=obwohl ich weit hinten stand)
→ Ich habe *sogar* den Minister gesehen. (=neben anderen weniger wichtigen Leuten)
→ Ich habe den Minister *sogar* gesehen. (=und nicht nur seine Stimme am Mikrofon gehört)

(2) In ähnlicher Weise können auch die anderen Gradpartikeln verwendet werden: sie werden allesamt nicht dekliniert, tragen nicht den Satzakzent und stehen im Regelfall vor jenem Satzglied, das gewichtet werden soll und betont wird:

auch: Ich habe sie nach München eingeladen.
→ Auch *ich* habe sie nach München eingeladen.
→ Ich habe auch *sie* nach München eingeladen.
→ Ich habe sie auch *nach München* eingeladen.

erst: Das ist für uns eine Katastrophe.
→ Erst *das* ist für uns eine Katastrophe.
→ Das ist erst *für uns* eine Katastrophe.
→ Das ist für uns erst *eine Katastrophe*.

nur: Wir wollen morgen ins Theater gehen.
→ Nur *wir* wollen morgen ins Theater gehen.
→ Wir wollen nur *morgen* ins Theater gehen.
→ Wir wollen morgen nur *ins Theater* gehen.

selbst: Sie hat ihren Mann bei der Wahl nicht unterstützt.
→ Selbst *sie* hat ihren Mann bei der Wahl nicht unterstützt.
→ Sie hat selbst *ihren Mann* bei der Wahl nicht unterstützt.
→ Sie hat ihren Mann selbst *bei der Wahl* nicht unterstützt.

Die Negationspartikel

(1) Die Negationspartikel im Deutschen lautet *nicht*. Die Negation kann sich auf den gesamten Satz (Satznegation) oder einen Teil des Satzes (Satzteilnegation/Sondernegation) beziehen.

(2) Auch Adverbien wie *keinesfalls, keineswegs, nie, niemals, nirgends, nirgendwo, nirgendwoher, nirgendwohin,* Konjunktionen *(weder ... noch)* oder Artikelwörter *(kein)* haben Negationsbedeutung. Weitere lexikalische Mittel der Negation sind die Vorsilbe *un- (nötig - unnötig),* Wortpaare wie *billigen - mißbilligen, gefallen - mißfallen, Interesse - Desinteresse, konsequent - inkonsequent* sowie Sätze mit *ohne/anstatt* oder Verben wie *untersagen, verbieten, verhindern, vermeiden* usw.

Nicht und *kein*

(1) In einer Reihe von Fällen bereitet die Unterscheidung von *nicht* und *kein* kaum Probleme, so:

Ich habe ihn *nicht* gesehen.
Das ist *keine* Frage.

Grundsätzlich gilt zur Unterscheidung von *kein* und *nicht:* bei *sein* und *werden* negiert das Artikelwort *kein* ein folgendes Substantiv mit unbestimmtem Artikel oder Nullartikel; *nicht* steht hingegen bei Vollverben:

kein:	Er ist ein Schauspieler.	→	Er ist *kein* Schauspieler.
	Sie wird Studentin.	→	Sie wird *keine* Studentin.
nicht:	Heute kommen die Monteure.	→	Heute kommen die Monteure *nicht.*

Anmerkung:
Wird *ein* als Zahladjektiv interpretiert, ist bei der Negation auch *nicht ein* möglich (Verstärkung der Negation):

Sie hat einen Strauß Blumen gekauft. → Sie hat *keinen/nicht einen* Strauß Blumen gekauft.

(2) In einigen Fällen sind *nicht* und *kein* austauschbar: Die Negation des Satzes:

Er ist Beamter. (Einordnungsergänzung)

lautet entweder:

Er ist *kein* Beamter.

oder:

Er ist *nicht* Beamter.

In Fällen der Austauschbarkeit von *nicht* und *kein* bei *sein* bzw. *werden* gilt, daß bei *kein* in aller Regel Satzteilnegation vorliegt, bei *nicht* hingegen der ganze Satz negiert wird (bei normaler Betonung). Also:

Er ist *kein* Beamter, sondern Angestellter.
Er ist *nicht* Beamter.

(3) Bei Eigennamen steht immer *nicht:*

Jutta singt. → Jutta singt *nicht.*

Merke:
Wird hingegen der Eigenname für die Bezeichnung einer Gattung benutzt, steht *kein:*

Er ist *kein* Brecht!
Das ist *kein* Cézanne!
aber: Das ist *nicht* Bert Brecht. (mit Hinweis auf ein Foto)
Das ist *nicht* Paul Cézanne!

(4) Bei Funktionsverbgefügen (mit Präposition) steht immer *nicht* (→ S. 80):

Er stellt das Problem zur Diskussion.
→ Er stellt das Problem *nicht* zur Diskussion.

Handelt es sich aber um akkusativische Gefüge, steht *kein:*

Sie stellt Fragen.
→ Sie stellt *keine* Fragen.

(5) Im Falle von lexikalisierten (festen) Verbverbindungen ist teilweise noch *kein* möglich; ansonsten wird *nicht* gebraucht:

Die Kinder fahren Rad.	→	Die Kinder fahren *nicht/kein* Rad.
Der Schneider nahm Maß.	→	Der Schneider nahm *nicht/kein* Maß.
Die Menschen standen Schlange.	→	Die Menschen standen *nicht* Schlange. (* keine Schlange)
Der Mann lief Amok.	→	Der Mann lief *nicht* Amok. (* keinen Amok)

Anmerkung:
Bei dem Satz *Die Kinder fahren kein Rad* schwingt neben der Grundbedeutung (Denotation) noch eine weitere Bedeutung mit (Konnotation): *Sie können nicht radfahren.* (Ähnlich: *Müller spielt kein Tennis.*) Möglicherweise spielt auch noch das Genus eine Rolle: bei Maskulina und Feminina wird (wohl wegen der Endung *-en* bzw. *-e* im Akkusativ) eher *kein* durch *nicht* ersetzt, bei Neutra seltener:

Er spielt *nicht* (* keinen) Handball.
aber: Sie fährt *kein/nicht* Rad.

(6) Zu unterscheiden sind *nicht* und *kein* bei nachgestellten Gliedern, weil sich die Bedeutung jeweils ändert:

Ich spreche hier *nicht* als Wissenschaftler. (= weil ich jetzt als Politiker spreche)
Ich spreche hier als *kein* Wissenschaftler. (= weil ich kein Wissenschaftler bin)

(7) Zur Stellung von *nicht:* → S. 412.

Besonderheiten der Negation

(1) *Nicht* und *nichts* sind dadurch voneinander unterschieden, daß *nicht* eine Partikel ist, *nichts* dagegen ein Indefinitpronomen (→ S. 205). *Nicht* verbindet sich mit Adjektiven oder Adverbien, *nichts* mit einem Substantiv oder substantivierten Adjektiv bzw. wird als substantivisches Indefinitpronomen gebraucht. *Nichts* ist die Verneinung von *etwas:*

Er ist *nicht besser/anders* als Klaus.
Er ist *nichts Besseres/ nichts anderes* als Klaus.
Das ist gar *nichts.* Er will *nichts* mehr hören.

(2) *Niemand* wird in der geschriebenen Sprache im Dativ/Akkusativ Maskulinum häufig dekliniert, in der gesprochenen Sprache dagegen nicht:

Ich habe mit *niemand(em)* gesprochen.
Wir haben in Köln *niemand(en)* gesehen.

(3) *Keineswegs/keinesfalls* verstärken die Negation:

Ich sehe das *keineswegs* so.

(4) *Nie* kann mit *niemals* ausgetauscht werden, *nirgends* mit *nirgendwo,* weil sie die gleiche Funktion haben.

Helbig, Gerhard 1971: „Zum Problem der Stellung des Negationswortes *nicht*", in: Deutsch als Fremdsprache 8, Leipzig
Krivonosov, A. T. 1977: Die modalen Partikeln in der deutschen Gegenwartssprache, Göppingen
Lieb, Hans-Heinrich 1983: „Akzent und Negation im Deutschen - Umrisse einer einheitlichen Konzeption", in: Linguistische Berichte 84/85
Weydt, Harald u. a. 1983: Kleine deutsche Partikellehre, Stuttgart
Weydt, Harald (Hrsg.) 1979: Die Partikeln der deutschen Sprache, Berlin/New York

Die Interjektion und das Satzwort

Bautz! da geht die Türe auf
Und herein in schnellem Lauf
Springt der Schneider in die Stub
Zu dem Daumen-Lutscher-Bub.
Weh! Jetzt geht es klipp und klapp
Mit der Scher die Daumen ab,
Mit der großen scharfen Scher!
Hei! Da schreit der Konrad sehr.

(aus: „Der Struwwelpeter")

(1) *Bautz, weh, hei* sind Interjektionen (lat. interiacere = dazwischenwerfen; Singular: die Interjektion). Sie werden auch Ausrufe- oder Empfindungswörter genannt. Mit ihrer Hilfe drückt der Sprecher/Schreiber spontan Empfindungen und Gefühle aus, andererseits sind Interjektionen wichtige Steuerungssignale des Dialogs. Besonders häufig treten sie naturgemäß in der gesprochenen Sprache auf.
(2) Interjektionen sind „Ein-Wort-Sätze", also Sätze, die nur aus einem einzigen Wort bestehen. Sie sind unveränderlich und weder Satzglied noch Attribut. Ihre Zahl ist nahezu unbegrenzt, zumal sich in Gruppensprachen ununterbrochen neue Formen ausbilden. Besonders aktiv ist hier die Jugendsprache (→ S. 507). In Comics und Filmen hören wir häufig kommentierende Interjektionen wie *ächz, stöhn, würg, wumm, zoff, heul* usw., die sicherlich nach relativ kurzer Zeit wieder vergessen sein werden, aber ein enormes Potential an Kreativität bezeugen. Manchmal sind solche Interjektionen für Gruppenfremde schwer verständlich.

(3) Interjektionen stellen also im Grunde selbständige Sätze dar. Analog verhält es sich mit *ja, nein, doch* als Antwort auf eine Entscheidungsfrage. Auch sie stehen allein und sind Ein-Wort-Sätze:

Kommst du? - Ja/Nein!
Kommst du nicht? - Doch/Nein!

Wir nennen *ja, nein, doch* deshalb Satzwörter und ordnen sie in eine Gruppe mit den Interjektionen. Weitere Satzwörter sind *bitte, danke,* weil auch sie wie ein Satz gebraucht werden:

A: Darf ich Ihnen noch eine Zigarette anbieten?
B: (Ja), bitte.
(Nein), danke.

(4) Interjektionen und Satzwörter sind damit: *nanu, ätsch, oh, hallo, pfui, ach, ah, so ... so, uh, juchhe, hm, zack; ja, nein, doch, bitte, danke.*

Die Interjektionen

Interjektionen sind als Wortart nicht einheitlich. Mit ihrer Hilfe lassen sich Gefühle unterschiedlichster Art ausdrücken. Eine Zuordnung zu Bedeutungsbereichen ist jedoch möglich. Formal sind Interjektionen Ausrufesätze (→S.321); deshalb werden sie in aller Regel mit dem Ausrufezeichen abgeschlossen. Naturgemäß werden Interjektionen stark betont.
(1) Interjektionen als Ausdruck physischer und psychischer Empfindungen:
- Freude: *juhu, juchhe, heisa, ah, hurra, holdrio:*

Hurra! Wir haben eine Million gewonnen!

- Schmerz: *au(a), oh, (o)weh, (au)weh:*

Aua, jetzt habe ich mich geschnitten!

- Furcht: *uh, huhu, hu:*

Uh, das ist ja ganz dunkel hier!

- Ekel: *brr, pfui, äks, ih, igitt (egitt), bah, bäh, pfui Teufel:*

Brr! Ist das ekelhaft!

- Kälte: *hu, huhu, äh:*

Hu! Wie im Eiskeller ist das hier!

- Zärtlichkeit: *ei, eiapopeia:*

Ei! Wie mag das Baby das!

- Sehnsucht: *ach, oh:*

Ach, wie gern wäre ich jetzt in Mexiko!

- Erstaunen: *ah, ach, ach so, ach nein, aha, oh, hoppla, hoho, nanu, o la la, oje:*

Hoppla! So war es nicht gemeint!

- Ärger: *ach, na, na na, oho, oha, hach, verdammt:*

  Oho! Das ist ja wohl die Höhe!

- Spott: *ätsch, bäh:*

  Ätsch! Das habt ihr jetzt davon!

- Verachtung: *ach, bah, pah, papperlapapp:*

  Bah! Dummes Zeug ist das!

- Genugtuung: *aha, hm:*

  Aha! Wußte ich es doch!

- Nachdenken: *hm, na, äh:*

  Äh! Was ich noch sagen wollte ...

- Ablehnung: *ach, ach was, ph:*

  Ach was! Davon lassen wir die Finger!

- Wunsch: *toi, toi, toi:*

  Toi, toi, toi! Auf gutes Gelingen!

Anmerkung:
Einige Interjektionen sind mehrfach aufgeführt: *ach, aha, hm, oh* usw. Sie können unterschiedlich gebraucht werden. Es kommt daher immer auf den jeweiligen Kontext, die Tonführung und auch die Gestik (Handbewegungen) und Mimik (Gesichtsausdruck) an, um dem Gesprächspartner zu signalisieren, was gemeint ist.

(2) Interjektionen als Ausdrucksformen der Aufforderung: Neben den Gefühlsäußerungen gibt es Interjektionen, die Aufforderungscharakter haben und den Gesprächspartner zu einem bestimmten Tun veranlassen sollen. Diese Wörter leiten Aufforderungssätze ein. Zu ihnen gehören:

- Aufmerksamkeit: *heda, hallo, he, na:*

  He! Da vorn ist die Straße zu Ende!

- Ruhigsein: *pst, psch, sch, pscht, ssst:*

  Pst! Inge schläft!

- Aufforderung zur Bewegung: *hü, hott, ksch, dalli, putt putt:*

  Hü! Nun lauft schon, ihr faulen Tiere!

(3) Interjektionen als Ausdruck der Lautnachahmung: Eine Vielzahl von Interjektionen ahmt Laute nach, die von Menschen, Tieren oder Gegenständen hervorgebracht werden: *hatschi, mäh, tatütata.* In diesem Bereich wird die Lautmalerei (Onomatopöie), also die Wortbildung durch Laut- oder Schallnachahmung, wirksam: Wörter, die mit ihrer Lautung auf das hinweisen, was gemeint ist. Dabei ist es allerdings häufig so, daß die lautnachahmende Interjektion nur ein ungefähres Abbild des natürlichen Geräusches bzw. nur ein bewußt herausgegriffener Teil dessen ist, was wirklich zu hören ist. Dieser Bereich der gespro-

chenen Sprache ist außerordentlich produktiv und auch in den einzelnen Fremdsprachen unterschiedlich, obwohl verständlich. Wir vergleichen:

> *kikeriki* (dt.), *guggerügü* (schweizerdt.),
> *coquerico* (frz.), *cock-a-doodle-doo* (engl.)
> *wau-wau* (dt.), *bow-wow* (engl.), *oau-oau* (frz.),
> *taf-taf* (russ.)

Im einzelnen werden bei der Lautnachahmung folgende Bereiche unterschieden (gelegentlich Verstärkung der Aussage durch Verdoppelung):
- menschliche Laute: *äh* (Zögern), *haha, hihi* (Lachen), *hm* (Zögern, Räuspern), *hick* (Aufstoßen), *pfui* (Ausspucken) usw.
- tierische Laute: *miau, wau, wau-wau, muh, mäh, kikeriki, quak, tschilp, kräh, summ, tirili* usw.
- Laute von Gegenständen: *plumps* (Stein im Wasser), *tick-tack* (Uhr), *peng* (Schuß), *klirr* (Scheibe), *flopp* (Flaschenkorken), *klingeling* (Klingel), *tuck-tuck-tuck* (langsamer Motor), *schnedderengteng* (Trompete), *tatütata* (Feuerwehr)

Anmerkung:
- Normalerweise stehen Interjektionen allein. Häufig wird aber noch ein erklärender (meist elliptischer) Satz angefügt:

> Ah! Was für ein Feuerwerk!

- Nur in Ausnahmefällen sind Interjektionen Teil eines ganzen Satzes:

> Toi, toi, toi für die Prüfung!
> Mit einem Igittegitt rannte sie davon.
> Die Katze machte miau, miau.

- Als Antwortsätze werden gebraucht: *na ja, ach so, ach was, ach nein* usw.:

> Hältst du ihn auch für gut? - Ach was.
> Wie war denn das Konzert? - Na ja.

Die Satzwörter

Ja, nein, doch

Die Satzwörter *ja, nein* und *doch* stehen in Antwortsätzen als Bejahung bzw. Verneinung des Fragesatzes:
- Bejahung:

> Wollen Sie das Buch kaufen? - Ja! (= Ja, ich möchte es kaufen.)

- Verneinung:

> Wollen Sie das Buch kaufen? - Nein! (= Nein, ich möchte es nicht kaufen.)

- Bestätigung der Verneinung:

> Wollen Sie das Buch nicht kaufen? - Nein! (= Nein, ich möchte es nicht kaufen.)

- Ablehnung der Verneinung:

> Wollen Sie das Buch nicht kaufen? - Doch! (= Doch, ich möchte es kaufen.)

Bitte, danke

Der Gebrauch der Satzwörter *bitte* und *danke* ist häufig problematisch. Als Höflichkeitsformen (teilweise auch nur Höflichkeitsfloskeln) sind sie eindeutig, in anderen Verwendungsbereichen treten jedoch gelegentlich Verständigungsprobleme auf; so ist *danke* manchmal eine nur aus dem Kontext erklärbare höfliche Ablehnung:

- Ablehnung:

> Möchten Sie noch etwas Kaffee? - Danke! (= Nein, ich möchte nicht.)

- Bejahung:

> Möchten Sie noch etwas Kaffee? - Bitte! (= Ja, ich möchte.)

Wird *danke* also ohne die Negationspartikel *nein* verwendet, ist häufig nicht deutlich erkennbar, ob Zustimmung oder Ablehnung vorliegt:

> Darf ich Ihnen dabei helfen? - Danke!

Um Eindeutigkeit zu erzielen, ist daher eine genaue Intonation bzw. eine mimische Reaktion (mit dem Kopf, den Augen) oder eine Geste mit der Hand vonnöten.

Anmerkung:
Bitte in Aufforderungssätzen kann am Satzbeginn, in der Satzmitte oder am Satzende stehen. In der Satzmitte wird es häufig durch Kommas eingeschlossen:

> *Bitte,* kommen Sie morgen wieder!
> Kommen Sie, *bitte,* morgen wieder!
> oder: Kommen Sie *bitte* morgen wieder!
> Kommen Sie morgen wieder, *bitte!*

Brinkmann, Hennig 1971: Die deutsche Sprache. Gestalt und Leistung, Düsseldorf
Helbig, Gerhard/Joachim Buscha 1985: Deutsche Grammatik. Ein Handbuch für den Ausländerunterricht, Leipzig

II. Die Wortbildung

Man schätzt den Wortschatz der deutschen Gegenwartssprache auf etwa 400000 bis 500000 Wörter. Davon sind etwa die Hälfte Substantive, ein Viertel Verben, ein Sechstel Adjektive. Zu den 500000 gemeinsprachlichen Wörtern kommen - wieder geschätzt - noch mindestens 200000 bis 300000 Wörter der Fachsprachen (Medizin, Physik, Computertechnik, Geschichtswissenschaft usw.) hinzu. Ein Riesenfeld! Welcher Deutsche kennt so viele Wörter? Wohl niemand. Dafür hat die Sprache Hilfe geschaffen: Wortfamilien und Wortfelder.

Wortfamilien und Wortfelder

(1) Bei Wortfamilien werden zahlreiche Wörter gleicher Herkunft zusammengefaßt:

gehen: Geher, Wettgehen, Gehstrecke, Gehsteig
Vorgänger, Fußgänger, Abgänger
Gang, Abgang, Weggang usw.

(2) Wortfelder hingegen beinhalten Wörter, die einen gleichen oder ähnlichen Ausschnitt der Wirklichkeit, eine Bedeutungseinheit, ausdrücken:
- zum Wortfeld *gehen* gehören:

eilen, flanieren, laufen, marschieren, passieren, rennen, schlendern, spazieren

- zum Wortfeld *Sitzmöbel* gehören:

Bank, Chaiselongue, Couch, Diwan, Hocker, Ottomane, Schaukelstuhl, Schemel, Sessel, Stuhl

So läßt sich die Vielzahl der Wörter bereits leichter überblicken und in ihrem Zusammenhang erfassen.

(3) Wichtiger aber noch ist die Tatsache, daß nur wenige tausend einfache Wörter (Simplizia, Singular: Simplexwort) existieren. Die anderen Wörter sind aus den Simplizia gebildet worden - durch Zusammensetzung oder durch die weiteren, über 200 verschiedenen Wortbildungsmittel, deren wichtigstes die Ableitung ist. Es gibt also:
- einfache/ursprüngliche Wörter:

Haus, fahren, groß, viel, hier

- Zusammensetzungen:

Haustür, Bundesrepublik, Arbeitsförderungsgesetz, übermorgen

- Ableitungen durch Vorsilben/Nachsilben/Ablaut usw.:

abfahren, bejahen, Einheit, freundlich, Gefährte

Damit wird das Riesenfeld der Wörter schon überschaubarer. Es ist also wichtig, die Regeln der deutschen Wortbildung zu kennen, um Wörter richtig verstehen oder gebrauchen zu können. Dabei stellen wir fest, daß die deutsche Sprache außerordentlich produktiv und kreativ ist; ständig tauchen sprachliche Neuschöpfungen (Neologismen) auf, weil neue Inhalte, Gegenstände oder Begriffe benannt werden müssen. Dabei werden bekannte Wortbildungsmuster benutzt (Analogiebildungen). Manche Wörter bleiben längere Zeit erhalten, werden häufig gebraucht und tauchen irgendwann auch in Wörterbüchern auf:

Hubschrauber, Kabelfernsehen, Nettoeinwanderung, Video, Walkman

Andere - sogenannte Augenblicksbildungen - verschwinden ebensoschnell, wie sie gekommen sind:

einen Bock auf etwas haben, ein Mädchen aufreißen, fetzig

Wortbildung ist also ein sprachgeschichtlicher Prozeß. Im folgenden werden die wichtigsten Wortbildungsregeln und Muster des aktuellen Sprachgebrauchs dargestellt und erläutert.

Die Struktur des Wortes

(1) Ein Wort als die kleinste selbständige und bedeutungstragende Einheit kann in nächstkleinere Einheiten, die Morpheme, gegliedert werden. Morpheme stellen gewissermaßen die Formelemente des Wortes dar: sie sind bedeutungstragend, aber relativ unselbständig und können demzufolge im Regelfall nicht allein vorkommen:

Schön-heit-en

Hier gibt es ein Stammorphem *(Schön-)*, ein Wortbildungsmorphem *(-heit-)* sowie ein Flexionsmorphem *(-en)*. Wortbildungsmorpheme und Flexionsmorpheme werden auch Affixe genannt.

(2) Morpheme sind also:

- das Stammorphem (oder auch: Wortwurzel, Basismorphem), das direkt erkennbar ist oder aus der Sprachgeschichte erschlossen werden kann und den Ausgangspunkt aller Wortbildungen darstellt:

  geh-: gehen, Geher, Gang, Gehweg, Vorgänger usw.

- die Affixe, die wort- und formbildenden Morpheme (Wortbildungsmorpheme, Flexionsmorpheme). Dazu gehören die Präfixe (vor dem Wortstamm stehend):

  er-leben, *aus*-fahren

  sowie die Suffixe (hinter dem Wortstamm stehend):

  Freundlich-*keit*, Verlier-*er*, Häus-*chen*, ries-*ig*

Ein Wort besteht danach aus einem Stammorphem *(Baum)*, aus zwei oder mehreren Stammorphemen *(Auto-garage, Atom-kraft-werk, Früh-jahrs-messe-verkehr)* oder aus Stamm-, Wortbildungs- und Flexionsmorphemen *(Wieder-auf-bereit-ung(s)-an-lag-en)*. Dazu das Schema:

formbildendes Präfix (Flexionsmorphem)	wortbildendes Präfix (Wortbildungsmorphem)	Stammorphem	wortbildendes Suffix (Wortbildungsmorphem)	formbildendes Suffix (Flexionsmorphem)
ge-		-red-		-et
	un-	-denk-	-bar	
		Auto-		-s
		Tisch-	-lein	
	Miß-	-wirt-	-schaft-	-en
	un-ver-	-käuf-	-lich	
	Auf-	-bereit-	-ung(s)-an-lag-	-en
ge-		-recht-	-fert-ig-	-t

Deutlich wird an unserem Schema, daß Stammorpheme bedeutungstragende Einheiten sind, während Wortbildungs- und Flexionsmorpheme unselbständige und an den Wortstamm gebundene Morpheme sind. Die lexikalische Bedeutung eines Wortes ist von daher die Gesamtheit von Wortstamm und Wortbildungsmorphemen. Die Flexionsmorpheme (auch Grammeme genannt) sind Träger grammatischer Funktionen: Vorsilben oder Endungen ohne eigene Bedeutung. Mit ihrer Hilfe werden die Wörter der jeweiligen Funktion im Satz (Subjekt, Ergänzung, Partizip, Singular, Plural usw.) angepaßt.

(3) Eine besondere Rolle beim Bau des Wortes spielt das sogenannte Fugen-*s*, genauer: die *Kompositionsfuge:*

Aufbereitung-s-anlage, Dauerarbeit-s-platz, Halbtag-s-tätigkeit, Leistung-s-prämie, Tag-es-licht, Weihnacht-s-geld

Die Kompositionsfuge signalisiert die Nahtstelle zwischen den einzelnen Gliedern einer Komposition, bei mehr als zwei Gliedern die Hauptfuge:

Wiederaufbereitung-s-anlage

Ursprünglich war nur die Genitivendung Maskulinum/Neutrum im Singular *(-[e]s)* als Kompositionsfuge gebräuchlich; heute sind auch andere Genitivendungen *(-en,* Plural: *-er)* sowie *-e* möglich; ja, selbst bei Feminina erscheint - aus Gründen der Analogiebildung - die Endung des Genitivs Maskulinum/ Neutrum: *-s*. Die ursprünglich grammatisch bestimmte Endung hat sich damit mehr oder weniger verselbständigt (auch Aussprachegründe):

-s: die Halbtag-s-tätigkeit (Genitiv Singular Maskulinum)
-es: der Tag-es-beginn (Genitiv Singular Maskulinum)
-en: die Bär-en-tatze (Genitiv Singular Maskulinum)
-er: die Hühn-er-haltung (Genitiv Plural)
-e: die Hund-e-steuer (Nominativ Plural)
-s: die Leistung-s-prämie (Genitiv Singular Femininum)

Wie willkürlich die Kompositionsfuge inzwischen behandelt wird, zeigen diese Beispiele:

Arbeitnehmer - Arbeitsvertrag
Rindfleisch - Rindermagen - Rindsbraten

aber bedeutungsdifferenzierend:

Landmann (Bauer) - Landsmann (aus derselben Gegend stammend)

Wichtig ist damit die lexikalische Funktion der Kompositionsfuge: sie signalisiert dem Hörer bzw. Leser die Haupttrennstelle im zusammengesetzten Wort, die Grenzlinie gewissermaßen der beiden wichtigsten Bestandteile des Wortes. Damit ist ein schnelleres Verstehen des Kompositums gewährleistet.
Anmerkung:
Bei der Silbentrennung bleibt die Kompositionsfuge immer beim vorangehenden Wortteil, also:

Leistungs-prämie, Wiederaufbereitungs-anlage, Hühner-haltung

Wortbildungsmittel der deutschen Sprache

Vor allem bei den Substantiven, Verben und Adjektiven werden neue Wörter durch Erweiterung, Umbildung, Kürzung und Terminologisierung von Begriffen geschaffen:

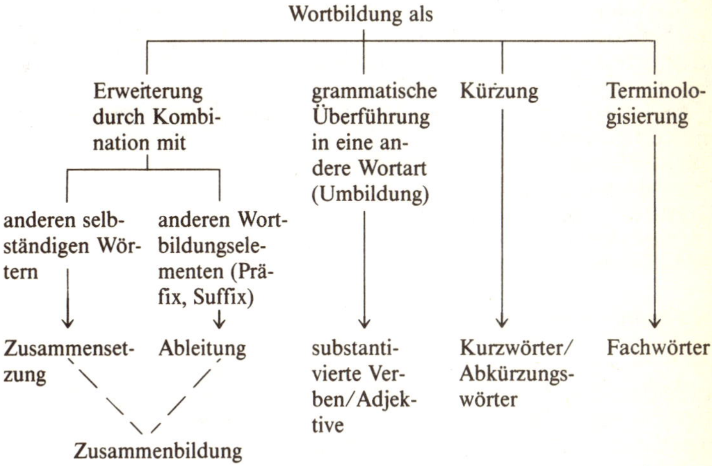

Wortbildung durch Zusammensetzung (Komposition)

(1) Zwei oder mehrere selbständige und bedeutungstragende Wörter werden zu einer neuen Worteinheit verbunden, dem Kompositum (Plural: die Komposita). Ein Kompositum oder zusammengesetztes Wort ist also zwei- oder dreigliedrig; selten umfaßt es noch weitere Glieder. (Drei- oder mehrgliedrige Komposita bestehen im Grunde aus zwei Hauptgliedern, wobei das erste oder zweite bereits ein Kompositum ist).
(2) Wortart und Genus des Kompositums werden vom zweiten bzw. letzten Glied bestimmt, dem Grundwort. Das Genus wird am Artikel deutlich. Der

erste bzw. vordere Teil der neuen Worteinheit ist das Bestimmungswort, das den Wortakzent trägt.

Bestimmungswort		Grundwort	
das	Dach	fenster	(= Fenster im Dach)
das	Spargel	feld	(= Feld, auf dem Spargel wächst)
die	Handels	bilanz	(= die Bilanz des Handels)
der	Rot	stift	(= Stift mit roter Farbe)
der	Autobahn	abschnitt	(= Abschnitt der Autobahn)
die	Wiederaufbereitungs	anlage	(= Anlage zur Wiederaufbereitung von Atombrennstäben)

Arten der Zusammensetzung

(1) Zusammensetzungen von Wörtern lassen sich historisch-formal und inhaltlich klassifizieren. In historisch-formaler Hinsicht können zwei Möglichkeiten der Komposition unterschieden werden: die - entstehungsgeschichtlich ältere - eigentliche Zusammensetzung, die Juxtaposition, nämlich die flexionslose Aneinanderfügung zweier selbständiger Wörter (*Haus-tür, Fluß-lauf* usw.) sowie die - historisch jüngere - uneigentliche Zusammensetzung, die Kasuskomposition mit Flexion des Bestimmungswortes sowie der Kompositionsfuge (*Jahr-es-versammlung, Hühn-er-hof* usw.).
(2) Auf inhaltlicher (semantischer) Ebene sind die folgenden Kompositionsarten zu unterscheiden:
- Kopulativkompositum (auch: Additionswort oder Reihenwort)
- Determinativkompositum
  (Unterkategorie: exozentrisches Kompositum)
- verdunkeltes Kompositum
- Verstärkungskompositum

Das Kopulativkompositum

Das Kopulativkompositum, auch Additionswort oder Reihenwort genannt, ist eine Worteinheit, deren einzelne Glieder gleichgeordnet sind - also der gleichen Bezeichnungsklasse angehören - und deren Bedeutung die Summe der Bedeutungen der einzelnen Glieder darstellt (es kann deshalb nicht zwischen Grund- und Bestimmungswort unterschieden werden):

Hemdbluse, naßkalt, Schürzenkleid usw.

Theoretisch läßt sich die Abfolge der Glieder (Grundwort und Bestimmungswort) des Kopulativkompositums umkehren *(Radiowecker - Weckerradio, Schürzenkleid - Kleiderschürze),* doch hat sich meist nur eine Form durchgesetzt. Zahlreiche Kopulativkomposita finden sich bei den (nicht umkehrbaren) Zahlen *(vierhundertsechsundachtzig)* oder Farbnennungen *(schwarzrotgold, blauweißrot).* Ansonsten ist die Zahl der Kopulativkomposita beschränkt; sie sind heute vor allem in der Sprache der Wirtschaft und der Werbung anzutreffen, sind also bewußte Sprachschöpfungen:

Bettcouch, Hosenrock, Radiouhr, Radiowecker, Schrankwand usw.

ebenso: *Dichterphilosoph* usw.
Bei dem Beispiel *Schrankwand* wird bereits der Übergang zu der zweiten Gruppe, den Determinativkomposita, deutlich: Zwar ist eine *Schrankwand* sowohl *Schrank* als auch *Wand*, aber die Umkehrung beider Glieder macht den Unterschied zu dem wirklichen Kopulativkompositum *Radiowecker* (sowohl *Radio* als auch *Wecker*, deshalb auch: *Weckerradio*) bereits deutlich: *Wandschrank* ist ein an der Wand befestigter Schrank und keine Wand.

Das Determinativkompositum

(1) Die in der Gemeinsprache wie Fachsprache eindeutig überwiegende Zahl der Zusammensetzungen sind Determinativkomposita. Die neue Worteinheit besteht nicht - wie bei den Kopulativkomposita - aus zwei gleichgeordneten Gliedern, sondern hier ist das erste Glied (Bestimmungswort) dem zweiten (oder zuletzt stehenden) Glied (Grundwort) untergeordnet: es schränkt dessen Bedeutung ein bzw. determiniert/spezifiziert sie:

Haustür	=	die Tür des Hauses (d.h. nicht der Wohnung)
Segelboot	=	das Boot zum Segeln (d.h. nicht zum Rudern)
Atomkraftwerk	=	das Kraftwerk auf Atombasis (d.h. nicht auf Kohlebasis)

(2) Determinativkomposita sind linksverzweigt (nach links expandierend) oder rechtsverzweigt (nach rechts expandierend), manchmal auch links-rechts-verzweigt, also vom Kern aus nach beiden Seiten expandierend:

Linksverzweigung:

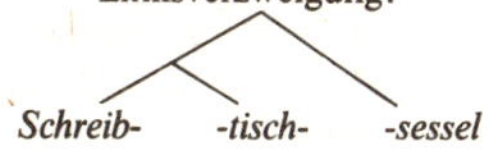

Rechtsverzweigung:

Links-Rechts-Verzweigung:

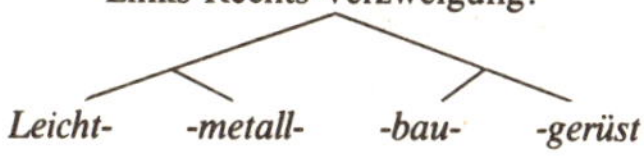

(3) Es gibt, besonders in den Fachsprachen (→ S. 521) von Wissenschaft, Politik und Verwaltung, zunehmend die Tendenz zu Mammutbildungen, also Determinativkomposita mit drei oder auch mehr Gliedern:

Anhängerbremskraftregler, Arbeitsförderungsgesetznovellierung, Drehstromkurzschlußläufermotor, Justizvollzugsanstaltsaufseher, Wiederaufbereitungsanlagemassendemonstration usw.

Teilweise handelt es sich auch um Augenblicksbildungen (ad-hoc-Gefüge), die bewußt Sprachironie anstreben:

Hausmännerministerium, Männerdiskriminierungsbeauftragter, Nullkindereheideologie usw.

Die Beispiele machen deutlich, daß solche Wortschöpfungen häufig nicht oder nur schwer verständlich sind. Sie werden vielleicht auch aus diesem Grunde gebildet: Kreise oder ganze Schichten der Sprachbenutzer sollen ausgeschlossen bzw. an der Diskussion über die Inhalte (z. B. Fachsprachen) gehindert werden. Im Interesse einer demokratischen Sprachpolitik ist deshalb vor solchen Wortungetümen zu warnen.
(4) Eine Untergruppe der Determinativkomposita sind die exozentrischen Komposita, auch Possessivkomposita oder Bahuvrihi-Bildungen (Bahuvrihi [ind.] = viel Reis habend) genannt. Im Unterschied zu den endozentrischen Komposita - also Determinativkomposita des oben beschriebenen Typs - ist es bei exozentrischen Komposita nicht das Bestimmungswort, das die Bedeutung des Grundworts determiniert oder spezifiziert. Hier wird eine völlig neue Bedeutung geschaffen, d. h., das Subjekt steht gewissermaßen außerhalb des Kompositums. Das neue Wort hat nichts mit den Bedeutungen der einzelnen Glieder des Kompositums zu tun; es handelt sich um eine übertragene, häufig metaphorische Bedeutung:

Dickkopf	(= sturer Mensch)
Hasenfuß	(= ängstlicher Mensch)
Schlappschwanz	(= feiger, schwacher Mensch)
Spatzenhirn	(= dummer Mensch)
Spießbürger	(= engstirniger Mensch)

Meist wird ein hervorstechender Körperteil oder ein sonstiges Merkmal bewußt herausgegriffen und damit der gesamte Mensch oder Gegenstand bezeichnet. In der schönen Literatur sind Bahuvrihi-Bildungen als kreative Neuschöpfungen häufig anzutreffen, um auf diese Weise die Sprache farbig und wirkungsvoll zu gestalten (*Dickbauch, Hartkopf, Knasterbart, Murmelauge, Spaltlippe* usw.).

Anmerkung:
Ein ähnliches Phänomen ist bei den Zusammenrückungen zu beobachten: es handelt sich dabei um die Aneinanderreihung von mehreren Wörtern unter Beibehaltung ihrer syntaktischen Folge und vorhandener Flexionsformen. Der letzte Teil der Worteinheit bestimmt dabei nicht - im Unterschied zu den sonstigen Komposita - die Wortart, und die Bedeutung ergibt sich nicht aus den Einzelteilen, sondern ist neu:
- Substantive:

  Dreikäsehoch, Fingerzeig, Handvoll, Möchtegern, Taugenichts, Vaterunser usw.

- Adverbien:

  dergestalt, infolge, zeitlebens, zweifelsohne usw.

Das verdunkelte Kompositum
Verdunkelte Zusammensetzungen sind solche, bei denen häufig nicht mehr erkennbar ist, daß es sich um ein Kompositum handelt. Der Grund liegt darin,

daß ein Glied des Kompositums heute als selbständiges Wort nicht mehr existiert:

Bräutigam	(ahd. gomo = Mann)
Drittel	(Dritteil)
heute	(ahd. hiu tagu = an diesem Tage)
Kichererbse	(lat. cicer = Erbse)
Lindwurm	(ahd. lint = Schlange)
Nachtigall	(ahd. gala = Sängerin) usw.

Das Verstärkungskompositum
In der gesprochenen Sprache wird immer häufiger eine Form der Zusammensetzung gebraucht, bei der durch Aneinanderreihung - besonders von Adjektiven - neue Wörter entstehen. Das Ziel dabei ist, die Aussage zu verstärken. Dies kann auch durch Alliterationen geschehen (also Wörter mit gleichen Anfangsbuchstaben):

blitzblank, funkelnagelneu, kohlrabenschwarz, mucksmäuschenstill, mutterseelenallein

Dazu gehören auch Verdoppelungen:

jaja, miau-miau, nana, soso, tagtäglich, Versager-Versager, wau-wau, wortwörtlich

oder lautmalende (onomatopoetische) Gefüge:

singsang, ticktack, Wirrwarr

Wortbildung durch Zusammenbildung

Auf der Grenze zwischen Zusammensetzung und Ableitung befindet sich die Zusammenbildung von Wörtern: Dabei handelt es sich um eine neue Worteinheit, die entsteht, wenn Wörter oder Gefüge, die nur syntaktisch zusammengehörende Verbindungen sind und noch nicht als Kompositum aufgefaßt werden, die Grundlage von Ableitungen bilden. Diese Wörter können wieder in ihre syntaktischen Teile aufgelöst werden; das letzte Glied kann jedoch nicht allein stehen:

- Substantiv:

Frühaufsteher	(= früh aufstehen)
Gesetzgebung	(= Gesetze geben)
Hinterbänkler	(= auf den hinteren Bänken)
Inangriffnahme	(= in Angriff nehmen)
Schlafwandler	(= im Schlaf wandeln)

- Adjektiv:

augenfällig	(= in die Augen fallen)
vielbeinig	(= viele Beine haben)
ebenerdig	(= zu ebener Erde)

Wortbildung durch Ableitung (Derivation)

(1) Die Ableitung von Wörtern und damit das Entstehen neuer Wörter ist ein außerordentlich produktiver Prozeß, der in unterschiedlicher Weise unsere Sprache verändert. Besonders Substantive, Verben und Adjektive werden abgeleitet und bilden Wortmaterial, das gebraucht wird, um die sich wandelnde Realität sprachlich abzubilden.

(2) Zusammensetzung und Ableitung lassen sich nicht immer leicht unterscheiden, weil man zumindest im Bereich der Präfigierung (Bilden von Vorsilben bei Substantiven, Verben usw.) - sprachgeschichtlich betrachtet - von einstmals selbständigen und bedeutungstragenden Vorsilben ausgehen kann (*un-, ver-, zer-* usw.) und damit die Präfigierung zur Gruppe der Zusammensetzungen rechnen könnte. In dieser Grammatik freilich werden Präfigierung und Suffigierung (Bilden von Nachsilben) als parallele Fälle unter dem Oberbegriff der Affigierung (Bilden von Ableitungsformen) zusammengefaßt und der Kategorie Ableitung zugerechnet. Entsprechend unterscheiden wir:
- explizite Ableitung (durch Präfixe und Suffixe)
- implizite Ableitung (durch Ablaut oder Konsonantenveränderung im Wort).

(3) Die Ableitung geschieht also entweder durch Anfügen - im Gegensatz zur Zusammensetzung - unselbständiger Silben an den Wortstamm (Stammorphem) oder durch Lautveränderung. Dabei wird in der Mehrzahl der Fälle die Wortart gewechselt (Verb ⟶ Substantiv, Verb ⟶ Adjektiv, Substantiv ⟶ Adjektiv usw.); damit werden auch häufig die Eigenschaften des Wortes auf die andere Wortart übertragen. Einige Beispiele:
- Verb ⟶ Substantiv:

  fahren - Fahrt; singen - Sänger - Gesang

- Verb ⟶ Adjektiv:

  heilen - heilbar; hindern - hinderlich; zittern - zittrig

- Substantiv ⟶ Adjektiv:

  Glas - gläsern; Polizei - polizeilich usw.

Weniger häufig sind Ableitungen, bei denen die Wortart beibehalten wird: *blau - bläulich; Fleisch - Fleischer* usw.

Ableitung durch Vorsilben oder Nachsilben (explizite Ableitung)

Zu den expliziten Ableitungen gehören die Präfigierung (Bilden von Vorsilben) und die Suffigierung (Bilden von Nachsilben).

Ableitung durch Vorsilben (Präfigierung)

(1) Ursprünglich bedeutungstragende Silben sind heute in ihrer Bedeutung verblaßt und zu reinen Wortbildungsmorphemen geworden. Sie sind damit keine

selbständigen Wörter mehr und können in Gruppen zusammengefaßt werden. Bei der Präfigierung sind dies: *be-, ent-, er-, ge-, miß-, un-, ur-, ver-, zer-* usw.:

> *bedienen* (dienen), *entkommen* (kommen), *erkaufen* (kaufen), *Gewitter* (Wetter), *Mißerfolg* (Erfolg), *Unglück* (Glück), *Uropa* (Opa), *verfremden* (fremd), *zerschlagen* (schlagen)

(2) Es ist möglich, trotz des teilweise vollständigen Bedeutungsverlustes inhaltliche Unterscheidungen vorzunehmen. So weist die Vorsilbe *zer-* im Regelfall auf Teilung oder auch Vernichtung hin (*zergliedern, zerhauen, zermartern, zerschlagen, zerstören, zerteilen* usw.), die Vorsilbe *er-* häufig auf den Beginn eines Geschehens (Inchoativum): *erblinden, erblühen, erfahren, ersteigen* usw., die Vorsilbe *ge-* hingegen ist ihrer ursprünglichen Bedeutung: Zusammenhang/Verbindung *(Gebirge, Gemeinde, Gewässer)* heute häufig entfremdet (*gefährden, gehorchen, gelingen, genügen, geraten* usw.). Eindeutiger ist es wieder im Falle von *ent-, miß-, un-, ur-: Ent-* meint soviel wie „weg", „sich von etwas trennen" (*entkommen, entlaufen, entsagen, entschleiern, entwöhnen* usw.), *miß-* deutet auf das Nicht-Gelingen, auf Falsches hin *(mißdeuten, mißfallen, mißglücken, mißlingen, mißtrauen), un-* bedeutet Verneinung *(ungeschickt, unglaubwürdig, Unglück, unmöglich),* aber auch Nichtbekanntes *(Untiefe, Unsumme), ur-* bedeutet das ursprünglich Vorhandene oder verweist auf vorhergehende oder frühere Generationen im Verwandtschaftsbereich *(Urtext, Urwald, Urenkel, Urgroßmutter, Ururgroßvater).*

(3) Zeitliche Differenzierungen sind gleichfalls teilweise möglich: So weisen *er- (erblinden, erblühen, ergrauen), an- (anfahren, antrinken, anvisieren)* und *ein- (einarbeiten, einfahren)* auf den Beginn eines Geschehens hin (inchoative Aktionsart), *ver- (verblühen, vergehen, verheilen)* und *durch- (durcharbeiten, durchleben, durchlesen)* auf das Ende eines Geschehens (egressive Aktionsart), während die Dauer eines Geschehens (durative/imperfektive Aktionsart) höchst selten durch Präfixe ausgedrückt wird. Statt dessen werden Adverbien (*dauerhaft, lange, unentwegt* usw.) benutzt.

(4) Insgesamt gilt aber, daß man viele Präfixe inhaltlich nicht exakt einem bestimmten Bereich zuordnen kann. Das wird auch daran deutlich, daß zahlreiche Verben mit unterschiedlichen Präfixen den gleichen Verwendungsbereich haben, also Teilsynonyme oder Synonyme sind:

> entströmen - ausströmen, entzünden - anzünden, verachten - mißachten, verbauen - zubauen, verdecken - bedecken, verklingen - ausklingen, verschieben - aufschieben, sich zerquälen - sich abquälen

Anmerkung:
Neue Ableitungen entstehen durch Augenblicksbildungen mit teilweise modischen Präfixen: *brandneu, superschnell, todchic.*

Ableitung durch Nachsilben (Suffigierung)
(1) Bei der Suffigierung werden Nachsilben (Suffixe) an den Wortstamm angefügt; dadurch werden neue Wörter gebildet:

> Freund - Freund*schaft,* schön - Schön*heit*

Merke:
Zu unterscheiden von der Suffigierung als Teil der Wortbildung sind Endungen (Flexionssuffixe, Flexionsmorpheme), die keine neuen Wörter bilden, sondern nur Wortformen im Rahmen des Flexionsschemas sind:

Freund - Freund*es*, schön - schön*em*

(2)Nachsilben im Prozeß der Wortbildung sind:
- Suffixe beim Substantiv: *-aut, -chen, -e, -el, -ent, -er, -heit, -in, -keit, -lein, -ler, -ling, -nis, -schaft, -tum, -ung* usw.
- Suffixe beim Adjektiv: *-abel, -aut/eut, -bar, -ig, -isch, -iv, -lich, -sam* usw.
- Halbsuffixe (ursprüngliche Bedeutung noch teilweise erkennbar): *-echt, -fähig, -fest, -mäßig, -pflichtig, -werk, -wert, -würdig, -zeug* usw.

(3) Eine Reihe dieser Suffixe ist heute ungemein produktiv, d. h., sie werden in Analogiebildungen zu bereits bestehenden Ableitungen weiteren Wörtern angefügt: *-bar, -heit, -ig, -keit, -schaft, -ung* usw.

belastbar, Oberhoheit, fetzig, Beherrschbarkeit, Komplizenschaft, Entsorgung

Anmerkung:
Im Zuge solcher Analogiebildungen werden - besonders in der Sprache der Politik - gerade bei den Halbsuffixen neue Wörter gebildet, die eindeutig Sprachverhunzungen sind. Man sollte sie tunlichst vermeiden. Ein abschreckendes Beispiel ist das Halbsuffix *-mäßig,* das geradezu eine Inflation des Gebrauchs erlebt:

Arbeitsmäßig geht es mir gut.
Interessenmäßig war der Abend langweilig.
Wettermäßig war das Wochenende in Ordnung.

Besonderheiten der Suffigierung
(1) Von einem Wortstamm können verschiedene Ableitungen gebildet werden, die der gleichen Wortart angehören, aber sich in der Bedeutung unterscheiden:

Eigenheit - Eigenschaft - Eigentum, spielbar - spielerhaft - spielerisch, furchtbar - fürchterlich - furchtsam

(2) Auch durch das Zusammenwirken von Präfixen und Suffixen können neue abgeleitete Wörter entstehen:

beruhigen: < (Präfix): *be-* / (Suffix): *-ig(en)*

beklagen: < (Präfix): *be-* / (Suffix): *-en*

(3) Die inhaltliche Zuordnung der Suffixe fällt weitaus schwerer als die der Präfixe: bei *-in (Freundin/Lehrerin)* sowie *-heit* (mhd. *heit*= Beschaffenheit, Art und Weise) ist es noch relativ einfach: *Freiheit, Klugheit, Schönheit* usw.; bei den Halbsuffixen *-fähig, -fest, -pflichtig, -wert (arbeitsfähig, rutschfest, gebührenpflichtig, geldwert)* usw. ist es auch noch möglich, aber bei *-er, -ig, -ler* stößt die Inter-

pretation an Grenzen. So wird das Suffix *-schaft* (mhd. *schaft* = Schaft, Stab) für Kollektiva *(Gemeinschaft)*, Beziehungen *(Verwandtschaft)* und Zustände *(Feindschaft)* verwendet, *-isch* sowohl zur Bezeichnung der Herkunft *(türkisch)*, der Zugehörigkeit *(kantisch)* wie auch zur Charakterisierung von Personen *(kindisch)*.

(4) Neue Suffixe entstehen (neben Neubildungen wie die Halbsuffixe) durch Zusammenwachsen zweier bereits vorhandener Suffixe *(-igkeit)* oder durch die falsche Interpretation des Schlußkonsonanten am Wortstamm als zur Endung gehörig *(-ern, -ler, -ner)*:

-el + -er	= -ler:	Künstler (analog zu: Sattler)
-en + -er	= -ner:	Schuldner (analog zu: Gärtner)
-er + -n	= -ern:	silbern
-haft + -ig	= -haftig:	Lebhaftigkeit
-ig + -heit	= -igkeit:	Obrigkeit

Ableitung durch Ablaut oder Konsonantenveränderung (implizite Ableitung)

Ableitung durch Ablaut

Aufgrund des Ablauts in der Konjugation der unregelmäßigen Verben (→ S. 27) gibt es auch bei der Ableitung von Substantiven, Adjektiven und Verben Veränderungen. Diese Ableitung im Wortinneren wird – im Unterschied zu den deutlich sichtbaren Präfixen und Suffixen am Wortanfang bzw. Wortende – implizite Ableitung genannt:

binden: Band, Bund, bündig, bändigen
singen: Gesang, Sänger, Gesangsverein

Ableitung durch Konsonantenveränderung

Der grammatische Wechsel – der Wechsel der urgermanischen stimmlosen Reibelaute zu den entsprechenden stimmhaften – bewirkte die folgende Veränderung, die auch für die Wortbildung relevant wurde:

f → b: Hefe – heben
h → g: ziehen – Zug
d → t: schneiden – geschnitten
s → r: meist – mehr
ebenso: dürfen – darben, gedeihen – gediegen, scheiden – Scheitel, Durst – Dürre

Analog entspringen die folgenden Ableitungen historischen Sprachentwicklungen:

biegen – bücken, fliehen – Flucht, heiß – Hitze, schreiben – Schrift

Wortbildung durch Umbildung

Die Umbildung (Konverse, Wortartwechsel) bewirkt, daß ein Wort in eine andere Wortart überführt wird, ohne daß dabei – im Unterschied zur impliziten Ableitung *(singen – Gesang)* – lautliche Veränderungen oder Bedeutungsveränderungen auftraten. Die drei bekanntesten Formen sind die Überführung in ein Substantiv (Substantivierung), die Überführung in ein Verb oder Adjektiv.

Die Substantivierung

(1) Grundsätzlich können alle Wortarten substantiviert, also durch Voranstellen eines Artikelworts (vor allem des bestimmten Artikels) wie ein Substantiv gebraucht werden. Substantivierte Wörter werden mit großem Anfangsbuchstaben (Majuskel) geschrieben:

das Aber, das Blau, das Hurra, das Jenseits, der Junge, das Schwimmen, die Verstorbenen, das Weder-Noch usw.

(2) Am häufigsten werden Verben substantiviert: der Infinitiv des Verbs wird unverändert als Substantiv gebraucht, indem ein Artikelwort oder ein Artikelwort + Präposition *(am, beim)* davorgestellt werden:

das Denken, das Schreiben; am Arbeiten, beim Gehen

andere Formen:

-e:	das Gerenne, das Gesinge (pejorativ)
-ei:	die Rennerei, die Singerei (pejorativ)
Ø:	der Lauf, der Tanz (Nullableitung)
-ung:	die Gefährdung, die Prüfung, die Quittung (Verbalabstraktum)

(3) Inhaltliche Unterschiede werden deutlich bei:

fragen: das Fragen - die Frage - das Gefrage - die Fragerei

(4) Teilweise können bei der Substantivierung von Verben auch neue Zusammensetzungen entstehen; dieser Vorgang ist vor allem in der Fachsprache der Technik (→ S. 521) zu beobachten:

das Druckhärten, das Lichtschweißen usw.

aber auch in der Gemeinsprache:

das Inbesitznehmen der Bauflächen
das Inkrafttreten der Verordnung

Durchkopplungen:

das Vor-der-Kontrolle-Stehen
das Auf-der-Straße-Gehen

(5) Diese Umbildungen können aber in Einzelfällen auch zu einer Bedeutungsveränderung (Erweiterung bzw. Verengung) führen:

braun - der Braune (in Österr. für: Kaffee)
dunkel - das Dunkle (Bier)
elektrisch - die Elektrische (Straßenbahn)
gerade - die Gerade (Linie)
klar - der Klare (Schnaps)

Die Überführung in ein Verb

(1) Auch Verben entstehen durch Wortartwechsel: Substantive oder Adjektive werden zu Verben: Beispiele sind die Ereignisverben *(Hagel - hageln)*, Komparativverben *(Pilger - pilgern)*, ornativen (schmückenden) Verben *(Kachel - kacheln)*, faktitiven (bewirkenden) Verben *(trocken - trocknen)* und durativen Verben *(krank - kränkeln)*.

(2) Eine besondere Variante sind die kausativen Verben (Veranlassungsverben) und iterativen Verben (Wiederholungsverben). Dabei werden Verben in Verben überführt; es findet also kein Wortartwechsel statt:

fallen - fällen, trinken - tränken (Kausativa)
husten - hüsteln, tropfen - tröpfeln (Iterativa)

Die Überführung in ein Adjektiv
(1) Auch Adjektive können durch Umbildung entstehen. So werden gelegentlich Substantive in Adjektive umgewandelt:

Angst - angst, Freund - freund, Gram - gram, Schaden - schade, Schuld - schuld

(2) In der Jugendsprache ist die Überführung von Substantiven in Adjektive häufig anzutreffen (Augenblicksbildungen):

das ist spitze, klasse

(3) Ansonsten werden vor allem Partizipien wie Adjektive gebraucht:

das gebaute Haus, die zerstörten Fenster

Wortbildung durch Kürzung

(1) Neben der Wortbildung durch Erweiterung (Zusammensetzung, Ableitung, Zusammenbildung) können auch neue Wörter durch Kürzung gebildet werden; dieser Wortbildungstyp hat sich in den letzten Jahren besonders entwickelt. Immer häufiger ist aber auch festzustellen, daß Kurzwörter und Abkürzungswörter von vielen Deutschen nicht mehr oder falsch verstanden werden.

(2) Verständlich sind und werden benutzt:

CDU - Christlich-Demokratische Union (Deutschlands)
EG - Europäische Gemeinschaft
Pkw - Personenkraftwagen
Uni - Universität
USA - Vereinigte Staaten von Amerika

(3) Verständnisschwierigkeiten hingegen bereiten häufig:

Azubi - Auszubildende(r)
HUK - Haftpflicht-Unterstützungs-Kasse
LVA - Landesversicherungsanstalt
RAA - Regionale Arbeitsstelle für ausländische Mitbürger
RGW - Rat für gegenseitige Wirtschaftshilfe (Comecon)
TU - Technische Universität

(4) Im Unterschied zu Zusammensetzung und Ableitung haben Kürzungen in aller Regel die gleiche Bedeutung wie das Ausgangswort. Sie werden aus Gründen der Sprachökonomie gebildet.

Kurzwörter

(1) Bei Kurzwörtern wird ein Teil des ursprünglichen Wortes herausgegriffen und als Bezeichnung verwendet:

> *Abi* (Abitur), *Akku* (Akkumulator), *Bus* (Autobus), *Euroscheck* (europäisches Schecksystem), *Fernamt* (Fernmeldeamt), *Laster* (Lastwagen), *Uni* (Universität), *Zoo* (Zoologischer Garten)

(2) Gebräuchliche Neubildungen sind:

> *Assi* (Assistent), *Azubi* (Auszubildende[r]), *Chauvi* (Chauvinist), *Demo* (Demonstration), *Homo* (Homophiler), *Prof* (Professor), *Prolo* (Prolet)

Anmerkung:
Diese Kurzwörter sind häufig Teil von Gruppensprachen und gehören nicht zur Standardnorm.

Abkürzungswörter

Die Vielzahl der Abkürzungswörter läßt sich so gliedern:

- Buchstabenwörter:

> CDU, D-Zug, ÖTV, Pkw, SU, U-Bahn, USA

- Silbenwörter:

> *Gestapo* (*Ge*heime *Sta*ats*po*lizei), *Persil* (*Per*borat + *Sil*ikat), *Wiwifak* (*Wi*rtschafts*wi*ssenschaftliche *Fak*ultät)

- Wortgruppen:

> *Bioladen* (biologischer Laden), *Ökosystem* (ökologisches System), *Politbüro* (politisches Büro)

- Schreibsymbole, Abkürzungen:

> *allg.* (allgemein), *Bd.* (Band), *Tel.* (Telefon)

Wortkreuzung (Kontamination/Portemanteau-Wörter)

Wortkreuzungen entstehen, wenn aus zwei verschiedenen Wörtern jeweils ein Teil weggelassen und der Rest zusammengesetzt wird *(angeheitert: angetrunken + aufgeheitert)*. Meist sind es jedoch Wortbildungen voller Ironie und Sprachwitz:

> *Grusical* (gruseln + Musical), *jein* (ja + nein), *Kurlaub* (Kur + Urlaub), *Medizyniker* (Mediziner + Zyniker), *Stagflation* (Stagnation + Inflation)

Wortbildung durch Terminologisierung

In den Fachsprachen von Wissenschaft, Technik und Politik gibt es eine Vielzahl von Termini (Singular: der Terminus). Termini sind Fachwörter, die Begriffe oder Sachverhalte bezeichnen, die in einem bestimmten Wissenschafts-, Technik- oder Politikbereich Gültigkeit haben. Dabei gibt es zwei Möglichkeiten: einmal Neuschöpfungen (Neologismen), also vorher nicht bekannte Wörter, zum zweiten bekannte und benutzte Wörter oder Wortzusammensetzungen der Gemeinsprache, die mit einer besonderen Bedeutung versehen werden. Diesen zweiten Vorgang nennen wir Terminologisierung (→ S. 521):

- Neologismen:

  Becquerel, Lexem

- Terminologisierung:

  Kopf (Technik),
  Lösung (Chemie), *Masse* (Physik),
  Westfälischer Friede (Politik)

Wortbildung des Substantivs

Substantivbildung durch Zusammensetzung

Beim Substantiv sind folgende Zusammensetzungen möglich: Substantiv + Substantiv, Adjektiv + Substantiv, Verb + Substantiv, nichtflektierte Wortarten + Substantiv.

Substantiv + Substantiv

(1) Die häufigsten Zusammensetzungen der Struktur Substantiv + Substantiv sind Determinativkomposita (→ S. 293): das vorn stehende Bestimmungswort beschreibt das Grundwort näher und engt dessen Bedeutungsbereich ein:

die Haustür (= die Tür des Hauses)

(2) Zahlreich sind die Komposita, die ein attributives Verhältnis (mit oder ohne Kompositionsfuge) ausdrücken:

Bierglas	(= Glas für das Bier; Präpositionalattribut)
Frauenkleider	(= Kleider, die den Frauen gehören; possessiver Genitiv zum Subjekt)
Gesetzesübertretung	(= Übertreten des Gesetzes; Genitivattribut zum Subjekt)
Kaschmirschal	(= Schal aus Kaschmir; Präpositionalattribut)
Männergesang	(= Gesang der Männer; Genitivattribut zum Subjekt)
Mittagsmagazin	(= das mittägliche Magazin; Adjektivattribut)

(3) Inhaltlich lassen sich folgende Gruppen unterscheiden:

Hausherr, Vaterliebe, Wagnermotiv	(Urheber/Besitzer)
Fakultätsrat, Parteivorstand	(Zugehörigkeit)
Angstschweiß, Liebeskummer	(Ursache/Grund)
Schlaftablette, Schreibtisch	(Zweck)
Geschütztreffer, Zugunglück	(Instrument/Mittel)
Mexikoreise, Südwind	(Herkunft/Zielort)
Bärenstärke, Grabeskälte	(Vergleich)
Kartoffelsuppe, Mandelgebäck	(Bestandteile)
Kupferkanne, Persianermantel	(Stoff/Material)
Sommerfrische, Abendkommentar	(Zeit)

Anmerkung:
Das dem Determinativkompositum zugrundeliegende Gefüge muß nicht immer eindeutig erkennbar sein (a) oder andererseits (b) nicht mit der Zusammensetzung übereinstimmen:

(a) Loseblattsammlung, Altherrenwitz
(b) Hausordnung (≠ häusliche Ordnung)

Zum exozentrischen Kompositum: → S. 294.

Adjektiv + Substantiv
(1) Auch hier dominieren Determinativkomposita. Darunter sind die Gefüge, die ein attributives Verhältnis ausdrücken, in der Mehrzahl:

Altenheim, Altphilologie, Blaupapier, Flachdach, Hochhaus, Jungbauer, Neuland, Niederbayern, Oberammergau, Oberwirt, Schnellzug

Anmerkung:
Zahlreiche Komposita sind inhaltlich nicht identisch mit dem Gefüge, das ihnen zugrundeliegt:

Blaulicht ≠ blaues Licht
Flachmann ≠ flacher Mann
Großstadt ≠ große Stadt
Süßwasser ≠ süßes Wasser
Tiefgarage ≠ tiefe Garage

(2) Zahlreiche Komposita gehören zu den Bahuvrihi-Bildungen:
→ S. 294.

Verb + Substantiv
(1) Bei Komposita der Struktur Verb + Substantiv ist es häufig schwierig, festzustellen, ob das Bestimmungswort verbalen oder substantivischen Ursprungs ist:

Feiertag: (Feier + Tag bzw. feiern + Tag)
Ruhestand: (Ruhe + Stand bzw. ruhen + Stand)
ebenso: Bindfaden, Eßtisch, Fahrschein, Fragestunde, Kochgeschirr, Lesebrille, Rechengerät, Schnittwunde, Siedepunkt, Standpunkt

Anmerkung:
Aktivische und passivische Bedeutung können nebeneinander stehen:

Pflegekind (Kind, das gepflegt wird)
Pflegeeltern (Eltern, die pflegen)

(2) Ansonsten ist das zugrundeliegende Gefüge von der Bedeutung her unterschiedlich zu interpretieren:

Fahrdisziplin = Disziplin *beim* Fahren
Lesebrille = Brille *zum* Lesen
Turnunterricht = Unterricht *im* Turnen
Wahlrecht = Recht *des* Wählens

Nichtflektierbare Wortarten + Substantiv
Hier gibt es folgende Möglichkeiten:
- Adverb als Bestimmungswort:

Außentemperatur, Innenarchitektur, Rechtsverkehr, Rückfahrt (zurück), Soforthilfe usw.

- Präposition als Bestimmungswort:

Abzug, Aufwind, Hinterhaus, Inhalt, Nachbehandlung, Nachspiel, Vorort, Vorwort, Untergeschoß

Andere nichtflektierbare Wortarten (Partikeln, Interjektionen, Konjunktionen) werden allenfalls bei bewußten Sprachschöpfungen *(das Jawort)* für Zusammensetzungen benutzt.

Substantivbildung durch Ableitung

(1) Die Ableitung von Substantiven geschieht auf unterschiedliche Weise:
- durch Suffixe: *-chen, -heit, -keit, -lein, -ung* usw.
- durch Halbsuffixe: *-mittel, -stoff, -werk, -zeug* usw.
- durch fremdsprachige Suffixe: *-ade, -ant, -ense, -eur, -tion* usw.
- durch verdunkelte Suffixe: *-e, -od, -r, -ter* usw.
- durch Präfixe: *Ge-, Miß-, Un-, Ur-* usw.
- durch Präfixe und Suffixe gemeinsam: *Ge-. . .-e* usw.

(2) Dabei erfolgt die Ableitung entweder aus einem Substantiv:

Fürst - Fürstentum, Lehrer - Lehrerschaft, Snob - Snobismus

oder aus einem Verb:

fahren - die Fahrt, gehen - der Gang

bzw. Adjektiv:

fromm - Frömmigkeit, schön - Schönheit

Substantivbildung durch Suffigierung
(1) Die Vielzahl von heute unverändert produktiven Suffixen zur Bildung von Substantivableitungen läßt sich in inhaltlichen Kategorien erfassen:

-chen:	Häuschen, Rotkehlchen	(Diminutiva)
-e:	Höhe, Kälte, Rede, Bote	(Eigenschaften, Vorgangsbezeichnungen, nomina agentis)
-ei:	Arznei, Brauerei, Polizei, Teufelei	(Lehnwörter, Ortsbezeichnungen, Tätigkeitsbezeichnungen)
-el:	Schaufel, Hebel, Titel	(Bezeichnungen von Gegenständen, Lehnwörtern)
-er:	Tausender, Fahrer, Beckmesser	(Zahladjektive, substantivierte Verben)

-erei:	Hetzerei, Lauferei, Schmiererei	(negative Beurteilung)
-heit:	Klugheit, Schönheit	(Eigenschaften)
-icht:	Dickicht, Kehricht, Röhricht	(Kollektiva)
-igkeit:	Ausweglosigkeit, Interesselosigkeit	(Eigenschaften)
-in:	Chefin, Lehrerin, Ministerin	(movierte Feminina)
-keit:	Ängstlichkeit, Eitelkeit	(Eigenschaften)
-lein:	Äuglein, Fräulein, Röslein	(Diminutiva)
-ler:	Künstler, Wissenschaftler	(Berufsbezeichnungen)
-ling:	Feigling, Säugling, Flüchtling	(Personen- und Sachbezeichnungen)
-ner:	Schuldner, Gärtner	(Eigenschaften, Tätigkeitsbezeichnungen)
-nis:	Erlebnis, Gefängnis	(Abstrakta, Sachbezeichnungen)
-sal:	Schicksal, Trübsal	(Abstrakta)
-schaft:	Gemeinschaft, Verfasserschaft	(Eigenschaften)
-sel:	Geschreibsel, Schlamassel; auch: Rätsel	(Pejorativa, Sachbezeichnungen)
-tum:	Bürgertum, Deutschtum, Irrtum	(Verhaltensweise, Zugehörigkeit)
-ung:	Beschwichtigung, Betreuung, Widmung	(Vorgangsbezeichnungen)

Anmerkung:
Natürlich ist mit diesen Inhaltsbezeichnungen nur ein Teil der Verwendungsbereiche der Suffixe genannt.

(2) Wichtig ist die Gruppe der sogenannten Movierungen (Motionsbildungen). Zur Bildung femininer Berufs- oder Personenbezeichnungen sowie Tiernamen bietet die Sprache das Suffix *-in* (→ S. 161):

Arbeiter - Arbeiterin, Bär - Bärin, Direktor - Direktorin, Gott - Göttin, Kollege - Kollegin, Psychologe - Psychologin

Bei den Völkernamen ist es in den meisten Fällen ebenso:

der Japaner/Pole/Russe - die Japanerin/Polin/Russin
aber: der/die Deutsche

Anmerkung:
Als Neuschöpfung ist der Titel des Romans „Die Rättin" von Günter Grass anzusehen. Der Autor will damit den femininen Aspekt unterstreichen.

Weitere Movierungsmöglichkeiten:

-euse:	Kommandeuse, Masseuse (der bürgerliche Beruf wird allerdings korrekt mit: Masseurin bezeichnet; Masseuse ist die Berufsbezeichnung für eine Frau, die in einem Bordell arbeitet. Daher auch: Friseurin statt Friseuse)
-ice:	Aktrice, Direktrice
-ine:	Heroine
-sche: (pejorativ)	die Müllersche, die Schmidtsche
-se: (pejorativ)	Tippse, Schickse

Substantivbildung durch Halbsuffixe

Halbsuffixe sind Wörter, deren ursprüngliche Bedeutung noch teilweise erkennbar ist und die auch zum Teil noch als selbständige Lexeme vorkommen. Bei allen Halbsuffixen aber ist die Tendenz deutlich, mit wachsendem Bedeutungsverlust zum Suffix zu werden. Zu diesen Halbsuffixen gehören:

-gut:	Ideengut, Saatgut, Streugut
-körper:	Festkörper, Leuchtkörper, Sprengkörper
-kraft:	Atomkraft, Fachkraft, Kernkraft
-mann:	Steuermann, Zimmermann
-mittel:	Heilmittel, Lebensmittel, Sprühmittel
-stoff:	Farbstoff, Kraftstoff, Kunststoff
träger:	Funktionsträger, Leistungsträger
-werk:	Blattwerk, Kraftwerk, Schuhwerk
-zeug:	Fahrzeug, Flugzeug, Spielzeug

Anmerkung:

Dieser Tendenz, vom selbständigen Substantiv zum Suffix zu werden, folgen noch weitere Substantive:

-einheit:	Arbeitseinheit, Grundeinheit
-maß:	Getränkemaß, Kilometermaß
-wesen:	Bauwesen, Planungswesen

Substantivbildung durch fremdsprachige Suffixe

Hier die Liste fremdsprachiger Suffixe für die Substantivbildung durch Ableitung:

-ade:	Raffinade, Remoulade
-age:	Blamage, Corsage
-ant:	Demonstrant, Ministrant
-är:	Aktionär, Revolutionär
-ent:	Skribent, Student
-enz/anz:	Renitenz, Ignoranz
-ette:	Chansonette, Diskette, Stenorette
-eur:	Friseur, Kommandeur, Monteur
-euse:	Diseuse, Friseuse, Masseuse
-ie:	Lethargie, Pikanterie
-ier:	Offizier, Pionier
-ik:	Dogmatik, Exzentrik
-ismus:	Konservati(vi)smus, Parlamentarismus
-ist:	Komponist, Publizist
-ität:	Nationalität, Universität
-tion:	Demonstration, Institution
-ur:	Kultur, Montur, Zensur

Anmerkung:

Das Suffix *-ant* hat in jüngster Zeit seine ursprünglich neutrale Bedeutung verloren und wird bei Neuschöpfungen in pejorativem Sinn verwendet:

Asylant, Simulant, Sympathisant

Korrekter Sprachgebrauch statt des Schimpfwortes *Asylant* ist deshalb: *Asylbewerber* bzw. *Asylberechtigter.*

Substantivbildung durch verdunkelte Suffixe

Eine Reihe von ursprünglichen Suffixen wird heute nicht mehr als solche erkannt und zum Stammorphem gerechnet. Sie sind jetzt weitgehend unproduktiv und bilden daher keine Analogieformen:

-l:	Beil, Gaul, Seil, Stuhl
-m:	Atem, Odem, Schaum
-n:	Bein, Besen, Korn
-od:	Kleinod (verändertes Suffix: Heimat)
-ter:	Mutter, Vater, Vetter usw.

Substantivbildung durch Präfixe

(1) Eine Vielzahl von Präfixen tritt bei der Substantivableitung auf:

Fehl-:	Fehlentscheidung, Fehlverhalten	(Negation)
Ge-:	Gebäck, Gefäß, Gefühl, Gesang	(Kollektivum)
In-:	Insuffizienz, Intoleranz	(„verkehrt")
Miß-:	Mißbrauch, Mißerfolg, Mißstimmung	(Negation)
Mist-:	Miststück, Mistwetter	(„schlecht"; gesprochene Sprache)
Nicht-:	Nichttrinker, Nichtwissen	(Negation)
Un-:	Unfug, Unschuld, Unsinn	(Negation)
Un-:	Ungetüm, Unmensch, Unwetter	(Steigerung im Negativen)
Un-:	Unsumme, Untiefe	(„nicht bekannt")
Ur:	Urenkel, Ursprung, Urtest, Urwald; auch: Urfehde	(ursprünglich)

(2) In den technischen und naturwissenschaftlichen Fachsprachen nehmen Präfixe als Mittel der Substantivableitung in jüngster Zeit enorm zu; die Tendenz zur Analogiebildung ist dafür die Ursache:

Anti-:	(= gegen)	Antikörper, Antistatik
Epi-:	(= neben)	Epigramm, Epizentrum
Hyper-:	(= über)	Hyperstruktur, Hypersubstrat
Infra-:	(= unter)	Infrastruktur, Infratest
Inter-:	(= zwischen)	Intercity
Iso-:	(= gleich)	Isobare, Isoglosse
Makro-:	(= groß)	Makrostruktur, Makrozentrum
Meta-:	(= jenseits)	Metaphysik, Metasprache
Mikro-:	(= klein)	Mikrokosmos, Mikrostruktur
Pseudo-:	(= angeblich)	Pseudokrupp
Semi-:	(= halb)	Semiconductor, Semifinale

Merke:

Analog zu den Ableitungen mit *Mist-* (*Mistspiel, Mistwetter* usw.) finden sich vor allem in der gesprochenen Sprache mehr und mehr selbständige Wörter, die in Reihenbildungen die Funktion von Präfixen übernehmen und dabei teilweise ihre ursprüngliche Bedeutung verloren haben (Halbpräfix):

Affen-:	Affenschande, Affentempo
Bier-:	Biereifer, Bierernst, Bierseligkeit

Blitz-:	Blitzinterview, Blitzkrieg
Bomben-:	Bombenmusik, Bombenstimmung
Erz-:	Erzgauner, Erzkatholik (neben: Erzbischof - zu griech. archein = der erste sein)
Heiden-/Höllen-:	Heidenarbeit, Heidenlärm, Höllenrespekt
Marathon-:	Marathonrede, Marathontagung
Pfunds-:	Pfundskerl, Pfundsreise
Spitzen-:	Spitzengage, Spitzensport, Spitzenstar
Super-:	Superessen (bereits allgemein gebraucht: Supermarkt), Supergehirn, Superspiel
Wucht-:	Wuchtbiene (Jugendsprache)

Substantivbildung durch Präfixe und Suffixe
Einige Ableitungen geschehen durch gleichzeitige Präfigierung und Suffigierung. Das bekannteste Schema ist: *Ge-. . .-e:*

Gebäude, Gelände, Gewebe

Anmerkung:
Bei einigen dieser Substantivableitungen ist deutlich ein pejorativer Unterton zu hören:

das Gemale, das Geschiebe, das Gesinge usw.

Wortbildung des Verbs

Verbbildung durch Zusammensetzung

Zusammensetzungen sind beim Verb weitaus seltener als beim Substantiv oder auch beim Adjektiv. Die wenigen Vertreter lassen sich in Klassen einteilen:
- Substantiv + Verb:

achtgeben, eislaufen, gewährleisten, haushalten, irreführen, kopfrechnen, radfahren, teilnehmen

- Adjektiv + Verb:

brachliegen, fernsehen, freisprechen, gesundpflegen, gutheißen, heißlaufen, lahmlegen, leertrinken, totsagen, vollaufen, volltanken

- Verb + Verb:

kennenlernen

- Verbzusatz + Verb (räumliche Bedeutung):

beifügen, entgegengehen, losschrauben, nachlaufen, vorgehen, wiederkommen, zurechtschneiden, zuschließen

Verbbildung durch Ableitung

Formensystem
(1) Die Mehrzahl der Verbableitungen geht auf Substantive zurück. Diese Art der Wortbildung heißt Denominalisierung. Weitaus seltener sind Ableitungen aus Adjektiven oder anderen Verben. Im einzelnen werden die einfachen

(nur Suffix) und die kombinierten (Präfix und Suffix) Ableitungen unterschieden:

- einfache Verbableitungen (regelmäßige Verben):

  Hagel - hagel-n, Klage - klag-en, Splitter - splitter-n

- kombinierte Verbableitungen (regelmäßige und unregelmäßige Verben):

  Anstand - be-anstand-en, Ursache - ver-ursach-en, Vorrat - be-vorrat-en

(2) Anders als beim Substantiv gibt es beim Verb nur wenige Suffixe; Zahl und Qualität der Präfixe sind aber außerordentlich gewichtig. Folgende Ableitungssuffixe sind noch erkennbar und auch produktiv:

-eln:	klingeln, nageln, sticheln
-en:	blitzen, regnen, stürmen
-ieren:	agitieren, diktieren, hospitieren (also vor allem Fremdwörter, aber auch deutsche Wörter): amtieren, buchstabieren, stolzieren
-ifizieren:	elektrifizieren, kodifizieren, ratifizieren (Fremdwörter)
-igen:	beaufsichtigen, schädigen
-isieren:	automatisieren, demokratisieren, entbürokratisieren (Fremdwörter)
-n:	ackern, hämmern, plappern
-(t)schen:	herrschen, quietschen
-sen/-zen:	tricksen, duzen, siezen

Semantische Gliederung

Offenbar aufgrund der Tatsache, daß das Wortende des Verbs vor allem die Flexionskennzeichnung trägt (die Infinitivendung *-(e)n* ist ja bereits Ableitungsmorphem), werden Bedeutungsunterschiede bei der Ableitung vor allem am Wortanfang erkennbar, d.h. beim Präfix. Deshalb kommt den Präfixen bei der Verbableitung eine sehr wichtige Rolle zu. Häufig wirken Präfigierung und Suffigierung auch zusammen. Im einzelnen sind folgende Inhaltsklassen der Verben zu unterscheiden (dabei werden Ableitungen aus Substantiven, Adjektiven und Verben zusammengefaßt):

- Durativa (Verlaufsverben):

  beharren, gleichen, schlafen, schnitzen

- Inchoativa/Ingressiva (Verben des Beginnens):

  abfahren, abmagern, anfaulen, anstoßen, aufrufen, aufschreien, einäschern, einschlafen, entflammen, entzünden, erblassen, erblinden, ergrauen, sich verändern, verarmen, verblöden

- Egressiva/Resultativa (Verben des Endes, des Ergebnisses):

  entgehen, entschlafen, entziehen, erringen, ertränken, gebären, gelingen, verblühen, verdampfen, verglühen, verstummen, vollführen, vollstrecken, vollziehen

- Iterativa (Wiederholungsverben):

  flattern, grübeln, meckern

- Faktitiva (Verben des Bewirkens):

  kürzen, kränken, härten, schärfen; befreien, befremden, befruchten, sich entfernen, entfremden, verdächtigen, vereinnahmen, vergesellschaften, zerstören, zerstückeln;
  germanisieren, halbieren, verbalisieren
  peinigen, reinigen

- Kausativa (Verben des Veranlassens):

  fällen, legen, säugen, setzen, stellen

- Ornativa (Verben des Ausstattens/Versehens mit etwas):

  ackern, fliesen, füttern, kacheln, malern, polstern, schädigen; begrünen, beleuchten, bepflanzen, beschriften; emaillieren, grundieren, respektieren; unterkellern, unterminieren; versilbern, verzinken

- Privativa (Verben des Wegnehmens):

  häuten, schälen, schuppen, pellen; absahnen; ausladen, ausmisten; berauben, bestehlen; enteignen, entfremden, entstehen, entwenden; verjagen, verstoßen

- Instrumentativa (Verben des verwendeten Mittels):

  pflügen, hämmern, eggen, filtern, geigen, trommeln; absägen, abseilen; bepinseln, beurkunden; einschaufeln

- Komparativa (Verben des Vergleichs):

  beckmessern, büffeln, dienern, gärtnern, hamstern, hechten, kellnern, nassauern, ochsen, schauspielern

- Witterungsverben:

  donnern, hageln, regnen, schneien, tagen

- effizierende Verben (Verben des Hervorbringens):

  falten, ferkeln, gliedern, keimen, knospen, leitartikeln; atomisieren, idealisieren; verknöchern, verrenken, versalzen

Wortbildung des Adjektivs

Adjektivbildung durch Zusammensetzung

Wie beim Substantiv spielt in der Wortbildung des Adjektivs die Zusammensetzung (Komposition) eine wichtige Rolle. Weiterhin ist auch beim Adjektiv das Determinativkompositum (das vorn stehende Bestimmungswort erläutert das dahinterstehende Grundwort näher bzw. schränkt dessen Bedeutungsbereich ein) erheblich häufiger anzutreffen als das Kopulativkompositum (Gleichrangigkeit von Grundwort und Bestimmungswort; letztlich sind beide nicht mehr exakt zu bestimmen), obwohl – relativ gesehen – adjektivische Kopulativkomposita zahlreicher sind als substantivische. Das gilt besonders für den Farbenbereich *(graugrün, rotbraun, gelbblau).*

Das Determinativkompositum
(1) Bei den Determinativkomposita sind semantische Untergruppen zu unterscheiden:
- graduierende Komposita:

atemberaubend, bärenstark, bernsteingelb, dunkelrot, hellblau, kohlrabenschwarz, spindeldünn

- charakterisierende Komposita:

lebensfroh, röstfrisch, rutschfest, standsicher, weltweit

Anmerkung:
Die vielen graduierenden Komposita dienen vor allem bei den Farbadjektiven dazu, Superlative zu vermeiden. Diese Möglichkeit sollte im täglichen Sprachgebrauch intensiv genutzt, d.h., es sollten keine Superlative bei Farbadjektiven gebildet werden (→ S. 187).
(2) Auf der Grenzlinie zwischen Zusammensetzung und Ableitung stehen Adjektive, die in Reihenbildungen (Analogieformen) verwendet und dabei zunehmend ihrer ursprünglichen Bedeutung beraubt werden. Dazu gehören:

-aktiv:	atmungsaktiv, sauerstoffaktiv
-arm:	fettarm, sauerstoffarm
-fähig:	begeisterungsfähig, leistungsfähig
-fertig:	kochfertig, schrankfertig
-frei:	akzentfrei, bügelfrei, steuerfrei
-gemäß:	auftragsgemäß, fristgemäß
-intensiv:	farbintensiv, pflegeintensiv
-leer:	blutleer, gedankenleer, luftleer
-leicht:	pflegeleicht, trageleicht
-voll:	ahnungsvoll, humorvoll, vorwurfsvoll
-wert:	dankenswert, erstrebenswert

Diese Zusammensetzungen bzw. Ableitungen lassen sich grundsätzlich steigern, indem das Grundwort (Adjektiv) in den Komparativ oder Superlativ gesetzt wird:

das atmungsaktivste Waschmittel; die bemitleidenswerteste Schülerin

Eine Ausnahme bilden jene Fügungen, die entweder in ihrer Grundform bereits superlativische Bedeutung haben oder überhaupt nicht zu steigern sind: *luftleer, schlüsselfertig, steuerfrei* usw. sowie die Farbkomposita.

Adjektivkomposita
(1) Adjektiv + Adjektiv/Partizip I/Partizip II: In der Gegenwartssprache ist mehr und mehr zu beobachten, daß Strukturen dieser Art gebildet werden:

altklug, altrussisch, hellblau, schwerkrank
naheliegend, wildwachsend
gleichberechtigt, hochgestimmt, tiefgefroren

Theoretisch läßt sich von all diesen Komposita ein Superlativ bilden:

ein schwerstkranker Strahlengeschädigter
die nächstliegende Erfahrung

Jedoch wird dies häufig aus stilistischen Gründen nicht praktiziert.
Ein Problemfall ist nach wie vor, welcher der beiden Teile des Kompositums gesteigert wird. Wir vergleichen:

der höchstbezahlte Manager
die weitverbreitetste/weitestverbreitete Rasse

Als Grundregel gilt: In der Tendenz überwiegt die Komparation des ersten Gliedes (*höchstbesoldet, nächstliegend, schwerstkrank* usw.). Eindeutig sind die Gefüge mit *wohl-: wohlbehalten, wohlgelungen, wohlmeinend, wohlriechend, wohlschmeckend, wohlversorgt.* Hier wird - wenn überhaupt möglich - grundsätzlich nur das Grundwort gesteigert:

das wohlgelungenste Fest, der wohlmeinendste Appell, die wohlriechendsten Pilze

(2) Substantiv + Adjektiv/Partizip I/II: Bei Zusammensetzungen der Art Substantiv + Adjektiv/Partizip I/II werden unterschiedliche Kasus (Genitiv, Dativ, Akkusativ, Präpositionalkasus) verwendet:

wahrheitsgetreu	(= getreu der Wahrheit; Genitiv)
lebensfern	(= fern dem Leben; Dativ)
zentimeterdick	(= etliche Zentimeter dick; Akkusativ)
heimwehkrank	(= krank vor Heimweh; Präpositionalkasus)

Diese Adjektivkomposita gibt es mit und ohne Kompositionsfuge:

leben-s-müde, realität-s-fern (mit Kompositionsfuge)
schlüsselfertig, zentimeterdick (ohne Kompositionsfuge)

Semantisch lassen sich diese Komposita so untergliedern:
- Vergleich:

chromblitzend, grasgrün, samtweich, schneeweiß, stahlhart, taubenblau

- Zweck:

diensttauglich, schrankfertig, seetüchtig, wetterfest

- Ursache:

altersschwach, heimwehkrank

- Steigerung:

blitzgescheit, hundemüde, kinderleicht, nagelneu, pudelnaß, saudumm, todunglücklich, steinreich, turmhoch
auch: funkelnagelneu, mutterseelenallein (Mehrfachkomposita)
mucksmäuschenstill, stocksteif (Alliteration)

- Maß:

brusthoch, knietief

- Zeit:

nachtblind

- Zustand:

lebensfremd, lebensmüde, realitätsfern

- Ort:

landesweit, stadtbekannt

Anmerkung:
Auf Zusammensetzungen von Substantiv + Partizip I/II trifft man in jüngster Zeit immer häufiger. Diese Tatsache betrifft vor allem das Partizip II als Grundwort; insbesondere die Medien wirken hier sprachschöpferisch:

atomverseucht, eheerfahren, gletschererprobt, grundgesetzverpflichtet, kernenergiebesessen, lawinenerprobt, milieugeschädigt, raketenbestückt
länger üblich: hausgemacht, wassergekühlt

Partizip I:

abendfüllend, parteischädigend

(3) Verb + Adjektiv/Partizip I/II: Ähnlich wie die Zusammensetzungen Verb + Substantiv werden die Verb + Adjektiv/Partizip-Komposita gebildet:

denkfaul, röstfrisch, tropfnaß

Ein bestimmtes Merkmal des Individuums wird zum tonangebenden Merkmal des Kompositums gemacht:

fahrtüchtig, lernfreudig, merkwürdig, redegewandt, reiseerprobt, trinkfest

Anmerkung:
Auch beim Kompositum Verb + Adjektiv/Partizip gibt es Reihenbildungen jüngeren Datums:

-freudig: diskussionsfreudig, kritisierfreudig
-tüchtig: fahrtüchtig, flugtüchtig

Das Kopulativkompositum
(1) Adjektive bilden Kopulativkomposita, also Gefüge, bei denen beide Teile der Zusammensetzung gleichrangig sind. Grundwort und Bestimmungswort sind nicht genau zu unterscheiden. Einige wenige dieser Kopulativkomposita können grundsätzlich umgekehrt werden, d.h., der hinten stehende Teil kann nach vorn gestellt werden und umgekehrt:

englisch-deutsche Zusammenarbeit
→ deutsch-englische Zusammenarbeit

(2) Zu den Kopulativkomposita gehören:

dummdreist, feuchtheiß, süßsauer, taubstumm	(Adjektive)
ural-altaisch, finno-ugrisch, österreichisch-bayrisch, rheinland-pfälzisch, serbo-kroatisch	(geographische Namen)
blauweißrot, rotweißgrün, schwarzrotgold	(Farbbezeichnungen)
einhundertsechsunddreißig, viertausendachthunderteinundneunzig	(Kardinalzahlen)

Anmerkung:
An den Beispielen wird deutlich, daß die meisten der Kopulativkomposita nicht umkehrbar sind, sondern sich im Sprachgebrauch eine Form als üblich und verbindlich herausgebildet hat:

dummdreist (* dreistdumm)
feuchtheiß (* heißfeucht)
taubstumm (* stummtaub)

Sie sind auf dem Wege, von Kopulativkomposita zu Determinativkomposita zu werden, also die Gleichrangigkeit aufzugeben. Man kann davon ausgehen, daß sich diese Tendenz in der Zukunft verstärken wird.

Adjektivbildung durch Ableitung

(1) Der Normalfall von Adjektivableitungen ist das Suffix *-lich:*

ältlich, ängstlich, ärgerlich
menschlich, reichlich, rötlich

(2) Daneben gibt es noch andere Ableitungssuffixe bei Adjektiven:

-bar:	genießbar, trinkbar, vorstellbar, wunderbar (Bei Verben als Ausgangspunkt der Ableitung ist diese Endung noch produktiv; sie ist eine der sogenannten Passiversatzformen.)
-e(r)n:	blechern, eisern, lüstern, metallen
-haft:	dauerhaft, fehlerhaft, krankhaft
-haftig:	leibhaftig, wahrhaftig
-icht:	töricht
-ig:	bergig, hochnäsig, sandig
-isch:	goethisch, philologisch, seelisch
-sam:	gemeinsam, ratsam
-selig:	armselig, redselig

fremdsprachige Suffixe:

-abel:	diskutabel, repräsentabel
-al:	formal, sozial
-ant:	prägnant, signifikant, tolerant
-ar:	elementar, sekundar
-är:	irregulär, revolutionär
-at:	adäquat, disparat
-ell:	finanziell, individuell, potentiell
-end:	horrend
-ibel:	flexibel, reversibel
-iv:	diskursiv, intensiv, offensiv
-ös:	schikanös, skandalös

(3) Präfixe bei der Adjektivableitung:

erz-:	erzdumm, erzkatholisch
miß-:	mißgünstig, mißvergnügt
un-:	unglaublich, unrichtig, unsinnig
ur-:	urgemütlich, urgermanisch

Tendenzen der Wortbildung

Zusammenfassend und ergänzend zu dem Gesagten lassen sich einige Tendenzen der aktuellen Wortbildung festhalten:

(1) Die Zahl der substantivischen und adjektivischen Zusammensetzungen nimmt zu. Dabei kommt es immer häufiger zu Mammutbildungen, die oft nur schwer verständlich sind:

> Atomkraftwerksbetreiber, Energieversorgungsunternehmensstrategie, Universitätsfrauenbeauftragte

(2) Die Verständlichkeit wird andererseits erschwert durch Abkürzungs- und Kurzwörter, die häufig nur noch der kleinen Gruppe der unmittelbar Beteiligten oder Betroffenen bekannt sind:

> Comecon = Rat für gegenseitige Wirtschaftshilfe
> RAA = Regionale Arbeitsstelle für ausländische Mitbürger
> WAA = Wiederaufbereitungsanlage für atomare Brennstoffe

(3) Fachsprachen bilden immer neue Termini, die nur wenige Menschen verstehen:

> Becquerel, Curie, Rem; Byte

(4) Verbalabstrakta auf *-ung, -ion* oder *-ment* nehmen an Zahl zu:

> Ableitung, Desavouierung, Entsorgung, Absorption, Kontamination, Bombardement

(5) Ableitungen auf *-ist, -(i)aner* und *-ismus* erleben eine geradezu inflationäre Entwicklung:

> Maoist, Terrorist, Trotzkist, Freudianer, Nietzscheaner, Wagnerianer, Poststrukturalismus, Produktivismus, Synkretismus

(6) Immer mehr ursprünglich selbständige Wörter werden zu Halbsuffixen bzw. Suffixen:

> -gut, -mittel, -stoff, -werk, -zeug usw.
> -aktiv, -bedürftig, -fähig, -gemäß, -leicht, -pflichtig, -tauglich, -wert, -würdig

(7) Ebenso werden ursprünglich selbständige Wörter zu Präfixen:

> blut-, brand-, erz-, extra-, hoch-, hyper-, kreuz-, pseudo-, quasi-, schein-, semi-, stock-, super-, tod-, ultra-, ur-, voll-

Carstensen, Broder 1971: Spiegel-Wörter, Spiegel-Worte. Zur Sprache eines deutschen Nachrichtenmagazins, München
Fleischer, Wolfgang 1975: Wortbildung der deutschen Gegenwartssprache, Tübingen
Henscheid, Eckhard u.a. 1985, 1986: Dummdeutsch 1, 2, Frankfurt
Schneider, Wolf o.J.: Deutsch für Profis, Stuttgart/München
Zimmer, Dieter E. 1986: RedensArten. Über Trends und Tollheiten im neudeutschen Sprachgebrauch, Zürich

DER SATZ

Was ist ein Satz?

(1) Die Vielzahl von Definitionen dessen, was ein Satz ist, macht die Antwort nicht leicht. Im Grunde ist es ebenso wie bei der nächstkleineren Einheit, dem Wort, sowie der nächstgrößeren, dem Text: die Grenzen sind fließend.
In dieser Grammatik wird der Satz als eine relativ selbständige und inhaltlich abgeschlossene Einheit verstanden, die als Klangeinheit durch die Stimmführung gekennzeichnet ist, zwischen zwei Punkten oder vergleichbaren Satzzeichen (Fragezeichen, Ausrufezeichen) steht und vom Verb als dem zentralen Teil bestimmt wird. Mit der Beschreibung des Satzes beschäftigt sich die Syntax (Satzlehre).
(2) In der traditionellen Grammatik galt als unumstößlich, daß es in der deutschen Sprache fünf Satzglieder gibt, von denen zwei auf der ersten Ebene angesiedelt sind (Subjekt und Prädikat), während weitere drei gewissermaßen Satzglieder zweiter Ordnung darstellen (Objekt, adverbiale Bestimmung, Attribut). Schwierigkeiten etwa bei der Unterscheidung präpositionaler Objekte und adverbialer Bestimmungen machten dieses Modell häufig eher problematisch.
(3) Die Syntax dieser Grammatik basiert auf dem Modell einer Dependenzgrammatik (Abhängigkeitsgrammatik). Dieses Modell setzt einen Teil des Satzes, von dem die anderen Teile abhängen, an die obere Stelle. Aus Zweckmäßigkeitsgründen ist das finite Verb dieser Teil, die abhängigen Teile heißen Dependenzien. Man nennt eine solche Grammatik auch verbzentrierte Dependenzgrammatik, weil das Verb in das Zentrum des Satzes gestellt wird. Die Unterscheidung in Satzglieder erster und zweiter Ordnung (Subjekt und Prädikat; Objekt, adverbiale Bestimmung und Attribut) entfällt damit.
Nun sind aufgrund der Bedeutung des Verbs die abhängigen Teile bei jedem Verb nach Zahl und Art unterschiedlich. Mit Hilfe der Weglaßprobe (→ S. 320) wird deshalb ermittelt, welche Teile im Satz nicht weglaßbar (obligatorisch) sind und welche weglaßbar sind, ohne daß der Satz ungrammatisch wird. Die nicht weglaßbaren Teile nennen wir obligatorische Ergänzungen *(Sie unterstützt ihre Mutter)*, die weglaßbaren Teile sind die fakultativen Ergänzungen (*Er fährt nach Garmisch;* → S. 332). Daneben gibt es noch Elemente im Satz, die nicht vom Verb abhängig (also nicht verbspezifisch) sind und in nahezu jedem Satz auftauchen können. Dies sind die Angaben und Attribute (*heute, oft, in Bayern, gern* usw.).
Obligatorische und fakultative Ergänzungen fassen wir zu den konstitutiven (verbspezifischen) Ergänzungen zusammen; die Angaben und Attribute erscheinen in den Satzanalysen nicht.
Werden nun im Rahmen einer Dependenzgrammatik die konstitutiven Ergänzungen nach Zahl und Art - also nach ihrer „Wertigkeit“ - unterschieden, sprechen wir von einer Valenzgrammatik (Wertigkeitsgrammatik). Oder anders: die

„Valenz" gibt an, wie viele „Leerstellen" beim jeweiligen Verb eröffnet und wie sie besetzt werden. Wir vergleichen:

- Nur eine Ergänzung, nämlich das Subjekt *(wer?)*, findet sich beim Verb *schlafen:*

  Gabriele schläft.

- Das Verb *wohnen* eröffnet zwei „Leerstellen", eine für das Subjekt *(wer?)* und eine zweite für eine Situativergänzung *(wo?)* oder für eine Artergänzung *(wie?):*

  Sie wohnen in Bochum/sehr ruhig.

- Dagegen stehen beim Verb *stellen* notwendigerweise drei Ergänzungen: eine für das Subjekt *(wer?)*, eine für die Akkusativergänzung *(was?)* und eine dritte für die Richtungsergänzung *(wohin?):*

  Sie stellt die Vase auf den Tisch.

Wir halten fest: das finite Verb eröffnet aufgrund seiner Valenz „Leerstellen", die mit Ergänzungen gefüllt werden. Nach Zahl und Art dieser Ergänzungen können Klassen von Valenzstrukturen gebildet werden, die Satzbaupläne bzw. Satzmuster (→ S. 367) genannt werden.

(4) Um nun die Strukturen der Sätze zu ermitteln sowie zu bestimmen, welche Teile des Satzes zu den Ergänzungen oder Satzgliedern gezählt werden, werden Proben der operationalen Satzgliedanalyse angewendet, d.h., man beschreibt die Sprache nach ihren Teilen (Prinzip der Konstituenz). Solche Proben sind die Verschiebeprobe, Ersatzprobe, Weglaßprobe und Umformungsprobe. Mit ihrer Hilfe läßt sich ermitteln, ob die Sätze grammatisch korrekt oder abweichend sind.

Proben der operationalen Satzgliedanalyse

Verschiebeprobe (Umstellprobe/Permutation)

(1) Mit Hilfe der Verschiebeprobe wird ermittelt, ob durch die Verschiebung/Umstellung eines Wortes oder einer Wortgruppe auf dem Satzfeld (→ S. 403) eine Veränderung der Aussage des Satzes entsteht oder er sogar grammatisch abweicht, also gegen die Sprachnorm verstößt. Zum Beispiel:

Die Studenten aus China kommen um 10 Uhr an.

Wir verschieben:

Um 10 Uhr kommen die Studenten aus China an.

nicht möglich:

* Um 10 Uhr die Studenten aus China kommen an.
* Die Studenten aus China um 10 Uhr kommen an.

Freilich ist der Ausgangssatz doppeldeutig. Daher gilt: Grammatisch korrekt, aber semantisch nicht gleichwertig mit dem Ausgangssatz sind:

Die Studenten kommen aus China um 10 Uhr an.
oder: Aus China kommen die Studenten um 10 Uhr an.

Bei diesen Sätzen handelt es sich um irgendwelche Studenten, die aus China kommen, aber nicht unbedingt um chinesische Studenten, wie es im ersten Satz gemeint war.
Grammatisch korrekt, aber semantisch ebenfalls nicht gleichwertig ist:

Kommen die Studenten aus China um 10 Uhr an?

Der Fragesatz mit dem Verb am Satzanfang ist inhaltlich das Gegenteil des Aussagesatzes, von dem wir ausgegangen sind.
(2) Verschiebeproben machen also deutlich, welche Elemente im Satz isoliert verschoben werden können, ohne die Bedeutung des Satzes zu verändern; solche Elemente nennen wir Satzglieder. Da *die Studenten aus China* nur gemeinsam verschoben werden können, ist *aus China* kein Satzglied. Weiterhin verdeutlichen solche Proben, welche Teile des Satzes am Satzanfang (Spitze des Satzes) stehen können und welche Satzgliedfolge beachtet werden muß, damit der Satz korrekt (normgerecht/nicht abweichend) gebildet ist.

Ersatzprobe (Austauschprobe/Substitution/Kommutation)
(1) Eine weitere Bedingung für Satzglieder ist ihre Ersetzbarkeit/Austauschbarkeit. Wir legen fest, daß nur jene Teile im Satz Satzglieder sind, die überall austauschbar sind, ohne daß der Satz ungrammatisch, also falsch wird. Wir vergleichen:

Franziska studiert in Berlin.
⟶ Sie studiert in Berlin.
⟶ Sie studiert in München.

Franziska und *sie* sowie *in Berlin* und *in München* sind austauschbar: sie gehören also dem gleichen Satzglied an.
(2) Ein anderer Satz:

Es geschahen drei Unfälle in der Nacht.
⟶* Er geschahen drei Unfälle in der Nacht.

Es ist kein Satzglied, weil es nicht gegen ein Element der gleichen Klasse austauschbar ist; vielmehr steht das Wort am Satzbeginn nur als „Platzhalter" für das Subjekt:

Drei Unfälle geschahen in der Nacht.

(3) Ein weiteres Beispiel:

(a) Sie wäscht sich.
⟶ Renate wäscht Hans/ihn.
(b) Sie weigert sich.
⟶* Anneliese weigert Hans/ihn.

Während *sie* überall ersetzbar, also Satzglied ist, kann das Reflexivpronomen *(sich)* nur in Satz (a) gegen ein Substantiv *(Hans)* oder ein Personalpronomen *(ihn)* ausgetauscht werden: hier ist es also Satzglied. Es handelt sich um die sogenannten unechten reflexiven Verben (→ S. 61). Dagegen ist *sich* in Satz (b) nicht gegen ein Substantiv bzw. Personalpronomen *(Hans/ihn)* austauschbar, also kein Satzglied. Es handelt sich um die sogenannten echten Reflexivverben.

(4) Nicht austauschbar ist - neben dem Platzhalter-*es* sowie dem „echten" Reflexivpronomen - das *es* als fester Bestandteil des Verbs: *es ablehnen, es absehen auf, es verantworten.*

Weglaßprobe (Eliminierung)
Bei der Weglaßprobe werden gezielt Wörter oder Wortgruppen weggelassen, um festzustellen, welche Teile im Satz obligatorisch (nicht weglaßbar/notwendig) und welche fakultativ (weglaßbar/nicht notwendig) sind. Die obligatorischen Teile machen zusammen mit dem Verb das „strukturelle Minimum" des Satzes aus:

Sie wohnt seit ~~Jahren~~ in München. (*seit Jahren* - weglaßbar)
Er kommt mit ~~dem Flugzeug~~ in ~~Hamburg~~ an. (*mit dem Flugzeug, in Hamburg* - weglaßbar)
dagegen: Sie stellt die Vase auf den Tisch. (kein Satzglied ist weglaßbar)

Fazit: Verschiebbarkeit, Austauschbarkeit und Weglaßbarkeit sind damit die entscheidenden Kriterien für die Bestimmung von Satzgliedern (→ S. 329).

Umformungsprobe (Transformation)
Bei der Umformungsprobe geht es um die Ermittlung von semantisch gleichwertigen (äquivalenten) Satzteilen oder Wortgruppen. Gleichwertig sind:

Er kommt morgen, damit *er* den Vertrag unterschreibt.
→ *Er* kommt morgen, um den Vertrag zu unterschreiben.
(Bedingung: Subjektgleichheit in Haupt- und Nebensatz)
oder: Sobald *Sie* in Bern eintreffen, fahren *Sie* zur Universität.
→ Beim Eintreffen in Bern fahren *Sie* zur Universität.
(Bedingung: Subjektgleichheit und Gleichzeitigkeit der Handlungen)
oder: Wir *werden* vom Haus *abgeholt.*
→ Wir *lassen uns* vom Haus *abholen.*
(Bedingung: passivische Struktur in beiden Sätzen gleich)

Anmerkung:
Es gibt noch weitere operationale Verfahren, um unterschiedliches syntaktisches Verhalten zu ermitteln, u.a. die Erweiterungsprobe. Mit dieser Probe - also gewissermaßen dem Gegenstück der Weglaßprobe - werden jene Teile des Satzes bestimmt, die zum „strukturellen Minimum" aufgrund semantischer Verträglichkeit hinzutreten können und welche nicht:

Er fährt nach Köln.
→ Er fährt morgen früh mit dem Intercity um 8.23 Uhr nach Köln.
→* Er fährt gestern morgen mit dem Flugzeug um 23.16 Uhr nach Köln.

Satzarten

Die unterschiedlichen Absichten der Sprecher/Schreiber entsprechen den Grundformen der menschlichen Sprache: Aussage, Aufforderung, Wunsch und Frage. Sie charakterisieren zugleich die vier traditionellen Satzarten im Aktiv, die (a) durch die Intonation, (b) die Stellung des finiten Verbs sowie (c) durch das Vorhandensein oder Nichtvorhandensein von Fragewörtern oder Partikeln unterschieden werden: Aussagesätze, Aufforderungssätze, Wunschsätze und Fragesätze. Für die geschriebene Sprache muß - da die Intonation entfällt - mit sprachlichen Mitteln (b, c) der Satzcharakter verdeutlicht werden.

Aussagesätze

(1) Der Aussagesatz dient zur Äußerung eines realen oder behaupteten Sachverhalts. Der Tonhöhenverlauf ist fallend. Der Satz folgt dem Grundstellungstyp des Deutschen (Kernsatz): das finite Verb steht an der zweiten Stelle, davor steht das Subjekt oder statt dessen ein Adverb(ial) oder Prowort:

Er fährt nach Berlin. ↘

Morgen kommen sie aus der Klinik. ↘

(2) Zu den Aussagesätzen gehören auch die Ausrufesätze, die eine Emotion (Angst, Erstaunen, Entzücken, Bewunderung) ausdrücken. Das Finitum steht an der zweiten Stelle des Satzes (Kernsatz; →S. 402) oder an der Spitze (Stirnsatz; → S. 403). Der Tonhöhenverlauf ist progredient (gleichbleibend), der Satz hat häufig Haupt- und Nebenton:

Dú bist aber groß geworden! →
Bist dú aber groß geworden! →

(3) Ein besonderer Typ des Ausrufesatzes ist in die Form eines Spannsatzes (→S. 403) gekleidet:

Wie gróß du geworden bist! →
Was bist du heute schön! →
Wie faszinierend er gestern gespielt hat! →

Aufforderungssätze

(1) Der Aufforderungssatz drückt eine Bitte, eine Aufforderung oder einen Befehl eines Sprechers/Schreibers aus. Nach traditioneller Auffassung steht bei Aufforderungssätzen das finite Verb an der Satzspitze:

Komm her! Gebt mir das Geld!

(2) Dies ist aber nur ein Teilbereich aller Aufforderungssätze, nämlich in der Form eines Imperativs. Der andere Teil sind implizite Aufforderungen, *daß*-Sätze, Infinitive, Partizip-II-Formen, Ellipsen und Aussagesätze (→S. 114). Bei ihnen steht das Finitum entweder an der zweiten Stelle oder am Satzende:

	Die Tür ist offen! ↗↘	(implizite Aufforderung)
	Daß du ja pünktlich in der Schule bist! ↗↘	(*daß*-Satz)
	Herhören! ↗↘	(Infinitiv)
	Stillgestanden! ↗↘	(Partizip II)
	Geld her! ↗↘	(Ellipse)
	Du machst das nicht! ↗↘	(Aussagesatz)
aber:	Leihst du mir 100 Mark? ↘↗	(Fragesatz)

(3) Aufforderungssätze sind demnach stets - mit Ausnahme des Fragesatzes - durch steigend-fallenden Tonhöhenverlauf gekennzeichnet; das Finitum kann an unterschiedlicher Stelle erscheinen.

Wunschsätze

Wunschsätze drücken das vom Sprecher Gewünschte aus. Allerdings liegt - im Unterschied zu den Aufforderungssätzen - keine Aufforderung an den Gesprächspartner vor, das Gewünschte zu erfüllen. Das Verb steht in Wunschsätzen im Konjunktiv II; bei Voranstellung von *wenn* verdrängen *würde*-Formen - ähnlich wie beim Konjunktiv II überhaupt (→ S. 108) - auch hier (vor allem in der gesprochenen Sprache) die Konjunktivformen; Ausnahmen sind die Hilfsverben. Das finite Verb steht im Regelfall am Satzende (bei Voranstellung der Konjunktion *wenn*), ansonsten an der Satzspitze oder auch - im Falle der Aussagesatzform - an der zweiten Stelle (dann erscheint Konjunktiv I). Häufig signalisiert eine Partikel *(doch, nur)* den Wunschcharakter. Der Tonhöhenverlauf ist steigend-fallend:

Wenn sie doch endlich hier wäre! ↗↘
Wenn der Zug nur kommen würde! ↗↘
Wäre er nur nicht mit dem Auto gefahren! ↗↘
Gött stehe ihm bei! (Konjunktiv I) ↗↘

Anmerkung:
Werden einfache Wunschsätze zu abhängigen Sätzen (Konditionalsätze), so muß die Partikel entfallen:

Wenn der Zug jetzt käme, wären wir alle Probleme los.
→ * Wenn doch/nur der Zug käme, wären wir alle Probleme los.

Fragesätze

Es gibt vier Typen von Fragesätzen: Entscheidungsfragesätze, Vergewisserungsfragesätze, Ergänzungsfragesätze und rhetorische Fragesätze. Die Struktur der Fragesätze wird durch das Auftreten von Fragewörtern, die Spitzenstellung des Verbs und die Frageintonation bestimmt.

Entscheidungsfragesätze

(1) Entscheidungsfragen, auch Satzfragen genannt, ermitteln den gesamten Inhalt eines Sachverhalts, nicht nur einen Teil dessen. Das finite Verb steht im einfachen Entscheidungsfragesatz an der Satzspitze (Stirnsatz), der Tonhöhen-

verlauf ist fallend-steigend. Die Antwort auf Entscheidungsfragesätze lautet entweder *ja, nein* oder *doch:*

> Fliegt die Maschine morgen? ↘↗
> Hast du genug Geld dabei? ↘↗
> Sind die Kinder wieder gesund? ↘↗
> Kommst du morgen nicht? ↘↗

Anmerkung:
Wie bereits erwähnt (→S. 114), können einfache Entscheidungsfragesätze Aufforderungscharakter haben:

> Gibst du mir mal den Zucker?

(2) Eine Variante der Entscheidungsfrage ist der abhängige Entscheidungsfragesatz, der durch die Konjunktion *ob* eingeleitet wird. Der Tonhöhenverlauf ist fallend:

> Sie fragt, ob wir morgen ins Theater mitkommen. —↓

Merke:
Entscheidungsfragen können so formuliert werden, daß die Antwortmöglichkeiten bereits vorgegeben sind (Alternativfragen). Andere Antworten als die genannten sind nicht möglich. Ein Komma trennt die Möglichkeiten, wenn es sich um vollständige Sätze handelt:

> Fliegt die Maschine heute um sechs oder erst morgen?

Vergewisserungsfragesätze
Vergewisserungsfragen (auch: Echofragen) stellen einen Sonderfall der Entscheidungsfragen dar. Wie diese erfragen sie den gesamten Sachverhalt eines Satzes, tun dies jedoch nur in der Absicht, sicherzustellen, daß die bereits gegebene Antwort richtig verstanden wurde. Im Unterschied zur Entscheidungsfrage haben wir es hier aber mit der Aussagesatzform zu tun, Alternativfragen sind nicht möglich. Der Tonhöhenverlauf ist fallend-steigend:

> Du warst in Australien? ↘↗
> Das Kleid stammt aus der Boutique? ↘↗
> Die Zeitung ist gekommen? ↘↗

Ergänzungsfragesätze
(1) Ergänzungsfragen, auch Wortfragen genannt, ermitteln Teile eines Sachverhalts eines Satzes, die unbekannt sind. Beispielsweise kann bekannt sein, daß Rosemarie krank war, aber nicht, um welche Krankheit es sich genau handelte. Oder es ist bekannt, daß das Museum offen ist, aber nicht genau, an welchen Tagen und zu welcher Uhrzeit. Ergänzungsfragesätze folgen der Grundstellung des Satzes (Kernsatz): an der Spitze des selbständigen Satzes steht ein Fragewort (Interrogativpronomen oder Frageadverb). Der Tonhöhenverlauf ist gleichbleibend:

> Was hat sie gehabt? →
> Wann ist das Museum geöffnet? →
> Was für einen Platz hat Gabriele? →

(2) Wie bei den Entscheidungsfragen ist auch hier ein abhängiger Ergänzungsfragesatz mit dem finiten Verb in der Endstellung möglich:

Kannst du mir sagen, was sie gehabt hat?
Weißt du, wann das Museum geöffnet ist?
Fragst du, was für einen Platz Gabriele hat?

Anmerkung:
Wie bereits dargestellt (→ S. 321), können Ergänzungsfragesätze Ausrufesätze beinhalten, also keine Frage, sondern Emotionen verschiedenster Art ausdrükken:

Was du dir immer für Fummel kaufst!	(Entrüstung)
Woher sie nur das viele Géld hat!	(Neid)
Wie er das alles scháfft!	(Bewunderung)

(3) Treten mehrere Fragewörter im Satz auf, die je Besonderes erfragen, so ist die Reihenfolge entsprechend der Grundregel der Interrogativpronomen hinter dem Verb geregelt (→ S. 410):

Wer muß wen abholen?
Wer kann wann wo sein?
Was wird wo über wen erzählt?

Rhetorische Fragesätze
(1) Eine Vielzahl von Fragen, vor allem in der gesprochenen Sprache, ist lediglich „rhetorisch" gemeint, also nicht als Frage zu verstehen. Der Sprecher kennt im Grunde die Antwort, will lediglich die eigene Aussage verstärken, oder er richtet die indirekte Bitte/Aufforderung an den Gesprächspartner, der Aussage zuzustimmen:

Habe ich es dir nicht schon immer gesagt?
Gibst du mir endlich recht?

(2) Der Form nach sind rhetorische Fragen entweder Entscheidungsfragen (a) oder Ergänzungsfragen (b):

(a) Ist das nicht unglaublich?
Haben wir das nötig?
(b) Wer hat wohl den „SPIEGEL" informiert?
Warum hat Moskau eigentlich immer recht?

(3) Wesentlich für den Charakter rhetorischer Fragesätze sind:
- Modalpartikeln (→ S. 275): *auch, bloß, denn, eigentlich, schon, vielleicht, wohl:*

Was ist bloß in ihn gefahren?
Haben wir vielleicht nichts geleistet?

- die Negationspartikel *nicht:*

Haben wir nicht alles versucht?

- Konjunktiv II und Negationspartikel *nicht:*

Könnte nicht immer Frieden sein?

- rhetorische Formeln: *Wozu auch? Was schon? Wer weiß? Wer sagt denn, daß . . .? Wo denken Sie hin?:*

  Wer weiß schon, was hinter dieser Entscheidung des Kreml steckt?

- Verbkonstruktionen: *sich wundern, verwunderlich sein:*

  Wunderst du dich, daß er kommt?

Anmerkung:
Rhetorische Fragesätze werden häufig in der öffentlichen Sprache, vor allem in der Politik, verwendet, um die Menschen zu überzeugen bzw. zu überreden:

> Habe ich Sie, meine Damen und Herren, nicht jahrelang vor diesem Karrieristen gewarnt?
> Warum wollen die Russen das wohl?

(4) Gelegentlich treten „unechte" rhetorische Fragen auf, bei denen der Sprecher die Antwort nicht zu kennen glaubt:

> Wie soll das nur alles enden?

Umwandlung der Satzarten

(1) Es dürfte klar sein, daß die aufgeführten Satzarten Idealisierungen bzw. Vereinfachungen darstellen und im geschriebenen, besonders aber gesprochenen Text häufig Veränderungen auftreten. Zum einen handelt es sich um Ellipsen (unvollständige Sätze), d.h., nicht alle Valenzstellen werden besetzt:

> (Gib) das Geld (her)!
> (Da fliegt) eine Fledermaus!
> (Das ist) eine Katastrophe!

Die jeweils eingeklammerten Satzteile können weggelassen werden, da der Kontext verdeutlicht, was gemeint ist.

(2) Ähnlich verhält es sich mit Reduktionen bei zwei oder mehr identischen Teilausdrücken:

> Wir wußten, daß er angeklagt (wird) und verurteilt wird.
> Michael hat 5000 DM und ich (habe) nichts.

oder Reduktionen bei Antwortsätzen:

> Wo wart ihr? - (Wir waren) beim Baden.
> Gestehst du dein Verbrechen? - Ja, (ich gestehe das Verbrechen).

Anmerkung:
Eine weitere Veränderung der oben aufgelisteten Satzarten ist der Passivsatz. Dieser ist allerdings nicht einfach eine Umwandlung des Aktivsatzes. Zur Erinnerung: Wir hatten die vier Satzarten Aussagesatz, Aufforderungssatz, Wunschsatz und Fragesatz als Ausdruck einer Struktur des Aktivs gekennzeichnet, wobei als Subjekt im Regelfall ein Agens (Handelnder) erscheint:

> *Der Junge* geht in die Schule.
> *Wir* wollen ein Haus kaufen.

Nun sind aber nicht alle Aktivsätze agensbezogen. Gemeint sind solche Sätze, bei denen Vorgänge oder Zustände ausgedrückt werden:

> Der Kaffee kocht.
> Der See ist kalt.
> Das Thema steht zur Diskussion.

Diese agensabgewandte Sichtweise taucht konsequent in Passivsätzen auf: Hier erscheint das Agens entweder überhaupt nicht oder - mit *von* oder *durch* angeschlossen - im Präpositionalgefüge (→ S. 92):

> Das Haus wird gebaut.
> Die Tür ist geschlossen.
> Man kann die Schrift nicht lesen.
> Hier darf nicht geraucht werden.
> Das ist leicht zu erklären.
> Es wird von der Regierung behauptet.
> Der Brief wird durch Boten überbracht.

Da nach unserer Auffassung eben wegen dieser agensabgewandten Struktur Passivsätze keineswegs nur eine Umkehrung des entsprechenden Aktivsatzes sind, wäre es richtig und sinnvoll, den vier genannten Satzarten im Aktiv auch Satzarten im Passiv gegenüberzustellen. Vorerst geschieht das noch nicht, weil das Beschreibungssystem noch nicht genügend entwickelt ist.

Satztypen

Neben den erwähnten Satzarten und ihren Besonderheiten, die nach kommunikativen Absichten unterschieden werden, differenzieren wir entsprechend der Form zwei Satztypen: Dies sind der einfache Satz sowie der zusammengesetzte Satz.

Der einfache Satz

(1) Einfache Sätze - so lehrt die Schulgrammatik - bestehen aus Subjekt und Prädikat. Dies mag im Regelfall zutreffen, doch sind auch solche Strukturen einfache Sätze, die nur aus einem Subjekt oder nur aus dem finiten Verb bestehen:

Feuer!
Komm!

(2) Umgekehrt gibt es auch zahlreiche Sätze, die weit mehr als nur Subjekt oder Prädikat enthalten:

Gestern sind wir mit dem Zug in Brüssel angekommen.	(adverbiale Bestimmung)
Sie haben ihn nicht gehen lassen wollen.	(mehrere Infinitive)
Stehend applaudierten sie.	(Verb + Partizip)
Wir kamen an, duschten, aßen zu Abend und gingen zu Bett.	(asyndetische Reihung)

Auch hier handelt es sich um einfache Sätze.

(3) Ein einfacher Satz ist nach unserem Verständnis ein Satz, der aus dem finiten Verb sowie den sich aufgrund der Valenz (Wertigkeit) des Verbs ergebenden „Leerstellen" besteht, die je nach Bedeutung des Verbs mit Ergänzungen gefüllt werden, manchmal aber wegen des Kontextes ausgespart bleiben (Ellipsen). Die Valenz des Verbs ist damit die zentrale Kategorie bei der Bestimmung des Satzes.
Bei der Füllung der „Leerstellen" werden normalerweise nur verbspezifische Teile angegeben (Ergänzungen; →S.332). Ein Satz wie *Er widmet die Gedichte seiner Frau* hat drei Ergänzungen *(er, die Gedichte, seiner Frau).* Der Satz besteht demnach aus dem finiten Verb sowie aus den Satzgliedern: Subjekt (Nominativergänzung), Akkusativergänzung und Dativergänzung. Oder anders: die Ergänzungen des finiten Verbs sind die Satzglieder.

Das Prädikat

(1) Das finite Verb selbst (Valenzträger) bzw. das finite Verb + infiniter Prädikatsteil/Verbzusatz bezeichnen wir als Prädikat. Das Prädikat ist kein Satzglied, sondern steht einer Hierarchie von Satzgliedern gegenüber. Vom finiten Verb als einem Teil des Prädikats hängen die Ergänzungen ab. Beim Prädikat unterscheiden wir einfaches und mehrgliedriges Prädikat.

(2) Das einfache Prädikat ist identisch mit dem finiten Verb, das auch Verbum finitum genannt wird. Das Finitum ist bekanntlich im Hinblick auf Person, Numerus, Tempus und Modus bestimmt:

Er liest ein Buch. Wir wären gern in Köln.

(3) Das mehrgliedrige Prädikat besteht aus dem Finitum sowie dem infiniten Prädikatsteil oder dem Verbzusatz.

Der infinite Prädikatsteil

(1) Der infinite Prädikatsteil ist im Unterschied zum Finitum nicht nach Person, Numerus, Tempus und Modus bestimmt. Dazu gehören der Infinitiv des Verbs, Partizip I und II sowie die nicht austauschbaren *sich* und *es*.

Sie muß morgen *arbeiten.*	(Infinitiv)
Das ist für uns *entscheidend.*	(Partizip I)
Wir haben das Auto *gekauft.*	(Partizip II)
Er weigert *sich.*	*(sich)*
Es regnet.	*(es)*

(2) Der infinite Prädikatsteil bildet im Regelfall mit dem finiten Verb eine Satzklammer: das Finitum steht an zweiter Stelle im Satz, der infinite Prädikatsteil am Satzende. Finitum und infiniter Prädikatsteil treten zusammen auf bei den zusammengesetzten Tempora (Perfekt usw.), beim Ausdruck der Modalität *(wollen)* sowie beim Passiv. Das Hilfsverb bzw. modale Hilfsverb (*haben, wollen* usw.) ist dabei Finitum:

Wir *haben* das Auto *gekauft.*

Er *will* in der nächsten Woche mit dem Auto nach England *fahren.*

Er *wird* zum Vorsitzenden *ernannt.*

(3) Schließlich gehören auch die „Passiversatzformen" (→ S.95) zur Struktur: Finitum + infiniter Prädikatsteil:

Sie *erhielt* ein Auto geschenkt.
Das *läßt sich* machen.

Der Verbzusatz

Zum Verbzusatz werden folgende trennbare Präfixe (Vorsilben) gerechnet:

- Substantiv:

  Müller fährt *Auto.*

- Präposition:

  Ich fahre dem Auto *nach.*

- Adverb:

  Ich gehe die Treppe *hinauf.*

Der Verbzusatz steht, analog zum infiniten Prädikatsteil, im Aussagesatz an letzter Stelle und bildet zusammen mit dem an zweiter Stelle stehenden Finitum die Satzklammer:

Ich fahre dem Auto *nach*.

Die Satzglieder

(1) Ähnlich wie um den Begriff des einfachen Satzes (→ S. 327) hat es auch um die Definition von Satzgliedern bis zum heutigen Tage Auseinandersetzungen gegeben. Einigkeit besteht lediglich darin, daß Satzglieder im Regelfall mehr als ein Wort oder auch ein Wort allein, aber weniger als ein Satz sind, oder genauer: Satzglieder liegen auf einer Ebene zwischen Wort und Satz. Verallgemeinernd läßt sich das graphisch von unten nach oben so darstellen:

Text
↗
Satz
↗
Satzglied
↗
Wort
↗
Morphem

(2) Satzglieder lassen sich mit einiger Genauigkeit nur im Rahmen einer Theorie definieren, ansonsten besteht die Gefahr, daß Elemente zueinander in Beziehung gesetzt werden, die nicht zusammenpassen. Die Theorie, die hier zur Beschreibung der Struktur des deutschen Satzes zugrunde gelegt wird, ist die Dependenzgrammatik (→ S. 317) mit dem Verb im Mittelpunkt des Satzes (= verbzentriert), das um sich herum „Leerstellen" eröffnet, die entsprechend der Semantik des jeweiligen Verbs nach Zahl und Art unterschiedlich sind.

Die Ermittlung von Satzgliedern

(1) Zur Ermittlung von Satzgliedern bedienen wir uns der bekannten syntaktischen Proben (→ S. 318), insbesondere der Verschiebe- und Ersatzprobe, und definieren die Satzglieder in folgender Weise:

- Sie sind jene Wörter bzw. kleinsten zusammengehörigen Wortgruppen, die isoliert auf dem Satzfeld verschoben werden können:

  Gabriele hängt den Mantel des Bruders in den Schrank.

  Bei veränderter Stellung der Satzglieder ergibt sich:

  → Den Mantel des Bruders hängt Gabriele in den Schrank.
  → In den Schrank hängt Gabriele den Mantel des Bruders.

  nicht akzeptabel sind:

  →* In hängt Gabriele den Schrank den Mantel des Bruders.
  →* Des Bruders hängt Gabriele den Mantel in den Schrank.
  →* Den hängt Gabriele in den Schrank Mantel des Bruders.

Demnach können *Gabriele* (Subjekt), *den Mantel* (Akkusativergänzung), *in den Schrank* (Richtungsergänzung) isoliert verschoben werden, ohne daß sich die Bedeutung des Satzes verändert. Damit erfüllen sie die erste Voraussetzung für ein Satzglied. Kein Satzglied sind dagegen *des Bruders* (Attribut) sowie *in* (Präposition) und *den* (Artikelwort) als Teil von Ergänzungen.

- Sie müssen ersetzbar (austauschbar) durch andere Elemente der gleichen Klasse sein, und zwar nur insgesamt, also nicht in Teilen:

Gabriele hängt den Mantel des Bruders in den Schrank.

↓	↓	↓
meine Freundin	den Anzug	in das Zimmer
die Mutter	die Hose	auf die Veranda
sie	das Hemd	an das Fenster
	ihn	dorthin

Gabriele (Subjekt), *den Mantel* (Akkusativergänzung), *in den Schrank* (Richtungsergänzung) sind also ersetzbar und erfüllen die zweite Voraussetzung für Satzglieder.

Damit ist bereits viel an Erkenntnis gewonnen: Satzglieder sind nur solche Elemente im Satz, die isoliert verschoben sowie als Ganzes ausgetauscht werden können. Nur wenn diese beiden Bedingungen erfüllt sind, handelt es sich um selbständige Satzglieder; sind sie nicht erfüllt, handelt es sich um Teile von Satzgliedern.

- Zusätzlich ermitteln wir mit Hilfe der Weglaßprobe die Ergänzungen des Satzes. Innerhalb der Ergänzungen legen wir durch Erfragen sowie Unterordnen unter das allgemeinste Element der jeweiligen Klasse (Anaphorisierung) die Klassen fest. Dazu vergleichen wir die Sätze:

Satz	Frage	Anapher	Satzglied
Ich lese.	*Wer? Was?*	Personalpronomen im Nominativ	Subjekt/Nominativergänzung
Hans sieht *den Adler.*	*Wen? Was?*	Personalpronomen im Akkusativ	Akkusativergänzung
Wir gedenken *der Opfer.*	*Wessen?*	Personalpronomen im Genitiv	Genitivergänzung
Klaus verzeiht *seiner Frau.*	*Wem?*	Personalpronomen im Dativ	Dativergänzung
Er besteht *auf ihrer Anwesenheit.* Er hängt *von seiner Frau* ab.	*Wo(r)*+ Präp. Präp. + Interrogativpron.	*Da(r)*+ Präp. Präp. + Personalpronomen	Präpositionalergänzung*
Gabriele arbeitet *in Frankfurt.* Das geschah *im Mai 1945.*	*Wo?* *Wann? Wie lange?*	*da, hier* *damals, so lange, dann*	Situativergänzung (lokal) Situativergänzung (temporal)

Satz	Frage	Anapher	Satzglied
Er fährt *nach München.*	*Wohin? Woher?*	*dahin, von dort, daher*	Richtungsergänzung
Sie ist *Lehrerin.*	*Was?*	*das, es*	Einordnungsergänzung
Inge ist *intelligent.*	*Was? Wie?*	*so*	Artergänzung
Er will *kommen.* Ich sehe *sie wegfahren.* Sie bittet mich *zu bleiben.*	*Was?* *Was?* *Was?*	Infinitiv des Verbs Infinitiv des Verbs Infinitiv des Verbs	Infinitivergänzung Infinitivergänzung Infinitivergänzung

* Bei der Präpositionalergänzung werden unbelebte (abstrakte/konkrete) und belebte Sachverhalte (meist Substantive) unterschieden. Beim unbelebten Substantiv lautet die Frage: *wo*+ Präposition (*womit, wodurch;* bei Vokal am Anfang: *worauf, worüber*), die Anapher entsprechend: *damit, dadurch, darauf, darüber* usw. Bei belebten Substantiven lautet die Frage: Präposition und Interrogativpronomen *(von wem, mit wem, über wen),* die Anapher entsprechend: Präposition und Personalpronomen *(von ihr, mit ihr, über sie usw.).*

Mit dieser Auflistung von zehn Ergänzungsklassen, die die Satzglieder der deutschen Sprache darstellen, ist eine klare Gliederung und Abgrenzung erreicht.

(2) Drei semantisch definierte Untergruppen von Ergänzungen fügen wir noch an:

Er wiegt *achtzig Kilogramm.*	(Maßergänzung)
Sie läuft *zwanzig Kilometer.*	(Erstreckungsergänzung)
Die Tat geschah *aus Eifersucht.* Es ist *zum Verzweifeln.*	(Begründungsergänzung)

Diese Ergänzungen verhalten sich semantisch und syntaktisch anders als andere Satzglieder: so sind Maß- und Erstreckungsergänzung zwar formal mit der Akkusativergänzung *(Sie zahlt das Geld)* identisch, jedoch nicht passivfähig. Sie werden daher gesondert aufgeführt als Satzglieder mit adverbialem Charakter. Da sie nicht sehr häufig vorkommen, werden sie als Untergruppen von Ergänzungen vermerkt: so ist die Begründungsergänzung Untergruppe der Klasse Situativergänzung.

Konstitutive Satzglieder

Nun können aber auch Satzglieder als Ergänzungen auftreten, die nicht obligatorisch sind, also weggelassen werden können, ohne daß der Satz falsch (nicht akzeptabel) ist. Wir vergleichen:

obligatorisch	nicht obligatorisch (fakultativ)
Der Mann betrachtet das Bild.	Die Mutter wäscht (die Hemden).
Rosemarie stellt die Blumen auf den Tisch.	Der Lehrer fragt die Kinder (nach ihren Ferienerlebnissen).

Klaus wohnt in München.	Klaus fährt (nach Berlin).
Der Richter bezichtigt den Angeklagten des Verbrechens.	Der Richter klagt den Angeklagten (des Verbrechens) an.

Zwischen obligatorischen und fakultativen Ergänzungen zu unterscheiden, ist nun - selbst im Einzelsatz - oft schwierig. Deshalb werden hier obligatorische und fakultative Ergänzungen als verbspezifische Subklassen zusammengefaßt und als konstitutive Satzglieder bezeichnet. Sie erscheinen gleichberechtigt in der Liste der Satzglieder und Satzbaupläne (→ S. 367).
Hier noch einmal die Liste aller Satzglieder:
(1) Subjekt (Nominativergänzung)
(2) Akkusativergänzung
(3) Genitivergänzung
(4) Dativergänzung
(5) Präpositionalergänzung
(6) Situativergänzung (lokal/temporal)
(7) Richtungsergänzung
(8) Artergänzung
(9) Einordnungsergänzung
(10) Infinitivergänzung
Maßergänzung
Erstreckungsergänzung } Satzglieder mit adverbialem Charakter
Begründungsergänzung
Die Satzglieder sind damit teilweise kasusbestimmt bzw. morphosyntaktisch definiert (1-5), teilweise kasusindifferent bzw. semantisch definiert (6-10).

Ergänzungen und Angaben

Nicht problematisch und mit unserem Verfahren der konstitutiven Satzglieder relativ leicht zu beschreiben sind nunmehr jene Teile im Satz, die traditionell Adverbialbestimmungen (Umstandsbestimmungen des Ortes, der Zeit, der Art und Weise, des Grundes) genannt werden:

in München, vor zwanzig Minuten, in schneller Fahrt, aus Eifersucht

Sie sind entweder - sofern sie konstitutiven Charakter haben - in unseren Ergänzungsklassen enthalten, oder sie sind - wenn dies nicht zutrifft - Angaben. Wir vergleichen:

konstitutive Ergänzungen	Angaben
Sie fährt nach Berlin. (Richtungsergänzung)	Das Flugzeug kommt aus London an.
Er wohnt in München. (Situativergänzung: [lokal])	Er hat auf dem Berg übernachtet.
Das geschah im Mai 1945. (Situativergänzung: [temporal])	Wir sind hier seit drei Jahren ansässig.
Der Mord geschah aus Eifersucht. (Begründungsergänzung)	Er kann wegen Krankheit nicht teilnehmen.

Zu den Angaben werden ferner Modalbestimmungen gerechnet:

Sie arbeiteten *unverrichteter Dinge* weiter.
Er erschlug ihn *mit dem Hammer.*

Die Attribute

(1) Attribute gehörten nach traditioneller Auffassung zu den Satzgliedern zweiten Ranges. Dies hat zu einer Reihe von Mißverständnissen geführt, da „Attribut" vom Wortsinn her (attribuere = beifügen) eine Beifügung zu einem anderen Satzteil und damit kein selbständiges Satzglied ist.

(2) Attribute sind in unserer Grammatik keine Satzglieder, da sie nicht isoliert verschoben, nicht ersetzt und nicht anaphorisiert werden können.

(3) Die wesentliche Funktion von Attributen besteht darin, das von einem Substantiv Gesagte näher zu bestimmen bzw. zu erläutern. Attribute sind also Erweiterungen von Satzgliedern. Auf diese Weise werden Satzglieder, die ursprünglich nur aus einem einzigen Wort bestanden, zu komplexen Satzgliedern erweitert. Im Grunde ist also ein Attribut dem Kern des jeweiligen Satzglieds untergeordnet und nicht direkt vom Verb als dem strukturellen Zentrum des Satzes abhängig. Damit ist zugleich gesagt, daß Attribute nicht konstitutiv sind und im Prinzip immer weggelassen werden können. In Einzelfällen läßt sich jedoch auf Attribute - aus semantischen oder strukturellen Gründen - nicht verzichten:

Hoch auf dem *gelben* Wagen ...
Links *von seinem Haus* ist ein Garten.

(4) Attribute unterscheiden sich durch ihre Struktur (Adjektivgruppe, Substantivgruppe, Präpositionalgefüge, Relativsatz usw.), durch ihre Stellung (vor bzw. hinter dem nominalen Kern) oder durch weitere Besonderheiten (Übereinstimmung im Kasus bei der Apposition, Betontheit oder Unbetontheit usw.).

Die Struktur des Attributs

Attribute können auftreten als:

- Adjektiv oder Partizip:

ein *hohes* Haus
das *gescheiterte* Experiment

- Artikelwort:

mein Wagen, *diese* Elemente

- Substantiv im Genitiv:

das Leben *des Präsidenten*	(genitivus subiectivus)
das Pflügen *des Ackers*	(genitivus obiectivus)
ein Mann *durchschnittlicher Intelligenz*	(genitivus qualitatis)
eine Hundertschaft *bewaffneter Polizisten*	(genitivus partitivus)
die Tugend *der Pünktlichkeit*	(genitivus explicativus)

Anmerkung:
Bei Mengenangaben ohne Artikelwort oder Adjektiv tritt der Genitivus partitivus gegenüber dem Nominativ zurück, es gibt also keine Endung:

eine Flasche Wein, ein Kasten Bier
statt:* eine Flasche Weines, ein Kasten Bieres

Tritt ein Adjektiv oder Artikelwort hinzu, so ist zunächst der Genitiv grammatisch korrekt:

eine Flasche alten Weines, ein Kasten dunklen Bieres, drei Pfund dieses Käses

Freilich hat sich der Sprachgebrauch inzwischen verändert: statt des Genitivs stehen entweder Nominativ (bei Adjektiven) oder Präpositionalgefüge (bei Artikelwörtern):

eine Flasche alter Wein, ein Kasten dunkles Bier, drei Pfund von diesem Käse

Wird das Gefüge in den verschiedenen Kasus gebraucht, werden die Genitiv-, Dativ- und Akkusativformen in der geschriebenen Sprache dekliniert:

Eine Flasche alter Wein ist ein Geschenk des Himmels.	(N)
Wegen einer Flasche alten Weines bin ich zu allem fähig.	(G)
Mit einer Flasche altem Wein geht es einem fantastisch.	(D)
Ich trinke gern eine Flasche alten Wein.	(A)

In der gesprochenen Sprache setzt sich statt dessen durch:

Eine Flasche alter Wein ist ein Geschenk des Himmels.	(N)
Wegen einer Flasche alten Wein bin ich zu allem fähig.	(G)
Mit einer Flasche alten Wein geht es einem fantastisch.	(D)
Ich trinke gern eine Flasche alten Wein.	(A)

- Substantiv im Präpositionalkasus (Präpositionalattribut):

  das Haus *in Oberbayern,* links *von seinem Haus*

- Adverbien:

  die Straße *links,* der Schrank *oben*

- Partikeln:

  das Problem *nämlich,* die Frage *erst*

- Satzteilkonjunktionen:

  Meier *als* Vorsitzender, eine Interpretation *wie* die von Karajan

- Relativsatz (→ S. 363):

  Das Flugzeug, *das um 9 Uhr landen sollte,* hat soeben Frankfurt erreicht.

Die Stellung des Attributs
Attribute werden im Satz auf zweierlei Weise gebraucht:
- vorangestellt:

  ein *hohes* Haus, *mein* Wagen, *noch* in diesem Jahr, *Vaters* Hut, *Englands* Königin

- nachgestellt:

  das Leben *des Präsidenten*, eine Flasche *alter Wein*, das Haus *in Oberbayern*, die Straße *links*, die Frage *überhaupt*, Meier *als Vorsitzender*

Anmerkung:
Bei Artikelwörtern, Adjektiven sowie bei Eigennamen mit possessivem Genitiv wird das Attribut im allgemeinen vorangestellt. Ansonsten steht das Attribut im Regelfall hinter dem Bezugswort. Dabei kann es zur Aneinanderreihung mehrerer genitivischer oder präpositionaler Attribute und damit zur sogenannten nominalen Blockbildung kommen, die von Kritikern häufig als „Substantivitis" abgelehnt wird. Vor solchen Übertreibungen muß in der Tat gewarnt werden:

Der Stellvertreter des Vorsitzenden [1] des Rates [2]

des Kreises [3] Naumburg ... (3 Attribute)

Der schnelle Wagen meiner neuen [1] Freundin

mit einer Höchstgeschwindigkeit [2] von 220 km/h [3]

bei 5000 Umdrehungen [4] pro Minute [5] ... (5 Attribute)

Die Apposition
Die Apposition spielt eine besondere Rolle unter den Attributen. Unter einer Apposition werden solche Attribute verstanden, die in den meisten Fällen nachgestellt sind und mit dem Bezugswort im Kasus übereinstimmen (kongruieren). Sie sind nicht durch syntaktische Verknüpfungsmittel mit dem Bezugswort verbunden, jedoch stimmlich mit ihm verknüpft; teilweise steht ein Komma dazwischen. Grundsätzlich lassen sich Appositionen in zwei Gruppen einteilen, die Apposition im engeren und jene im weiteren Sinn.

Die Apposition im engeren Sinn (enge Apposition)
Appositionen im engeren Sinn stehen vor oder hinter dem Bezugswort. Sie enthalten entweder (a) zusätzliche Informationen, (b) geben Verwandtschaftsbeziehungen an oder (c) ordnen Gegenständen/Begriffen unterschiedliche Namen zu. Es gibt hier keine Kommas, statt dessen geschlossene Tonführung:

a) Philipp *der Zweite* war auf dem Gipfel seiner Macht.
   Vor einer Direktorin *wie ihr* brauchen wir nicht zu zittern. (=Vor einer Direktorin, die so ist wie sie, brauchen wir nicht zu zittern.)
   die Metallfabrik *als der größte Arbeitgeber der Stadt*
b) *Tante* Lissy, *Onkel* Alfred
c) der *Maler* Müller, die *Stadt* Hamburg, *Professor* Maurer, *Kollege* Wagner, das Hotel *„Vier Jahreszeiten"*, im Jahre *1986*

Enge Appositionen sind morphologisch oft nicht gekennzeichnet.

Die Apposition im weiteren Sinn
(1) Appositionen im weiteren Sinn werden immer nachgestellt und in geschriebenen Texten durch Kommas oder Gedankenstriche vom Bezugswort oder

einem anderen Attribut abgetrennt - in gesprochenen Texten werden sie in der Tonführung von dem Bezugswort abgesetzt.

(2) Appositionen im weiteren Sinn enthalten zusätzliche Informationen und stimmen im Regelfall mit dem Bezugswort im Kasus überein:
- Attribut zum Bezugswort:

> Claudia, *meine Freundin aus früheren Tagen,* hat geheiratet.
> Ich traf Wagner - *meinen Kommilitonen aus Leipzig* - in Bern wieder.
> Am Freitag, *dem 27. September,* findet die Tagung statt. (auch: Freitag, den 27. September, ...)

- Attribut zum Attribut:

> Der Abflug der Maschine, *einer Boeing 747,* verzögert sich.

(3) Sonderformen sind Ellipsen der folgenden Art: sie kongruieren nicht, sondern sind gewissermaßen absolut gesetzt:

> Die Kinder, *gewaschen und gekämmt,* erschienen in der Tür.
> Klaus Müller, *4a* (= aus der Klasse 4a), war am besten.

Möglichkeiten der Attribuierung

(1) Attribute dienen dazu, wie wir festgestellt haben, das vom Bezugswort Ausgedrückte näher zu erläutern. Am häufigsten sind das vorangestellte attributive Adjektiv sowie der nachgestellte Relativsatz:

> das *faszinierende* Tal, *hohe* Häuser
> Der Mann, *der an der Ecke stand,* ist verschwunden.

Erweiterungen sind in beiden Fällen möglich, wobei durch das Stilempfinden des Sprechers/Schreibers sowie die Aufnahmefähigkeit des Hörers/Lesers natürliche Grenzen gesetzt sind:

> das *in seiner Einmaligkeit und jahrelangen Unberührtheit faszinierende* Tal
> Der Mann, *der in den letzten Jahren nachmittags ab halb vier pfeiferauchend und in der Gegend herumstarrend an der Ecke stand,* ist verschwunden.

Anmerkung:
Relativsätze können statt mit *der/die/das/die* und ihren Deklinationsformen auch mit *wer/was* und den entsprechenden Deklinationsformen sowie *wo* eingeleitet werden (→ S. 364).

Biere, Bernd-Ulrich 1976: ‚Ergänzungen und Angaben', in: Helmut Schumacher (Hrsg.): Untersuchungen zur Verbvalenz, Tübingen
DUDEN 1984: Grammatik der deutschen Gegenwartssprache (= DUDEN Bd. 4), Mannheim/Wien/Zürich
Engel, Ulrich 1977: Syntax der deutschen Gegenwartssprache, Berlin
Erben, Johannes 1984: Deutsche Syntax. Eine Einführung, Bern
Glinz, Hans 1965: Die innere Form des Deutschen, Bern
Heidolph, Karl Erich u. a. 1981: Grundzüge einer deutschen Grammatik, Berlin

(2) Eine Besonderheit ist die Aneinanderreihung von attribuierenden Wörtern, die Wortreihe. Mehrere Wörter werden entweder durch Konjunktionen verbunden (syndetisch) oder stehen ohne Konjunktionen nebeneinander (asyndetisch):

- syndetisch:

  der eine *oder* andere Vorschlag, der erste *und* der zweite *und* der dritte *und* der vierte Junge

- asyndetisch:

  Erst kam *der große*, dann *der kleine*, schließlich *der mittlere* Bruder heraus.

Carl Maria von Weber *Georg Wilhelm Friedrich* Hegel	(mehrgliedrige Namen)
Herr Professor Doktor Müller *Frau Vortragende Legationsrätin erster Klasse* Meyer	(Titel)
Ruhr-Universität Bochum (= in Bochum) der *Fall Flick* (= des Unternehmers Flick) der *Gipfel Reagan - Gorbatschow* (= zwischen Reagan und Gorbatschow)	(Verkürzungen: ohne Kasuskongruenz)

Der zusammengesetzte Satz

Der zusammengesetzte Satz besteht nach traditioneller Auffassung aus zwei oder mehreren Hauptsätzen bzw. Sätzen gleichen Grades (Satzverbindung) oder aber einem Hauptsatz und einem oder mehreren Nebensätzen, also Sätzen unterschiedlichen Grades (Satzgefüge). An dieser Auffassung ist in jüngster Zeit Kritik geübt worden, etwa daran, daß die Stellung des finiten Verbs als Kriterium keineswegs ausreiche, um Nebenordnung = Satzverbindung (Verb an zweiter Stelle) und Unterordnung = Satzgefüge (Verb am Satzende) zu unterscheiden:

Er ist zum Flughafen gefahren, denn er *will* die Maschine um zwei Uhr erreichen.	(Satzverbindung)
Er ist zum Flughafen gefahren, weil er die Maschine um zwei Uhr erreichen *will*.	(Satzgefüge)

Ähnlich verhalte es sich mit den unterschiedlichen Konjunktionen *(denn, weil)* als differenzierendes Merkmal, denn nebenordnende und unterordnende Konjunktionen werden gerade durch die jeweilige Verbstellung definiert.
Von der Bedeutung der einzelnen Sätze (Satzsemantik) her läßt sich außerdem noch sagen, daß kein Unterschied besteht zwischen:

(a) Er ist zum Flughafen gefahren, *denn* er will die Maschine um zwei Uhr erreichen.
(b) Er ist zum Flughafen gefahren, *weil* er die Maschine um zwei Uhr erreichen will.
(c) Er ist zum Flughafen gefahren. Er will die Maschine um zwei Uhr erreichen.

Formal bestehen die Unterschiede indessen doch: Satz (a) ist eine Satzverbindung, Satz (b) ein Satzgefüge, Satz (c) eine Folge zweier selbständiger Sätze. Bei dieser Betrachtungsweise wird also lediglich die Struktur der Sätze analysiert. Dies mag bei Satzverbindung und Satzfolge ausreichen, beim Satzgefüge jedoch nicht. Hier muß nicht nur - wie es die traditionelle Grammatik seit langem getan hat - zwischen unterschiedlichen Inhalten (Temporalsatz, Modalsatz, Kausalsatz, Konditionalsatz usw.) differenziert werden. Vielmehr ist der Status des Nebensatzes (untergeordneter Satz) im Verhältnis zum Verb des Hauptsatzes (übergeordneter Satz) wichtig. Wir vergleichen:

(a) Der Politiker erklärt, daß seine Partei die Wahl gewinnt.
(b) Karin arbeitet wieder, obwohl sie noch krank ist.
(c) Wir wollen alle Kinder, die zu Haus geblieben sind, zum See bringen.

Im Satz (a) ist der Nebensatz valenzgebunden, d.h., er befindet sich in einem Ergänzungsverhältnis zum Verb im Hauptsatz. Oder anders: er steht anstelle einer Akkusativergänzung im Hauptsatz. Solche Sätze nennen wir daher Ergänzungssätze. Sie sind Satzglieder, also konstitutiver Bestandteil des Gesamtsatzes, und gehören zum Valenzplan des Verbs im Hauptsatz (→ S. 327).
In Satz (b) verbindet die Konjunktion *(obwohl)* zwei unterschiedliche Sachverhalte, wobei der Nebensatz nicht von der Valenz des Verbs im Hauptsatz abhängig ist. An seiner Stelle könnte eine Vielzahl qualitativ anderer Sätze stehen (*weil sie fleißig ist, seit sie in Hamburg ist, damit der Chef sie lobt, wenn sie Lust hat* usw.). Solche Sätze - relativ selbständig, frei hinzufügbar und austauschbar - sind also nicht von der Valenz des Verbs im Hauptsatz abhängig. Wir nennen sie deshalb Angabesätze.
Satz (c) schließlich ist ein Attributsatz in der Form eines Relativsatzes. Attributsätze sind nicht, wie die Ergänzungssätze, Satzglieder, sondern Satzgliedteile in Gestalt eines Satzes.
Entsprechend behandeln wir in diesem Kapitel:
- Satzverbindungen
- Satzgefüge: Ergänzungssätze, Angabesätze, Attributsätze

Die Satzverbindung (Parataxe, Koordination)

Eine Satzverbindung besteht aus zwei oder mehreren Teilsätzen gleichen Grades, die meist lose miteinander verknüpft und damit relativ selbständig sind. Die Teilsätze werden ohne Konjunktionen (asyndetisch) oder durch nebenordnende Konjunktionen (syndetisch) miteinander verbunden. Will man - im Falle der syndetischen Konstruktion - noch zwischen der Zahl der Konjunktionen (und damit der Teilsätze) unterscheiden, kann von monosyndetisch (eine Konjunktion) bzw. polysyndetisch (mehrere Konjunktionen) gesprochen werden:

Wasch dich, kämm dich, zieh dich an!	(asyndetisch)
Er kommt nicht, *denn* er muß noch arbeiten.	(monosyndetisch)
Er weiß es nicht, *aber* er erfährt es morgen, *und* sie weiß es auch nicht, *denn* sie ist seit Wochen im Ausland.	(polysyndetisch)

Asyndetische Satzverbindung
Bei asyndetischen Verknüpfungen stellen häufig besondere sprachliche (textkonstituierende) Mittel die Verbindung her:
- Prowörter, insbesondere Pronomen:

  An der Ecke steht ein Mann, *er* raucht eine Zigarette.

- Wiederholungen:

  Pack schlägt sich, *Pack* verträgt sich!

- Adverbien:

  Es war furchtbar kalt, *da* habe ich mir einen Anorak angezogen.

- antithetische Aussagen:

  Gestern war sie noch dafür, heute ist sie dagegen!

- Chiasmus (Überkreuzstellung von Satzgliedern):

  Das Leben ist ernst, heiter ist die Kunst.

- Parenthese (Satzeinschub):

  Dem Redner versagte - es ist kaum zu glauben -, ihm versagte die Stimme.

Syndetische Satzverbindung
Syndetische Satzverbindungen entstehen durch die Verknüpfung von Sätzen mit Hilfe von koordinierenden Konjunktionen. Solche Konjunktionen sind: *aber, allein, bzw., denn, d.h., doch, jedoch, oder, sondern, und, entweder ... oder, nicht nur ... sondern auch, sowohl ... als auch, weder ... noch* (→ S. 266). Sie verknüpfen Hauptsätze zu einfachen oder mehrfachen Satzverbindungen:
- kopulative Satzverbindung (Reihung): Dies ist die bloße Aneinanderreihung zweier Teilsätze ohne zwingende logische Verbindung. Lediglich die Konjunktionen *(und, nicht nur ... sondern auch, sowohl ... als auch, weder ... noch)* oder Adverbien (*auch, außerdem, zudem* usw.) stellen die Bindung her:

  Er war in Berlin, *und* sie fuhr nach Hamburg.
  Sie kam zu spät, *außerdem* roch sie nach Alkohol.

  Hervorhebungen erfolgen durch *nämlich, obendrein, überdies, und zwar,* Einteilungen durch *einerseits ... andererseits, erstens, zweitens, drittens ...:*

  Beide waren in Berlin, und sie ist *obendrein* noch nach Amerika geflogen.
  Einerseits haben wir Frieden, *andererseits* ist die Zukunft unsicher.

- disjunktive Satzverbindung (Ausschließung): Hier wird der Inhalt des ersten Hauptsatzes von dem des zweiten Hauptsatzes (bzw. umgekehrt) ausgeschlossen. Die Konjunktionen sind: *oder, entweder ... oder.* Auch die Adverbien *andernfalls, ansonsten, sonst* und *widrigenfalls* sowie Gefüge wie *im anderen Falle, im Falle der Zuwiderhandlung* wirken disjunktiv:

  Entweder Sie bezahlen die Zeche, *oder* wir rufen die Polizei. (Komma)
  Der Hauptdarsteller war gut, *ansonsten* war die Aufführung katastrophal. (Veränderung der Satzgliedstellung!)

- adversative Satzverbindung (Gegensatz): Der Inhalt des zweiten Hauptsatzes steht im Gegensatz zu dem des ersten. Die Konjunktionen sind: *aber, doch, jedoch, sondern;* ansonsten stehen Adverbien wie *dagegen, vielmehr* usw. zur Verfügung:

  Er spielt schon sehr gut Klavier, *aber* er muß noch üben.
  Inge sitzt schon am Schreibtisch, ich *dagegen* liege noch im Bett.

- restriktive Satzverbindung (Einschränkung): Der zweite Hauptsatz schränkt die Aussage des ersten ein. Konjunktionen sind: *aber, allein, jedoch* (schriftsprachlich), Adverbien/Partikeln: *freilich, nur, zwar, zwar ... aber:*

  Das stimmt, *aber* der Brief ist trotzdem zurückgekommen.
  Die Botschaft hör' ich wohl, *allein* mir fehlt der Glaube. (Goethe)
  Seine Leistung ist bemerkenswert, *nur* kommt sie zu spät.

- kausale Satzverbindung (Grund, Ursache): Im zweiten Hauptsatz wird der Grund für die Aussage des ersten formuliert. Als Konjunktion dient *denn,* das Adverb ist *nämlich:*

  Sie kommt nicht, *denn* sie ist krank.
  Sie kann nicht kommen, sie hatte *nämlich* einen Unfall.

- konsekutive Satzverbindung (Folge): Im zweiten Hauptsatz wird die Folge (Konsequenz) der Aussage des ersten Hauptsatzes genannt. Als Verknüpfungselement dienen Adverbien wie *also, daher, darum, deshalb, infolgedessen, somit* sowie (nur schriftsprachlich, vor allem in juristischen Fachtexten) *mithin:*

  Sie sind zum Bergwandern, *somit* sind sie nicht zu erreichen.

- konzessive Satzverbindung (Einräumung): In konzessiven Satzverbindungen wird im zweiten Hauptsatz eine Folge genannt, die im Gegensatz zur Aussage des ersten steht: der Widerspruch von Grund und Folge wird eingeräumt. Als Adverbien fungieren *gleichwohl, nichtsdestoweniger, trotzdem.* Die Nähe zur adversativen Satzverbindung ist deutlich:

  Die Aussichtslosigkeit ist ihm bewußt, *trotzdem* will er weitermachen.

Besonderheiten der Satzverknüpfung

Als Besonderheiten der Satzverknüpfung gelten die verkürzte Satzverbindung, der Schaltsatz und die Satzperiode.

Verkürzte Satzverbindung

An der Grenze zwischen dem einfachen Satz und der Satzverbindung liegt die verkürzte Satzverbindung. Ihr Kennzeichen ist das doppelte Auftreten des gleichen Satzgliedes, das dann aus stilistischen Gründen einmal weggelassen wird:

Du kommst mit oder bleibst zu Hause! Basta!	(Subjekt)
Er *fährt* nach Hamburg und sie nach München.	(Verb)
Er bestellte und sie holte *die Karten* ab.	(Akkusativergänzung)
Ingrid wohnte früher und ich wohne jetzt *in Berlin.*	(Situativergänzung)
Wir fahren mit dem Bus und Müllers mit dem Wagen *ins Theater.*	(Richtungsergänzung)

Anmerkung:
Die folgende stilistische Variante der Satzverbindung wird häufig zum Zwecke der Sprachironie und des Witzes benutzt:

Die Frau trägt den Koffer und der Mann die Verantwortung.

Schaltsatz
Ein Schaltsatz besteht aus zwei Hauptsätzen, deren einer in den anderen eingeschoben („geschaltet") ist. Beide Sätze sind nicht gleichrangig: im ersten Falle (a) ist der Schaltsatz gleichgeordnet (hier handelt es sich um eine Kontaktparenthese bzw. Kommentarparenthese), im zweiten Falle (b) ist der Schaltsatz untergeordnet:

(a) Der Müller - du weißt schon, wen ich meine - ist verhaftet worden. (Kontaktparenthese)
Der Müller - ich habe es ja immer schon geahnt - ist ein Krimineller. (Kommentarparenthese)
(b) Das Haus - wir haben es gestern gekauft - ist ein Juwel.
→ Das Haus, das wir gestern gekauft haben, ist ein Juwel.

Anmerkung:
In der gesprochenen Sprache treten solche Schaltsätze häufig auf. Die Extremform ist der Satzabbruch (Anakoluth; → S. 458). Häufig werden sie verkürzt:

Er hat - in einem Wort - total versagt.
Diese Müller - eine Unverschämtheit - wagt sich auch noch hierher.

Satzperiode
Eine Häufung von Satzverbindungen und Satzgefügen (Hauptsätze, Nebensätze, Teilsätze) bringt Satzperioden hervor. In der Antike als eine der höchsten Formen der Redekunst (Rhetorik) gerühmt, zeichnete sich vor allem der römische Redner und Geschichtsschreiber Cicero darin aus (ciceronische Satzperioden). Im 20. Jh. war Thomas Mann ihm ebenbürtig. Hier ein Textbeispiel:

„Einzig die Annahme bestimmt mich dazu, daß der Leser - ich sage besser: der zukünftige Leser; denn für den Augenblick besteht ja noch nicht die geringste Aussicht, daß meine Schrift das Licht der Öffentlichkeit erblicken könnte, - es sei denn, daß sie durch ein Wunder unsere umdrohte Festung Europa zu verlassen und denen draußen einen Hauch von den Geheimnissen unserer Einsamkeit zu bringen vermöchte; - ich bitte wieder ansetzen zu dürfen: nur weil ich damit rechne, daß man wünschen wird, über das Wer und Was des Schreibenden beiläufig unterrichtet zu sein, schicke ich diesen Eröffnungen einige wenige Notizen über mein eigenes Individuum voraus, - nicht ohne die Gewärtigung freilich, gerade dadurch dem Leser Zweifel zu erwekken, ob er sich auch in den richtigen Händen befindet, will sagen: ob ich meiner ganzen Existenz nach der rechte Mann für eine Aufgabe bin, zu der vielleicht mehr das Herz als irgendwelche berechtigende Wesensverwandtschaft mich zieht."

(Thomas Mann, „Doktor Faustus")

Berühmt - und von den Stenographen gefürchtet - waren auch die Satzperioden von Herbert Wehner im Deutschen Bundestag.

Das Satzgefüge (Hypotaxe)

Ein Satzgefüge besteht aus einem Hauptsatz und einem oder mehreren Nebensätzen, also Sätzen unterschiedlichen Grades. Wir behalten diese Termini trotz der oben erwähnten Kritik bei, weil alle anderen Termini auch nicht glücklicher oder präziser sind. So wurde und wird - wenn vom Hauptsatz die Rede ist - auch vom Obersatz oder Matrixsatz gesprochen, also dem in der Hierarchie an der Spitze situierten Satz bzw. jenem, in den weitere Sätze „eingebettet" werden. Statt vom Nebensatz wurde und wird auch vom Gliedsatz gesprochen, weil der Satz im Grunde nur die Entsprechung eines Satzgliedes im Hauptsatz sei: das trifft freilich nur auf einen Teil der Fälle zu, nämlich jene Sätze, die wir Ergänzungssätze nennen. Angabesätze und Attributsätze sind per definitionem keine Gliedsätze. Weitere Benennungen des Nebensatzes sind abhängiger Satz (trifft aber auch nur auf die Ergänzungssätze zu) oder eingebetteter Satz (der Teil eines Matrixsatzes ist).
Wir bleiben beim Terminus Nebensatz und differenzieren entsprechend dem syntaktisch-semantischen Verhältnis zum Verb im Hauptsatz in Ergänzungssätze, Angabesätze und Attributsätze.

Form der Nebensätze
(1) Nebensätze können nachgestellt (Nachsatz), vorangestellt (Vordersatz) oder zwischen die Teile des Hauptsatzes (Zwischensatz) geschoben werden. Die Nachstellung ist weitaus am häufigsten:

Sie weiß nicht, ob sie kommt.	(Nachsatz)
Ob sie kommt, weiß sie nicht.	(Vordersatz)
Ob sie kommt, das weiß ich nicht.	(Vordersatz; *das* am Beginn des Hauptsatzes eingeschoben)
Das Haus, das wir besitzen, liegt idyllisch.	(Zwischensatz)

(2) Nebensätze können durch eine unterordnende Konjunktion eingeleitet werden. Solche Konjunktionen (auch Subjunktionen genannt) sind: *als, bevor, damit, daß, ehe, falls, indem, ob, obgleich, obschon, obwohl* (schriftsprachlich), *sobald, solange, während, weil, wenn* sowie: *als daß, als ob, als wenn, (an)statt daß, außer daß, ohne daß, so daß* und: *je ... desto, wenn auch ... so doch.*

(3) Im eingeleiteten Nebensatz steht das finite Verb am Satzende (Spannsatz), im uneingeleiteten Nebensatz bei Nachstellung des Nebensatzes an zweiter Stelle (Kernsatz), bei Voranstellung an erster Stelle (Stirnsatz):

Die Frau steht am Herd, *weil* sie Gäste *erwartet.*
Der Redner meint, die Pilze *seien* nicht kontaminiert.
Bleibt meine Mutter im Bett, ist sie sehr krank.
(= Wenn meine Mutter im Bett bleibt, ist sie sehr krank.)

(4) Der Normalfall ist, daß ein Nebensatz einem Hauptsatz zugeordnet ist und umgekehrt. Darüber hinaus gibt es Fälle, bei denen ein Hauptsatz mehreren Nebensätzen zugeordnet ist, oder man kann auch sagen: mehrere Nebensätze sind in einen Hauptsatz „eingebettet". Solche eingebetteten Sätze werden auch

als Nebensätze ersten, zweiten, dritten und vierten Grades bezeichnet. Sie werden durch Kommas getrennt:

```
Ich weiß, daß die Mannschaft wieder gewinnt, wenn wir erfahren haben,
 \ /        ‾‾‾‾‾‾‾‾‾‾‾‾‾‾‾‾‾‾‾‾‾‾‾‾‾‾‾‾‾‾    \                    /
Hauptsatz          Nebensatz 1.Grades          Nebensatz 2.Grades

woran es liegt,        daß sie so schlecht spielt.
 /          \           \                 /
Nebensatz 3.Grades     Nebensatz 4.Grades
```

(5) Handelt es sich dagegen um einander zugeordnete und daher gleichrangige Nebensätze, so stehen sie im gleichen Verhältnis zum Hauptsatz. Sie werden nicht durch Kommas getrennt:

> Sie fuhr nach London, *weil* sie dort einen Freund hat und *weil* sie einkaufen wollte.

Ergänzungssätze

(1) In der traditionellen Grammatik werden *daß*-Sätze zu den Konjunktionalsätzen gezählt, *ob*- und *w*-Sätze zu den indirekten Fragesätzen, untergliedert in indirekte Entscheidungsfragesätze (*ob*-Sätze) und indirekte Ergänzungsfragesätze (*w*-Sätze; →S.323). Diese Einteilung berücksichtigt aber lediglich die Form der Ergänzungssätze, genauer, die Art ihrer Einleitung; sie berücksichtigt nicht die Valenzbindung an das Verb im Hauptsatz.

Außerdem ist zumindest beim Terminus „indirekter Fragesatz" Syntaktisches und Semantisches vermischt, also die Definition unscharf. Daher unsere Entscheidung für den Ergänzungssatz. Wir nehmen ausschließlich die Valenzbindung als Kriterium für die Einteilung der Nebensätze.

(2) Ergänzungssätze stehen in Form eines Satzes für Satzglieder im einfachen Satz. Sie treten auf als *daß*-Sätze, *ob*-Sätze, *w*-Sätze oder Infinitivsätze mit *zu*.

(3) *Daß*-Sätze, *ob*-Sätze, *w*-Sätze und Infinitivsätze können die Position des Subjekts wie des Objekts vertreten, sind also Subjektsätze bzw. Objektsätze:

- Subjektsatz:

Daß er mitfährt, freut mich.	(←— Sein Mitfahren freut mich.)
Ob er gesund ist, interessiert mich nicht.	(←— Seine Gesundheit interessiert mich nicht.)
Wie sie schläft, beunruhigt uns.	(←— Ihr Schlafen beunruhigt uns.)
Zum Vorsitzenden gewählt zu werden, ist eine Ehre für Müller.	(←— Die Wahl zum Vorsitzenden ist eine Ehre für Müller.)

- Objektsatz:

Sie teilte uns mit, daß sie nach München umzieht.	(←— Sie teilte uns ihren Umzug nach München mit.)
Meier will wissen, ob du kommst.	(←— Meier will Gewißheit über dein Kommen haben.)
Sie fragt, wann der Zug ankommt.	(←— Sie fragt nach der Ankunft des Zuges.)
Sie beschuldigt mich, ihren Mann verraten zu haben.	(←— Sie beschuldigt mich des Verrats an ihrem Mann.)

(4) Die folgenden Ergänzungen können gegen einen Ergänzungssatz ausgetauscht werden:
- Subjekt:

Sein schlechtes Benehmen ärgert mich.
→ Daß er sich schlecht benimmt, ärgert mich.

- Akkusativergänzung:

Sie bestätigt die Heirat mit Klaus.
→ Sie bestätigte, daß sie Klaus heiratet.

- Genitivergänzung:

Sie beschuldigt mich des Verrats an ihrem Mann.
→ Sie beschuldigt mich, ihren Mann verraten zu haben.

- Präpositionalergänzung:

Inge besteht auf Karls Entschuldigung.
→ Inge besteht darauf, daß Karl sich entschuldigt.

Daß-Sätze, *ob*-Sätze, *w*-Sätze

(1) Unsere Einteilung geht vom Satzgliedwert des Nebensatzes sowie der einleitenden Konjunktion aus und ordnet die dafür repräsentativen Verben zu. Dabei ergeben sich Berührungen der *daß*-Sätze sowohl mit den *ob*-Sätzen wie mit den *w*-Sätzen (abhängige Fragesätze). Ein solcher Berührungspunkt ist das Verb *zweifeln:*

Ich zweifle an seiner Pünktlichkeit.
→ Ich zweifle (daran), *daß* er pünktlich ist.
→ Ich zweifle (daran), *ob* er pünktlich ist.
→ Ich zweifle, *wie lange/oft* er pünktlich ist.
→* Ich zweifle, *wie* er pünktlich ist.

Es ist also von der Bedeutung der einzelnen Verben abhängig, welche Ergänzungssätze jeweils möglich und normgerecht sind.

(2) *Daß-*, *ob-* und *w*-Sätze stehen bei den Verben: *bemerken, berichten, beweisen, erläutern, erzählen, hören, raten, sagen, sehen, vergessen, verraten, wissen.* Grundsätzlich wird dabei der Wahrheitsgehalt des Ergänzungssatzes vom Sprecher/Schreiber bejaht; eine affektive Stellungnahme ist nicht eingeschlossen. Wichtigstes Verb dieser Gruppe ist *wissen.* Sein Gebrauch wird in Grammatiken und Handbüchern häufig unzulänglich oder gar falsch beschrieben. Wir stellen es *kennen, glauben* und *können* gegenüber:

Bei *kennen* steht im Regelfall ein belebtes, konkretes oder abstraktes Substantiv im Akkusativ:

Ich kenne die Frau/das Haus/die Regierung/den Gedanken/Venedig.

Bei *glauben* steht eine Dativergänzung, Akkusativergänzung oder Präpositionalergänzung *(an)*:

Sie glaubt ihrem Mann/der Regierung.	(= vertrauen)
Sie glaubt den Unfug.	(= für richtig halten)
Sie glaubt an Gott.	(= gläubig sein)

Können bezieht sich einmal auf ein modales Verhältnis *(er kann kommen),* zum anderen auf eine allgemeine oder spezielle Fähigkeit. Meist steht eine Infinitivergänzung dabei:

Er kann gehen/schwimmen.

Wissen nun, so lautet häufig die Regel, trete nur in Ergänzungssätzen auf:

Er weiß, daß sie kommt.

Dies aber trifft nicht zu, denn *wissen* steht im einfachen Satz mit Akkusativergänzung (austauschbar mit *kennen* und *glauben*):

Er weiß/kennt/glaubt die Lösung/die Uhrzeit/das Ergebnis usw.

dagegen nicht:

* Er weiß das Haus/den Vater/die Behauptung.
* Er glaubt das Haus/den Vater.

nur:

Er kennt das Haus/den Vater/die Behauptung.

Glauben und *wissen* gehören also semantisch eng zusammen; beide Verben können daher auch Ergänzungssätze mit *daß* bilden, *kennen* nicht:

Sie weiß/glaubt, daß er ankommt.
* Sie kennt, daß er ankommt.

Noch einmal zu *wissen* und *kennen:* beide Verben lassen sich mit Substantiven wie *Lösung, Uhrzeit, Ergebnis* (Abstrakta) usw. verbinden; nur *kennen* steht bei *Haus, Vater, Behauptung* usw. Warum?
Wissen mit Akkusativergänzung ist stets dann möglich, wenn man es *sagen, erklären* kann oder muß (also Abstrakta wie *Lösung, Uhrzeit, Ergebnis*):

Er weiß die Lösung.
→ Er sagt die Lösung.
→ Er erklärt die Lösung.

Ist dieser Austausch, z. B. bei belebten Substantiven, nicht möglich, kann *wissen* nicht gebraucht werden:

* Er weiß den Vater.
* Er sagt den Vater.

Kennen dagegen meint nicht nur, daß man über etwas Konkretes oder Abstraktes Bescheid weiß (es also weiß), sondern es auch behauptet:

Ich kenne diesen Baum/diesen Gedanken.

(3) Daß *wissen* sich ohne Einschränkung mit *daß-, ob-* oder *w*-Sätzen verbindet, wird häufig bestritten, indem behauptet wird, bei *daß-* und *w*-Sätzen bestünden keinerlei Einschränkungen des Gebrauchs *(Sie weiß/nicht, daß/wann Hans abfliegt),* wohl aber bei *ob.* Nur im Falle des verneinten Hauptsatzes sei *ob* möglich, nicht beim bejahten Satz. Nach unserer Auffassung sind beide Sätze korrekt:

Sie weiß nicht, ob Hans abfliegt.
Sie weiß, ob Hans abfliegt.

Neben diesem Phänomen ist noch der Unterschied interessant zwischen folgenden Beispielen:

(a) Sie weiß nicht, *daß* Hans morgen abfliegt.
(b) Sie weiß nicht, *ob* Hans morgen abfliegt.

Sätze (a) und (b) sind Antworten auf die direkte Entscheidungsfrage: *Fliegt er morgen ab?* Der Unterschied zwischen den Sätzen besteht nun darin, daß in Satz (a) eine Person lediglich nicht weiß, daß Hans tatsächlich am nächsten Tag abfliegt, während sie in Satz (b) zwar auch nichts weiß, es aber obendrein unsicher ist, ob Hans abfliegt.

(4) Ein Unterschied zwischen *daß*- und *w*-Sätzen wird bei *sehen* deutlich:

Er sieht, *daß* sie kommt.
Er sieht, *wie* sie kommt.

Einmal werden beide Sätze als Beschreibung an sich verstanden (*daß* in der geschriebenen Sprache, *wie* in der gesprochenen). In der zweiten Bedeutungsvariante wird mit *wie* die Art des Kommens (*müde, fröhlich, erschöpft* usw.) ausgedrückt.

Daß-Sätze

(1) Traditionell treten die Verben des Sagens und Denkens in den Nebensätzen mit *daß* auf, also: *behaupten, denken, fühlen, meinen, sagen, überlegen* usw. Diese Einteilung trifft allerdings nur grob den Kern der Sache, denn weit mehr Verben lassen sich mit *daß* verbinden: *dulden, hoffen, sehen, zweifeln* usw. (→ S. 347).

(2) Wir halten erneut fest, daß *daß*-Sätze meistens (→ S. 348) mit einem Infinitivsatz austauschbar sind, wenn Subjektgleichheit in Haupt- und Nebensatz besteht:

Monika glaubt, daß sie bald wieder gesund ist.
⟶ Monika glaubt, bald wieder gesund zu sein.

Weiterhin lautet die Regel, daß mit *daß* eingeleitete Nebensätze auch uneingeleitet erscheinen können. In diesem Falle steht das finite Verb dann an der zweiten Position:

Monika glaubt, daß sie bald wieder gesund ist.
⟶ Monika glaubt, sie ist bald wieder gesund.

(3) Die *daß*-Sätze werden, wie wir gezeigt haben (→ S. 343), traditionell unter der Rubrik K o n j u n k t i o n a l s a t z erfaßt, wobei auf das einleitende Element hingewiesen wird, die Konjunktion *daß*. Andere Einteilungen - so der DUDEN - sprechen von Inhaltssätzen; dabei muß zumindest die Frage gestellt werden, ob etwa die nicht unter den „Inhaltssätzen" erfaßten Nebensatztypen (Kausalsätze,

Temporalsätze, Konditionalsätze usw.) keine Inhalte ausdrücken. Der Terminus Inhaltssatz ist also ungenau oder zumindest interpretationsbedürftig.

(4) Die Verben dieser Gruppe *(abstreiten, androhen, beantragen, bestreiten, folgern, glauben, vermuten, versichern, zusagen)* lassen *ob-* und *w*-Sätze grundsätzlich nicht zu, nur *daß*-Sätze:

Er glaubt, daß sie kommt.
* Er glaubt, ob sie kommt.
* Er glaubt, wann sie kommt.

Mit diesen Verben formuliert der Sprecher/Schreiber etwas, ohne sich zum Wahrheitsgehalt des Ergänzungssatzes zu äußern.

Daß-Sätze und *w*-Sätze
Daß- und *w*-Sätze (aber keine *ob*-Sätze) stehen bei folgenden Verben: *akzeptieren, sich ärgern, beachten, bedauern, begreifen, begründen, beklagen, klagen, leugnen, staunen, verstehen, vorwerfen, übelnehmen, übersehen.* Wir vergleichen:

Er versteht, daß sie arbeitet.
Er versteht, warum sie arbeitet.
* Er versteht, ob sie arbeitet.

Die Erklärung für diesen Sachverhalt ist, daß die Aussage des Ergänzungssatzes grundsätzlich als real, gegeben, also nicht als fiktiv bzw. eventuell angenommen wird und lediglich im Hauptsatz dazu eine Stellungnahme/Einstellung abgegeben wird *(sich ärgern, bedauern, begreifen, staunen, übelnehmen).*

Ob-Sätze und *w*-Sätze
Ob- und *w*-Sätze (aber keine *daß*-Sätze) stehen bei folgenden Verben: *erforschen, erproben, erwägen, fragen, nachfragen, überlegen, vergleichen, vorfühlen.* Es sind die typischen Frageverben *(fragen, erforschen, nachfragen)* sowie einige weitere Verben. Sie dienen der Informationsermittlung, stellen die Aussage des Nebensatzes nicht als gegeben/real dar und lassen Alternativen im Nebensatz zu:

Er fragt, ob sie kommt.
Er fragt, ob sie nicht kommt.
Er fragt, wann/warum/wie lange/wie sie kommt.
* Er fragt, daß sie kommt.

Daß scheidet deshalb aus, weil die Frage nach Informationen (Frageverben) oder der Zweifel, welche der gegebenen Möglichkeiten zutrifft (*erproben, erwägen, überlegen, vergleichen* usw.), keine Faktizität bzw. Behauptung und damit nicht den *daß*-Satz zulassen.

Anmerkung:
Unsere Einteilung der Verben mit *daß-, ob-* und *w*-Sätzen gibt lediglich eine allgemeine Klassifizierung und deckt nicht alle Einzelheiten ab.

Infinitivsätze

(1) Die meisten Infinitivsätze können aus *daß*-Sätzen gebildet werden, wenn Hauptsatz und Nebensatz in einem Satzglied bzw. Satzgliedteil übereinstimmen. Im Regelfall handelt es sich dabei um das Subjekt:

Er glaubt, daß er den Vortrag halten kann.
⟶ Er glaubt, den Vortrag halten zu können.

Weiterhin möglich ist eine solche Umformung auch bei Akkusativ-, Dativ- und Präpositionalergänzungen:

- Akkusativergänzung:

Sie bat mich, daß ich sie nach Hause bringe.
⟶ Sie bat mich, sie nach Hause zu bringen.

- Dativergänzung:

Er half mir, daß ich das Auto starten konnte.
⟶ Er half mir, das Auto zu starten.

- Präpositionalergänzung:

Sie redete auf ihn ein, daß er in die Scheidung einwilligt.
⟶ Sie redete auf ihn ein, in die Scheidung einzuwilligen.

(2) Wir unterscheiden diese Infinitivsätze von der erweiterten Infinitivergänzung *(Die Rechnung scheint zu stimmen. Die Brücke droht einzustürzen.),* weil bei der Infinitivergänzung mit *zu* die Transformation in einen *daß*-Satz nicht möglich ist (bei unverändertem Subjekt):

Die Brücke droht einzustürzen.
⟶* Die Brücke droht, daß sie einstürzt.

(3) Bei den Infinitivsätzen ist *zu* Teil des Verbs, was u.a. an der Stellung zwischen Präfix (Vorsilbe) und Wortstamm deutlich wird: *einzuwilligen, abzufahren, wegzugehen.*

Besonderheiten des Gebrauchs

(1) Die Regel, daß jeder *daß*-Satz in einen Infinitivsatz umgewandelt werden kann - wie es häufig in Grammatiken zu lesen ist - muß relativiert werden: in der Mehrzahl der Fälle trifft das zu, freilich nicht in allen. Keine Umwandlung in einen Infinitivsatz ist möglich bei einigen Verben des Denkens und der sinnlichen Wahrnehmung (verba sentiendi): *empfinden, fühlen, hören, riechen, sehen, wissen.* Es handelt sich hier um Verben, die Sachverhalte der Realität beschreiben, ohne daß dabei von Bedeutung ist, ob die Person selbst am Geschehen beteiligt ist oder nicht, d.h. *man hört, sieht, fühlt es* usw.:

Er hörte, daß er den Auftrag bekommt.
⟶* Er hörte, den Auftrag zu bekommen.

(2) Umgekehrt gibt es Verben *(beabsichtigen, versäumen, wagen, sich weigern, zögern),* die nur den Infinitivsatz, nicht aber den *daß*-Satz zulassen:

Michael weigert sich, nach Frankfurt zu fahren.
⟶* Michael weigert sich, daß er nach Frankfurt fährt.

ebenso beim Irrealis:

Es würde mich freuen, dich in Hamburg zu treffen.
→* Es würde mich freuen, daß ich dich in Hamburg treffe.
aber: Es würde mich freuen, wenn ich dich in Hamburg träfe.

(3) Im Regelfall sind die Verben zeitstufenunspezifisch, also ohne Zeitbegrenzung, zu verwenden *(glauben, meinen)*. Einige Verben jedoch sind zeitstufenspezifisch, d.h., bei ihnen kann aufgrund der Bedeutung die Infinitivkonstruktion entweder nur das Merkmal „vorzeitig und nachzeitig", „vorzeitig", „nachzeitig" oder „gleichzeitig" gegenüber dem Hauptsatz haben:
vorzeitig und nachzeitig:

Er gab zu, die Bank überfallen zu haben.
→ Er gab zu, die Bank überfallen zu wollen.
→* Er gab zu, die Bank zu überfallen.

nur vorzeitig:

Er berichtete, nach London gefahren zu sein.
→* Er berichtete, nach London fahren zu werden.

nur nachzeitig:

Sie planen, eine Weltreise zu machen.
→* Sie planen, eine Weltreise gemacht zu haben.

nur gleichzeitig:

Er zögerte, ihr die Frage zu stellen.
→* Er zögerte, ihr die Frage gestellt zu haben.

(4) Bei der Verwendung von modalen Hilfsverben im Nebensatz sind nur solche Sätze korrekt, bei denen die modalen Hilfsverben nicht im Gegensatz zur Bedeutung des Verbs im Hauptsatz stehen. Daher sind ungrammatisch:

* Er zwang mich, die neue Stelle annehmen zu dürfen.
* Wir hoffen, nach Berlin fahren zu müssen.

(5) Bei der Satzgliedstellung gibt es gleichfalls Einschränkungen. Wir vergleichen:

Sie glaubt, daß sie auf ihrem Recht bestehen müsse.
→ Sie glaubt, auf ihrem Recht bestehen zu müssen.
→ Auf ihrem Recht glaubt sie bestehen zu müssen.
→* Auf ihrem Recht glaubt sie, daß sie bestehen muß.

Die Korrelate

(1) Tritt eine Ergänzung in Form eines Ergänzungssatzes auf, so kann dies mit oder ohne Verweiselemente im zugehörigen Hauptsatz geschehen. Solche Elemente nennen wir Korrelate. Sie verweisen auf etwas, was weiter hinten im Satz folgt (kataphorische Funktion). Wir vergleichen:

Sie bestätigte, daß sie Klaus heiratet.	(ohne Korrelat)
Sie liebt *es*, täglich angerufen zu werden.	(mit Korrelat)
Sie besteht *darauf*, daß er täglich anruft.	(mit Korrelat)
Er fragt *danach*, wann sie kommt.	(mit Korrelat)

(2) Die jeweilige Form der Korrelate ist von der Ergänzungsklasse abhängig, an deren Stelle der Nebensatz steht. Es sind im einzelnen: *das* und *es* bei Subjekt und Akkusativergänzung, *dessen* bei der Genitivergänzung und *da(r)*+ Präposition bei der Präpositionalergänzung:

- *es* und *das* als Korrelate des Subjekts: steht *es* am Satzbeginn, ist es obligatorisch, rückt es an das Ende des Hauptsatzes, ist es fakultativ:

  Es ärgert mich, daß sie gewonnen hat.
  Mich ärgert *(es)*, daß sie gewonnen hat.

  Das wird anstelle von *es* vor allem in der gesprochenen Sprache verwendet:

  Das ärgert mich, daß sie gewonnen hat.
  Mich ärgert *(das)*, daß sie gewonnen hat.

  Ist der Nebensatz vorangestellt (Vordersatz), fällt das Korrelat *es* weg; *das* kann dagegen auch bei vorangestelltem Nebensatz gebraucht werden:

  Daß sie gewonnen hat, ärgert mich.
  Daß sie gewonnen hat, (das) ärgert mich.

- *es* und *das* als Korrelate bei der Akkusativergänzung; *es* ist hier stets fakultativ und nicht in der Erststellung (Satzbeginn) möglich:

  Sie bestätigte (es), daß sie Klaus heiratet.
  * Es bestätigte sie, daß sie Klaus heiratet.

  Das wird auch hier nur in der gesprochenen Sprache verwendet:

  Sie bestätigte das, daß sie Klaus heiratet.

Anmerkung:
Bei Verben wie *entdecken* oder *untersuchen* usw. sind *es/das* als Korrelat nicht möglich:

* Er entdeckte es, daß sie fehlt.

Anders verhält es sich mit Verben, bei denen *es* zum mehrgliedrigen Prädikat gehört und daher immer obligatorisch ist (*es absehen auf, es bringen zu, es eilig haben, es guthaben, es gut meinen, es halten mit, es sich leichtmachen* usw.). Stirnstellung ist dabei nicht möglich; bei Voranstellung des Infinitivsatzes muß *es* realisiert werden:

* Es hat er darauf abgesehen, sie zu ärgern.
Sie zu ärgern, darauf hat er es abgesehen.

- Korrelate bei der Präpositionalergänzung: Hier handelt es sich um Pronominaladverbien (*damit, darauf, dazu* usw.), die teils obligatorisch, teils fakultativ sind. Wir vergleichen:

Sein Erfolg hängt davon ab, daß er weiter intensiv arbeitet.	(obligatorisch)
Sie besteht darauf, daß sich die Tochter entschuldigt.	
Sie freut sich (darüber), daß du kommst.	(fakultativ)
Sie erzählen (davon), daß letzte Woche die Bank überfallen wurde.	

Die Frage, wann das Korrelat obligatorisch und wann es fakultativ ist, hat die Sprachwissenschaftler lange beschäftigt. Die Antwort ist relativ einfach: Das Pronominaladverb ist dann obligatorisch, wenn das entsprechende Verb ein Homonym (gleichlautendes Wort mit je unterschiedlicher Bedeutung) ist und die Präposition bedeutungsdifferenzierend wirkt:

abhängen+ A - *abhängen von*
achten+ A - *achten auf*
ankommen+ Si - *ankommen auf*
bestehen+ A - *bestehen auf*
bringen+ A - *bringen es zu*
denken+ A - *denken an*
kommen+ R - *kommen auf*
schließen+ A - *schließen aus*
verlassen+ A - *sich verlassen auf*

Dagegen ist bei Nichthomonymen (das Verb hat mit oder ohne Präposition die gleiche Bedeutung) das Pronominaladverb fakultativ: *bitten (um), erzählen (von/über), fragen (nach), sich freuen (auf/über), hoffen (auf), überreden (zu)*
Bei obligatorischem Korrelat ist Voranstellung des Nebensatzes unüblich; bei fakultativem Korrelat hingegen ist diese Stellung möglich (Wegfall des Korrelats):

Daß er weiter intensiv arbeitet, davon hängt sein Erfolg ab.
aber: Daß letzte Woche die Bank überfallen wurde, erzählen sie.

Angabesätze

(1) Angabesätze nennen wir solche Sätze innerhalb der Satzgefüge, deren Nebensatz nicht von der Valenz des Verbs im Hauptsatz abhängig ist. Die Nebensätze lassen sich relativ frei an den Hauptsatz anfügen und sind auch austauschbar: der Hauptsatz kann also auch ohne Nebensatz stehen:

Er besteht die Prüfung, weil er viel gearbeitet hat.
, obwohl er faul war.
, während Jürgen durchfallen wird.
, wenn er sich richtig vorbereitet.
, um später studieren zu können.

Angabesätze werden in den Grammatiken auch Adverbialsätze oder Verhältnissätze genannt, wobei auf den Inhalt der Sätze hingewiesen wird. Wir gebrauchen im Sinne der hier verwendeten Dependenzgrammatik den Terminus Angabesätze.
(2) Die Zahl der Angabesätze ist beträchtlich; im Grunde läßt sich mit Fug und Recht behaupten, daß sie nahezu unendlich ist. Ihre Systematisierung bereitet entsprechende Schwierigkeiten, wie die Vielzahl bekannter Grammatiken beweist. Eine Gruppierung nach einleitenden oder anschließenden sprachlichen Mitteln wie bei den Ergänzungssätzen (*daß, ob, wann, wo* usw.) - also nach syntaktischen Strukturelementen - entfällt hier wegen der Vielzahl der Möglichkeiten. Statt dessen ist eine semantische Gliederung der Angabesätze sinnvoll, und diese wiederum wird an den Konjunktionen deutlich. Mit anderen Worten: Konjunktionen bei Angabesätzen haben lexikalische Bedeutung

und verweisen auf die semantische Beziehung zwischen Hauptsatz und Nebensatz (kausal, temporal, modal usw.); Konjunktionen bei Ergänzungssätzen zeigen dagegen nur an, daß der Nebensatz vom finiten Verb des Hauptsatzes abhängig ist und welcher Art diese Abhängigkeit ist. Sie sind lediglich Strukturwörter.

(3) Hier nun die Liste der Angabesätze und einige der entsprechenden Konjunktionen:
- Kausalsatz: *weil, da*
- Temporalsatz: *während, solange, nachdem, bevor, bis, wenn*
- Modalsatz: *indem, je ... desto, insofern ... als, außer daß*
- Konsekutivsatz: *so daß, daß, um ... zu*
- Konzessivsatz: *obwohl, obgleich, wenn auch, selbst wenn*
- Finalsatz: *damit, daß, auf daß, um ... zu*
- Konditionalsatz: *wenn, falls*
- Adversativsatz: *während, wohingegen, (an)statt daß*
- weiterführender Nebensatz: *was, wo(r)* + Präposition

Einzelne Konjunktionen haben, wie die Übersicht zeigt, mehrere Verwendungsbereiche: *wenn, daß, während.* Das entsprechende adverbiale Verhältnis kommt deshalb erst im konkreten Satz zum Vorschein, wobei in der gesprochenen Sprache zusätzlich noch Intonation und Akzentsetzung eine wichtige Rolle spielen.

Kausalsätze

(1) Zwischen Hauptsatz und Nebensatz besteht ein Verhältnis der Begründung bzw. des Erklärens der Ursache/des Motivs einer Handlung bzw. eines Zustandes. Der Nebensatz wird durch *weil* bzw. *da* eingeleitet:

Sie kommt nicht, weil/da sie krank ist.

Als Korrelate im Hauptsatz dienen bei *weil: darum, deshalb* und *deswegen:*

Sie kommt deshalb nicht, weil sie krank ist.

(2) Beide Konjunktionen sind aber nicht identisch und lassen sich auch nicht jederzeit austauschen: *weil* wird verwendet, um etwas Neues, Erklärendes anzugeben, *da* steht stets dann, wenn das zu Sagende bereits allgemein bekannt ist. Zur Verstärkung wird in der gesprochenen Sprache oft die Partikel *ja* angefügt; der Nebensatz mit *da* steht darüber hinaus häufiger als *weil*-Sätze vor dem Hauptsatz (Vordersatz):

Da er ja krank ist, kann er nicht mitfahren.

(3) Ein weiterer Unterschied besteht in der verkürzten begründenden Antwort (ohne Hauptsatz):

Warum kommt er nicht? Weil er krank ist.
* Da er krank ist.

Bei dieser Antwort in Form einer Ellipse (→ S. 325) ist nur *weil,* nicht aber *da* möglich.

Anmerkung:
Das Korrelat *darum/deshalb/deswegen* kann in der kausal verknüpften Folge zweier selbständiger Sätze durch *nämlich* ersetzt werden:

Sie kommt deshalb nicht, weil sie krank ist.
→ Sie kommt nicht. Sie ist *nämlich* krank.

Temporalsätze
(1) Zwischen Hauptsatz und Nebensatz besteht ein zeitliches Verhältnis, ausgedrückt in Vorzeitigkeit, Nachzeitigkeit und Gleichzeitigkeit. Mit anderen Worten: Wichtig ist die Unterscheidung, ob das Geschehen im Nebensatz vor dem des Hauptsatzes abläuft (Vorzeitigkeit), nach diesem abläuft (Nachzeitigkeit) oder gleichzeitig mit ihm geschieht (Gleichzeitigkeit). Wir greifen damit die Differenzierung in Zeitstufen bei den Verben (→ S. 84) sowie bei den Konjunktionen (→ S. 272) auf. Es geht also in der nachfolgenden Darstellung nicht um Zeitformen (Präsens, Präteritum, Perfekt, Futur usw.), sondern um die drei genannten Zeitstufen.
(2) Für die Darstellung der Vorzeitigkeit eines Sachverhalts gibt es die Konjunktionen: *nachdem, seit, seitdem, sobald, wenn.* Eine Sonderrolle spielt *als.* Bei diesem zeitlichen Verhältnis liegt der abgeschlossene Sachverhalt des Nebensatzes zeitlich vor dem des Hauptsatzes:

(a) Nachdem wir gegessen hatten, begann der Tanz.
(b) Seit(dem) er die Prüfung bestanden hat, geht es ihm besser.

- Satz (a) bezeichnet im Nebensatz ein einmaliges Geschehen in der Vergangenheit, das vor dem Geschehen des Hauptsatzes liegt.
  Merke:
  Bei zusammengesetzten Sätzen haben wir keinen absoluten, sondern einen relativen Tempusgebrauch, d.h., die Zeitformen in Haupt- und Nebensatz sind voneinander abhängig. Diese Zeitenfolge (consecutio temporum; → S. 89) wird in Satz (a) sowie seiner Variante deutlich:

  Nachdem wir gegessen hatten, begann der Tanz.
  Nachdem wir gegessen haben, beginnt der Tanz.
  (Steht der Nebensatz im Plusquamperfekt, dann muß der Hauptsatz im Präteritum folgen. Ebenso: Nebensatz im Perfekt, dann Hauptsatz im Präsens.)

- Satz (b) dagegen signalisiert im Nebensatz den Anfang eines Sachverhalts (vor der Sprechzeit), der Sachverhalt des Hauptsatzes reicht bis an die Sprechzeit heran. Das Verb im Nebensatz steht im Perfekt oder Plusquamperfekt, jenes im Hauptsatz entsprechend im Präsens oder Präteritum. Diese Regel trifft allerdings nur auf perfektive Verben (→ S. 77) zu; bei imperfektiven Verben (→ S. 76) besteht Gleichzeitigkeit:

  Seit er in München ist, geht es ihm besser. (Seitdem er in München ist, (seitdem) geht es ihm besser.)

- Die Sätze (c) und (d) bezeichnen im Regelfall ein wiederholtes Geschehen in der Vergangenheit (c) sowie in der Gegenwart (d):

  (c) Wenn er gewonnen hatte, trank er unglaublich.
  (d) Wenn er gewonnen hat, trinkt er unglaublich.

Bei beiden Sätzen kann das Korrelat *dann* eingefügt werden. Beide Sätze folgen der consecutio temporum. Die traditionelle Regel, daß bei *wenn* mit Vergangenheitsbezug stets wiederholtes (iteratives) Geschehen gemeint ist (= *immer wenn/jedesmal wenn*), bei Bezug zu Gegenwart oder Zukunft dagegen einmaliges Geschehen *(Wenn der Schlußpfiff ertönt, ist das Spiel zu Ende.)*, trifft allerdings nur teilweise zu. So besagt der Satz:

Wenn er gewonnen hat, trinkt er unglaublich.

keineswegs automatisch, daß das Trinken regelmäßig geschieht, wenn er gewonnen hat. Dies wäre lediglich die temporale Komponente der Konjunktion *wenn;* daneben aber gibt es bekanntlich das konditionale *wenn*. Der Satz wäre dann also so zu lesen: *Im Fall, daß er gewonnen hat, trinkt er unglaublich.* Und dies geschähe (hoffentlich!) nur einmal und nicht wiederholt! Zum Gebrauch von *wenn* bei Gleichzeitigkeit (→ S. 356).

- In Hauptsatz und Nebensatz ist das gleiche Tempus:

(e) Sobald/sowie er mich sah, verschwand er.
Sobald/sowie er mich sieht, verschwindet er.

- Die Sätze (f) und (g) bezeichnen bei perfektiven Verben ein einmaliges Geschehen: Satz (f) steht in der Zeitenfolge, in Satz (g) haben wir das gleiche Tempus in Hauptsatz und Nebensatz. In beiden Sätzen beginnen die Sachverhalte vor der Sprechzeit. Satz (h) ist als historisches Präsens zu interpretieren:

(f) Als wir angekommen waren, ging ein Gewitter los.
(g) Als wir ankamen, ging ein Gewitter los.
(h) Als Goethe in Rom ist, liegt der Weimarer Hof weit hinter ihm.

- In den Grammatiken ist häufig zu lesen, daß *als* im Unterschied zu *während* nur punktuelles Geschehen bezeichnen könne, *während* dagegen nur duratives (andauerndes) Geschehen. Letzteres mag stimmen, die erste Feststellung auf keinen Fall. Wir vergleichen:

Als er schlief, brachen die Diebe in seine Wohnung ein. (durativ)
Während er schlief, brachen die Diebe in seine Wohnung ein.
Als wir ankamen, ging ein Gewitter los. (punktuell)
* *Während* wir ankamen, ging ein Gewitter los.

Als kann also sowohl punktuelles wie andauerndes Geschehen benennen, *während* hingegen nur andauerndes Geschehen.

(3) Für die Darstellung der Nachzeitigkeit gibt es die Konjunktionen: *bevor, bis, ehe*. Der im Nebensatz genannte Sachverhalt liegt zeitlich später als der des Hauptsatzes. Die häufigste Konjunktion ist *bis*. Sie signalisiert, daß der im Hauptsatz genannte Sachverhalt fortdauert bis zu einem Zeitpunkt: dem Ende des Geschehens. Das Korrelat ist *so lange:*

Ich bleibe (so lange) hier, bis du zurückkommst.
Bis er mit der Arbeit fertig war, vergingen zwei Jahre.

Im Hauptsatz und Nebensatz steht das gleiche Tempus.

- *Bis* ist auf punktuelles Geschehen (perfektive Verben) beschränkt, seine Entsprechung bei andauerndem Geschehen (imperfektive Verben) ist *solange:*

  Ich las ein Buch, bis sie aufwachte. (punktuell)
  Ich las ein Buch, solange sie schlief. (durativ)

- *Bevor* bzw. *ehe* drücken ein zeitliches Nacheinander aus:

  Bevor sie nach Haus ging, trank sie noch ein Bier.
  Wir packen die Koffer, ehe wir abreisen.

- Bei der Verneinung muß zwischen dem Nebensatz als Vordersatz und Zwischensatz (a) sowie als Nachsatz (b) unterschieden werden. Im Falle (a) ist die Negationspartikel *nicht* obligatorisch, im Falle (b) fakultativ.

  (a) Bevor/ehe du nicht kommst, fahren wir nicht ab.
  (b) Wir fahren nicht ab, bevor du (nicht) kommst.

(4) Für die Darstellung der Gleichzeitigkeit gibt es in der deutschen Sprache die Konjunktionen: *als, indem, indessen, seit(dem), sobald, solange, sooft, sowie, während, wenn, wie.* Das Geschehen im Hauptsatz und Nebensatz läuft parallel ab (a), oder es hat den gleichen Anfang bzw. das gleiche Ende (b), oder ein Zeitpunkt eines bestimmten Geschehens in Vergangenheit, Gegenwart oder Zukunft wird genannt (c):

- Die für (a) charakteristische Konjunktion ist *während:*

  Während wir arbeiteten, störten uns die Kinder. (Vordersatz)
  Die Kinder störten uns, während wir arbeiteten. (Nachsatz)

  Vom temporalen *während* ist das adversative (gegensätzliche) *während* zu unterscheiden (→ S. 362).
  Wie *während* kann auch *als* den parallelen Verlauf der Geschehen in Hauptsatz und Nebensatz bei imperfektiven Verben anzeigen (→ S. 76):

  Als wir arbeiteten, störten uns die Kinder.

- Die für (b) charakteristischen Konjunktionen sind *solange* und *seit:*

  Wir können nichts machen, solange die Gesetze nicht geändert werden.

  Zum Verhältnis von *solange* und *bis*. *Seit* beschreibt den Beginn eines Sachverhalts, der in der Vergangenheit liegt. Er dauert bis zum Sprechzeitpunkt:

  Seit ich sie kenne, bin ich völlig verändert.
  Seit ich ihr Konzert erlebt habe, weiß ich, wie gut sie Klavier spielt.

- Für die Kennzeichnung eines Zeitpunkts in der Vergangenheit (c) wird meist *als* verwendet. Um das Punktuelle zu verdeutlichen, wird das Korrelat *da* eingefügt, im Nebensatz häufig *gerade:*

  Als ich (gerade) beim Arbeiten war, (da) klingelte das Telefon.

  Anmerkung:
  In der gesprochenen Sprache wird hier häufig *wie* zur stärkeren Betonung des Sachverhalts benutzt: regelmäßig im Präsens, seltener im Präteritum:

  Wie ich nach Haus komme, ist meine Frau weg!

Zum Gebrauch von *als* beim historischen Präsens: →S. 354.

- Wird ein Zeitpunkt in Gegenwart und Zukunft fixiert, so geschieht das meist mit Hilfe der Konjunktion *wenn:*

  Wenn ich morgen zu dir komme, erwarte ich eine Antwort.

  Bei wiederholtem Geschehen stehen *wenn* und *sooft* nebeneinander:

  Sooft/wenn ich ihn sah, war er betrunken.

  Zur Abgrenzung des temporalen vom konditionalen *wenn*: →S. 354. Um die temporale (wiederholende) Funktion zu verdeutlichen, empfiehlt sich die Hinzufügung von *immer, jedesmal* bzw. *regelmäßig*:

  Immer/jedesmal/regelmäßig wenn ich ihn sah, war er betrunken.

  Anmerkung:
  Wenn ist lediglich temporale Konjunktion, nicht Fragewort. Das Fragewort heißt *wann?*

  Wann kommt er?

Modalsätze

(1) Unter dem Oberbegriff Modalsatz fassen wir mehrere Untergruppen zusammen, die allesamt im Nebensatz die Art und Weise des Geschehens im Hauptsatz näher charakterisieren. Die Gruppen unterscheiden sich je nachdem, ob das Mittel, die Begleitumstände oder die Vergleichbarkeit in Hauptsatz und Nebensatz ausgedrückt werden.

(2) Beim Instrumentalsatz wird das Mittel genannt, das zur Lösung des Sachverhaltes im Hauptsatz geeignet ist. Die am häufigsten gebrauchte Konjunktion ist *indem*. Bei *daß* steht im Hauptsatz das Korrelat *dadurch:*

Er steigerte den Umsatz, *indem* er eine neue Technik einsetzte.
→ Er steigerte den Umsatz *dadurch, daß* er eine neue Technik einführte.
→ *Dadurch, daß* er eine neue Technik einführte, steigerte er den Umsatz.

(3) Eine besondere Form des Vergleichs ist das proportionale Verhältnis, ausgedrückt durch den Proportionalsatz: Hauptsatz und Nebensatz werden graduell miteinander verglichen. Der Hauptsatz wird mit *desto/um so* eingeleitet, der Nebensatz mit *je*. Der Nebensatz ist im Regelfall Vordersatz: Beide Adjektive stehen im Komparativ:

Je mehr ich arbeite, *desto/um so* unzufriedener bin ich.

Eine Variante ist *je nachdem, ob* oder die Spezifizierung *wie, wo, wie oft, wie lange, wann* usw. (Komma!):

Je nachdem, ob sie schläft oder nicht, ist sie gut oder schlecht gelaunt.
Die Badesaison ist beendet, *je nachdem, wann* die Temperaturen zurückgehen.

(4) Der Modalsatz der Ausschließung antwortet auf die Frage: *Wie?* Verwendet wird die Konjunktion *ohne daß;* der Satz kann zu einer Infinitivkonstruktion mit *ohne zu* verkürzt werden, wenn Subjektgleichheit in Hauptsatz und Nebensatz besteht:

- Der Modalsatz der Ausschließung beschreibt zwei Sachverhalte, die sich wechselseitig ausschließen:

  Sie versuchte es, *ohne daß* sie Erfolg hatte.
  → Sie versuchte es, *ohne* Erfolg *zu* haben.

- Verstärkung der sich ausschließenden Sachverhalte ist möglich durch Hinzufügen von *jedoch/freilich:*

  Sie versuchte es, ohne daß sie *jedoch/freilich* Erfolg hatte.

- Ist nicht eindeutig, wer/was gemeint ist, sollten Infinitivsätze vermieden werden:

  Wir brachten sie zum Wagen, ohne ein Wort zu sagen.

- Umgekehrt kann durch die Negationspartikel *nicht* die Ausschließung wieder aufgehoben werden, d.h., die Aussage des Hauptsatzes wird verstärkt:

  Sie verließ ihn, *nicht* ohne ihn zuvor einen Esel genannt zu haben.

Vom Modalsatz der Ausschließung ist der Konsekutivsatz mit der Konjunktion *ohne daß* zu unterscheiden (→ S. 358).

(5) Durch den Modalsatz der Konkretisierung wird die Aussage des Hauptsatzes genauer bestimmt. Als Konjunktionen dienen *daß* (mit dem Korrelat *damit*) bzw. *als* mit den Korrelaten *insoweit/insofern*. Möglich ist auch *um so*+ Komparativ:

Sie hat es mir *damit* erklärt, *daß* er seit langem arbeitslos ist.
Ich verstehe das *insoweit/insofern* gut, *als* er seit langem arbeitslos ist.
Ich verstehe das *um so mehr/besser, als* er seit langem arbeitslos ist.

Weitere Möglichkeiten der Konkretisierung bzw. Spezifizierung von Aussagen sind: *was ... angeht/anbetrifft/anlangt* und *dafür, daß:*

Der Bau ist, *was* die Kosten *angeht,* kein Problem.
Dafür, daß die ausländische Besucherin erst drei Monate in Deutschland ist, spricht sie ausgezeichnet Deutsch.

Falsch ist jedoch:

* was ... anbelangt.

(6) Der einschränkende Modalsatz engt die Aussage im Hauptsatz in ihrer Geltung ein (Konjunktionen *außer daß/außer wenn/außer ... um zu*) oder interpretiert sie subjektiv *(soviel, soweit):*

Er war insgesamt sehr erfolgreich, *außer daß* er nicht Präsident wurde.
Sie hat das bereits erledigt, *soviel* ich weiß.

Konsekutivsätze

(1) Beim Konsekutivsatz besteht zwischen Hauptsatz und Nebensatz ein Folgeverhältnis: ein Verb/Adjektiv/Substantiv im Hauptsatz benennt ein Geschehen, dessen Folge im Nebensatz ausgedrückt wird. Die Konjunktionen sind: *so daß, so ... daß, um ... zu, ohne daß, ohne ... zu, als daß:*

Er hat in der Lotterie gewonnen, *so daß* er nicht mehr arbeiten muß.

(2) Wird die Folge aus der besonderen Qualität bzw. dem Grad der Aussage deutlich, so steht *so* im Hauptsatz zusammen mit einem Adjektiv oder Verb, *solch* (flektiert) bei einem Substantiv:

Sie rennt *so* schnell, *daß* die anderen Mädchen nicht mitkommen.
Müller hat *so* falsch gesungen, *daß* der Chor ins Wanken geriet.
Sie hat *solches* Lampenfieber, *daß* sie krebsrot ist.
Ich habe einen *solchen* Hunger, *daß* mein Magen knurrt.
⟶ (Ich habe *solch einen* Hunger, *daß* mein Magen knurrt.)

(3) Tritt eine erwartete Folge nicht ein, steht *ohne daß:*

Er hat sich gut vorbereitet, *ohne daß* das in der Prüfung erkennbar gewesen wäre.

Bei Subjektgleichheit in Haupt- und Nebensatz ist Verkürzung zur Infinitivkonstruktion möglich:

Ich habe viel getan, ohne daß ich müde bin.
⟶ Ich habe viel getan, ohne müde zu sein.

(4) Wird ein besonderer Grund/eine verstärkende Aussage als Ursache dafür angegeben, daß eine Folge ausbleibt, steht *als daß* (Konjunktiv II) und im Hauptsatz obligatorisch *zu:*

Sie ist *zu* schwach, *als daß* sie mitkommen könnte.
Er ist *zu* sehr Lehrer, *als daß* er das verstehen könnte.

Die entsprechende Struktur im Indikativ mit *so . . . daß* lautet:

Sie ist *so* schwach, *daß* sie nicht mitkommen kann.
Er ist *so* sehr Lehrer, *daß* er das nicht verstehen kann.

Konzessivsätze

(1) Im Hauptsatz und Nebensatz werden zwei sich scheinbar ausschließende (weil widersprechende) Sachverhalte formuliert. Oder anders: Um ein konzessives Verhältnis handelt es sich dann, wenn der Inhalt des einen Satzes nicht dem entspricht, was man aufgrund des anderen Satzes erwarten konnte. Die Konjunktionen sind *obwohl, obgleich, wenn auch, selbst wenn, ungeachtet.* Als fakultative Korrelate fungieren *dennoch, trotzdem:*

Obwohl sie krank ist, arbeitet sie weiter.
Selbst wenn das stimmt, bin ich ihm weiter treu.
Ungeachtet der Tatsache, daß sie krank ist, arbeitet sie *(dennoch)* weiter.

Irrealer Konzessivsatz:

Selbst wenn das stimmte, wäre ich ihm weiter treu.

(2) In literarischer Sprache werden auch *obzwar, obschon, wenngleich, wiewohl* gebraucht.
Anmerkung: In der gesprochenen Sprache hat sich zunehmend der Gebrauch von *trotzdem* (Adverb) als Konjunktion eingebürgert. Dies ist falsch:

Obwohl sie krank ist, arbeitet sie weiter.
* Trotzdem sie krank ist, arbeitet sie weiter.

In einer Folge zweier selbständiger Sätze ist *trotzdem* korrekt:

Sie ist krank. Trotzdem arbeitet sie weiter.

(3) *Wenn auch* ist umkehrbar (variierter Konditionalsatz). Das fakultative Korrelat heißt *so:*

Wenn auch die Reise schön war, *(so)* freuen wir uns auf die Heimkehr.
→ *Auch wenn* die Reise schön war, *(so)* freuen wir uns auf die Heimkehr.

Bei Vordersatzstellung kann *wenn* entfallen:

War die Reise *auch* schön, freuen wir uns (doch) auf die Heimkehr.

Entfällt das Korrelat *so* im Hauptsatz, kann das Subjekt an die erste Stelle treten:

Wenn auch die Reise schön war, *wir* freuen uns auf die Heimkehr.

Anmerkung:
Dieser Sachverhalt kann auch durch eine Satzverbindung ausgedrückt werden:

Die Reise war (durchaus/zugegebenermaßen) sehr schön, wir freuen uns dennoch/trotzdem/nichtsdestoweniger auf die Heimkehr.

(4) Ein ähnliches Phänomen beobachten wir bei *wen/wann/wie lange/wo ... auch immer.* Ist der Nebensatz Vordersatz, steht im Hauptsatz das Subjekt an der Spitze:

Wen auch immer wir anriefen, *niemand* war zu Haus.
Wann auch immer sie kommt, *sie* ist betrunken.
Wo auch immer die Veranstaltung stattfindet, *sie* ist ausverkauft.

Merke:
Die Satzgliedstellung im Hauptsatz geht offenbar von der Empfindung zweier Sachverhalte aus, die auch durch einen Doppelpunkt graphisch verdeutlicht werden könnten:

Wann auch immer sie kommt: ist sie betrunken.

In der gesprochenen Sprache kann dies bekanntlich nicht realisiert werden. Deshalb ist dort auch zulässig:

Wann auch immer sie kommt, ist sie betrunken.

Anmerkung:
Konzessive Sachverhalte können auch durch andere Strukturen ausgedrückt werden:

- *zwar + aber* (Satzverbindung):

  Er ist *zwar* krank, *aber* er arbeitet (trotzdem).

- *trotz* oder *ungeachtet* (Präpositionalergänzung):

  Trotz/ungeachtet seiner Krankheit arbeitet er.

- *trotzdem:*

  Er ist krank, *trotzdem* arbeitet er.

- *andererseits:*

  Das ist zwar in der Theorie faszinierend, *andererseits* ist es in der Praxis ohne Bedeutung.

Finalsätze

(1) Beim Finalsatz besteht zwischen Hauptsatz und Nebensatz ein Zweckverhältnis: das personale (oder das als personal verstandene abstrakte) Subjekt formuliert einen Zweck bzw. eine Absicht/ein Ziel/ein Motiv: Es soll etwas erreicht werden. Die Konjunktionen heißen *damit, daß, um ... zu,* die fakultativen Korrelate *darum, deshalb, in der Absicht, zu dem Zweck:*

> Wir arbeiten *(darum)* heute länger, *damit* wir morgen das Manuskript abgeben können.
> Wir arbeiten heute *(deshalb)* länger, *um* morgen das Manuskript abgeben *zu* können.
> Sie geht *(in der Absicht/zu dem Zweck)* nach München, *daß* sie eine Filmrolle bekommt.

(2) Sind der Zweck/die Absicht kausal begründet, ist Austausch mit *weil* möglich:

> Wir arbeiten heute länger, *weil* wir morgen das Manuskript abgeben wollen.

(3) Anders ist es bei einem Satz, bei dem die Absicht mit einer Bedingung verknüpft ist:

> Er wird nach Amerika geschickt, damit er Physik studiert.
> → Er wird nach Amerika geschickt, weil *man* will, daß er Physik studiert.

Anmerkung:

Der Grundregel, daß bei Verkürzungen von Satzgefügen zu Infinitivkonstruktionen Subjektgleichheit vorliegen muß, wird häufig zuwidergehandelt, zumal in der gesprochenen Sprache. Die so gebildeten Sätze sind problematisch, weil meist nicht deutlich wird, was gemeint ist:

> Ich beauftragte den Mann mit der Arbeit, um Erfolg zu haben.

eindeutig ist:

> Ich beauftragte den Mann mit der Arbeit, um *selbst/zusammen mit ihm* Erfolg zu haben/damit er Erfolg hat.

Konditionalsätze

(1) Ein Konditionalsatz (Bedingungssatz) formuliert im Nebensatz die Voraussetzung bzw. Bedingung, die gegeben sein muß, damit der Sachverhalt des Hauptsatzes eintreten bzw. realisiert werden kann: der Nebensatz nennt also die Bedingung für den Hauptsatz. Die Konjunktionen sind *wenn, falls, sofern,* die Korrelate *dann, so.* Die Bandbreite konditionaler Sätze ist sehr groß: sie berühren sowohl die Temporalsätze (→ S. 353) wie die Kausalsätze (→ S. 352):

- Nähe zum Temporalsatz:

> *Wenn* er kommt, lassen wir ihn noch hinein.
> → *Falls* er kommt, lassen wir ihn noch hinein. (konditional)
> → *Sobald* er kommt, lassen wir ihn noch hinein. (temporal)

- Nähe zum Kausalsatz:

	Wenn das Buch nichts taugt, ist auch der Film dazu mies.	(konditional)
——►	Weil das Buch nichts taugt, ist auch der Film dazu mies.	(kausal)

(2) Konditionalsätze können formal im Indikativ oder Konjunktiv stehen:

Wenn er Abgeordneter *wird, geht* er nach Bonn.	(Indikativ)
Wenn er Abgeordneter *würde, ginge* er nach Bonn.	(Konjunktiv II)
Wenn er Abgeordneter *geworden wäre, wäre* er nach Bonn *gegangen.*	(Konjunktiv II)

(3) Nach der Art der Einleitung des Konditionalsatzes unterscheiden wir den uneingeleiteten Satz als Vordersatz (a), den konjunktional eingeleiteten Satz als Vordersatz oder Nachsatz (b) sowie den durch eine Partizipialgruppe eingeleiteten Nebensatz als Vordersatz mit obligatorischem Korrelat *dann* bzw. *so* (c):

(a) Haben wir Erfolg, sieht alles ganz anders aus.
(b) *Wenn* wir Erfolg haben, sieht alles ganz anders aus.
Alles sieht ganz anders aus, *wenn* wir Erfolg haben.
(c) *Vorausgesetzt/angenommen,* wir haben Erfolg, *dann/so* sieht alles ganz anders aus.

(4) An der Grenze zu den Ergänzungssätzen (→ S. 343) stehen die ergänzenden *wenn*-Sätze, die austauschbar sind mit *daß*-Sätzen:

Es ist schön, *wenn/daß* du kommst.
Es ist schade, *wenn/daß* sie verreisen muß.

Dabei ist die Funktion des Korrelats *es* wichtig. Beim nachgestellten Nebensatz ist *es* fakultativ (sowohl beim *wenn*-Satz wie beim *daß*-Satz):

Wir respektieren *(es),* daß du anderer Meinung bist.
Wir respektieren *(es),* wenn du anderer Meinung bist.

Ist der Nebensatz aber vorangestellt, ist das Korrelat *es* beim *daß*-Satz ungrammatisch, beim *wenn*-Satz obligatorisch:

Daß du anderer Meinung bist, respektieren wir.
——►* Daß du anderer Meinung bist, respektieren wir es.
Wenn du anderer Meinung bist, respektieren wir es.
——►* Wenn du anderer Meinung bist, respektieren wir.

(5) Eine Reihe von Parenthesen (→ S. 341) wird mit *wenn* und damit konditional gebildet:

- Kommentarparenthesen: *wenn ich recht habe, wenn ich mich nicht irre, wenn ich mich richtig erinnere, wenn ich die Sache richtig sehe, wenn ich hier nicht falsch liege* usw.:

Die Neue Heimat ist - *wenn ich mich nicht irre* - längst verkauft.

- Kontaktparenthesen: *wenn Sie sich erinnern, wenn Sie noch einmal darüber nachdenken, wenn du noch einmal darüber schläfst, wenn du ehrlich bist* usw.

Die Reise war - *wenn Sie sich erinnern* - bereits vor Monaten geplant.

Die gleiche Funktion haben Partizipialgruppen unterschiedlichster Art: *angenommen, aus der Distanz betrachtet, bei Licht(e) betrachtet, theoretisch betrachtet; auf die Dauer gesehen, objektiv gesehen, rein praktisch gesehen; gesetzt, gesetzt den Fall; offen gesagt, in einem Wort gesagt, rundheraus gesagt; vorausgesetzt, unter der Voraussetzung; neumodisch ausgedrückt, vereinfacht ausgedrückt; alles in allem genommen, beim Worte genommen* usw.

(6) Zwischen Voraussetzung/Bedingung und Folge muß eine logische Beziehung bzw. Implikation bestehen (a), sonst ist der Satz zwar grammatisch richtig, aber inhaltlich unsinnig bzw. allenfalls als Sprachwitz geeignet (b):

(a) Wenn es morgen regnet, bleiben wir zu Haus.
(b) Wenn es morgen regnet, ist es 12 Uhr mittags.
Wenn heute der 20. August ist, sind wir in Florenz. (amerikanischer Reisewitz)

Adversativsätze

(1) Beim Adversativsatz (Satz des Gegenteils) wird im Hauptsatz ein Sachverhalt genannt, der im Gegensatz zu dem des Nebensatzes steht. Die Konjunktionen lauten *(an)statt daß, während, wohingegen:*

Anstatt daß sie arbeitete, verjubelte sie das Geld.
Während es im Sommer kalt war, haben wir im Winter geschwitzt.

Während wird daneben auch als temporale Konjunktion benutzt (→ S. 355).

(2) Bei Umwandlung des adversativen Gefüges in eine Satzverbindung werden *dagegen, jedoch, demgegenüber* usw. gebraucht:

Während wir gestern wanderten, bleiben wir heute zu Haus.
→ Gestern wanderten wir, heute bleiben wir *dagegen/jedoch/demgegenüber* zu Haus.

Anmerkung:
Wohingegen ist auf literarischen Sprachgebrauch beschränkt.

Weiterführende Nebensätze

An der Grenze zu den Attributsätzen steht der weiterführende Nebensatz ohne Korrelat im Hauptsatz. (Mit Korrelat wird er zum Attributsatz.) Als Konjunktion dienen *was* bzw. *wo(r)*+ Präposition:

Thomas kommt in der Schule gut voran, *was* mich sehr freut.
Thomas kommt in der Schule gut voran, *worüber* ich mich freue.

Die Bindung des Nebensatzes an den Hauptsatz ist gering; im Grunde handelt es sich bei weiterführenden Nebensätzen um Kommentare zum gesamten vorausgehenden Satz.

Attributsätze

Der Mann, *der an der Ecke steht,* liest eine Zeitung.
Wer den Dieb gesehen hat, soll sich bei der Polizei melden.
Ich lebe noch immer da, *wo ich geboren bin.*
Der Zug, *mit dem wir gefahren sind,* hatte drei Stunden Verspätung.
Die Untersuchung, *ob er einen Tumor hat,* steht noch aus.
Sie verschwand so schnell, *wie sie gekommen war.*
Johann Wolfgang von Goethe, *geboren 1749,* floh 1786 nach Italien.

Diese Sätze sind Attributsätze (Gliedteilsätze). Ihr gemeinsames Kennzeichen ist, daß ein Gliedteil (kein Satzglied) den Nebensatz bildet, der meist von einem Relativelement (Relativpronomen oder Adverbien) eingeleitet wird. Dieses Relativelement bezeichnet das gleiche Lebewesen oder Objekt wie das entsprechende Satzgliedteil des Hauptsatzes. Satzgliedteil kann ein Substantiv, Adjektiv, Artikelwort oder Adverb sein.

Formale Gliederung
(1) Der Prototyp des Attributsatzes ist der Relativsatz:

Die Frau, *die den Koffer trug,* war fünfzig Jahre alt.

(2) Entsprechend der Form unterscheiden wir bei den Attributsätzen eingeleitete (a) und nichteingeleitete Sätze (b):

(a) Der Mann, *der* ...
Das Kind, *mit dem* ...
Denjenigen, *den* ...
Damals, *als* ...
So schnell, *wie* ...
Die Stadt, *wo* ...
(b) Goethe, *geboren* 1749, ...
Das Rathaus, *erbaut* 1982, ...

(3) Die nichteingeleiteten Attributsätze können auch als Ellipse (→ S. 327) verstanden werden.
(4) Im Regelfall steht der Attributsatz wegen seines Gliedteilcharakters sehr nahe bzw. unmittelbar bei dem Satzgliedteil, auf das er sich bezieht. Daher sind die Stellungsmöglichkeiten begrenzt.

Inhaltliche Gliederung
(1) Bei den Attributsätzen unterscheiden wir determinierende (bestimmende), explizierende (erklärende), lokale und modale Attributsätze.
(2) Determinierende Attributsätze beschreiben ein Satzglied genauer, d.h., sie schränken den Sachverhalt auf einen bestimmten Bereich ein bzw. grenzen das Lebewesen/das Objekt von anderen der gleichen Klasse ab: sie determinieren es:

Das Haus, *das an der Ecke steht,* wird renoviert.
Die Frau, *der gestern das Portemonnaie gestohlen wurde,* hat Anzeige erstattet.

Anstelle des bestimmten Artikels (Relativpronomens) kann auch *derjenige/diejenige/dasjenige* stehen.
Ein anderer Typ der determinierenden Attributsätze grenzt das Bezugsglied nicht ein, sondern erläutert, beschreibt es weiter:

Der Mann, *der seit langem an der Ecke steht,* liest eine Zeitung.

Wir nennen daher solche Attributsätze auch erläuternde Attributsätze.
(3) Explizierende (erklärende) Attributsätze beschreiben den Sachverhalt, auf den sich das Substantiv, Adjektiv oder Artikelwort beziehen, erstmalig und (relativ) umfassend. Dazu dient die Konjunktion *daß,* gelegentlich (so bei der Formulierung von Hypothesen) *ob* oder ein erweiterter Infinitiv. Bei den expli-

zierenden Attributsätzen mit *daß* wird die Nähe zu den Ergänzungs- und Angabesätzen deutlich:

> Wir brauchen ihn nicht dazu, *daß* er den ganzen Tag Zeitung liest.
> Die Frage, *ob* er der Täter ist, bleibt ungeklärt.
> Das Gerät hat den Nachteil, *sehr störanfällig zu sein.*

(4) Lokale Attributsätze beschreiben den Ort eines Sachverhalts näher. Dabei kann es sich sowohl um situatives Geschehen (Frage: *wo?*) wie um Richtungen *(woher? wohin?)* handeln:

> *Dort, wo* der Gestank herkommt, liegt die Chemiefabrik.
> *Wo* er hinschlägt, wächst kein Gras mehr.
> *Dorthin, wo* du hingehst, will auch ich gehen.

(5) Bei den modalen Attributsätzen mit einem adjektivischen Kern, die mit *wie* (bzw. *als*) eingeleitet werden, handelt es sich um Vergleichssätze. Sie beziehen sich auf das Modalglied des Hauptsatzes. Im Hauptsatz steht *so* beim Adjektiv, bei Substantiven oder Substantivgruppen *solch:*

> Sie fuhr *so* schnell, wie sie sonst nie fuhr.
> Wir fuhren auf eine *(solche)* Insel, wie wir es uns immer gewünscht hatten.
> Das Spiel war von einer *solchen* Brutalität, wie sie es befürchtet hatten.

Beim Adjektiv können noch *genau, eben, ganz* oder *kaum* hinzugefügt werden:

> Sie fuhr genausoschnell, wie wir befürchtet hatten.
> Er war ebensogroß, wie sein Großvater gewesen war.

Verkürzung ist möglich:

> Sie fuhr genausoschnell wie befürchtet.

Irreale Vergleichssätze (→ S. 111) werden analog gebildet:

> Sie fuhr so schnell, als ob sie Weltrekordlerin *wäre.*

Gebrauch des Relativelements

(1) Relativelemente in Attributsätzen sind Relativpronomen oder Adverbien.

(2) Relativpronomen sind: *der, die, das, die* (alle Deklinationsformen) sowie *welcher, welche, welches, welche* (alle Deklinationsformen). Zu dieser Gruppe zählen wir auch *wer* bzw. *was* mit ihren Deklinationsformen. Nun können *wer/was* nicht immer als Relativelement fungieren; vielmehr ist ihre Verwendung auf bestimmte Kontexte beschränkt. Beispielsweise sind falsch:

> * Der Mann, wer an der Ecke stand, ist verschwunden.
> * Die Kinder, was wir letzte Woche gesehen haben, sind jetzt in Köln.
> * Wer am weitesten wirft, die gewinnt.

Aus diesen fehlerhaften Sätzen lassen sich die Bedingungen für den Gebrauch von *wer/was* als Relativelemente ableiten:

- Der Attributsatz mit *wer/was* steht an der Spitze, der Hauptsatz mit dem Bezugswort folgt:

> *Wer* wagt, *(der)* gewinnt.
> *Was* wir wollen, *(das)* schaffen wir auch.

- Auf *wer* folgt im Hauptsatz *der,* nicht *die,* gleichgültig, ob Männer oder Frauen gemeint sind (generisches Maskulinum; →S. 161):

  Wer am weitesten wirft, der gewinnt.
  * Wer am weitesten wirft, die gewinnt.

- *Das/der* am Beginn des Hauptsatzes kann man bei Subjektgleichheit weglassen. Daher:

  Wen ich vorschlage, *(den)* will ich haben.
  Was ich meine, *(das)* ist sonnenklar.

  Stimmen allerdings Kasus des Relativpronomens und des Bezugsworts nicht überein, muß *der/das* in der entsprechenden Deklinationsform stehen:

  Wessen du dich rühmst, *dem* hilft es nicht mehr.
  * Wessen du dich rühmst, hilft es nicht mehr.

  Besteht keine Subjektgleichheit, wird meistens *der/das* eingefügt:

  Wer den Mord begangen hat, *den* muß ich haben!

(3) Besonderheiten des Gebrauchs:

- Ist das Bezugswort im Hauptsatz ein Substantiv in der 3. Person, steht das Relativelement ohne Zusatz (a). Handelt es sich hingegen um ein Personalpronomen der 1. oder 2. Person, wird dem Relativelement normalerweise das Personalpronomen hinzugefügt, das dann auch mit dem Verb des Nebensatzes kongruiert (b):

  (a) *Der Hund, der* dem Mann dort gehört, ist ein ekelhafter Köter.
  (b) *Du, der du* nie Urlaub gemacht *hast,* verlierst jetzt auch noch deine Stelle.

  Die Höflichkeitsform *Sie* muß im Attributsatz immer wiederholt werden:

  Sie, *die Sie* uns so viele Schwierigkeiten bereitet haben, verschwinden unverzüglich!

- Nicht nur mit Bezug auf den ganzen Satz *(Was auch geschieht, ich bleibe hier!),* sondern auch beim Superlativ und bei unbestimmten Zahladjektiven steht im Attributsatz *was:*

  Das Tollste, *was* wir erlebt haben, war ein Urwaldtreck.
  Nichts, *was* er anfaßt, gelingt.

(4) Adverbien für den Relativanschluß sind: *wo, wohin, woher* sowie *wo(r)+* Präposition:

Das Haus, *wo* wir gewohnt haben, ist verbrannt.
Die Gegend, *woher* wir kommen, ist öde.
Das Thema, *worüber* wir gesprochen haben, bewegt uns sehr.

Allerdings ist die Verwendung von *wo* auf Sachverhalte beschränkt, die Lokales (Raum) oder Temporales (Zeit) bezeichnen (*wo* ist hier austauschbar mit *da,* das jedoch literarisch wirkt):

Der Augenblick, *wo/da* er hereinkommt.

Falsch sind deshalb:

* Das Auto, wo an der Ecke parkt ...
* Die Idee, wo er gehabt hat ...

Grenzfälle sind folgende Sätze, die jedoch nur in der gesprochenen Sprache vorkommen (die lokale Grundbedeutung von *wo* klingt durch):

Ein Verhältnis, *wo* der Wurm drin ist ...
Ein Buch, *wo* ich diesen Satz gelesen habe ...
Ein Schreibtisch, *wo* großes Durcheinander herrscht ...

Merke:
Nur bei Dingen oder Abstrakta ist die Form *wo(r)+* Präposition (Pronominaladverb) möglich; bei Personen ist sie falsch. Wir vergleichen:

Das Thema, *worüber* wir gesprochen haben, bewegt uns sehr.
* Klaus, worüber wir gesprochen haben, bewegt uns sehr.
aber: Klaus, *über den* wir gesprochen haben, bewegt uns sehr.

Wo ist bei artikellosen Ortsnamen obligatorisch:

Leipzig, *wo* ich studiert habe, ist eine sehenswerte Stadt.
* Leipzig, in dem ich studiert habe, ist eine sehenswerte Stadt.

Eisenberg, Peter 1986: Grundriß der deutschen Grammatik, Stuttgart
Hartung, Wolfdietrich 1964: Die zusammengesetzten Sätze des Deutschen, Berlin
Kaufmann, Gerhard 1976: Die indirekte Rede und mit ihr konkurrierende Formen der Redeerwähnung, München
Polenz, Peter von 1985: Deutsche Satzsemantik. Grundbegriffe des Zwischen-den-Zeilen-Lesens, Berlin/New York
Zint-Dyhr, Ingeborg 1981: Ergänzungssätze im heutigen Deutsch. Untersuchungen zum komplexen Satz, Tübingen

Satzbaupläne

(1) Bei der Charakterisierung des einfachen Satzes (→ S. 327) hatten wir gesagt, daß das finite Verb strukturelles Zentrum des Satzes ist. Das Verb eröffnet „Leerstellen“, die mit konstitutiven Ergänzungen (→ S. 331) gefüllt werden. Oder anders gesagt: durch die jeweilige Bedeutung des Verbs wird ein Stellenplan des Satzes festgelegt, den die konstitutiven Ergänzungen ausfüllen.
(2) Es ist nun ein Vorzug einer Valenzgrammatik mit dem finiten Verb im Zentrum des Satzes, daß man auf der Grundlage der beschriebenen Ergänzungsklassen (→ S. 332) zu einer Gliederung der Satzstrukturen gelangen kann. Solche Gliederungen werden hier Satzbaupläne genannt (anderswo auch: Satzmodelle, Satzmuster, Satzschemata, Grundstrukturen). Ziel dabei ist, die unendliche Menge aller gesprochenen und geschriebenen einfachen deutschen Sätze in einer überschaubaren Zahl von Grundstrukturen zu erfassen. Die Grundstrukturen geben nicht unmittelbar Aufschluß über den Satzinhalt, wohl aber ist durch die Besetzung der Leerstellen indirekt ein Hinweis auf die Aussage gegeben.
(3) Die Satzbaupläne sind also abstrakte Strukturmuster und keine Valenzlisten der einzelnen Verben. Eine solche kurzgefaßte Valenzliste findet sich im Kapitel Verb (→ S. 64).
(4) Hier werden die Satzbaupläne des einfachen Satzes dargestellt. Dieser besteht aus dem Prädikat (finites Verb mit Erweiterungen) sowie den Ergänzungen aufgrund der Valenzstruktur. Sein Gegenstück, der zusammengesetzte Satz (→ S. 337) besteht nach traditionellem Verständnis aus zwei oder mehr Hauptsätzen bzw. Sätzen gleichen Grades (Satzverbindung) oder einem Hauptsatz und einem oder mehreren Nebensätzen, also Sätzen unterschiedlichen Grades (Satzgefüge).
In unserer Liste der Satzbaupläne des einfachen Satzes wird die folgende Untergliederung vorgenommen: in der linken Spalte sind die Basis-Satzbaupläne vermerkt, rechts davon jeweils der um eine Akkusativergänzung erweiterte Satzbauplan. Die zueinander gehörenden Muster stehen also nebeneinander:

0		Es regnet.			
I.1	V+S:	Das Mädchen schläft.	II.1	V+S+A:	Ich bezahle die Rechnung.
			II.1.1	V+S+A+A:	Sie lehrt die Kinder das Schreiben.
I.2	V+S+G:	Sie bedarf der Pflege.	II.2	V+S+G+A:	Ich klage ihn des Diebstahls an.
I.3	V+S+D:	Das Geschenk gefällt mir.	II.3	V+S+D+A:	Sie bringt mir Blumen.
I.4	V+S+P:	Ich bestehe auf seiner Entschuldigung.	II.4	V+S+A+P:	Sie bittet mich um Hilfe.
I.5	V+S+Si:	Er wohnt in München. Sie atmet seit fünf Minuten.	II.5	V+S+A+Si:	Ich fand sie in München. Wir beatmen sie seit fünf Minuten.

I.6	V+S+R:	Müllers fahren nach Bonn.	II.6	V+S+A+R:	Wir brachten sie an den Bahnhof.
I.7	V+S+E:	Vera ist Lehrerin. Kottgeisering ist ein Dorf.	II.7	V+S+A+E:	Wir nannten ihn „Hakenfinger-jakob“. Man beförderte ihn zum General.
I.8	V+S+Ar:	Sie ist intelligent. Die Tochter gilt als hübsch.	II.8	V+S+A+Ar:	Klaus findet sie hübsch. Ich halte das für gefährlich. Er trinkt die Flasche leer.
I.9	V+S(+A)+I:	Ich sehe sie kommen. Sie wollen ins Kino gehen. Wir lassen die Kinder spielen. Sie bittet mich zu bleiben.			

(V = Verb, S = Subjekt (Nominativergänzung), A = Akkusativergänzung, G = Genitivergänzung, D = Dativergänzung, P = Präpositionalergänzung, Si = Situativergänzung (lokal, temporal), R = Richtungsergänzung, E = Einordnungsergänzung, Ar = Artergänzung, I = Infinitivergänzung)

0 Subjektlose Sätze

(1) Zu diesem Satzbauplan gehören vor allem die „Witterungsverben“: hier gibt es ein nichtaustauschbares *es*, das daher nicht Satzglied ist:

Es regnet.
ebenso: blitzen, dämmern, donnern, hageln, schneien

(2) Nicht zu diesem Satzbauplan, sondern zum Plan I.1 gehören Verben wie *blühen, brennen, grünen, läuten* usw., weil in der Subjektstelle neben dem *es* auch ein Satzglied erscheinen kann:

Es blüht. → Die Rose blüht.
Es brennt. → Das Haus brennt.
Es grünt. → Die Bäume grünen.
Es läutet. → Die Kinder läuten.

I.1 Verb + Subjekt (Nominativergänzung)

(1) Dieser Satzbauplan ist relativ umfangreich, d.h., viele Verben haben im Deutschen eine konstitutive Ergänzung, das Subjekt, bei sich:

Das Mädchen schläft.

(2) Möglich ist eine Gliederung nach Inhaltsbereichen:
- Verben für Lichtbewegungen:

Es leuchtet. → Die Lampe leuchtet.
ebenso: brennen, glitzern, glühen usw.

- Verben für menschliche und tierische Laute: *bellen, blöken, brüllen, fauchen, krähen, pfeifen, quaken, schnattern, schreien, wiehern, zwitschern*
- Verben der Zustandsbeschreibung: *blühen, dürsten, sich erkälten, grünen, hungern, schimmeln, schlafen, trocknen*
- Verben des Beginns oder Endes einer Handlung: *erblinden, erfrieren, erröten, erwachen, gefrieren, veralten, verarmen, verdampfen, vergreisen, verrosten, verstummen, verwaisen*
- Verben der menschlichen Tätigkeit: *albern, blödeln, essen, lachen, läuten, scherzen, singen, springen, trinken*
- Verben der Berufsausübung: *arbeiten, backen, kellnern, schneidern, schriftstellern, tischlern*
- Verben der Bewegung am Ort: *schaukeln, schwanken, zittern*
- Verben der Ortsveränderung: *gehen, kommen, laufen, schwimmen, wandern*
- Verben des Sterbens: *dahingehen, das Zeitliche segnen, sterben, verbluten, verscheiden*

Merke:
Zu diesem Satzbauplan gehören auch Verben des menschlichen Empfindens, bei denen ein Wechsel mit der Akkusativergänzung möglich ist:

Er friert. ⟶ Den Mann/ ihn friert. ⟶ Es friert ihn.

Nur Akkusativ bzw. Dativ ist möglich bei:

dürsten:	Ihn dürstet.
grauen:	Ihm graut. (selten: ihn)
grausen:	Ihm graust. (selten: ihn)
schwindeln:	Ihm schwindelt. (selten: ihn)

Anmerkung:
In unserer Grammatik wird die traditionelle Unterscheidung des Subjekts in psychologisches, logisches und grammatisches Subjekt nicht vorgenommen, weil sie für den praktischen Gebrauch unerheblich und obendrein unpräzis ist. So nannte Hermann Paul (1919) die erwähnten Formen *mich* friert, *mir* graut psychologische Subjekte, weil sie zwar Handlungsauslöser sind, auch wenn sie nicht im Nominativ stehen; Ludwig Sütterlin (1923) dagegen bezeichnete als logisches Subjekt die natürlichen Träger der Verbalhandlung (auch im Passivsatz; zuweilen semantisches Subjekt genannt):

Das Spiel wurde *vom Tabellenführer* gewonnen.

Beide - psychologisches wie logisches Subjekt - wurden als Gegenbegriff zum grammatischen Subjekt verstanden:

Der Mann liest die Zeitung.

(3) Wichtig für uns sind dagegen für die Beschreibung des Subjekts folgende Kennzeichnungen:
- Das Subjekt steht im Nominativ.
- Das Subjekt wird mit *wer* oder *was* erfragt: *Wer* fragt nach Menschen und anderen Lebewesen sowie Institutionen, *was* nach Dingen, Sachverhalten und Zuständen:

Ich habe den Brief geschrieben. (Wer?)
Das Finanzamt schickt eine Mahnung. (Wer?)
Der Tisch steht in der Ecke. (Was?)

- Das Subjekt stimmt in Person und Numerus mit dem Verb überein (Kongruenz):

  Ich laufe. Wir laufen.

- Wird ein Aktivsatz ins Passiv gesetzt (II. 1), ändern sich Genus des Verbs und syntaktischer Status des Subjekts. Das Subjekt wird zum weglaßbaren *von/ durch*-Gefüge, das Akkusativobjekt wird Subjekt des Passivsatzes:

  Er fährt den Wagen.
  ⟶ Der Wagen wird (von ihm) gefahren.

  Bei Verben ohne Akkusativergänzung entfällt dabei im Regelfall das Subjekt:

  Sie trinken bis zum Morgen.
  Bis zum Morgen wird getrunken.

- Das Subjekt ist meistens Thema, nicht Rhema (→ S. 433):

  Wir kommen nach *München*. (Rhema)
  Diese Stadt mögen wir sehr. (Thema)

- Das Subjekt ist in der Mehrzahl der Fälle Agens, also Handlungsträger:

  Der Mann liest. *Wir* schwimmen im See.

  (Selbstverständlich haben Sätze mit Impersonalia wie: *Es regnet,* Zustandsverben wie: *Sie schläft* oder Sätze wie: *Das finde ich gut* kein Agens als Subjekt, aber dies ist die Minderheit.)
- Mit dem Subjekt wird auf ein Lebewesen oder ein Objekt Bezug genommen:

  Carola hat in diesem Monat Geburtstag.
  Dieses Haus kostet eine Million.

- Das Subjekt steht bei unbetonter Satzgliedfolge am Beginn des Satzes:

  Das Flugzeug startet um 8.10 Uhr.

II.1 Verb + Subjekt + Akkusativergänzung

(1) Dieser Satzbauplan ist der am häufigsten vorkommende und von der Bedeutung her unterschiedlichste in der deutschen Sprache. (Zählungen haben zwischen 25 und 40% ergeben.) Zugleich ist er ein Beweis für die Erkenntnis, daß sich in der Sprache syntaktische Einfachheit und semantische Verschiedenartigkeit umgekehrt proportional verhalten: je einfacher und auch eindeutiger in syntaktischer Hinsicht ein Satzbauplan ist, desto verzweigter und unterschiedlicher ist er in seiner Bedeutung:

Ich bezahle die Rechnung.
Er verläßt das Haus.
Sie sieht ihren Verlobten.
Wir essen den Spargel.

(2) Generell gilt, daß alle Verben zu diesem Satzbauplan gehören, die uneingeschränkt passivfähig sind: *bauen, buchstabieren, gliedern, grüßen, hassen, lieben, loben, reinigen, schneiden, schreiben* usw.

(3) Weiterhin gehören hierher Verben mit den Präfixen:

ab-:	abfragen, abholen, abladen, abtransportieren
an-:	anfahren, ankleiden, ansagen, anziehen
auf-:	aufbringen, aufholen, aufschneiden, aufsetzen
aus-:	ausfahren, ausgeben, ausmachen, austeilen
ein-:	einbringen, einfahren, einholen, einsetzen
ent-:	entfernen, entmündigen, entscheiden, entzaubern
er-:	erbringen, erfahren, erlernen, ermitteln, erzürnen
ge-:	gebrauchen, gewähren
über-:	überarbeiten, überholen, übertreffen, überzeugen
um-:	umfahren, ummalen, umrunden, umschreiben
unter-:	unterbrechen, unterhalten, unterlaufen, unterschreiten
ver-:	verkochen, verraten, versalzen, verstimmen
zer-:	zermalmen, zerreden, zersiedeln, zerstören

Merke:
Diese - traditionell transitiv genannten - Verben bilden das *werden-* und *sein*-Passiv durch Wechsel von Subjekt und Objekt: das Akkusativobjekt des Aktivsatzes wird Subjekt des Passivsatzes, während das Subjekt des Aktivsatzes zu einem weglaßbaren Präpositionalgefüge wird, eingeleitet mit *von* oder *durch*. Zu den Verben, die nicht passivfähig sind: → S. 94.

(4) Die Akkusativergänzung wird durch *wen* oder *was* erfragt: *wen* fragt nach Personen und Institutionen, *was* nach Dingen oder Abstrakta. Die Ergänzung wird mit *ihn, es* usw. anaphorisiert (durch das allgemeinste Element einer Klasse ersetzt).

(5) Akkusativergänzungen können auch in Gestalt eines „unechten" Reflexivverbs auftreten:

Ich kämme mich. Sie wäscht sich.

Merke:
Soll ein Teil-Ganzes-Verhältnis ausgedrückt werden, wird das Teil im Akkusativ, das Ganze im Dativ genannt (→ S. 377):

Ich kämme mir die Haare. Du wäschst dir die Füße.

Anmerkung:
Eine Besonderheit stellen die Verben dar, die Maße, Mengen oder Entfernungen ausdrücken, also quantitative Angaben (*enthalten, fassen, kosten, messen, wiegen* usw.). Wir sprechen in diesem Fall von den Verben mit Maß- bzw. Erstreckungsergänzung. Der Form nach Akkusative, sind sie es dennoch nicht, weil sie kein Passiv bilden und nicht mit *ihn, es* usw. anaphorisiert werden können:

(a) Sie wiegt 80 Kilogramm.
——→* 80 Kilogramm werden von ihr gewogen.
(b) Das macht zwanzig Mark sechzig.
——→* Zwanzig Mark sechzig werden gemacht.

(c) Der Saal faßt 1000 Menschen.
→* 1000 Menschen werden von dem Saal gefaßt.
(d) Der Dollar stieg um 3 Pfennige.
→* 3 Pfennige wurden vom Dollar gestiegen.
(e) Ich gehe 30 Kilometer.
→ Es werden 30 Kilometer gegangen.
→* 30 Kilometer werden von mir gegangen.
(f) Sie arbeitet den ganzen Tag.
→ Es wird den ganzen Tag gearbeitet.
→* Den ganzen Tag wird von ihr gearbeitet.

Die Sätze (a–d) sind nicht passivfähig. Wir nennen diese Struktur: Verb + Subjekt + Maßergänzung. Die Sätze (e, f) sind beschränkt passivfähig (*es*-Passiv), d.h., hier gibt es einen Übergang von der Nicht-Passivfähigkeit zur Passivfähigkeit. Dies wird noch deutlicher bei spezielleren Verben der Gruppe: *gehen (marschieren, rennen, wandern):*

30 Kilometer werden (von ... uns ...) marschiert.

Erstreckungsergänzungen und Maßergänzungen lassen sich häufig durch ein Adjektiv erweitern:

30 Kilometer weit, den ganzen Tag lang

(6) Im Regelfall werden Akkusativergänzungen mit *nicht* negiert:

Er sieht die Frau.
→ Er sieht die Frau *nicht*.

Steht ein unbestimmter Artikel vor der Akkusativergänzung, erfolgt die Negation mit *kein:*

Ich habe *einen* Bären gesehen.
Ich habe *keinen* Bären gesehen.

Maß- und Erstreckungsergänzungen werden im Regelfall mit *nicht* verneint, mit *kein* jedoch stets dann, wenn die Nichterfüllung bzw. das Unterschreiten des Maßes betont werden sollen:

Sie wiegt keine 60 Kilogramm.
Der Saal faßt keine 1000 Menschen.
Ich gehe keine 30 Kilometer.
Sie arbeitet keinen ganzen Tag.
Das Buch kostet keine 10 Mark.

(7) Sätze wie:

Ihr Tod bedeutet *einen großen Verlust.*
Unser Vater stellt *eine wichtige Persönlichkeit* dar.

enthalten keine Akkusativergänzung, sondern gehören zum Satzbauplan Verb + Subjekt + Einordnungsergänzung (I.7). Sie können im Regelfall kein Passiv bilden.

(8) Es ist häufig versucht worden, dem Akkusativ eine Bedeutung, eine Funktion zuzuweisen. So wurde von direktem Objekt oder von „Zielgröße" (Glinz) gesprochen, gelegentlich auch beklagt, daß die „Akkusativierung der Person"

(Weisgerber) eine Degradierung des Menschen von einer Person zum willenlosen Objekt darstelle:

Ich bedenke ihn mit etwas.

Eine solche Sicht ist, von Ausnahmen abgesehen, zweifellos übertrieben. Die Ausnahme betrifft die Sprache der Verwaltung und der Geschäftswelt, in der der Satzbauplan Verb + Subjekt + Akkusativergänzung + Präpositionalergänzung häufig vorkommt: *jmdn. ausrüsten, ausstatten, auszeichnen, beliefern, besolden, bezuschussen, bewaffnen, versorgen*
Ansonsten gibt es viele Fälle, bei denen entweder der - als Person verstandene - Dativ willenloses und handlungsunfähiges Objekt ist (*jemandem etwas anhängen/einflößen/umbinden/zuweisen* usw.) oder die Person im Akkusativ steht und dennoch handlungsfähiger Partner ist bzw. die Handlung als positiv interpretiert wird: *jemanden aufnehmen, jemanden mit einem Preis auszeichnen, jemanden unterbringen, jemanden mit Material versorgen*
Die Beispiele machen deutlich, daß die These, der Akkusativ „degradiere den Menschen", nicht stimmt. Sie zeigen aber auch, wie schwierig es ist, den verschiedenen Satzstrukturen eindeutige Bedeutungen zuzuweisen.
(9) Sinnvoll freilich ist die Unterscheidung der Akkusativergänzung in affiziertes, effiziertes und inneres Objekt.
Ein affiziertes Objekt liegt vor, wenn Lebewesen (Personen, Tiere) oder Dinge von einer Tätigkeit oder Handlung betroffen sind. Dabei ist die Art der Tätigkeit oder Handlung unwichtig; wichtig ist nur, daß das Lebewesen/Ding im Akkusativ bereits vorher bestand, also nicht durch das Verb hervorgebracht wurde:

Wir kritisieren *den Politiker.*
Sie pflückt *Blumen.*

Dagegen liegt ein effiziertes Objekt vor, wenn im Verb das Ergebnis eines Geschehens oder einer Handlung genannt wird:

Sie produzieren *Autos.*
Er stellt *eine Mischung* her.

Um ein inneres Objekt handelt es sich, wenn (a) Zustände bei Personen oder (b) die Art einer verbalen Aussage genannt werden:

(a) Es friert *mich.*
(b) Er geht *einen schweren Gang.*

II.1.1 Verb + Subjekt + Akkusativergänzung + Akkusativergänzung

(1) Dieser Satzbauplan ist der einzige, bei dem eine Ergänzung doppelt erscheint. Insofern stellt er eine Ausnahme dar. Historisch gesehen, ist diese Struktur sehr jung in der deutschen Sprache:

Sie lehrt die Kinder das Schreiben.

(2) Echte Verben mit doppeltem Akkusativ sind: *abfragen, abhören, angehen, bitten, fragen, kosten, lehren:*

> Sie fragt mich die Geburtsdaten ab.
> Er hört ihn die Vokabeln ab.
> Das geht dich nichts an.
> Ich habe sie etwas gebeten.
> Darf ich Sie etwas fragen?
> Das kostet mich ein Vermögen.

- Es fällt auf, daß bei diesen Verben - mit Ausnahme von *kosten* - nur eine semantisch begrenzte und daher kleine Zahl von Substantiven bzw. vergleichbaren Wortarten erscheinen kann. So sind - nach dem personalen Subjekt - bei *abfragen/abhören* nur konkrete Lernstoffe (*Vokabeln, Tabellen, Geschichtszahlen* usw.) möglich, bei *lehren* nur Unterrichtsfächer oder allgemeine Fähigkeiten (*Schwimmen, Auto fahren* usw.), bei *bitten* ausschließlich *etwas* (immer häufiger: *um etwas bitten*), bei *angehen* nur *nichts, viel, ein bißchen* sowie Äußerungen der Vulgärsprache. Bei *kosten* fällt zunehmend der Akkusativ der Person aus (Nähe zu den Maßergänzungen):

  > Das kostet (mich) ein Vermögen.

- Da die Struktur: Verb + Subjekt + doppelter Akkusativ selten ist, treten oft Fehler auf. Besonders trifft dies auf *lehren* zu *(Sie lehrt die Kinder das Schreiben.).* Immer wieder ist zu hören:

  > * Ich lehre ihm die deutsche Sprache.

  Diese Form ist sowohl in der gesprochenen wie in der geschriebenen Sprache falsch. Als Umschreibung kann *beibringen* + Dativ + Akkusativ (II.3) empfohlen werden:

  > Ich bringe ihm die deutsche Sprache bei.

  oder Passiv *(es):*

  > Ihm wird die deutsche Sprache (von mir) beigebracht.

- Im Passiv ist bei *fragen* eine Vielzahl von Substantiven möglich, keineswegs nur *etwas:*

  > Ich wurde intime Dinge/schwierige Sachen gefragt.

(3) Es ist umstritten, welche Verben außerdem noch zu diesem Satzbauplan gehören. Beispielsweise werden häufig Sätze wie:

> Man nannte ihn einen Scharlatan.
> Wir schimpften ihn einen Versager.

hier aufgeführt sowie solche mit den Verben *heißen* und *rufen,* obwohl eindeutig eine Einordnungsergänzung (II.7) vorliegt.

I.2 Verb + Subjekt + Genitivergänzung

(1) Wir hatten bereits (→ S. 121) darauf hingewiesen, daß die meisten Genitivformen Attribute und nicht Ergänzungen sind, ja: daß Sprachwissenschaftler dar-

über nachdenken, ob der Genitiv überhaupt noch im Kasusparadigma und damit in der Reihe der Verbergänzungen erscheinen soll:

Sie bedarf der Pflege.

(2) Heute noch - vor allem in der geschriebenen Sprache - verwendete Verben mit Genitivergänzung sind: *sich jemandes/einer Sache annehmen, jemandes/einer Sache bedürfen, sich jemandes/einer Sache entledigen, sich jemandes/einer Sache erinnern, jemandes/einer Sache gedenken, sich jemandes/einer Sache rühmen*
(3) Zahlreiche früher verwendete Verben gelten inzwischen auch in der geschriebenen Sprache als veraltet und werden nicht mehr gebraucht: *sich einer Sache befleißigen/begeben/entäußern/enthalten, (sich) einer Sache entraten/entwöhnen/vergewissern*
(4) Darüber hinaus steht die Genitivergänzung noch bei den folgenden festen Wendungen: *sich eines Besseren besinnen, jeder Grundlage entbehren, sich bester Gesundheit erfreuen, jeder Beschreibung spotten, seines Amtes walten* (lit.), *sich seiner Haut wehren*
(5) Der Genitiv wird mit *wessen* erfragt, anaphorisiert mit *dessen, derer, seiner* usw.
(6) Zahlreiche alte Genitive werden inzwischen, vor allem in der gesprochenen Sprache, durch Präpositionalgefüge ersetzt:

Ich erinnere mich *seiner.* ⟶ Ich erinnere mich *an ihn.*
Wir schämen uns *ihrer.* ⟶ Wir schämen uns *wegen ihr/ihretwegen.*

II.2 Verb + Subjekt + Genitivergänzung + Akkusativergänzung

(1) Verben dieses Satzbauplans sind meistens textsortenspezifisch: sie kommen fast ausschließlich in juristischen Fachtexten vor: *anklagen, beschuldigen, bezichtigen, überführen, verdächtigen:*

Ich klage ihn *des Diebstahls* an.

Gelegentlich wird in der gesprochenen Sprache allerdings auch hier bereits der Genitiv durch das Präpositionalgefüge ersetzt:

Wir verdächtigen ihn *wegen des Überfalls.*

(2) Andere Verben dieses Satzbauplans, die nicht zur Juristensprache gehören, sind *belehren* und *versichern:*

Er belehrte mich *eines Besseren.*
Ich versichere dich *meiner Anteilnahme.*

(3) Fast ausschließlich - auch in der geschriebenen Sprache - wird der Präpositionalkasus anstelle des Genitivs verwendet bei: *befreien von, (sich) erinnern an, verweisen aus.*

(4) Austauschbar bei der Anrede sind:

Ich versichere *dich* meiner Anteilnahme.
und: Ich versichere *dir* meine Anteilnahme.

Allerdings wird in der gesprochenen Sprache die Struktur: Verb + Subjekt + Dativergänzung + Akkusativergänzung bevorzugt.

I.3 Verb + Subjekt + Dativergänzung

(1) Die Dativergänzung als konstitutives Satzglied wird erfragt mit *wem* und anaphorisiert durch Wörter wie *ihm, ihr, dem* usw.:

Das Geschenk gefällt *mir.*

(2) Der Dativ ist in mehrerer Hinsicht einzigartig und wohl auch der interessanteste Kasus der deutschen Sprache: er kann nicht durch einen Nebensatz (*daß*-Satz) ersetzt werden, und neben der Dativergänzung gibt es noch weitere Dativgefüge:

Du bist *mir* vielleicht der Richtige!	(dativus ethicus)
Er wusch *ihr* den Wagen.	(dativus commodi)
Alle Blumen sind *uns* erfroren.	(dativus incommodi)
Ein Stein ist *ihm* auf den Kopf gefallen.	(Pertinenzdativ)

(3) Die Dativergänzung wird entweder mit persönlichem oder sachlichem/unpersönlichem Subjekt sowie persönlicher Dativergänzung gebildet:

Ich helfe ihr.	(persönlich)
Etwas gelingt den Kindern.	(sachlich)

(4) Hier einige häufig vorkommende Verben dieses Satzbauplans: *absagen, ähneln, angehören, antworten, auffallen, begegnen, beistimmen, beitreten, bleiben, danken, dienen, drohen, einfallen, entgegengehen, entgehen, entsprechen, fehlen, folgen, sich fügen, gefallen, gehören, gehorchen, gelingen, genügen, glücken, gratulieren, helfen, imponieren, kündigen, liegen, mißfallen, mißlingen, mißtrauen, nachblicken, nacheifern, nachgeben, nachgehen, nachtrauern, sich nähern, nutzen/nützen, sich opfern, passen, passieren, reichen, schaden, schmecken, trauen, trotzen, unterliegen, vertrauen, verzeihen, wehtun, widerfahren, sich widersetzen, widersprechen, winken, zuhören, zureden, zustimmen, zuvorkommen*

Anmerkung:
- Neben der Form: *Ich kündige ihm* setzt sich, besonders in der Geschäftssprache, auch der Akkusativ durch: *Ich kündige ihn.* Passiv: *Er/ihm wurde gekündigt.*
- Unpersönlicher Gebrauch liegt vor bei: *es geht ihm gut, es ist ihm zumute, es kommt ihm vor, es liegt ihm, es scheint ihm, es schmeckt ihm, es tut ihm leid*

Dativus ethicus

Der dativus ethicus (ethischer Dativ) zeichnet sich durch folgende Eigenschaften aus: er ist nicht konstitutiv (also jederzeit weglaßbar), kann nicht an der Satzspitze stehen und tritt nur als Pronomen (also nicht als Substantiv) auf:

Du bist *(mir)* vielleicht der Richtige!
→ * Du bist dem Mann vielleicht der Richtige.
Fall *(mir)* nur nicht von der Leiter!
→ * Mir fall nur nicht von der Leiter!

Dativus commodi

Der dativus commodi („Vorteilsdativ“) ist gleichfalls nicht konstitutiv (also jederzeit weglaßbar); er kann jedoch an der Satzspitze (erststellenfähig) wie in der Satzmitte stehen, tritt als Pronomen wie als Substantiv auf und kann durch ein Präpositionalgefüge mit *für* ersetzt werden:

Sie öffnet *(dem Gast)* die Tür.
⟶ *Dem Gast* öffnet sie die Tür.
⟶ Sie öffnet *ihm/für ihn* die Tür.

Anmerkung:
Der Satz: *Er schreibt ihr einen Brief* ist zweideutig: entweder ist *ihr* Dativergänzung (= *an sie*) oder dativus commodi (= *für sie*).

Dativus incommodi

Der dativus incommodi („Nachteilsdativ“) ist nicht konstitutiv, kann an der Satzspitze wie in der Satzmitte stehen und nicht durch ein *für*-Gefüge ersetzt werden. Er kann aber häufig - ähnlich wie der Pertinenzdativ - durch ein Possessivverhältnis (Possessivpronomen + Substantiv) ersetzt werden. Wichtig ist vor allem die für den Betroffenen negative Aussage:

Ein Mann ist *(ihr)* ins Auto gefahren.
⟶ Ein Mann ist in ihr Auto gefahren.
⟶ Ihr ist ein Mann ins Auto gefahren.
Das Glas ist *(ihm)* auf die Erde gefallen.
⟶* Das Glas ist für ihn auf die Erde gefallen.

Pertinenzdativ

Der Pertinenzdativ („Körperteildativ“, Zugehörigkeitsdativ) ist wie die Dativergänzung mit *wem* erfragbar und mit *ihm, ihr* usw. anaphorisierbar. Dieser Dativ ist relativ frei auf dem Satzfeld verschiebbar, aber dennoch kein Satzglied, sondern Attribut zum übergeordneten Satzglied (im Regelfall eine Akkusativergänzung). Es gibt folgende Satzstrukturen:

Der Frau tun die Füße weh.	(V+S+Pert.)
Er kämmt ihr die Haare.	(V+S+A+Pert.)
Der Friseur färbte mir die Haare schwarz.	(V+S+A+Ar+Pert.)
Ich klopfe meinem Freund auf die Schulter.	(V+S+R+Pert.)
Ich lege ihr die Hand um die Taille.	(V+S+A+R+Pert.)

Anmerkung:
- Gelegentlich ist der Sprachgebrauch schwankend: Pertinenzdativ wechselt mit Pertinenzakkusativ. Dies betrifft vor allem die Verben *beißen, küssen, stechen, stoßen, zwicken:*

  Die Dogge biß mir/mich in die Wade.
  Er küßte sie/ihr (gesprochene Sprache) auf den Mund.
  Ich stieß sie/ihr (gesprochene Sprache) in die Seite.
  Seit Stunden zwickt es mir/mich in der Wade.

  Einfacher Akkusativ herrscht dagegen vor bei:

  Er stieß *mich* auf ein Problem. Da stach *sie* der Hafer.

- Bei den Verben des Schlagens *(boxen, hauen, klopfen, schlagen)* steht Dativ:

  Er haute *ihm* auf den Rücken.

Hier noch einmal alle Merkmale der Dativstrukturen als Übersicht:

	Dativergänzung	dativus ethicus	dativus com-modi	dativus incom-modi	Pertinenz-dativ
auch an der Satz-spitze	+	–	+	+	+
auch als Substantiv	+	–	+	+	+
konstitutiv	+	–	–	–	–
Ersetzung durch ein *für*-Gefüge	–	–	+	–	–
Possessivverhältnis	–	–	–	±	+

II.3 Verb + Subjekt + Dativergänzung + Akkusativergänzung

(1) Verben dieses Satzbauplans lassen sich weitgehend inhaltlich bestimmen. Im Regelfall steht ein Dativ der Person neben einem Akkusativ der Sache:

Sie bringt mir Blumen.

(2) Es handelt sich einmal um Verben des Gebens und Nehmens: *angeben, bescheren, besorgen, bringen, geben, gewähren, nehmen, schenken, schicken, überbringen, überreichen, vererben, vorlegen, widmen, zukommen lassen*

(3) Dazu gehören auch die Verben des Sagens und Mitteilens (verba dicendi) bzw. Verschweigens, die häufig als Redeeinleitung bei der indirekten Rede gebraucht werden (→ S. 105). Sie werden unterschieden:

- Verben, die den Dativ der Person obligatorisch verlangen:

  Er flüstert *ihr* das Kennwort zu.

  ebenso: einreden, einschärfen, vorenthalten, vorlesen, vorsagen, vorsprechen, zurufen, zuschreien

- Verben, bei denen der Dativ fakultativ ist:

  Sie schrieb (ihm) einen Brief.

  ebenso: androhen, befehlen, beibringen, beteuern, empfehlen, erklären, erzählen, gestehen, klarmachen, raten, schwören, veranschaulichen, verschweigen, versichern, vorschlagen, zeigen, zusagen

- Verben, bei denen kein Dativ der Person erscheint:

  Sie stammelte einen Satz.

  ebenso: brüllen, fluchen, quatschen, schimpfen, schreien, seufzen

Soll hier die Person der Anrede genannt werden, so ist eine Präfigierung mit *an-/zu-/entgegen-/nach-* möglich:

Er brüllte ihr das zu/entgegen/nach.

Mit *gegenüber* werden verbunden: *anmerken, bedauern, beklagen, betonen, bemängeln, feststellen, kritisieren, meinen, verschweigen, wiederholen:*

Helmut Schmidt beklagte gegenüber dem Bundeskanzler die Untätigkeit in der europäischen Politik.

I.4 Verb + Subjekt + Präpositionalergänzung

(1) Dieser Satzbauplan kommt außerordentlich häufig vor; er besteht aus einem Verb, dem Subjekt sowie einem Präpositionalgefüge, dessen Präposition nicht austauschbar ist und die von der Valenz des Verbs bestimmt wird. Das Substantiv des Gefüges steht im Dativ oder Akkusativ; vor dem Substantiv können - jeweils unterschiedlich - Artikelwörter oder auch Adjektive stehen:

Ich bestehe auf seiner Entschuldigung.

Merke:
Im Unterschied zur Präpositionalergänzung sind bei der Situativergänzung *(in/bei/außerhalb München(s))* sowie bei der Richtungsergänzung *(nach München, in die Stadt, zum Berg)* die Präpositionen entsprechend der jeweiligen Aussage austauschbar (→ S. 384, 389).

(2) Die Frage heißt bei unbelebten Substantiven *wo(r)* + Präposition (*womit, wovon* usw.), bei belebten Präposition + Interrogativpronomen *(mit wem, von wem):*

Worum hat er dich gebeten? Von wem hängt er ab?
→* Um was hat er dich gebeten?

Die Anapher lautet *da(r)* + Präposition bei unbelebten Substantiven *(darauf, damit)* bzw. Präposition + Kasus des Personalpronomens *(mit ihr, auf ihn)* bei Substantiven, die das Merkmal „belebt" haben.

(3) Zur Funktion von Präpositionalergänzungen:

- Präpositionalergänzungen drücken eine enge semantische Beziehung zwischen Verb und Objekt der Aussage aus. Deshalb bilden Verb und Präpositionalgefüge häufig die Satzklammer:

  Wir *verzichten* unter Hintanstellung unserer Interessen *auf die Erbschaft.*

  Im Extremfall kann das dazu führen, daß das Verb teilweise oder vollständig bedeutungsentleert und die Bedeutung in den Nominalbereich verlagert wird (Funktionsverbgefüge; → S. 81).
- Mit Hilfe von Präpositionalergänzungen können Unterschiede der Aktionsart (→ S. 78) ausgedrückt werden:

  Er schreibt an einer Reportage. (durativ)
  Er schreibt eine Reportage. (resultativ)

- Präpositionalergänzungen können (a) den Urheber, (b) die Voraussetzung, (c) ein Teil-Ganzes-Verhältnis, (d) effiziertes bzw. affiziertes Objekt sowie

(e) die Widerspiegelung eines Gedankens nennen:

(a) Die Idee stammt von den Vorgängern.
(b) Der Sieg hängt von zahlreichen Faktoren ab.
(c) Die Japaner gehören zur vierten Gruppe.
(d) Er schreibt an einer Reportage. (effiziert)
Die Kälte drückt auf die Stimmung. (affiziert)
(e) Sie glauben an die Vernunft im Menschen.

- Auch in Nebensätzen können Präpositionalergänzungen auftreten, dann aber mit einem Pronominaladverb (→S. 252) im Hauptsatz, das die Satzperioden inhaltlich verknüpft. Dies wirkt kataphorisch (im Text auf eine noch folgende Information verweisend):

Ich glaube *daran,* daß, wenn wir alle zusammenstehen und den Streit vergessen, und wenn wir nur dieses eine Ziel, an das ich fest glaube, im Auge haben und es nicht aufgeben, wir Erfolg haben werden.

(4) Sätze mit Präpositionalergänzungen lassen sich relativ leicht in präpositionale Attribute umformen. Dadurch wird Raum geschaffen für weitere Informationen im verbalen Bereich:

Irmi glaubt fest an die Wiederauferstehung.
→ Irmis fester Glaube an die Wiederauferstehung läßt keine Depressionen in ihr aufkommen.

(5) Wir hatten festgestellt, daß die Präposition bei der Ergänzung nicht austauschbar ist. In Einzelfällen ist dies nicht aufrechtzuerhalten. So stehen nebeneinander: *leiden an/unter, schimpfen auf/über, sparen für/auf, sprechen mit/zu/von/über, teilen in/unter*
(6) Ein Wechsel zwischen Präpositionalergänzung und reiner Kasusergänzung (Akkusativ, Dativ, Genitiv) ist zu verzeichnen bei (häufig mit Bedeutungs- und Stilunterschieden):

nach jemandem rufen - jemanden rufen
sich an jemanden erinnern - sich jemandes erinnern
zu jemandem etwas sagen - jemandem etwas sagen
sich wegen jemandem schämen - sich jemandes schämen
an jemandem schreiben - jemandem schreiben

(7) Folgende Präpositionen kommen bei Präpositionalergänzungen vor (mit einigen häufig auftretenden Verben):

an	(D):	sich erfreuen, erkranken, leiden, teilnehmen
an	(A):	denken, glauben
auf	(D):	beruhen, bestehen
auf	(A):	achten, sich berufen, hören, spekulieren, warten
bei	(D):	helfen, unterstützen
für	(A):	sich bedanken, büßen, sich einsetzen, sich entscheiden, haften, plädieren, sorgen, stimmen
gegen	(A):	demonstrieren, protestieren, stimmen
in	(D):	übereinkommen, übereinstimmen
in	(A):	teilen
mit	(D):	sich abfinden, sich befassen, sich begnügen, prahlen
nach	(D):	fiebern, forschen, fragen, graben, sich sehnen, verlangen

über	(A):	sich aufregen, diskutieren, sich freuen, nachdenken, sprechen
um	(A):	sich bemühen, sich handeln, nachsuchen, ringen, spekulieren
unter	(D):	leiden, verstehen
von	(D):	sich befreien, sich distanzieren, loskommen, sprechen
vor	(D):	sich in acht nehmen, sich fürchten, sich scheuen
zu	(D):	beisteuern, beitragen, gehören, raten, taugen

(8) Besondere Beachtung verdienen noch die Verben mit Präpositionalergänzung, bei denen *es* als formales Subjekt auftritt. Dazu gehören: *fehlen/mangeln an, gehen um, sich handeln um, ankommen auf, aussehen nach:*

Es handelt sich um jemanden/etwas.
Es kommt auf jemanden/etwas an.

Bei der Transformation fällt *es* nicht weg:

Es fehlt an Geld. → An Geld fehlt es.
Es handelt sich um Klaus. → Um Klaus handelt es sich.

(9) Zahlreiche Verben mit Präpositionalergänzung können eine Person wie eine Sache als Subjekt haben. Dazu gehören: *abhängen von, gehören zu, taugen zu, wetteifern mit*
Nur mit einem Sachsubjekt kommen vor: *basieren auf, beruhen auf, bestehen aus, enden auf, sich ergeben aus, resultieren aus, schmecken nach*

Anmerkung:
Nicht um Präpositionalergänzungen, sondern um verbspezifische Präpositionalgefüge handelt es sich in folgenden Sätzen:

Er beschwert das Buch *mit einem Stein.*
Er desinfizierte die Wunde *mit Jod.*
Er schlug das Eisen *mit dem Hammer.*
Sie tötete den Geliebten *mit einem Revolver.*
Sie wäscht die Hemden *mit Persil.*
Sie zerschneidet den Stoff *mit einer Schere.*

Allen diesen Sätzen ist gemeinsam, daß das Präpositionalgefüge keine Ergänzung darstellt, da es beliebig weglaßbar ist, ohne daß der Satz ungrammatisch wird:

Sie desinfizierte die Wunde.

Verbspezifisch aber ist der „instrumentale" Charakter, d.h., die Semantik des Verbs erzwingt eine bestimmte Struktur mit einer bestimmten Präposition *(mit),* wenn die Aussage konkretisiert werden soll. So sind bei *töten* als Instrument nur *Revolver, Gewehr, Gift* usw. denkbar, bei *desinfizieren Jod* oder ähnliche chemische Stoffe, *Hammer* oder vergleichbare Gegenstände bei *schlagen, Stein* oder ähnliches bei *beschweren.* Die Auswahl ist also begrenzt; daher sprechen wir von einem verbspezifischen Präpositionalgefüge. Bei solchen Gefügen ist häufig eine Ergativierung möglich, d.h., das Präpositionalgefüge wird zum Subjekt:

Er desinfizierte die Wunde mit Jod.
→ Jod desinfiziert die Wunde.

Sie tötete den Geliebten mit einem Revolver.
→ Der Revolver tötete den Geliebten.
Sie wäscht die Hemden mit Persil.
→ Persil wäscht die Hemden.

Solche Ergativbildungen nehmen in der Gegenwartssprache zu, vor allem in der Werbung und der Mode:

Pril entspannt das Wasser.
Signal plus schützt wirksam vor Karies.

(10) Gemeinhin wird angenommen, daß Präpositionalergänzungen problemlos in Nebensätze umgewandelt werden können. Das trifft nicht auf alle Ergänzungen zu:

Sie glauben an die Vernunft im Menschen.
→ Sie glauben daran, daß der Mensch vernünftig ist.
Er rechnet mit ihrer Zusage.
→ Er rechnet damit, daß sie zusagt.
aber: Die Japaner gehören zur vierten Gruppe.
→* Die Japaner gehören dazu, daß ...
Die Idee stammt von Klaus.
→* Die Idee stammt davon, daß ...

Die Regel lautet: Ist der Kern der Nominalgruppe ein abstraktes Substantiv, kann die Präpositionalergänzung in die Struktur: Pronominaladverb + Nebensatz umgeformt werden. Handelt es sich bei dem Kern der Nominalgruppe dagegen um ein Konkretum, z. B. ein Lebewesen, dann kann das Gefüge nicht in einen Nebensatz umgewandelt werden.

(11) Nicht zu den Präpositionalergänzungen, sondern zu den Maßergänzungen (→S. 372) gehören Sätze der Struktur: Verb + Subjekt + Präpositionalgefüge mit *um:*

Der Haushalt steigt um 5,3 Milliarden.
Sie hat unsere Hoffnungen um ein Vielfaches übertroffen.

Die Frage lautet: *um wieviel,* nicht *wo(r)* + Präposition (wie bei Präpositionalergänzungen). Darüber hinaus ist eine Austauschbarkeit der *um*-Gefüge mit *sehr* oder *kaum* möglich.
(12) Bei manchen Sätzen treten zwei Präpositionalergänzungen nebeneinander auf. Es handelt sich dabei vor allem um Verben des Sprechens:

Wir haben uns *mit* dem Gegner *auf* einen Kompromiß geeinigt.
Er erkundigte sich *bei* der Polizei *nach* seinem gestohlenen Auto.
Er stimmt *mit* mir *in* dieser Frage überein.

II.4 Verb + Subjekt + Akkusativergänzung + Präpositionalergänzung

(1) Dieser um eine Akkusativergänzung erweiterte Satzbauplan ist weit verbreitet. Es bereitet aber Schwierigkeiten, diesen Satzbauplan inhaltlich einzugrenzen. In einem Punkt allerdings ist Regelhaftigkeit zu erkennen: als Akkusativergänzung erscheint stets eine Person (Adressat der Handlung/des Vorgangs). Als

Präpositionalergänzung haben wir ein unbelebtes Substantiv (konkret oder abstrakt). Dabei werden Analogiebildungen aufgrund inhaltlicher Ähnlichkeiten deutlich:

Sie bittet mich um Hilfe.
Er bereitet sich auf sein Examen vor.

(2) Wichtige Verben mit ihren Präpositionen sind:

an:	darstellen, (sich) erinnern, erkennen, (sich) gewöhnen, lernen, merken, zeigen
auf:	abhören, durchlesen, durchsuchen, kontrollieren, sich konzentrieren, überprüfen, untersuchen
für:	begeistern, belohnen, bezahlen, entschädigen, gewinnen, (sich) interessieren
gegen:	(sich) versichern, (sich) verteidigen
mit:	anfangen, (sich) beruhigen, (sich) beschäftigen, (sich) identifizieren, mischen, reinigen, (sich) schreiben, töten, verärgern, vergleichen, versorgen, verwechseln
über:	aufklären, ausfragen, befragen, informieren, unterrichten
um:	anflehen, angehen, beneiden, bitten
von:	befreien, benachrichtigen, entbinden, freisprechen, heilen, wissen
vor:	beschützen, bewahren, retten, warnen
zu:	anregen, aufrufen, beglückwünschen, benutzen, bewegen, drängen, überreden, veranlassen, verurteilen, zwingen

Anmerkung:
Bei mehreren Verben stehen *über* und *von* austauschbar nebeneinander:

Er benachrichtigt/informiert uns über den Unfall/von dem Unfall.

(3) Die alte Dativ-Form: *Ich neide ihm seinen Reichtum* wird heute nur noch in der schönen Literatur verwendet; ansonsten heißt es:

Ich beneide ihn um seinen Reichtum.

Anmerkung:
Parallel zu diesem Satzbauplan gibt es jenen mit der Struktur: Verb + Subjekt + Dativergänzung + Präpositionalergänzung. Die wichtigsten Verben sind: *abraten von, es ankommen auf, berichten von, danken für, dienen zu, es gehen um, gratulieren zu, helfen gegen, es liegen an, raten zu. Dienen zu* ist zu unterscheiden von *dienen als:*

Das Manuskript dient mir nur zur Vorbereitung. (= nützlich/hilfreich sein)
Der Tisch dient mir als Schreibunterlage. (= wird gebraucht als)

I.5 Verb + Subjekt + Situativergänzung

(1) Von diesem Satzbauplan an tritt anstelle der bisher vorgenommenen syntaktischen Klassifizierung (0–II.4) eine semantische Unterscheidung, d.h., die nachfolgenden Baupläne werden nach ihrer Bedeutung klassifiziert. Dabei handelt es sich um eine Semantik der Oberflächenbeschreibung, also nicht um „Rollen“ oder „Kasus“ einer Tiefenstruktur, wie sie in semantischen Beschreibungen neuerer linguistischer Darstellungen (Kasusgrammatik) gelegentlich benutzt werden.

Innerhalb der Kategorie Situativergänzung unterscheiden wir zwischen konstitutiven lokalen sowie temporalen Gefügen:

> Er wohnt in München.
> Sie atmet seit fünf Minuten.

(2) Die Frage lautet *wo* bzw. *wann/wie lange/seit wann* usw., die Anaphern sind: *da/dort/hier* bzw. *dann.*
(3) Die Grenzziehung zwischen konstitutiven Situativergänzungen und lokalen bzw. temporalen Angaben ist teilweise schwierig, denn im Grunde können diese Gefüge - die traditionellen adverbialen Bestimmungen des Ortes bzw. der Zeit - mit nahezu allen Verben verbunden werden. Dennoch gibt es einzelne Verben, bei denen die Gefüge konstitutive Ergänzungen sind; bei anderen sind sie Angaben.

Lokale Situativergänzung
(1) Die Präpositionen sind nicht fest (im Unterschied zur Präpositionalergänzung), sondern werden von der Bedeutungsstruktur des Substantivs/Pronomens sowie der Position des Sprechers/Schreibers bestimmt:

> Wir trafen uns *an* der Isar, *auf* der Brücke, *bei* seinen Eltern, *in* München, *unter* den Arkaden, *vor* dem Rathaus.

(2) Folgende Präpositionen treten bei lokalen Situativergänzungen auf und werden meist mit einem Artikelwort gebraucht. Gelegentlich gibt es Verschmelzungen (→ S. 217):

an:	*Bord, Deck*
an + Artikel:	*an der Ecke, an der Isar, am Rhein*
auf + Artikel:	*auf der Leiter, auf dem Tisch*
bei:	*München, Stockholm*
bei + Artikel:	*beim Essen, bei der Kirche, bei der Regierung*
gegenüber + Artikel:	*gegenüber dem Bahnhof, gegenüber den Bäumen*
hinter + Artikel:	*hinter dem Wald, hinter den Pferden*
in + Artikel:	*im Saal, in der Stadt*
neben + Artikel:	*neben der Schule, neben den Teichen*
oberhalb + Artikel:	*oberhalb der Kirche, oberhalb des Sees*
über:	*Normalnull, Wasser*
über + Artikel:	*über den Rundfunk, über dem Wasser*
um + Artikel:	*um die Ecke, um die Garage*
unter:	*Deck, Tage, Wasser*
unter + Artikel:	*unter den Autos, unter dem Tisch*
unterhalb + Artikel:	*unterhalb des Schlosses*
vor + Artikel:	*vor der Garage, vor dem Haus*
zwischen + Artikel:	*zwischen den Autos, zwischen den Bahnhöfen*

Dabei wird zweierlei Gebrauch deutlich: einmal handelt es sich um eine konkrete räumliche Aussage *(in München, vor der Garage),* zum zweiten um eine übertragene Bedeutung *(bei der Regierung).*
Lexikalisierte Formen erfahren zuweilen eine Bedeutungsveränderung *(auf Draht/auf Sendung sein).* Die Grenzen sind im allgemeinen fließend. Weniger gebräuchliche Präpositionen sind *nahe* + Genitiv, *fern/entfernt* + Präpositionalkasus mit *von.*

(3) Diese klare Gliederung der lokalen Präpositionen wird nur in Ausnahmefällen durchbrochen. So meint *an der Schule* sowohl „am Rand der Schule“ wie „in der Schule“:

> Sie versammeln sich an der Schule. (=am Rande)
> Er ist Lehrer an der Schule. (=in der Schule)

(4) Die meisten Bezugswörter bei der lokalen Situativergänzung stehen vor dem Substantiv, sind also Präpositionen *(an, auf, hinter, in, zwischen).*
(5) Andere können sowohl vor wie hinter dem Bezugswort stehen, sind also entweder Präpositionen oder Postpositionen. Dabei tritt teilweise Kasuswechsel auf: *entgegen, entlang, gegenüber:*

> entlang des Flusses/den Fluß entlang
> gegenüber dem Haus/dem Haus gegenüber

Anmerkung:
Nicht immer herrscht bei saloppen Formen der gesprochenen Sprache (Jugendsprache; →S.507) Sicherheit darüber, welcher Kasus im Präpositionalgefüge gebraucht werden soll:

> Ich stehe auf ihr/sie. (=ich mag sie)
> aber: Ich fahre auf sie ab.

Temporale Situativergänzung
(1) Die Verben dieser Subklasse des Satzbauplans: Verb+Subjekt+Situativergänzung werden danach unterschieden, ob sie eine Dauer, einen Zeitpunkt oder den Beginn bzw. das Ende eines Geschehens kennzeichnen. Im ersten Falle lautet die Frage *wie lange?*, im zweiten Falle *wann?*, im dritten Falle *ab/seit wann?* bzw. *bis wann?:*

- Dauer:

> Das Spiel dauert neunzig Minuten.

andere Verben: *andauern, anhalten, bestehen, laufen, nachwirken, sein*
Präpositionen: *an, durch, in, über*

- Zeitpunkt:

> Das passierte am Montag.

andere Verben: *sich abspielen, ankommen, geschehen, kommen, sein, stattfinden*
Präpositionen: *an, bei, in, nach, vor, zu*

Anmerkung;
Im süddeutsch-österreichischen Raum wird in der gesprochenen wie geschriebenen Sprache bei der Angabe von Festtagen stets *an* anstelle von *zu* gebraucht:

> an Himmelfahrt, an Ostern, an Pfingsten

- Beginn eines Geschehens:

> Die Versicherung gilt ab (dem) 1.1.85.

andere Verben: *sich befinden, erscheinen* (Zeitschrift), *geschehen, laufen, passieren*
Ab steht dann, wenn der Beginn des Geschehens in der Zukunft liegt *(ab morgen/nächste(r) Woche, ab Mittwoch), seit* hingegen, wenn das Geschehen bereits begonnen hat *(seit gestern, seit einer Stunde, seit drei Monaten).* Beide Phasen werden, entsprechend der jeweiligen Temporalangabe, mit *von ... an* erfaßt *(von der nächsten Woche an, von gestern an, von jetzt an).*

- Ende eines Geschehens:

Die Vereinbarung gilt bis Mittwoch.

andere Verben: *dauern, erscheinen, geöffnet sein, sich hinziehen, laufen*
Präposition: *bis*

(2) Gemeinhin werden temporale Sachverhalte mit Konjunktionen *(als, bevor, nachdem)* ausgedrückt. Die außerdem zur Verfügung stehenden Präpositionen mit temporaler Bedeutung waren - mit Ausnahme von *während, seit* und teilweise *bis* - ursprünglich Präpositionen mit räumlicher Bedeutung:

ab:	von einem bestimmten Zeitpunkt an *(ab morgen)*
an:	oberdeutsch-österreichisch für *zu* bei Feiertagen *(an Ostern, an Weihnachten)*
auf:	Dauer *(auf drei Tage)*
bei:	Dauer *(beim Essen)*
bis:	ein bestimmter Zeitpunkt nach/vor der Sprechzeit *(bis Mittwoch/bis gestern)*
bis zu:	Dauer *(bis zu drei Wochen)*
durch:	Dauer *(durch das ganze Jahr/das ganze Jahr hindurch)*
gegen:	unbestimmter Zeitpunkt *(gegen drei Uhr)*
in:	Dauer *(im Urlaub);* bestimmter Zeitpunkt nach der Sprechzeit *(in zwei Monaten)*
nach:	Dauer nach einem bestimmten Zeitpunkt *(nach vier Wochen)*
seit:	Dauer von der Bezugszeit bis zur Sprechzeit *(seit zwei Wochen)*
über:	Dauer *(über drei Wochen)*
um:	Zeitpunkt *(um drei Uhr)*
von ... an:	Angabe des Zeitpunkts und der Dauer *(von gestern/jetzt/morgen an)*
vor:	Dauer bis zu einem bestimmten Zeitpunkt *(vor dem Mittagessen/vor morgen abend)*
während:	Dauer *(während ihres Studiums)*
zu:	Zeitpunkt, Angabe von Feiertagen *(zu Ostern)*

Anmerkung:
Weil die temporale Situativergänzung der Subklasse: Verb + Subjekt + Begründungsergänzung ähnlich ist, führen wir letztere hier auf - wohl wissend, daß sie von ihrer Bedeutung her eine eigene Ergänzungsklasse darstellt (jedoch gibt es z.T. gleiche Präpositionen):

Der Mord geschah *aus* Eifersucht.
Sie schrie *vor* Schmerzen.
Der Unfall geschah *durch* Unachtsamkeit.

Sätze dieser Subklasse sind nicht passivfähig. Probleme bereitet vor allem die Unterscheidung von *vor* und *aus*. Wir vergleichen: *vor Ekel, vor Freude, vor Glück, vor Schmerz, vor Trauer; aus Abneigung, aus Eifersucht, aus freien Stükken, aus Liebe, aus Trotz, aus Überzeugung*
Die Regel lautet: Handelt es sich um plötzlich bzw. momentan aufkommende Gefühle oder Empfindungen, steht *vor*, wird dagegen die lange durchdachte oder empfundene Überlegung bzw. Empfindung betont (die auch Ursache des Handelns ist), so steht *aus:*

> Vor Kummer schrie sie auf. (=plötzlich)
> Aus Kummer brachte sie sich um. (=Ursache einer länger andauernden Empfindung)

II.5 Verb + Subjekt + Akkusativergänzung + Situativergänzung

(1) Dieser Satzbauplan stellt eine Erweiterung des Plans I.5 dar:

> Ich fand sie in München.
> Wir beatmen sie seit fünf Minuten.

(2) Weiterhin gehören folgende Verben zu diesem Satzbauplan: *aufbewahren, liegenlassen, verbringen*
(3) Häufig tritt bei dieser Form der Ergänzung ein syntaktisches Problem auf, nämlich, daß der Kasus im Präpositionalgefüge schwankt. Wir vergleichen:

> Die Arbeiter bauten ein neues Ventil *in die Leitung/in der Leitung* ein.
> Er lehnte das Fahrrad *an die Tür/an der Tür* an.
> Der Maler trug noch etwas Farbe *auf die Fläche/auf der Fläche* auf.

Diese Doppelformen bringen Unsicherheiten mit sich: als Regel gilt, daß im konkreten räumlichen Sinn beide Formen (Situativergänzung und Richtungsergänzung) möglich sind, allerdings eine Tendenz zur Situativergänzung (Dativ im Präpositionalgefüge) zu erkennen ist *(in der Leitung, an der Türe, auf der Fläche).* Offensichtlich dominiert die Sichtweise des Ortes, nicht die Sichtweise der Richtung.
(4) Ebenfalls nicht eindeutig ist der Gebrauch bei Verben in übertragener Bedeutung:

> Die SPD hat das Gesetz *im Deutschen Bundestag/in den Deutschen Bundestag* eingebracht.
> aber: Die CDU hat die Vorschläge *in ihren Entwurf* eingebracht. (* in ihrem Entwurf)
> Der Wissenschaftler lehnte sich *an die These* seines Kollegen an. (* an der These)

Als Regel kann hier lediglich formuliert werden, daß bei übertragenem Gebrauch von Verben, die Auswahlmöglichkeiten zulassen, die Tendenz zur Richtungsergänzung (Akkusativ im Präpositionalgefüge) geht. Ein wichtiger syntaktischer Unterschied bleibt allerdings festzuhalten: bei der Situativergänzung ist die Vorsilbe (*ein-, an-* usw.) obligatorisch, bei der Richtungsergänzung fakultativ.
(5) Eindeutig ist die Situativergänzung bei: *ablegen* + A *neben/unter, einreichen* + A *bei, nachlesen* + A *in, unterbringen* + A *in, verstehen* + A *unter*

I.6 Verb + Subjekt + Richtungsergänzung

(1) Für diesen Satzbauplan gilt dieselbe Festlegung wie für den mit der Situativergänzung: bei nahezu allen Verben ist die Ergänzung anfügbar, mit Ausnahme jener, die „Bewegung" ausschließen:

Müllers fahren nach Bonn.

(2) Die Richtungsergänzung wird mit *wohin/woher/von wo?* erfragt und mit *dahin/daher/von dort* anaphorisiert.

(3) Sinnvoll ist es, bei der Beschreibung dieses Satzbauplans von der Bedeutung der Präpositionen auszugehen. Dabei können zwei Hauptgruppen von lokalen Präpositionen unterschieden werden:

- Die Präpositionen *an, aus, durch, in, nach, von, zu* lassen sich am besten mit topologischen (räumlichen) Begriffen erklären: ein bestimmter Raum, seine Begrenzung (Rand) sowie seine Umgebung. Die Festlegung erfolgt unabhängig von der Person bzw. ihrer Stellung im Raum, wird also gewissermaßen absolut gesetzt.
  Aus, durch, nach, von und *zu* können nur als Richtungsergänzung verwendet werden, *an* und *in* darüber hinaus auch als Situativergänzung. *Nach* ist auf Ortsnamen *(nach München),* artikellose Ländernamen *(nach Österreich),* Lokaladverbien *(nach oben)* sowie feste Verbindungen *(nach Haus)* beschränkt.
- Die zweite Gruppe von Präpositionen *(auf, über - unter, vor - hinter, diesseits - jenseits, neben, links - rechts)* ist in ihrem Verhältnis zur Person des Betrachters/Sprechers zu erklären, also gewissermaßen relativ. Der Mensch orientiert sich im dreidimensionalen Raum mit Hilfe bestimmter Markierungspunkte, beispielsweise der (Erdober-)Fläche, auf der er steht oder sitzt. *Auf* heißt demnach immer ‚oberhalb dieser Fläche mit Berührung derselben': *Ich lege das Buch auf den Tisch* meint: mit Berührungskontakt auf dieser Fläche. Dagegen meint das Paar *über - unter* oberhalb bzw. unterhalb dieser jeweiligen Fläche ohne Berührungskontakt:

  Ich hänge die Lampe über den Tisch.
  Der Hund legt sich unter den Tisch.

  Die Präpositionen *vor* und *hinter* als Paar beziehen sich auf Personen oder Dinge, die aus der Stellung des Sprechers erklärt werden: *vor* meint entweder „im Angesicht des Sprechers" oder aber „näher zum Sprecher als ein bestimmter Gegenstand" (oder eine bestimmte Person; beide können sich freilich auch im Rücken des Sprechers befinden):

  Der Hund legt sich vor das Sofa.

  Hinter meint entweder „im Rücken des Sprechers" oder aber „weiter entfernt vom Sprecher als das Bezugsobjekt":

  Der Hund legt sich hinter das Sofa.

  Liegt eine Grenze dazwischen (z. B. ein Fluß), heißt es *diesseits* (vom Sprecher bis zur Grenze), oder *jenseits* (Gebiet hinter der Grenze).
  Neben bezeichnet Sachverhalte zur Seite des Sprechers, differenziert in *links*

und *rechts*. Im weiteren Sinne können sie freilich auch das Verhältnis zweier Gegebenheiten untereinander benennen:

Der Mann stellt sich rechts vor das Haus.

Dabei kann der Sprecher sowohl links wie rechts vom Haus stehen.

(4) Bei den meisten Verben mit Richtungsergänzungen, vor allem den Verben der Bewegung (*fahren, fliegen, gehen, kommen, sich setzen* usw.), sind im Prinzip alle Präpositionen möglich. Das Beispiel *gehen* mag das verdeutlichen:

Wir gehen *an* die Steilküste.
Wir gehen *auf* das Dach/*auf* die Straße.
Wir gehen *hinter* die Abgrenzung.
Wir gehen *in* die Stadt.
Wir gehen *nach* Haus.
Wir gehen *nach* Amerika. (=auswandern)
Wir gehen *neben* das Haus.
Wir gehen *unter* die Brücke.
Wir gehen *unter* die Menschen. (=in die Mitte)
Wir gehen *vor* die Tür.
Wir gehen *zu* meiner Mutter.
Wir gehen *zwischen* die Pfeiler.

Daneben gibt es lexikalisierte Formen (übertragene Bedeutung): *in die Details gehen, bis zum Äußersten gehen*

Konkreter und übertragener Gebrauch wechseln sich bei den Präfixformen des Verbs ab:

abgehen:	Die Lawine ging ab. Er ging von der Schule ab.
angehen:	Er ging die Strecke/das Problem an.
aufgehen:	Die Blüte ging auf./Er ging darin auf.
ausgehen:	Heute gehen wir aus./Das Geld geht aus.
durchgehen:	Wir sind die Aufgabe durchgegangen.
eingehen:	Die Blume geht ein./Wir gehen einen Vertrag ein.
weggehen:	Der Nachbar geht (von hier) weg.

Besonderheiten:

- *Aus* und *von* werden häufig nebeneinander gebraucht, obwohl sie nicht synonym sind. Wir vergleichen:

  Er kommt aus der Stadt. (=er war im Zentrum)
  Er kommt von der Stadt. (=aus dieser Richtung)

  Er kommt aus der Stadt hat darüber hinaus in bestimmten Kontexten die Bedeutung: „Er stammt von dort". Diese Bedeutung wird deutlich im Satz:

  Er kommt aus der Arbeiterklasse.

  Anders wiederum ist es bei Länder- und Kontinentnamen:

  Er kommt aus England. (=er hat lange dort gelebt)
  Er kommt von England. (=er war nur kurz dort)

- Zur Bedeutung und den Gebrauchsbedingungen der Vorsilben *hin-* und *her-* bei den Adverbien (*hinauf, herauf* usw.): → S. 246.
- Adverbien können die Aussage verstärken:

Sie fährt um die Stadt *herum.*
Er geht aus dem Haus *heraus.*
Sie schaute durch das Schlüsselloch *hindurch.*
Sie stiegen in den ersten Stock *hinauf.*

In der gesprochenen Sprache vor allem werden *hinauf/herauf* usw. zu *ran, rauf, rein, runter* und *rüber* verkürzt.

- Ausgangspunkt und Zielpunkt einer Bewegung können miteinander gekoppelt werden; dadurch tritt Verdoppelung oder Verdreifachung der Richtungsergänzung ein:

  Die Kinder sind gestern *von* Bonn *durch* das Ruhrgebiet bis *nach* Niedersachsen und *in* den Harz hinein gefahren.

- Bei einigen Präfixverben mit Richtungsergänzung besteht die Möglichkeit, die Präposition als Präfix vor das Verb zu setzen und die Richtungsergänzung in eine Akkusativergänzung umzuwandeln:

  Er springt über den Zaun.
  → Er überspringt den Zaun.
  Sie fährt um die Stadt.
  → Sie umfährt die Stadt.
  Sie schwimmt durch den Fluß.
  → Sie durchschwimmt den Fluß.

II.6 Verb + Subjekt + Akkusativergänzung + Richtungsergänzung

(1) Für diesen Satzbauplan gelten die gleichen Feststellungen wie für I.6; er ist im Grunde bei den meisten Verben möglich mit Ausnahme jener, die den Faktor „Bewegung“ ausschließen:

Wir brachten sie an den Bahnhof.

Bedeutung und Gebrauch der Präpositionen sind gleich wie beim Satzbauplan I.6. Auch Frage *(wohin/woher/von wo?)* bzw. Anapher *(dahin/daher/von dort)* sind gleich.

(2) Weitere Verben sind: *legen, schlagen, setzen, stellen*

(3) Eine Besonderheit dieses Satzbauplans besteht in der folgenden Veränderung (Präfigierung mit *be-* sowie verbspezifische Präpositionalangabe + *mit*):

Sie malt Blumen an die Wand.
→ Sie *bemalt* die Wand *mit* Blumen.
Sie kleben Figuren auf das Papier.
→ Sie *bekleben* das Papier *mit* Figuren.
Die Mutter legt Wurst auf das Brot.
→ Die Mutter *belegt* das Brot *mit* Wurst.

Dabei wird die Tendenz deutlich, das einfache Verb + Richtungsergänzung mehr und mehr durch ein Präfixverb zu ersetzen: *bedecken, belasten, bepacken, bestrahlen.* Neue Verben: *beschriften, bestücken, bevorraten*

(4) Ähnlich verhält es sich mit einer verbspezifischen Präpositionalangabe + *aus:*

Sie legt Teppiche in das Zimmer.
⟶ Sie *legt* das Zimmer mit Teppichen *aus*.
ebenso: kleben - auskleben mit, malen - ausmalen mit, schmieren - ausschmieren mit

(5) Eine Reihe von Verben läßt eine andere Veränderung zu: Verb + Subjekt + Akkusativergänzung + Richtungsergänzung *(an)* ⟶ Verb + Subjekt + Dativergänzung + Richtungsergänzung:

Er verkauft Autos an Ausländer/an die Türkei.
⟶ Er verkauft Ausländern/der Türkei Autos. (Wechsel der Satzgliedfolge!)
ebenso: etwas ausliefern (an), etwas liefern (an), etwas (weiter)reichen (an), etwas schicken (an), etwas übergeben (an), etwas verschenken (an), etwas verteilen (an), etwas zahlen (an)

(6) Auf den schwankenden Gebrauch von Richtungsergänzung oder Situativergänzung haben wir bereits unter II.5 hingewiesen und die Gebrauchsbedingungen erläutert. Hier noch einmal zwei Beispiele:

(a) Sie näht den Knopf an den Mantel (an).
(b) Sie näht den Knopf am Mantel an.
(a) Er baute Sicherheitsgurte in seinen Wagen (ein).
(b) Er baute Sicherheitsgurte in seinem Wagen ein.

Deutlich wird erneut, daß bei der Richtungsergänzung (a) die Vorsilbe (*an-, ein-* usw.) fakultativ ist, bei der Situativergänzung (b) hingegen obligatorisch.

Anmerkung:
Zwei Richtungsergänzungen nebeneinander sind möglich, wenn es sich um folgende inhaltliche Strukturen handelt:

Er brachte Karola nach Köln zu ihrer Tante.	(Ort + Person)
Er brachte sie nach Köln und Bremen.	(Ort + Ort)
Er brachte sie nach Köln und an die Weser.	(Ort + Gewässer)

I.7 Verb + Subjekt + Einordnungsergänzung

(1) Mit „Einordnungsergänzung" bezeichnen wir jene Kategorie, die in der Schulgrammatik als „Gleichsetzungsnominativ", in anderen Grammatiken als „Subjektsprädikativ", „Prädikatsnomen" oder „Prädikativum" bezeichnet wird. Einordnungsergänzungen sind nach unserer Definition solche konstitutiven Bestandteile des Satzes, mit denen die Person, das Ding oder ein Abstraktum einer Klasse zugeordnet werden:

Vera ist Lehrerin.
Kottgeisering ist ein Dorf.

(2) Die Frage lautet *was?*, die Anapher *das/es.*
(3) Die am häufigsten vorkommenden Verben dieses Bauplans sind *sein, werden, bleiben:*

Sie ist Apothekerin.
Er wird Pilot.

Bezeichnet die Einordnungsergänzung eine Berufsangabe, dominiert der Nullartikel: das Bezugsobjekt *(sie, er)* wird einem Oberbegriff, einer Klasse, zugeordnet. Ansonsten wird bei Konkreta oder Abstrakta der unbestimmte Artikel bevorzugt bzw. ist obligatorisch:

Sie ist Ingenieurin.
Die Bundesrepublik ist ein sozialer Rechtsstaat.
Bayern ist (ein) Freistaat.
Dieses Feld ist ein Rübenacker.

Bei Personen hingegen dient der unbestimmte Artikel häufig nicht zur Einordnung, sondern zur Bewertung:

Er ist Schauspieler.	(Einordnung)
Er ist ein Schauspieler.	(Bewertung)

(4) Schwierigkeiten beim Gebrauch bereiten die Verben mit Einordnungsergänzung + *als/wie/nach/zu* sowie *in:*

als:	auftreten, arbeiten, sich ausgeben, sich erweisen, gelten, sich niederlassen (als Anwalt), sprechen (als Minister)
wie:	sich anstellen, auftreten, sich benehmen, sich betragen
nach:	sich anhören, aussehen, duften, riechen, schmecken
zu:	zerbröckeln, zerkochen, zerrinnen, zusammenfließen, sich zusammentun, zusammenstürzen; werden, entarten, sich entwickeln, reifen, verfallen, aufsteigen aber: Das Haus stürzte *in* sich zusammen.
in:	zerreißen, zerspringen (Präfix *zer-*)

Merke:
Gelegentlich ist der Gebrauch von *zu* und *in* schwankend:

Das Eis zerfloß zu Wasser/in seine Bestandteile.
Das Haus zerfällt zu Schutt/in Schutt und Asche.
Die Aufgabe zerfällt in drei Komplexe.

Anmerkung:
Auch Sätze wie *Ihr Tod bedeutet einen großen Verlust* und *Unser Vater stellt eine wichtige Persönlichkeit dar* gehören hierher.

II.7 Verb + Subjekt + Akkusativergänzung + Einordnungsergänzung

(1) Dieser Satzbauplan, der gegenüber dem einfachen Muster um eine Akkusativergänzung erweitert ist, läßt sich in zwei Untergruppen gliedern: solche ohne Präposition/Vergleichselement *(Wir nannten ihn „Hakenfingerjakob".)* und jene mit Präposition/Vergleichselement *(Man beförderte ihn zum General.).*

(2) Zu der Gruppe ohne Präposition/Vergleichselement gehören die Verben *finden, heißen, nennen, rufen, schimpfen, taufen.* Sie werden häufig zu den Verben

mit doppelter Akkusativergänzung gezählt, was aber nicht richtig ist, denn Verben mit Einordnungsergänzung sind nicht passivfähig; die Ergänzung wird mit *wie* erfragt:

Sie heißen den Mann einen Wichtigtuer. (nur schriftsprachlich)
Wir nennen ihn einen großen Künstler.
Die Mutter schimpft die Tochter „Schmutzfink"!
Ich finde sein Verhalten eine Unverschämtheit.
Man taufte ihn Michael.

Bei *finden* gibt es oft Unsicherheiten beim Gebrauch, so die falsche Verwendung von *für:*

* Ich finde das für eine Unverschämtheit.

(3) Weitaus häufiger ist die Gruppe mit Präposition/Vergleichselement. Dabei treten vor allem *für* oder *als* auf. Auch bei diesen Verben gibt es oft Unsicherheiten und Fehler im Sprachgebrauch:

- *für: erklären, halten:*

Wir erklären seine Worte für Blödsinn.
Ich halte das für eine Zumutung.
* Ich halte das als eine Zumutung.

Anmerkung:
Bei dem Verb *erklären* wird, da es sich um ein resultatives Verb handelt, häufig auch *zu* gebraucht:

Das wurde zur Geheimsache erklärt.

- *als: abtun, anreden, ansehen, betrachten, beurteilen, erachten, sich erklären, kennen, kritisieren:*

Die Polizei erklärte sich als kompetente Instanz.
Ich sehe das als Herausforderung an.
Sie tun das als Bagatelle ab.
Wir betrachten das als Nebensache.

(4) Bei den resultativen Verben überwiegt *zu: aufbauen, ausarbeiten, ausbauen, ausbilden, ausrufen, befördern, ernennen, machen, wählen, weihen* sowie *entfalten, entwickeln, umbauen, umschulen, umstellen; verändern, verbessern, verpakken, verschmelzen; zerdrücken, zerhacken, zerschlagen; zusammenbinden, zusammenkleben, sich zusammenschließen, zusammenschrauben, zusammensetzen, zusammentragen:*

Man beförderte ihn zum General.
Sie wählten ihn zum Vorsitzenden.
Sie zerdrückte das Gemüse zu Brei.
Er setzte die Einzelteile zu einem Haus zusammen.

(5) Daneben gebrauchen wir *aus* bei *backen, fabrizieren, herstellen, kochen, machen, stricken* und *in* bei *umbauen, verwandeln, zerschneiden, zerteilen:*

Sie stellen Autos aus Plastik her.
Sie haben ein blühendes Land in eine Wüste verwandelt.

I.8 Verb + Subjekt + Artergänzung

II.8 Verb + Subjekt + Akkusativergänzung + Artergänzung

(1) Dieser Satzbauplan stellt eine Besonderheit dar, weil hier zwei Valenzsysteme aufeinanderstoßen: die Valenz des Verbs und die des Adjektivs:

Sie ist intelligent.
Die Tochter gilt als hübsch.
Klaus findet sie hübsch.
Ich halte das für gefährlich.

(2) Verbale Valenz ist bei Vollverben mit Eigenbedeutung gegeben:

Sie pflegt ihre Mutter aufopfernd.
Wir diskutieren das Problem sorgfältig.

Es handelt sich hier um wirkliche Artergänzungen des Verbs, weil sie vom Verb gesteuert und relativ frei (abhängig von der Verbsemantik) ausgetauscht werden können.
Davon sind die von der Form her gleichen Satzstrukturen zu unterscheiden:

Sie essen die Fische gebraten.
Sie kaufen das Obst ungespritzt.
Sie streicht die Wand blau.

Hier handelt es sich nicht um Artergänzungen des Verbs, sondern um Attribute zum Akkusativ. Das wird deutlich bei der Transformation; das Verb des Ausgangssatzes erscheint nicht im Substantivgefüge:

→ die gebratenen Fische
→* das gebratene Essen der Fische
→ das ungespritzte Obst
→* das ungespritzte Kaufen des Obstes
→ die blaue Wand
→* das blaue Streichen der Wand

Dagegen muß bei der Umwandlung der Artergänzung das finite Verb im Substantivgefüge erscheinen:

→* die aufopfernde Mutter
→ die aufopfernde Pflege der Mutter
→* das sorgfältige Problem
→ das sorgfältige Diskutieren des Problems

(3) Anders als bei den Vollverben sieht es aus bei den weitgehend bedeutungsentleerten Hilfsverben *sein* und *werden* sowie einigen anderen Verben (*bleiben, scheinen* usw.). Hier handelt es sich nicht um Artergänzungen des Verbs; in diesen Fällen ist es geboten, von der Valenz des prädikativen Adjektivs auszugehen, denn sie ist es, die die Besetzung der Subjektstelle und möglicher anderer Ergänzungen steuert. Wir vergleichen:

Sie ist intelligent.	(Nominativ)
Er war seiner Frau sicher.	(Genitiv)
Mein Freund ist mir überlegen.	(Dativ)

Wir sind die Sorgen los. (Akkusativ)
Wir sind stolz auf unsere Kinder. (Präpositionalkasus)

Wenn wir hier die Kategorie „Artergänzung" beibehalten, so nur aus Gründen der Systematik. Wir gehen ansonsten so vor, wie wir es bereits bei der Wortart Adjektiv beschrieben haben (→ S. 192): Wir beschreiben die Valenzklassen des Adjektivs bei den Verben *sein* und *werden* sowie bei *aussehen, bleiben, erscheinen, sich erweisen als, gelten als, halten für, klingen, riechen, scheinen, schmecken:*

- einwertige Adjektive (Adjektive mit einer Ergänzung): Die meisten Adjektive sind einwertig, d.h., sie haben eine Ergänzung bei sich, nämlich das Subjekt:

  Das ist *fantastisch.*
  Die Gefahr erscheint *groß.*
  Er riecht *übel.*

  Im Sinne unserer Interpretation rechnen wir auch folgende Adjektive mit bedeutungsentleerten Verben (was teilweise durch die Zusammenschreibung deutlich wird) zu dieser Gruppe: *blaumachen, großtun, schwarzsehen*

- zweiwertige Adjektive (Adjektive mit zwei Ergänzungen):
  Adjektiv + Subjekt + Akkusativergänzung:

  die Mühen *leid* sein, die Diskussion *satt* sein

  Adjektiv + Subjekt + Genitivergänzung:

  seiner Sache *gewiß/sicher* sein

  Anmerkung:
  Müde, überdrüssig und *wert* können auch mit der Akkusativergänzung gebraucht werden.

  Adjektiv + Subjekt + Dativergänzung:

  dem Bruder *dankbar* sein

  Anmerkung:
  Einige dieser Adjektive haben statt der Dativergänzung auch ein Präpositionalgefüge bei sich:

  mir angenehm → angenehm für mich
  mir gefährlich → gefährlich für mich

  Adjektiv + Subjekt + Präpositionalergänzung:

  ärgerlich sein/ *aufgebracht* sein über

  Adjektiv + Subjekt + Situativergänzung:

  ansässig sein/ *beheimatet* sein in

- dreiwertige Adjektive (Adjektive mit drei Ergänzungen):
  Einige dreiwertige Adjektive existieren im Deutschen:

  jemandem in etwas *ähnlich/ebenbürtig* sein

Die vollständige Liste der Valenz der Adjektive: → S. 192.

(4) Die strukturelle Gleichartigkeit bzw. Ähnlichkeit von verbaler, adjektivischer und substantivischer Valenz wird auch an dieser Tabelle deutlich:

Verbvalenz	Adjektivvalenz	Substantivvalenz
abhängen von	abhängig sein von	die Abhängigkeit von
ableiten von/aus	ableitbar sein von/aus	die Ableitung von/Ableitbarkeit von/aus
ähneln	ähnlich sein	die Ähnlichkeit mit
sich ärgern über	ärgerlich sein über	der Ärger über
aufbereiten zu	bereit sein zu	die Bereitschaft zu
befähigen zu	befähigt sein zu	die Befähigung/Fähigkeit zu
befreien von	frei sein von	die Befreiung/Freiheit von
sich bereichern an	reich sein an	der Reichtum an
sich beschäftigen mit	beschäftigt sein mit	die Beschäftigung mit
danken für	dankbar sein für	der Dank für
sich einigen in	einig sein in	die Einigkeit in
sich freuen über	froh sein über	die Freude über
helfen bei	behilflich sein bei	die Hilfe bei
reifen zu	reif sein zu	die Reife zu
trauern über	traurig sein über	die Traurigkeit über
sich verantworten für	verantwortlich sein für	die Verantwortung für
vergleichen mit	vergleichbar sein mit	der Vergleich mit
sich verheiraten mit	verheiratet sein mit	die Heirat mit
sich verlieben in	verliebt sein in	die Verliebtheit in
sich verständigen mit	einverstanden sein mit	die Verständigung mit
sich verstehen mit	einverstanden sein mit	das Einverständnis mit
zürnen über	zornig sein auf/über	der Zorn auf/über
sich zurückhalten gegenüber	zurückhaltend sein gegenüber	die Zurückhaltung gegenüber

I.9 Verb + Subjekt (+ Akkusativergänzung) + Infinitivergänzung

(1) Unter diesem Satzbauplan werden Verben mit einfachem Infinitiv und Akkusativergänzung sowie die sogenannten Modalitätsverben + Infinitiv mit *zu* (+ weitere Ergänzung), der erweiterte Infinitiv, behandelt:

Ich sehe sie kommen.
Sie wollen ins Kino gehen.
Wir lassen die Kinder spielen.
Sie bittet mich zu bleiben.

(2) Die einfache Infinitivergänzung gehört zu den umfangreichsten Satzbauplänen:

- Die am häufigsten vorkommenden Verben sind die modalen Hilfsverben *(wollen, sollen, müssen, können, dürfen, mögen)* sowie *brauchen zu*. Sie kommen meist, besonders in der geschriebenen Sprache, mit dem Infinitiv vor:

Müllers müssen jetzt gehen.
Sie kann schwimmen.
Du brauchst nicht zu kommen. (= Du mußt nicht kommen.)

- In der gesprochenen Sprache wird, besonders im Frage-Antwort-Dialog, der Infinitiv oft weggelassen, wenn dem Gesprächspartner klar ist, worum es geht. Dies gilt zumal, wenn (eine) weitere Ergänzung(en) im Satz erscheint/erscheinen:

  Er will nach Haus (gehen).
  Sie müssen ins Bett (gehen).
  Er braucht nicht zum Meldeamt (zu gehen).

  Anmerkung:
  Verneintes *brauchen* + *zu* für verneintes *müssen* ist nach wie vor die korrekte Form. Freilich wird in der spontan gesprochenen Sprache zunehmend auch *brauchen* ohne *zu* verwendet:

  Du brauchst das nicht machen.

- Weiterhin gehören zum Satzbauplan Verb + Subjekt (+Akkusativergänzung) + Infinitivergänzung die Verben der Sinneswahrnehmung *(sehen, hören, fühlen, spüren)* sowie *lassen:*

  Klaus sieht die Patientin liegen.
  Er hört sie Klavier spielen.
  Er läßt das Kind spielen.

Alle diese Verben sind nicht passivfähig. Auffällig ist der unterschiedliche Gebrauch von *lassen:*

Er läßt das Kind spielen. (= erlauben)
Sie ließ den Doktor rufen. (= veranlassen)
Wir ließen ihn schlafen. (= in Ruhe lassen)
Ich lasse die Tür offen. (= einen Zustand nicht verändern)
Er läßt jetzt das Rauchen. (= unterlassen)
Er läßt sich einen Anzug machen. (= einen Auftrag erteilen)
Er ließ mir das Buch. (= überlassen; obligatorischer Dativ)
Das läßt sich machen. (= möglich sein)
Die Tür läßt sich öffnen. (= kann geöffnet werden)

Daneben gibt es zahlreiche Zusammensetzungen und Lexikalisierungen: *bleibenlassen, fahrenlassen, fallenlassen, freien Lauf lassen, es genug sein lassen, kaltlassen, sitzenlassen, stehenlassen, im Stich lassen*

Im Perfekt lauten die Formen:

	Ich habe das Rauchen *gelassen.* (Nomen)	
aber:	Ich habe dich rufen *lassen.* (Verb)	
	bleibenlassen:	
	Müller wird uns hier nicht *bleiben lassen.*	(ursprüngliche Bedeutung)
	Ich habe das Projekt *bleibenlassen.*	(übertragen)
	fahrenlassen:	
	Der Vater hat die Tochter *fahren lassen.*	(ursprüngliche Bedeutung)
	Ich habe das Projekt *fahrenlassen.*	(übertragen)

Liegt die ursprüngliche Bedeutung vor, werden beide Verbteile getrennt geschrieben, bei übertragener Bedeutung dagegen in einem Wort.

- Auch die Verben *beibringen, helfen, lernen* gehören zu diesem Satzbauplan:

  Sie helfen (der alten Frau) tragen.
  Die Kinder lernen rechnen.

  Bei *helfen* kann der Infinitiv in eine Form mit *bei* verändert werden:

  Sie helfen der alten Frau tragen.
  Sie helfen der alten Frau beim Tragen.

- In gleicher Weise werden *fahren, gehen, kommen, schicken, sein* zu diesem Satzbauplan gerechnet:

  Sie geht schwimmen.
  Ich war einkaufen.
  Er schickt seinen Sohn Bier holen.

  Bei *kommen* ist auch *zu* möglich:

  Er kam vor der Ampel zu stehen/zum Stehen.

(3) Die Frage lautet *was?,* die Anapher ist der Infinitiv des Verbs.

(4) Als zweite Gruppe dieses Satzbauplans erscheinen die sogenannten Modalitätsverben, die einen Infinitiv mit *zu* bei sich haben; gelegentlich treten weitere Ergänzungen hinzu. Modalitätsverben sind dadurch charakterisiert, daß sie stets zusammen mit anderen Verben (im Infinitiv) auftreten und nicht Valenzträger sind. Alle weiteren Satzglieder sind also vom Hauptverb des Satzes abhängig: die erweiterte Infinitivergänzung. Die folgenden Gruppen können unterschieden werden:

- Die Verben *anfangen zu, aufhören zu, beginnen zu, drohen zu, pflegen zu, scheinen zu, versprechen zu* sind Homonyme: einerseits Modalitätsverben (a), andererseits Vollverben (b), die andere Ergänzungen bei sich haben:

  (a) Das Buch fing an, mich zu interessieren.
  (b) Ich fing an zu studieren.
  (a) Die Vorstellung begann langweilig zu werden.
  (b) Sie begannen zu weinen.
  (a) Die Brücke drohte einzustürzen.
  (b) Er drohte mit der Entlassung.
  (a) Die Reise versprach interessant zu werden.
  (b) Sie versprach ihm 2000 DM.

- Die Verben *bekommen zu, erhalten zu, geben (es) zu, haben zu, kriegen zu* mit folgenden Bedeutungsvarianten:

  Wir *bekamen* viel zu essen. *(bekommen zu)*
  Sie *kriegten* unseren Zorn zu spüren. *(kriegen zu)*

  Kriegen ist auf die gesprochene Sprache beschränkt. Die Verben dienen als Passivumschreibung (→ S. 95):

  Es gab nichts *zu* lachen. ⟶ Es gab nichts zum Lachen. *(geben [es] zu)*
  Du *hast* hier nichts *zu* befürchten.
  Der Stuhl *hat* hier *zu* stehen! } (*haben* + *zu* = müssen)

Wir *haben* von ihm noch viel *zu* erwarten. Er *hat* hier nichts *zu* sagen.	(*haben* + *zu* = können, dürfen)
Das *hat* nichts *zu* bedeuten. (= Das bedeutet nichts.)	(*haben* + *zu* = Bedeutung des Vollverbs)
Er *hat* neue Bilder an den Wänden *hängen.* Wir *haben* den Wagen in der Garage *stehen.* Er *hat* viel Geld auf der Bank *liegen.*	(*haben* ohne *zu* + situatives Verb = Bedeutung des Vollverbs)
Er *hat* gut *reden/lachen.* Ich *habe* 10 Mark *einstecken.*	(lexikalisierte Formen)

- Die Verben *gedenken zu, sich getrauen zu, suchen zu, nicht umhinkönnen zu, vermögen zu, sich weigern zu, wissen zu* werden vornehmlich in der geschriebenen Sprache verwendet:

  Wir gedachten, das nicht zu machen.
  Sie suchte ihn zu überzeugen.
  Wir konnten nicht umhin, ihr die Wahrheit zu sagen.
  Er weiß sich durchzusetzen.

- Und schließlich gehören die Verben *kommen, bringen* + Partizip II zu dem Satzbauplan der erweiterten Infinitivergänzung:

  Er kam aus dem Zimmer gelaufen.
  Die Polizei brachte die Kinder angeschleppt.

Engel, Ulrich 1970: „Die deutschen Satzbaupläne“, in: Wirkendes Wort 20
Götze, Lutz 1979: Valenzstrukturen deutscher Verben und Adjektive, München
Polenz, Peter von 1966: „Der Pertinenzdativ und seine Satzbaupläne“, in: Ulrich Engel u.a. (Hrsg.): Festschrift für Hugo Moser zum 60. Geburtstag am 19. Juni 1969, Düsseldorf

Satzgliedstellung

In traditionellen Grammatiken ist häufig von „Wortstellung“ die Rede, wenn es um die Reihenfolge bzw. das Nacheinander der Teile im Satz geht. Einige andere Grammatiken behandeln das Phänomen überhaupt nicht: für sie ist die Struktur der Sätze wichtig, nicht die Abfolge der Satzglieder im einfachen oder zusammengesetzten Satz. So sagt beispielsweise eine Tiefenstrukturanalyse der Generativen Grammatik im Grunde nichts aus über die Reihenfolge der Teile im Satz. Ähnlich verhält es sich mit der Dependenzgrammatik: sie bestimmt, ausgehend vom finiten Verb, Zahl und Art von Ergänzungen und Angaben. Wie diese Glieder im Satz aufeinanderfolgen - ob sie also vorn, in der Mitte oder hinten im Satz stehen -, darüber erfährt man in einer solchen Syntax gemeinhin nichts. Die Stärken dieser beiden Grammatiktheorien liegen auf dem Gebiet der Syntax.
Nichtsdestoweniger ist eine Grammatik des Sprachgebrauchs wie die vorliegende ohne ein Kapitel zur Abfolge der Glieder im Satz gewissermaßen amputiert, also unvollkommen. Dies gilt um so mehr, als die deutsche Sprache in der Satzgliedfolge wesentlich freier ist als das Englische, Französische, Russische oder das Latein - und die Befürworter der Großschreibung von Substantiven führen dies als wesentliches Argument zur Untermauerung ihrer Position an: um Substantive im Satz zu erkennen, müssen sie mit großem Anfangsbuchstaben geschrieben werden. Obwohl wir dieses Argument für letztlich falsch halten, sehen wir dennoch in der Reihenfolge der Glieder im deutschen Satz ein wichtiges Kapitel jeder Grammatik.
Wir haben den Terminus Satzgliedstellung gewählt, weil Wortstellung etwas Falsches suggeriert: die Vorstellung nämlich, im deutschen Satz stünden Wörter hintereinander, die als einzelne Wörter verändert bzw. auf dem Satzfeld verschoben werden können. Dem ist aber keineswegs so; vielmehr können nur immer Satzglieder insgesamt verschoben werden, wie die Verschiebeprobe (→S.318) zeigt:

Der Mann raucht eine dicke Zigarre.

- Verschieben von Wörtern:

  * Der raucht eine dicke Zigarre Mann.
  * Der Mann eine dicke Zigarre raucht.
  * Der Mann raucht Zigarre eine dicke.
  * Raucht der Mann dicke eine Zigarre.
  * Eine der Mann raucht dicke Zigarre.

- Verschieben von Satzgliedern:

  Eine dicke Zigarre raucht der Mann.
  Raucht der Mann eine dicke Zigarre?
  * Der Mann eine dicke Zigarre raucht.

Fazit:
Nur Satzglieder insgesamt können in ihrer Reihenfolge im Satz verändert werden, einzelne Wörter nicht. Deshalb ist bei der Stellung der Teile im Satz

stets vom Satzglied auszugehen. Die einzige Ausnahme besteht dort, wo Wort und Satzglied identisch sind, also das Satzglied nur aus einem Wort besteht:

Rainer liebt Puppen.
Puppen liebt Rainer.
Liebt Rainer Puppen?

Faktoren für die Bestimmung der Satzgliedfolge

(1) Satzglieder, Teile von Satzgliedern (Attribute) und Teilsätze stehen nicht beliebig oder gar willkürlich nebeneinander. Ihre Stellung ist durch Regeln bestimmt, die allerdings sehr unterschiedlichen Ebenen entstammen und häufig in Konkurrenz zueinander stehen. Genau dies hat ihre Beschreibung häufig zum Problem gemacht.

(2) Die Faktoren, die die Reihenfolge der Satzglieder bestimmen, sind morphologischer, syntaktischer, intonatorischer, intentionaler und situativer Art.

(3) Morphologische Faktoren finden wir beispielsweise beim Wechsel von Substantiv und Pronomen:

Sie gibt dem Mann das Buch.
Sie gibt es ihm.

(4) Syntaktische Faktoren betreffen vor allem die Stellung des Verbs bzw. Prädikats. So steht das Verb im Aussagesatz an zweiter Stelle, im Entscheidungsfragesatz an erster Stelle, aber im eingeleiteten Nebensatz an letzter Stelle. Bei zusammengesetzten Zeiten (Perfekt usw.) gibt es die Satzklammer:

Sie *trifft* ihren Mann.	(Aussagesatz)
Kommt sie?	(Fragesatz)
Sie kommt, weil sie ihn sehen *will.*	(Nebensatz)
Er *hat* sie gestern nicht *gesehen.*	(Satzklammer)

Zu den syntaktischen Faktoren gehören auch die Valenzstrukturen.

(5) Intonatorische Faktoren schränken die Auswahlmöglichkeiten der Satzgliedstellung ein. So wird durch Betonung die Stellung des Infinitivs beim modalen Hilfsverb verändert: er rückt an die Satzspitze:

Ich will ihn erst Montag *sehen.*
→ *Sehen* will ich ihn erst Montag.

(6) Intentionale Faktoren legen beispielsweise fest, daß das Thema (das bereits Bekannte, das Vorausgesetzte) am Satzanfang steht, gefolgt (nach dem Verb) vom Satzglied mit dem nächsthöheren Mitteilungswert. Am Ende steht das Satzglied mit dem höchsten Mitteilungswert. Alle neuen Informationen zusammen bilden das Rhema (→ S. 433). Wir vergleichen:

(1. Satz): Ein Mann steht *an der Ecke.*
Rhema
(2. Satz): *Der Mann* schaut *unentwegt zu uns hinüber.*
Thema Rhema

(7) Situative Faktoren schließlich erlauben, Teile im Satz wegzulassen (a) oder die Abfolge der Teile im Satz zu verändern (b); dadurch kommt es zu den sogenannten elliptischen Sätzen:

(a) Was will er? - Ein neues Auto.
(b) Kennst du den Mann? - Gesehen habe ich ihn schon häufig, aber kennen?

Hauptstellungstypen im einfachen Satz

Alle obengenannten Faktoren bewirken, daß - zumal in der gesprochenen Sprache (intonatorische, situative Faktoren) - häufig von der sogenannten Normalstellung im einfachen Satz abgewichen wird (→ S. 405, 409).
Gleichwohl gibt es drei Hauptstellungstypen als Folge der relativ festen Stellung des finiten Verbs im deutschen Satz. Diese sind: Kernsatz, Stirnsatz und Spannsatz.

Der Kernsatz

Das Verb steht an der zweiten Stelle; im Falle von mehrgliedrigen Prädikaten (→ S. 328) steht der infinite Prädikatsteil am Satzende und bildet mit dem finiten Teil die Satzklammer/den Satzrahmen (→ S. 403).
Sätze dieses Typs nennen wir Kernsätze; in manchen Grammatiken wird auch von Grundstellung gesprochen. Kernsätze kommen vor als Aussagesätze, Ergänzungsfragesätze, Entscheidungsfragesätze in Aussageform, Ausrufesätze, uneingeleitete Nebensätze. Wir vergleichen:

	1	2	3	4
Aussagesatz	*Er*	*fährt*	*nach München.*	
(Perfekt)	*Sie*	*hat*	*mit ihm*	*telefoniert.*
(trennbares Verb)	*Müller*	*fliegt*	*morgen*	*ab.*
(modales Hilfsverb)	*Du*	*mußt*	*die Arbeit*	*erledigen.*
(Passiv)	*Das Haus*	*wird*	*nächstes Jahr*	*gebaut.*
(Modalitätsverb)	*Die Brücke*	*droht*		*einzustürzen.*
Ergänzungsfragesatz	*Wohin*	*fährst*	*du?*	
Entscheidungsfragesatz	*Ihr*	*kommt*	*doch*	*mit?*
Ausrufesatz	*Lutz*	*hat*	*vielleicht*	*geschnarcht!*
uneingeleiteter Nebensatz	*(Er sagt,) sie*	*ist*	*im Krankenhaus.*	

Anmerkung:
Uneingeleitete Nebensätze sind solche, bei denen keine Konjunktion *(daß, weil)* oder kein Relativelement *(der, welcher)* steht.
In allen Fällen also besetzt das finite Verb die zweite Stelle auf dem Satzfeld (→ S. 403). Das gilt auch für die Inversion, also die Umkehrung der Abfolge (→ S. 405):

Er *fährt* nach München.
→ Nach München *fährt* er.

Der Stirnsatz

Das Verb steht an der ersten Stelle des Satzes, es hat also die Spitzenstellung/Stirnstellung inne. Sätze dieses Typs nennen wir Stirnsätze; sie kommen vor als Entscheidungsfragesätze, Aufforderungssätze (Imperativ), Ausrufesätze, uneingeleitete Nebensätze und uneingeleitete irreale Wunschsätze. Wir vergleichen:

	1	2	3	4
Entscheidungsfragesatz	*Kommt*	*ihr*	*ins Kino*	*mit?*
Aufforderungssatz	*Komm!*			
	Hören	*Sie*	*endlich*	*auf!*
Ausrufesatz	*Ist*	*das*	*eine Hitze!*	
uneingeleiteter Nebensatz	*Ist*	*sie*	*auch intelligent,*	*so ...*
uneingeleiteter irrealer Wunschsatz	*Wäre*	*sie*	*doch hier!*	

Der Spannsatz

Das finite Verb steht an der letzten Stelle, also am Satzende. Eine Ausnahme besteht bei der Ausklammerung (→ S. 406) sowie bei zusammengesetzten Verbformen mit modalen Hilfsverben (→ S. 419). Sätze des Typs mit dem Verb am Satzende nennen wir Spannsätze; sie kommen vor als konjunktional eingeleitete Nebensätze, eingeleitete irreale Wunschsätze, Relativsätze sowie Ausrufesätze mit einem Fragepronomen/Frageadverb. Wir vergleichen:

	1	2	3	4	5
konjunktional	*..., daß*	*er*	*morgen*		*kommt.*
eingeleiteter Nebensatz	*..., weil*	*sie*	*das Bier*	*getrunken*	*hat.*
eingeleiteter	*Wenn*	*sie*	*doch Zeit*		*hätte!*
irrealer Wunschsatz	*Wenn*	*er*	*bloß*	*gekommen*	*wäre!*
Relativsatz	*..., der*		*an der Ecke*		*stand,*
Ausrufesatz	*Was*	*sie*	*alles*		*kann!*

Anmerkung:
In zahlreichen Arbeiten der Generativen Grammatik wird diese Endstellung des finiten Verbs im Spannsatz als die eigentliche Grundstellung, als der im eigentlichen Sinn unmarkierte Satztyp, angesehen. Die Grundregel lautet dann: rechts determiniert links.

Satzfeld und Satzklammer

(1) In einer auf Erich Drach zurückgehenden Einteilung wird der Kernsatz, der eine zusammengesetzte Verbform (a), ein trennbares Verb (b) oder einen Verbzusatz (c) enthält, in drei verschiedene Teilbereiche untergliedert. Diese sind das Vorfeld, das Mittelfeld und das Nachfeld. Alle zusammen werden zum Satzfeld zusammengefaßt. Das finite Verb und die infiniten Prädikatsteile bil-

den die für die deutsche Sprache charakteristische Satzklammer (Satzrahmen), die dem deutschlernenden Ausländer unendlich viele Schwierigkeiten bereitet, weil es sie in seiner Muttersprache nicht gibt. Wir vergleichen:

	1	2	3	4
(a)	Wir	haben	ihn gestern	gesehen.
(b)	Er	kam	vor zehn Minuten	an.
(c)	Wir	fahren	mit Begeisterung	Auto.

Natürlich gibt es auch eine Satzklammer beim Stirnsatz (d) und beim Spannsatz (e). Sie wird einmal vom finiten und infiniten Prädikatsteil (d) gebildet, zum anderen von der einleitenden Konjunktion und dem finiten Verb (e):

(d) Will er nun morgen früh kommen?

(e) ..., daß sie ihm immer noch nicht geantwortet hat.

(2) Die drei Teile des Satzfeldes lauten also: Vorfeld, Mittelfeld und Nachfeld. Das Vorfeld ist der Bereich vor dem ersten Teil der Satzklammer, also im Regelfall vor dem finiten Verb; das Mittelfeld ist der Teil zwischen den beiden Klammerteilen, also zwischen dem finiten Verb und dem infiniten Prädikatsteil (beide Teile rahmen das Mittelfeld gewissermaßen ein). Das Nachfeld ist der Teil im Satz hinter dem zweiten Klammerteil, also dem infiniten Prädikatsteil im Normalfall: das Nachfeld wird dann wichtig, wenn Teile der Aussage aus stilistischen oder Verständnisgründen hinter den zweiten Klammerteil gestellt werden. Sie werden also ausgeklammert; entsprechend nennt man dieses Phänomen Ausklammerung (→S.406).
Die Satzklammer im Schema:

Satzklammer (finites Verb – infiniter Prädikatsteil)

Kernsatz:	Vorfeld –	finites Verb	– Mittelfeld –	infiniter Prädikatsteil	– Nachfeld

Satzklammer (finites Verb – infiniter Prädikatsteil)

Stirnsatz:	finites Verb	– Mittelfeld –	infiniter Prädikatsteil	– Nachfeld

Satzklammer (Konjunktion – finites Verb)

Spannsatz:	Konjunktion –	Mittelfeld –	infiniter Prädikatsteil –	finites Verb	– Nachfeld

Satzfeld und Satzklammer sowie Ausklammerung sind damit exakt beschreibbar. Problematischer ist die Besetzung von Vorfeld, Mittelfeld und Nachfeld, weil hier bekanntlich morphologische, syntaktische, intonatorische, intentionale und situative Faktoren eine Rolle spielen. Relativ einfach sind dabei die Regeln für die Besetzung des Vorfeldes und des Nachfeldes; kompliziert und nach wie vor nicht vollständig gelöst ist die Abfolge der Glieder im Mittelfeld. Beginnen wir daher mit dem Einfachen.

Besetzung des Vorfeldes

(1) Im Kernsatz ist das Vorfeld besetzt, im Stirnsatz und Spannsatz nicht. Für den Kernsatz gilt, daß jeweils nur ein einziges Satzglied (Element) das Vorfeld besetzen kann. Lediglich im Falle des Platzhalter-*es* (→S. 235) handelt es sich nicht um ein Satzglied: *es* füllt nur die erste Stelle in Vertretung des Subjekts aus. Bei der Umformung fällt *es* bekanntlich weg:

Es kamen viele Menschen zur Demonstration.
→ Viele Menschen kamen zur Demonstration.

(2) Grundsätzlich können alle Satzglieder mit Ausnahme des finiten Verbs im Vorfeld stehen.

(3) Unter den Wortarten allerdings gibt es einige, die nicht im Vorfeld stehen können (in der Linguistik heißt das, sie sind nicht erststellenfähig): es handelt sich um Partikeln (*ja, denn, doch* usw.) sowie Reflexivpronomen bei „echten“ reflexiven Verben *(sich weigern)*. Eine Übersicht:

	Vorfeld	Mittelfeld	
	Ich	habe Monika ja letzte Woche in Berlin	getroffen.
	Monika	habe ich ja letzte Woche in Berlin	getroffen.
	Letzte Woche	habe ich ja Monika in Berlin	getroffen.
	In Berlin	habe ich ja Monika letzte Woche	getroffen.
auch:	Getroffen	habe ich ja Monika letzte Woche	in Berlin.
aber:*	Ja	habe ich Monika letzte Woche in Berlin	getroffen.

(4) Im Regelfall wird das Vorfeld vom Subjekt besetzt. Dies ist die unbetonte „Normalstellung“:

(a) Müller hat eine Million im Lotto gewonnen.

Rückt ein anderes Satzglied an die erste Stelle, sprechen wir von Inversion (ungerade Satzgliedstellung/Umkehrung). Das finite Verb bleibt dabei stets als „Gelenk“ bzw. „Achse“ an der zweiten Stelle: um das Verb drehen sich gewissermaßen die Satzglieder:

(b) Eine Million hat Müller im Lotto gewonnen.
oder: (c) Im Lotto hat Müller eine Million gewonnen.

In der gesprochenen Sprache ist mit der Inversion stets eine Veränderung der Betonung verbunden. Satz (a) ist „normal“ betont, trägt den Satzakzent also im Mittelfeld. Bei den Sätzen (b) und (c) liegt dagegen die Betonung auf dem Vorfeld: *Eine Million* bzw. *Im Lotto*. Dem Sprecher kommt es darauf an, diese Sachverhalte zu unterstreichen: eine solche Stellung nennen wir Ausdrucksstellung.

Thema-Rhema-Struktur

Die Beispiele (b) und (c) haben die Verschmelzung von intonatorischen und intentionalen Faktoren bei der Satzgliedstellung deutlich gemacht. Damit sind wir bei einem der entscheidenden Phänomene der Abfolge der Glieder im Satz, der Thema-Rhema-Struktur. Sie ist vor allem für die Besetzung des Vorfeldes, aber auch des Mittelfeldes wichtig. Unter Thema-Rhema-Struktur verstehen wir den Wechsel von Bekanntem und Neuem im Text bei zunehmender Informationsdichte. Thema und Rhema sind keineswegs identisch mit Subjekt und Prädikat: so kann eine Präpositionalergänzung oder das Subjekt sowohl Thema wie Rhema sein:

Ein Auto $\underbrace{\text{bog um die Ecke.}}_{\text{R}}$ (T = Thema, R = Rhema)

$\underbrace{\text{Das Auto}}_{\text{T}}$ $\underbrace{\text{fuhr sehr schnell.}}_{\text{R}}$

$\underbrace{\text{Es}}_{\text{T}}$ $\underbrace{\text{war ein silberfarbener VW.}}_{\text{R}}$

Aus dem Beispiel könnte leicht der Eindruck entstehen, die Besetzung des Vorfeldes sei immer Thema, die des Mittelfeldes (oder bei Ausklammerung: des Nachfeldes) immer Rhema. Das stimmt keineswegs, denn auch Rhema-Teile können betont werden und dann in das Vorfeld rücken (Ausdrucksstellung):

Ein Auto $\underbrace{\text{bog um die Ecke.}}_{\text{R}}$

$\underbrace{\text{Sehr schnell fuhr}}_{\text{R}}$ $\underbrace{\text{das Auto.}}_{\text{T}}$

$\underbrace{\text{Ein silberfarbener VW}}_{\text{R}}$ war $\underbrace{\text{es.}}_{\text{T}}$

Allerdings gilt meistens - und besonders in Textsorten der geschriebenen Sprache -, daß im Vorfeld von Sätzen innerhalb eines Textes das bereits Bekannte aus dem vorausgehenden Satz (oder weiter vorn stehenden Sätzen) aufgegriffen wird (Thema), während nach dem finiten Verb die neue Information steht (Rhema). So ergibt sich eine thematische Progression (→ S. 433).

Deutlich wird, daß vor allem die Mitteilungsperspektive darüber entscheidet, welches Satzglied das Vorfeld besetzt. Ist es das Subjekt, bleibt es in aller Regel unbetont; sind es andere Satzglieder (Akkusativergänzung, Präpositionalergänzung, Situativergänzung usw.), werden sie in aller Regel betont: das Rhema trägt also im Regelfall den Akzent.

Besetzung des Nachfeldes

(1) Teile des Satzes werden in das Nachfeld - also hinter den zweiten Klammerteil - gestellt: sie werden aus stilistischen Gründen oder aus Gründen der Akzentuierung ausgeklammert. Wir vergleichen:

Ich will sie nicht mehr *in diesem Jahr* sehen.
→ Ich will sie nicht mehr sehen *in diesem Jahr.*

(2) Besonders häufig ist die Ausklammerung bei Nebensätzen, um ein „Nachklappen" zu vermeiden. Also nicht:

* Ich *drückte* meine Hoffnung, daß sie bald gesund würde, *aus*.
sondern: Ich *drückte* meine Hoffnung *aus*, daß sie bald gesund würde.

* Das *hängt* davon, wie reich sie ist, *ab*.
sondern: Das *hängt davon ab*, wie reich sie ist.

(3) Ausgeklammert werden Satzglieder insbesondere dann, wenn sie besonders umfangreich sind und - beispielsweise bei einem Vortrag - die Gefahr besteht, daß die Zuhörer „den Faden verlieren", also am Satzende nicht mehr wissen, was der Redner am Anfang gesagt hat. Wir vergleichen:

Die Bedeutung des Wissenschaftlers *ist enorm* angesichts seiner weltweit verbreiteten Publikationen sowie seiner bahnbrechenden Forschungen.
nicht: Die Bedeutung des Wissenschaftlers ist angesichts seiner weltweit verbreiteten Publikationen sowie seiner bahnbrechenden Forschungen enorm.

Sie ist so, weil sie den Meister *anbetet* und ebenso seine von ihm in jahrelanger mühsamer Arbeit erschaffenen Klangwelten.
nicht: Sie ist so, weil sie den Meister und ebenso seine von ihm in jahrelanger mühsamer Arbeit erschaffenen Klangwelten anbetet.

Anmerkung:
Nicht ausgeklammert werden (a) Funktionsverbgefüge, (b) Einordnungs- und Artergänzungen sowie (c) nominale und pronominale Genitiv-, Dativ- oder (d) Akkusativergänzungen. Daher:

(a) Er *stellte* die Frage *zur Diskussion*.
* Er stellte zur Diskussion die Frage.
(b) Er benimmt sich *wie ein Schauspieler*.
* Er benimmt wie ein Schauspieler sich.
(c) Ich habe *ihr* geholfen.
* Ich habe geholfen ihr.
(d) Sie hat *die Zeitung* gelesen.
* Sie hat gelesen die Zeitung.

(4) Bei erläuternden Nachträgen, Appositionen und Vergleichen bedient man sich häufig der Ausklammerung:

Ich habe sie gesehen, *und zwar völlig verzweifelt*.
Er hat uns wie immer geholfen: *als guter Freund*.

(5) Um die Aussage zu verstärken, wird häufig ausgeklammert:

Das muß sie wissen, *die Tochter!*

ebenso bei Aufzählungen:

An der Wahlveranstaltung nahmen teil: *Kanzlerkandidat, Oppositionsführer und örtliche Kandidaten*.

und bei Appositionen:

Und ich habe ihm geholfen, *ich Trottel!*
Der Rest der Soldaten kämpfte weiter, *ohne Waffen, kaum 10 Mann*.

Besetzung des Mittelfeldes

Die Besetzung des Mittelfeldes - also des Bereichs zwischen dem ersten und zweiten Klammerteil - ist das eigentliche Problem der Satzgliedfolge im Deutschen. Mit Ausnahme des stellungsfesten Verbs mit seinen Erweiterungen (das die Klammerfunktion ausübt) können alle Ergänzungen und Angaben hier erscheinen. Ihre Reihenfolge ist relativ frei, und es ist daher nicht richtig, von einer „Normalabfolge" der Satzglieder im Mittelfeld zu sprechen, wie das ältere Grammatiken taten. Wir vergleichen:

> Ich wollte dem Vorsitzenden sehr schnell eine Nachricht über das Wahlergebnis überbringen.
> Ich wollte sehr schnell dem Vorsitzenden eine Nachricht über das Wahlergebnis überbringen.
> Ich wollte eine Nachricht über das Wahlergebnis sehr schnell dem Vorsitzenden überbringen.
> Ich wollte dem Vorsitzenden über das Wahlergebnis sehr schnell eine Nachricht überbringen.
> Ich wollte über das Wahlergebnis sehr schnell dem Vorsitzenden eine Nachricht überbringen.

Scheinbare Willkür herrscht hier, aber eben nur scheinbar. Eine gewisse Regelhaftigkeit der Abfolge im Mittelfeld läßt sich durchaus konstatieren. Dabei gilt es, die folgenden Faktoren zu beachten, die natürlich jederzeit durch außergrammatische Faktoren (Betonung, Situationsangemessenheit) beeinflußt werden können:

(1) Topologische Verbferne: Je enger die syntaktisch-semantische Bindung eines Satzgliedes an das finite Verb ist, desto weiter weg rückt es von ihm auf dem Satzfeld nach rechts, im Extremfall an das Satzende bzw. vor den zweiten Klammerteil, der die engste Bindung an das Finitum hat. Dies ist das Gesetz der „topologischen Verbferne":

> Er *sah* sie damals in Berlin.
> Er *hat* sie damals in Berlin *gesehen.*
> Ich *will* die Vase auf den Tisch *stellen.*

(2) Präpositional-, Richtungs- und Situativergänzungen rechts von den Angaben: Ergänzungen rücken entsprechend der Regel der Verbferne auf dem Satzfeld zum Satzende hin; Angaben stehen links davon. Eine Besonderheit stellt die Akkusativergänzung dar (→S.411):

> Ich habe $\underbrace{\textit{gestern mit Absicht}}_{\text{Angaben}}$ $\underbrace{\textit{eine Vase auf den Tisch}}_{\text{Ergänzungen}}$ *gestellt.*

(3) Thema-Rhema: Im Hinblick auf die Mitteilungsperspektive, also die Grundregel, daß das Wichtige/das Neue weiter rechts (hinten) als das Unwichtige/das Bekannte auf dem Satzfeld steht, ist festzuhalten, daß bei normaler Betonung (also nicht bei der Ausdrucksstellung) das Rhema (das Neue) hinten und das Thema (das Bekannte) vorn steht. Gibt es mehrere rhematische Elemente (also mehrere neue Informationen), steht bei unbetonter Abfolge das stärkste rhematische Glied am Schluß, die anderen stehen davor bei abnehmendem Informationsgehalt. Wir vergleichen:

	Er hat sie	*gestern*	*auf dem Bahnhof* getroffen.		
		Temporal-angabe	Lokalangabe		
	Er hat sie	*wegen der Verspätung*	*gestern*	*auf dem Bahnhof* getroffen.	
		Kausalangabe	Temporal-angabe	Lokalangabe	
oder:	Er hat sie	*gestern*	*auf dem Bahnhof*	*wegen der Verspätung* getroffen.	
		Temporal-angabe	Lokalangabe	Kausalangabe	
	Er hat sie	*gestern*	*flüchtig*	*auf dem Bahnhof* getroffen.	
		Temporal-angabe	Modal-angabe	Lokalangabe	
	Er hat sie	*gestern*	*flüchtig*	*auf dem Bahnhof*	*zur Übergabe des Geldes* getroffen.
		Temporal-angabe	Modal-angabe	Lokalangabe	Finalangabe

Als Faustregel für den Angabenbereich im Mittelfeld läßt sich daher für die geschriebene und gesprochene Sprache formulieren: bei normaler Betonung (neutrale Satzgliedstellung) ist die Abfolge der Angaben von links nach rechts:

Verb	-	Kausal-angabe	-	Tempo-ral-angabe	-	Modal-angabe	-	Lokal-angabe	-	Final-angabe	-	Konsekutiv-angabe

Anmerkung:
In der gesprochenen Sprache läßt sich diese Abfolge freilich relativ frei verändern, indem ein Element betont wird oder ein Element in das Vorfeld rückt (Inversion/Ausdrucksstellung):

Gestern hat er sie ganz kurz auf dem Bahnhof zur Übergabe des Geldes getroffen.

(4) Modalwörter (*hoffentlich, möglicherweise, sicherlich* usw.) stehen unmittelbar nach dem ersten Satzglied im Mittelfeld; sehr häufig rücken sie in das Vorfeld:

Er hat sie *möglicherweise* auf dem Bahnhof getroffen.
→ *Möglicherweise* hat er sie auf dem Bahnhof getroffen.

(5) Reine Kasusergänzungen stehen links von den Ergänzungen mit Präposition auf dem Satzfeld, also näher beim finiten Verb (Gesetz der wachsenden Komplexität der Satzglieder):

Ich habe *die Frau in der Stadt* gesehen.
Er hat *die Vase auf den Tisch* gestellt.

(6) Dativergänzung vor Akkusativergänzung: Unter den Kasusergänzungen gilt folgende Regel: sind Dativergänzung und Akkusativergänzung Substantive, steht die Dativergänzung vorn:

Ich habe *dem Mann das Buch* gegeben.

umgekehrt bei Pronomen:

Ich habe *es ihm* gegeben.

Gibt es je ein Pronomen und ein Nomen unter den Ergänzungen, so steht das Pronomen vor dem Nomen:

Ich habe *ihm das Buch* gegeben.
Ich habe *es dem Mann* gegeben.

Bei Inversion lautet die Regel normal:
- Substantiv: Subjekt + Dativergänzung + Akkusativergänzung:

Gestern hat Müller seinem Freund das Buch gegeben.

- Pronomen: Subjekt + Akkusativergänzung + Dativergänzung:

Gestern hat er es ihm gegeben.

(7) Die Genitivergänzung steht rechts von den anderen Kasusergänzungen:

Er hat den Mann *des Mordes* beschuldigt.

(8) Bestimmter und unbestimmter Artikel: Ein weiterer Faktor, der die Abfolge im Mittelfeld bestimmt, ist der Gebrauch des bestimmten oder unbestimmten Artikels, was wiederum mit der Unterscheidung von Thema und Rhema zusammenhängt. Gemeinhin ist das Thema (weil bekannt) definit, trägt also den bestimmten Artikel. Umgekehrt ist das Rhema (weil neu bzw. unbekannt) nicht definit, trägt also den unbestimmten Artikel. Daher gilt: Bei unbetonter Satzgliedfolge kann sowohl die Dativ- wie Akkusativergänzung mit dem bestimmten oder unbestimmten Artikel stehen:

Der Mann hat *der* Frau *ein* Auto geschenkt.
Der Mann hat *einer* Frau *das* Auto geschenkt.

Bei umgekehrter, also betonter Stellung, wenn nämlich die nominale Akkusativergänzung vor der Dativergänzung steht, ist diese freie Stellungswahl hingegen nicht gegeben. Hier muß die vorn stehende Akkusativergänzung den bestimmten Artikel haben, sonst ist der Satz ungrammatisch:

Der Mann hat *das* Auto einer Frau geschenkt.
* Der Mann hat ein Áuto der Frau geschenkt.

(9) Interjektionen, Satzwörter und Anredenominative sind relativ frei in ihrer Stellung; zumeist stehen sie am Satzanfang:

Ah, was schmeckt das gut!
Karin, du sollst nach Hause kommen!

(10) Frageadverbien bzw. Interrogativpronomen sind relativ fest in ihrer Abfolge im Mittelfeld: *Wer hat was wann wie warum über wen erzählt?* Die Frage nach der Person rückt ins Vorfeld; im Mittelfeld folgen die Sache *(was?)*, die Zeitangabe *(wann?)*, die Modalangabe *(wie?)* oder Kausalangabe *(warum?)* und schließlich der Präpositionalkasus *(über wen?)*. Bei der Umstellung ins Vorfeld bleibt die Reihenfolge im Mittelfeld erhalten:

→ Was hat wer wann wie warum über wen erzählt?
Wann hat wer was wie warum über wen erzählt?
Wie hat wer was wann warum über wen erzählt?
Über wen hat wer was wann wie warum erzählt?

(11) Faustregel für das Mittelfeld: Wir haben also eine Reihe von Faktoren, die die Abfolge der Glieder im Mittelfeld des Satzes bestimmen: syntaktisch-semantische Bindung, insbesondere die Valenzbindung, Thema-Rhema-Struktur, Differenzierung im Angabenbereich, Substantiv-Pronomen-Verhältnis, Artikelgebrauch, Dativ- und Akkusativergänzung. Unter Beachtung all dieser Faktoren läßt sich für den Bereich der geschriebenen Sprache die folgende Faustregel für die Besetzung des Mittelfeldes formulieren (wir wählen aus Gründen der besseren Darstellmöglichkeit dazu die Nebensatzform mit dem finiten Verb am Satzende):

Klammerteil	Subjekt, Akkusativergänzung mit Linkstendenz	Satzadverb (Modalwort)	Angabenbereich	Negationspartikel	weitere Ergänzungen	Klammerteil
weil	er die Vase		gestern sorgfältig		auf den Tisch	gestellt hat
obwohl	sie	vielleicht	auch in zehn Jahren	nicht	Ärztin	wird
weil	sich das Kind	wahrscheinlich	wegen der Fünf in der Lateinarbeit	nicht	nach Hause	traut
daß	der Bankier	vermutlich	infolge des Dollarsturzes		auf sein ganzes Geld	verzichten muß
wenn	er	möglicherweise	morgen in München	nicht	an der Sitzung	teilnimmt

(12) Akkusativergänzungen rücken nach links (vor den Angabenbereich), wenn sie das Thema repräsentieren (Linkstendenz); als rhematische Elemente stehen sie rechts vom Angabenbereich vor den Ergänzungen mit Präposition (Rechtstendenz):

Ich habe *sie/die Frau* gestern in das Hotel gebracht. (Thema)
Ich habe gestern *eine Frau* in das Hotel gebracht. (Rhema)

Anmerkung:
Die Abfolge der Glieder läßt sich noch auf eine andere Weise interpretieren als mit den bisher genannten Kategorien. Das Subjekt als das neutrale, also am wenigsten markierte (mit Verwendungsmerkmalen bestimmte) Satzglied stünde demnach zu Recht ganz vorn; es kann bekanntlich für die Bildung jedes Satzes benutzt werden. Unter den Kasusergänzungen folgt dann die Dativergänzung: sie bezeichnet stets (menschlich) Belebtes. Stärker merkmalbetont (markiert) ist die Akkusativergänzung: entweder nur Personen oder nur Sachen werden durch sie bezeichnet. Folglich steht sie weiter hinten im Satz. Schließlich die Genitivergänzung: sie ist am meisten markiert (d.h. ihr Gebrauch ist am weitesten eingeschränkt: *sich erinnern, jemanden einer Sache anklagen* usw.). Noch stärker markiert sind Präpositionalergänzungen durch die jeweilige Präposition bzw. die Abstraktheit. So ergibt sich – in aller Vorsicht formuliert – so etwas wie eine Skala der abnehmenden Belebtheit und gleichzeitig wachsenden Markiertheit, die die Abfolge der Glieder regelt: je abstrakter bzw. weniger belebt und je markierter ein Glied ist, desto näher steht es am Satzende.

Die Stellung von *nicht*

(1) Die Partikel *nicht* kann im einfachen oder einfachen erweiterten Satz (→ S. 327) an nahezu jeder Stelle im Satzfeld, im Regelfeld jedoch am Satzende, erscheinen; allerdings sind damit semantische Unterschiede (Satznegation, Satzteilnegation; → S. 413) verbunden:

Ich erhole mich in Bayern.
→ Ich erhole mich in Bayern nicht.
→ Ich erhole mich nicht in Bayern.
→ Nicht ich erhole mich in Bayern.
→ Ich erhole mich in Bayern nicht in diesem Sommer.
→ Ich erhole mich in Bayern in diesem Sommer nicht.

(2) Einige Positionen im Satz sind der Negationspartikel *nicht* jedoch verschlossen.
Dies sind:

- Spitzenstellung bei Inversion von Subjekt und finitem Verb:

  * Nicht erhole ich mich in Bayern.
  nur: Ich erhole mich *nicht* in Bayern.

- Endstellung bei Funktionsverbgefügen:

  * Ich stelle das Thema zur Diskussion nicht.
  nur: Ich stelle das Thema *nicht* zur Diskussion.

- Endstellung bei festen (lexikalisierten) Verbverbindungen:

  * Er fährt Rad nicht.
  nur: Er fährt *nicht/kein* Rad.

- Endstellung bei konstitutiven Ergänzungen:

  * Sie stellt die Blumen auf den Tisch nicht.
  nur: Sie stellt die Blumen *nicht* auf den Tisch.

- Endstellung bei Verben mit finitem und infinitem Teil (Klammer):

  * Er hat sie gesehen nicht.
  nur: Er hat sie *nicht* gesehen.

- Endstellung bei der Einordnungsergänzung (→ S. 391):

  * Sie ist Lehrerin nicht.
  nur: Sie ist *nicht/keine* Lehrerin.

- Voranstellung bei Modalwörtern und Modalpartikeln:

  * Sie kommt nicht sicherlich.
  nur: Sie kommt sicherlich *nicht.*
  * Sie kommt nicht einfach.
  nur: Sie kommt einfach *nicht.*

- Endstellung bei freien Modalangaben:

  * Er kam mit großer Verspätung/schnell nicht.
  nur: Er kam *nicht* mit großer Verspätung/schnell.

- Endstellung bei adverbial gebrauchten Adjektiven:

> * Sie lernen ordentlich nicht.
> nur: Sie lernen *nicht* ordentlich.
> aber: Sie lernen hier *nicht*. („echtes" Adverb)
> Sie lernen *nicht* hier.

(3) Die Negationspartikel *nicht* rückt - mit Ausnahme der Satzteilnegation - an das Satzende, es sei denn, es gibt einen zweiten Klammerteil bzw. eine Valenzergänzung. Deren Bindung an das finite Verb ist noch enger, weshalb die Negationspartikel auf dem Satzfeld nach links rückt. Ebenso verhält es sich mit vergleichbaren Partikeln *(niemals, niemand, keineswegs, kaum)*. Wir vergleichen:

> Ich sehe Hans in dieser Woche *nicht*.
> ⟶ Ich habe Hans in dieser Woche *nicht gesehen*. (Klammerteil)
> Ich stelle die Vase auf den Tisch.
> ⟶ Ich stelle die Vase *nicht auf den Tisch*. (Valenzergänzung)
> ⟶ Ich habe die Vase *nicht auf den Tisch gestellt*.

Ganz rechts auf dem Satzfeld (= am Ende des Satzes) steht also der zweite Klammerteil, davor die letzte Valenzergänzung, davor die Negationspartikel:

1. Klammerteil + Angaben + *nicht* + Ergänzung + 2. Klammerteil

Bei den meisten Angaben (Kausalangaben, Temporalangaben, Lokalangaben mit Präposition) - also nicht valenzgebundenen Teilen - kann die Negationspartikel dagegen bei normaler Betonung sowohl vor wie hinter der Angabe stehen, ohne daß damit ein inhaltlicher Unterschied (Satznegation bzw. Satzteilnegation) verbunden wäre. Wir vergleichen:

> Er kommt *nicht* wegen des Streits.
> Er kommt wegen des Streits *nicht*.

Eine Ausnahme von der Regel bei den Angaben bilden die Modalangaben. Hier ist nur Voranstellung von *nicht* möglich:

> Er sah sie *nicht* mit großer Liebe an.
> * Er sah sie mit großer Liebe nicht an.

Satznegation und Satzteilnegation (Sondernegation)

(1) Beim Vergleich der Sätze:

> (a) Ich erhóle mich in Bayern nicht.
> (b) Nicht ích erhole mich in Bayern.

wird deutlich, daß sich in Satz (a) die Negationspartikel *nicht* auf den Sachverhalt des gesamten Satzes bezieht, in Satz (b) hingegen nur auf einen Teil des Satzes, nämlich das Subjekt *ich*.
Fall (a) wird Satznegation genannt, Fall (b) Satzteilnegation oder auch Sondernegation. Die Stellung der Partikel in beiden Fällen ist eindeutig: bei der Satznegation steht die Negationspartikel *nicht* - mit Ausnahme der genannten Fälle (→ S. 412) - am Satzende, im Falle der Satzteilnegation unmittelbar vor dem negierten Satzglied. Bei der Satzteilnegation wird häufig ein weiterführender Satzteil mit *sondern* angeschlossen, zumindest aber - wenn nicht formuliert

- mitgedacht. In der geschriebenen Sprache ist der Anschluß mit *sondern* um der Eindeutigkeit willen grundsätzlich zu empfehlen:

Nicht ich erhole mich in Bayern, sondern Klaus.

(2) Allerdings ist die Unterscheidung von Satznegation und Sondernegation nicht so einfach wie bisher dargestellt, da - in der gesprochenen Sprache - Akzentsetzung und Intonation (→ S. 401) eine wesentliche Rolle spielen. Wir vergleichen:

(a) Ich erhole mich in Bayern *nicht*.
(b) Ich erhole mich *nicht* in Bayern.

Satz (a) ist eindeutig Satznegation, Satz (b) nach der Regel Satzteilnegation, wenn das Adverbial *(in Bayern)* betont wird.
Wird dagegen kein Satzteil besonders betont (normale Betonung), so handelt es sich erneut um Satznegation, weil der gesamte Satz verneint wird. Entsprechend würde es in diesem Fall auch keine Fortführung mit *sondern* geben. Fazit: In Fällen von Angaben (→ S. 317) handelt es sich in der gesprochenen Sprache bei normaler Intonation - wenn also alle Satzteile gleich betont werden - um Satznegation, bei besonderer/abweichender Intonation um Satzteilnegation. Deshalb ist die traditionelle Grundregel, daß bei Satzteilnegation in jedem Fall eine Fortführung mit *sondern* erfolge, falsch. Für den Fall von Präpositionalergänzungen oder festen Verbverbindungen trifft die Regel ohnehin nicht zu (→ S. 412): Hier steht *nicht* immer vor der letzten Ergänzung; Satz- und Satzteilnegation sind hier formal immer gleich, die Intonation macht den Unterschied:

Er stéllt den Antrag nicht zur Diskussion.	(Satznegation)
Er stellt den Antrag nicht zur Diskússion, sondern zur Abstimmung.	(Satzteilnegation)

Anmerkung:
Bei der Satzteilnegation muß also stets zweierlei zusammenkommen: die Negationspartikel steht unmittelbar vor dem Satzteil, das verneint werden soll, und zum zweiten wird es betont. Daher rückt es auch häufig in das Vorfeld (Ausdrucksstellung). Oder anders: Satzteilnegation setzt die Möglichkeit voraus, daß die Negationspartikel mit dem folgenden Satzteil in unveränderter Reihenfolge in das Vorfeld gestellt werden kann. Wir vergleichen:

Er kam nicht géstern.
→ Nicht géstern kam er (sondern letzte Woche).

dagegen die Satzverneinung:

Er schläft im Bett nicht.
→* Nicht schläft er im Bett.

aber Satzteilnegation:

→ Nicht im Bétt schläft er (sondern auf dem Boden).

Besonderheiten der Stellung von *nicht*
(1) Einige Besonderheiten bei der Stellung von *nicht* (bzw. ***nie, niemals, keineswegs, keinesfalls***) sind noch zu beachten: die Negationspartikel muß bei Tem-

poralangaben im Akkusativ nachgestellt werden (also an das Satzende):

Sie sahen sich den ganzen Tag nicht.

Dagegen ist *nicht* bei Temporalangaben in Präpositionalform umstellbar:

Das Flugzeug landet vor 20 Uhr nicht/nicht vor 20 Uhr.

(2) *Nicht* steht vor dem Modaladverb, aber hinter dem Modalwort (→ S. 250):

Er kommt nicht pünktlich. (Modaladverb)
Er kommt sicherlich nicht. (Modalwort)

(3) In Satzgefügen, die mit *bevor, bis, ehe* eingeleitet werden, steht bei Voranstellung des Hauptsatzes *nicht* nur im Hauptsatz:

Sie fährt *nicht*, bevor die Arbeit abgeschlossen ist.

Steht hingegen der Nebensatz voran, wird *nicht* im Haupt- und Nebensatz realisiert:

Bevor die Arbeit *nicht* abgeschlossen ist, fährt sie *nicht*.

(4) *Nicht* steht bei der Satzverneinung vor temporalen Adverbien, die nicht chronologisch einordnen *(sofort, rechtzeitig)*, aber hinter temporalen Adverbien, die chronologisch einordnen (*gestern, heute, morgen, früher, später* usw.). Wir vergleichen:

Er kam nicht rechtzeitig.
* Er kam rechtzeitig nicht.
Er kam gestern nicht.
aber: Er kam nicht gestern. (Satzteilnegation)

Eine Ausnahme bildet *bald:* obwohl nicht chronologisch einordnend, gehört es von der Stellung her zur zweiten Gruppe:

Er kam bald nicht mehr.
* Er kam nicht bald mehr.

(5) Stehen Einteilungszahlen nicht im Vorfeld, sondern im Mittelfeld bzw. am Satzende, muß die Negationspartikel dahinter stehen:

Das ist *erstens nicht* meine Meinung und *zweitens nicht* das heutige Thema.

(6) Warum steht nun die Negationspartikel im einfachen oder einfachen erweiterten Hauptsatz normalerweise am Ende? Dies hat mit dem Gesetz der topologischen Verbferne zu tun. Topologische Verbferne meint nichts anderes, als daß jene Teile im Satz, die semantisch eng mit dem Verb verbunden sind, am weitesten entfernt vom finiten Verb im Satz erscheinen, also im Regelfall am Satzende:

Sie liest die „Süddeutsche Zeitung" nicht.

Alle anderen Teile des Satzes werden auf dem Satzfeld links von *nicht* angeordnet - jeweils nach dem Grad ihrer semantischen Nähe zum Verb (→ S. 408). Unsere Ausnahmen zur Stellung von *nicht* sind von hier (→ S. 412) aus erklärbar:

konstitutive Ergänzungen, Funktionsverbgefüge, feste Verbverbindungen sowie freie Modalangaben sind semantisch so fest mit dem Verb verbunden, daß sie den letzten Platz auf dem Satzfeld beanspruchen und die Negationspartikel *nicht* zur Satzmitte drängen. *Nicht* ist offensichtlich semantisch weniger eng an das finite Verb gekoppelt:

Ich stelle die Vase *nicht* auf den Tisch.	(Ergänzung)
Er brachte das Verfahren *nicht* zum Abschluß.	(Funktionsverbgefüge)
Sie fährt *nicht* Auto.	(feste Verbverbindung)
Das Flugzeug startete *nicht* mit Verspätung.	(freie Modalangabe)

(7) Die Stellung der Negationspartikel kann schließlich die gesamte Satzaussage verändern:

Die „Aeroflot“ fliegt oft *nicht*. (d. h., sie hat häufig Ausfälle)
Die „Aeroflot“ fliegt *nicht* oft. (d. h., der Flugplan sieht nur wenige Flüge vor)

Ebenso kann die Intonation für die Satzaussage bestimmend sein:
- Satznegation (normale Intonation):

Alle Angestellten waren nicht da. (= niemand)

- Satzteilnegation (besondere Intonation):

Álle Angestellten waren nícht da. (= nicht alle)

Stellungsregeln innerhalb komplexer Satzglieder sowie beim mehrgliedrigen Prädikat

Einfacher als die Abfolge der Glieder im Satz ist die Regelung der Stellung von Wörtern innerhalb komplexer Satzglieder. Besonders wichtig ist diese Regel für das Substantiv. Seine näheren Bestimmungen (Attribute) stehen in der Mehrzahl der Fälle vor dem (also links vom) Substantiv, nur wenige stehen hinter dem (also rechts vom) Substantiv.

Stellung links vom Substantiv

(1) Im Bereich des Substantivs (als Subjekt oder Kasusergänzung bzw. Präpositionalergänzung) stehen die meisten Attribute links vom Substantiv, also davor. Dies betrifft die Artikelwörter und die attributiven Adjektive:

das helle Kleid, unsere neue Wohnung, diese hohen Kirchen, alle neugeborenen Kinder

(2) Diese Fälle sind relativ unproblematisch. Schwierigkeiten tauchen eher beim Nebeneinander mehrerer Artikelwörter und Adjektive auf. Wir vergleichen:

das andere helle Kleid
unsere zweite dortige neue Wohnung
diese verschiedenen hohen bayrischen Kirchen
alle damaligen neugeborenen amerikanischen Kinder

Die Abfolge der Artikelwörter und Adjektive ist regelhaft: die Vertreter der folgenden Gruppen stehen in der hier aufgeführten Reihenfolge (a) bis (e) auf dem Satzfeld von links nach rechts vor dem jeweiligen Substantiv:
(a) Artikelwörter: *der, die das, jener, dieser, alle*
(b) attributiv verwendete Zahladjektive: *viele, wenige, verschiedene, eins, zwei, erste, zehnte, andere, weitere*
(c) attributiv verwendete Adjektive zur Benennung von Zeit und Raum: *heutig, gestrig, diesjährig, abendlich, dortig, hiesig, vordere, linke, rechte*
(d) Adjektive zur Qualitätsbestimmung und Farbadjektive: *hoch, klein, offen, gut, mangelhaft, ehrgeizig, blau, gelb, rot, schwarz*
(e) attributive Adjektive zur Kennzeichnung der Herkunft und der stofflichen Beschaffenheit oder des Bereichs: *Wagnersch, englisch, spanisch; hölzern, kupfern; städtisch, rechtlich*

Hier die Übersicht:

(a)	(b)	(c)	(d)	(e)	Substantiv
die	zehnte	diesjährige		bayrische	Messe
das	andere	dortige	renommierte	städtische	Gymnasium
alle	verschiedenen	heutigen	bemerkens-werten	französisch-sprachigen	Veranstaltungen
diese	weitere	gestrige	schlechte		Wettervoraus-sage
die	dritten		blauen	italienischen	Schuhe

(3) Bei erweiterten Partizipien (Partizipialgruppen) stehen die abhängigen Teile vor dem Partizip:

> Der *auch in diesem Herbst zu verzeichnende* Bier-Rekord auf dem Oktoberfest ...

(4) Ansonsten steht das Attribut bei Namen sowie in festen Redewendungen vor dem Bezugssubstantiv:
- Namen:

> *Wagners* „Tristan", *Petrarcas* Sonette, *Gabrieles* Haare, *Mutters* Geburtstag

- bei festen Redewendungen (Idiomatik):

> *aller Mühsal* Ende

Anmerkung:
Unüblich und allenfalls im literarischen Stil noch vorzufinden sind Formen dieser Art:

> der Mutter Hut, des Vaters Haus

üblich ist:

> Mutters Hut, Vaters Haus

Stellung rechts vom Substantiv
Rechts vom Substantiv stehen der attributive Genitiv, attributive Präpositional-

gefüge, Adverbien und Valenzergänzungen des Substantivs:
- attributiver Genitiv (Genitivattribut):

das Haus *des Vaters,* der neue Roman *der Schriftstellerin*

- attributive Präpositionalgefüge (Präpositionalattribut):

das Reh *auf der Weide,* das Interesse *der Studenten an Praktikumsplätzen*

- Adverbien:

der Mann *da,* das Haus *oben* auf dem Berg

Anmerkung:
Gelegentlich, zumal in der gesprochenen Sprache, ist allerdings Voranstellung (links vom Substantiv) anzutreffen: in jedem Fall ist das Adverb dann betont:

dá der Bussard!, *vorgéstern* der Film

Der gleiche Effekt, nämlich Ausdrucksverstärkung, wird bei Adjektiven durch das Gegenteil, die Nachstellung (rechts vom Substantiv), erreicht:

Köter, verdámmter!

Im poetischen Stil ist die Nachstellung häufiger; die Adjektive sind dabei entweder flektiert oder unflektiert:

Wie die Schlange, *die verwundete* ... (Goethe: „Zahme Xenien")
Die schönen Frauen *jung und alt* ... (Goethe: „Zahme Xenien")

- Valenzergänzungen des Substantivs (→ S. 153) stehen hinter dem Substantiv:

der Verzicht *auf Luxus,* die Verantwortung *für die Kinder*

Stellungsregeln beim mehrgliedrigen Prädikat

(1) Im Aussagesatz ist bekanntlich das Prädikat häufig in einen finiten und einen infiniten Teil getrennt, die zusammen die Satzklammer bilden:

Er *kommt* morgen *mit.*
Sie *hat* ihren Freund *getroffen.*
Er *will* Freitag *abreisen.*
Kann sie morgen *kommen?*

Daneben sind vor allem die folgenden Formen von Bedeutung. Sie stellen häufig die Ursache von fehlerhaften Bildungen dar.

(2) Im Kernsatz steht der Verbzusatz links von der infiniten Form auf dem Satzfeld:

1	2	3	4
Er fährt	tatsächlich	Auto.	
Sie ist	tatsächlich	Auto	gefahren.
Wir hätten	lieber	nach Hause	fahren sollen.

(3) Im Spannsatz steht das Finitum (mit Ausnahme der Ausklammerung) am

Satzende. Davor, also links vom Finitum auf dem Satzfeld, stehen die anderen Teile des Prädikats:

1	2	3	4	5
..., weil	er	ihn	gesehen	hat.
..., obwohl	er	sie	sehen	will.
..., sobald	Peter	Karin	unterstützt haben	wird.

Hier gilt die Regel: rechts determiniert links.

(4) Im Spannsatz wird die Abfolge der Glieder umgekehrt, wenn beim *haben*-Gefüge bei einer Reihe bestimmter Verben statt des Partizips II der Infinitiv erscheint (Ersatzinfinitiv). Solche Verben sind: die modalen Hilfsverben, *brauchen + zu, heißen, lassen* und *sehen.* Hier gilt also nicht die Regel: rechts determiniert links; vielmehr steht das Finitum links von den infiniten Teilen, also zur Satzmitte hin. Es heißt also:

..., obwohl er sie nicht *wird* brauchen können.
* ..., obwohl er sie nicht brauchen gekonnt wird.
..., warum die Krankheit sofort *hätte* gemeldet werden müssen.
* ..., warum die Krankheit sofort gemeldet werden gemußt hätte.
..., daß wir das nicht *hätten* zu tun brauchen.
* ..., daß wir das nicht zu tun gebraucht hätten.
..., weil er sie nicht *hat* sehen wollen.
* ..., weil er sie nicht sehen gewollt hat.

Anmerkung: Bei *fühlen, helfen* und *hören* sind zwar grundsätzlich beide Varianten möglich; wir schließen jedoch Variante (b) aus:

(a) ..., obwohl wir ihm nicht *haben* helfen können.
(b) ..., obwohl wir ihm nicht helfen gekonnt *haben.*
(a) ..., weil er ihn *hat* kommen hören.
(b) ..., weil er ihn kommen gehört *hat.*

Besonderheiten der Stellung einzelner Wortarten

(1) Modalpartikeln sind in ihrer Stellung auf dem Satzfeld relativ eingeschränkt: sie können nicht im Vorfeld stehen, und im Mittelfeld stehen sie im Regelfall unmittelbar hinter dem finiten Verb:

Das ist *doch* die Höhe!
Sie ist *ja* schon lange hier.
aber: Du bist mir *vielleicht* ein Idiot!
Was hat er *denn* gemacht?

(2) Präpositionen (*an, in, zu* usw.) stehen vor, Postpositionen *(zuwider)* hinter dem jeweiligen Substantiv. Beide Stellungen sind möglich bei: *entgegen, entlang, gegenüber, unbeschadet, ungeachtet, wegen, zufolge, zugunsten*
Geteilte Präpositionen schließen das Substantiv ein:

um der guten Sache *willen*

aber auch:

umwillen seiner Tochter

(3) Relativ frei ist die Stellung von Adverbien wie *freilich, jedenfalls, gleichwohl* usw.: entweder im Vorfeld (Normalfall) oder hinter dem finiten Verb (literarischer Gebrauch). Wir vergleichen:

Freilich bleibt noch viel zu tun.
→ Es bleibt *freilich* noch viel zu tun.

(4) Konjunktionen leiten Satzverbindungen (nebenordnend) oder Satzgefüge (unterordnend) ein. Nach der Stellung der von ihnen eingeleiteten Sätze unterscheiden wir
- Vordersatz (Nebensatz vor dem Hauptsatz):

Weil er krank ist, kommt er nicht.

- Nachsatz (Hauptsatz vor dem Nebensatz):

Er kommt nicht, weil er krank ist.

- Zwischensatz (Nebensatz zwischen den zwei Teilen des Hauptsatzes):

Er kommt, weil er krank ist, nicht.

Zwischensätze stehen im Regelfall unmittelbar nach dem finiten Verb des Hauptsatzes:

Er kommt, weil er später nicht mehr kann, schon morgen.
Der Mann, der die Bank überfallen hat, ist verhaftet worden.

Handelt es sich um einen Nebensatz, in den ein Zwischensatz eingeschoben wird, so geschieht das nicht unmittelbar nach der Konjunktion, sondern nach dem folgenden Satzglied:

* weil, wie du ja weißt, er schwer krank ist.
sondern: weil er, wie du ja weißt, schwer krank ist.

(5) Wird die Konjunktion *wenn* in einem Konditional- oder Konzessivsatz (→ S. 359, 361) weggelassen, haben wir einen Nebensatz mit Spitzenstellung des Verbs. Wir vergleichen:

Wenn er auch ein Genie sein *mag*, so könnte er trotzdem pünktlich sein.
→ *Mag* er auch ein Genie sein, er könnte trotzdem pünktlich sein.

(6) Das Reflexivpronomen *sich* sollte im Nebensatz unmittelbar hinter der einleitenden Konjunktion stehen, also:

Wir wissen, daß *sich* die Dinge anders entwickelt haben als geplant.
nicht: Wir wissen, daß die Dinge anders *sich* entwickelt haben als geplant.

(7) Umstellung erfolgt bei der Pronominalisierung:

Sie ist gern Schauspielerin geworden.
→ Sie ist es gern geworden.

(8) Bei Substantiven steht *genug* entweder davor oder dahinter, bei Adjektiven nur dahinter:

Er hat genug Geld.
→ Er hat Geld genug.
Er ist intelligent genug.
→* Er ist genug intelligent.

(9) Einfache Infinitive und Partizipien als Teile zusammengesetzter Verbformen stehen im Hauptsatz im Regelfall am Satzende, im Nebensatz vor dem Finitum. Sie können aber auch zur Akzentuierung in das Vorfeld gerückt werden (Ausdrucksstellung):

Kommen mußt du schon selbst! *Gedient* hat er nicht!

Der Infinitiv mit *zu* kann vor oder nach dem zweiten Klammerteil stehen. In der gesprochenen Sprache dominiert die Endstellung des Infinitivs:

Jetzt fangen wir an zu essen.

auch möglich:

Jetzt fangen wir zu essen an. (literarischer Sprachgebrauch)

Attributive Infinitive stehen hinter dem jeweiligen Bezugswort:

Ihre Art, andere Menschen ständig zu korrigieren, war penetrant.

Beim erweiterten Infinitiv sind zwei Möglichkeiten gegeben:

..., weil er es uns zu zeigen versucht hatte.
..., weil er versucht hatte, es uns zu zeigen.

Auch hier wird in der gesprochenen Sprache die Ausklammerung, also die Endstellung des Infinitivs, bevorzugt. Die nicht ausgeklammerte Form gilt als schriftsprachlich.
(10) *Selbst* (→ S. 278) hat unterschiedliche Bedeutung, je nachdem, ob es vor oder hinter dem Bezugsglied steht. Wir vergleichen:

Ich habe selbst mich angeklagt. (d. h. sogar mich)
Ich habe mich selbst angeklagt. (d. h., ich war es, der es getan hat)

Bei Voranstellung wie Nachstellung ist ein Einrücken in das Vorfeld möglich (Ausdrucksstellung):

Selbst mich habe ich angeklagt.
Mich selbst habe ich angeklagt.

Drach, Erich 1963: Grundgedanken der deutschen Satzlehre, Darmstadt
Engel, Ulrich 1972: „Regeln zur Satzgliedfolge. Zur Stellung der Elemente im einfachen Verbalsatz", in: Linguistische Studien I, Düsseldorf
Hoberg, Ursula 1981: Die Wortstellung in der geschriebenen deutschen Gegenwartssprache
Zemb, Jean-Marie 1978: Vergleichende Grammatik Französisch-Deutsch, Teil 1, Mannheim/Wien/Zürich

Grammatische Kongruenz

Unter der grammatischen Kongruenz wird die formale Abstimmung von Satzgliedern oder Teilen dieser Satzglieder verstanden: Subjekt und finites Verb, Substantiv und Artikelwort, Substantiv und Adjektiv usw. Dadurch werden syntaktische Beziehungen verdeutlicht. Im einzelnen sind dies:

- Substantiv/Pronomen als Subjekt mit dem finiten Verb in Person und Numerus:

  Der Mann fährt zum Bahnhof.
  Sie fahren nach München.

- Substantiv und Artikelwort in Genus, Numerus und Kasus:

  der Film, einer Aufführung, der Bücher

- Substantiv mit dem dazugehörigen Adjektiv bzw. der Apposition in Genus, Numerus und Kasus:

  das kleine Haus
  Wir erinnern uns Goethes, des klassischen Dichters.

- Substantiv/Pronomen mit dem finiten Verb im Numerus, statt mit dem Korrelat *es*:

  Es sind große Versprechungen gemacht worden.

- Substantiv/Pronomen mit der Einordnungsergänzung im Genus:

  Sein Sohn ist Student.
  Sie ist Studentin.

Anmerkung:
In der geschriebenen wie gesprochenen Sprache treten zahlreiche Unsicherheiten auf, so etwa:

Eine Anzahl Schüler hat/haben die Prüfung nicht bestanden.
oder: Wir oder du hast/haben ihn gesehen.

Wie lautet die richtige Form?

Subjekt und finites Verb

Diese Form der Kongruenz, die traditionell als Kongruenz Subjekt-Prädikat beschrieben wurde, besagt, daß das finite Verb in Person und Numerus mit dem Subjekt übereinstimmen muß:

Der Mann fährt zum Bahnhof.
Sie fahren nach München.

Besonderheiten bei der Person

(1) Sind mehrere Personen Subjekt und untereinander durch kopulative (anreihende) Konjunktionen *(und, sowohl ... als auch)* verbunden, so steht das Verb in der 1. Person Plural, wenn es sich um die Koppelung der 1. und 2. bzw. 1. und 3. Person handelt:

Ich und du (= wir) *nehmen* an der Prüfung teil.	(1. + 2. Person)
Ich und er (= wir) *haben* im Lotto gewonnen.	(1. + 3. Person)
Sowohl er als auch ich (= wir) *kommen* ins Kino.	(3. + 1. Person)
Wir und sie (= wir) *haben* uns sehr gefreut.	(1. + 3. Person)

(2) Bei der Koppelung der 2. Person und 3. Person durch kopulative Konjunktionen steht das Verb in der Regel in der 2. Person Plural; entsprechend lautet das Personalpronomen *ihr*:

Sowohl du/ihr als auch er/sie (= ihr) *habt* ein Freilos.

Dieses Phänomen wird häufig durch Einfügen des Personalpronomens *ihr* verdeutlicht:

Du und dein Freund, *ihr* sollt auch mitkommen.
aber: Mein Bruder und ich, *wir* sind uns kaum ähnlich.

(3) Gegen diese Regeln wird oft verstoßen. Einige dieser Fehler:

* Ich hoffe, daß du und deine Freundin mitkommen (richtig: *mitkommt*).	(2. + 3. Person)
* Es ist nicht zu glauben, daß wir und unser Freund das nicht bemerkt habt (richtig: *haben*).	(1. + 3. Person)
* Mein Freund und ich haben sich (richtig: *uns*) über die Einladung gefreut.	(1. + 3. Person)

Anmerkung:
Eine Ausnahme gibt es beim vorangestellten Reflexivpronomen, wenn im ersten Subjektteil die 3. Person erscheint: dann wird in der Regel *sich* gebraucht:

Gestern haben *sich* Gabriele und ich einen Wagen gekauft.

Im Normalfall wird jedoch das Personalpronomen nachgestellt:

Gabriele und ich haben *uns* gestern einen Wagen gekauft.

(4) Bei alternativen (ausschließenden) Konjunktionen *(oder, entweder ... oder)* ist die Zusammenziehung zu einem Pronomen (wie bei den kopulativen Konjunktionen) nicht möglich; statt dessen folgt das finite Verb im Regelfall der Person, die ihm am nächsten steht:

Er oder *du sollst* das machen.
Entweder Karin oder *die Kinder bleiben* zu Haus.

Eine Auflösung ist durch das unbestimmte Artikelwort möglich:

Einer von euch - er oder du - *muß* das machen.

Anmerkung:
Bei teils bejahten, teils verneinten Subjekten richtet sich das Verb in der Regel nach dem bejahten Subjekt:

Dú, nicht ich, *hast* das getan.

Besser ist aber, zweimal das Verb zu setzen:

Dú *hast* das, nicht ích *habe* es gesagt.

Kongruenz im Relativsatz
(1) Steht im Hauptsatz (→S.342) die 1. Person oder 2. Person, so folgt im Relativsatz das jeweilige Personalpronomen im Nominativ. Verb und andere Pronomen verhalten sich entsprechend:

Ich, der *ich* den ganzen Tag gearbeitet *habe, muß* ...
Du, der *du* ihm immer geholfen *hast, wirst* jetzt so schlecht von ihm behandelt.

(2) Wird das Personalpronomen ausgelassen (selten), steht das Verb in der 3. Person:

Du, der noch niemals gefehlt *hat, hast* das getan?
Ihr, die sich so engagiert *haben, werdet* jetzt kritisiert?

Besonderheiten beim Numerus
(1) Im Regelfall, so hatten wir festgestellt, steht das Verb im Plural, wenn mehrere Subjekte durch kopulative Konjunktionen verbunden werden:

Die Kinder und ich *gingen* ins Museum.

Ebenso im Passiv:

Der Mann und das Kind *wurden* verletzt.

(2) Ist die Mengenangabe eine genaue Zahl *(Schock, Paar, Dutzend)* und steht dabei ein Substantiv im Plural, so steht trotzdem das Verb im Singular:

Ein Dutzend Eier *kostet* 2,20 DM. Ein Paar Schuhe *kostet* 200,- DM.

(3) Ist die Mengenangabe im Singular und unbestimmt *(Anzahl, Gruppe, Hälfte, Haufen, Heer, Kreis, Mehrzahl, Menge, Reihe, Teil, Volk, Zahl),* folgt aber ein Substantiv im Plural, so steht das Verb gleichfalls im Singular; neuerdings ist in der gesprochenen Sprache auch Plural zulässig (Konstruktion nach dem Sinn, keine grammatische Betrachtung):

Eine Anzahl/Reihe Schüler *hat* die Prüfung bestanden.	(gesprochene Sprache: *haben*)
Die Mehrzahl der Studenten *hat* einen Praktikumsplatz erhalten.	(gesprochene Sprache: *haben*)
Eine Menge von Autos *passierte* die Grenze.	(gesprochene Sprache: *passierten*)

Anmerkung:
Bei diesem Nebeneinander in der gesprochenen Sprache mag der Faktor: gegliederte/ungegliederte Menge eine Rolle spielen. Ist dem Sprecher deutlich, daß die Menge gegliedert ist (= einzelne Exemplare), wird er den Plural des Verbs vorziehen, wenn ungegliedert, den Singular:

Eine Menge Schallplatten wurden versteigert.	(gegliedert)
Ein Haufen Menschen war da.	(ungegliedert)

(4) Wird das Subjekt durch eine Mengenangabe im Plural repräsentiert *(Kilogramm, Pfund, Meter, Liter)* und steht der nachfolgende Stoffname im Singular, steht das Verb im Plural. Neuerdings ist auch Singular zugelassen:

20 Kilogramm Fleisch *wurden/wurde* gebraten.

Ist allerdings das nachfolgende Stoffsubstantiv pluralisch, steht das Verb obligatorisch im Plural:

20 Kilo(gramm) Erbsen *wurden* gekocht.

(5) Stehen Mengenangabe und Stoffname im Singular, steht auch das Verb im Singular:

1 Kilogramm Fleisch *kostet* 8 DM.

(6) Steht die Einordnungsergänzung (→ S. 391) im Plural, folgen die Hilfsverben *sein, bleiben, werden* im Plural:

Ein großer Teil unserer Studenten *waren* Jungen.
Eine Reihe Bücher *werden* Publikumserfolge.

(7) Pluralische Angaben mit *Mark, Pfennig, Pfund* werden in der geschriebenen Sprache mit dem Plural verbunden, in der gesprochenen Sprache dominiert Singular:

50 DM *sind* viel Geld.	(geschriebene Sprache)
50 DM *ist* viel Geld.	(gesprochene Sprache)

Bei Gradangaben ist der Plural obligatorisch:

50 Grad Kälte *herrschten* in Omsk.

(8) Bei pluralischen Bruch-, Prozent- und Dezimalzahlen als Subjekt steht in der geschriebenen Sprache das Verb im Plural. In der gesprochenen Sprache ist auch hier der Singular vorherrschend:

Vier Fünftel des Sees *sind* ausgetrocknet. 25% des Bruttosozialprodukts *werden* exportiert. 0,80 DM der Summe *sind* noch zu bezahlen.	(geschriebene Sprache)
Vier Fünftel des Sees *ist* ausgetrocknet. 25% des Bruttosozialprodukts *wird* exportiert. 0,80 DM der Summe *ist* noch zu bezahlen.	(gesprochene Sprache)

Anmerkung:
Folgt hingegen eine Stoffbezeichnung im Nominativ Singular, ist auch in der geschriebenen Sprache der Singular des Verbs normsprachlich:

20% weniger Strom *wird* aus Atomenergie hergestellt.

(9) Singular wie Plural sind bei Rechenaufgaben mit pluralischen Zahlen möglich, wenn *sein* folgt:

Sechs und fünfundzwanzig *ist/sind* einunddreißig.
Einhundert durch fünf *ist/sind* zwanzig.

sonst steht Singular:

Sechs und fünfundzwanzig *macht/ergibt* einunddreißig.

(10) Pluralische Firmennamen, pluralische Titel und Abkürzungen im Plural haben den Plural des finiten Verbs nach sich:

Die Bayerischen Motorenwerke *suchen* Lehrlinge.
Die USA *haben* ein riesiges Haushaltsdefizit.

Steht hingegen der Gattungsname davor (a) oder der Titel des Buchs/Theaterstücks ohne Artikel (b), folgt das Verb im Singular:

(a) Die Firma Bayerische Motorenwerke *sucht* Lehrlinge.
Die Tageszeitung „Fürstenfeldbrucker Neueste Nachrichten“ *hat* darüber berichtet.
(b) „Männer“ von Doris Dörrie *war* ein toller Film.

ebenso bei fremdsprachigen pluralischen Titeln:

Die „Times“ *bringt* das Interview in ihrer morgigen Ausgabe.

(11) Stehen *nicht nur ... sondern auch* bzw. *weder ... noch* bei singularischen Subjekten, so steht das nachfolgende Verb im Singular:

Nicht nur der Mann, sondern auch die Frau *ist* verreist. (Komma!)
Weder der Mann noch die Frau *ist* verreist. (kein Komma!)

Anmerkung:
Bei *weder ... noch* ist freilich auch Plural möglich, vor allem bei Spitzenstellung des Subjekts:

Weder der Reiseleiter noch der Fahrer *kannten* den Weg.

(12) Bei *(so)wie* steht der Plural des Verbs:

Der sowjetische Außenminister sowie sein amerikanischer Kollege *sprechen* von Spionen.

(13) Bei mehreren Subjekten, die durch kopulative Konjunktionen verbunden sind, steht das Verb im Singular, wenn
(a) diese Subjekte als einheitlicher Begriff verstanden werden:

Persönliche Integrität und berufliche Qualifikation *ist* gefragt.
Haus und Hof *wurde* verspielt. (lexikalisiert)

(b) ein Subjekt weggelassen wird, da beide identisch sind:

Die technische und wissenschaftliche Intelligenz *muß* gewonnen werden.

(c) die Subjektteile durch substantivierte Infinitive gebildet werden:

Baden und Segeln *ist* (auch: *sind*) verboten.

(d) bei Ausklammerung (→ S. 406):

Andechs *wurde* besucht und die Königsschlösser.

(e) bei Voranstellung von *kein, jeder, mancher:*

Kein Schüler, aber manche Schülerin *ist* mitgekommen.
Jeder Junge und jedes Mädchen *wußte* (auch: *wußten*) das.

(14) Wird ein singularisches Subjekt mit einem Substantiv als Attribut durch Präposition oder Partizip verbunden, steht das Verb im Singular:

Karl mit Ingrid *hat* das gemacht.
Raserei, *begleitet* von Alkohol, *ist* die häufigste Unfallursache.

Substantiv und Artikelwort

(1) Das vorangestellte Artikelwort kongruiert mit dem Substantiv in Genus, Numerus und Kasus:

der Film, einer Aufführung, der Bücher

(2) Bei Firmennamen mit Abkürzungen entscheidet das Genus des Firmennamens:

der Gruner & Jahr-*Verlag* AG
das Mannesmann-*Werk* AG

Das Genus des Artikelwortes richtet sich jedoch nach der Gesellschaftsform der Firma, sofern diese - auch abgekürzt - Grundwort des Firmennamens ist:

die Volkswagen *AG*
die Deutsche Bücherbund *GmbH* & Co.

(3) Bei fremdsprachigen Substantiven ist der Artikelgebrauch häufig schwankend. Entweder wird das Genus der deutschen Übersetzung übernommen oder das Genus des fremdsprachigen Wortes:

der/die Place de la Concorde, der/das Escorial (spanisches Königsschloß), der Prado, der Louvre, die Rue de la Madeleine, das Hôtel Matignon (Amtssitz des französischen Ministerpräsidenten)

Substantiv und dazugehöriges Adjektiv bzw. Apposition

Im Regelfall kongruieren Adjektiv bzw. Apposition in Genus, Numerus und Kasus mit dem dazugehörigen Substantiv:

das *kleine* Haus, viele *große* Dörfer
Wir erinnern uns Goethes, *des klassischen Dichters.*
Das stammt aus „Die Blechtrommel", *einem interessanten Roman.*

Besonderheiten

(1) Das natürliche Geschlecht (Sexus) dominiert gegenüber dem grammatischen Geschlecht (Genus) bei sächlichen Verkleinerungsformen männlicher und weiblicher Vornamen:

Lieber Friedel! *Liebe* Bärbel!

umgekehrt bei Fräulein (Genus dominiert über Sexus):

Liebes Fräulein Müller!

Anmerkung:
Von der feministischen Sprachkritik wird daran Kritik geübt. Vorgeschlagen wird: *Liebe Frau Müller!*

(2) Appositionen ohne Artikel stehen im Nominativ:

Wir erinnern uns des Dichters, *Wegbereiter* des Dadaismus.

Steht jedoch der Artikel voran, muß Kasuskongruenz herrschen:

Wir erinnern uns des Dichters, *des Wegbereiters* des Dadaismus.

(3) Bei *all-* bzw. *jeder* gibt es meist keine Kongruenz, da die Sätze als Einschübe (Parenthese) verstanden werden:

Wir trafen auf viele Menschen, *jeder* ein Individuum.
Das Müsli besteht aus verschiedenen Substanzen, *alles* reine Naturprodukte.

(4) Nach Präpositionalgefügen steht statt des Genitivs häufig der Dativ (in der gesprochenen Sprache möglich, in der geschriebenen Sprache nicht zulässig):

Wir hörten den Argumenten der Sowjetunion, *dem/des* mächtigsten *Vertreter/s,* mit wachsendem Widerwillen zu.

Falsch ist der Dativ statt des Nominativs:

* Der Preis für ein Barrel Öl, dem Hauptexportprodukt Nigerias, beträgt nur noch 10 $ (richtig: das Hauptexportprodukt Nigerias).

richtig aber, da Kongruenz:

Das stammt aus „Die Blechtrommel" (aus der „Blechtrommel"), *einem interessanten Roman.*

(5) Im Regelfall steht die Apposition mit *als* im gleichen Kasus wie das Bezugssubstantiv:

Herr Wagner *als Vorsitzender* eröffnet die Tagung.

Handelt es sich um ein Genitivattribut oder eine Apposition mit *als,* herrscht keine Kasuskongruenz. Also:

Das Auftreten des Sekretärs *als persönlicher Redeschreiber* ...
* Das Auftreten des Sekretärs als persönlichen Redeschreibers ...
ebenso: Das Wirken Goethes *als Dichter* ist immens.
* Das Wirken Goethes als Dichters ist immens.

Handelt es sich dagegen um eine Ergänzung, auf die sich die *als*-Apposition bezieht, herrscht Kasuskongruenz:

Das hilft mir *als Uneingeweihtem.*
Mit Französisch *als erstem Wahlpflichtfach* schafft er es.

(6) Drückt *wie* einen Vergleich aus, herrscht Kongruenz:

Ich habe ihn *wie einen Verrückten* fahren sehen.
Bei einer Krankheit *wie der beschriebenen* gibt es keine Rettung.

Substantiv/Pronomen und Korrelat *es*

Es als Korrelat besetzt die erste Stelle im Satzfeld (→ S. 235) und hat auf die Kongruenz keinen Einfluß. Vielmehr kongruiert das Substantiv/Pronomen, an dessen Stelle es steht, mit dem Verb:

Es *werden Dinge* und *Personen* benannt.
(Dinge und Personen werden benannt.)
Es *sind* große *Versprechungen* gemacht worden.
(Große Versprechungen sind gemacht worden.)

Substantiv/Pronomen und Einordnungsergänzung

Substantiv bzw. Pronomen kongruieren im Genus mit der Einordnungsergänzung:

> Sein *Sohn* ist *Student*. *Sie* ist *Studentin*.

Besonderheiten

Das generische Maskulinum (maskuline Form für männliche und weibliche Personen) galt bislang uneingeschränkt, selbst da, wo es bisweilen lächerlich wirkte:

> Der Ruf nach der Frau Schutzmann ...
> („Süddeutsche Zeitung", 24.9. 1986)
> Der Sieger im 100-Meter-Lauf heißt Petra Müller.
> Es waren 100 Studenten anwesend, davon 95 Damen.
> Herr Präsident, meine Damen und Herren! (der Präsident ist eine Frau)
> Mein Chef ist eine sehr aktive Frau.

Inzwischen ist von seiten der Feministinnen nicht nur dagegen (zu Recht) protestiert, sondern zuletzt auch die Forderung nach einem generischen Femininum erhoben worden:

> Es waren 100 Studentinnen anwesend, davon 5 Männer.

Dieser Forderung können wir uns nicht anschließen, weil sie im Grunde nichts anderes verlangt, als den Teufel mit dem Beelzebub auszutreiben. Statt dessen plädieren wir für eine Regelung, die soweit wie irgend möglich movierte Formen (→ S. 161) gebraucht, um so für die Gleichberechtigung auch in der Sprache einzutreten:

> Die Siegerin im 100-Meter-Lauf heißt Petra Müller.
> Frau Präsidentin, meine Damen und Herren!
> Sie ist die Besitzerin der Diskothek.
> Die Anwärterin auf diesen Posten war allen Konkurrentinnen und Konkurrenten überlegen.
> Frau Amt(s)frau Schulze hat das bearbeitet.

Freilich sollten Übertreibungen (auch aus stilistischen Gründen) vermieden werden:

> 100 Studentinnen und Studenten waren unsere Kommilitoninnen und Kommilitonen.
> Die Wanderinnen und Wanderer auf der Strecke wurden von zahlreichen Zuschauerinnen und Zuschauern angefeuert.
> Dafür kann man/frau nichts.

Unsinnig ist die Umdefinition:

> * Die Frauschaft besteht aus elf Spielerinnen. (Mannschaft)
> * Das Baufrauenmodell sollte abgeschafft werden. (Bauherrenmodell)

Wichtig ist die Bereitschaft von seiten der Männer, hier wirkliche Toleranz zu üben, ohne freilich jegliche Dummheit mitzumachen (*jefrau* für *jemand*, *verschwestern* statt *versöhnen* [auch etymologisch ein Denkfehler: *versöhnen* stammt von *Sühne*, nicht von *Sohn*], *Efrauzipation* für *Emanzipation*).

Zu dieser geistigen Toleranz gehört auch, auf die Anrede *Fräulein* grundsätzlich zu verzichten - es sei denn, die jeweilige junge Dame legt ausdrücklich Wert darauf. Ansonsten sollte der Anrede *Herr* nur *Frau* vergleichbar sein, obwohl auch dies, historisch gesehen, eine Vermischung darstellt: ursprünglich waren im Mittelhochdeutschen *Mann/Weib* die Geschlechtskennzeichnung, *Herr/Frau („Hehrer"/„Hehre")* die Anrede. Um den Frauen gegenüber besonders freundlich zu sein, wurde die vornehme Anrede auch zur Geschlechtskennzeichnung und verdrängte das *Weib,* das bald zum Pejorativum (Negativbedeutung) wurde: *Mann/Frau.* Später - vor der französischen Revolution - kam die *Dame* nach Deutschland, *Frau* wurde als weniger wert angesehen. So ist es häufig noch heute: manche Reisebüros, Eheanbahnungsinstitute etc. benutzen die Anrede: *Dame und Herr Müller* für *Frau und Herr Müller.* Wir sollten im Gespräch *Frau Müller* und *Herr Müller* gebrauchen, in Briefen sowie offiziellen Ansprachen dagegen grundsätzlich:

Sehr geehrte Damen und Herren!

Übertreibungen gibt es gleichwohl auch hier bereits:

Sehr geehrte Damen, meine Herren!
Sehr geehrte Damen, verehrte Herren!

Eisenberg, Peter 1986: Grundriß der deutschen Grammatik, Stuttgart
Heidolph, Karl Erich u.a. 1981: Grundzüge einer deutschen Grammatik, Berlin
Pusch, Luise F. 1980: „Das Deutsche als Männersprache - Diagnose und Therapievorschläge", in: Linguistische Berichte 69
Zimmer, Dieter E. 1984: „Die, der, das", in: DIE ZEIT 17

Vom Satz zum Text

Die bisherigen Überlegungen in dieser Grammatik kreisten um Morpheme, Wörter, Satzglieder, Attribute, um einfache und zusammengesetzte Sätze. Die obere Grenze blieb damit stets der Satz. Jahrhundertelang war dies gewissermaßen das Credo: eine Grammatik beschrieb Teile von Sätzen oder den Satz insgesamt, auf jeden Fall aber den Einzelsatz. Der über den einzelnen, isolierten Satz hinausgehende Bereich - wir sagen verkürzt: der Text - war nach allgemeiner Auffassung nicht Angelegenheit der Grammatik, sondern der Stilistik bzw. der Rhetorik.

Neuere sprachwissenschaftliche Forschungen halten diese Abgrenzung für falsch: für sie ist der Übergang vom isolierten Einzelsatz zum zusammenhängenden Text für eine Grammatik zwingend geboten, also der Schritt von einer Satzgrammatik zu einer Textgrammatik. Eine neue Sparte innerhalb der Sprachwissenschaft ist so entstanden: die Textlinguistik. Einzelne ihrer Vertreter fordern gar: genau umgekehrt zum bisherigen Verfahren müsse bei der Beschreibung sprachlicher Zusammenhänge und Ursachen vorgegangen werden. Also nicht: vom Wort über den Satz zum Text, sondern vom Text über den Satz zum Wort. Erst durch die Gesamtsicht vom Text her - und nicht aus der isolierten Sicht des Einzelphänomens - ließen sich überhaupt, so ihr Argument, sprachliche Phänomene erklären.

In unserer Gebrauchsgrammatik bleiben wir bei der Einteilung vom Wort zum Satz, gehen aber nunmehr konsequent darüber hinaus und gelangen zur Behandlung von Texten, also von Sinnzusammenhängen zwischen einzelnen Sätzen.

Was ist ein Text?

(1) Die vorliegenden etwa zwanzig Definitionen bringen insgesamt für den Laien nicht viel Klärung, dafür aber eine Vielzahl oft verwirrender neuer Termini. Dabei scheint alles ganz einfach: ein Text, so die übliche Vorstellung, ist eine Abfolge einzelner Sätze, die zu einem Ganzen verbunden werden. Diese Betrachtung betont allerdings lediglich die formale Seite und vernachlässigt den Bedeutungsaspekt. Wir definieren „Text" als eine semantische Einheit (Bedeutungseinheit), die durch strukturelle (syntaktische) Elemente verbunden ist (Referenz, Konnexion; → S. 437, 438), ein Geschehen oder eine Handlung ausdrückt und zugleich auf Personen, Orte und Zeitangaben in der außersprachlichen Realität (Deixis) verweist. Es gibt also innerhalb eines Textes sprachliche Mittel, die Verbindungen zwischen den Teilen der einzelnen Sätze herstellen (a) sowie auf Elemente außerhalb der Sprache verweisen (b):

(a)
- Pronominalisierung: *der Mann* ⟶ *er*
- Artikelwahl: *ein Mann* ⟶ *der Mann*
- Thema-Rhema-Struktur: *Eine Frau steht auf dem Bahnhof.*
Rhema
Sie *wartet auf den Zug.*
Thema Rhema
- Konjunktionen: *denn, weil, obwohl, daß*

(b) Das Zeigefeld der Sprache (Deixis) ist in drei Bereiche geteilt: mit sprachlichen Mitteln wird auf Personen, Orts- und Zeitangaben verwiesen (→ S. 438).

(2) Von besonderer Bedeutung für die Verbindung von Sätzen untereinander sind also Pronominalisierung, Artikelwahl, Thema-Rhema-Struktur des Textes (Mitteilungsperspektive) sowie die Konjunktionen. Wir wollen das an einem Text von Heinrich Böll veranschaulichen: (T = Thema, R = Rhema)

Zuerst ging ein großes, gelbes tragisches Gesicht an ihnen vorbei, das war der
R1
General. Der General sah müde aus. Hastig trug er seinen Kopf mit den bläu-
R2 T1 (= R2) R3 R4 T1
lichen Tränensäcken, den gelben Malariaaugen und dem schlaffen, dünnlippi-
R5 R5 R5
gen Mund eines Mannes, der Pech hat, an den tausend Männern vorbei. Er
T2 (= R1) T1
fing an der rechten Ecke des staubigen Karrees an, blickte jedem traurig ins
R6 T2 R7
Gesicht, nahm die Kurven schlapp, ohne Schwung und Zackigkeit, und sie
R8 T2
sahen es alle: auf der Brust hatte er Orden genug, es blitzte von Silber und
R9 R10 R10 R11
Gold, aber sein Hals war leer, ohne Orden. Und obwohl sie wußten, daß das
R12 R13 T2
Kreuz am Halse eines Generals nicht viel bedeutete, so lähmte es sie doch, daß
R14 R15 T2
er nicht einmal das hatte. Dieser magere, gelbe Generalshals ohne Schmuck
T3 (= R12) T3 (= R12)
ließ an verlorene Schlachten denken, mißlungene Rückzüge, an Rüffel, peinli-
R16 R16
che, bissige Rüffel, wie sie hohe Offiziere untereinander austauschten, an iro-
T4 (= R16) T4 R17
nische Telefongespräche, versetzte Stabschefs und einen müden, alten Mann,
R17 R17 T5 (= R3)
der hoffnungslos aussah, wenn er abends den Rock auszog und sich mit seinen
T5 R18 T1 R19
dünnen Beinen, dem ausgemergelten Malariakörper auf den Rand seines Bet-
R20 T6 (= R5) R21
tes setzte, um Schnaps zu trinken. Alle die dreihundertdreiunddreißig mal drei
R22 T2 (= R1)
Mann, denen er ins Gesicht blickte, fühlten etwas Seltsames: Trauer, Mitleid,
T2 T1 T7 (= R7) R23 R24
Angst und eine geheime Wut. Wut auf diesen Krieg, der schon viel zu lange
R24 T8 (= R24) R25 T9 (= R25) R26
dauerte, viel zu lange, als daß der Hals eines Generals noch ohne den gehöri-
R26 T10 (= R12)
gen Schmuck hätte sein dürfen.

(Heinrich Böll, „Wo warst du, Adam?“)

Heinrich Bölls Text aus dem Jahre 1951 beschreibt eine Kriegssituation: Endphase des 2. Weltkrieges, Elend, Chaos, Endzeit. Bölls Erlebnisse in jener Zeit fließen mit ein und ergeben zusammen mit dem Erdachten das Bild einer Apokalypse.
Die Verbindung der einzelnen Satzteile zu einem Text wird deutlich: durch Pronominalisierung *(der General - er, tausend Männer - sie)*, Wechsel von unbestimmtem und bestimmtem Artikel *(ein General - der General, einen müden alten Mann - der Mann)*, durch Wechsel von Thema und Rhema (*alle die dreihundertdreiunddreißig mal drei Mann* [Thema] *fühlten etwas Seltsames* [Rhema]) sowie durch Konjunktionen *(und, aber, daß, wenn, obwohl)*. Erkennbar ist ferner, daß Pronominalisierung und Artikelwahl einerseits sowie Thema-Rhema-Struktur andererseits miteinander zusammenhängen: Das Neue (Rhema) wird im Regelfall durch ein Substantiv mit unbestimmtem Artikel oder Nullartikel ausgedrückt, während das Bekannte (Thema) häufig am bestimmten Artikel des Substantivs oder am Pronomen erkannt werden kann: Es läßt sich auch so sagen: der bestimmte Artikel verweist auf Vorinformation, der unbestimmte Artikel auf Nachinformation.
Das Thema vermittelt also nur geringe Informationen, das Rhema hingegen informiert in beträchtlichem Umfang. Themen (also die Wiederaufnahme des bereits Gesagten) bauen gewissermaßen Texte zusammen und verknüpfen Elemente miteinander - dies ist die thematische Progression. Dagegen steuern rhematische Elemente neue Inhalte bei, reichern die Spannung an und halten das Interesse des Lesers/Hörers wach. Zugleich liegen in diesem Bereich die meisten Elemente der sprachlichen Deixis.
(3) Heinrich Bölls Text stellt insofern eine Besonderheit dar, als relativ wenig Themen einer Vielzahl von rhematischen Elementen gegenüberstehen. Dies ist charakteristisch für Texte voller Emotionalität und Spannung, aber auch großer Informationsdichte. Bei anderen Texten wechseln relativ regelmäßig Thema und Rhema. Auch hierfür ein Beispiel:

> Die Staatsanwältin geht darauf ein. Sie verabredet sich mit dem Anrufer, er
> R1 T1 (=R1) R2 T2
>
> soll zu einer Sitzung kommen, die sie am nächsten Tag hat. Am nächsten Tag
> R3 T3 (=R3) T1 R4 T4 (=R4)
>
> sitzt vor dem Saal der junge Mann, den sie mit dem Sohn der Kollegin gese-
> R5 T5 (=R5) T1 R6
>
> hen hat. In der Sitzung spricht der Richter den jungen Mann an, der antwortet,
> R7 T5 T5 R8
>
> sie erkennt die Stimme des Anrufers. Das Spiel sei aus, sagt sie, als er sich das
> T1 R9 R10 T1 T2
>
> nächste Mal telephonisch bei ihr meldet. („DER SPIEGEL", 42/1986)
> R11

Typen der thematischen Progression
Texte haben aufgrund ihrer Thema-Rhema-Struktur eine sehr unterschiedliche Struktur: manche entwickeln sich Schritt für Schritt, andere wechseln sprunghaft die Themen, wiederum andere teilen ihre Themen in Unterthemen auf.

Der Sprachwissenschaftler Daneš unterscheidet fünf Typen der thematischen Progression:

- einfache lineare Progression: Das Rhema des ersten Satzes oder Teile des Rhemas werden zum Thema des zweiten Satzes usw.:

  Eine Frau betritt das Zimmer. Die Frau trägt ein blaues Kleid. Es steht ihr gut.
  R1 T1 R2 T2 R3

- Progression mit einem durchlaufenden Thema: Das Thema bleibt im gesamten Textabschnitt gleich, variiert allenfalls durch Pronominalisierungen. Zum Thema tritt immer ein anderes Rhema hinzu:

  Er fing an der rechten Ecke des staubigen Karrees an, blickte jedem traurig ins
  T R1 R2
  Gesicht, nahm die Kurven schlapp, ohne Schwung und Zackigkeit . . ., auf der
  R3
  Brust hatte er Orden, es blitzte von Silber und Gold, aber sein Hals war leer,
  R4 T R5 R6
  ohne Orden.

- Progression mit gespaltenem(en) Thema(en): Das Rhema ist doppelt vorhanden: entweder explizit zweifach genannt oder implizit mitgedacht. Die beiden Teile des Rhemas werden anschließend als Thema getrennt mit weiteren rhematischen Elementen erläutert. Charakteristische sprachliche Signale für diesen Typ sind *einerseits . . . andererseits, erstens . . . zweitens, weder . . . noch, sowohl . . . als auch:*

  In der Klasse sitzen einerseits deutsche und andererseits türkische Schüler. Die
  T1 R1 R1′
  deutschen Schüler beherrschen die Sprache besser, während die türkischen
  T2 (=R1) R2 T2′ (=R1′)
  Kinder fleißiger sind.
  R2

- Progression mit abgeleiteten Themen: Es gibt ein „Oberthema" (Hyperthema); die davon abgeleiteten Themen sind Unterbegriffe, zu denen jeweils ein neues Rhema tritt:

  Ihr Gesicht war faszinierend: große blaue Augen strahlten den Besucher an,
  T R1 T′ R2
  ihr Mund war leuchtend rot, ihre Grübchen zierlich. Die Nase hatte griechi-
  T″ R3 T‴ R3 T⁗
  sches Profil.
  R4

- Progression mit einem thematischen Sprung: Der Kontext (das ist der den betreffenden Satz umgebende Text, die Gesamtheit der Situation, in der der Satz verwendet wird, sowie das Vorwissen der Gesprächsteilnehmer bzw. Leser) ist derart eindeutig, daß bestimmte Sätze ausgelassen werden. Sie sind für das Verständnis nicht notwendig.

Einige Beispiele:

Das Hotel hatte 150 Zimmer. Die Fenster gingen alle auf das Meer hinaus.
T1 R1 T3 (=R2) R3

Weggelassen wurde:

Jedes Zimmer hatte zwei Fenster.
T2 (=R1) R2

Franz Josef Strauß ist der eigentliche Sieger der bayerischen Landtagswahl.
T1 R1
Die Opposition erlebte ein Waterloo.
T3 (=R2) R3

Weggelassen wurde der Hinweis, daß die SPD im Bayerischen Landtag (T2) die Opposition stellt (R2); weiter wird als Vorwissen vorausgesetzt (Präsupposition), daß Waterloo eine Metapher für eine schlimme Niederlage ist.

Fazit:
Die Beschreibung unterschiedlicher Progressionstypen ist ein wichtiges Kriterium für die Unterscheidung von Textsorten (→ S. 468).

Elemente der Textanalyse

Wir haben mit der Thema-Rhema-Struktur und der thematischen Progression wesentliche Elemente der Entstehung von Texten kennengelernt. Sie sind jedoch für eine Textanalyse noch keineswegs ausreichend, da sie nur die rein sprachlichen Bereiche - und auch diese nur teilweise - erfassen. Für eine Analyse von Texten, mit denen es diese Grammatik in den nachfolgenden Kapiteln zu tun hat, ist noch eine Reihe weiterer Faktoren zu beachten. Wir führen sie hier auf und erläutern sie. Grundsätzlich wird zwischen der Makro-Ebene (Großstruktur/Außenstruktur) eines Textes sowie der Mikro-Ebene (Textverlaufsstruktur/Einzelstruktur) unterschieden. Häufig wird noch eine mittlere Ebene, die Medio-Ebene angenommen (→ S. 460).

Makro-Ebene eines Textes
Zur Makro-Ebene eines Textes zählen wir:
- Vorwissen und Vorgeschichte des Textes
- Personen der Handlung
- zentrale Handlungsstrategien des Textes
- Hauptinhalt des Textes

(1) Zu Vorwissen und Vorgeschichte des Textes gehören alle jene Faktoren, die Voraussetzung dafür sind, daß der Text verstanden wird. Solche Faktoren nennen wir auch Präsuppositionen. Im Falle des Textes von Heinrich Böll sind es die Endsituation des Krieges, weiterhin das Verhältnis der Soldaten zu den Offizieren, schließlich auch Assoziationen, die sich ergeben aus dem Motto der Geschichte: „Eine Weltkatastrophe kann zu manchem dienen. Auch dazu, ein

Alibi zu finden vor Gott. Wo warst du, Adam?" „Ich war im Weltkrieg." (Theodor Haecker, „Tag- und Nachtbücher", 31. März 1940).

(2) Personen der Handlung und zentrale Handlungsstrategien bzw. der Hauptinhalt ergeben sich aus der Lektüre: wer tritt auf und handelt in welcher Absicht, mit welchem Ziel (illokutiver Aspekt), und werden diese Ziele erreicht bzw. warum nicht?

Mikro-Ebene eines Textes

Zur Mikro-Ebene eines Textes gehören:

- Klärung unbekannter oder schwieriger Wörter
- Details des Handlungsablaufs des Textes
- Mitgedachtes, aber nicht im Text Beschriebenes
- syntaktisch-semantische Beziehungen zwischen Satzteilen und Sätzen (Referenz, Konnexion)
- Verweissysteme auf Personen, Orte und Zeitangaben in der Realität (Deixis),
- sprachliche Form des Textes (Gemeinsprache, Fachsprache, Gruppensprache usw.).

(1) Die Klärung unbekannter oder schwieriger Wörter bezieht sich auf Fremdwörter (*Konvivialität* = Zusammenleben), Neuschöpfungen (→ S. 302, 439) wie *Stimmbürger, Tilgungsstreckungsdarlehen* und *Entsorgungspark,* Besonderheiten des Sprachgebrauchs in der DDR (*Luftdusche* = Haartrockner, *Friedensgrenze* = Oder-Neiße-Linie, *Plansoll* = zentral vorgeschriebene Mindestproduktionsmenge usw.) und in der Bundesrepublik *(Gastarbeiter, Seniorenclub, Azubi).*
Freilich sollte es nicht bei der Worterklärung bleiben: die Tendenz in der gegenwärtigen Sprache der Politik, neue Sachverhalte mit schönfärberischen Ausdrücken (Euphemismen) zu benennen und damit ihre Bedrohlichkeit zu verschleiern, hat im Zeichen der „Neuen Semantik" zugenommen: *Entsorgungspark* (= Lagerstätte von radioaktiven Stoffen), *Restrisiko* (= Gefahr für Mensch und Umwelt durch Atomkraftwerke), *Freisetzen von Arbeitskräften* (= Entlassung in die Arbeitslosigkeit), *Havarie/Störfall* (= Katastrophe von Tschernobyl).
Der Umgang mit Texten sollte hier aufklärerisch wirken und die Vernebelungstaktik der Wortschöpfer durchbrechen.

(2) Die Details des Handlungsablaufs machen die inhaltlichen Schritte deutlich: was geschieht zuerst, was danach, was am Ende; welche Nebenhandlungen gibt es, und wie sind sie mit der Haupthandlung verbunden.

(3) Jeder Text lebt von Auslassungen, also Inhalten, die nicht ausformuliert werden. Das „Mitgedachte" muß vom Leser erkannt, das Vorausgesetzte (Präsupposition) erschlossen werden. Einerseits betrifft das literarische Texte, wo die Verknappung der Aussage - zumal im Gedicht - geradezu Gestaltungsprinzip ist. Der ästhetische Reiz liegt eben gerade darin, daß nicht alle Details ausgebreitet werden.

Andererseits ist als eine höchst unerfreuliche Tendenz dieser Entwicklung der Verfall der Sprachkultur in der Politik festzustellen. Immer deutlicher wird, daß Sprache statt Information und Aufklärung eher das Gegenteil bewirken soll: Desinformation, „neue Unübersichtlichkeit" (Jürgen Habermas). Entsprechend lauten die Anweisungen beim neuen Sprachgebrauch der Politik: *Laß dieses oder jenes weg! Gib Informationen nur scheibchenweise! Sag wenig, aber wiederhole es dafür um so häufiger! Benutze eine Sprache, die die Leser oder Hörer nicht verstehen, vor allem Fachwortschatz!* Auf diese Weise, so hoffen ihre Schöpfer, kann mit der neuen Sprache und ihren Auslassungen das gewünschte Ziel der Vernebelung der Menschen am besten erreicht werden.

(4) Die syntaktisch-semantischen Beziehungen zwischen Satzteilen und Sätzen werden auf unterschiedliche Weise hergestellt. Die wichtigsten sprachlichen Mittel sind:

(a) Referenz (Beziehung):
- Pronominalisierung: *der Mann* ⟶ *er*
- unbestimmter Artikel, bestimmter Artikel: *eine Frau* ⟶ *die Frau*
- Namengebung: *eine Frau* ⟶ *Frau Meier*
- Titelgebung: *der Mann* ⟶ *der General*
- Metaphorisierung: *das Mädchen* ⟶ *die Schöne*
- Oberbegriff - Unterbegriff: *Geld* ⟶ *Dollar, Mark, Franc* (Hyperonym/Hyponym)
- Synonymie: *die Hälfte* ⟶ *50 Prozent*
- Thema-Rhema-Struktur: *Eine Frau steht auf dem Bahnhof.*
  R
  Sie wartet auf den Zug.
  T R

- Anapher (Zurückverweisung): *das Kind* ⟵ *es*
  Anaphern (anaphorische Elemente) sind sprachliche Mittel, die im Text auf bereits vorher Gesagtes/Geschriebenes zurückverweisen und so Sätze miteinander verknüpfen. Die wichtigsten Anaphern sind die Artikelwörter und das Personalpronomen:

  Ein Mann steht am Kiosk. Der Mann raucht. Er liest eine Zeitung. Herr Müller steht immer da.

- Katapher (Vorausverweisung): *Ich bestehe darauf, daß er kommt.*
  Im Gegensatz dazu verweisen Kataphern (kataphorische Elemente) im Text voraus, also auf unmittelbar darauf Gesagtes/Geschriebenes. Die wichtigsten Kataphern sind die Pronominaladverbien (*darauf, darüber, damit* usw.) sowie *es*:

  Er besteht *darauf*, daß sie Direktorin wird.

  Ich akzeptiere *es*, daß wir verloren haben.

(b) Konnexion (Verbindung):
- Konjunktionen: *denn, da, weil, obwohl*
- Adverbien: *nichtsdestoweniger, logischerweise, freilich*
- Modalpartikeln: *denn, doch, ja*
- Intonationsstrukturen: Ausdrucksstellung, Satzteilnegation

Mit den sprachlichen Mitteln der Referenz und Konnexion werden Einzelsätze zu Satzketten und schließlich zum Text verbunden.

(5) Eine weitere Funktion des Textes besteht darin, auf Personen, Orts- und Zeitangaben der außersprachlichen Realität zu verweisen. Die dafür existierenden Mittel nennen wir Deiktika (deiktische Mittel/Zeigwörter); sie entstammen dem Zeigefeld der Sprache (die Deixis). Es gibt die personale, lokale und temporale Deixis:
- personale Deixis: Personalpronomen:

  er, wir, sie, du

- lokale Deixis: Situativergänzungen und -angaben, Richtungsergänzungen:

  hier, dort drüben, da, oben, draußen

- temporale Deixis: temporale Situativergänzungen und -angaben:

  gestern, jetzt, morgen

Dabei wird deutlich, daß Adverbien *(hier, dort drüben, draußen, gestern, damals)* nur situationsabhängig eine Bedeutung haben können: relativ also, nicht absolut. Der Sprecher/Schreiber benutzt sie stets im Verhältnis zu seiner eigenen Situation und sollte sicherstellen, daß der Hörer/Leser diese Situation nachvollziehen und damit die Zeigwörter richtig verstehen kann.

(6) Die sprachliche Form des Textes, seine Wortwahl, die auftretenden syntaktischen Strukturen, die Metaphern, das Verhältnis Gemeinsprache - Fachsprache usw. sind lange Zeit nicht von der Grammatik, sondern von der Stilistik untersucht worden.

In der modernen Sprachwissenschaft wird immer seltener abstrakt wertend von gutem oder schlechtem Stil gesprochen. Vielmehr wird versucht, wissenschaftlich beschreibend die besondere Eigenart jedes Textes darzustellen. Damit tritt das Verhältnis von Sprachnorm und Sprachvariante in den Blickpunkt. Für diese Grammatik gilt, daß es die eine Norm der deutschen Gegenwartssprache nicht gibt, sondern unterschiedliche Normen der geschriebenen und gesprochenen Standardsprache.

Hinzu kommen die Varianten der Sprache: diastratische, diatopische, diaphasische und diachronische Varianten:
- Diastratische Varianten sind schichtenspezifische Sprachvarianten aufgrund unterschiedlicher sozialer Herkunft bzw. Situation der Sprecher (Soziolekte): Sprache der Unterschicht (restringierter Kode), Mittelschicht oder Oberschicht (elaborierter Kode) einer Gesellschaft: eine freilich eher ungenaue Unterteilung. Mit Hilfe kompensatorischer Sprachprogramme wurde und wird versucht, sprachliche Benachteiligungen von Kindern der

Unterschicht oder auch Kindern ausländischer Arbeitnehmer in der Schule abzubauen.

Zu den diastratischen Varianten gehören auch die Fachsprachen z.B. der Wissenschaft (→ S. 526) als Besonderheit gegenüber der Gemeinsprache sowie die Gruppensprachen: Sprache der Jugend (→ S. 507), Sprache der Medien (→ S. 545), Sprache der Politik (→ S. 533). In diesem Bereich ist der Prozeß der sprachlichen Neuentwicklungen am stärksten, vor allem in der Jugendsprache: *affengeil, null Bock haben, ätzend, tierisch* usw. Ähnlich wie in der Sprache der Politik sind hier freilich auch die meisten Worthülsen zu registrieren: sprachliche Leerformeln anstelle von inhaltlicher Klarheit, Sprachverfall anstelle des Bemühens, mit klarer und eindeutiger Sprache aufklärerisch zu wirken. Viele Neuwörter sind nichts als Mode, Abgrenzung und Verschleierung. Ein Bemühen um Klarheit der Sprache wäre somit auch ein Versuch, das Denken von Mystifikationen und Gemeinplätzen zu befreien. Der zynische Satz von Karl Kraus ist daher noch immer - und möglicherweise sogar mehr denn je - gültig: *Es genügt nicht, keine Gedanken zu haben; man muß auch unfähig sein, sie auszudrücken.*

- Diatopische Varianten sind jene (dialektalen) Abweichungen von der Standardsprache, die sich auf Grund regionaler Unterschiede vor allem im Mittelalter herausgebildet haben und letztlich die Grundlage für die spätere Norm bildeten: es handelt sich um regionale Varianten, also Mundarten und Dialekte. Sie werden heute wieder gefördert, finden auch ihren Niederschlag in Lyrik und Prosa. Kindern, die Mundart sprechen, sollte freilich in der Schule frühzeitig eine Standardsprache vermittelt werden, um sie vor beruflichen und sonstigen Benachteiligungen zu bewahren.
- Diaphasische Varianten sind stilistisch bedingte Besonderheiten der Sprache: familiärer, offizieller, poetischer Stil usw. (→ S. 481).
- Diachronische Varianten betreffen Sprachwandelprozesse, also sprachliche Veränderungen bei der historischen Entwicklung der deutschen Sprache. Überschneidungen (z. B diastratisch-diaphasisch: Soziolekt-Stilebene) kommen vor.

Textsorten

Es gibt unendlich viele Texte in allen Sprachen. Sie zu erfassen und zu klassifizieren, scheint unmöglich. Nimmt man nur die Menge der Texte aller Zeitungen der Welt, die an einem Tag erscheinen, so wird man entmutigt das Vorhaben aufgeben. Oder ein vielleicht noch besserer Vergleich: die auf der Frankfurter Buchmesse 1986 vorgestellten Neuerscheinungen würden, Buch für Buch aufeinandergestapelt, eine Höhe ergeben, die den höchsten Berg Europas, den Montblanc, überträfe. Die Flut des täglich neu Gedruckten scheint zur Plage zu werden. Dabei muß im übrigen berücksichtigt werden, daß bei dieser Rechnung die Texte der gesprochenen Sprache - Dialoge, Monologe, Vorträge usw. - noch keineswegs berücksichtigt sind. Sie übertreffen an Umfang bei weitem die Menge aller geschriebenen Texte. Denn: wer außer den berufsmäßigen Schreibern (Journalisten, Wissenschaftler, Schriftsteller) schreibt denn noch regelmäßig und in nennenswertem Umfang? Wir leben schließlich in der Endphase des

Zeitalters des Buchdruckes (oder wie heute „neudeutsch" formuliert wird: der „Printmedien") und am Beginn der Ära der Videokultur.
Gleichwohl ist es möglich, die Vielzahl aller Texte aufgrund sprachlicher Mittel (Wortwahl, Satzstrukturen, Metaphern, Fachwortschatz = textinterne Faktoren) und außersprachlicher Faktoren (Öffentlichkeitsgrad, sozialer Rang der am sprachlichen Geschehen Beteiligten, Sprecherzahl, Grad der Vorbereitetheit = textexterne Faktoren) in einer überschaubaren Zahl von Textsorten zu erfassen. Im Rahmen der Textlinguistik hat es zahlreiche Klassifikationsversuche gegeben, die das Ziel haben, den Sprachbenutzern - also in unserem Falle den Menschen, die sich täglich der deutschen Sprache bedienen - die Besonderheiten der jeweiligen Textsorte zu erläutern und Hinweise zum besseren Verstehen sowie zum aktiven Gebrauch zu geben (→ S. 468).

Daneš, František 1970: „Zur linguistischen Analyse der Textstruktur", in: Folia Linguistica IV
Harweg, Roland 1979: Pronomina und Textkonstitution, München
Schank, Gerd/Gisela Schoenthal 1976: Gesprochene Sprache. Eine Einführung in Forschungsansätze und Analysemethoden, Tübingen
Weigand, Edda 1979: „Zum Zusammenhang von Thema/Rhema und Subjekt/Prädikat", in: Zeitschrift für germanistische Linguistik 7

DER TEXT

Sprache und Sprachgebrauch

Faktoren der Verständigung

Grammatik und Praxis

Die Grammatik enthält das Regelwerk, nach dem eine Sprache funktioniert. Damit sind zugleich zwei Aspekte genannt, die man auseinanderhalten sollte: die Regeln, die sich auf die Sprache als System beziehen, und ihr Funktionieren, ihre Verwendung. Der zweite Aspekt bezieht sich auf die Sprache als Praxis, als Sprechen oder Schreiben, als sprachliches Handeln mit dem Ziel der Verständigung. Bislang war vor allem vom ersten Aspekt die Rede: der Grammatik. Nun soll der zweite Aspekt im Vordergrund stehen: der Gebrauch der deutschen Sprache. Beide Aspekte gehören zusammen, aber man kann sie theoretisch unterscheiden, um einen so komplizierten Vorgang wie den der sprachlichen Verständigung besser zu durchschauen.

Das ist wie mit dem Schachspiel. (Mit diesem Beispiel hat der Genfer Sprachwissenschaftler Ferdinand de Saussure am Anfang dieses Jahrhunderts seinen Studenten das Verhältnis der beiden Aspekte erläutert.) Der Wert der einzelnen Figuren hängt von ihrer jeweiligen Stellung auf dem Schachbrett ab. Die mit den Figuren erlaubten Spielzüge sind durch Regeln festgelegt. Ebenso in der Sprache: da hat jedes Element seine Funktion durch sein Verhältnis zu den anderen Elementen. Ihre Verknüpfung ist durch Regeln geordnet, die sich im Laufe der Zeit herausgebildet haben. Die Elemente (Laute, Wörter, Sätze) und die Regeln ihrer Verknüpfung (Syntax) bilden also ein geordnetes Ganzes, ein System. Für das System ist es dabei belanglos, ob man z.B. beim Schachspiel Holzfiguren verwendet oder solche aus Elfenbein, oder ob man in der Sprache ein Wort mit regionalem Akzent ausspricht oder nicht. Für die Wirkung des Gesagten in der Praxis ist das aber keineswegs einerlei. Der Hörer kann nämlich den Sprecher dadurch, wie dieser etwas sagt, individuell genauer einschätzen.

Mit anderen Worten: der Sprecher trifft, wenn er spricht, eine Auswahl aus dem Sprachsystem, er macht Gebrauch von Teilen aus dem Vorrat, über den er verfügt. Jeder Mensch, der eine Sprache spricht (als Muttersprache, als Fremdsprache), hat einen solchen Vorrat angelegt, d.h. sein Wissen (Kompetenz) erworben darüber, wie er die Elemente auswählen und die Regeln anwenden muß, damit der Partner, zu oder mit dem er spricht, ihn versteht (Performanz). Und dieser umgekehrt ebenso. Denn beide müssen einen gemeinsamen Besitz haben an der Sprache (oder allgemeiner: an dem System von Zeichen), mittels derer (mittels dessen) sie sich verständigen. Insofern ist die Sprache (langue) ein soziales Phänomen *(fait social)*, ihr Gebrauch (parole) ein individuelles. Die Sprache ist wie ein großes Nachschlagewerk, in dem jeder, der es hat, blättern kann. Im Sprachgebrauch jedoch muß sich täglich bewähren, wie man mit einem solchen Nachschlagewerk praktisch umgehen kann.

Entsprechend sind die beiden Teile dieses Buches aufgebaut: die Grammatik ist das Nachschlagewerk, in dem man blättert, um das Sprachsystem besser zu durchschauen oder Teile des Systems im Einzelfall zu überprüfen. Aber erst in der Praxis des Sprachgebrauchs wird das abstrakte System lebendig. Jeder aktualisiert es für sich nach den Umständen, Funktionen, Bedingungen, die das System nicht abbilden kann, die jedoch berücksichtigt werden müssen, damit praktische Verständigung möglich wird. Diese Vielfalt ist zugleich der Reichtum einer ‚Sprache im Vollzug'. Dafür den Blick zu schärfen, ist das Ziel dieses zweiten Teils. Er ist deshalb nicht wie ein Nachschlagewerk zu lesen, sondern wie ein Sachbuch, das Informationen bietet über einige ausgewählte Teile des Sprachgebrauchs, die eine Grammatik in der Regel ausklammert. Der Leser soll, vielleicht angeregt durch eine Frage nach der korrekten Norm, sich genauer darüber orientieren können, was die Verwirklichung dieser Norm über die grammatische Festlegung hinaus bedingt: Er will wissen, warum er als Sprecher eines Dialektes Probleme in der Schule hatte, warum die Jugend anders spricht als er, warum er im Umgang mit Behörden manches Formular nicht versteht oder nach den Fernsehnachrichten kaum wiederholen kann, wovon die Rede war, warum er sich mit seinem Arbeitskollegen knapp und präzis in einer Form verständigen kann, die anderen als Fachchinesisch erscheint, warum er sich im Gespräch anders äußert als im schriftlichen Text, in der Kneipe anders als in der Kirche, im Weihnachtsbrief anders als im Bewerbungsschreiben.
Seine Fragen werden im folgenden nicht konkret und im Einzelfall zu beantworten sein, denn die Umstände und Bedingungen des Sprachgebrauchs sind ja, wie gesagt, stets individuell. Aber der Blick auf die praktischen Bedingungen kann ihn für die Vielfalt des Sprachgebrauchs sensibler machen und ihm helfen, eine Antwort auf seine Frage selbst zu finden.

Sprachgebrauch: Kommunikation im Vollzug

(1) Was tut man, wenn man spricht, und was gehört dazu? Jemand äußert etwas über etwas für jemanden in einem gegebenen Rahmen. Da sind zunächst die Personen, die sich verständigen wollen: mit ihrem Wissen, ihren Fähigkeiten, Fertigkeiten, Bedürfnissen, ihren Erfahrungen, Annahmen und Absichten, ihren sozialen Rollen (als Vater, Richter, Nachbar) und kommunikativen Rollen (als Sprecher, Hörer, als Initiator neuer Themen oder deren Akzeptant, als aktiver oder reaktiver Gesprächspartner), als Mitglied sozialer Gruppen und Inhaber bestimmter Positionen. Die sozialen Daten einer Person wirken sich auf deren Sprache aus; umgekehrt läßt ihre Sprache Rückschlüsse zu auf ihre sozialen Merkmale.
Eine Person gibt sich sprachlich z.B. als Bayer oder Sachse zu erkennen (Dialekt), als Experte oder Laie (Fachjargon), als Mann oder Frau (Sexolekt), Vorgesetzter oder Untergebener (Anweisungen), als gebildet oder ungebildet (Themen, Wortwahl), mehr oder weniger intelligent (Argumentationsmuster), alt oder jung (Generationensprache). Sein Gesprächspartner ordnet ihn entsprechend ein (→ S. 513f.). Und er nimmt die Charakteristika der Sprache seines Gegenübers wahr, durch die sie sich von seiner eigenen Redeweise und der anderer Personen abhebt (Idiolekt). Seine Wahrnehmungen veranlassen ihn unwillkürlich zu Annahmen über seinen Gesprächspartner, und er geht davon

aus, daß dieser ihm gegenüber ebenso verfährt. Denn er signalisiert ihm ja auch, wie er selbst gesehen zu werden wünscht, und er verrät ihm durch nichtbeabsichtigte Signale etwas über seine Gefühle, seine Stimmung, z. B. Erregung oder Müdigkeit, Desinteresse oder Mißtrauen.

(2) Zu den Personen gehört das Medium ihrer Verständigung, mittels dessen sie sich äußern: im Gespräch von Angesicht zu Angesicht, im Briefwechsel, im technisch vermittelten Dialog, in öffentlicher Kommunikation. Das Medium der Äußerung kann man unter verschiedenen Gesichtspunkten betrachten: unter physikalisch-technischem Aspekt sind es die Licht-, Schall- oder elektromagnetischen Wellen, die die Schriftzeichen, Laute, Sendungen transportieren; unter psycho-biologischem Aspekt die akustischen und optischen und anderen Sinnesmodalitäten der Botschaft; unter semiotischem (zeichentheoretischem) Aspekt die Zeichenstruktur der Mitteilung, die symbolisch (z. B. Wörter als Zeichen für gemeinte Inhalte), indexikalisch (z. B. Rauch als Zeichen für Feuer), ikonisch (Planskizze, Bild, Piktogramm etc.) verfaßt sein kann; unter linguistisch-systematischem Aspekt der sprachliche, parasprachliche oder nichtsprachliche Code der Äußerung, ihre phonetischen, phonologischen, morphologischen, lexikalischen, syntaktischen Eigenschaften, die akustischen Merkmale ihrer paraverbalen (halbsprachlichen) Begleitphänomene (Tonfall, Intonation; Hüsteln, Stottern, gefüllte Pausen), die strukturellen Eigenschaften ihrer nonverbalen Anteile in Mimik, Gestik, Proxemik (körperlichem Abstand), in der Form der Handschrift, Schrifttype, Computergraphik usw.

(3) Die Personen handeln als Kommunikationspartner in konkreten Situationen. Die Situation kann durch Angabe der Zeit und des Ortes bestimmt werden. Auch dieser Faktor läßt sich jedoch in viele einzelne Aspekte aufspalten. Mit der Zeit kann man die Tageszeit meinen, aber auch die historische Epoche. Der Ort kann sich auf das Zimmer beziehen, aber auch auf den Landstrich oder gar den Kulturraum. Die Sammelbezeichnung ‚Kontext' steht also immer für viele Einzelkontexte, in die ein Text, eine Äußerung, eingebettet ist. Die Abhängigkeit eines Textes von der Situation seiner Äußerung kann unterschiedlich groß sein. Der Sinn kann ‚entstellt' werden, wenn Äußerungen oder einzelne Sätze ‚aus dem Zusammenhang gerissen' zitiert werden. Manche Texte sind überhaupt nur aus der Situation zu verstehen, andere sollen in möglichst vielen oder allen denkbaren Situationen gelten (Grundgesetz, Naturgesetz, logische Kalküle).

Der Kontext, die Situation enthält Hinweise für das richtige Verständnis einer Äußerung. Um also einen Text zu verstehen, ist es wichtig, diese Hinweise wahrzunehmen - ohne daß das den Kommunikationspartnern immer bewußt, die Situation und deren Interpretation für beide Seiten dieselbe sein muß (bei schriftlicher oder technisch vermittelter Kommunikation etwa).

Zeichen

Sprachliche und nichtsprachliche Zeichen

(1) Wer einem anderen etwas mitteilt, gebraucht dazu Zeichen. Das können die Zeichen einer natürlichen Sprache sein (z. B. Morpheme, Wörter), einer künstli-

chen Sprache (z.B. Symbolsprachen der Mathematik, Logik, EDV), eines nachrichtentechnischen Codes (Morse-Alphabet, elektronische Impulse, Lichtsignale), einer Bilder-Sprache (Hieroglyphen, Comics, Piktogramme) oder andere nonverbale (nichtsprachliche) Zeichensysteme (Taubstummensprache, Flaggencodes, Verkehrszeichen) usw. All diesen Verständigungsmitteln ist gemeinsam, daß Zeichen vereinbart sind und gelernt wurden, die für etwas anderes stehen. Dies ist seit der griechischen Antike Gegenstand der Semiotik. Sie ist die Lehre von den Zeichen, von Zeichenprozessen (Semiosis).
Diese werden von den Benutzern unter bestimmten Bedingungen gebraucht, sie bedeuten etwas, indem sie auf etwas in der Welt verweisen, sie werden miteinander nach bestimmten Regeln verknüpft. Gebrauch, Bedeutung und Verkettung von Zeichen sind in den Begriffen der Semiotik ihre pragmatische, semantische und syntaktische Dimension. Die syntaktische Dimension sprachlicher Zeichen wurde im grammatischen Teil dieses Buches ausführlich behandelt. Hier sollen einige Aspekte erwähnt werden, die die Zeichenhaftigkeit kommunikativer Verständigung schlechthin betreffen, das Verhältnis von Zeichen und dem, wofür sie stehen oder auf das sie verweisen, die Beziehung zwischen den Zeichen und dem, der sie gebraucht.
(2) Eine ursprüngliche Form der Deutung von Phänomenen der Umwelt als Zeichen ist z.B. die Interpretation von *Rauch* als ‚Anzeichen' für Feuer, von *Eis* für Kälte, von *Blätterrascheln* für Wind. Vor Autobahnbrücken dient ein Windsack dem Autofahrer als ‚Anzeige' der Stärke und Richtung des Seitenwindes. Solche natürlichen Zeichen, deren Form durch das, was sie bezeichnen, verursacht wird, nennt man Index-Zeichen oder Indizes, gelegentlich auch ‚Symptome'. Erröten als Symptom für Verlegenheit, Fieber als Symptom für eine Erkrankung. Der Zusammenhang von Bezeichnendem und Bezeichnetem ist erfahren worden und im Wissen derer gespeichert, die solche Phänomene als Zeichen interpretieren. Spontanes Mienenspiel, unwillkürliche Gesten und Gebärden können als natürliche Anzeichen von Angst, Mißtrauen, Freude, Trauer usw. gedeutet werden.
(3) Wer Mimik und Gestik jedoch bewußt einsetzt, etwa wütend die Faust ballt oder mit der Hand einen Kreis beschreibt, gebraucht Zeichen in anderer Weise. Der Übergang ist freilich fließend. Zeichen, die - wie die Skizze eines Hauses oder das Reklamebild eines Autos - abbilden, was sie bezeichnen, nennt man ikonische Zeichen. Hier sind sich das Bezeichnende und Bezeichnete ähnlich: der Zeichenkörper enthält Züge dessen, was er abbildet bzw. worauf er verweist. In vielen öffentlichen Gebäuden, Sportanlagen oder Flughäfen trifft man heute auf Schritt und Tritt auf schematisierte Abbild-Zeichen, Piktogramme:

Eingang für Behinderte

Sackgasse

Fußgänger-unterführung

Diese Zeichen sind ikonisch, weil sie ein vereinfachtes Abbild dessen darstellen, worauf sie verweisen. Andererseits haben sie eine genau vereinbarte Bedeutung: sie sind also konventionalisiert. Das gilt z.B. auch für Verkehrszeichen. Sie sind einerseits ikonische Zeichen, etwa wenn sie dem Autofahrer anzeigen, daß er sich einem unbeschrankten Bahnübergang, einer beweglichen Brücke oder einem Ufer nähert:

Unbeschrankter Bahnübergang — Bewegliche Brücke — Ufer

Andererseits sind sie aber auch konventionelle Zeichen, weil sie z.B. eine Dampflokomotive abbilden, die längst außer Gebrauch ist, oder durch die Farbgebung des Zeichenkörpers zugleich Hinweise auf Verbote oder Gebote enthalten, die der Verkehrsteilnehmer beachten und nach denen er sich richten muß.

(4) Andere Verkehrszeichen sind willkürlich gewählt, ihre Bedeutung ist nicht aus der Form des Zeichenkörpers zu erschließen:

Halteverbot — Vorfahrt gewähren — Vorfahrtsstraße

Solche Zeichen, die willkürlich und konventionalisiert sind, nennt man symbolische Zeichen. Das Verhältnis von Bezeichnendem und Bezeichnetem beruht hier auf Vereinbarung (Konvention). Zur Klasse der symbolischen Zeichen gehören die sprachlichen Zeichen. Die inhaltliche Vorstellung eines Baumes wird durch die Lautfolge /baum/ repräsentiert: die Beziehung von Inhalt und Ausdruck ist dabei willkürlich. Dieselbe Vorstellung kann in einer anderen Sprache ganz anders ausgedrückt werden: engl. *tree,* lat. *arbor,* rumän. *copac,* finn. *puu:*

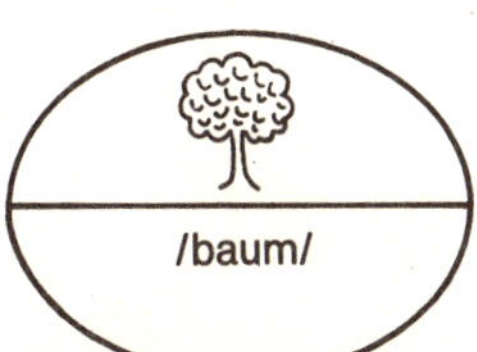

Bezeichnetes:
Vorstellung, Inhalt (signifié)

Bezeichnendes:
Lautbild, Ausdruck (signifiant)

(5) Der Inhalt eines Sprachzeichens und der außersprachliche Gegenstand, den es bezeichnet, sind natürlich zu unterscheiden. Man spricht deshalb meist vom

semiotischen Dreieck zwischen Inhalt oder Bedeutung eines Zeichens, seiner Ausdrucksseite, dem Zeichenkörper, und dem Vorgang oder Sachverhalt, dem Lebewesen oder Gegenstand in der Welt, dem Referenten, auf den das Zeichen verweist oder referiert.

Aber auch hier gibt es Zwischenformen: jene Lautbilder, die klanglich nachbilden, was sie bezeichnen, den Ruf des Kuckucks etwa, das Miauen der Katze oder das Bellen des Hundes *(wauwau).* Diese lautmalenden (onomatopoetischen) Ausdrücke sind jedoch in jeder Sprache anders: für den Engländer z. B. klingt das *Kikiriki* des Hahnes oder das *Quieken* des Schweines offenbar anders *(cockadoodledoo; oink, oink).* In „Comic"-Heften wird von Zeichen dieser Art oft und gern Gebrauch gemacht:

Überhaupt bilden „Comics", wenn sie intelligent gemacht sind, eine Fundgrube für das Spiel mit sprachlichen und nichtsprachlichen Zeichen. Die Bildsprache der „Asterix"-Hefte sprüht von typographischen Einfällen: Herzen stehen für Verliebtheit, Noten für Gesang oder manirierte Stimmführung, Fettdruck für Lautstärke, Ausrufungszeichen für Erstaunen oder Verblüffung, Fragezeichen für Verständnislosigkeit, Kreise, Sterne und Spiralen um den Kopf einer Person für Bewußtlosigkeit oder Benommenheit, Glühbirnen für plötzliches Begreifen *(mir geht ein Licht auf),* Eiszapfen an den Sprechblasen für die Kälte der Begrüßung. Ein griechischer Hahn kräht ‚griechisch', ein ägyptischer Hund bellt ‚ägyptisch'; Flüche werden durch grimmig dreinschauende Totenköpfe versinnbildlicht, die Übersetzung ikonographisch ironisiert:

Kommunikation und Interaktion

Die Beispiele zeigen, daß ein direktes Gespräch durch viele Faktoren gekennzeichnet ist, die alle zusammengehören: Wörter und Sätze, Lautstärke, Stimmhöhe, Sprechpausen, Redetempo, Rhythmus und Intonation, Seufzen, Lachen, Mienenspiel, Gesten und Gebärden, Statur, Haltung, Aussehen und Bewegung des Körpers: verbale, paraverbale und nonverbale Codes. Denn der Gebrauch von Zeichen dient nicht nur dazu, Gegenstände und Sachverhalte zu bezeichnen. Vielmehr zeigt er auch die Einstellung des Sprechers und ist Appell an den Hörer. Der Ausruf *Es zieht!* meint z. B. nicht nur einen Sachverhalt, sondern drückt auch den Unmut des Sprechers darüber aus und appelliert an den Partner, den Zustand zu ändern. Wir müssen demnach neben den drei Zeichen-Dimensionen (syntaktisch, semantisch, pragmatisch), den drei Zeichen-Modi (indexikalisch, ikonisch, symbolisch) und den drei sprachbezogenen Zeichen-Codes (verbal, paraverbal, nonverbal) drei Zeichen-Funktionen unterscheiden: Darstellung, Ausdruck und Appell. Das sprachliche Zeichen ist also zugleich

- Symbol kraft seiner Zuordnung zu Dingen in der Welt,
- Symptom kraft seiner Abhängigkeit vom Sprecher (Schreiber),
- Signal kraft seines Bezugs auf den Hörer (Leser).

Diese Funktionen des Zeichens hat Karl Bühler (1934) in seinem berühmten *Organon*-Modell zusammengefaßt:

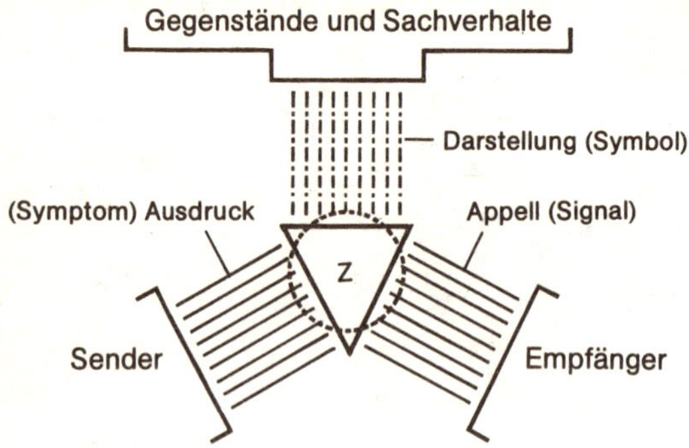

Die Sprache ist hier im Sinne des griechischen Philosophen Platon als Werkzeug *(organon)* verstanden, mittels dessen einer dem anderen etwas mitteilt über die Dinge. Insofern ist das Bühlersche Modell nicht nur ein Zeichenmodell, sondern zugleich ein Kommunikationsmodell. Heißt das aber auch, daß zeichenhaftes Verhalten immer auch zugleich kommunikatives Verhalten ist?
Hier ist eine Abgrenzung der Begriffe notwendig. Wir müssen Verhalten und Zeichenverhalten, Kommunikation und Interaktion unterscheiden (vgl. Posner 1985). So ist der Lidschlag des Auges normalerweise Verhalten ohne Zeichenfunktion. Wird er aber von jemandem wahrgenommen, der daraus den Schluß zieht, daß die Person blinzelt, weil sie geblendet wird, so ist der Lidschlag Zeichen, genauer Anzeichen oder Index-Zeichen für den, der es wahrnimmt und so interpretiert. Als Begleitphänomen im Gespräch ist es Teil des nonverbalen Verhaltens des einen oder, wenn es Anlaß zur entsprechenden Deutung durch den anderen wird, nonverbales Zeichen.
Kommunikatives Zeichen ist es jedoch nur, wenn es mit der Absicht produziert wurde, dem Gegenüber damit etwas mitzuteilen, etwa, daß man geblendet werde oder müde sei usw. Der Empfänger ist dann Adressat einer Botschaft, die er als solche empfängt und von der er weiß, daß sie als solche beabsichtigt war: Kommunikation. Aber auch Interaktion?
Wie, wenn der Adressat vor dem Fernsehgerät sitzt und der Sender ihn im obigen Sinne durch die Kamera anblinzelt? Dann ist das Zeichen zwar kommunikativ, aber nicht interaktiv. Die Information bleibt einseitig. Deshalb sprechen wir bei der Massenkommunikation auch nicht von Masseninteraktion. Aber es gibt auch den umgekehrten Fall: ein Zeichen ist interaktiv, aber nicht kommunikativ. Wenn der Nachrichtensprecher seinen Text für die Regie zur Probe spricht oder zwei Bekannte einander wahrnehmen, bevor sie sich grüßen (was dann kommunikatives und interaktives Zeichenverhalten wäre, sei es verbal oder nonverbal). Die verschiedenen Möglichkeiten intersubjektiven Zeichenverhaltens sind in der Tabelle nach dem Merkmal des Zeichen-Codes (verbal, nonverbal, außersprachlich) geordnet (Posner 1985):

Merkmale / Beispiele		verbal	kommunikativ	interaktiv
Verbales Grüßen im Alltag	verbal	+	+	+
Redigieren des Nachrichtentextes durch den Fernsehredakteur		+	+	−
Lautes Probesprechen des Nachrichtensprechers für die Regie		+	−	+
Leises Probelesen des Nachrichtentextes vor der Sendung		+	−	−
Kopfnicken im Rahmen gegenseitiger verbaler Begrüßung	nonverbal	−	+	+
Kopfnicken des Showmasters im Rahmen einer verbalen Begrüßung der Fernseher		−	+	−
Grußvorbereitendes gegenseitiges Anblicken		−	−	+
Einseitiges Anblicken eines Dritten bei Partykonversation		−	−	−
Musizieren in der Jazzband	außersprachlich	−	+	+
Solokonzert im Fernsehen		−	+	−
Rudern im Zweier ohne Steuermann		−	−	+
Unabsichtliches Hinterlassen von Spuren im Sand durch Einzelperson		−	−	−

Kommunikation als sprachliches Handeln

Meinen und Bedeuten: vom Sinn des Sprechens

(1) Die Beispiele zeigen: wenn wir uns zeichenhaft verhalten, tun wir etwas; wir agieren und reagieren, wenn wir kommunizieren. Sprechen und Schreiben sind Handlungen. Die Handlung: *ich sage etwas* hat (mindestens) drei Aspekte. *Ich* bin es, der etwas sagt, und ich sage es hier und jetzt. Ich *tue* etwas, ich teile jemandem etwas mit, formuliere für jemanden, meine im Hinblick auf jemanden. Ich sage *etwas,* ich habe ein Thema, äußere Texte mit Bedeutung, die Wörter be-sagen etwas in der Welt.

(2) Der erste Aspekt ist der des Subjektes, das zu gegebener Zeit an gegebenem Ort handelt. Seine Erfahrungen, Wahrnehmungen, Absichten finden ihren Ausdruck in der Koordination von Handlungsprozessen, -trägern und -umständen, sprachlich also in der syntaktischen Ordnung von Verbal-, Nominal- und Adverbialgruppen. Aber auch in Verbklassen, Tempora, Numeri, Attributen, Adjektiven sind Erfahrungen des Subjektes sprachlich abgelagert. Seine Gebundenheit an den Kontext (→ S. 443) schlägt sich in Verweisen auf die Situation nieder: z. B. in den Pronomina, den Präpositionen, Konjunktionen, Modi, Modal- und Temporaladverbien (→ S. 247 f.). Dieses sprachliche Verweisen nennt man auch Deixis (→ S. 438), genauer: personale Deixis als Verweis auf die Personen (Personalpronomen), lokale Deixis als Verweis auf den Ort, den Kontext, temporale Deixis als Verweis auf die Zeit (Adverbien).

(3) Der zweite Aspekt ist der interpersonale: die Beziehung zwischen dem Sprecher und seinen Adressaten. Die Einschätzung dieser Beziehung bestimmt das

sprachliche Verhalten. Wir haben unterschieden zwischen den sozialen und den kommunikativen Rollen der Partner. So kann das Kommunikationsverhältnis aufgrund sozialer Normen ein asymmetrisches (nicht gleichrangiges) sein (z. B. Lehrer/Schüler, Arzt/Patient, Richter/Angeklagter; → S. 534 ff.) oder ein symmetrisches (gleichrangiges) in gleichberechtigten Partnerschaften. Aber auch viele andere Faktoren beeinflussen die Beziehung zwischen den Partnern, ihre Erwartungen, ihre wechselseitigen Unterstellungen, ihr Vertrauen. Mit der Wahl des entsprechenden Ausdrucks zeigt der Sprecher, wie er seinen Partner und die Beziehung zu ihm einschätzt. In Stil und Wortwahl, in Pronomina und Abtönungspartikeln, in Anredeform und Stimmführung usw. (→ S. 454 ff.) drückt sich das Verhältnis von Kommunikationspartnern sprachlich aus.

(4) Der dritte Aspekt ist der thematische, der Inhalt von Äußerungen, sprachlich dargestellt in Texten. Texte entstehen im Prinzip in den folgenden Schritten: soziales Handeln → Denken → Meinen → Formulieren → Äußern.

Umgekehrt erfolgt die sprachliche Ausformung der Texte so: Aus dem Inventar von Laut- und Schriftzeichen werden bestimmte ausgewählt und nach den Regeln der Grammatik zusammengefügt. Aufgrund der Normen der Gesellschaft erhält diese sprachliche Form ihre Bedeutung, ihren je situationsabhängigen Sinn. Dazu folgendes Schema:

↓ Realisation	↑ Konstitution	↕ Analyseebenen
Handeln	Gesellschaft	Text / Situation
Meinen	Bedeutung	Semantik
Formulieren	Form	Grammatik (Morphologie, Lexik, Syntax)
Äußern	Substanz	Phonetik / Graphetik

Die Bedeutung der Wörter

(1) Die Bezeichnung außersprachlicher Gegenstände und Sachverhalte durch sprachliche Zeichen ist nicht dasselbe wie deren Bedeutung. In dem Satz *Der Morgenstern ist mit dem Abendstern identisch* ‚bezeichnen' die Wörter *Morgenstern* und *Abendstern* denselben Gegenstand (den Planeten Venus), ‚bedeuten' aber verschiedenes (Stern am Morgen- bzw. Abendhimmel). Bedeutung hat ein Zeichen auch ohne aktuellen Bezug auf einen außersprachlichen Gegenstand.

Nehmen wir das (sprachliche, symbolische) Zeichen für den Gegenstand *Stuhl.* Wir gebrauchen das Zeichen, wenn wir einen bestimmten Stuhl in unserem Zeigfeld (Wahrnehmungsfeld) meinen: *Setz' dich doch so lange auf den Stuhl da.* Zeichen, die sich nur auf bestimmte Personen oder einzelne Sachen beziehen, sind Namen *(Kennst du schon Peter? Die VEBA soll verkauft werden.).* Mit dem Wort *Stuhl* können wir aber auch eine Klasse von Gegenständen bezeichnen, die gemeinsame Merkmale (Sitzfläche auf Beinen mit Rückenlehne zum Sitzen für eine Person o. ä.) haben. Dann gebrauchen wir das Wort als Begriff. Dabei sind Begriffsinhalt (die Merkmale, die Intension) und Begriffsumfang (die gemeinte Menge aller Stühle, abgegrenzt von Sitzmöbeln anderer Art: die

Extension) zu unterscheiden. Aber wie kann man den *Stuhl* z. B. vom *Sessel* begrifflich abgrenzen? Allgemeiner: wie definiere ich die Bedeutung eines Wortes?
Eine Möglichkeit ist schon benannt: die Zerlegung des Begriffes in seine Merkmale, der Bedeutung in ihre Bestandteile. Diese Bedeutungskomponenten sind die Seme, ihre Analyse die Sem- oder Komponentenanalyse:

	Sem 1: zum Sitzen	Sem 2: mit Beinen	Sem 3: mit Rückenlehne	Sem 4: mit Armlehne	Sem 5: für 1 Person
Stuhl	x	x	x	–	x
Bank	x	x	(x)	(x)	–
Sessel	x	x	x	x	x
Sofa	x	x	x	(x)	–
Hocker	x	x	–	–	x

(2) Mit der Semanalyse eng verwandt ist die Methode, Ober- und Unterbegriffe zu finden (Hyponymie) und damit die Bedeutung genauer zu bestimmen. Das Wort wird dabei in einer Begriffshierarchie eingeordnet:

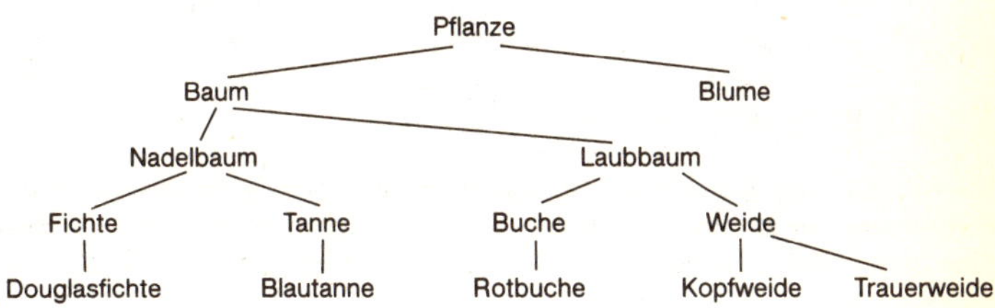

Mittels solcher Einteilungen kann der Wortschatz gegliedert werden, in dem die einzelnen Wörter ihren jeweiligen Stellenwert durch ihre Position im lexikalischen System erhalten. Dadurch läßt sich der jeweils treffende Ausdruck für

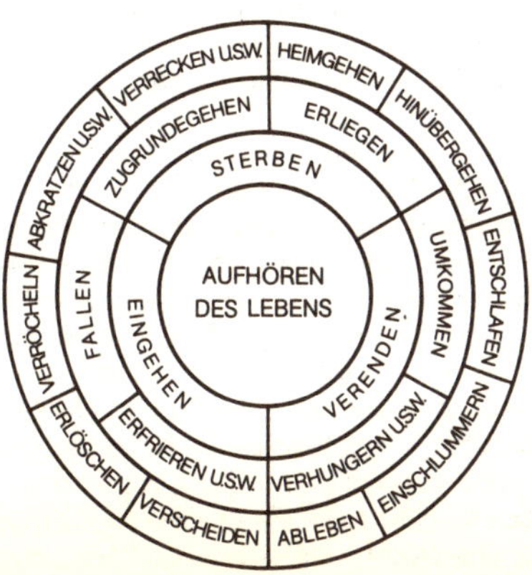

eine bestimmte Situation leichter ermitteln. So hat man einzelne Begriffe genauer zu bestimmen versucht, indem man sie in einem Wortfeld (→S. 288) verankerte, dessen einzelne Wörter das Bedeutungsfeld des Begriffs je nach den Bedingungen des Sprachgebrauchs genauer erschlossen. Der Begriff ‚Aufhören des Lebens' z. B. wird auf Menschen, Tiere oder Pflanzen angewendet *(sterben, verenden, eingehen);* die Umstände des Sterbens können ebenso ausgedrückt werden *(erfrieren, verhungern, erliegen)* wie die gefühlsmäßige Einstellung dazu *(entschlafen, heimgehen, abkratzen):* → S. 451.
Solche Wortfelder sind für die Wahl der Stillage wichtig (→S. 481 f.). Denn die Wörter eines Feldes lassen sich zwar demselben Oberbegriff zuordnen (Hyponym), sind aber deshalb noch lange nicht bedeutungsgleich (synonym).
(3) Mit der Methode der Bedeutungsermittlung notiert man einzelne Merkmale und vermag dadurch verschiedene Bedeutungen eines Wortes zu unterscheiden - z. B. bei dem Wort *Wurzel:*

Wurzel[1]: konkret, belebt, Pflanze, Teil in der Erde
Wurzel[2]: konkret, belebt, Pflanze, Teil in der Erde, eßbar, Gemüse (mundartlich für *Möhre, Schwarzwurzel*)
Wurzel[3]: konkret, belebt, menschlich, Teil des Menschen, Teil eines Körperteils *(Zahnwurzel, Haarwurzel, Zungenwurzel, Handwurzel)*
Wurzel[4]: übertragener Gebrauch (→S. 488, 522) in Fachsprachen (mathematische *Wurzel,* etymologische *Wurzel*) und in der Alltagssprache *(die Wurzel allen Unglücks)*

Solche Fälle von Mehrdeutigkeit sind gar nicht selten. Man spricht dann von Polysemie. Sie ist historisch in der Regel dadurch entstanden, daß die Bedeutung eines Wortes metaphorisch auf einen anderen Sachverhalt übertragen wurde:

Horn [1]Auswuchs am Kopf eines Tieres, [2]Blasinstrument, [3]Beule am Kopf, [4]Bergform *(Nebelhorn),* [5]Gebäckform *(Hörnchen)*
Fuchs [1]Wildtier (lat. *vulpus*), [2]Schmetterling, [3]Pferd mit rotbraunem Fell, [4]Mensch mit roten Haaren, [5]listiger Mensch
Korn [1]Getreideart, [2]Schnaps, aus diesem Getreide gebraut, [3]Fruchtteil von Getreidearten, [4]Teil des Gewehrs, [5]Geschwür am Auge

Durch die semantische Komponentenanalyse kann man das Sem ermitteln, das Anlaß der Bedeutungsübertragung war, also z. B. die Form des Horns oder der Birne, die Farbe des Fuchses oder die ihm zugeschriebene Eigenschaft usw.
(4) Wenn dieser Zusammenhang nicht mehr so ohne weiteres zu erkennen ist, sprechen wir von Homonymie bei Wörtern mit derselben Form, aber verschiedenem Inhalt: *Schloß, Hahn, Tor, Reif, Presse, Ball, Band* (→S. 167). Umgekehrt kann ein Homonym durch den lautlichen Zusammenfall ursprünglich verschiedener Wörter entstehen: *Bauer* (mhd. *buwaere* ‚Bauer' und *bur* ‚Vogelkäfig'). Die lautliche Gleichheit der Form (Homophonie) wird zuweilen orthographisch wieder aufgelöst: *Stil - Stiel, Mohr - Moor, Lied - Lid.* Oder die schriftliche Gleichheit der Form (Homographie) wird durch den Akzent differenziert: *übersétzen - űbersetzen.*

(5) Das Gegenteil von Homonymie ist die Synonymie: verschiedene Wörter mit (annähernd) gleicher Bedeutung *(Apfelsinen - Orangen, Auto - Kraftwagen, Zoo - Tiergarten).*
Synonymie im strengen Sinne ist selten. Am ehesten läßt sich noch von Synonymie reden, wenn zu fachlichen Begriffen Entsprechungen in der Standardsprache gebildet werden: *Dermatologe/Hautarzt, Diabetes mellitus/Zuckerkrankheit.* Oder zwei Forschergruppen haben für denselben Erreger zwei Begriffe geprägt, bis sie sich auf einen einheitlichen Sprachgebrauch einigen (*LAV* gegenüber *HTL V III,* heute *HIV* für den Erreger von *Aids*).
Bei näherem Hinsehen löst sich die Synonymie jedoch meist auf: einzelne Merkmale sind unterschiedlich *(Buch/Band/Foliant);* die regionale Reichweite des Gebrauchs ist verschieden *(Schlachter/Metzger/Fleischer),* oder die Stilebene ist jeweils eine andere *(Buch/Schmöker/Wälzer, Antlitz/Gesicht/Visage).* Der Bedeutungsgehalt erhält eine ganz andere Färbung, wenn ich dasselbe Tier *Pferd* als edles *Roß* oder als alte *Schindmähre* bezeichne. Die auf diese Weise ausgedrückten Sichtweisen sind die Mit-Bedeutungen eines Wortes: die Konnotation. Die Bedeutung eines Wortes im Sinne des Eintrags im Wörterbuch, also der neutralen Referenz auf ein Objekt (Denotation), ist für den Sprachgebrauch nur der begriffliche Kern. Praktisch meinen wir immer noch etwas über das, was wir jemandem mit Zeichen bedeuten, hinaus. Allgemeine Mit-Bedeutungen sind beim Gebrauch von Wörtern unterschiedlicher Stillage immer mitgemeint: *sich zu den Vätern versammeln* oder *abnippeln, heimgehen* oder *verrecken* haben positive oder negative, verhüllende oder distanzierende Konnotationen.
Aber es gibt auch individuelle Konnotationen aufgrund persönlicher Erfahrungen. Für den einen ist der *Hund* ein treuer Gefährte des Menschen, für den anderen ein kläffender *Köter;* der *irre Typ,* der *freche Racker,* der *fesche Bengel,* der *ausg'schamte Bub,* der *charmante Bursche, des Knaben Liebreiz:* der *Junge* mag immer derselbe sein, der Nebensinn nicht.
(6) Das Beispiel deutet zugleich eine weitere, die historische Dimension der Wortbedeutung an: den Bedeutungswandel (→ S. 494). Der heutige, harmlose Streiche ausheckende *Racker* war ursprünglich *Scharfrichter, Schinder* oder *Abdecker.* Wer die *Frauen* heute *Weiber* nennt, tut dies abschätzig: *frouwe* jedoch war früher nur die *adelige Frau.* Durch Erweiterung des Wortschatzes (Lehnwörter, Fremdwörter, Modewörter usw.; → S. 289) verändert sich auch die Bedeutung der einzelnen Wörter.

Bedeutungsveränderungen können auftreten als
- Bedeutungserweiterung (*frouwe* = adelige Frau > Frau allgemein)
- Bedeutungsverengung (*hôchzît* = jedes höfische Fest > *Hochzeit* als Fest der Eheschließung)
- Bedeutungsverbesserung (*geil:* → S. 507 f., 559)
- Bedeutungsverschlechterung (*wîp* = die geachtete Frau des Hauses > *Weib* als Schimpfwort)
- Bedeutungsübertragung (Metapher: *Wurzel, Strom;* → S. 452)
- Bedeutungsverhüllung (Euphemismus: *in anderen Umständen* statt *schwanger, Stuhl* statt *Kot, Entsorgungspark* statt *Lagerung radioaktiver Substanzen*).

Die Akte des Sprechens

(1) In der Grammatik unterscheidet man Satzarten danach, ob sie die Form einer Aussage (Indikativ), einer Aufforderung (Imperativ), einer Frage (Interrogativ) oder eines Wunsches (Konjunktiv) haben (→ S. 321). Die Form allein führt uns aber nicht immer auf die richtige Spur, ob eine Äußerung auch so gemeint ist, z. B. ob der Sinn der Frage *Zieht das hier nicht?* das Informationsbedürfnis ist, oder ob die Aussage *Es zieht!* tatsächlich der Feststellung des Sachverhaltes dient oder nicht vielleicht eher dazu auffordern soll, daß jemand das Fenster schließt.

(2) Hier geht es also weniger um den Satz und seine grammatische Funktion als vielmehr um die Äußerung und ihre beabsichtigte Wirkung, nicht nur darum, daß man etwas sagt, sondern auch darum, was man tut, indem man es sagt, und darum, was geschieht, dadurch daß man etwas sagt. Diese drei Aspekte des Sprechaktes, die man im Grunde schon in der antiken Rhetorik kannte (→ S. 485), unterscheidet man in der Pragmatik meist als lokutiven, illokutiven und perlokutiven Aspekt sprachlichen Handelns: also das Sprechen selbst, was man damit meint und was man bewirkt. Aufgabe der Pragmatik ist dabei u. a. herauszufinden, welche sprachlichen Mittel einen Hinweis auf den ‚illokutiven' Sinn geben, also darauf, ob eine Äußerung z. B. als Aufforderung, Frage, Aussage oder Behauptung zu verstehen ist. Denn die grammatische Form hilft da oft nicht weiter. So können auch Frage- oder Aussagesätze die Funktion des Imperativs haben, z. B. die Aufforderung, das Fernsehgerät lauter zu stellen:

(1) Hört ihr noch was?
(2) Könnte einer mal lauter stellen?
(3) Man hört ja nichts!
(4) Lauter!
(5) Ruhe!
(6) Wärst du so lieb und würdest etwas lauter drehen?
(7) Diese Stille ...
(8) Bitte sei so gut und dreh etwas lauter.
(9) Was hat der jetzt gesagt?
(10) Das ist zu leise.
(11) Stell endlich lauter, oder ich gehe.
(12) Ihr wollt offenbar, daß ich nichts höre.
(13) Ich frage mich, warum ihr nicht lauter stellt.
(14) Ich meine, man sollte lauter stellen.
(15) Ach würde doch einer bloß mal lauter stellen.

Man hat also viele sprachliche Möglichkeiten, jemanden aufzufordern, etwas zu tun: fragen (1, 2, 6, 9), bitten (8), drohen (11), feststellen (3, 10), befehlen (4), ausrufen (5), ironisch kommentieren (7), Vorwürfe machen (12), raten, empfehlen (14), sich wundern (13), sich etwas wünschen (15) ... Die grammatische Form ist also nur ein Hinweis. Wenn man prüfen will, ob die Illokution eines Sprechaktes und die grammatische Satzart in einer Äußerung übereinstimmen oder nicht und welche Folgen dies für ihren Sinn bzw. ihre Wirkung hat, muß man auch auf andere sprachliche Mittel achten: feste Wendungen *(sei so gut, wären Sie so freundlich),* performative Verben *(ich bitte Sie: stellen Sie lauter),* Abtönungspartikeln *(stellt doch 'mal lauter),* Modalwörter und modale Hilfsverben *(möchten Sie nicht lauter stellen? jetzt sollten wir aber 'mal lauter stellen, Sie müssen unbedingt lauter stellen, Sie haben gefälligst lauter zu stellen, Sie werden jetzt unverzüglich lauter stellen)* sowie Ermahnungen *(jetzt wollen wir aber 'mal lauter stellen).* Die gleiche Funktion haben bestimmte Adverbien und Satzäquivalente, Intonation und Akzentuierung, Konjunktionen, *daß*-eingeleitete Spannsätze *(daß du mir ja lauter stellst),* Passiversatzformen, verblose Sätze, Interjektionen, para- und nonverbale Indikatoren usw.

(3) Viele Fragen etwa sind gar keine, genauer: sie sind es nur der grammatischen Form nach, als Sprechakt dienen sie aber nicht immer dem Ausdruck von Informationsbedürfnissen, sondern vielleicht dazu, Wissen zu überprüfen, über das man bereits verfügt (z. B. in Prüfungssituationen), oder Sachverhalte gegenüber Dritten zu bestätigen (z. B. in Interviews), oder dem Vollzug ritueller Handlungen (z. B. bei der Eheschließung). Sie dienen auch dazu, gewisse Unterstellungen auszudrücken, z. B. bei Fangfragen der Art: *Wann haben Sie aufgehört, Ihre Frau zu schlagen? Wie oft haben Sie sich getroffen?.* Fangfragen sind schwer zu beantworten, wenn man die darin zugleich mitgelieferte Behauptung nicht bestätigen möchte. Vor Gericht darf man daher Fragen dieses Typs, die zugleich Unterstellungen (Präsuppositionen) enthalten, zurückweisen.

(4) Aussagesätze sagen etwas aus über Sachverhalte, die man prüfen kann: *Es regnet.* Der Inhalt dieser Aussage (die Proposition) ist entweder wahr oder falsch, denn vielleicht scheint ja gerade die Sonne, und der Sprecher hat gelogen. Wenn er aber sagt, *Ich wette, daß es morgen regnet,* kann er am nächsten Tag die Wette gewonnen oder verloren haben, aber seine Wette war deshalb nicht wahr oder falsch, sondern wurde von seinem Gesprächspartner angenommen oder zurückgewiesen. Aussagen, die nichts beschreiben, berichten, behaupten, sondern den Vollzug einer Handlung darstellen wie in dem Satz *Ich verspreche dir, pünktlich zu sein,* sind nicht auf ihren Wahrheitsgehalt zu prüfen. Sie ‚gelingen', wenn der Partner ihren Sinn so versteht, wie sie gemeint sind (engl. *to perform*). Äußerungen wie *Ich taufe dich auf den Namen Robert, Ich warne dich vor den Folgen* nennt man deshalb auch performative Äußerungen. Sie sind daran zu erkennen, daß sie Verben enthalten, die - im Unterschied zu Verben wie *stehen, laufen, schlafen, lieben* - nicht nur außersprachliche Tätigkeiten, Vorgänge, Zustände beschreiben, sondern ihren Sinn dadurch erhalten, daß jemand sie äußert. Die Bedeutung dieser Verben ist die Handlung, sie bedeuten gleichsam sich selbst. Sie sind mit einem einfachen Test zu ermitteln: immer, wenn man sie mit dem Wort *hiermit* verbinden kann, sind es performative Verben: *ich verspreche dir hiermit, frage dich hiermit, drohe dir hiermit* usw. Durch solche Verben signalisiert der Sprecher dem Hörer, wie die Äußerung gemeint ist: *ich antworte dir hiermit ganz offen, ich bezweifle, daß du recht hast, ich bestreite das entschieden, ich versichere dir hiermit.*

Nicht immer sieht man der Äußerung sofort an, wie sie gemeint ist. Aber meistens weiß man aus seiner Erfahrung, wie sie in ihrem jeweiligen Kontext zu interpretieren ist. Und nur dann kann der Sprechakt ‚gelingen'.

(5) Bloße Behauptungen sollen oft als Aussagen erscheinen, ob sie aber als solche akzeptiert werden, hängt davon ab, ob der Partner ihren Inhalt selbst beurteilen kann (sachbezogenes Kriterium), und davon, ob er dem Sprecher die

Kenntnis des Inhaltes zutraut und keinen Anlaß sieht, daß dieser ihn nicht korrekt wiedergeben wolle oder könne (personenbezogenes Kriterium). Ob eine Mitteilung als Aussage oder als Behauptung definiert wird, ist also für die Einschätzung des Gesagten von Bedeutung; grammatisch steht dafür aber nur der Modus des Indikativs zur Verfügung, der dazu dient, etwas als wirklich darzustellen, auch wenn es sich in der Wirklichkeit gar nicht so verhält *(Der Rhein ist sauber!, Das Obst ist frisch, Die gemessenen Schadstoffwerte sind nicht gesundheitsschädlich, Wir gewinnen die Wahl!* - vgl. dagegen: *Ich behaupte, vermute, glaube, hoffe, gehe davon aus, daß wir die Wahl gewinnen.).*
Diese Beispiele, die sich beliebig erweitern lassen, zeigen, über welch unterschiedliches Instrumentarium wir verfügen, um je nach Absicht, Partnern, Umständen und Bedingungen der Kommunikation unterschiedliche Wirkungen (perlokutive Effekte) zu erzielen. Sie zeigen aber auch, wie leicht man bei der Wahl aus einem so reichen Repertoire einen Fehler machen und damit Peinlichkeit hervorrufen oder Befremden auslösen kann. Und sie zeigen schließlich die vielfältigen Möglichkeiten der Verschleierung des eigentlich Gemeinten. Wer den Status einer Äußerung vage bleiben läßt, hält sich Rückzugsmöglichkeiten offen.
Sprechakte, in denen grammatische Satzart, illokutive Indikatoren und tatsächliche Absicht nicht übereinstimmen, sind häufiger als man denkt. Man nennt sie auch indirekte Sprechakte. Nicht immer dienen sie dazu, Absichten zu verhüllen, Tabu-Themen zu verharmlosen, Festlegungen zu vermeiden, Rollenverhältnisse zu verschleiern, Verpflichtungen vorzubauen oder nachträgliche Rückzieher zu ermöglichen. Sehr viel häufiger sind sie einfach ein Gebot des Taktes, eine sprachliche Strategie der Höflichkeit, „die indirekte Weise", wie sie Goethe im Gespräch mit Eckermann nennt. „Im Deutschen lügt man, wenn man höflich ist", antwortet der Baccalaureus in Goethes „Faust" auf den (in die Form einer Frage gekleideten) Vorwurf der Grobheit: Aussage oder Behauptung? In den Grammatiken der deutschen Sprache jedenfalls fand Harald Weinrich keine Antwort auf die Frage: „Lügt man im Deutschen, wenn man höflich ist?" Der Beschreibung des grammatischen Normenwerks fehle bislang der Sinn für die sprachliche Nuance. Gehört sie nicht zur „Normalität des sprachlichen Umgangs" (Weinrich 1986)?

Bühler, Karl 1978 [1934]: Sprachtheorie, Frankfurt/M.
Eichler, Wolfgang/Karl-Dieter Bünting 1978: Deutsche Grammatik, Kronberg/Ts.
Henne, Helmut 1975: Sprachpragmatik, Tübingen
Lühr, Rosemarie 1986: Neuhochdeutsch, München
Lyons, John 1980/83: Semantik I+II, München
Posner, Roland 1985: „Nonverbale Zeichen in öffentlicher Kommunikation. Zu Geschichte und Gebrauch kommunikationstheoretischer Schlüsselbegriffe", in: Zeitschrift für Semiotik 7.3, S.235-271
Schlieben-Lange, Brigitte 1975: Linguistische Pragmatik, Stuttgart
Weinrich, Harald 1986: Lügt man im Deutschen, wenn man höflich ist?, Mannheim/Wien/Zürich

Gesprächstypen und Texttypen

Dialog und Text

Gesprochene Sprache - geschriebene Sprache

In einer Schweißerei kommt es zu folgendem Gespräch zwischen dem Meister (M), dem Vorrichtungskonstrukteur (VK) und dem Fertigungsvorbereiter (FV):

VK: Das hier ist der Krüppel / um den es geht // Sie haben ja schon von unseren Problemen gehört / und wir haben auch schon einiges überlegt / wir können's so machen / wie wir's bisher gemacht haben / jedes einzelne Teil / einzeln punkten / jédes einźeln // das klappt nämlich ganz gut //

FV: Das wird aber zu teuer / mit der neuen Einrichtung sollte das Ganze doch billiger werden /

VK: Müssen denn die Toleranzen unbedingt eingehalten werden /

FV: In der Montage / die wollen die Dinger aber só // die brauchen die só //

VK: Dann müssen wir eben / hier was ändern // wenn das möglich ist // was meinen Síe denn / Herr Weber //

M: Dat könnt'n wir ja versuchen / nich / dat ham wir ja schon mal gemacht / nich / mit 'ner Wippe unten ...

VK: ... mit der Wippe unten / dás klappt híer nicht / das schafft uns die Toleranzen nicht vom Hals // híer // ich bin weiter dafür / einzeln zu punkten ...

M: ... dann brauch'n wir aber 'ne zweite Maschine / sonst haut dat nicht // nich / mit den Terminen nicht hin ...

VK: ... einźeln zu punkten / und da vielleicht nach / nach einer optimalen Lösung suchen //

FV: Wenn es dann im Akkord gemacht werden kann / einverstanden //

VK: Man könnte für die Kontakte / rechts und links / für béide ein extra Werkzeug machen // dann brauchen wir aber die zweite Maschine / únbedíngt // wir können aber auch versuchen [...]

In diesem Gespräch geht es um die Ursachen der Störung und die Frage, wie man sie beheben kann. Deshalb nennt man diese Art von Gesprächen oft ‚Änderungsbesprechung'. Ihre Ergebnisse werden dann in einer ‚Besprechungsniederschrift' festgehalten:

Betreff: Werkzeugänderungen RHL 402

[...]

2. Arbeitsgang 2.03 nach Fertigungsplan.
Gegenkontakte 2040.041-01 und 2040.041-02 an Kopfplatte 2040.045 bis 048 punkten.

2.1. Erster Vorschlag: Ausgleich der eingehenden Stifttoleranzen durch Wippenkonstruktionen der unteren Schweißelektrode.

2.2. Zweiter Vorschlag: Kontakte einzeln punkten (wird z. Zt. mit Erfolg durchgeführt).
Werden die Gegenkontakte auch in Zukunft einzeln gepunktet, sind folgende Forderungen an die Schweißeinrichtung zu stellen:

a) für Gegenkontakt rechts und links (2040.041-01 und 2040.041-02) je ein Punktschweißwerkzeug.

b) Vorrichtungen an der Schweißmaschine leicht auswechselbar und umrüstfreundlich.
c) Elektroden zum Nachpolieren leicht zugänglich, gilt auch für Punkt 2.1.
d) Zweite Schweißmaschine einplanen (auch für Stückzahlenerhöhung notwendig).
e) Einlegen der Kontakte und Führung der Kopfplatte nach Rücksprache mit ERS3, FP/RS und W302 festlegen, gilt auch bei Maßnahme Punkt 2.1.

Obwohl es sich bei den beiden Textbeispielen (zitiert nach Möhn/Pelka 1984) um Formen fachlicher Kommunikation über denselben Sachverhalt handelt (→ S. 515 ff.), sind die Unterschiede beträchtlich. Das Gespräch ist eingebettet in die Situation im Betrieb. Zahlreiche Zeit- und Ortsangaben verweisen darauf *(hier, bisher, 'mal)*, auch Artikelwörter *(das/dat)* beziehen sich auf Gegenstände, auf die die Gesprächspartner vielleicht mit dem Finger deuten. Solche sprachlichen oder nichtsprachlichen deiktischen Verweise (Deixis; → S. 438) machen den Inhalt des Gespräches aus der Situation heraus verständlich, d. h. man muß die Umstände kennen, auf die sich die Angaben beziehen. Das gilt auch für Verkürzungen in der Wortwahl (*Werkzeug* für *Schweißeinrichtung, Maschine* für *Punktschweißmaschine, punkten* für *punktschweißen, Toleranzen* für *Nennmaßabweichungstoleranzen* bzw. *Nennmaßtoleranzabweichungen*). Die Gesprächspartner vor Ort wissen ja, worüber sie reden. Sie können sich also in einer Art ‚Betriebsjargon' oder ‚Laborslang' verständigen, der ihnen durch den täglichen Umgang vertraut ist *(Krüppel* für *Schweißeinrichtung, Dinger* für *Bauteile, Toleranzen vom Hals schaffen, im Akkord machen)*.
Solche Merkmale fehlen in der Niederschrift des Gespräches durchweg. Dort gibt es außerdem keine Verschleifungen *(mit ner, wir's, können's)* in der Aussprache, keine syntaktischen Ausklammerungen *(mit der Wippe unten/das klappt hier nicht)*, keine Wiederholungen wie *jedes einzelne Teil/einzeln punkten/jedes einzeln*. Der Einfluß des Dialektes *(dat könnt'n wir)* ist ebenso getilgt wie die zahlreichen Wörter zur sprachlichen ‚Abtönung' des Gesagten, die Modalpartikeln *(doch, ja, denn)*. Außerdem gibt es keine Pausen nach Auslassungen (Ellipsen) oder Satzabbrüche, nach denen ein Satz in einer anderen grammatischen Konstruktion fortgesetzt wird als er begonnen wurde (Anakoluthe).
Die Regeln der Grammatik gelten zwar für geschriebene wie für gesprochene Sprache, aber in der geschriebenen Sprache werden sie genauer befolgt, weil beim Leser die Kenntnis der Umstände des Gesprächs, der Kontext, nicht ohne weiteres vorauszusetzen ist. Aber es gibt auch Regeln, denen man nur in der gesprochenen Sprache folgt. Und umgekehrt unterliegt die Umformung des spontan gesprochenen Textes in eine schriftliche Fassung wiederum bestimmten Regeln. Diese variieren je nach Textsorte (→ S. 468 ff.): Das ‚Interview' wird für den Abdruck in der Zeitung ‚redigiert', sein Inhalt wird für eine kurze ‚Meldung' zusammengefaßt. Das kann folgendermaßen aussehen: Fassung A ist ein Ausschnitt aus einem Gespräch, das der Schriftsteller Günter Grass in einer Schulklasse geführt hat und das im Radio übertragen wurde; Fassung B ist für die Veröffentlichung zum Thema ‚Jugend fragt Prominente' redigiert; Fassung C ist eine schriftliche Zusammenfassung für einen Bericht:

Fassung A:

Lehrer: meine damen und herrn // wer / möchte das gespräch eröffnen? bitte /
Schüler: herr grass sie lasen eben aus katz und maus vor / unter anderem haben sie in diesem Stück / wirliebendiestürme und mehrere andere worte zusammengeschrieben hat das einen ...
Grass: mhm ...
Schüler: besonderen zweck / soll darauf besonders hingewiesen werden oder
Grass: ja das sind äh das ist also als stilmittel mein ich damit das sind so begriffe /
Schüler: ja
Grass: sind ja eigentlich schlagworte klischees
Schüler: mhm /
Grass: äh die ich / äh die auch so gespielt es wurde gesagt wir singen jetzt wirliebendiestürme // und das is phonetisch auch übernommen // und dazu kommt daß dieses wirliebendiestürme / ein zeitkolorit ist / s wurde zu einer bestimmten zu bestimmten anlässen gesungen / deswegen läßt es sich so zusammenfassen /

Fassung B:

Schüler: Herr Grass, Sie lasen eben aus „Katz und Maus" vor. Unter anderem haben Sie in diesem Stück „Wirliebendiestürme" und mehrere andere Worte zusammengeschrieben. Hat das einen besonderen Zweck? Soll darauf besonders hingewiesen werden?
Grass: Ja das sind so Begriffe. Es sind eigentlich Schlagworte, Klischees. Es wurde gesagt: „Wir singen jetzt wirliebendiestürme", und das ist phonetisch übernommen. Hinzu kommt, daß dieses „Wirliebendiestürme" ein Zeitkolorit ist, es wurde immer zu einer bestimmten Zeit zu bestimmten Anlässen gesungen. Deswegen läßt sich das so zusammenfassen.

Fassung C:

Grass verteidigte am 10.12.1963 in einem Gespräch mit Schülern das in seiner Erzählung „Katz und Maus" wiederholt zu beobachtende Zusammenschreiben von Liedtiteln („Wirliebendiestürme") mit dem Hinweis darauf, daß dies früher immer auch so gesungen worden sei und daß er mit dieser Schreibung ein Zeitkolorit andeuten wolle.

(nach Schank/Schönthal 1976)

Bei der Gegenüberstellung der drei Fassungen treten die Kennzeichen gesprochener und geschriebener Sprache nun klar zutage. In der ersten Version, dem ‚live' im Radio übertragenen Gespräch, sind die Sätze kürzer als in der zweiten, häufig nicht zu Ende geführt und oft mit *und* eingeleitet. Die Sprecher wechseln schnell. Ihre Redebeiträge überlappen sich, die Teilnehmer sprechen sich in direkter Anrede an, und ihre Rückmeldungen (Hörersignale) signalisieren Aufmerksamkeit in nicht lexikalisierbaren Geräuschen *(mhm)*. Redepausen werden mit Verzögerungslauten *(äh)* gefüllt, damit der Hörer nicht vorzeitig selbst das Wort ergreift.
Solche Geräusche (paraverbale Phänomene) fehlen natürlich in der redigierten und etwas gekürzten Fassung. Ebenso fehlen Satzabbrüche und Satzeinleitungen mit *und*, ‚Gliederungssignale' *(bitte, oder so)* und sog. ‚Kontaktparenthesen' *(nich, ne)*. Überlappungen von gleichzeitig gesprochenen Äußerungen sind

getilgt, Verschleifungen aufgelöst *(s* zu *es),* die Zahl der Modalpartikeln reduziert. Insgesamt enthält die Fassung B weniger Sprecherwechsel, die Redebeiträge sind dafür länger, der Diskussionsleiter wurde ganz gestrichen.
Noch stärker sind die Abweichungen vom Original in der dritten Fassung, in der es nur auf den Inhalt ankommt: starke Kürzungen, komplexer Satzbau, keine Anrede, keine Sprecherwechsel, keine Modalpartikeln. Die Redebeiträge sind in indirekter Rede mit ihren Konjunktivformen wiedergegeben. Datum, Teilnehmer, Umstände und Thema des Gesprächs sind knapp und präzise genannt.

Dialoggrammatik

Die bisherigen Beobachtungen betrafen nicht nur das Medium (→S.443) der Sprache, gleich ob mündlicher oder schriftlicher Art, sie galten auch dem dialogischen Charakter der zwischenmenschlichen Kommunikation. Dabei sind u.a. Schriftart, Transkription und Drucktechnik bzw. Lautung, Intonation und Melodieführung, aber auch Wortschatz und Satzbau von Bedeutung.
Die erste Ebene der Betrachtung des Dialogs ist die Mikro-Ebene. Auf dieser Ebene wurden überhaupt die ersten Beobachtungen gesprochener Sprache angestellt: wie jemand spricht, mit Akzent oder nicht, Dialekt oder Hochsprache, schnell oder langsam, klar artikuliert oder ‚genuschelt', scharf oder sanft, mit Pathos oder leisem ‚Beiseite'. Die Beispieltexte sähen, phonetisch genau übertragen, vermutlich ganz anders aus: statt *zusammengeschrieben* hat der (Berliner) Schüler vielleicht tatsächlich gesagt [tsəzamjəʃri:m], bei einem bairischen Schüler hätte es womöglich so geklungen: [tsámakʃriam]. Der Phonetiker achtet auf den Schwund des Vokalismus in unbetonter Position *(geschrieben > geschri:bn),* auf die Verschmelzung von Präposition und Artikelwort *(mit dem> mitm),* auf den Wegfall von Pluralendungen bei Substantiven mit nasalem Stammauslaut *(meine Damen und Herren > Damunern).* Die Syntax gesprochener Sprache unterscheidet sich ebenfalls erheblich von der geschriebener Texte: die mittlere Länge der Sätze und abhängigen Satzabschnitte, der Attribute und Komposita, der Konjunktionen, Negationen, Nominalisierungen fallen auf. Gesprochene und geschriebene Sprache heben sich im Gebrauch des Tempus (Perfekt/Präteritum), des Genus verbi (Aktiv/Passiv) und des Modus (Indikativ/Konjunktiv) deutlich voneinander ab. Ellipsen, Anakoluthe (Satzbrüche), Parenthesen (Einschübe) werden unterschiedlich verwendet. Insgesamt ist auf der Mikro-Ebene der Gesprächsanalyse viel über die grammatischen Unterschiede gesprochener und geschriebener Sprache ans Licht gebracht worden, aber wenig über die dialogische Organisation des Redens in der Praxis des Gesprächs.
Deshalb richtet sich heute das Interesse auch auf die mittlere Ebene des Gesprächs, die Medio-Ebene. Hier geht es um Regeln des Sprecherwechsels, um die Abfolge einzelner Redebeiträge und ihre Verknüpfung, um Gliederungssignale, Gesprächswörter, Hörerverhalten. Beim Sprecherwechsel unterscheidet man im wesentlichen drei Möglichkeiten: entweder man versucht selbst, zu Wort zu kommen, indem man an Stellen möglicher Redeübergabe (also wenn derjenige, der gerade spricht, einen Gedanken vollendet hat, eine Pause macht,

einen Satz mit fallender Intonation abgeschlossen oder eine Frage mit steigender Intonation formuliert hat usw.) die Initiative ergreift: Selbstwahl des Sprechers. Oder derjenige, der gerade an der Reihe ist, übergibt (durch Nennung des Namens, durch Kopfnicken, durch einen fragenden Blick oder eine Geste mit der Hand) den nächsten Gesprächsschritt an einen anderen weiter: Fremdwahl des Sprechers durch den gegenwärtigen Sprecher. Oder es gibt einen ‚Gesprächsleiter', der die Verteilung der Redebeiträge übernimmt, wie das meistens in institutionalisierten Gesprächen (→ S. 530 ff.) oder in Mediengesprächen (→ S. 545 ff.) der Fall ist.
Hier gewinnen zuweilen kleine Signale Bedeutung, die mit linguistischen Methoden allein nicht zu greifen sind. Dies gilt für das verbale, paraverbale und nonverbale Verhalten des Hörers, der dem Sprecher mit Blickzuwendung oder -abwendung, Kopfnicken oder -schütteln, mit bestimmten Partikeln der Bestätigung oder Rückmeldung *(mhm, ja, genau, richtig, sicher, eben)* oder der Bitte um Erklärung des Sachverhalts *(was?, wie bitte?, was meinst du damit?)* Interesse, Verstehen, Aufmerksamkeit, Zustimmung, Zweifel usw. signalisieren kann. Auf die Nuancen kommt es an: das Heben einer Augenbraue, ein *hm* in bestimmter Tonlage, ein kurzer Seitenblick, ein *doch* oder *ja* mit gezieltem Akzent kann dem Gesprächsverlauf eine andere Richtung geben, ohne daß den Teilnehmern die Ursachen immer bewußt wären.
Rückkoppelungsverhalten kommt in geschriebener Sprache kaum oder nur in Sonderfällen vor (→ S. 462 ff.). Es wurde zudem bei der Untersuchung von ‚Sprechakten' meist übersehen, weil sie einseitig auf den Sprecher bezogen war, nicht auf den Dialog. Zu dessen Steuerung dienen überdies jene Elemente, die in der traditionellen Stillehre als ‚Flickwörter' eingestuft und bekämpft wurden, die aber wichtige Funktionen haben, denn sie gliedern das Gespräch, setzen bestimmte Akzente, bestätigen den Kontakt: *ne, nich, nicht, nicht wahr, wa, gell, ja, woll,* usw.
Auf der dritten Beobachtungsebene, der Makro-Ebene, werden die einzelnen Gesprächsphasen untersucht, wobei bislang insbesondere die Rituale der Gesprächseröffnung und -beendigung genau beschrieben wurden, aber auch die Behandlung von Haupt- und Nebenthemen, Abschweifungen und Einschüben. Jeder kann das bestätigen, wenn er an Telefongespräche, Behördengespräche usw. denkt. Der Beginn eines Telefonats ist so festgelegt, daß er beinahe schon Züge eines Rituals besitzt. Man kann das testen, indem man die Folge von parallelen Gesprächszügen durchbricht, indem man sich meldet oder sich des Kontakts versichert *(Meyer – ?, Ja, bitte?, Hallo?; Hallo! Müller hier., Tach! Ich bins!),* Themen anbietet oder akzeptiert *(Wie geht's? Also, ich ruf an wegen ..., Herr Müller, Anlaß meines Anrufes ist ..., Ja, Herr Meyer, worum geht's denn?).* Der Anrufer muß seinen Anruf thematisch begründen; wenn er schweigt, legt der Angerufene auf. Und genauso ist das Ende des Telefonats durch parallele Gesprächszüge gekennzeichnet. Wird die Initiative zur Gesprächsbeendigung akzeptiert, muß die Abschlußformel *(Also, tschüs dann; Auf Wiederhören)* bestätigt werden, wenn die Beendigung nicht als einseitiger Abbruch empfunden werden soll. Solche parallelen Gesprächszüge sind meist so miteinander verkettet, daß man sie als feste Gesprächsschrittsequenzen oder Korrespondenzpaare zusammenfaßt.

Dialoge in der Literatur - Gespräche im Alltag

Wer etwas über die Regeln der Kommunikation in Form des Dialogs erfahren möchte, kann sich auch literarische Dialoge ansehen, selbst wenn diese Dialoge fiktiv sind, also vom Autor konstruiert bzw. rekonstruiert sind. Im Unterschied zu Gesprächen im Alltag, die unmittelbar erlebt und geführt werden, sind sie Ausdruck der Kommunikationserfahrungen eines Autors.
Bestimmte Bedingungen für das Gelingen oder Mißlingen der Verständigung im Dialog lassen sich an klassischen Dramen ebenso aufzeigen wie an modernen. Wie Mißverständnisse im Dialog entstehen können, hat z. B. Kleist in seinem Lustspiel „Der Zerbrochne Krug“ demonstriert:

> *LICHT (zum Bedienten).* Es ist dem Herrn Gerichtsrat, will ich hoffen, Nichts Böses auf der Reise zugestoßen?
> *DER BEDIENTE.* Je nun! Wir sind im Hohlweg umgeworfen.
> *ADAM.* Pest! Mein geschundner Fuß! Ich krieg' die Stiefeln -
> *LICHT.* Ei, du mein Himmel! Umgeworfen, sagt Ihr! Doch keinen Schaden weiter -?
> *DER BEDIENTE.* Nichts von Bedeutung. Der Herr verstauchte sich die Hand ein wenig. Die Deichsel brach.
> *ADAM.* Daß er den Hals gebrochen!
> *LICHT.* Die Hand verstaucht! Ei, Herr Gott! Kam der Schmied schon?
> *DER BEDIENTE.* Ja, für die Deichsel.
> *LICHT.* Was?
> *ADAM.* Ihr meint, der Doktor.
> *LICHT.* Was?
> *DER BEDIENTE.* Für die Deichsel?
> *ADAM.* Ach, was! Für die Hand.
> *DER BEDIENTE.* Adies, ihr Herrn. - Ich glaub', die Kerls sind toll. *(Ab.)*
> *LICHT.* Den Schmied meint' ich.
> *ADAM.* Ihr gebt Euch bloß, Gevatter.
> *LICHT.* Wieso?
> *ADAM.* Ihr seid verlegen.
> *LICHT.* Was! *(die erste Magd tritt auf.)*
> *ADAM.* He! Liese! Was hast du da?
> *ERSTE MAGD.* Braunschweiger Wurst, Herr Richter.
> *ADAM.* Das sind Pupillenakten.
> *LICHT.* Ich, verlegen!
> *ADAM.* Die kommen wieder zur Registratur.
> *ERSTE MAGD.* Die Würste?
> *ADAM.* Würste! Was! Der Einschlag hier.
> *LICHT.* Es war ein Mißverständnis.

Jeder bezieht sich hier auf etwas anderes, alle reden infolgedessen aneinander vorbei. Der Bediente bietet zwei Themen an: Verstauchung der Hand und Bruch der Deichsel. Licht greift beide Themen auf, bezieht sich dann aber trotz der Wiederholung des ersten Themas auf das zweite, während Adam beim Thema bleibt. Die Verschachtelung der Themenstränge - Verstauchung und Doktor, Deichselbruch und Schmied - verwirrt den Bedienten. Er bricht den Dialog ab *(Adies, ihr Herrn)* und denkt sich seinen Teil *(die Kerls sind toll).* Licht versucht zu klären, Adam lenkt auf eine metakommunikative Ebene ab, aber als

Licht auf diese Ebene folgen will, ist das nächste Mißverständnis schon provoziert: die jeweilige Fehlinterpretation der pronominalen und deiktischen Verweise *(da - das, die - die)* auf Würste und Akten. Lichts Fazit *(Es war ein Mißverständnis)* ist also dreifach beziehbar.
Literarische Dialoge können aber auch anders aussehen. Das gilt besonders für die Dramen des Naturalismus, in denen die Alltagssprache Vorbild war. Wenn wir die Klage eines Berliner Arbeiters mit der des alten Kopelke im I. Akt der „Familie Selicke" von Arno Holz und Johannes Schlaf vergleichen, so fallen einige inhaltliche und sprachliche Ähnlichkeiten auf:

Alltagsgespräch: ... denn ick bin ja außem Beruf rausjenommen worden (wa?) ick bin Jahrgang vierundzwanzich (wa). durch den Kriech (wa) wurden wer einjezogen (wa). da ham se jar nich jefragt (wa) ham se einfach jenommen (wa) un dadurch kam det (wa?) ... wollte Feinmechaniker wern, dann hab ick ja höchstens eindreiviertel Jahr war ick im Beruf, dann ham se mir rausjenommen (wa?) ...

Dramatischer Dialog: KOPELKE: Ja! Wenn eener immer ville Jeld hat, wissen Se, denn mag't ja wol noch jehn! Ja, det liebe Jeld! ... Neh'm Se mir mal zun Beispiel! Ick wah ooch noch uff'n Kopp jefallen als Junge! Ick wah immer der Erste in de Schule! Wat meen'se woll?! ... Abber de Umstände, wissen Se! de Umstände! Et half nischt! Vatter ließ mir Schuster weer'n! ... Freilich, mit die Schusterei is det nu ooch nischt mehr heitzudage! Die ollen Fabriken, wissen se! Die ollen Fabriken rujeniren den kleenen Mann! ... Sehn Se! So bin ick eejentlich, wat man so'ne verfehlte Existenz nennt! Nu bin ick sozesagen alles un janischt! ... Ja! ...

Wenige sprachliche Kunstgriffe genügen den Autoren, um beim Leser (oder Zuschauer) den Eindruck hervorzurufen, da spreche einer authentischen Berliner Dialekt *(einer> eener, Geld> Jeld, das> dat, was> wat, ich> ick, auch> ooch)*. Aber auch die Unterschiede treten klar zutage. Die für Alltagsgespräche typischen Kontaktparenthesen *(wa)* sind im literarischen Dialog ebenso selten wie Modalpartikeln, Ellipsen und Anakoluthe.
Beide Beispiele suggerieren aber das Gefühl des Ausgeliefertseins der Sprecher. Wie kommt das? Vielleicht liegt es daran, daß in beiden Fällen das handelnde Subjekt grammatisch nicht als a g e n s auftaucht *(der kleene Mann,* der etwas tut; *wir,* die etwas tun), sondern als p a t i e n s, mit dem etwas gemacht wird: *Die ollen Fabriken rujeniren den kleenen Mann; wurden wer einjezogen.* Wer da eigentlich handelt, bleibt verborgen *(Die Fabriken; ham se einfach jenommen; dann ham se mir rausjenommen).* Das Handeln wird als Erleiden erfahren, das Subjekt als Opfer von „Umständen, die außer uns liegen" (Büchner).
Wenn die ‚Umstände' so übermächtig werden, daß sie uns ‚die Sprache verschlagen', kann das im Alltag durchaus so ähnlich aussehen, wie es Holz und Schlaf in ihrem Stück nachzuempfinden versucht haben, als Kopelke beim Anblick des verstorbenen Kindes der Frau Selicke ‚nach Worten ringt':

KOPELKE (steht eine Weile stumm da und gibt einige grunzende Laute von sich).
FRAU SELICKE. Diese Nacht um zwei ...
KOPELKE (mit bebender Stimme). Biste dot, mein liebet Linken? ... (Tritt zu Frau Selicke und nimmt ihre Hand.) Frau Selicken! ... Meine liebe Frau

> Selicken! ... Det ... Sehn Se! ... Det ... Hm! ... (Er hält einige Augenblicke, seitwärts sehend, ihre Hand. Plötzlich.) Wo ist denn Edewacht? Hm! ... (Wendet sich wieder zum Bett und betrachtet die Leiche.) Un ick dacht' ... Hm! ... Un ick hatt' ihr da - noch 'ne Kleenigkeit - mitjebracht!! ... Hm! ... Nu is det - nich mehr needig! ... Nu hat se det - freilich - nich mehr - needig! ... Hm! ... Hm! ... (Toni tritt in die Küchentür und sieht in die Stube nach Frau Selicke.) Liebet Freilein! ... (Kopelke gibt ihr die Hand. Toni sieht still seitwärts.) Liebet Freilein! ... (Toni geht zu Frau Selicke.)

Das Ringen nach Worten hat jeder schon erlebt. Nicht immer entspringt es schierem Entsetzen. Es ist ein Merkmal spontan gesprochener Sprache, daß man das passende Wort erst sucht, während man schon redet. Diese „allmähliche Verfertigung der Gedanken beim Reden", wie Kleist diese Erscheinung genannt und beschrieben hat, wird in der gesprochenen Sprache gern kaschiert, weil (in unserem Kulturkreis zumindest) große Pausen im Gespräch als unpassend gelten. Der Sprecher bedient sich dazu einer Reihe verbaler Strategien: er füllt die Pausen auf durch Verzögerungslaute oder Wiederholungen oder beides *(dieser dieser dieser äh Typ äh wie hieß er doch na du weißt schon),* durch Fragen, Paraphrasen, erklärende Parenthesen, Modalpartikeln, die früher ‚Füllwörter' genannt wurden.
Mit dem Wissen über Merkmale gesprochener Dialoge kann jeder typische Alltagsgespräche rekonstruieren oder auch, wie der literarische Autor, konstruieren. Aber je genauer er die Wirklichkeit trifft, desto trivialer dürfte das Ergebnis sein.

Gesprächstypen

Möglichkeiten der Einteilung

(1) Gespräche finden im Alltag ständig und über alles mögliche statt. Ihre Formen sind vielfältig. Dennoch läßt sich diese Vielfalt ordnen. Denn je nach Situation und Teilnehmern, je nach Ort und Zeit und sozialem Rahmen sehen die Gespräche anders aus. Der soziale Rahmen bestimmt die Regeln, nach denen die Gespräche ablaufen.
(2) Die Form des Gespräches ist anders, wenn man mit Gleichrangigen spricht, mit Geschwistern, Freunden, Kollegen, Nachbarn; oder mit Ranghöheren, mit dem Chef und Vorgesetzten, dem Professor, Richter oder Arzt; oder mit Rangniedrigeren, mit Kindern, mit Hilfskräften, Angeklagten, Patienten, Heiminsassen: symmetrische oder asymmetrische Gespräche. Ihre Konstellation hängt wesentlich davon ab, welche Rollen die Teilnehmer im Verhältnis zueinander einnehmen: institutionelle Rollen (Richter/Angeklagter, Arzt/Patient, Lehrer/Schüler) oder soziale Geschlechtsrollen (Mann/Frau), Geber-/Nehmer-Rollen (Kellner/Gäste, Anwälte/Klienten) oder Altersrollen (alt/erfahren/weise gegenüber jung/unerfahren/naiv oder alt/engstirnig/unflexibel gegenüber jung/aufgeschlossen/spontan); auch davon, wie sich die Teilnehmer gegenseitig einschätzen (Experte/Laie, gebildet/ungebildet, einflußreich/ohnmächtig), ihr soziales Verhältnis definieren (reich/arm, Unternehmer/Arbeiter) oder ihre Beziehung (intim, befreundet, bekannt, förmlich, kühl).

(3) Die Form des Gespräches hängt darüber hinaus vom Medium (→S. 443) ab, mittels dessen sie geführt werden: Gespräche von Angesicht zu Angesicht oder in Briefen (auch Cassetten), Telefongespräche oder Fernsehgespräche haben jeweils eine eigene Struktur. Durch die Kombination von verschiedenen Zeichensystemen (Schrift, Mimik, Gestik, Akustik) und technischen Bedingungen (Zeitversetztheit, Öffentlichkeitsgrad; Kamerablick, Konferenzschaltung) werden unterschiedliche Sinne angesprochen. Mit dem Grad der Öffentlichkeit (private Gespräche am Kamin, halböffentliche Gespräche in Expertengremien mit qualifiziertem Publikum, öffentliche Gespräche in den Massenmedien) hängt auch die Adressaten-Orientierung zusammen: meine ich nur mein unmittelbares Gegenüber oder ein Publikum von Zeitungslesern oder Fernsehzuschauern; will ich jemanden über etwas informieren, was der nicht weiß; oder drängt es mich, meine Erlebnisse zu erzählen; will ich jemandem etwas befehlen oder eine Zuhörerschaft überzeugen, überreden, manipulieren. Die Gesprächsstrategien werden jeweils andere sein; sie sind jedoch ziemlich sicher vorhersagbar - bei spontanen Gesprächen weniger, bei routinierten mehr, und festgelegt sind sie bei Gesprächsritualen.
(4) Gespräche sind bestimmten Konventionen unterworfen (Regeln, Normen, Gebräuchen). Sie folgen unterschiedlichen sozialen Zwecken und haben jeweils beschreibbare Funktionen: Fachgespräche, Verkaufsgespräche, Unterrichtsgespräche, Beratungsgespräche, Bewerbungsgespräche, Fernsehgespräche, Behördengespräche, Partygespräche. Die Alltagssprache selbst stellt ja bereits eine Fülle von Bezeichnungen für Gesprächsarten oder Dialogsorten bereit: Plauderei, Unterhaltung, Talk-Show, Befragung, Beratung, Verhör, Examen, Interview, Colloquium, Seminar, Streit, Zank, Diskussion, Debatte, Disput, Diskurs, Verhandlung ...

Beratungsgespräch

Jeder kommt einmal in die Situation, sich beraten lassen zu müssen oder zu wollen. Beratungen können sachlicher oder fachlicher Art sein: Rechtsberatungen, medizinische Beratung, technische Anleitungen usw. Sie können aber auch alltäglicher oder persönlicher Art sein: Telefon-Seelsorge, psychologische Beratung, Ratgeber-Sendungen. Einen solchen Gesprächstyp werden wir uns hier beispielhaft anschauen: eine Telefonberatung, die im Radio übertragen wurde (vgl. Schank/Schönthal 1976). Das Gespräch ist öffentlich (Sendereihe), asymmetrisch (Laie/Experte, Ratsuchender/Berater). Man kennt sich nicht, aber gerade die Anonymität ist hier die Basis des Vertrauens: man wagt auch über Themen zu sprechen, über die man mit Verwandten oder Freunden nicht reden würde. Das macht z.T. auch ihren Reiz aus für die anderen Zuhörer. Die Adressaten-Orientierung ist also eine doppelte: der Berater wendet sich persönlich an den Anrufer, zugleich aber auch an die Hörer der Radiosendung:

Ratgeber	Anrufer
hier vier-eins-sieben-sieben gu:ten tag	ja guten tag herr doktor von hollander
	wir haben oder / wir jugendlichen aus meinem kreis ich bin sechsundzwanzig

	also nicht mehr ganz jugendlich / wir haben im moment alle so n großes problem únd //
hm	zwar is es die skepsis die sich bei uns im moment so n bißchen breitmacht
skepsis oder mißtrauen?	
	ja ich wollt grad sagen und wir spüren eben daß skepsis und mißtrauen / bei uns ineinander übergehen und das bedrückt /
ja	uns so n bißchen / ich mein schelsky spricht nich umsonst von der skeptischen generation aber es /
ja	is / im moment es bedrückt uns so n bißchen und zwar nich ob wir uns nun n bein brechen oder ob unser auto also n platten hat oder irgendwie so was /
nein das is ja / öh das hat ja nun wieder mit ganz anderen dingen zu tun während das das is	
	das is angst und furcht ja / nun liegen
... angst ja ja	die sachen ja gott / äh leider gottes so n bißchen eng beieinander / aber es is so / öhm / wir stellen uns also wir haben festgestellt daß wir uns alle immer die frage stellen ja warum soll es nich andersrum sein
hm	es
	bei also
das ist	also
eine ga:nz gesu:nde reaktio:n und das gehört sich so für einen jungen menschen daß er sagt / mi:r wird zwar gesagt daß es so: ist aber warum soll es nich ganz a:ndersrum sein /	

Das Gespräch beginnt wie immer: der Berater meldet sich, Austausch von Gruß und Gegengruß, das Gespräch ist eröffnet. Dennoch weicht diese Gesprächseröffnung erheblich vom normalen Telefongespräch ab: der Angerufene meldet sich nicht mit Namen, er will sich als Person zurücknehmen, die Institution in den Vordergrund treten lassen. Der Anrufer stellt sich seinerseits nicht vor. Das ist das Besondere dieses Gesprächstyps, daß trotz der Öffentlichkeit des Gesprächs über private Probleme (die freilich viele ähnlich betreffen können oder sollen) gesprochen wird.

Die Gesprächsphasen laufen danach typischerweise so ab: der Anrufer präsentiert möglichst ohne Umschweife (Sendezeit!) sein Problem, der Berater hört zu und versucht, das Problem zu verstehen, fragt nach. Der Anrufer muß entscheiden, ob er sich verstanden fühlt, oder ob ein anderes Wort zur Beschreibung seines Problems hier angemessen wäre, das er aber noch sucht (Häufung von Modalpartikeln!). Dann wechseln die Gesprächsrollen: es folgt die Phase der

Beratung. Diese läuft in mehreren Frage-/Antwort-Folgen ab: nicht alle Lösungsvorschläge werden sofort akzeptiert, dennoch steuert der Ratgeber zielstrebig auf das Ende des Gespräches zu. Dazu wendet er mehrere Strategien an wie Hinweise auf die Sendezeit, Steigerung der Hörersignale, Allerweltswahrheiten, denen man nicht gut widersprechen kann.
Aber auch der Anrufer signalisiert seine Bereitschaft, das Gespräch zu beenden (Intonation, namentliche Anrede, abschließende Frage). Das Verabschiedungsritual entspricht dem Ritual der Gesprächseröffnung. Die Sprecherwechsel werden häufiger, die Äußerungen kürzer, und öfter überlappen sie sich:

Ratgeber	Anrufer
	ich glaub das ist vielleicht ein zeichen der zeit und / öhm das gipfelt dann in so nem blöden ausspruch trau keinem über dreißig nich das ist dann /
ja/ja	blöde
ja	
ja / trauen sollen man ja auch nich man soll	
sich	doch
	n bißchen aber
anschauen	schon nich?
anschauen	
einen menschen	ja anschauen
ja?	
bitteschön	gut vielen dank das war schön daß ich sie mal huch ich fall mit m stuhl um entschuldigung (lachen)
bitteschön (lachen)	
	vielen dank
wiederhören	auf wiederhören
	herr doktor von hollander

Konversation - oder: Partygespräch

Gesellige Zusammenkünfte dienen nach allgemeiner Auffassung der Unterhaltung, dem Vergnügen, dem Kontakt mit anderen Menschen und der Selbstdarstellung ihnen gegenüber. Dies geschieht vorzugsweise in Gesprächen. Sei es eine lockere ‚Bottle-Party' oder Grill-Fête, eine offizielle Cocktail-Party, ein dienstlicher Empfang: Gespräche sind hier Mittelpunkt, sie füllen den sozialen Rahmen ‚Party' aus, sie dienen dem doppelten Bedürfnis, etwas über andere und ihren Lebensbereich zu erfahren, anderen etwas über den eigenen mitzuteilen. Dabei gilt als unkooperativ, wer seine Langeweile oder sein Desinteresse zu deutlich zeigt. Aber auch wer zu lange an einem Thema festhält und es bis auf den Grund auszuschürfen sucht, verstößt gegen die Regeln des Partygesprächs. Nicht Genauigkeit oder Wahrheit sind gefordert, sondern Unterhaltsamkeit, Witz, Charme. „Wen kümmert's, ob eine Geschichte wahr ist, solange sie nur gut erzählt wird", sagte Oscar Wilde - nicht nur ein Partylöwe aus Überzeugung und Bedürfnis, sondern auch ein Meister in der Kunst der Konversation.

Der Terminus ‚Konversation' hat in Europa erst seit Beginn des 17. Jahrhunderts die Bedeutung von zwanglos-vertrautem Umgang im Gespräch gewonnen. Aber schon die antike Rhetorik hat diesem Gesprächstyp (neben der Gerichtsrede, der Parteirede, der logischen Argumentation; → S. 485) ihre Aufmerksamkeit geschenkt. Bemerkungen zur Konversation im Sinne eines zwanglosen und scheinbar zweckfreien Gespräches finden sich bei Aristoteles und Cicero, in der Spruchdichtung, bei Plutarch, Horaz, Quintilian. Die dort bereits formulierten Merkmale der ars sermonis, ihre Normen schicklicher Angemessenheit, ihre mittlere Stillage, ihr unverwechselbarer Rhythmus im Wechsel von ernsthafter und scherzhafter Rede finden sich noch heute in den Gesprächslehren und Anstandsbüchern. Die Maximen mögen sich im Detail gewandelt haben, die Hauptmerkmale der Konversation (im europäischen Sinne) kennzeichnen diesen Gesprächstyp noch heute.
Wenn wir die ‚gepflegte Konversation' vom bloßen Alltagsgespräch unterscheiden wollen, so müssen wir diese Maximen beachten. Die Regeln verlangen Respekt vor dem anderen, verbieten Rechthaberei; eine zu schwere Sprache hemmt den leichten Fluß des Geplauders, will Wissen demonstrieren, wo gute Manieren am Platze wären; den anderen gilt es zu erfreuen, so wie man selbst erfreut zu werden wünscht durch das Lob, das Kompliment, die Fröhlichkeit, den Witz des anderen.
In der Praxis ist die Grenze zur Schmeichelei, zur Heuchelei, zum Gerücht und zur Nachrede, zu Klatsch und Tratsch freilich oft fließend.
Gelungene Konversation wird vielleicht am besten beschrieben in J. B. Priestleys Essay „Über das Reden":

> Im Gespräch sollte es eine natürliche Entfaltung geben, ein Aufblühen aller, die miteinander reden. Streit wird es unvermeidlich geben, aber es wird ein Turnier sein, keiner wird umgebracht. Statt ein kalter Haufen von Leichnamen zu sein, werden die Besiegten mit den Siegern zusammen trinken.

Texttypen

Gattungen und Textsorten

> Über dem Atlantik befand sich ein barometrisches Minimum; es wanderte ostwärts, einem über Rußland lagernden Maximum zu [...]. Die Isothermen und Isotheren taten ihre Schuldigkeit. Die Lufttemperatur stand in einem ordnungsgemäßen Verhältnis zur mittleren Jahrestemperatur [...]. Der Wasserdampf in der Luft hatte seine höchste Spannkraft, und die Feuchtigkeit der Luft war gering [...].

Das Wetter

DIE WETTERLAGE: Ein flacher Hochdruckkeil erstreckt sich von den Azoren bis nach Deutschland.

DIE VORHERSAGE: Wolkig mit Aufheiterungen und weitgehend niederschlagsfrei. Temperaturen bis 22 Grad, nächtliche Tiefstwerte bei 10 Grad. Schwacher Wind aus Nordwest bis West.

WEITERE AUSSICHTEN: Temperaturen über 20 Grad ansteigend.

DER PEGELSTAND DES RHEINS gestern um 5 Uhr: 356 cm minus 13 cm.

SONNENAUFGANG: Heute um 5.34 Uhr, morgen um 5.35 Uhr.

SONNENUNTERGANG: Heute um 21.40 Uhr, morgen um 21.39 Uhr.

POLLENFLUG-VORHERSAGE: Mäßiger Gräserpollen-Flug.

REISEWETTER: Norddeutschland/Berlin: Zeitweise stark bewölkt, kaum Niederschlag, um 19 Grad; **Süddeutschland:** Veränderlich, etwas Regen, um 19 Grad; **Skandinavien:** Stark bewölkt, Schauer, bis 18 Grad; **Großbritannien/Irland:** Meist wolkig, Regen, um 20 Grad; **Beneluxländern/Nordfrankreich:** Bewölkt, bis 25 Grad; **Österreich/Schweiz:** Bewölkt, bis 28 Grad; **Südfrankreich:** Heiter bis wolkig, trocken, um 25 Grad; **Spanien/Portugal:** Heiter, Wärmegewitter, bei 28 Grad; **Italien/Korsika/Balearen/Malta:** Sonnig, Gewitter, bis 32 Grad; **Rumänien/Bulgarien:** Veränderlich, bis 28 Grad;

Zwei Wetterberichte - doch ganz unterschiedlicher Art: der Beginn eines berühmten Romanfragmentes („Der Mann ohne Eigenschaften" von Robert Musil) und ein beliebiger Wetterbericht aus einer Tageszeitung. Der Leser erkennt die Unterschiede sofort, er wird die Textarten nicht verwechseln: das Tempus (Präteritum gegenüber Präsens), die Wortwahl, die Gliederung, der Kontext machen ein Mißverständnis unwahrscheinlich. Die Beschreibung zielt beim zweiten Beispiel nicht auf Vergangenes, sondern Gegenwärtiges und Zukünftiges. Diese Zweiteilung ist für Wetterberichte charakteristisch: die Information über die aktuelle ‚Wetterlage' und die ‚Vorhersage' mit den Angaben über Bewölkung, Niederschlag, Temperatur, Windrichtung und -intensität. Die beiden obligatorischen Bestandteile unterscheiden sich auch syntaktisch: der erste Teil ist in vollständigen Sätzen formuliert, der zweite enthält nur Kurzsätze (Ellipsen). Die Textform ist konventionell: Leser oder Zuschauer erwarten die einzelnen Informationen in einer festgelegten Folge; ihnen geht es nur um Zahlen, Orts- und Zeitangaben. Finite Verben, Artikelwörter, Satzverknüpfungen können entfallen. Der grammatische Zusammenhalt (Kohärenz) kann bei solchen standardisierten Textmustern gering sein, weil er lexikalisch bereits hergestellt ist. Der Wortschatz ist begrenzt und weitgehend vorhersagbar, weil ja Wetterberichte beinahe täglich über Presse, Radio oder Fernsehen aufgenommen werden. Das erleichtert, neben den (ebenfalls vertrauten) Gliederungsprinzipien und der meist festgelegten Stelle in der Tageszeitung (erste oder letzte Seite) oder zum Abschluß der Radio- oder Fernsehnachrichten, das Verständnis - trotz einiger fachsprachlicher Wörter *(flacher Hochdruckkeil, Luftdruckgegensatz, Tiefdrucksystem),* die aber wegen ihrer alltäglichen Wiederholung jeder kennt.

Beide Texte sind also demselben Thema Wetter gewidmet, unterliegen aber verschiedenen Regeln des Textaufbaus und der Textform. Sie sind, wie die Gespräche (→ S. 464), verschiedenen Typen zuzuordnen. Fiktive literarische Texte werden traditionell meist nach Gattungen unterschieden, Gebrauchs- oder Alltagstexte nach Textsorten. Die Einteilung der literarischen Gattungen Epik, Lyrik, Dramatik erfordert eine weitere Differenzierung, z. B. epische Genres (Roman, Erzählung, Novelle, Fabel, Short Story usw.), lyrische Genres (Sonett, Lied, Ode, Hymne, Ballade usw.), dramatische Genres (Tragödie, Komödie, Tragikomödie, Posse, Lehrstück, Sketch usw.). Und auch diese Genres kann man weiter untergliedern nach formalen oder inhaltlichen Merkmalen (Schelmenroman, Bildungsroman, Reiseroman, Robinsonade, Utopie; Biographie, Briefroman, Nouveau Roman; Parodie, Satire; Saga, Versepos, komischheroisches Epos; antike Tragödie, bürgerliches Trauerspiel usw.). Die Grenzen sind nicht immer scharf zu ziehen, die Definitionen und Kriterien der Zuordnung vielfach nicht eindeutig.

Das gilt auch für die Textsorten im Bereich der Gebrauchstexte. Dieser Bereich ist kaum übersehbar. Schon die Alltagssprache kennt zahlreiche Bezeichnungen für Textsorten. „KNAURS Rechtschreibung" z. B. verzeichnet annähernd 2000 solcher Namen, die z. T. durch Ableitungen von übergeordneten Bezeichnungen wie „Bericht" zustande kommen: Reisebericht, Arbeitsbericht, Wetterbericht; Reisewetterbericht, Segelflugwetterbericht usw. Solche alltagssprachlichen Textsorten lassen sich nach bestimmten Kriterien ordnen. Diese Kriterien können innersprachlicher oder außersprachlicher Art sein.

(1) Innersprachliche Kriterien sind vor allem die grammatischen Strukturen (z. B. die Formen pronominaler Satzverknüpfung, der Gebrauch deiktischer Elemente, die Tempusstruktur), stilistische Merkmale, die Gliederung des Textes, die Textsortenbezeichnung (Betriebsanleitung, Horoskop usw.), die Themenstruktur. Mit Hilfe solcher Kriterien lassen sich insbesondere strukturell stark normierte Textsorten voneinander abgrenzen: Todesanzeige, Kochrezept, Testament, Spielregel, Vertrag.

Der Inhalt eines Textes bestimmt oft auch die Textsorte, zu der er gehört: *Wetter*bericht, *Reise*bericht, *Sport*bericht; *Heirats*anzeige und *Heirats*urkunde; *Koch*rezept, *Arzt*rezept. Hier zeigt sich jedoch, daß das Thema allein noch kein ausreichendes Kriterium der Abgrenzung einzelner Textsorten voneinander ist. ‚Heiratsanzeige' und ‚Heiratsurkunde' beziehen sich auf denselben Sachverhalt, die Heirat, sind jedoch verschiedene Textsorten mit unterschiedlichen gesellschaftlichen Funktionen und Verbindlichkeiten. Umgekehrt sind ‚Heiratsanzeigen', ‚Geburtsanzeigen', ‚Todesanzeigen' ganz verschiedenen Themen gewidmet, erfüllen aber alle die Funktion, wichtige persönliche Familienereignisse einem größeren Personenkreis ‚anzuzeigen' und bekannt zu machen - auch wenn sie sich in Stil, Struktur und Aufmachung voneinander unterscheiden:

Wir heiraten heute

Wolfgang Pfister *Marketta Wolf*
geb. Salmi

16. Juli 1986

Karlstraße 18, 5357 Swisttal-Buschhoven

Mit großer Freude geben wir die Geburt unseres Sohnes

Heinrich Maximilian

14. Juli 1986, bekannt.

Claudia Wendel geb. Küpper
Heinrich Wendel

Hauger Weg 85, 5300 Bonn-Venusberg

> Wir trauern um unser Ehrenmitglied und steten Kameraden
>
> **Michael Wirz**
> gest. 11. Juli 1986
>
> **TuS Pützchen 05 e. V.**
> Der Vorstand

(2) Die kommunikative Funktion ist also entscheidend für die Definition der Textsorte Familienanzeige. Sie ist ein wichtiges außersprachliches Kriterium der Klassifikation von Texten: nämlich jemanden zu einem bestimmten Handeln zu veranlassen (Anweisung, Auftrag) oder ihn über einen Sachverhalt, ein Produkt, ein Ereignis zu informieren (Nachricht, Anzeige), jemanden mit einer Meinung zu konfrontieren (Kommentar, Kritik) oder ihm die Übernahme einer Verpflichtung anzuzeigen (Gelöbnis, Vertrag). Die außersprachlichen Kategorien können mit innersprachlichen verbunden werden, indem man den Funktionen bestimmte stilistische Eigenschaften zuordnet:

- private Textsorten (Brief, Tagebuch, Memoiren, Familienanzeigen),
- wissenschaftliche Textsorten (Abhandlung, Aufsatz, Essay, Rezension, Tagungsbericht, Miszelle),
- didaktische Textsorten (Vorlesung, Predigt, Parteirede, Lehrbuch, Bedienungsanleitung),
- publizistische Textsorten (Nachricht, Bericht, Reportage, Kommentar, Kritik, Glosse, Anzeige).

Unter dem Stichwort ‚Funktionalstilistik' wird auf das Verhältnis von Textfunktion und Textsortenstil noch genauer eingegangen (→ S. 482). Die publizistischen Textsorten werden ebenfalls noch vorgestellt und zu den Mediensorten in Beziehung gesetzt (→ S. 548 ff.). Dies ist insofern wichtig, als Textsorten oft und gewiß zu oberflächlich danach unterschieden werden, welches Medium zu ihrer Übermittlung genutzt wird: Buch, Brief, Telefonat, Telegramm, Telex, Radiosendung, Fernsehsendung, Videotext, Bildschirmtext.

Textklassen

Die Vielzahl vorliegender oder möglicher Texte läßt sich kaum einem geschlossenen System von Textsorten oder -klassen, Textarten oder -typen zuordnen. Es ist deshalb im allgemeinen sinnvoller, die Kriterien zu benennen, nach denen man sich jeweils Übersicht verschaffen möchte. So vereinfacht es den tatsächlichen Sachverhalt bewußt, wenn man zwischen Gesprächstypen und Texttypen unterscheidet, weil ja Gespräche ebenfalls Texte sind. Aber diese Unterscheidung kommt dem Alltagsverständnis von gesprochener und geschriebener Sprache nahe.

Eine andere Möglichkeit ist, mehrere Textsorten nach ihrer gemeinsamen Funktion zu Textklassen zu gruppieren. Als Oberbegriff bietet sich das Wort Texttypen an; für eine terminologisch nicht definierte Redeweise über alle möglichen Texte bliebe das Wort Textarten.
Geht man von Karl Bühlers klassischem Organon-Modell (→ S. 448) sprachlicher Funktionen aus (Darstellung, Appell, Kundgabe), so lassen sich Textklassen danach unterscheiden, ob die darin enthaltenen Textsorten primär der Information, der Darstellung eines Sachverhalts, der Mitteilung dienen (Nachricht, Bericht, Rezension usw.), oder eher auf die Reaktion des Angesprochenen zielen und dessen Handeln beeinflussen wollen (Werbeanzeige, Gesetz, Antrag, Anweisung usw.), oder eigene Erfahrungen und Empfindungen vermittelt werden sollen (Privatbrief, Memoiren, Tagebuch). Mit Hilfe bestimmter Textsorten, auch einiger der zuletzt genannten, kann man jedoch darüber hinaus den Kontakt mit anderen Menschen herstellen, aufrechterhalten, pflegen (Danksagung, Kondolenzschreiben, Ansichtskarte usw.), Verpflichtungen eingehen und vereinbaren (Vertrag, Gelöbnis), sozial bedeutsame Handlungen vollziehen, dokumentieren, deklarieren (Ernennungsurkunde, Taufe, Einweihung usw.).
Innerhalb solcher Textklassen - hier also Informationstexte, Appelltexte, Deklarationstexte - können dann Textsorten mit Hilfe bestimmter Kriterien (vgl. Brinker 1985) geordnet und beschrieben werden:
(1) Kontextuelle Kriterien sind einmal die Kommunikationsform - der Brief kann der informativen Textklasse zugeordnet werden (Geschäftsbrief), aber auch der appellativen (Mahnbrief, Hirtenbrief, Offener Brief, Bittbrief), der expressiven (literarischer Brief) oder der kontaktiven (Glückwunsch-, Kondolenz-, Liebesbrief) - und zum zweiten der entsprechende Handlungsbereich. Das Kommunikationsverhältnis zwischen Textproduzenten und -rezipienten ist hier - wie bei den Gesprächsbereichen (→ S. 464) - entscheidend dafür, ob sie in privatem Rahmen einander Liebesbriefe schreiben, in offiziellem Rahmen Urteile verkünden und Dienstanweisungen erteilen, in öffentlichem Rahmen Nachrichten, Berichte, Reportagen, Kommentare übermitteln.
(2) Strukturelle Kriterien sind in erster Linie das Textthema und seine zeitliche Orientierung (Nachricht, Protokoll und Horoskop gehören zur informativen Textklasse, sind aber durch vorzeitige, gleichzeitige und nachzeitige Orientierung des Themas voneinander unterschieden) sowie seine Beziehung zu den Kommunikationspartnern (Werbeanzeige, Stellenanzeige, Zeitungskommentar gehören zur appellativen Textklasse, sind aber durch den Bezug des Themas auf den Produzenten, den Rezipienten und einen Sachverhalt außerhalb der Kommunikationspartner unterschieden). Zum zweiten gehört zu den strukturellen Kriterien der Diskurstyp (Nachricht, Lehrbuch, Reportage gehören alle zur informativen Textklasse, sind aber durch den beschreibenden, erklärenden und erzählenden Modus zu unterscheiden; Kommentar und Werbeanzeige gehören zur appellativen Textklasse, aber zum argumentativen Diskurstyp).

Textsorte Horoskop

Horoskope eignen sich besonders gut als Beispiele für Texte einer klar definierten Textsorte. Sie sind inhaltlich festgelegt und nach überkommenem Schema

horoskop

Anregungen und Tendenzen für die Woche vom 1. bis 7. Februar 1976

Steinbock

22.–31. Dezember: Ein Entschluß ist Ihnen schwergefallen, aber schon jetzt dürfte verwunden sein, was Sie damit preisgeben mußten. Am 6. II. könnte es stürmisch werden.

1.–10. Januar: Die Begleitung, in der man Sie in letzter Zeit immer häufiger trifft, erregt Aufsehen. Befürchtungen wegen Ihrer Karriere sind jedoch überflüssig.

11.–20. Januar: Sprechen Sie aus, was Sie auf dem Herzen haben, Ihr Gegenüber wartet ja nur darauf. Freilich bedeutet das noch nicht sofort völlige Übereinstimmung.

Wassermann

21.–30. Januar: Man hat Sie auf einen Gedanken gebracht, der Sie nun nicht mehr losläßt. Übereilen Sie nichts. Besser, als Sie es jetzt haben, kann es kaum kommen.

31. Januar bis 9. Februar: Ein persönliches Problem beschäftigt Sie, obwohl es längst gelöst ist. Haben Sie noch Zweifel, wird Sie der 5. II. eines Besseren belehren.

10.–19. Februar: Vorübergehend sind Sie stark eingespannt. Das geht auf Kosten Ihres privaten Programms. Am 3. II. wird man Sie überraschend unter vier Augen sprechen wollen.

Fische

20. Februar bis 1. März: Sie haben viel um die Ohren. Lassen Sie sich dadurch nicht nervös machen und Ihr Programm durcheinanderbringen. Am 6. II. stimmt die Kasse.

2.–10. März: Verstimmt zu reagieren, haben Sie keinen Anlaß. Man hat sich für Sie eingesetzt, soweit das möglich war. Am 4. II. sollten Sie einer Aufforderung folgen.

11.–20. März: Kosten Sie das Glück aus. Grübeln Sie nicht, ob es von Dauer ist. Die Klärung einer beruflichen Frage eilt nicht. Am 2. II. bestätigt sich eine Vermutung.

Krebs

22. Juni bis 1. Juli: Machen Sie sich keine Sorgen. Die Lösung, nach der Sie so lange gesucht haben, finden Sie im Schlaf. Am 5. II. sollten Sie sich aus einem Streit raushalten.

2.–12. Juli: Sie machen gewagte Geschichten. Da Sie wendig genug sind, wird Ihnen aber niemand einen Strick daraus drehen können. Am 4. II. gibt man Ihnen etwas freiwillig.

13.–22. Juli: Die anderen müssen sich darauf verlassen können, daß Sie jederzeit zur Verfügung stehen. Einen prominenten Kollegen zu reizen, dürfte Ihnen Ärger einbringen.

Löwe

23. Juli bis 2. August: Für Sie wird es jetzt interessant. Stellen Sie Ihre Bedenken zurück, damit nicht andere schneller sind. Am 2. II. hilft ein privater Kontakt.

3.–12. August: In Ihren Herzensangelegenheiten kennen Sie sich offenbar selbst nicht mehr aus. Wenigstens in einigen Punkten müssen Sie jetzt Klarheit schaffen.

13.–23. August: Jetzt müßte es Ihnen glücken, einen Vorsprung zu gewinnen. Wer Ihnen abrät, ist schlecht informiert. Am 4. II. läßt sich etwas Persönliches glücklich regeln.

Jungfrau

24. August bis 2. September: Etwas zerschlägt sich, aber es besteht kein Anlaß, betrübt darüber zu sein, eher im Gegenteil. Auf den 6. II. dürfen Sie gespannt sein.

3.–12. September: Jemand kommt Ihnen auf halbem Wege entgegen. Das ist mehr, als Sie erwarten durften. In der Sache hat der andere nämlich hundertprozentig recht.

13.–23. September: Sie scheinen Geschmack an Zerstreuungen gefunden zu haben. Wenn sich einmal einen Tag lang niemand meldet, werden Sie schon gleich ungeduldig.

★ ★ Heute in Ihren Sternen ★ ★

Samstag **20** März
Sonntag **21** März

Allen Geburtstagskindern viel Glück u. Erfolg

20. 3. Geb.: Ein gutes, erfolgsbetontes Lebensjahr liegt vor Ihnen. Seien Sie intensiv bestrebt, Ihre Gesamtposition zu verbessern. 21. 3. Geb.: Gute berufl. u. private Einflüsse bringen Erfolg u. Freude. Vorsicht in Finanzfragen, besonders Juli bis September.

Den neuen Erdenbürgern alle guten Wünsche

20. 3. Geb.: Vielseitig begabt, gewinnt schnell Sympathie, liebt Natur, Reisen. Ab 12.50 Uhr Geb. sind Widdertypen: Intelligent, frühreif, Eignung für Kopfarbeiterberufe. 21. 3. Geb.: Erziehen Sie ihn zu Selbstbeherrschung! Vielseitig begabt, wechselt mehrfach den Beruf.

WIDDER, 21.–31. 3.: Liebe, Ehe verlangen an beiden Tagen Anpassung u. Rücksichtnahme; bleiben Sie harmonisch. **1.–10. 4.:** Heute günstiger für private Vorhaben, Vergnügungen als Sonntag. 3. bis 5. 4. Geb.: Auf die Gesundheit achten! **11.–19. 4.:** Berufl. Erfolgstendenz, abds. gut für Liebe, Ehe. Sonntag unwichtiger Tag.

STIER, 20.–30. 4.: Ab 16.15 Uhr günstig für private Vorhaben, Vergnügungen. Sonntag maßhalten in Speise u. Trank. **1.–10. 5.:** Beide Tage sind stark ungünstig für neue Bekanntschaften, Flirt u. Spiel. Schonen Sie Ihr Nervensystem. **11.–20. 5.:** Sparsam bleiben, Rücklagen bilden. Der Sonntag wird nicht nach Wunsch verlaufen.

ZWILLINGE, 21.–31. 5.: Zwischen 17 u. 21.15 Uhr gute private Einflüsse, ebenso morgen zwischen 14.45 u. 19.30 Uhr. **1.–10. 6.:** Neigung zu Depressionen; bleiben Sie positiv, bewahren Sie Selbstvertrauen. Ehel. Zwistigkeiten vermeiden. **11.–20. 6.:** Beide Tage sind gut zur Pflege privater Hobbys.

KREBS, 21. 6.–1. 7.: Beherrscht bleiben. Sonntag mancherlei Annehmlichkeiten, Freude, Genuß. Pflegen Sie innige Zweisamkeit. **2.–12. 7.:** Ungünstig für Einkäufe: Übervorteilung droht. Überlassen Sie die Gestaltung des Sonntags anderen. **13.–22. 7.:** Vergnügungen nicht über 22.30 Uhr ausdehnen.

LÖWE, 23. 7.–2. 8.: Bis 11.30 Uhr günstig für private Einkäufe. Sonntag ab mittags gute Einflüsse für Geselligkeit, Vergnügungen. **3.–12. 8.:** Vermeiden Sie an beiden Tagen Überanstrengungen; gönnen Sie sich Ruhe. **13.–22. 8.:** Seien Sie

gegliedert; die Teile sind kurz und in sich abgeschlossen. Ihre Funktion ist, die Zukunft vorauszusagen durch Deutung der Sterne. Innerhalb derselben Textsorte Horoskop gibt es aber Unterschiede - nicht nur sachlicher und inhaltlicher Art. Es geht um formale Unterschiede: den Stil der verschiedenen Horoskope, hier verglichen an Beispielen der illustrierten Wochenzeitschrift „stern“ (→ S. 473) und der Tageszeitung „Bild“ (Sandig 1978).

Die Überschrift definiert die Textsorte: im ersten Falle mit dem Titel *Horoskop* und dem Untertitel: *Anregungen und Tendenzen für die Woche* ...; im zweiten Falle heißt es: *Heute in Ihren Sternen*. Es handelt sich um ‚Informationen‘ über zukünftige Zeitabschnitte, die aber anders als Vorhersagen des Wetterberichtes oder Zukunftsschilderungen in Science-Fiction-Romanen wahrgenommen werden. Die Zuordnung dieser Textsorte zur Textklasse ‚Informationstexte‘ ist also nicht ganz unproblematisch. Eindeutig ist dagegen die Kommunikationsform und der Handlungsbereich: Es handelt sich um eine Textsorte der Mediensorte ‚Presse‘, eine Voraussage, indem etwas, das Textthema, als sicher, wahrscheinlich, möglich usw. ‚behauptet‘ wird.

Der Text ist einheitlich gegliedert und durch zwölf Sternzeichen zu Teiltexten sortiert, bei „BILD“ verstärkt durch Bildsymbole. Diese Teiltexte sind in sich dreifach untergliedert durch die Dekaden, in denen sich das Geburtsdatum der Angesprochenen befindet. Der Zeitraum, auf den sich die Prognose bezieht, ist im „stern“ im Untertitel genannt, in der „BILD-Zeitung“ durch das stilisierte Kalenderblatt optisch stärker hervorgehoben. Beide Texte bestehen also aus 36 untereinander genau abgegrenzten Teilen, deren Themen scharf unterschieden sind (keine Aussagen über denselben Gegenstand in mehreren Teiltexten). Bei „BILD“ werden diese Teiltexte noch durch zwei Glückwunschtexte ergänzt, die sich an die *Geburtstagskinder* und *neuen Erdbürger des Wochenendes* richten, sowie durch die stereotype Schlußformel.

Die grammatischen und stilistischen Unterschiede sind augenfällig. Im „stern“ wird die Voraussage bereits im Untertitel relativiert *(Anregungen, Tendenzen);*

★ ★ Heute in Ihren Sternen ★ ★

an beiden Tagen, besonders Sonntag, aufgeschlossen für alles Schöne u. Sie erleben Freude.

JUNGFRAU, 23. 8.–2. 9.: Eigenwilligkeiten bringen Mißstimmung im privaten Bereich. Morgen günstig für Ausflüge, Naturgenuß. **3.–12. 9.:** Beide Tage sind günstig zur Bereinigung bestehender Disharmonien. **13.–22. 9.:** Seien Sie an beiden Tagen nicht zu ernst; suchen Sie fröhl. Gesellschaft.

WAAGE, 23. 9.–3. 10.: Sonntag günstigere private Einflüsse als heute. **4.–12. 10:** die Gesundheit achten! Für alle: Der Unwichtiger Tag. Nur 10. 10. Geb.: Auf Sonntag sieht Sie stark gefühlsbetont; Vorsicht! **13.–22. 10:** Erwarten Sie nicht zuviel von anderen; Sie sollten in diesen Tagen mehr geben als nehmen.

SKORPION, 23. 10–2. 11.: Betonte Unternehmungslust; Verhalten, besonders morgen. Handeln Sie stets besonnen. **3.–11. 11.:** Nicht eifersüchtig werden. Verleben Sie den Sonntag erholsam. **12.–21. 11.:** Privater Ärger droht; bleiben Sie beherrscht. Sonntag gut für Besuche.

SCHUTZE, 22. 11.–1. 12.: Ohne wesentl. Geschehnisse verlaufen beide Tage zufriedenstellend. **2.–11. 12.:** Heute abdn. günstig für Freundschaft, Liebe, Ehe. Sonntag keine wesentl. Einflüsse. **12.–21. 12.:** Planen Sie ab 17 Uhr nichts Wichtiges. Sonntag zwischen 14 u. 18.45 Uhr genußreiche Stunden.

STEINBOCK, 22.–31. 12.: Bleiben Sie anpassend; zeigen Sie für alles Verständnis. Widmen Sie sich Sonntag nur vertauten Personen. **1.–10. 1.:** Gut für private Aussprachen. Vergnügungen auf morgen ab 18.15 Uhr legen. **11.–19. 1.:** An beiden Tagen sollten Sie in Liebe, Ehe der Gebende sein; bereiten Sie Freude.

WASSERMANN, 20.–30. 1.: Heute zwischen 13.30 u. 18.30 Uhr, morgen bis 14 Uhr in allem vorsichtig sein; Streit vermeiden. **31. 1.–8. 2.:** Annehmlichkeiten, Freude, genußreiche Stunden, besonders heute. Sonntag Vorsicht bei Alkoholgenuß. **9.–18. 2.:** Zügeln Sie Ihre Kauflust; bleiben Sie sparsam. Sonntag gut für Liebe, Ehe.

FISCHE, 19.–28. 2.: Beide Tage haben günstige private Einflüsse. **29. 2.–10. 3.:** Lauten Betrieb meiden; Nerven schonen. Morgen günstig für familiäre Vorhaben, Besuche. **11.–20. 3.:** Erfolgstendenz für berufl. Tätige; bis 11.45 Uhr günstig für Einkäufe. Sonntag Stimmungsschwankungen bekämpfen; harmonisch bleiben.

BEDENKEN SIE: Wir können an dieser Stelle nicht alle Einflüsse auswerten. Im übrigen liegt es nur an Ihnen, was Sie aus Ihrem Leben machen.

die ‚Textdeklaration‘ (→ S. 517) ist neutraler als in der „BILD-Zeitung“, die ihre Leser direkter anspricht *(in Ihren Sternen).* Die ‚Macht der Sterne‘, die die Überschrift suggeriert, wird freilich in der Schlußformel unter dem Stichwort *Bedenken Sie* wieder aufgehoben. Die Verbindlichkeit der Voraussagen wird also behauptet (in den Teiltexten) und zugleich wieder aufgehoben *(im übrigen liegt es nur an Ihnen).* Der Textproduzent verpflichtet sich zu nichts, der Textrezipient ist entweder Opfer des als unausweichlich vorausgesagten Geschehens oder aufgerufen, sein Verhalten zu prüfen oder zu verändern, wenn die Prognose eine Warnung oder ein Ratschlag ist *(Sparsam bleiben. Rücklagen bilden. Bleiben Sie positiv. Zwistigkeiten vermeiden).* Der Sterndeuter ist hier inkonsequent: einerseits weissagt er, was nach dem Lauf der Sterne eintreten wird, andererseits ist dieser Lauf der Sterne durch das richtige Verhalten des Lesers offenbar positiv zu beeinflussen. Was das ‚richtige Verhalten‘ ist, suggeriert der Schreiber in einer Vielzahl von Floskeln *(Liebe, Ehe verlangen Anpassung und Rücksichtnahme. Auf die Gesundheit achten! Maßhalten. Rücklagen bilden. Eigenwilligkeiten bringen Mißstimmung. Handeln Sie besonnen. Bleiben Sie anpassend.).*

Der „stern“ bietet in seinem Horoskop zumindest sprachlich etwas mehr Abwechslung, dafür weniger Abkürzungen. Der Stil ist lockerer, zuweilen familiär *(Sie haben viel um die Ohren ... stimmt die Kasse. Sie machen gewagte Geschichten).* Redewendungen, Sprichwörter, Gemeinplätze werden gern verwendet. So kann jeder allgemeingültige Weisheiten nach seinem Geschmack deuten, das Wertsystem ist dadurch offener als im „BILD“-Horoskop. Gleichzeitig werden die Vorhersagen häufig sprachlich noch verstärkt durch

- Verkettung durch *also, dennoch, aber, jedoch* usw.
- Satzverknüpfungen durch Pronomina, Adverbien, Konjunktionen
- verdeckte Konditionalsätze, zum Teil mit Schein-Begründungen: *Einen Kollegen zu reizen, dürfte Ihnen Ärger einbringen. Äußern Sie Ihre Wünsche offen und deutlich: nur dann ...*

- Modalisierung von Sprechakten (→ S. 454): *Es wäre gut, sollten Sie* ...

Die Vorhersagen werden durch solche indirekten Muster (statt klaren *wenn-dann*-Verkettungen) unverbindlicher; das in festen Formeln abgelagerte Wertsystem bietet dem „stern"-Leser eine größere Vielfalt der Direktiven oder Anleitungen als die „BILD"-Astrologie.

Brinker, Klaus 1985: Linguistische Textanalyse, Berlin
Dijk, Teun A. van 1980: Textwissenschaft. Eine interdisziplinäre Einführung, Tübingen und München
Henne, Helmut/Helmut Rehbock 1982: Einführung in die Gesprächsanalyse, 2. Aufl. Berlin/New York
Hess-Lüttich, Ernest W. B. 1981: Grundlagen der Dialoglinguistik (= Soziale Interaktion und literarischer Dialog I), Berlin
Hess-Lüttich, Ernest W. B. 1984: Kommunikation als ästhetisches ‚Problem', Tübingen
Kalverkämper, Hartwig 1981: Orientierung zur Textlinguistik, Tübingen
Möhn, Dieter/Roland Pelka 1984: Fachsprachen. Eine Einführung, Tübingen
Sandig, Barbara 1978: Stilistik, Berlin/New York
Schank, Gerd/Gisela Schönthal 1976: Gesprochene Sprache, Tübingen
Schmölders, Claudia (Hrsg.) 1979: Die Kunst des Gesprächs, München

Stiltypen und Stilmittel

Sprachstil

Stilbegriffe

Für eine Zigarettenmarke wirbt der Konzern mit englischen Landhäusern und teuren Autos: *Wer auf diesen Geschmack kommt, hat seinen Stil gefunden.* Eine Musikkritik lobt *den lyrischen Stil der Stimmführung* eines Tenors. Man spricht *vom Stil des Kubismus,* vom Haus *im neugotischen Stil.* Ein Sakko gefällt *im sportlichen Stil. Im Stil der neuen Zeit* lobt ein Mädchen ihren Freund: *Der Typ hat Stil.*

Es gibt einen Stil der Malerei, der Musik, der Architektur, aber auch der Mode, des Sports, der Lebensführung. Auf zahlreiche Sphären des Lebens läßt sich der Stilbegriff anwenden - auch auf die Sprache. Und nur um diesen soll es uns hier gehen.

Stilus: das war ursprünglich der Griffel, der Schreibstift, mit dem der Römer das Wachs ritzte. Aus der Bezeichnung für das Schreibinstrument wurde schließlich die Bezeichnung für die Art des Geschriebenen, die ‚Schreibart'. Die Art des Schreibens und des Redens galt in der Antike als Ausdruck des Menschen: „Wie aber, sprach ich, die Art und Weise des Vortrages und die Rede? Folgt diese nicht der Gesinnung der Seele?" - eine rhetorische Frage in Platons „Politeia". Diese Auffassung von der Schreibart und Redeweise als Äußerung des inneren Menschen setzt sich in der Rhetorik Quintilians, Ciceros, Senecas fort. Ihre Entwicklung läßt sich über die Renaissance, in der das Wort ‚Stil' seine moderne Bedeutung erhält, über Barock, Klassizismus und Romantik bis ins 19. und 20. Jh. verfolgen: auf ihm fußen psychologisch orientierte Stilkonzeptionen noch heute.

Diese Stilkonzeptionen setzen beim Individuum an und seinem Werk: Man kann sie daher unter dem Stichwort Individualstilistik zusammenfassen. Sie hat vor allem in der Literaturwissenschaft Bedeutung erlangt. Das Interesse gilt dabei dem Personalstil von Dichtern und Schriftstellern, aber auch der ästhetischen und emotionalen Wirkung auf den Leser (Werkstil). Heute hat sich jedoch die Auffassung durchgesetzt, daß nicht nur literarische Werke ‚Stil' haben, sondern daß er eine Eigenschaft des Redens und Schreibens überhaupt ist, die man also auch mit den Mitteln der Sprachwissenschaft beschreiben kann. Aber auch innerhalb dieser Auffassung von Stil gibt es viele Nuancen. So hat man zunächst noch unter dem Einfluß der literarischen Stilistik und oft unter Berufung auf die klassische Rhetorik Stil als Abweichung von der Norm der Standardsprache definiert: die sprachlichen Markierungen, die ein Text über seine Normalform hinaus enthalte, seien seine stilistischen Merkmale. Damit war diese Richtung, die Devianzstilistik, freilich wieder auf literarische Texte verwiesen und mußte zudem definieren oder festlegen, was als Norm anzusehen sei.

So ist dann versucht worden, die Norm statistisch zu definieren. Diese Stilkonzeption, die Stilstatistik, beruht auf Zählungen, wie häufig beispielsweise bestimmte Wörter und Wortklassen, Wort- und Satzlängen, grammatische For-

men und syntaktische Konstruktionen auftreten. Aber bei komplizierteren Texten kann man so nicht vorgehen: nicht alles ist quantifizierbar, nicht jede Zahl ist signifikant - z. B. wenn bestimmte Worthäufigkeiten von der Funktion des Textes her vorgegeben sind.
Die Funktion des Textes ist deshalb für eine andere Stilkonzeption, die Funktionalstilistik, Ausgangspunkt der Definition. Diesem Stilbegriff liegt die Auffassung zugrunde, daß der Zweck der Rede ihre Form wesentlich bestimme. Demnach wird der Stil von Texten je nach der Verwendung anders aussehen: einige der klassischen Funktionalstile in Literatur und Alltag, Wissenschaft und Öffentlichkeit sollen hier genauer betrachtet werden (→ S. 482 f.).
Die Funktion eines Textes bedingt eine bestimmte Auswahl sprachlicher Mittel. Insofern kann dieser Stilbegriff auch als Variante einer allgemeinen Stilkonzeption gelten, die im Sinne der selektiven Stilistik Stil als Wahl zwischen sprachlichen Möglichkeiten begreift. An dieser Konzeption wird sich die folgende Darstellung orientieren. Die Frage lautet also: Warum sage oder schreibe ich das, was ich zu gegebenem Zweck in gegebenem Zusammenhang an gegebenem Ort und zu gegebener Zeit ausdrücken will, so wie ich es sage oder schreibe? Und bei wem erziele ich damit welche Wirkung? Dazu bedarf es des Vergleichs. Vergleiche aber setzen Maßstäbe voraus: Normen.

Stilnormen

Die Äußerung *Der Typ hat Stil* enthält eine Wertung. Wertungen ergeben sich aus Vergleichen: *Der Typ hat* - einen besonderen, eigenwilligen, individuellen, auffälligen - *Stil,* der ihn im Vergleich zu anderen auszeichnet. Solchen Wertungen unterliegen auch Texte: *Er schreibt einen schlechten Stil. Er ist ein vorzüglicher Stilist.* Aber was ist hier ‚gut' oder ‚schlecht'? Was ist der Maßstab der Wertung? Früher war die Sache einfach: ‚guter Stil' - das hieß ‚gutes Deutsch'. Die traditionellen Grammatiken geben darüber Auskunft. Sie orientieren sich an Vorbildern: anerkannten Schriftstellern und Publizisten etwa. So erheben sie zur allgemeinen Norm, was für bestimmte Textarten, etwa die Literatur, oder für bestimmte Anlässe, etwa den Festvortrag, als sprachlich angemessen gilt. Sprach- und Stilnorm war die Hoch- und Schriftsprache, wie sie ‚die Gebildeten' untereinander gebrauchten.
Die modernen Grammatiken dagegen enthalten selten Hinweise zu Fragen des Stils. Sie möchten die unbekümmerte Gleichsetzung von ‚gut' und ‚richtig', von ‚falsch' und ‚schlecht' oder ‚häßlich' vermeiden. Grammatische Korrektheit und stilistische Schönheit sind ja auch zweierlei. Sprachnorm und Stilnorm sind streng zu unterscheiden - für die erste gibt es Regeln, über die zweite äußert man sich vorsichtigerweise lieber nicht. Wenn hier dennoch dem Stil ein eigenes Kapitel gewidmet wird, so deshalb, weil wir ihn nicht ausklammern können, wenn wir vom Sprachgebrauch reden wollen und nicht nur vom Sprachsystem. Der hier eingeführte Stilbegriff (→ S. 477) enthebt uns der heiklen Frage nach einer allgemeingültigen Definition dessen, was ‚guter Stil' sei. Es geht hier nicht um Warnungen, Ratschläge, Verbote und Gebote wie in traditionellen Stillehren: „Meidet Modewörter", „kein Papierdeutsch!", „keine Kanzleiausdrücke!" usw. Vielmehr soll verständlich werden, daß es eine Vielzahl von Nor-

men gibt, die sich ständig ändern. Wer bei der Eröffnung einer Industriemesse eine Rede in Goethes Altersstil hält, verstößt gegen die bei solchen Anlässen geltenden Stilnormen. Es hilft nichts, aus falsch verstandenem emanzipatorischem Interesse Stilnormen schlechthin anzuzweifeln. Stilistische Angemessenheit des Ausdrucks bedeutet nicht, sich unkritisch an Stilnormen anzupassen, sondern die jeweiligen Bedingungen des Redens und Schreibens zu beachten: an wen wende ich mich, worüber spreche ich, in welchem sozialen Rahmen? Nichts anderes besagt die Forderung der klassischen Rhetorik: *aptum,* angemessen zu formulieren, treffend, sachgemäß, durchsichtig für den jeweiligen Adressaten.
Nicht immer sind die Normen ausdrücklich formuliert und schriftlich fixiert, und nicht immer entscheidet man sich bewußt für die eine oder andere Variante. Aber selbst im spontanen Gespräch gelten Stilnormen, stilistische Konventionen. Dessen wird man sich sofort bewußt, wenn sie verletzt werden. Handwerksmeister, die den Lehrling um den Hammer bitten, tun dies gewöhnlich nicht mit den Worten *Ach, wären Sie wohl so freundlich und würden mir den Hammer reichen?,* eine Formulierung, die in bezug auf die Sauce beim festlichen Diner oder den Zucker beim Kaffeeklatsch durchaus angemessen sein kann. *Verdammt noch mal, versau hier nich alles mit deinen dreckigen Schuhen!* kann eine Mutter zu ihrem Kind sagen, als Begrüßung eines Gastes würde man die Formulierung kaum erwarten.
Stilnormen sagen also etwas aus über die zu erwartenden Formulierungsweisen. Sie lassen sich beschreiben, nicht vorschreiben, gehören darüber hinaus zu den Gepflogenheiten des gesellschaftlichen Lebens, die es zu erlernen gilt, um sie zu ‚beherrschen' - nicht, um sich ihnen zu unterwerfen.

Stil und Grammatik: Auswahl aus dem Sprachsystem

Stilnormen sind Gebrauchsnormen bzw. Erwartungsnormen, nicht ideale Normen. Das bedeutet, daß sie nach Zeit und Raum (Stilwandel; Regionalstile), Situation und sozialer Gruppe (Situationsstile; Gruppenstile) variieren können. Insofern sind auch Aspekte der Sprachgeschichte, Dialektologie, Pragmatik und Soziolinguistik für die Stilbeschreibung wichtig. Im Zentrum steht jedoch das Regelwerk der Grammatik. Die klassische Rhetorik setzte daher die Unterweisung in der Grammatik voraus. Stillehre ist zuerst Sprachlehre.
Andererseits kann man sprachliche Wohlgeformtheit nicht auf Grammatikalität festlegen. Häufig begegnen uns ungewöhnliche Wortverbindungen in Gedichten, farbige Metaphern im politischen Sprachgebrauch, abweichende Wortbildungen oder Schreibweisen in der Werbung *(frischwärts, Allllrad),* saloppe Gelegenheitsbildungen im Jargon von Jugendlichen, das ‚Pidgin'-Deutsch vieler Ausländer, und wir werten diese Sprachformen oft nicht einmal als Verstöße gegen die Regeln der Grammatik, obwohl sie von deren Normen abweichen. Aber für eine Stilbetrachtung sind Grade der Grammatikalität nicht ausreichend; Stil ist keine Unterkategorie der Grammatik. Wichtiger ist die Kategorie der ‚Akzeptabilität'. Ein Satz wie: *Derjenige, der den Mann, der den Pfahl, der auf der Brücke, die auf dem Weg, der nach Worms führt, liegt, steht, umgeworfen hat, anzeigt, bekommt eine Belohnung* ist grammatisch korrekt, aber ist er stili-

stisch akzeptabel? Man muß wohl unterscheiden zwischen ‚obligatorischen' Regeln der grammatischen Normen und ‚fakultativen' Regeln des stilistischen Gebrauchs. ‚Fakultativ' bedeutet Möglichkeit der Wahl zwischen Alternativen, zwischen Varianten der Formulierung und ihrer jeweiligen Kombination.
‚Selektion' und ‚Kombination' sind die elementaren Prinzipien stilistischer Operationen. Die Selektion bezieht sich auf die Wahl eines Elementes aus einer Klasse von Elementen desselben Typs, z. B. eines Verbs aus der Klasse von Verben, die untereinander austauschbar sind. Die Kombination bezieht sich auf die Verknüpfung dieser Elemente zu Verbindungen höherer Ordnung, z. B. Buchstaben/Laute zu Silben, Silben zu Wörtern, Wörtern zu Satzteilen (Phoneme → Morphemen → Lexemen → Syntagmen) und zwar so, daß sie zusammenpassen, zusammen auftreten können.
Die Wahl ist nicht frei. Stilistische Selektion ist nur möglich beim Vorhandensein von Varianten, die mehr oder weniger dieselbe Bedeutung haben, die zueinander im Verhältnis der Synonymie (→ S. 453) stehen. Dabei ist echte Synonymie freilich höchst selten. Meist geht es um Bedeutungsdifferenzierung wie in den Beispielen vom *wiehernden Pferd* oder *gestorbenen Menschen:*

	Pferd	
	Gaul	
	Klepper	
	Mähre	
	Rappe	
der	Schimmel	
die	Fuchs	wiehert
das	Hengst	
	Stute	
	Wallach	
	Pony	
	Fohlen	
	Füllen	

Das Wort *Pferd* kann ersetzt werden, wenn man z. B. genauer das Geschlecht *(Hengst, Stute)* oder die Farbe *(Rappe, Schimmel, Fuchs)* bestimmen will. Stilwerte lassen sich durch Ersetzungsproben testen: *das stattliche Roß* und *die elende Schindmähre* sind erwartbare Kombinationen; der Ausdruck *stattliche Schindmähre* würde als Stilbruch empfunden werden. Stilistische Brüche können freilich auch bewußt eingesetzt werden, um bestimmte Wirkungen zu erzielen. Noch deutlicher wird das bei der Kombination mit Varianten des Wortes *sterben:*

	Mensch		gestorben
	Herr		verschieden
			heimgegangen
			entschlafen
der	Kerl	ist	abgekratzt
	Lump		verreckt
			krepiert
	(Hund		verendet)
	(Baum		eingegangen)

Selektion und Kombination gehören also eng zusammen. Das gilt für den Wortschatz ebenso wie für Sätze: beim Wortschatz durch die Möglichkeit der Wahl zwischen Wörtern mit (ungefähr) gleicher Bedeutung (Synonymie), bei Sätzen durch die Möglichkeit der Umformulierung (Paraphrase). Wenn ein Satz durch einen anderen paraphrasiert werden kann, wird der stilistisch angemessenere bevorzugt. Die ‚treffendste' Form zu finden, hängt dabei von vielen Voraussetzungen ab: individuellen und sozialen Voraussetzungen des Sprechers oder Schreibers, sachlichen und thematischen Voraussetzungen des Gegenstandes, grammatischen und stilistischen Voraussetzungen der Auswahl aus dem Repertoire sprachlicher Zeichen und ihrer Verknüpfung. Jede Verknüpfung bedeutet dabei Einschränkung der Freiheit der Wahl.
Da aber offenkundig die durch das Sprachsystem bedingten Einschränkungen nicht die einzigen sind, denen die stilistische Auswahl unterliegt, muß ein genauerer Blick auf die Stiltypen geworfen werden.

Stiltypen

Stilebenen, Stillagen, Stilschichten

Die Unterscheidung verschiedener Stilebenen hat eine lange Tradition. Die auf Cicero zurückgehende ‚Dreistillehre' ist nach wie vor aktuell. Sie erfaßt drei nach Gegenstand und beabsichtigter Wirkung unterschiedene Sprechweisen (genera dicendi): den einfachen, mittleren und den hohen Stil.
Der einfache Stil *(stilus humilis)* hat den Zweck, in sachlicher, schmuck- und schnörkelloser Rede über Sachverhalte zu informieren und zu belehren *(docere)*. Es ist der Stil der Alltagsrede, der wissenschaftlichen Abhandlung, der Mitteilung. Der mittlere Stil *(stilus mediocris)* dient der gefälligen Unterhaltung *(delectare)*, mäßig geschmückt mit Metaphern, pointiert in der Wortwahl, mit Witz und Scharfsinn in der Formulierung: die Stillage gepflegter Konversation, des Essays, der guten Sachprosa. Der hohe Stil *(stilus gravis)* zielt auf die innerliche Bewegung des Lesers oder Zuhörers *(movere)* und erfordert rhetorische Kunstfertigkeit. Stilistischer Glanz und erhabenes Pathos können jedoch leicht die gewünschte Wirkung verfehlen: das ‚große' Wort am falschen Platze, ein schiefes Bild, ein unsicherer Ton - und die kunstvolle Rede ist um ihre Wirkung gebracht. Nur der wirklich bedeutsame Gegenstand rechtfertigt den schweren, getragenen, bewegenden Ausdruck. Auf das Alltägliche, Nebensächliche gemünzt, dient er der Parodie und Komik. Freilich gibt es umgekehrt auch ein Pathos des *Understatement*, der Untertreibung und kunstvollen Andeutung.
Stilistische Hinweise in unseren heutigen Wörterbüchern und Grammatiken fußen im Grunde noch immer auf diesem Modell: die Stilebenen, Stillagen, Stilschichten des Wortschatzes stehen im Mittelpunkt. Wörter wie *Fresse, Fratze, Visage, Gesicht, Antlitz* oder *sich kriegen, heiraten, ehelichen, sich vermählen* werden unterschiedlichen Stillagen zugeordnet: vulgär, derb, einfach oder familiär, umgangssprachlich oder salopp, bildungssprachlich, hochsprachlich, gehoben, gewählt und schließlich dichterisch, poetisch.
Gemessen am tatsächlichen Sprachgebrauch erweist sich das Raster indes als zu grob. Die Stillage der meisten Wörter ergibt sich erst aus ihrem Zusammenhang im Text. *Lenz*, als dichterisch für das normalsprachliche Wort *Frühling*

markiert, wird auch in salopp-familiärer Rede gern gebraucht: *Die macht sich in dem Job 'n sonnigen Lenz.* Umgekehrt bedeutet ‚dichterische Sprache' nicht automatisch ‚höchste Stilschicht'. Dichter und Schriftsteller machen von allen Stilschichten Gebrauch, je nachdem, welche ästhetische Wirkung sie beabsichtigen. Andere Bezeichnungen für gängige Stilschichten sind z. T. nicht schichtenspezifisch (Vulgarismen), z. T. durch die Funktion oder den Gegenstand bedingt (Amtsdeutsch, Papierdeutsch; bildungssprachlich, fachsprachlich).
Die Beschreibung einer Stilebene muß also ergänzt werden. Dabei müssen sowohl die Merkmale des Sprechers/Schreibers und Hörers/Lesers berücksichtigt werden (Alter, Geschlecht, Herkunft, Bildung usw.) als auch die Bedingungen ihres Kommunikationsverhältnisses (Status, Position, Rolle; Schicht, Klasse, Gruppe; Kultur, Subkultur). Für eine künftige Sozio-Stilistik wird es freilich nicht genügen, angelsächsische Modelle eilfertig auf deutsche Verhältnisse zu übertragen. Einfache Gleichsetzungen von restringiertem Code mit einfachem Redestil und Sprache der Unterschicht sowie elaboriertem Code mit entfaltetem Redestil und Sprache der Mittelschicht führen nicht weit. Überdies betrifft das Wort *style* im anglo-amerikanischen Sprachgebrauch meist die Redeweise und ihre Schattierungen von förmlich über sachlich und familiär bis freundschaftlich und intim, also eher die Form der Beziehungen zwischen den Gesprächspartnern (→ S. 464). Soziale Stiltypen werden auch durch das Verhältnis von Sprache und Kultur, Subkultur, Gruppe bestimmt. Viele Gruppen definieren sich über den Stil ihrer Kommunikation, in dem ihr Selbstverständnis als Gruppe erst seinen Ausdruck findet. Gruppenstile sind nicht nur auf Verständigung hin orientiert, sondern auf Akzeptabilität, auf Festigung innerhalb der Gruppe. Je fester und ausschließlicher er wird, desto größer die Gefahr der Abweichung von standardsprachlichen Normen, der Absonderung in gruppenspezifischen Jargons, Slangs, Geheimsprachen (→ S. 504 ff.).

Funktionalstile

Nicht nur in Osteuropa wird die aus Ansätzen des russischen Formalismus und der Prager Linguistenschule hervorgegangene Theorie der Funktionalstile diskutiert, die auf die Funktion der Sprache in verschiedenen gesellschaftlichen Handlungsbereichen zielt. Das Konzept ist gut vereinbar mit den Begriffen Gesprächsbereich und Textsorte, die ebenfalls auf die Kommunikationssphäre bezogen, also sprachlich begründet sind (→ S. 464, 468 ff.). Meist unterscheidet man fünf Funktionalstile:
(1) Dem Bereich des Alltagsverkehrs wird der Stil der privaten Alltagssprache zugeordnet, die tägliche Umgangssprache. Dieser Stil ist situationsabhängig, meist mündlich und spontan, vertraut und ungezwungen. Seine Charakteristika sind demnach deiktische Verweise, Ellipsen, Anakoluthe, Schematismen, stereotype Floskeln und feste Formeln. Man sucht nicht lange nach dem treffendsten Ausdruck, gibt sich mit Allerweltswörtern zufrieden *(Ding, Zeug, machen)* und legt nicht jede Übertreibung auf die Goldwaage *(toll, total, absolut).* Interjektionen sind nicht selten, ebenso Modalpartikeln, Kontaktparenthesen, Verzögerungslaute, Hörersignale. Lockerheit auch im Satzbau, Ausklammerungen, Umstellungen *(... weil ich hab das nich geglaubt).*

(2) Mit dem Bereich des Geschäftsverkehrs, der institutionellen Kommunikation (→ S. 530), stimmt der Stil der amtlichen Direktive überein, der Vorschriften und Gesetze, Verträge, Anträge, Gesuche, Verordnungen. Dieser Stil ist charakterisiert durch juristisch festgelegte Versatzstücke *(Widerspruch einlegen* ist nicht identisch mit *widersprechen),* sachliche Genauigkeit, strenge Definitionen. In amtlichen Dokumenten finden sich häufig historisch verfestigte Formeln des behördlichen Verkehrs *(von Person bekannt, bezugnehmend auf, abschlägig bescheiden).* Der Funktion der Direktive, der Veranlassung und Verhaltenssteuerung entsprechen die sprachlichen Mittel: Verben der Aufforderung *(anordnen, veranlassen, verordnen),* modale Hilfsverben, Imperative, unpersönliche Konstruktionen *(ist erforderlich, ist unzulässig).*

(3) Im wissenschaftlichen Bereich ist es angemessen, den Stil der Wissenschaft zu gebrauchen, der durch Abstraktion, Präzision, Objektivität, Ökonomie gekennzeichnet ist. Typisch sind die argumentative Form der Darstellung, die kritische Diskussion von Hypothesen, die Angabe technischer Details, die Festlegung von Begriffen. Die fachliche Terminologie dient der rationellen und ökonomischen Verständigung über wissenschaftliche oder technische Sachverhalte. Auch hier sind Veränderungen zu beobachten, z. B. die Tendenz zu kürzeren Sätzen, die Wiederholung von definierten Begriffen oder Wendungen, der Verzicht auf Variation des Ausdrucks (→ S. 515 ff.).

(4) Der Bereich öffentlicher Kommunikation ist nach funktionalstilistischer Konzeption durch den publizistischen Stil geprägt. Trotz der Vielfalt der Medien- und Textsorten, Redeanlässe und Adressatenkreise hat sich hier der Begriff ‚journalistischer Stil' hartnäckig gehalten. Wichtigstes Kennzeichen ist - im Vergleich zum Stil der Wissenschaft - die Verständlichkeit für ein unterschiedlich zusammengesetztes Publikum. Sie wird erzielt durch einfachen Satzbau, Bildhaftigkeit der Wortwahl, durch Erläuterung fachlicher Termini, durch Wortspiele und umgangssprachliche Redewendungen (→ S. 545 ff.).

(5) Der Bereich der ‚literarischen Kommunikation' steht den fachlich-sachlichen Sphären der gesellschaftlichen Praxis als eigenständiger Sektor gegenüber. Der Stil der Belletristik verweist auf die Textstruktur des Werkes zurück. Er ist geprägt durch sorgsam ausgewählte Stilmittel wie Tropen und rhetorische Figuren (→ S. 486 ff.), durch rhythmische Struktur, durch bildhafte Prägnanz und anschauliche Verdeutlichung. Die Individualität und die Freiheit in der Wahl stilistischer Formen dient der besonderen ästhetischen Wirkung.

Die in vielen Varianten vorliegenden funktionalstilistischen Typologien beruhen auf außersprachlichen Kriterien. Sprachwissenschaftlich ist die Abgrenzung keineswegs immer eindeutig. Zwischen dem Stil der Alltagssprache und der schönen Literatur sowie dem amtlichen, publizistischen und wissenschaftlichen Stil gibt es viele Übergänge. Zwischenformen wie wissenschaftliches Gespräch, populärwissenschaftliche Darstellung, Lexikonartikel u. v. a. lassen sich nicht in starre Schemata pressen. Und die Charakteristika, die den Stil der schönen Literatur bestimmen, mögen für bestimmte literarische Formen gelten, für andere gelten sie mitnichten.

Die funktionalen Faktoren sind eben nur ein Ausschnitt aus der Gesamtheit stilbildender Faktoren, die die Auswahl sprachlicher Mittel beeinflussen. Sie müssen unterschieden werden in subjektive Faktoren, die auf den Sprecher oder Schreiber bezogen sind, und objektive Faktoren, die sich aus den Umständen der Rede oder den Bedingungen des Sprachsystems herleiten. Diese Unterscheidung stimmt in etwa mit der zwischen Idiolekt als der sprecherbezogenen Varietät und Register als der sprachgebrauchsbezogenen Varietät überein, die in der britischen Linguistik verbreitet ist.

Stil-Register

Auch wer die Standardsprache spricht oder schreibt, variiert seinen Ausdruck oft erheblich. Ein Fachgespräch im Labor fällt anders aus als ein Kneipengespräch über Fußball; man spricht anders mit seinem Chef als mit den Kindern; vor Gericht verhält man sich anders als im Club, in der Disco anders als am Arbeitsplatz. Das Gespräch mit einem Freund nimmt in der schriftlichen Form des Briefwechsels eine andere Gestalt an; die Fragen eines Beamten beantwortet man am Schalter anders als die Fragen auf einem behördlichen Formular, das man ausfüllt.

Je nach den Umständen wählen wir das sprachliche Register, das uns jeweils am geeignetsten erscheint. Natürlich kann man auch bewußt ein ‚falsches', also nicht zur Situation passendes Register auswählen, wenn man damit bestimmte Wirkungen auf den Zuhörer - etwa der Komik, Beleidigung, Verfremdung - erzielen will.

Die wichtigsten Kriterien für die Wahl des Registers wurden schon genannt: das Thema, das Medium, das Verhältnis der Partner zueinander. Diese drei Dimensionen bestimmen wesentliche stilistische Eigenschaften des jeweiligen Registers.

Die erste Dimension betrifft das Verhältnis von Sprache und dem, worüber gesprochen wird. Das hat vor allem Auswirkungen auf die Wortwahl, aber auch auf die Grammatik. Die zweite Dimension betrifft vor allem die Unterschiede, die sich aus der Differenz zwischen gesprochener und geschriebener Sprache ergeben (→ S. 457 ff.). Das gilt auch für Zwischenformen, z. B. wenn man einen Text schriftlich so konzipiert, daß er ‚gut gesprochen' werden kann (z. B. Nachrichtentexte im Radio und Fernsehen) oder ‚wie gesprochen' wirkt (z. B. in literarischen Dialogen, die möglichst ‚echt', d. h. realistisch wirken sollen). Die dritte Dimension betrifft die sprachlichen Konsequenzen, die sich aus der Beziehung der Partner ergeben. Das kann im Sprachstil dementsprechend von abweisender Schroffheit oder kühler Distanziertheit über sachlich, kollegial, ungezwungen, salopp, familiär bis zu freundschaftlicher Vertrautheit und Intimität reichen. Die Hinweise in Wörterbüchern auf die Stilschicht eines Wortes lassen sich genauer als Markierungen eines bestimmten Registers interpretieren. Ein Stilbruch wäre danach die gewollte oder ungewollte Wahl eines falschen Registers.

Natürlich wirken alle drei Dimensionen in konkreten Situationen stets zusammen. Hier ist ein Beispiel, bei dem jeweils die Redekonstellation entsprechend der Zielsetzung variiert wird:

(1) Thema: Kunst (Museumsführung), Medium: gesprochen, Stil: förmlich:

> Und hier haben wir nun ein weiteres wertvolles Gemälde von Rubens vor uns. Es gehört zu seinen Frühwerken. Er wird ja auch der zweite Tizian genannt...

(2) Thema: Kunst (Alltag), Medium: gesprochen, Stil: salopp:

> Guck ma! Was is das denn für'n Schinken! Nee, also, ich find das Bild entsetzlich ...

(3) Thema: Kunst (Wissenschaft), Medium: geschrieben, Stil: sachlich-informativ:

> Die Datierung dieses Gemäldes ist unsicher. Mit hoher Wahrscheinlichkeit ist es der noch von seinen Lehrern Adam van Noort und Otto van Veen (1556-1629) beeinflußten Frühphase zuzurechnen, trotz hellerer Palette, aber noch mit manieristischen Zügen, die die souveräne Handschrift des späteren Meisters freilich schon erahnen lassen ...

Jedes Register wäre in einer anderen Redekonstellation unangemessen: Einem unterschiedlich zusammengesetzten Museumspublikum wird ein Gemälde in kurzen, allgemeinverständlichen Sätzen erläutert, unter Freunden ist im privaten Gespräch ein salopper Ton erlaubt, der (kunst-)wissenschaftliche Kommentar bietet Informationen in gegliedertem Satzbau und reichem Vokabular, mit Fremdwörtern und für die Textsorte typischen Wendungen.

Rede-Stile

Die Stilistik ist nach verbreiteter Auffassung aus der Rhetorik hervorgegangen. Sie gilt seit der Antike als Lehre vom guten Reden: *ars bene dicendi*. ‚Gut' besagt dabei in verschiedenen Richtungen der Rhetorik Unterschiedliches: es kann bedeuten ‚einer Situation angemessen', ‚der Ethik verpflichtet', ‚praktische Wirksamkeit erzielend', ‚ästhetisch vollendet'. Wir verstehen ‚gut' als ‚sachbezogen und wirkungsvoll'. Die Anleitung zu gutem Stil ist also nur eine von vielen Aufgaben der Rhetorik, wenn man sie in klassischer und heute wieder sehr aktueller Weise als Theorie und Praxis versteht, als Redekunst und Beredsamkeit *(rhetoria docens* und *rhetoria utens)*. Der ‚beredte' Mensch hat die Fähigkeit, seine Zuhörer zu überzeugen oder auch zu überreden (*persuasio* enthält beide Bedeutungen). Dazu bedient er sich bestimmter sprachlicher Muster und folgt rhetorischen Regeln, die sein Publikum für seine Sache einnehmen, sei es durch Einsicht in seine Gründe, sei es durch die Erregung von Sympathie.
Die wichtigsten Anwendungsgebiete der Rhetorik sind die Gerichtsrede *(genus iudiciale)*, die durch Anklage und Verteidigung Recht und Unrecht zu ermitteln sucht, die Parteirede *(genus deliberativum)*, die Vorteile und Nachteile politischer Entscheidungen abwägt, und die Festrede *(genus demonstrativum)*, die auf Versammlungen oder beim Festmahl (Tischrede) jemandem oder etwas Lob oder Tadel zuteil werden läßt. Jede dieser Redegattungen folgt eigenen Regeln, hat ihren typischen Rede-Stil. Die rhetorischen und stilistischen Mittel - zunächst für diese Anwendungsbereiche zusammengestellt - wurden nach und nach auf viele andere Formen des Redens, dann auch des Schreibens übertragen. So bietet die Rhetorik so etwas wie eine Anleitung zur Textproduktion, deren Techniken in umgekehrter Perspektive als Beschreibungsinstrumentarium der Stil- und Textanalyse genutzt werden können (→ S. 486 ff.).
Die Formulierung eines Textes umfaßt nach antiker Lehre fünf Arbeitsschritte. Wir verfahren heute noch genauso.

(1) Der erste Schritt ist die Stoffsammlung *(inventio)*. Für die systematische Ermittlung der Gedanken zu einem Thema gibt es eine Methode der Erinnerungstechnik, die Topik. Dazu werden Gedanken, Argumente, Beweise und deren Fundstätten oder Quellen zusammengetragen, entweder bezogen auf Personen oder auf eine Sache. Personenbezogene Suchkategorien der Topik sind z.B. Abstammung und Herkunft, Geschlecht, Alter und Bildung, soziale Position, Beruf, Werdegang, aber auch äußere Erscheinung, Charakter, Neigungen. Sachbezogene Suchkategorien sind u.a. Beweggrund oder Ursache des Handelns und dessen Zeit, Ort, Art und Weise oder Umstände, aber auch Fragen nach der Art des Handelns im Vergleich zu ähnlichen, vorausgegangenen, gleichgelagerten oder angenommenen Fällen.
Am Beispiel einer Festrede läßt sich die Methode illustrieren. Quintilian hat dafür einen Katalog der Suchkategorien zusammengestellt, dem man die Gründe für die Lobrede auf einen Menschen entnehmen kann: Diese können in der Vergangenheit liegen (Herkunft, Familie), in der Gegenwart (Taten, Tugenden, Werke; Schönheit, Kraft, Leistungen; Reichtum, Macht, Einfluß) oder in der Zukunft (Wirkung auf die Folgezeit in Zeugnissen der Nachwelt).
(2) Im zweiten Schritt werden die so gefundenen Gedanken, Argumente oder Beweise - entsprechend der vorgesehenen Rede - ausgewählt und geordnet *(dispositio)*. Der Redner muß zunächst Interesse für sein Thema wecken mit einer guten Einleitung *(exordium)* und dann den Sachverhalt darlegen, um den es sich handelt *(narratio)*. Schließlich muß er die Schlußfolgerungen ziehen oder den Beweis zu dem Gesagten antreten *(argumentatio)*. Ein effektvoller Schluß bietet zugleich Zusammenfassung und Appell an die Zuhörer *(peroratio)*.
(3) Die dritte Arbeitsphase ist dann die Umsetzung der geordneten Gedanken in angemessene sprachliche Formen *(elocutio)*. Dies ist das Kernstück der Rhetorik, die dafür eine differenzierte Stillehre ausgebildet hat. Neben der Lehre von den Stilebenen, von der schon die Rede war (→ S. 481), bietet die Rhetorik ein reiches Repertoire von Stilmitteln (→ S. 488).
(4) Der vierte und fünfte Schritt müssen hier nicht näher erläutert werden: der Redner muß seinen Text studieren und möglicherweise auswendig lernen - Hinweise dafür gibt die Gedächtnislehre *(memoria)* - und dann verständlich darbieten *(pronuntiatio)*. Dabei ist auf deutliche Aussprache und klar akzentuierte Stimmführung, auch auf Mimik und Gestik zu achten. Handelt es sich um einen geschriebenen Text, dann gewinnt dieser an Überzeugungskraft, wenn er gut lesbar in Kapitel und Absätze gegliedert und mit Abbildungen und Graphiken illustriert ist.

Stilmittel

Möglichkeiten der Einteilung

(1) Stilmittel sind das Handwerkszeug der Stilistik. Es sind sprachliche Muster, die nicht nur in Dichtung und ausgefeilter Rede vorkommen, sondern in jedem Alltagsgespräch, ohne daß wir uns dessen immer bewußt sind. Sie werden im Rahmen der normalen Grammatik gebraucht und sind auf allen Sprachebenen anzutreffen:

- auf der Ebene des Lautes (phonologische Stilmittel), z. B. die Alliteration, die Gleichheit von Wörtern im Anlaut *(Milch macht müde Männer munter);*
- auf der morphologisch-grammatischen Ebene (morphologische Stilmittel), z. B. die figura etymologica *(ein Leben leben, lieber lieben)* oder Markierungen durch Genus verbi (Passiv und Passiversatzformen in Fachsprachen), Tempora (Präteritumsformen in Erzählungen), Modi (Konjunktivgebrauch in Alltagsrede und Presseberichten) oder Adjektivflexion (Verstärkung durch den Komparativ von Adjektiven, die normalerweise nicht gesteigert werden, wie in dem Roman von Anna Seghers „Das siebte Kreuz": *Wenn es wahr ist, daß Sie aus Leichen Aussagen erpressen können, bin ich toter als alle Ihre Toten);*
- auf der Ebene des Wortes und dessen Bedeutung (lexikalisch-semantische Stilmittel), z. B. die Metapher, der bildhaft übertragene sprachliche Ausdruck (Jean Paul: *Der Mensch ist der große Gedankenstrich im Buche der Natur);*
- auf der Ebene des Satzes (syntaktische Stilmittel), z. B. der Chiasmus als entgegengesetzte Überkreuzstellung (J. H. Voss: *Das Neue daran ist nicht gut, und das Gute daran ist nicht neu)* oder der Anakoluth als folgewidrige Satzfügung und Übergang von einer begonnenen Konstruktion in eine andere (H. Kant: „Die Aula": *Ich komme nicht wegen einer Aussprache zu dir, sondern wegen meinem Nachthemd, und zwar, weil du Schneiderin bist, und ich bin Zimmermann).*

(2) Es gibt verschiedene Möglichkeiten, die einzelnen Stilmittel bestimmten sprachlichen Ebenen zuzuordnen. So verschiedene Erscheinungen wie Anakoluth, Chiasmus oder Akkumulation (Begriffshäufung) gelten alle als syntaktische Stilmittel. Zudem gibt es häufig Querverbindungen. Unter dem Aspekt der ‚Steigerung' lassen sich Stilmittel zusammenfassen wie Emphase (phonetische Steigerung), Gradation (syntaktische Reihung von Ausdrucksmitteln, die stufenweise gesteigert werden), Klimax (semantische Steigerung vom schwächeren zum stärkeren Ausdruck), Hyperbel (Übertreibung der Formulierung). Oder umgekehrt unter dem Aspekt der ‚Abschwächung' Stilmittel wie Monotonie (nicht-emphatische Redeweise), Gradation (syntaktische Reihung von Ausdrucksmitteln, die stufenweise abgeschwächt werden), Antiklimax (semantische Abstufung), Euphemismus (Verhüllung des eigentlich Gemeinten).

(3) Bestimmte stilistische Mittel wie die Ironie, die das Gegenteil des Gesagten meint (z. B. für *Mafia:* die *ehrenwerte Gesellschaft*), werden erst durch das Wissen der Hörer oder außersprachliche Umstände verständlich. Solche Stilmittel sind am ehesten der pragmatischen Ebene zuzuordnen.

(4) Wieder andere werden erst durch die Verflechtung im Text wirksam. Dies gilt für vor- oder rückverweisende Mittel (→ S. 437), Mittel der Redewiedergabe oder Redekommentierung, für den Witz, die Allegorie, die Fabel usw. Stilmittel dieser Art könnte man auf einer textuellen Ebene ansiedeln.

Wie wichtig es ist, Wort- und Textebene zu unterscheiden, zeigt sich z. B. an Stilmitteln mit gleicher Funktion, die sie aber auf verschiedenen Ebenen entfalten: das Oxymoron als Wortgegensatz wie in *bittersüß* und das Paradoxon als Gegensatz zweier Aussagen und ihre Verknüpfung zum Scheinwiderspruch

können so voneinander unterschieden werden. Man hat daher Stilmittel gelegentlich auch in paradigmatische und syntagmatische unterteilt, also Stilmittel, die das Lexikon betreffen und den Ersatz von Wörtern durch andere, und solche, die die Sequenz betreffen und die Folge von Wörtern.
Auch dieser Vorschlag ist nicht ohne Vorläufer. Er erinnert an die klassische Unterscheidung zwischen Tropen (Mittel des Ersatzes) und Figuren (Satz- und Gedankenfiguren), ohne damit identisch zu sein. Meist werden klassische Stilmittel wie Metapher, Synekdoche, Metonymie, Litotes, Hyperbel usw. zu den Tropen gerechnet, Anapher, Antithese, Aposiopese bis zu Oxymoron und Zeugma dagegen zu den Figuren: Beispiele: →S.488-492 (vgl. Lausberg 1982, Uedig 1985).
Grundsätzlich ist festzuhalten, daß alle genannten Stilmittel - je nach Kontext, Textsorte, Thema, Situation und Adressat - verschiedene Stileffekte hervorrufen können. Metaphern wirken im lyrischen Gedicht anders als im wissenschaftlichen Aufsatz. Umgekehrt sind neutral aussehende Fachwörter wie *Materie* ursprünglich Übertragungen gewesen (lat. *mater* = Mutter, Schöpferin).

Stilelemente

Jedes Element der Sprache kann Stilelement sein. Es hängt von seinem Gebrauch im Rahmen des jeweiligen Textes ab, ob es faktisch als Stilelement für einen Hörer oder Leser wirkt. Stilelemente sind also die Bestandteile, die man verändern kann, ohne daß sich die Bedeutung grundsätzlich verändert. So kann man einen Sachverhalt neutral ausdrücken oder mittels einer Metapher. Die Metapher ist ein abgekürzter Vergleich. Wenn man einen Vergleich nicht ausführt, indem man sagt, jemand habe z.B. *gekämpft wie ein Löwe,* sondern den Mann selbst einen ‚Löwen' nennt, so ist dies metaphorische Redeweise. In der klassischen Rhetorik wurden vier Typen von Metaphern unterschieden: die Ersetzung von etwas Beseeltem durch etwas anderes Beseeltes *(Durst des Herzens),* von Unbeseeltem durch Unbeseeltes *(Sandbank der Zeit),* von Unbeseeltem durch Beseeltes *(Kamera-Auge),* von Beseeltem durch Unbeseeltes *(Schiff der Hoffnung).* Diese klassischen Ersetzungsmöglichkeiten lassen sich nahezu unbegrenzt erweitern. Es gibt kühne und weniger kühne Metaphern, in denen das zu ersetzende und das ersetzte Wort mehr oder weniger ähnlich ist. Aber es gibt auch notwendige Metaphern (Katachresen), die keine Stilmittel im engeren Sinne sind *(Tischbein, Schlüsselbart, Fuß des Berges).* Und es gibt abgegriffene, ‚tote' Metaphern, deren Effekt nicht mehr wahrgenommen wird. Die Alltagssprache ist voll davon *(Autoschlange, Hüter des Gesetzes, saubere Weste).* Sogar in Fachsprachen sind viele terminologische Benennungen metaphorisch (→S.522).
Andere Tropen, also Stilelemente der Ersetzung, sind die Synekdoche, die Metonymie, die Antonomasie. Bei diesen drei Stilelementen nutzen die Redner oder Schreibenden die Bedeutungsnähe der Ersetzungselemente, also das Verhältnis Teil/Ganzes, Spezies/Genus, Singular/Plural in der Synekdoche, das Verhältnis Ursache/Wirkung, Raum/Rauminhalt, Zeit/Zeitinhalt in der Metonymie, das Verhältnis von Eigenname/Appellativ oder Kennzeichen seines Trägers in der Antonomasie. Diese Elemente sind in der Literatur und

Alltagssprache häufig. *Der Ritter mit der eisernen Faust* ist natürlich Goethes „Götz von Berlichingen" (Antonomasie). Der Ausdruck *ein edler Tropfen* lobt das Getränk, die Werbezeile *dahinter steckt ein kluger Kopf* meint den Leser einer Tageszeitung (Synekdoche); die Schlagzeile *Gold für Deutschland* bezieht sich auf olympische Medaillen, wer *seinen Goethe kennt*, kennt dessen Werke, wer *einen Grundig* kauft, erhält ein Radio- oder Fernsehgerät, nicht dessen Hersteller (Metonymie).

Neben der Wortvertauschung ist auch die Wortwiederholung sehr beliebt. Sie gehört zu den Stilelementen der Hinzufügung (Addition) und dient meist dazu, die Wirkung zu steigern, z.B. den Ausdruck der Begeisterung, Freude oder Trauer. Man kann mehrere Typen unterscheiden nach der Stellung der wiederholten Worte: Die Geminatio oder Epizeuxis ist die sofortige Wiederholung des gleichen Wortes: *Junge, Junge, das haut rein; Seid einig, einig, einig* (Schiller); *Doch alle Lust will Ewigkeit -, / will tiefe, tiefe Ewigkeit!* (Nietzsche). Das letzte Beispiel mit der Geminatio in Mittelstellung ist zugleich eines für die Epipher, die Wiederholung eines Wortes jeweils am Ende einer syntaktischen Einheit, eines Satzes oder eines Verses. Wenn sie jeweils am Anfang vorkommt, handelt es sich um eine Anapher. Sie ist auch in der Alltagsrede sehr häufig, vor allem aber in der Parteirede. So wird sie oft auch zur Propaganda, Agitation, Manipulation mißbraucht. Anapher und Epipher können auch zusammen auftreten (Symploke):

> Er steht schon draußen und riskiert den ersten Schritt noch nicht. (*Denn* der erste Schritt heißt: *wiederum verloren.*) Sie steht noch drinnen und kann die Tür noch nicht zuschlagen. (*Denn* jede zugeschlagene Tür heißt: *wiederum verloren.*)
>
> (Wolfgang Borchert, „Im Mai, im Mai schrie der Kuckuck")

Damit sind die Möglichkeiten der Wortwiederholung keineswegs erschöpft; und nicht für alle gibt es rhetorische Bezeichnungen. Ein Wort am Ende eines Satzes oder Satzteils kann am Anfang des nächsten wieder aufgenommen werden wie in der Anadiplosis; die wiederholten Elemente können Satzteile einrahmen wie im Kyklos *(Ich will keinen Kürbis - Kaninchen will ich!)*; sie können variiert werden wie in Polyptoton und Paronomasie *(H.Sch. stand und steht noch heute im Rampenlicht . . .; Viel Künstliches steckte in der Kunst dieses Meisters)*.

Solche lexikalischen Stilelemente gibt es, wie gesagt, nicht nur in der geschriebenen Sprache. Jeder Text ist durch sie gekennzeichnet: durch Jargonausdrücke in den Gruppensprachen, Termini in den Fachsprachen. Fremde Wörter und Eigennamen verleihen bestimmten Texten eine exotische Aura; Dialektausdrücke markieren sie in landschaftlicher Hinsicht; Archaismen lassen sie altertümlich erscheinen; Neologismen und Modewörter kennzeichnen neue Sachverhalte oder was gerade modisch ist. Euphemismen mildern Tabus oder Bedrohliches *(entschlafen, Entsorgungspark)*; Antonyme betonen den Gegensatz.

Stilelemente wie diese lassen sich von ihrer Funktion her und auch formal weiter differenzieren. Die Antonyme, beispielsweise, können dem Ausdruck der Vollständigkeit oder Steigerung dienen *(Tag und Nacht arbeiten - das geht über kurz oder lang nicht gut)*, in festen Fügungen abgelagert sein *(tun und lassen,*

durch dick und dünn, auf biegen oder brechen), zu antithetischen Gegenüberstellungen genutzt werden wie in Goethes „Tasso“ *(Leonore: ... und nun bist du gesund, bist lebensfroh. / Prinzessin: Ich bin gesund, das heißt, ich bin nicht krank ...).* Eine komprimierte Form von Antithesen und Antonymen ist das Oxymoron *(beredtes Schweigen, weißer Rabe),* bei dem die Bedeutung von Substantiv und Kompositum bzw. attributivem Adjektiv zueinander im Gegensatz steht. Die syntaktisch aufgelockerte Form dazu, das Paradoxon, war ein beliebtes Stilmittel von Oscar Wilde zur Aufdeckung der Widersprüchlichkeiten im menschlichen Leben, der Diskrepanz von Sein und Schein *(Die Tragödie des Alters ist nicht, alt zu sein, sondern jung).*
Neben dem Stilelement des semantischen Gegensatzes gibt es auch das des syntaktischen Gegensatzes in Form des Chiasmus *(Die Stadt ist groß, und klein ist das Gehalt* [E. Kästner]). Syntaktischer und semantischer Gegensatz läßt sich darüber hinaus kombinieren. Diese Variante des Chiasmus wird Antimetabole genannt:

> Wußten Sie schon, daß öffentliche Kritik mit einer neuen Jacke vergleichbar ist? Wem sie gefällt, dem paßt sie oft nicht und wem sie paßt, dem gefällt sie meistens nicht.
>
> („Eulenspiegel“, s. Fleischer/Michel 1977)

Stilfiguren

Mit den letzten Beispielen haben wir längst die (fließende) Grenze zu den Satz- und Gedankenfiguren überschritten. Sie betreffen die größeren Einheiten des Textes und dienen der Hervorhebung, Veranschaulichung, Gliederung, Variation des Ausdrucks. Der Metapher auf der Wortebene etwa entspricht auf der Satzebene der Vergleich. Seine syntaktische Struktur ist die des *so - wie: Thomas ist so groß wie sein Freund.* Mit Hilfe dieses Stilmittels kann ein neuer oder komplizierter oder nur schwer darzulegender Gegenstand durch ein schon bekanntes, anschauliches und leichter zugängliches Bild beschrieben werden. Daher ist er für didaktische Zwecke besonders geeignet. Mit geringfügigen semantischen Veränderungen können auch hyperbolische und ironische Vergleiche hergestellt werden (Übertreibungen; Ironisierungen): *Der sieht ja aus wie Mister Universum, ... wie ein vertrocknetes Schilfrohr; Der sitzt auf dem Moped wie 'n Affe auf'm Schleifstein.*
Ein zum ganzen Text ausgeweiteter Vergleich ist ein Gleichnis. Ihm liegt meist ein volkstümlicher oder lehrhafter Vergleich zugrunde, wobei die Bildebene zu einer eigenen Geschichte ausformuliert worden ist. Die biblischen Gleichnisse, aber auch die meisten Fabeln *(Listig wie ein Fuchs)* basieren auf diesem Prinzip.
Eine andere satzübergreifende Form der Metapher ist die Allegorie. Sie verbindet mehrere Metaphern zu einer einheitlichen Vorstellung oder entfaltet eine Metapher zu einem mehrgliedrigen Bild. Im Mittelalter waren vor allem personifizierende Allegorien beliebt; heute werden diese gern in ironischer Rede benutzt. Hier ein Beispiel von Alfred Polgar:

> Gebildete Menschen haben eine Bibliothek. Sie haben Kasten und Schränke voll geistiger Nahrung. Schweres und Leichtes, Süßes und Saures, Hausbrot

> und Delikatessen. Der Gebildete ist in dieser Hinsicht ein Vielfraß und hamstert, hamstert mehr als er verschlingen kann. Durch die literarische Küche aller Nationen und aller Zeiten schmatzt er sich durch; er würde an dem vielen Zeug ersticken, wäre nicht das Vergessen, dieser segensvolle Schlußeffekt aller Hirnperistaltik.

Die Verwandtschaft zwischen Allegorie und Ironie bestand jedoch schon immer. Die Ironie als rhetorische Figur ersetzt das eigentlich Gemeinte durch dessen Gegenteil. Der Zusammenhang (oder auch der Tonfall, die Mimik) entlarvt ein vermeintliches Lob als bloße Täuschung. Dieses Stilmittel eignet sich besonders zur Kritik, zum Zweifel an der Glaubwürdigkeit einer Person oder Sache, wie in der berühmten Rede des Antonius in Shakespeares „Julius Caesar“: ... *Und Brutus ist ein ehrenwerter Mann.* Ironie kommt in zahlreichen Varianten vor: als Verhüllung eigenen Wissens durch vorgebliches Nichtwissen (sokratische Ironie), damit sich der Andere selbst bloßstelle; als vorgebliche Übereinstimmung mit einer eigentlich abgelehnten Meinung; als bittere Ironie (Sarkasmus), als verächtliche, höhnische, charmante Ironie.
Hierher gehört auch eine Stilfigur der Abschwächung durch Verneinung des Gegenteils dessen, was man eigentlich meint: Litotes *(keine schlechte Idee, kein allzu schlauer Gedanke, das Verfahren liegt bei dem ja nicht gerade in den besten Händen).* Das Gegenstück zur ironischen Abschwächung und Verkleinerung ist die Verstärkung, Ausfüllung, Steigerung (Klimax) und Übertreibung (Hyperbel). Die Hyperbel kommt in der bildhaften Alltagsrede und vor allem im jugendlichen Jargon häufig vor *(er hört das Gras wachsen, das dauert wieder eine Ewigkeit, eine Super-Show: total Spitze),* ist aber ein klassisches Stilmittel zur Hervorhebung und Verstärkung dessen, was man sagen will. Durch häufigen Gebrauch wird es jedoch rasch seiner Wirkung beraubt.
Wirkungsvoller ist deshalb, das Stilmittel der Ausfüllung zu verwenden, also eine Rede durch anschauliche Beispiele, mit Details, Belegen, Zitaten anzureichern, ein Problem zu personifizieren, einen Gewährsmann vorzustellen, selbst den historischen, fiktiven oder statistischen Zeugen. Jede Reportage, jedes Fernsehfeature bedient sich heute dieser Stilmittel. Sie erleichtern das Verständnis komplizierter Zusammenhänge, spröder Sachverhalte oder entfernter Vorgänge.
Eine griffige Formulierung kann freilich leicht auf Kosten der Aussage gehen. Komplizierte Sachverhalte in knappe Sentenzen zu pressen, mag einprägsamer sein als die Ausbreitung aller Details. Aber Vorsicht ist geboten: solche pointierten Sinnsprüche, geflügelten Worte, Sprichwörter und Redensarten dienen oft dazu, ein gemeinsames Wissen zu suggerieren oder sich eines Einverständnisses zu versichern, das vielleicht gar nicht besteht. Das in Sprichwörtern ausgedrückte Alltagswissen ist oft von zweifelhafter Beweiskraft. Nicht zufällig kommen sie gerade in Parteireden, in der Propaganda und Werbung häufig vor. Wahlreden sind damit gespickt, um durch den Bezug auf eine vermeintliche ‚Volksweisheit‘ Zustimmung zu dem vom Redner vertretenen Anliegen oder Anerkennung seiner Person zu erlangen.
Die spontane Rede ist darüber hinaus durch zahlreiche syntaktische Besonderheiten gekennzeichnet (→S.458), die auch bewußt als Stilmittel eingesetzt werden können. Gemeint sind die syntaktischen Auslassungen oder Verkürzungen.

Hierher gehört u.a. die Ellipse, also die Auslassung des finiten Verbs oder einer Ergänzung, eine Stilfigur, die z. B. in der Literatur dazu dient, beim Leser den Eindruck von Alltagsgesprächen hervorzurufen. Die Ellipse ist für bestimmte Textsorten (→S.468) typisch wie z. B. Werbetexte, Schlagzeilen, Telegramme, Tagebuchnotizen, Wetterberichte usw. Das Zeugma ist ebenfalls eine syntaktische Stilfigur, die entsteht, wenn man ein mehrdeutiges Verb nicht wiederholt. So werden Wörter oder Satzteile zusammengeschaltet, ‚kurzgeschlossen', die unterschiedlichen (syntaktischen oder semantischen) Ebenen angehören: *Nimm dir Zeit und nicht das Leben; Ihr lest hier Kartoffeln und keine Zeitung.*

Durch enge Anbindung an den vorausgehenden Satz lassen sich ebenfalls notwendige Satzteile einsparen. Solche asyndetischen oder polysyndetischen (ohne bzw. mit Konjunktionen verbundenen) Reihungen von Isolierungen führen zuweilen zum ‚Asthmastil' mancher Journalisten, Politiker und Werbetexter *(Damit muß Schluß sein. Jetzt. Sofort. Damit wir wieder freier leben können. Heute. Und Morgen. Und Übermorgen).* Aber auch der Satzabbruch, die Aposiopese, in der Alltagsrede häufig aus Nachlässigkeit verwendet, kann als Stilfigur genutzt werden und die Wirkung der Rede verstärken - ebenso wie der Anakoluth, der Satzbruch oder die folgewidrige Satzfügung. In der Literatur signalisieren diese Stilmittel - soweit sie nicht nur den Stil der Alltagsrede imitieren - vor allem die innere Erregung des Sprechers, sprachliches Versagen, Verstummen.

Fleischer, Wolfgang/Georg Michel 1977: Stilistik der deutschen Gegenwartssprache, 2. Aufl., Leipzig
Hess-Lüttich, Ernest W. B. 1985: Zeichen und Schichten in Drama und Theater (=Soziale Interaktion und literarischer Dialog II), Berlin
Lausberg, Heinrich 1982: Elemente der literarischen Rhetorik, 7. Aufl., München
Lux, Friedemann 1983: Text, Situation, Textsorte, Tübingen
Müller, Wolfgang G. 1981: Topik des Stilbegriffs, Darmstadt
Sanders, Willy 1973: Linguistische Stiltheorie, Göttingen
Sanders, Willy 1977: Linguistische Stilistik, Göttingen
Sandig, Barbara 1978: Stilistik, Berlin/New York
Sandig, Barbara 1986: Stilistik der deutschen Sprache, Berlin/New York
Ueding, Gert 1976: Einführung in die Rhetorik, Stuttgart
Ueding, Gert 1985: Rhetorik des Schreibens, Königstein/Ts.

Sprachliche Varianten

Einheit und Vielfalt der Sprache: sprachliche Normen - soziale Normen

Die Sprache, schlechthin: das gibt es nicht - oder nur in der Theorie, als Idee, als gedankliche Vorstellung. In der Praxis gibt es Sprachen, die Vielfalt historisch konkreter Einzelsprachen: Lateinisch, Italienisch, Französisch, Englisch, Deutsch, Suaheli, Khmer ... Aber schon taucht das erste Problem auf: die Muttersprache von Briten und Amerikanern betrachten wir als eine Sprache - Englisch. Die weitverzweigten Varianten des Arabischen sind uns mehr oder weniger eins. Aber Dänisch, Schwedisch, Norwegisch betrachten wir als verschiedene Sprachen - ihrer strukturellen Ähnlichkeit zum Trotz. Ein Bayer wird vom Holsteiner kaum verstanden: aber beide sprechen dieselbe Sprache Deutsch. Wenn die Form, die Struktureigenschaften, die Verständlichkeit keine brauchbaren Kriterien abgeben für die Abgrenzung einer Sprache von anderen Sprachen, was dann?

Die Antwort ist, auf den ersten Blick, einfach: eine Sprache ist das, was ihre Sprecher als solche empfinden. Sie fühlen sich einer Sprachgemeinschaft zugehörig. In ihr bildet sich die sprachliche Identität der Sprecher aus. Deutsche und Niederländer, Spanier und Portugiesen sprechen ähnliche Sprachen, aber sie verstehen einander kaum. Das hat weniger mit den Sprachen als grammatischen Systemen zu tun als mit dem Bewußtsein der Sprecher, zur Gemeinschaft derer zu gehören, die Deutsch sprechen oder Spanisch.

Der Begriff ‚Sprache' ist also historisch-gesellschaftlich definiert. Das Bewußtsein der Einheit wird meist durch kulturelle, politische, wirtschaftliche Faktoren gestützt. Die Franzosen sprechen Französisch, die Deutschen Deutsch - ja, wenn es so einfach wäre!

Deutsch - als Einheitssprache der Deutschen - gibt es so wenig wie ‚die Sprache' schlechthin. Einheitssprache, Standardsprache, Hochsprache: man denkt an Norm und Regelwerk, an grammatisches System, an fest fixierte Strukturen, verbindlich für alle, allen vertraut. Zum Glück gibt es sprachliche Normen tatsächlich: jeder Versuch der Verständigung im Alltag würde kläglich scheitern, würde er sich nicht an ihnen orientieren. Aber die normierte Einheitssprache ist alles andere als einheitlich. Sprachwissenschaftler und Psychologen behaupten dies zwar gern, soweit sie sich nur für die Sprache als ‚System' von Zeichen interessieren oder nur für die Fähigkeit des Menschen, eine unbegrenzte Menge grammatisch korrekter Sätze zu erzeugen. Geht man aber von der Sprachwirklichkeit aus, so zeigt sich, daß Sprache (‚langue') als der allen gemeinsame Besitz, als ‚fait social' (F. de Saussure), bei ihrer Verwendung (‚parole') sozialen Normen unterliegt.

Ihre Vielfalt und Veränderlichkeit hat nichts Zufälliges oder Störendes, sondern birgt ihre Kraft zur Anpassung an die Veränderlichkeit der Situationen. Was in der Grammatik unter dem Stichwort ‚freie Variation' zuweilen eher als Hindernis auf dem Weg zu einem keimfreien Normenwerk der Sprache empfunden wird, ist keineswegs so ‚frei', wie es vordergründig erscheint. Sprachliche Variation ist exakt beschreibbar durch die sozialen Bedingungen, denen sie unter-

liegt. ‚Sozial' ist hier sehr weit zu fassen. Man könnte, genauer, auch von ‚pragmatischen' Bedingungen sprechen.
Jede natürliche Einzelsprache läßt sich in Subsysteme gliedern. Diese Subsysteme haben viele Merkmale des Sprachsystems gemeinsam, weisen aber je nach Zeit und Ort ihrer Verwendung, nach Umständen und Anlässen, Themen und Funktionen auch große Unterschiede auf. Die Unterschiede werden meist in ihren sogenannten diachronischen, diatopischen, diastratischen und diaphasischen Dimensionen (→ S. 438 f.) untersucht, also im Hinblick auf Sprachwandelprozesse, regionale Subsysteme (Dialekte), soziale Subsysteme (Soziolekte), stilistische Subsysteme (Stiltypen: → S. 481 ff.).

Historische Variation: Sprachwandel

Die innere Differenzierung der Sprachstruktur ist Folge und Ausdruck der jeweiligen Sozialstruktur einer Gesellschaft. Deshalb gibt es in verschiedenen Gesellschaften oder in einer Gesellschaft zu verschiedenen Zeiten auch verschiedene Formen sprachlicher Differenzierung. Je komplizierter die Sozialstruktur, desto reicher die sprachlichen Variationsmöglichkeiten. In den Stammesgemeinschaften von Jägern und Sammlern ist das Bedürfnis nach Differenzierung der Sprache eher gering: es gibt kaum Kontakte mit anderen Sprachgemeinschaften, die Stammesstruktur ist einfach, man redet nur von Angesicht zu Angesicht über Dinge des Alltags oder gebraucht die Sprache im religiösen Ritual. Wenn die Stammesgesellschaften größer werden und sich Handelsbeziehungen nach außen entwickeln, werden besondere Sprachformen (V a r i e t ä t e n) für den Kontakt nach außen gebraucht. Wenn weitere Aufgaben zu verteilen sind und innerhalb der entwickelteren Stammesgesellschaften soziale Schichten und Institutionen entstehen, entfalten sich auch zusätzliche sprachliche Ausdrucksmittel. So haben sich in den größeren Gesellschaften z. B. des europäischen Mittelalters landschaftlich verschiedene Varianten ausgebildet, Sondersprachen bestimmter sozialer Gruppen, Berufssprachen, Sakralsprachen, Rechtssprachen, Wissenschaftssprachen.
Die Nachbarvölker, die christliche Religion, Übersetzungen aus anderen Literaturen und die eigene Kultur bestimmen schließlich die Veränderungen des Althochdeutschen bzw. Mittelhochdeutschen. Durch die Entwicklung der Städte gewinnt im 13. Jh. das Deutsche bzw. dessen jeweilige regionale Ausprägung gegenüber dem Lateinischen zunehmend an Bedeutung. Handelsbeziehungen und Verwaltungserfordernisse führen im 15. Jh. zu überregionalen Anpassungen. Der Buchdruck beschleunigt diese Entwicklung: Die Schriften können vervielfältigt und überregional verbreitet werden. Das macht eine gewisse Vereinheitlichung erforderlich: die deutsche Schriftsprache entsteht. Luthers Bibelübersetzung sorgt für ihre Verbreitung. Sie wird vom Volk verstanden, der Übersetzer hatte ihm „aufs Maul geschaut".
Die gelehrten Grammatiker beschreiben das Frühneuhochdeutsche nach lateinischem Vorbild. Die lebendige Volkssprache wird zur Bildungssprache, die sich an den Regeln einer anderen, toten Sprache orientiert. Sprachgesellschaften wachen über die „Reinheit der Rede" (Martin Opitz) und die Einhaltung der Regeln. Die Sprachvielfalt nimmt ab zugunsten der einheitlichen Verkehrs-

sprache. Die Tendenz zur Normierung und Standardisierung, die schon im Frühneuhochdeutschen zu beobachten ist, hat sich heute - im Zeitalter der Massenkommunikation - weiter verstärkt. Gleichzeitig aber wird diese Tendenz der Vereinheitlichung und Vereinfachung durch eine gegenläufige Entwicklung aufgewogen: die Sprache hat heute mehr Funktionen zu erfüllen als früher, sie muß differenzierteren Bedürfnissen der Verständigung gerecht werden. Zum Sprachwandel gehört also beides: allgemeingültige Regeln und individuelle Erneuerung, schöpferischer Umgang mit der Sprache im Bewußtsein ihrer Normen.

Die Formen des Deutschen

Deutsch als Nationalsprache in vier Varianten

Über 100 Millionen Menschen in der Welt sprechen Deutsch. Damit gehört die deutsche Sprache (neben Chinesisch, Englisch, Spanisch, Russisch, Hindi, Arabisch, Portugiesisch, Bengali, Japanisch, Französisch) zu den zehn wichtigsten Weltsprachen, auch wenn sie nicht die Bedeutung als internationale Verkehrssprache erlangt hat, die heute das Englische hat (früher das Lateinische, später das Französische, in den Ländern des Ostblocks das Russische). In vier Ländern ist Deutsch Nationalsprache: in der Bundesrepublik Deutschland, in der Deutschen Demokratischen Republik, in der Bundesrepublik Österreich und in der Schweiz, zumindest in ihrem deutschsprachigen Teil.
In diesen vier Ländern sprechen etwa 85 Millionen Menschen Deutsch, ohne sich deshalb alle als ‚Deutsche' fühlen zu müssen. Das deutsche Sprachgebiet hat noch nie mit den Staatsgebieten übereingestimmt, in denen Deutsch gesprochen wird. Aber es bildet das kulturelle Dach, unterhalb dessen sich nationale Varianten des Deutschen ausgebildet haben. Das Schwyzerdütsch klingt anders als das Österreichische; im öffentlichen Wortschatz der Bundesrepublik und der DDR gibt es getrennte Entwicklungen. Aber es gibt auch (etwa seit Ende des 19. Jahrhunderts) eine gemeinsame Grundnorm der deutschen Schriftsprache. Diese Grundnorm betrifft vor allem die Regeln der Grammatik und Rechtschreibung. Reformen der Orthographie werden heute in gemeinsamen Kommissionen zwischen den vier Ländern abgestimmt.
Unterschiede zeigen sich dagegen im Wortschatz. Jeder kennt geläufige Beispiele: *Brathähnchen, Broiler, Hendl.* Es gibt so viele, daß man sie in Sonderwörterbüchern gesammelt hat. Dort kann man Austriazismen, Helvetismen, Germanismen oder Teutonismen (in der Schweiz) nachschlagen. Die zahlreichen Unterschiede im Sprachgebrauch in den ‚zwei deutschen Staaten' haben sogar zu der Frage geführt, ob man hier analog von ‚zwei deutschen Sprachen' sprechen könne. Aber der Annahme eigenständiger Sprachen stehen gewichtige historische, strukturelle, kulturelle, psychologische Gründe entgegen, auch wenn man vom Schweizerdeutschen als dem Oberbegriff der Schweizer Dialekte, vom Österreichischen als Oberbegriff der südbairischen Dialektgruppen sprechen kann. Es ist deshalb sinnvoller, von nationalen Varianten des Deutschen zu sprechen und ihre großräumigen (historisch-politisch definierten) Verbreitungsareale von kleinräumigen Dialekt-Regionen zu unterscheiden (vgl. Löffler 1985).

Deutsch an den Rändern

Die Randgebiete des deutschen Sprachraumes sind traditionell durch fließende Übergänge zu anderen Sprachräumen geprägt. Erst in der jüngeren Geschichte haben sich diese Mischzonen durch die Folgen des Zweiten Weltkrieges und aus wirtschaftlichen Gründen verringert. Dies gilt besonders für die östlichen Grenzen des deutschen Sprachraumes. In Polen gebraucht man die deutsche Sprache in der Öffentlichkeit ebensowenig wie in der Tschechoslowakei, allenfalls im Familienkreis wird sie da und dort noch gepflegt. Auch die weiträumigen sprachlichen Übergangszonen der ehemaligen Donaumonarchie sind heute bis auf wenige Überlappungen und Sprachinseln in den Grenzgebieten zwischen Österreich, Ungarn und Jugoslawien verschwunden.
Im Süden ist die Situation unterschiedlich. In Norditalien ist das Deutsche vor allem im ehemals österreichischen Südtirol erhalten geblieben und breitet sich neuerdings durch gezielte sprachpolitische Vereinbarungen sogar wieder aus. In den Gemeinden um Bozen und Meran ist Deutsch neben dem Italienischen Amtssprache. Die norditalienische Region Aosta ist ein dreisprachiges Mischgebiet: überregionale Amtssprache ist Italienisch, regionale Amtssprache Französisch, die zu Hause gesprochene Sprache ist häufig Deutsch. Auch die Beschriftungen, Straßennamen usw. sind meist noch in deutscher Sprache. Die Nationalsprache Italienisch und die Muttersprache Deutsch stehen hier nebeneinander und werden auch in den Schulen unterrichtet.
Schärfer ist die Sprachgrenze im Südwesten ausgebildet. In der mehrsprachigen Schweiz gibt es eine arealbezogene Sprachpolitik, die wenig Anreiz für die Entwicklung eines echten Bilingualismus bietet. Nur in den Bezirken um Fribourg/Freiburg und Biel/Bienne sind Deutsch und Französisch gleichberechtigt, obwohl auch dort in den meisten Familien die eine oder die andere Sprache eindeutig Priorität genießt.
Im Westen wurde das Deutsche in den angrenzenden Gebieten Elsaß-Lothringen zugunsten der National- und Amtssprache Französisch verdrängt. Im häuslichen Sprachgebrauch wird der regionale Dialekt, eine niederalemannische Variante im Elsaß bzw. eine rheinfränkische in Lothringen, zwar noch gesprochen, aber der Einfluß des Französischen (insbesondere bei Fachwörtern, Neuprägungen usw.) überwiegt auch dort, und er wird verstärkt durch Schule und Medien. Im Großherzogtum Luxemburg dagegen ist Deutsch neben Französisch und Letzeburgisch Amtssprache, der regionale moselfränkische Dialekt wird im Alltag gesprochen. Gleichberechtigt sind die Sprachen auch im Osten Belgiens. In den deutschsprachigen Gebieten um Eupen und St. Vit leben über 60000 Menschen. Und im niederdeutschen Dialektbereich der deutsch-niederländischen Grenzgebiete verstehen sich die Menschen unterhalb der nationalen Standardvarianten ohne Schwierigkeiten.
Auch im Norden sind die Übergänge fließend. Deutsch und Dänisch werden diesseits und jenseits der Grenze gesprochen. Mehr als 25000 Dänen in Nordschleswig sprechen Hochdeutsch, das dort halbamtlichen Status genießt; um Flensburg herum ist ein dänischer Dialekt als häusliche Umgangssprache verbreitet. Die dänische Minderheit mit deutscher Nationalität wird durch die regionale Sprachpolitik gefördert (Schule, Medien, politische Vertretung).

Deutsch in Sprachinseln

Außerhalb des geschlossenen deutschen Sprachraumes tritt das Deutsche als Muttersprache noch in verschiedenen Varianten in Sprachinseln oder -enklaven auf, aber die Zahl ist rückläufig, beschleunigt durch jeweilige restriktive Sprachpolitik und systematische Rück- oder Umsiedlungspolitik insbesondere in Osteuropa nach dem Zweiten Weltkrieg. Die Anzahl der moselfränkisch sprechenden ‚Siebenbürger Sachsen' und pfälzisch sprechenden ‚Banater Schwaben' in Rumänien, der hessisch sprechenden ‚Wolgadeutschen' in der Sowjetunion nimmt rapide ab. Die Minderheiten der Deutschsprachigen in Ostpreußen, Estland, Lettland, Litauen, in Georgien und der Ukraine bilden heute keine in sich geschlossenen Enklaven mehr. Die Deutschsprachigen in Polen und der Tschechoslowakei, die rheinfränkisch sprechenden ‚Donauschwaben' in Ungarn und Jugoslawien treten als Sprachminderheiten nicht mehr öffentlich in Erscheinung.

Aber auch in außereuropäischen Gebieten sind deutsche Sprachinseln schnelleren Assimilationsprozessen unterworfen als vergleichbare Enklaven anderer Minderheiten. In den Vereinigten Staaten von Amerika und in Kanada etwa wird das auf rheinpfälzischer Grundlage entstandene ‚Pennsilfaanische' nur noch in religiösen Sekten wie bei den Alt-Amischen und Alt-Mennoniten als Alltags- und Sakralsprache gepflegt. Außerhalb solcher Religionsgemeinschaften, zu denen auch die Hutterer gehören, die eine Variante der Kärntner Mundart sprechen, geben die deutschen Einwanderer ihre Muttersprache nur noch in Ausnahmefällen bewußt an ihre Kinder und Enkel weiter. Die Zahl der deutschen Zeitungen, Zeitschriften und Rundfunksender geht ebenso zurück wie die Vermittlung des Deutschen in den Schulen und Hochschulen.

In Mittel- und Südamerika ist die Situation ähnlich. In Mexiko und in Paraguay bewahren vor allem die Mennoniten ihre aus dem Niederdeutschen der Weichselmündung entstandene ‚plautdietsche' Muttersprache; diese Sprachvariante wird auch in einigen mennonitischen Siedlungen in Honduras, Peru, Bolivien, Uruguay, Venezuela gesprochen. Im venezolanischen Tova, unweit von Caracas, ist bis heute der alemannische Dialekt erhalten, den die Vorfahren gebrauchten, die im vergangenen Jahrhundert aus Kaiserstühler Gemeinden eingewandert waren. Zahlenmäßig starke deutschsprachige Minderheiten mit unterschiedlicher Dialekt-Herkunft gibt es noch in Chile, Argentinien und Brasilien, die z.T. eigene Schulen, Zeitungen und kommunale Verwaltungen unterhalten, ohne die fortschreitende Assimilation damit aufhalten zu können.

Dies gilt ähnlich für die deutschstämmigen Einwanderer in Südafrika und Namibia, Australien und Neuseeland, deren Nachkommen meist schon in der zweiten und dritten Generation besser Englisch als Deutsch sprechen. Namibia ist allerdings das einzige Land in Übersee, in dem Deutsch eine Amtssprache ist (neben Englisch und Afrikaans), deutsche Schulen staatlich gefördert werden und viele Schriften in deutscher Sprache erscheinen.

Eine Sonderstellung nimmt die deutsche Sprache in Israel ein. Einerseits ist sie seit dem nationalsozialistischen Holocaust verständlicherweise verpönt. Andererseits ist sie die Muttersprache vieler Immigranten seit 1933, die sie zur Wahrung ihrer kulturellen Identität weiterhin pflegen.

Deutsch von Ausländern, Deutsch für Ausländer

Die sprachlichen Formen interkultureller Kommunikation sind im Ausland, aber auch im eigenen Lande zu beobachten: beim Kontakt von Einheimischen und Fremden. ‚Fremdheit' muß nicht nur ein Hindernis sein, sie kann auch zusätzliche Einsichten vermitteln, die den Einheimischen gar nicht bewußt werden. Die Vermittlung des Deutschen als Fremdsprache im Ausland ist also auch Fremdkulturwissenschaft. Im Inland spricht man dagegen von dem Erwerb des Deutschen als Zweitsprache durch Ausländer, sei es in der Schule oder im Alltag (gesteuerter und ungesteuerter Zweitspracherwerb), sei es durch Gastarbeiter, Asylbewerber, Spätaussiedler oder durch Studenten, Diplomaten, Journalisten, Manager. Entsprechend unterschiedlich sind die Formen des Deutschen bei den verschiedenen Sprechergruppen. Sie unterscheiden sich je nach Kulturhintergrund, Vorkenntnissen, Ausbildung, Herkunft, Muttersprache usw.
Auch die Lernstile beim Zweitspracherwerb sind verschieden: Ostasiaten zeigen oft erstaunliche Lernerfolge bei grammatischen Übungen, während sie zu mündlichen Äußerungen in dem für sie ungewohnten Unterrichtsgespräch zwischen Lehrer und Schüler nur schwer zu bewegen sind. Bei den Spätaussiedlern aus Polen oder der UdSSR ist es vielfach genau umgekehrt.
Bei Einheimischen beobachtet man häufig, daß sie ihre Sprache verändern, wenn sie mit Ausländern reden: sie vereinfachen sie auf charakteristische Weise (‚foreigner talk'), sei es aus Herablassung oder zur Erleichterung der Verständigung *(He, Ali, du holen Bier - nix Kollege - du jetzt Bier).*
Für Ausländer ist von fundamentaler Bedeutung, daß ihnen mit der Sprache zugleich die Kultur des Landes vermittelt wird, in dem sie sich verständigen möchten. Deshalb schließt die Vermittlung des Deutschen als Fremdsprache oder Zweitsprache neben Wortschatz und Grammatik auch Literatur und Landes- oder Kulturkunde ein.
Aber welches Deutsch gilt es zu vermitteln? Die Deutschen sprechen verschieden - je nach Alter, Beruf, Herkunft, Situation. Deutsch kommt ‚praktisch' immer in einer Variante vor: als Alltagssprache, Schriftsprache, Literatursprache, Fachsprache, als altersspezifischer Jargon, als situationstypisches Register, als Dialekt, Soziolekt, Idiolekt. Es scheint zweckmäßig, die sachliche und gepflegte, an der Schriftsprache orientierte Zweckprosa als Lehr- und Lernziel anzusehen, wie sie überregional von geübten Rednern praktiziert und von guten Stilisten geschrieben wird, also die geschriebene und gesprochene Standardsprache. Denn diese Sprachform hat die größte kommunikative ‚Reichweite'.
Dazu gehört die Vermittlung eines differenzierten Wortschatzes ebenso wie dessen Einübung durch Verstehen und Verfassen von Texten, in denen er praktisch vorkommt. Auch die Aussprache ist wichtig. Dabei ist besonders auf die Herkunftssprache des Lernenden zu achten, weil durch sie manche Schwierigkeiten der Aussprache bedingt sind. Das gilt auch für die Grammatik. Viele charakteristische Fehler sind durch die Ausgangssprache des Lernenden erklärlich und vorauszusagen (Interferenz). So haben Engländer Probleme mit unserem grammatischen Geschlecht oder mit der Deklination von Nominalgruppen, Türken lassen oft - entsprechend den Regeln ihrer Muttersprache - das Subjekt des Satzes aus *(wenn nach Hause geht).*

Unabhängig von der Muttersprache des Deutschlernenden sind einige typische Strategien der Bewältigung grammatischer Schwierigkeiten: Klammerkonstruktionen werden gern vermieden, zumal sie auseinanderreißen, was als zusammengehörig empfunden wird: *Er ist gestern abend um 20 Uhr 10 mit dem Zug aus Berchtesgaden in München angekommen* > *Er ist angekommen in München gestern abend* ... Die Zeitenfolge (→ S. 89) in Haupt- und Nebensatz, selbst für Muttersprachler häufig ein Problem (Konjugation des Verbs) wird häufig durch lexikalische Mittel verdeutlicht: *Ich gehe zur Arbeit, nachdem ich gefrühstückt habe[n werde]* > *Ich erst essen, dann gehen Arbeit* (vgl. Ickler 1984).
Zu den Charakteristika des sogenannten ‚Pidgin-Deutsch' z. B. von italienischen und spanischen Arbeitern gehört etwa die Auslassung von Artikelwörtern, Attributen, Pronomina, Präsuppositionen, Kopula, Hilfsverben und modalen Hilfsverben. Mit zunehmender Sicherheit im sprachlichen Umgang ändert sich einiges: die Sätze werden häufiger mit Verben gebildet, Teile des Tempussystems werden durch modale Hilfsverben ausgedrückt, Ergänzungen, Adverbien, Attribute treten hinzu. Diese Veränderung ist abhängig von sozialen Bedingungen: Kontakt mit Einheimischen, Alter bei der Einreise, Vorbildung, Beruf und Dauer des Aufenthaltes in Deutschland. Aber auch emotionale Bindungen, eine freundliche Aufnahme in der Bundesrepublik Deutschland und Erfahrungen mit der deutschen Umwelt haben großen Einfluß auf den Erfolg des Spracherwerbs von Ausländern.

Regionale Variation: Dialekte

Dialekt als Sprachbarriere

Oft wird die Situation des Gastarbeiterkindes, das die deutsche Standardsprache erlernen soll, mit der eines Kindes verglichen, das nur den Dialekt seiner Region spricht und nun in die Schule kommt. Tatsächlich sind die Unterschiede zwischen der Muttersprache oder Primärsprache eines Kindes, das lediglich die in seiner engeren Heimat geläufige Mundart sprechen kann, und der Standardsprache sehr groß. Als Primärsprache Dialekt zu sprechen, ist verbreiteter, als man denkt. Gerade unter jungen Leuten ist es populär, sich auch sprachlich zu der Region zu bekennen, aus der man stammt. Sie sprechen untereinander Dialekt und hören die Musik von Dialekt-Rockgruppen. Für sie ist der Dialekt auch soziales Symbol, das die Verständigung mit Freunden im Alltag, mit Kollegen am Arbeitsplatz erleichtert und eine vertraute Atmosphäre schafft.
Aber der Dialekt kann zugleich eine Barriere sein, die die Verständigung erschwert. Reine Dialektsprecher, aber auch diejenigen, die die regionale Umgangssprache in ihren verschiedenen Abstufungen, nicht aber die Standardsprache sprechen können, haben häufig Schwierigkeiten, den standardsprachlich normierten Anforderungen in Schule oder Beruf gerecht zu werden.

Dialekt und Schule

Die Nachteile von Dialektsprechern in unserem Bildungssystem lassen es geraten erscheinen, den Dialekt nicht nur aus der Sicht des Sprachpflegers (als „besonderen Besitz") oder des Gruppenmitglieds (als Ausdruck freundschaftli-

cher Vertrautheit) positiv zu bewerten, sondern auch negativ im Hinblick auf seine kommunikativen Beschränkungen (der überregionalen Verständlichkeit, der terminologischen Differenziertheit, der funktionalen Flexibilität in verschiedenen Fachjargons und Textsorten).
In der Praxis der Schule, besonders des Sprachunterrichtes, wird meist davon ausgegangen, daß die Schüler Standardsprache sprechen können. Sie ist das Medium der Vermittlung, nicht ihr Ziel. Dabei sind mehr als drei Viertel aller Schüler nicht als sichere Sprecher der Standardsprache einzustufen. Dieser Befund widerspricht der Gleichsetzung von Dialekt und sozialem Status. In einer Untersuchung von über 7000 Schülern der Förderstufe an 26 hessischen Schulen erwies sich, daß 80% Dialekt sprachen oder zumindest regionale Umgangssprache, und daß von den Sprechern der Standardsprache 36,5% der Unterschicht angehörten (Hasselberg 1976).
Damit stimmt überein, daß Kinder aus niedrigeren sozialen Schichten auch hinsichtlich ihres zu erwartenden Schulerfolges skeptischer beurteilt wurden als ihre Mitschüler mit höherem sozialen Status. Aber selbst innerhalb derselben Statusgruppe fallen die Prognosen für die Dialektsprecher stets erheblich schlechter aus. So überrascht nicht, daß in den tatsächlichen Leistungstests die Dialektsprecher durchweg schlechter abschnitten als ihre Mitschüler, die die Standardsprache sprachen - unabhängig von ihrer Intelligenz und ihrem sozialen Status, nicht nur in Deutsch, auch in Englisch oder Mathematik.
Freilich ist bei solchen Tests zu fragen, ob die Aufgaben, die den Wortschatz, die Zuordnung sprachlicher Analogien, Ausdrucksbreite oder Lesefähigkeit prüfen, den Dialektsprechern überhaupt angemessen sind. Die Aufgaben sind ja selbst standardsprachlich formuliert und messen Fähigkeiten in der Standardsprache, stellen also nicht dieselben Anforderungen an alle Schüler. Um solche Einwände zu entkräften, müßten Tests entwickelt werden, die - wie bei den sprachunabhängigen Intelligenztests - den unterschiedlichen Voraussetzungen der Schüler Rechnung tragen.

Dialekt und Standardsprache

(1) Die sprachlichen Schwierigkeiten der Dialektsprecher zeigen sich (nach Löffler 1982, Wegera 1983) vor allem in der Rechtschreibung und Aussprache (Orthographie, Orthoepie), in der Grammatik und Wortbildung (Morphologie, Flexion, Lexik), beim Stil und in Verstehensaufgaben (Syntax, Semantik, Stilistik).
(2) Im phonetisch-phonemischen Bereich entstehen Probleme etwa dadurch, daß die Gesamtheit der Vokale im Dialekt - in Umfang und Struktur - anders aufgebaut ist als in der Standardsprache. Das führt dazu, daß (z. B. in Gebieten mit sog. Entrundung) die Umlaute /ü/ und /ö/ durch /i/ und /e/ ersetzt werden; in Diktaten oder beim Lesen entstehen dadurch Normverstöße und Mißverständnisse *(„Firster“* statt *Förster, „Nesse“* statt *Nüsse;* hyperkorrekt *„vermüssen“* statt *vermissen).* Standardsprachliche Diphthonge werden durch den Einfluß des Dialekts monophthongiert *(„Hus“/Haus, „Ziet“/Zeit, „Müse“/Mäuse);* kurze Vokale werden gedehnt und Längen gekürzt *(„vil“/viel, „Hahls“/Hals).*

Im Bereich der Konsonanten bereitet besonders die Unterscheidung von nicht angespannter Artikulation = Lenis (z.B. *b, w*) und angespannter Artikulation = Fortis (z.B. *p, t, k, ß*) Schwierigkeiten, wenn sie im Dialekt fehlt (*„dreibt"/treibt, „schleben"/schleppen, „Hagen"/Haken,* hyperkorrekt *„pringen"/bringen, „müte"/müde);* kompliziert ist z.B. die Erweichung von *g* im Rheinischen, weil dort dem Graphem *g* bzw. den Phonemen /g/ *(Gegend),* /k/ *(Weg)* und /ç/ *(König)* vier dialektale Phoneme - /j/ (*gegen* [jejə]), /r/ (*wagen* [warə]), /x/ (*Pflug* [plox]), /š/ (*Krieg* [krẽš]) - gegenüberstehen, was zu typischen Fehlern in Diktaten führt (*„fliejen"/fliegen, „saren"/sagen, „arch"/arg,* hyperkorrekt *„getz"/jetzt*).
Die oft beobachtete Unsicherheit, ob das Wort nun mit *s, ss, ß* oder *sch* geschrieben wird, rührt z.T. aus der Primärsprache des Schülers her, wenn seine Mundart nicht das stimmhafte /s/ vom stimmlosen unterscheidet (wie das Bairische), oder /s/ vor Konsonant als /š/ realisiert (wie das Schwäbische) oder zwischen /š/ und /ç/ nicht differenziert (wie das Rheinische).
Die Zurückhaltung von Dialektsprechern im Unterricht rührt nicht selten aus diesen und anderen Unsicherheiten her. Wenn ein Kind wegen seiner Artikulation mehrmals negativ bewertet worden ist, können regelrechte Sprechhemmungen auftreten. Es möchte den Ruch der Provinzialität („vom Dorf") vermeiden und konzentriert sich in der Folge so sehr auf ‚lautreine' Artikulation, daß es (wie oft auch der Lehrer!) dabei andere kommunikativ mindestens ebenso relevante Bereiche vernachlässigt.
Die Auswirkungen auf den Fremdsprachenunterricht sind dabei noch gar nicht näher untersucht, aber der dialektsprechende Schüler gerät verständlicherweise in Schwierigkeiten, wenn er Lautkombinationen im Englischen (wie der Tiefzungenvokal /ɔ/ in *salt* oder überoffenes /æ/ in *man*) artikulieren soll, die ihm im Deutschunterricht als vulgär angekreidet wurden (malen [mɔlə]). Dem Dialektsprecher wird also ein besseres visuelles Gedächtnis (für orthographische Regeln) und eine größere artikulatorische Begabung (zur Umsetzung von primärsprachlicher in hochsprachliche Artikulation) abverlangt als dem von vornherein hochsprachlich erzogenen Schüler.
(3) Im morphologisch-grammatischen Bereich können die Fehler ebenfalls auf Unterschiede im Sprachsystem zurückgeführt werden, die dem Lehrer, der keine oder nicht dieselbe Mundart spricht, in aller Regel nicht bewußt sind. Die Auflösung der Kasus (durch Wegfall der Flexionsendungen und deren Ersatz durch Präpositionalgefüge), die Unterschiede im Numerus (durch abweichend verteilte Pluralendungen) oder Genus (z.B. alemannisch *der Butter,* rheinisch *der Brill*) schlagen sich in Schülertexten nieder *(an den Bäume, bei den Nachbar ihr Haus, Bröter, Tellers, der Luft).*
Im Tempussystem der Verben gibt es für Dialektsprecher wieder andere Schwierigkeiten: Wenn er z.B. nur über eine einzige Vergangenheitsstufe (Perfekt) verfügt, muß er die anderen Vergangenheitsformen der starken Verben wie in einer Fremdsprache hinzulernen. Der Konjunktiv I kommt in seiner Primärsprache ebenfalls nicht vor, der (ihn ersetzende) Konjunktiv II wird je nach Dialekt höchst unterschiedlich (meist analytisch, im Bairischen jedoch durch das Suffix /-æd/) gebildet. Deshalb sucht der Dialektsprecher seine grammatische Unsicherheit in der Standardsprache durch Notlösungen zu überspielen

(Die Mutter hat einen Kuchen gemacht), die ihm dann aber als stilistische Fehler angekreidet werden. Die Ursache dieser Fehler ist jedoch nicht in der Lexik zu suchen, sondern in der Flexion.
Dies gilt auch für mundartlich durchaus gängige und sogar produktive Wortbildungsmuster, die (wie das alemannische Kollektivsuffix /-ete/ in *Schmatzete* oder *Kotzete*) in der Hochsprache so nicht vorkommen oder unterschiedliche Entsprechungen haben (*Ge-schmatze;* aber nicht: *Ge-kotze,* sondern *Erbrochenes*). Mit den Verbalpräfixen *er-, ver-, zer-,* bair. *der-* oder dem Adjektivsuffix *-ig* wird der Dialektsprecher ebenfalls leicht durcheinanderkommen, wenn die Hochsprache kein oder ein anderes Affix dafür vorsieht (wie in Fehlern des Typs *„dersaufen"/ertrinken, „derschlong"/erschlagen, „verkühlt"/erkältet, „leerig"/leer, „spitzig"/spitz, „ledrig"/ledern, „wutig"/wütend).* Vielfach müssen Wortbildungsregeln der Standardsprache überhaupt erst gelernt werden, wenn der Dialektsprecher statt abgeleiteter Wörter umständliche Wortverbindungen gebraucht *(„einer der wo spricht"/Sprecher).*
(4) Überhaupt kommen im lexikalisch-semantischen Bereich viele Normabweichungen vor, die im Schulaufsatz als Fehler angestrichen werden, aber der Dialektnorm des Schülers entsprechen. Sein Wortschatz umfaßt z. B. Wörter, die in der Standardsprache gar nicht vorkommen oder einen vulgärsprachlich markierten Stilwert haben (alemannisch *„Fusi"/Unordnung, „Tier"/resolute Frau*). Mit solchen Wortfeldern, die durch Natur, Werkzeuge, Tätigkeiten, Affekte usw. geprägt sind, können aber gerade die Kinder von Bauern, Arbeitern und Handwerkern in der Schule in aller Regel kaum etwas anfangen. Umgekehrt fehlen ihnen viele Wörter der Hochsprache (Abstrakta, Gattungsbezeichnungen vor allem). Die größten Schwierigkeiten bereiten jedoch die Wörter, die im Dialekt eine andere Bedeutung haben, die der Lehrer entweder gar nicht kennt oder von ihm als auf einer anderen Stilebene angesiedelt empfunden werden *(„Ranzen"/Bauch, „saufen"/trinken, „wîp"/Frau).*
(5) Schließlich kommt es auch im syntaktischen Bereich oft zu Überschneidungen mit stilistischen oder textsortenspezifischen Problemen. Da Dialekte meist nicht über so viele Konjunktionen verfügen wie die Standardsprache, fällt die Übertragung logischer Zusammenhänge aus der Mundart nicht leicht, wenn ihren wenigen Konjunktionen viele Varianten in der Hochsprache entsprechen (z. B. finales *daß: daß, damit, auf daß, um zu;* konzessives *trotzdem: obwohl, obgleich, obschon, obzwar, trotzdem, ungeachtet, gleichwohl, wenn auch* etc.). Ähnliches gilt für die Präpositionen, bei denen Bedeutungsunterschiede zudem noch unterschiedliche Kasus des folgenden Substantivs bewirken und damit zu Doppelfehlern führen können - sowohl bei der Präposition (z. B. dialektales *für* gegenüber hochsprachlichem *für* + Akkusativ, *zu* + Dativ, *gegen* + Akkusativ, *an* + Akkusativ, *vor* + Akkusativ, *vor* + Dativ oder hochsprachliches *zu* gegenüber dialektalem *bei* + Akkusativ/Dativ, *für* + Akkusativ, *gegen* + Akkusativ, *an* + Akkusativ, *nach* + Dativ/Akkusativ usw.) als auch beim Kasus des folgenden Substantivs *(er sagte für mich, der wollte bei mir im Bett, er hat das an Vatern gesacht).*
Das Fehlen des Genitivs im Dialekt führt in substantivischen Attributen meist dazu, daß dieser durch andere Konstruktionen ersetzt wird *(meinem Freund sein Bruder).* Oft werden solche und ähnliche Bildungen dann von Lehrern, die sie

nicht als dialektbedingte Normabweichungen zu lesen vermögen, pauschal als Stilfehler klassifiziert. Als Folge wird der weniger variationsreiche Sprachstil der Dialektsprecher dann gern als ‚restringierter Code' (→ S. 512) eingestuft, und von diesem schließt man voreilig auf die Intelligenz des Schülers. Die Beschränkung ist aber häufig keine sprachliche, geschweige denn geistige, sondern allenfalls eine regio-kulturelle.

Pflege des Dialektes und Erziehung zur Standardsprache

Soll man nun den Dialekt ‚abschaffen'? Soll man ihn stillschweigend dulden? Soll man ihn fördern? Jede dieser Forderungen wurde erhoben und begründet. Jede ist in sich einseitig.

(1) Erfahrungen in anderen Ländern zeigen, daß Versuche, regionale Varietäten von Nationalsprachen zu verdrängen, gescheitert sind und oft sogar deren Erstarken bewirkten. Aber auch pädagogische und psychologische Bedenken sprechen dagegen, Dialekte radikal ‚ausmerzen' zu wollen. Der Aufwand wäre zu hoch, die Sprecher der Standardsprache würden einseitig bevorzugt, die Dialektsprecher wären dem ständigen Widerspruch ausgesetzt zwischen den Kommunikationsnormen, die zu Hause und die in der Öffentlichkeit gelten.

(2) Die zweite Position wird u.a. in Bayern vertreten. Dort hat man es aufgegeben, von den Schülern zu verlangen, lautreine Hochsprache zu sprechen. Dabei stellt sich freilich die Frage, inwieweit diese Erziehung zur „volkstümlichen Hochsprache", „bairischen Lesesprache" oder „oberdeutschen Schulsprache" (Zehetner 1977) den Erwerb der Normen und Regeln der Standardsprache im schriftlichen Bereich behindert. Nachteile sind nicht auszuschließen, wenn diese ‚volkstümliche' Sprache in bestimmten Situationen standardsprachlichen Anforderungen nicht genügt.

(3) Die dritte Position will den Dialekt neben der Standardsprache im Deutschunterricht aktiv fördern, sei es aus sprachpflegerischen oder emanzipatorischen Gründen. Danach soll man in privaten Situationen Dialekt sprechen, in öffentlichen Situationen Standardsprache.

(4) Eine vierte Position setzt sich die „Erziehung zur funktional-situativ gesteuerten Diglossie" zum Ziel (Mattheier 1980). Dies besagt, daß der Dialekt in Situationen, in denen er auch vor dem Eintritt in die Schule schon gesprochen wurde, beibehalten werden kann, und daß die Standardsprache als zusätzliche Varietät zur Erfüllung bestimmter kommunikativer Bedürfnisse gelehrt wird. Der Dialekt wird nicht ersetzt durch die Standardsprache, so wenig wie das System der geschriebenen Sprache an die Stelle des Systems der gesprochenen Sprache tritt. Vielmehr ist ein Ausbau sprachlichen Regelwissens auf der Basis des schon vorhandenen angestrebt.

Durch Befragungen weiß man, daß sich Dialektsprecher durchaus ihrer Sprechweise und der damit verbundenen Probleme bewußt sind. In Bayern etwa empfinden sie Nachteile in der Schule (95%), im Beruf oder bei der Stellensuche (63%), im Umgang mit Ämtern und Institutionen (61%) und bei Aufenthalten außerhalb der heimatlichen Region (76%). Sie sehen aber ebenso klar die Vorteile: sie fühlen sich unter Dialektsprechern wohler (53%) und finden sie auch sympathischer (68%) als Sprecher der Standardsprache („Preißn"); und sie wol-

len ihren Dialekt trotz seiner Nachteile nicht aufgeben, sprechen auch mit ihren Kindern lieber Dialekt (69%), statt sie bewußt zur Hochsprache zu erziehen (13%), um ihnen bessere berufliche Chancen zu eröffnen (vgl. Rein 1981).
Dagegen haben sich bei einer Befragung im Rheinland immerhin fast 40% der Befragten dafür ausgesprochen, ihre Kinder zur Standardsprache zu erziehen (vgl. Hufschmidt u.a. 1983). Freilich können nicht alle das auch verwirklichen. Viele müssen erst eigene Sprachbarrieren überwinden, wenn sie nicht selbst über beide Varietäten verfügen. Die befragten Arbeiter und Handwerker haben denn auch eine positive Einstellung zum Dialekt, während die Beamten und Angestellten ihren Kindern verbieten, Dialekt zu sprechen, sie aber auch nicht als Außenseiter in einer Gemeinschaft Dialekt sprechender Kinder sehen möchten.
Auf die Idee einer bewußten Erziehung zur ‚Zweisprachigkeit' kamen die wenigsten - auch wenn sie praktiziert wird, etwa wenn die Mutter wegen der Schule mit ihren Kindern in der Standardsprache spricht, während der Vater die Mundart beibehält; oder wenn der Wechsel der Sprachlagen von der Situation abhängig gemacht wird („geschimpft wird in Platt"); oder wenn Eltern mit ihren Kindern bis zum Schuleintritt (und nach dem Schulabgang wieder) im vertrauten Dialekt sprechen, während der Schulzeit aber versuchen, die Standardsprache zu gebrauchen. Das doppelte Ziel, nämlich Pflege des Dialektes und Erziehung zur Standardsprache, bedarf der Aufklärung über die strukturellen, funktionalen und sozialen Unterschiede der Varietäten. Über beide zu verfügen und den eigenen Sprachgebrauch an die jeweilige Situation anpassen zu können, ist für den Sprecher so vorteilhaft wie die zusätzliche Kenntnis von Fremdsprachen.

Soziale Variation: Soziolekte

Sondersprachen

Soziale Gründe spielen im Sprachgebrauch grundsätzlich eine große Rolle. Die Summe der von einer sozialen Gruppe typischerweise gebrauchten Sprachzeichen, durch die die Gruppenmitglieder ihre Mitgliedschaft zu dieser Gruppe bekennen und nach außen zu erkennen geben, nennt man Soziolekte. Das Verhältnis von Sprache und Gruppe, das heute so aktuell scheint, ist ein traditionelles Thema der Sprachwissenschaft. Früher wurde es unter dem Stichwort Sondersprachen diskutiert. Schon im 16. Jh. wurden Wortsammlungen über Gaunersprachen angelegt. Volkskundliche Beobachtungen zu älteren Zunft- und Handwerkssprachen (Winzersprache, Seemannssprache, Jägersprache, Bergmannssprache usw.) finden in der heutigen Fachsprachenforschung ihre Fortsetzung (→ S. 512ff.). Das gilt auch für die Berufssprachen, die man - wie z.B. die Krämersprachen - ebenfalls schon früh aufgezeichnet hat. Die Übergänge zwischen Standes-, Berufs-, Fach- und Gruppensprachen waren zunächst fließend.
Oft liegen die Übergänge auch im Sprachgebrauch begründet. Das Rotwelsch der Schinder, Stromer, Prostituierten und Kunden übte mit dem Jiddischen der Handelsjuden und dem Zigeunerischen der Fahrensleute Einfluß auf die Handwerkssprachen fahrender Gesellen aus, die ihrerseits oft mit Studenten und

Burschenschaften in Kontakt kamen. Dadurch bildeten sich Jargons und spartentypische Argots aus, wie sie auch die Sprache der Landsknechte und Soldaten, der Prostituierten und städtischen Randgruppen kennzeichneten. Vielfach dienten sie der Verhüllung und Absonderung, um sich in bestimmten Situationen leichter und - etwa bei Anwesenheit Außenstehender - ungestört verständigen zu können. Klar, daß sich nicht nur Philologen, sondern auch die Polizei dafür interessierte. So hat das Central-Evidenz-Bureau der Wiener Polizei bereits 1853 ein Verzeichnis der „Diebssprache" erstellt.

Dies führt einerseits in den Bereich der Geheimsprachen, andererseits in die speziellen Codes subkultureller Gruppen. Oft sind ihre farbigen Metaphern oder lakonischen Euphemismen auch in die Umgangssprache eingedrungen: Ausdrücke wie *Etappenschwein* oder *Blindgänger* und *aus dem Ruder laufen* entstammen der Soldatensprache, *Bude, büffeln, burschikos* der Studentensprache, *unter Strom setzen, Fließbach machen* der Sprache von Alkoholikern, *Knastbrüder, Bruch machen* (Einbruch), *heiß umdekorieren* (Versicherungsbetrug durch Brandstiftung) der von Kriminellen, *Goldener Schuß, Babystrich, Drehscheibe* (psychiatrische Klinik) der von Drogenabhängigen. Die Sprache der Jugendlichen (→ S. 507ff.) bereichert die Umgangssprache jeden Tag.

Die Übernahme von Wörtern aus Sondersprachen in die gesprochene Sprache signalisiert den ständigen Wandel, dem subkulturelle Jargons unterworfen sind, wenn sie ihren Charakter als ‚Gruppenabzeichen' behalten wollen. Sie müssen sich ständig erneuern und abgrenzen, sonst werden sie von der Werbung, den Medien, der Alltagssprache aufgegriffen und ihrer gruppenspezifischen Funktionen entkleidet. Vielen Wörtern der Alltagssprache sieht man nicht mehr an, daß sie einmal der Gaunersprache entstammen: *Pinke* aus dem Rotwelsch, *verkohlen* aus dem Zigeunerischen (*kálo* = schwarz), *Pleite* aus dem Jiddischen (*pleto* < hebräisch *pelata* = Flucht).

Gruppensprachen

Jeder Mensch ist - noch vor allen Status- und Rollensystemen - in Gruppenzusammenhängen verflochten, in denen seine Identität entwickelt und mitgeformt wird. Den gemeinsam verbindlichen Verhaltensnormen sind die Mitglieder entweder zwangsläufig unterworfen, weil sie sich der Mitgliedschaft (in der Familie, der Schulklasse, der Berufsgruppe) nicht entziehen können; oder sie werden von den Mitgliedern freiwillig geteilt, weil sie sich in ‚informellen Gruppen' (Cliquen, Freundeskreisen, Hobbyclubs, Vereinen, Parteien) zusammengeschlossen haben.

Jeder Mensch ist Mitglied mehrerer Gruppen, aber er wechselt deshalb nicht mit der Gruppe jedesmal auch seine Sprache. ‚Gruppensprache' bedeutet vielmehr, daß die Sprache als Ausdruck für eine bestimmte Gruppenzugehörigkeit aufgefaßt wird: „Sprache als Gruppenabzeichen" (Bausinger 1984). Sie trägt bei zum Zusammenhalt derer, die diese Sprache so gebrauchen, aber auch zur Abwehr derer, die sie so nicht gebrauchen. Die Folge ist oft ein gewisser Anpassungsdruck: es wird ‚soziale Kontrolle' ausgeübt. Aber das macht die Gruppe nicht zu einem Zusammenschluß unterschiedsloser Einheitswesen. In jeder Gruppe bilden sich meist schnell verschiedene Arbeitsteilungen und Rollenausprägungen aus. Normierung und Differenzierung des Verhaltens in Gruppen halten sich also die Balance.

Gruppentypisches Verhalten betrifft nicht nur den Sprachgebrauch. Als Abzeichen dienen auch Kleidung und Frisur, Gesten und Gebärden. Natürlich denkt man dabei gleich an Punks und Rocker, Randgruppen und Subkulturen. Dabei ist der Begriff unabhängig von sozialer Schicht, Bildung, Position. Das Phänomen hat es schon immer gegeben: von den Urchristen über die Spartakisten, Vaganten, Zigeuner, Ghetto-Juden, Jakobiner, Freimaurer, Bohème bis zu den Hippies, Sanyasins oder Skinheads. Subkulturen der Alkoholiker, Körperbehinderten, Motorradfreaks, Drogensüchtigen, Homosexuellen, Baptisten setzen sich aus Angehörigen aller sozialen Schichten oder Klassen zusammen. Insofern ist es eigentlich nicht gerechtfertigt, wenn Soziologen und Psychologen zum Thema ‚Subkultur' immer nur Prostituierte, Kriminelle und Asoziale, Jugendbanden und psychisch Kranke einfallen. Auf den Gedanken, Diplomatische Corps oder schlagende Verbindungen, Jagdgesellschaften und Golfclubs, Presbyterien oder Gewerkschaftsverbände oder ihre eigene Gruppe unter gruppensoziologischen, -psychologischen, -sprachlichen Aspekten zu untersuchen, kommen sie in der Regel nicht.

Dabei weist das Soziologendeutsch oder der Jargon der Psychologen durchaus gruppensprachliche Züge auf. Sie glauben, über Sachverhalte und über ihre Arbeit zu reden, und wissen nicht (würden vielleicht sogar abstreiten), daß sie sich damit auch als Gruppenmitglieder zu erkennen geben. Fachsprache fungiert manchmal auch als Gruppensprache. In solchen Fällen ist nicht ihre fachliche Angemessenheit und Verständlichkeit entscheidend, sondern ihre gruppendynamische Akzeptabilität. Es genügt keineswegs, die Fachwörter genau gelernt zu haben; wer in seiner Gruppe akzeptiert werden will, muß sie gezielt einzusetzen und richtig anzuwenden verstehen. Das setzt nicht nur Sachkenntnis voraus, sondern eben auch Vertrautheit mit dem sozialen Klima im Kollegenkreis.

Der Psycho-Jargon soll hier nur als ein Beispiel dafür dienen, wie eine vermeintlich neutrale Fachsprache in die Alltagssprache eindringt und in bestimmten ‚Szenen' zum subkulturellen Signal wird (→ S. 527). Den Fremdwörtern *(Libido, Projektion, Rationalisierung)* sieht man ja ihre fachsprachliche Herkunft gleich an. Aber gerade die harmlos aussehenden Wörter einer Fachterminologie wie *Selbstwahrnehmung, Selbsterfahrung, Selbstverwirklichung* erleichtern dem Jargon der Psycho-Szene seine Verbreitung im Alltag. Die Bläßlichkeit der meist im Plural auftretenden *Gefühle, Probleme, Krisen, Energien, Unsicherheiten, Ängste* wird durch übertreibende Adjektive (rhetorisch: Hyperbeln) farbig aufgefrischt: beim nichtigsten Anlaß kommen *ungeheure Aggressionen* in einem hoch und werden *voll rausgelassen („Du nervst mich echt! Das is ja vielleicht 'n Streß hier! Also echt tierisch, dein scheiß-freundliches double-bind-Gelaber!"),* mit einem Partner hat man bei jeder Meinungsverschiedenheit *unheimlich Probleme,* wer nicht sofort sein Innerstes nach außen kehrt, ist *total zu* und *verkopft* und *blockt unheimlich ab,* redet *absolut abgehoben,* statt *vom Bauch her* seine *Verkrustungen aufzubrechen* und seine *Verletzlichkeiten* auf den Tisch des Hauses zu legen.

Man muß nicht in den Gemeinschaftsraum einer „alternativen WG" hineinhö-

ren, um in der Alltagskommunikation solcher Subkulturen auf einen Fundus psychologischer Termini zu stoßen: jedermann ist da „irgendwie“ *depressiv, frustriert, autoritär, introvertiert, narzistisch, neurotisch.* Wer viel schläft, ist *regressiv;* wer wenig schläft, steht wahrscheinlich unter *Leistungsstreß,* mit dem er seine *Libido sublimiert.* Ein morgendlicher Kater wird zur *Flucht in die Krankheit,* beim Frühstück wird erstmal *Traumarbeit* verordnet; wer sich mit seinem Vater streitet, hat mindestens einen *Ödipuskomplex,* lenkt er ein, *identifiziert er sich mit dem Aggressor;* eine Kritik ist vermutlich *Projektion,* ein Versprecher im Zweifel *Freudsche Fehlleistung.* Die Verbreitung psychologischer Fachbegriffe wie *Abwehr, Rationalisierung, Triebregung, Sadismus, Minderwertigkeitskomplex, Entfremdung* schreitet rasch voran, beschleunigt durch die Medien.
Nicht in allen gesellschaftlichen Schichten freilich: in der Wohnküche der Arbeiterfamilie wird man vergeblich auf Begriffe aus der psychologischen Fachsprache warten. Diese bereichern das Geplauder auf den Parties der Intellektuellen und die Beziehungsgespräche von Studenten der Geisteswissenschaften. In solchen Gruppen drückt man Gefühle nicht mehr mit poetischen Metaphern aus. Man *verschenkt sein Herz* nicht mehr, sondern *konzentriert seine Gefühle auf jemanden,* der einem *in letzter Zeit unheimlich wichtig geworden ist.* In des Lebens Mitte hält man nicht mehr kritische Rückschau, sondern *macht eine Midlife Crisis durch.* Der fachsprachliche Begriff wird zum Klischee. Er dient nicht mehr als Werkzeug der Erkenntnis, sondern als Mitgliedschaftsausweis. Sprache wird so zum Gruppen-Zeichen.

‚Jugendsprachen‘: Variation und Alter

Ein besonders plastisches Beispiel für die Verwendung der Sprache als Gruppen-Zeichen ist die Sprache der Jugendlichen. Das ist natürlich sehr pauschal, denn d i e Sprache d e r Jugendlichen gibt es nicht. Dennoch verstehen viele Ältere die Jugendlichen nicht, und diese grenzen sich in ihrem Sprachgebrauch bewußt ab von der *cleanen* Sprache der Erwachsenen. Dabei müssen sie sich ständig etwas Neues einfallen lassen, denn clevere Werbeleute greifen die neuen Ausdrücke gerne auf, je greller desto lieber. Moderatoren im Radio und Fernsehen biedern sich den jungen Hörern an, indem sie vermeintlich ihre Sprache gebrauchen. Die Musikmagazine schreiben ein jugendliches ‚Anglo-Deutsch‘, das manche Eltern zu Unrecht um den Bestand der deutschen Sprache fürchten läßt.
(1) Der unbekümmerte Umgang mit englischen Versatzstücken gilt als ein besonders typisches Merkmal jugendlichen Sprachgebrauches. Einige Beispiele aus Jugendzeitschriften wie „Bravo“ oder „Pop“ sollen dies illustrieren (Hess-Lüttich 1984). Das beginnt schon mit der S c h r e i b w e i s e. Mit den Regeln der Orthographie wird recht großzügig umgegangen. Deutsche Großschreibung oder englische Kleinschreibung finden sich bei den Übernahmen aus dem Englischen ohne weiteres nebeneinander: *Underground/underground, Kids/kids.* Das englische *c* wird manchmal zum deutschen *k,* oft auch nicht: *stage act/ Stage-Akt.* In spielerischer Verfremdung werden englische Wörter auch gern phonetisch geschrieben: *action/Äktschn, comics/Kommicks* - nach dem Motto „Schreibe, wie du sprichst“.

Dies gilt übrigens auch in stilistischer Hinsicht: ein Merkmal der Texte jugendlicher Autoren (oder der sich an Jugendliche wendenden Texte in den Pop-Zeitschriften) ist die Tendenz, die geschriebene Sprache der gesprochenen Sprache anzunähern. Auslassungen werden oft nicht mehr durch das Apostroph gekennzeichnet: *son Undergroundschmarrn, Kampf ums Jugendhaus.* Anredefloskeln *(hey Fans!),* Gesprächspartikeln (angehängtes *ne?, was?, oder?, und so*), Verzögerungslaute *(äh, hm)* werden in den Text aufgenommen, lockern ihn auf und machen z. B. eine Musikkritik zum Gespräch mit dem Leser: *Hey Fans, das war ne super Scheibe, was!*
(2) Natürlich ist auch die Grammatik durch das Englische beeinflußt, z. B. bei der Pluralbildung. Obwohl das Wort *Teenager* schon in den 50er Jahren fest in die deutsche Sprache integriert wurde, ist in einigen Jugendmagazinen neuerdings wieder die englische Pluralbildung mit dem *-s*-Suffix zu finden: *die Teenagers.* Die umgekehrte Tendenz zur Angleichung an das deutsche Muster (Wörter auf *-er*) ist jedoch häufiger: *die Trendsetter, im Stil der Ex-Kraut-Rocker, von den Promotern, neben den Teenyboppern.* Manchmal schwankt der Gebrauch, und es ist schwer zu entscheiden, ob sich *die Punker* oder *die Punks* durchsetzen werden.
(3) Auch die Genusbildung ist bei der Übernahme von englischen Wörtern noch oft schwankend: *er brachte den vollen power* neben *auf der Bühne hat er dieselbe power wie hinter den Kulissen.* Die *Television* ist nach dem „DUDEN" zwar Femininum, aber für viele Jugendliche ist es Neutrum, und sie sprechen es [téləviʒən] aus.
Meistens wird das grammatische Geschlecht dem der nächsten lexikalischen Entsprechung angeglichen (Analogiebildung): die Musikstile *(der Beat, der Blues, der Bluegrass, der Country, der Folk, der Soul)* sind im Deutschen alle Maskulinum wie ‚der Stil' (aber: *ey, wir fahren raus in die country*); *das Tape* ist Neutrum wie ‚das Tonband', *die jam-session* Femininum wie ‚die Sitzung'.
LP (Elpie, El Peh) ist zwar Femininum wie *die Single* (im Unterschied zu *das Single* im Tennis oder *der Single* = Junggeselle), aber auch eine Abkürzung von *der Longplayer,* in diesem Falle Maskulinum wie die entsprechenden Bildungen auf *-er: der Dealer, der Pusher, der Tuner.* Nach demselben Lehnwortmuster sind die Wörter auf *-ion* Feminina *(Promotion, Sophistication),* die auf *-ing* Neutra *(Feeling, Timing)* und die auf *-ster* oder *-or* Maskulina *(Youngster, Roadster; Moderator, Sponsor).*
(4) Auch die Verben werden von den Jugendlichen mühelos in das deutsche Flexionssystem eingepaßt *(jammen, comebacken, live-acten)* und oft mit deutschen Präfixen versehen *(los-powern, eintunen, abchecken).* Die Sprache der Erwachsenen bleibt übrigens von dem Einfluß des Englischen auch nicht unberührt: sie müssen am Flughafen *einchecken, jetten* durch die Welt, haben eine Sendung *gefeatured* oder eine Sache *gemanaged,* wollen einen *Song promoten* und müssen gelegentlich einen Termin *canceln,* damit sie 'mal *relaxen* können. Weit entfernt davon sind die Jugendlichen nicht, wenn sie über *leicht angepunkte Shows* berichten, einem *total abgefuckten Typen* helfen wollen, einer Platte ein *swingendes feeling* bescheinigen.
(5) Genauso unbekümmert werden Adjektive und Attribute eingedeutscht: ein *tougher Typ* (auch: *taffe Typen*), *dieses Album ist eins der livesten.* Adjektive

auf *-ig* können sowohl von der englischen Entsprechung auf *-y* abgeleitet sein *(speedig, jazzig, funkyger Soul)* oder von Substantiven *(spacig, popig, soulig, oldig* - eine Ableitung aus *Oldie,* nicht aus *old!).* Manchmal werden sie aber auch unverändert übernommen: *Das Piano spielt softly im background; die Musik ist teils rocking, teils dreamy.*

(6) Die Farbigkeit jugendlichen Wortschatzes würde selbst eine einfache Wortliste leicht zur amüsanten Lektüre machen. Hier sollen nur die beliebtesten Wortbildungsmuster genannt werden (Ortner 1982): Verbindung zweier Substantive wie in *Technikfreaks* oder *Popperscene;* Kombination von Substantiv mit Adjektiv wie in *Jungpunker, Live-Gig, Creativ-Rock,* mit Verbstamm wie in *Relax-Album, Experimentier-Label,* mit Partikeln wie in *In-Kreise,* mit Zahladjektiv wie in *Erst-LP, 10-Tage-Nonstop-Sweet-Tour,* mit festen Wendungen wie in *das Back-to-the-Roots-Fieber, eine It's a beautiful day-Stimmung.*

Beliebt sind auch phantasievolle Wortreihungen wie in *die Marlboro/Camel/Go West-Generation, die Pop-Off-Flower-Alternativ-Szene,* intelligente Wortkreuzungen wie in *Show-fanster, Triumtransvestirat, trancesylvanisch, Heepsteria* (Band: ‚Uriah Heep'), *Who-rra* (Band: ‚The Who') und Wortkürzungen (*C & W* statt *Country and Western*). Aber auch Partizipialfügungen, Adjektivzusammensetzungen und Verbableitungen werden zum Spiel mit der Sprache genutzt: *floydtrunken* (Band: ‚Pink Floyd'), *purplegeeignet* (Band: ‚Deep Purple'), *undergroundiger Soul.*

(7) Natürlich kommen die vielen englischen Wörter in den Alltagsgesprächen der Jugendlichen nicht so konzentriert vor, wie die Beispiele hier suggerieren könnten. Der Ton der Jugendsprache ist zudem durch viele andere Merkmale bedingt. Einen Eindruck von der tatsächlich gesprochenen Sprache Jugendlicher kann vielleicht ein Tonbandprotokoll aus einem Interview mit Jugendlichen aus der Aachener Punk-Szene vermitteln (Maas u.a. 1982):

I.: was denkt ihr über das interview?
H.: überhaupt nix ...
T.: dat is, dat is, son pallawer is dat irjendwie so ...
H.: besser als langeweile am markt schieben
P.: dat is ne voll coole ausrede
D.: das geilste is doch, musik zu machen und schlagzeug zu spielen
T.: ja, dat is gut, musik machen, dat macht wirklich bock ej
R.: ja, find ich auch
H.: dat macht todesbock
D.: das könnt ich nen ganzen tag machen, wenn ich damit fünfhundert mark im monat verdienen könnte, würd ich sofort mit jeder schule aufhörn
P.: ich auch
T.: Booaa ej, wir machen einen auf CHARGE, ziehn auch zusammen in irgendein haus ej
H.: son haus kriegste hier in deutschland nich
D.: wir könn ja auch nach london ziehen
P.: bin ich voll für
H.: da bin ich voll reif für, aus diesem scheiß kaff hier auszuziehn
T.: wir fahrn nach london, dann bleiben wir da erst mal nen bißchen
?.: da gibts noch mehr arbeitslose als hier
D.: is doch egal, in london kannste für zehn pfund inner woche nen haus mieten und deutsche musik is da ne attraktion, freund ... wetten daß? guck

> dir doch mal neunmann an oder DAF, die sind so stark, die kriegen se da schon gar nich mehr, so stark sind die. wenn der frisör allein schon loslegt, dann könnten wir da schon was werden, mann der is zwar doof, aber gitarre spielen kanner.

Wer solche Gespräche richtig verstehen (und analysieren) will, muß sich auf das Gruppenbewußtsein einlassen, das in ihnen zum Ausdruck kommt. Spezialwortschatz und Insiderfloskeln bilden zusammen mit Kleidung und Frisur ein gruppentypisches Zeichensystem, das der Abwehr der anderen nach außen und dem Zusammenhalt der Gruppe nach innen dient (→ S. 505).

‚Frauensprachen‘: Variation und Geschlecht

Wenn die Rede ist von Frauensprachen oder Männersprachen, so ist damit der typische Sprachgebrauch von Frauen und Männern gemeint im Sinne geschlechtsspezifischer Varietäten. In Analogie zum Dialekt und Soziolekt hat man solche Varietäten auch Sex(o)lekte genannt. Man hat früher zuweilen bestritten, daß es sie überhaupt gibt. Heute weiß man mehr über die Unterschiede im Sprachgebrauch zwischen Männern und Frauen. Sie können in manchen exotischen Sprachen recht groß sein; sie können die Grammatik betreffen oder den Wortschatz oder das Gesprächsverhalten. Im Deutschen sind sie eher gering, aber doch durchaus vorhanden. Ihre Bewertung ist freilich strittig.

In der ‚Frauensprach-Debatte‘ werden sie von feministischen Sprachwissenschaftlerinnen als Indizien ‚sexistischer‘ Benachteiligung von Frauen gewertet; ihre männlichen Kollegen spielen ihre Bedeutung eher herunter. Die einen sagen, die maskuline Pluralform in *die Studenten, die Lehrer* usw. mißachte die darin enthaltenen weiblichen Mitglieder der Gruppe. Die anderen sprechen von der Geschlechtsneutralität der Pluralform. Man hat sogar Richtlinien zur Vermeidung ‚sexistischen‘ Sprachgebrauchs herausgegeben. Im Falle der Berufsbezeichnungen und Stellenanzeigen werden sie in der Tat zunehmend beachtet. Aber oft ist man sich gar nicht bewußt, daß sich Frauen durch Ausdrücke wie *Der Student von heute, Der kleine Mann hat nichts davon, Frauen und Männer sind gleichberechtigt: jeder kann sich davon überzeugen* diskriminiert fühlen könnten. Sogar das generische *man* ist vielen Frauen, Etymologie hin oder her, verdächtig, und sie schreiben lieber *man/frau muß lernen* ... (→ S. 429).

Die maskuline Form werde immer bevorzugt und das sei kein Zufall, argumentieren sie. Wie würde es klingen, wenn man sagte: *Der Herr Kollege xy ist eine Leuchte, über deren Beitrag sich ihre Kolleginnen nur wundern können?* (vgl. Pusch 1984). Da haben es Sprachen ohne grammatisches Geschlecht wie das Finnische oder Ungarische doch leichter. Obwohl das Verhältnis von natürlichem und grammatischem Geschlecht im Deutschen eher willkürlich ist (*der Mond* ist im Französischen Femininum, *die Sonne* Maskulinum usw.), gibt es interessante Präferenzen der Genuszuweisung z. B. bei der Übernahme englischer Wörter ins Deutsche (→ S. 508). Jeder wird einräumen, nicht dieselbe Bedeutung zu assoziieren, wenn man sagt *Er ist ein Profi* oder *Sie ist eine Professionelle.* Man hat beobachtet, daß viele weibliche Bezeichnungen von der

männlichen Grundform abgeleitet sind *(Pilotin),* aber selten umgekehrt männliche Bezeichnungen von der weiblichen Grundform *(Enterich).*
Auch die Unterschiede auf der phonetisch-prosodischen Ebene, die Tonhöhe etwa, seien nicht nur biologisch bedingt, sondern erfüllten z.T. zugleich soziale Erwartungen: Frauen würden angeblich besser artikulieren, Prestigeformen der Aussprache lieber benutzen als Männer, schneller sprechen und weniger monoton als diese. Aber da dürften die Ausnahmen von der Regel gewiß ebenso häufig sein wie bei den Unterschieden auf der syntaktischen Ebene, auf der man bei Frauen mehr hyperkorrekte Formen, Fragesätze, Höflichkeitsfloskeln usw. gezählt hat als bei Männern.
Geschlechtstypische Formen des Rollenverhaltens treten jedoch eher im Gespräch zutage als im grammatischen System: die längeren Gesprächsbeiträge der Männer, deren häufigere Abwehr von Versuchen der Frauen, das Wort zu ergreifen, all das sei Ausdruck der sozialen Dominanz der Männer, so die feministischen Sprachwissenschaftlerinnen. Frauen tendierten eher zum detaillierten Bericht über persönliche Erfahrungen, Männer zur präziseren (pseudo-)objektiven Darstellung von Sachverhalten. Frauen seien eher personorientiert in ihren Gesprächsbeiträgen, Männer seien eher sachorientiert, problembezogen, hätten Hierarchie und Wettbewerb im Sinn. ‚Weibertratsch' und ‚Kneipengespräch' - die Vorurteile sprießen, und auch manche linguistische Untersuchung scheint nicht frei davon. Andererseits haben manche Männer, wenn sie ‚typisch weiblich' reden und sich verhalten wollen, recht genaue Vorstellungen davon, wie das auszusehen hat. Manche Frauen werden infolge ihres sprachlichen Verhaltens als bemerkenswert ‚männlich' eingestuft. Unterschiede gibt es offenbar, die Sprachwissenschaft muß sie nur noch genauer nachweisen als es bislang gelungen scheint.

Sprachschichten, Sprachbarrieren

Sprechen dient im Alltag immer auch der Bewältigung von Wirklichkeit. Häufig sehen wir uns jedoch Situationen ausgesetzt, die wir sprachlich nicht ohne weiteres bewältigen können: Verständigungsprobleme tauchen auf, wenn der Patient seinen Arzt nicht versteht, der Angeklagte das Plädoyer seines Rechtsanwaltes nicht durchschaut, der Bürger sich das Amtsdeutsch ins Verständliche zu übersetzen sucht, der Professor dem Automechaniker einen Reparaturwunsch zu erklären versucht.
Solche Kommunikationsschwierigkeiten sind häufiger als man denkt, und sie haben meistens gar nichts mit dem Sozialstatus der Sprecher zu tun. Aber sie sind leichter zu überwinden, wenn man über ein größeres Repertoire sprachlicher Möglichkeiten verfügt. Das wird immer wichtiger in einer Zeit, in der sprachliche Fähigkeiten in immer mehr Berufen zu einem der Auswahlkriterien werden. Wenn aber in einer demokratischen Gesellschaft allen die gleiche Chance zu beruflichem Fortkommen eingeräumt werden soll, wird die frühe Festlegung eines Menschen auf die Sprache seiner sozialen Herkunft zum Problem. Die Volkssprache der Bauern und der Arbeiter und die ‚gehobene' Sprache der Bürger und Gebildeten sind traditionelle Sprachlagen, die als Ausdruck der Soziallagen ihrer Sprecher immer weniger geschlossene Gültigkeit besitzen.

Grenzüberschreitungen in beiden Richtungen werden erforderlich. In der modernen Landwirtschaft sieht sich der Bauer auch sprachlichen Anforderungen ausgesetzt, die er mit seinem heimatlichen Dialekt nicht mehr erfüllen kann; der Facharbeiter muß komplizierte Bedienungsanleitungen verstehen und seinen Lehrlingen erklären können, der Ingenieur muß Arbeitern Anleitungen zur richtigen Ausführung seiner Konzeption geben können. Der Politiker muß komplizierte Sachverhalte breiten Wählerschichten plausibel machen können, ohne sie ‚für dumm' zu verkaufen. Immer sind Sprachbarrieren zu überwinden.

Die Rede von Sprachbarrieren zielt weniger auf spezielle Verständigungsprobleme, sondern auf den gesamten Sprachgebrauch der Menschen einer sozialen Schicht. Die Beobachtung, daß Menschen aus verschiedenen sozialen Schichten unterschiedlichen Gebrauch von der Sprache machen, ist nicht neu. Aber seit einiger Zeit versucht man, die Bedingungen dafür genauer zu erforschen mit dem Ziel, den starren Zusammenhang von Sprachschicht und Sozialschicht aufzubrechen, um soziale und sprachliche Benachteiligungen zu vermindern. Einen wichtigen Anstoß dazu hat die Soziolinguistik der 60er und 70er Jahre gegeben.

Am bekanntesten ist die Theorie des britischen Soziologen Basil Bernstein geworden, der die verschiedenen Sprechweisen aus den sozialen Bedingungen ihrer Sprecher zu erklären suchte. Er beschrieb die Charakteristika der Sprache von Angehörigen der Arbeiterschicht *(working class)* und der Mittelschicht *(middle class)*. Die Sprache der Arbeiter sei konkreter und ziele auf Handeln und Tatsachen, ihr Wortschatz sei kleiner, der Satzbau einfacher. Die Sprache in der Mittelschicht sei demgegenüber abstrakter, allgemeiner, eher argumentativ und motivierend, differenzierter im Wortschatz, komplizierter im Satzbau. Diese beiden sprachlichen Varietäten bezeichnete er als ‚restringierte' und ‚elaborierte Codes', als einfachen und entfalteten Redestil.

Einige ihrer Kennzeichen seien hier genannt, obwohl ihr Nachweis schwierig und umstritten ist. Der restringierte Code weise häufig kurze, grammatisch einfache, oft unvollständige Sätze auf; das Subjekt werde nicht über längere Strecken durchgehalten, was zu Verständnisschwierigkeiten führen kann; Nebensätze seien selten durch Konjunktionen untergeordnet, die zeitliche oder kausale Beziehungen ausdrücken (Satzgefüge; → S. 342 ff.), sondern mit einfachen Konjunktionen wie *und, denn, so* nebenordnend (Satzverbindung; → S. 338 ff.) angeschlossen. Ein kleines Repertoire von Adjektiven und Adverbien genüge den Sprechern für ihre Bedürfnisse, ihr Wortschatz sei begrenzt, und die Wörter also leicht vorherzusagen; dafür gebrauchten sie gern Sprichwörter, Redensarten, Allerweltsfloskeln (Stereotypen), die schwierige Begründungen von Argumenten vermeiden helfen. Und häufig versicherten sie sich des Einverständnisses in der Gruppe *(wir)* und des Kontaktes mit dem Gesprächspartner durch eingeflochtene Rückfragen *ne?, stimmt's nich?, hab ich recht?, oder?, wa?* (daher auch ‚Kontaktparenthesen' genannt).

Der elaborierte Code diene in stärkerem Maße der sprachlichen Differenzierung. Das zeige sich im Satzbau, der zeitliche, logische, kausale Beziehungen durch entsprechende Konjunktionen wie *weil, wonach, indem* usw. und untergeordnete Nebensätze (Satzgefüge) genauer reflektiere. Absichten, Vorannahmen,

Unterstellungen würden als solche ausgewiesen, Argumentationsketten hierarchisch geordnet, Begründungen und Schlußfolgerungen richtig abgeleitet, die Satzmuster auch über mehrere Nebensätze hinweg durchgehalten und korrekt zu Ende geführt. Eine Vielzahl von Präpositionen, Adjektiven, Adverbien, Verberweiterungen, zahlreiche lexikalische Benennungen und Differenzierungsmöglichkeiten bildeten die Vielfalt des Gemeinten sprachlich genauer ab.
Schön wär's. Die Praxis der Sprachverwendung sieht meistens anders aus. Die gesprochene Sprache im Alltag, in privater Atmosphäre und vertrauter Umgebung, ist auch unter Angehörigen der Mittelschicht oft stark ‚restringiert'. Mancher Arbeiter kann über seine Erfahrungen, seine Arbeit oder sein Hobby so anschaulich, klar und konkret sprechen, wie es mancher „Gebildete" nicht vermöchte. Es kommt also immer auf die Funktion an: will ich im Freundeskreis Alltagserfahrungen austauschen oder unabhängig von der gegebenen Situation komplexe Zusammenhänge aufdecken? Will ich Gefühle vermitteln im vertrauten Gespräch oder Denkprozesse erläutern in einem öffentlichen Auditorium? Beide Codes sind für bestimmte Zwecke, in bestimmten Hinsichten funktionstüchtig. Deshalb ist derjenige im Vorteil, der über beide Codes verfügen und je nach ihrer spezifischen Funktion praktisch anwenden kann.

Sprache als soziales Symptom

Ein Sprecher verfügt über mehrere Möglichkeiten, ‚dasselbe zu sagen'. Niemand spricht immer ‚dieselbe Sprache'. Wir nutzen die vielfältigen Nuancen der Sprache für unsere Zwecke. Wir sind nicht nur, wie manche linguistischen Modelle suggerieren, ‚Sender' von Botschaften, nicht nur Produzenten von Sprechakten. Die Äußerung eines Sprechers ist, im schönen Doppelsinn des Wortes, immer auch Äußerung seiner selbst: er kehrt nach außen, was ihn für den anderen als ‚Person' identifiziert, als ‚soziales Subjekt' in der Gemeinschaft. Er kann dies mehr oder weniger bewußt, mehr oder weniger absichtsvoll, mehr oder weniger eindeutig tun, aber er kann es nicht n i c h t tun, wenn er sich mit jemandem austauschen will.
Dabei geht es nicht nur und nicht in erster Linie um das, was ein Sprecher über das Sprechen hinaus sonst noch alles tut oder signalisiert. Nicht nur darum, daß er etwa durch seine Uniform dem Partner Schlüsse über seine berufliche Rolle nahelegt; daß er in ironischer Rede durch Zusatzzeichen (Augenzwinkern, Intonation) deren ‚eigentlichen' Sinn zu erkennen gibt; daß seine Mimik im Widerspruch zu seinen Worten steht und den Partner die Paradoxie dieser ‚doppelten' Mitteilung verwirrt; daß er durch Symbole in seiner Umgebung seinen Status zu unterstreichen sucht. Vielmehr geht es um jene seit der Antike bekannte Doppeleigenschaft des Zeichens, zugleich S y m b o l für den gemeinten Inhalt (den ‚Referenten') zu sein und S y m p t o m für Merkmale seines Produzenten. Diese Funktion des sprachlichen Zeichens erlaubt dem Empfänger über das Verständnis dessen, was es d a r s t e l l t („Gegenstände und Sachverhalte"), hinaus zugleich Schlüsse über den, der es a u s d r ü c k t, zu ziehen.
Die Merkmale können symptomhafte Anzeichen sein für höher oder geringer geschätzte Sprechweisen (Stigma- oder Prestige-Varietäten), für Sprachschichten und Gruppensprachen (diastratische Varietäten: Soziolekte), für die regio-

nale oder ethnische Herkunft der Sprecher oder ihre fachliche Ausbildung (Dialekte, Regiolekte; ‚Pidgin-Deutsch', ‚foreigner-talk'; Technolekte), ihr Alter oder Geschlecht (‚baby-talk', Jugendsprache, Sex[o]lekte). Bestimmte soziale Gruppen lassen sich auch über die Form ihres Sprachgebrauchs definieren (Berufs-, Fach-, Wissenschaftssprachen).
Das Interesse an der sozialen Funktion von Sprache eröffnet der Sprachbeschreibung eine zusätzliche Perspektive. Die verschiedenen Möglichkeiten sozialer Markiertheit sprachlicher (und außersprachlicher) Zeichen können auf allen Ebenen beschrieben werden. Solche Beschreibungen könnten die Bausteine liefern zu einer ‚Sozio-Grammatik': eine wichtige Ergänzung der traditionell literatursprachlich orientierten Standard-Grammatik und der noch zu schreibenden Standard-Grammatik der gesprochenen Sprache.

Bausinger, Hermann 1984: Deutsch für Deutsche. Dialekte, Sprachbarrieren, Sondersprachen, Frankfurt/M.
Besch, Werner u.a. (Hrsg.) 1983: Dialektologie. Ein Handbuch zur deutschen und allgemeinen Dialektforschung, Berlin/New York
Hartig, Matthias (Hrsg.) 1981: Angewandte Soziolinguistik, Tübingen
Hasselberg, Joachim 1976: Dialekt und Bildungschancen, Weinheim/Basel
Hess-Lüttich, Ernest W.B. 1984: Kommunikation als ästhetisches ‚Problem', Tübingen
Hess-Lüttich, Ernest W.B 1987: Angewandte Sprachsoziologie, Stuttgart
Hufschmidt, Jochen u.a. 1983: Sprachverhalten in ländlichen Gemeinden. Dialekt und Standardsprache im Sprecherurteil (= Forschungsbericht Erp-Projekt Band II), Berlin
Löffler, Heinrich 1974: Probleme der Dialektologie, Darmstadt
Löffler, Heinrich 1985: Germanistische Soziolinguistik, Berlin
Maas, Utz u.a. 1982: Sprache Jugendlicher. Ein Seminarbericht, Osnabrück
Mattheier, Klaus J. 1980: Pragmatik und Soziologie der Dialekte, Heidelberg
Nabrings, Kirsten 1981: Sprachliche Varietäten, Tübingen
Niebaum, Hermann 1983: Dialektologie, Tübingen
Ortner, Lorelies 1982: Wortschatz der Pop-/Rockmusik, Düsseldorf
Pusch, Luise F. 1984: Das Deutsche als Männersprache, Frankfurt/M.
Rein, Kurt 1981: „Soziolekt und Dialekt in der Selbsteinschätzung von Mundartsprechern", in: Hartig (Hrsg.) 1981, S.125-132
Wegera, Klaus-Peter 1983: „Probleme des Dialektsprechers beim Erwerb der deutschen Standardsprache", in: Besch u.a. (Hrsg.) 1983, S.1474-1492

Fachsprachen

Fachsprachen im Alltag

Weite Bereiche des gesellschaftlichen Lebens sind heute durch fachliche Kommunikation geprägt. Jeder wird täglich mit Fachsprachen konfrontiert. Oft ist uns heute gar nicht mehr bewußt, daß viele Wörter, die wir im Alltag gebrauchen, ursprünglich aus bestimmten Fachsprachen in die Gemeinsprache eingedrungen sind *(Computer, AV-Medien)*. Dieser Prozeß setzt sich fort: manche Wörter, die uns heute noch der Fachmann erklären muß, werden morgen zum selbstverständlichen Sprachgebrauch aller gehören *(Entsorgung)*. Die Grenzen zwischen den einzelnen Fachsprachen waren und sind dabei oft fließend. Es kommt zu Übertragungen von einer Fachsprache in die andere: Der *Stollen* ist für den Bergmann etwas anderes als für den Bäcker; eine *Zeche* kann man besuchen, oder muß sie, in der Gaststätte, bezahlen.

Wer im Wirtschaftsteil seiner Tageszeitung von *Lombardsätzen* und *Emittenden* und *Tendenzen im Optionshandel* liest und wenig versteht, durchschaut dafür vielleicht im Sportteil die Taktik des *4-3-3-Systems* beim Fußball oder die Differenzen eines *Cracks* mit seinem *Coach* wegen eines *Punkte-Kontos*. Aber ob ihm die Anzeige daneben ein *neues Hi-Fi-Bewußtsein* vermittelt, wenn sie ihm den Bedienungskomfort eines Gerätes mit den Worten preist: *Onkyo-Accutouch-Regler, Dual-Gate-MOS-FET in der Eingangsstufe, PLL-IC-Stereo-Decoderschaltung* ...? Ein wenig Experte muß schon sein, wer in einer der populären „High-Fidelity"-Magazine Beschreibungen wie diese findet:

> Die *Eject*-Taste befindet sich rechts neben dem Cassettenfach. Eine Klappe deckt normalerweise die *Drop out*-Anzeige sowie die Anzeigen für die erste und zweite Fehlerkorrektur, die *Preemphasis*-Taste, die Drehknöpfe für die *Tracking-Justage* und *Data Slice Level Control* (DSLC) ab. Diese *Trigger-Level*-Anpassung erfolgt beim PCM-V 300 E wahlweise automatisch ...
>
> („HiFi-Stereophonie", 9, 1982)

Viele Fachwörter sind hier englischen Ursprungs, eine Tendenz, die auch andere technische Fachsprachen kennzeichnet. Vermittelnd wirkt dabei auch die Werbesprache.

In einer beliebigen Ausgabe einer auflagenstarken Wochenzeitschrift zählt ein deutscher Autokonzern die Vorzüge seines Modells auf: *Airbag* und *Bordcomputer, Check-Control* und *Memory-Schaltung* (→ S. 516).

Im Kleingedruckten wird es dann erst richtig speziell. Spezialsprachen sieht man auf diese Weise ihre Funktion schnell an. Sie weisen dem Laien ihre Fremdheit durch Fremdwörter aus. Das muß aber nicht so sein.

Viele Fachsprachen - wie etwa die der Juristen - verzichten dagegen fast ganz auf Fremdwörter, was jedoch auch nicht immer Verständlichkeit garantiert. Aber selbst die Verwendung von Worthülsen fachsprachlichen Ursprungs (der nicht mehr bewußt ist) im Alltagsgespräch dient nicht immer der besseren Verständigung, wenn die Sprache dadurch zum bloßen Jargon wird, zum Gruppenabzeichen und Abgrenzungsmerkmal.

Fachsprachen kommen also in gesprochener und geschriebener Form vor. Die Unterschiede sind erheblich. Wenn zwei Experten sich über einen Gegenstand

Beispiel Airbag.
Das Optimum an passiver Sicherheit – bei BMW mit 3 Sensoren für größtmögliche Zuverlässigkeit.

Beispiel Bordcomputer.
Neben anderen Funktionen ist eine Außentemperatur-Anzeige mit akustischem Warnsignal integriert – z. B. zur Glatteiswarnung.

Beispiel Check-Contról.
Dieses Sicherheitssystem überwacht ständig wichtige Funktionen, z. B. Außenbeleuchtung und Bremslichter oder das Niveau der Bremsflüssigkeit.

Beispiel Memory-Schaltung für elektrische Sitzverstellung.
Unterschiedlich große Fahrer können ihre individuell optimale Sitzposition speichern und jeweils abrufen.

Beispiel 4-Gang-Automatic mit elektronisch-hydraulischer (EH-)Steuerung, in Kooperation mit dem Triebwerks-Computer. Steigert die Fahrsicherheit – z. B. im Winterbetrieb – durch spezielles Direktschaltprogramm.

Beispiel elektronische Niveauregulierung für die Hinterachse.
Verbessert nicht nur den Komfort, sondern gewährleistet bei jedem Beladungszustand optimalen Fahrzeug-Schwerpunkt und bestmögliches Fahrverhalten.

Beispiel Anti-Blockier-System ABS, BMW war Mitentwickler dieses Systems. Heute ist es bereits bei 50% aller BMW Modelle serienmäßig. Die 4-Kanal-Technik macht das BMW System zum für die Sicherheit aufwendigsten ABS der anspruchsvollen Klasse.

ihres Faches unterhalten, gebrauchen sie andere Sprachformen, als wenn sie sich schriftlich über denselben Gegenstand äußern würden. Meist denkt man bei Fachsprachen allerdings an geschriebene Texte. Denn Fachsprachen bestehen nicht nur aus Listen mit Fachwörtern, sie kommen primär in (gesprochenen oder geschriebenen) Texten vor. Einige Beispiele sollen dies illustrieren.

Fachsprachen in Texten

(1) Fachsprachen sind erstaunlich vielseitig. Sie unterscheiden sich nicht nur nach Fachbereichen oder im Hinblick darauf, ob sie gesprochen oder geschrieben werden. Man muß auch die innere Differenzierung berücksichtigen, den jeweiligen Grad der Fachsprachlichkeit, die verschiedenen Textsorten innerhalb einer Fachsprache, die kulturellen Unterschiede und Konventionen fachlicher Kommunikation. So sind z. B. in juristischen Fachtexten Strukturen erhalten, die aus der Gemeinsprache längst verschwunden sind, während mathematische und naturwissenschaftliche Fachsprachen Strukturen entwickelt haben, die in der Gemeinsprache nicht geläufig sind. Oder man denke an die immensen Unterschiede etwa zwischen einer technischen Anleitung und der Probensprache in der Oper!
Ferner müssen die jeweiligen Textsorten (→ S. 468 ff.) in Rechnung gestellt werden: Arbeitsanweisung, Bedienungsanleitung, Fertigungsvorschrift, Rezept, Werkstatt-Handbuch. Im selben Fach gibt es erhebliche Unterschiede im Satz-

bau, etwa in medizinischen Lehrbüchern und wissenschaftlichen medizinischen Fachzeitschriften (größere Satzlänge, Satzgefüge).
Zur Illustration der Unterschiede fachtypischer Konventionen in Satz- und Textstruktur seien hier zwei Ausschnitte aus einem literaturwissenschaftlichen Aufsatz zum „lyrischen Verfahren Stefan Georges" und aus einer (ingenieur-) geologischen Arbeit über „Felsböschungen im Rheinischen Schiefergebirge" einander gegenübergestellt:

> Die Literaturwissenschaft darf sich aber nicht mit dem Pfadfinderglück des Sammelns und Jagens nach äußeren Daten und Fakten bescheiden, sondern muß auch die Kunst des *con-siderare* beherrschen lernen: die Kunst, ‚mit den Sternen zu segeln'. Was an einer Dichtung im spekulativen Sinne ‚positiv' ist, war stets das Vergängliche an ihr. Es gilt, die innere Selbstbewegung der Dichtung Georges, in der sie sich an ihren exponierten und gewiß kritischen Ort hervorbringt, poetologisch aus dem Prinzip der Wende zu begreifen.
>
> (Söring, 1983)

> In Übereinstimmung mit der geologischen Karte steht im Kartierungsgebiet im wesentlichen Mitteldevon (Eifel und Givet) an. Zur Eifel-Zeit lag die Gegend um Lüdenscheid-Altena-Plettenberg noch nördlich der Grenze von rheinischer zu böhmisch-herzynischer Fazies, was für ein vorwiegend neritisches, sandig-kalkiges Ablagerungsmilieu spricht. Zum Hangenden hin kommt es einerseits zu Riffbildung (Massenkalk), andererseits zu pelagischen Einflüssen, die sich als tonige Sedimente dokumentieren und eine NW-wärtige Verlagerung der Faziesgrenze anzeigen.
>
> (Genske, 1985)

(2) Eine rein grammatische oder nur lexikalische Beschreibung von Fachsprachen greift zu kurz, wenn sie nicht deren Vorkommen in (geschriebenen oder gesprochenen) Texten berücksichtigt. Hinweise auf bestimmte, im jeweiligen Fach gebrauchte Handlungs- und Textmuster geben oft schon Überschriften, die explizite Textbezeichnungen (Textdeklarationen) enthalten: *Anhörung (Hearing), Antrag, Arbeitsanweisung, Bedienungsanleitung, Betriebsanleitung, Dienstbesprechung, Examensgespräch, Fertigungsvorschrift, Lehrbuch, Plenardebatte, Pressekonferenz, Protokoll, Rezension, Tagungsdiskussion, Tischrede, Vernehmung, Verwaltungsanordnung, Vortrag.*
(3) Die schriftliche Textform enthält äußerlich sofort erkennbare Signale für die Gliederung des Textes: Überschriften und Kapiteleinteilungen, Abschnitte und Zwischenüberschriften, Ziffernfolgen und Spiegelstriche, Listen und Tabellen.
(4) Außerdem gibt es typographische Mittel zur Hervorhebung bestimmter Wörter oder Ausdrücke durch Kursivdruck, Fettdruck, Sperrdruck, Unterstreichung oder Mehrfarbdruck.
(5) Viele Fachtexte, z. B. Lehrbücher oder Anleitungen, zeichnen sich durch die Verwendung von außersprachlichen Mitteln aus wie Abbildungen, Skizzen, Klapptafeln, Tabellen, Diagramme, Schaubilder, Formeln, Symbole usw.
(6) Im sprachlichen Bereich gibt es charakteristische Formen des Verweises auf vorher oder später im Text Gesagtes, was einen Zusammenhalt des Textes (seine Kohärenz) bewirkt:

- Verweisformen wie Artikelwörter *(dieser, jener)* und Pronominaladverbien *(darauf, wovon)*
- Wendungen wie *s. o., im folgenden, wie bereits bemerkt*
- logische Verknüpfungen durch nebenordnende Konjunktionen *(ferner, denn)*
- logische Verknüpfung durch bestimmte Konjunktionen
- Quantifizierungen durch Gradpartikeln
- stilistische Prinzipien, z. B. Wiederholung definierter Termini statt Variation von Ausdrücken usw.

Der Begriff ‚Fachsprachen'

Was also meint man eigentlich genau, wenn man von Fachsprachen spricht? Der Begriff wird unterschiedlich definiert.
Meist wird er im Plural gebraucht, um damit die Vielfalt fach- und sachgebundener Redeweisen zum Ausdruck zu bringen. Von der Fachsprache, die von allen Fachleuten einheitlich verwendet würde, kann ja bekanntlich keine Rede sein. Oft verstehen sich die Experten untereinander kaum, insbesondere wenn sie aus verschiedenen Fachgebieten zusammentreffen. Dennoch kann man eine Reihe von Merkmalen zusammenstellen, die für Fachsprachen im allgemeinen typisch sind. Dazu zählen:
- der Fachwortschatz und spezielle Wortbildungsmuster (→ S. 521 f.),
- Besonderheiten des Satzbaus und des Stils (→ S. 524),
- die schriftliche Textgliederung und die äußere Textform (→ S. 526).

Welche verschiedenen Prinzipien und sprachlichen Mittel beim Entstehen von Fachtexten zusammenwirken, soll das folgende Beispiel veranschaulichen (vgl. Möhn/Pelka 1984):

Ausbauen

1 Motorhaube ausbauen.

2 Massekabel an der Batterie abschließen, Kühlwasser ablassen, Kühlerzarge lösen, Kühler ausbauen und Heizungsschläuche abschließen.

Bei Fahrzeugen mit Ölkühler für das automatische Getriebe und Luft-Ölkühler Anschlüsse am Kühler abschließen und mit Blindstopfen verschließen.

3 Sauggeräuschdämpfer abnehmen.

4 Kraftstoffschläuche und Unterdruckschlauch zum Bremsgerät abschließen.

Bei Fahrzeugen nmit Servo-Lenkung und Niveauregulierung Ölschläuche abschließen. Anschlüsse mit Blindstopfen verschließen.

Bei Wagen mit Klimaanlage Schläuche am Kältemittelkompressor abschließen; **Sicherheitsvorschriften beachten!**

Bei 6-Zylinder-Motoren Visko-Lüfter ausbauen.

5 Schlauch für Öldruckmesser abschließen.

6 Bei den 4-Zylinder-Vergaser-Motoren Starterzug am Vergaser abklemmen. Bei den Diesel-Motoren Leerlauf-Verstellzug und Starter-Stopzug abklemmen. Gasgestänge aushängen.

7 Bei den 6-Zylinder-Motoren mit dreirilliger Kurbelwellen-Riemenscheibe Heizungsrohr ausbauen (Bild 00–1/1).

8 Massekabel vom Motor zur Karosserie abschließen. Sämtliche übrigen elektrischen Kabel und Steckverbindungen abnehmen.

9 Schaltgestänge aushängen.

10 Auspuffsammelrohre am Auspuffkrümmer abschrauben.

11 Lenkzwischenhebel lösen und zusammen mit mittlerer Spurstange und Lenkungsstoßdämpfer nach unten schwenken (Bild 00–1/2).

Bei den 6-Zylinder-Motoren Motorstoßdämpfer an der Konsole lösen.

12 Schlauch für hydraulische Kupplungsbetätigung am Kupplungsgehäuse abschrauben (Bild 00-1/3).

13 · Bei Wagen mit automatischem Getriebe Ölleitungszwischenstücke vom Getriebe zum Ölkühler herausschrauben (Bild 00-1/4).

14 Halter für Auspuffrohrabstützung am Getriebe abschrauben, Klemmbügel lösen und Halter nach unten drücken, beim mechanischen Getriebe am Getriebe selbst (Bild 00-1/5), beim automatischen Getriebe an der Befestigungsplatte (Bild 00-1/6).

15 Motor zum Herausheben unten an der Ölwanne aufhängen und Seil leicht spannen (Bild 00-1/9)

16 Stellung des hinteren Motorträgers zum Rahmenboden zeichnen und Träger mit Gummilager vom Rahmenboden und Getriebe abschrauben und abnehmen (Bild 00-1/6). Dazu die mit Pfeil bezeichneten Schrauben und Muttern herausschrauben.

17 Antriebswelle für den Geschwindigkeitsmesser abschließen.

18 Gelenkwelle mit Gelenkscheibe am Getriebe abflanschen und nach hinten schieben, vorher Klemm-Mutter an der Klemm-Verbindung lösen.

19 Elektrische Steckverbindung am automatischen Getriebe abziehen.

20 Sechskantschrauben an der vorderen Motoraufhängung links und rechts herausschrauben.

Bei den 4-Zylinder-Motoren vordere Motor-Anschlagbegrenzung ausbauen (Bild 00-1/7).

21 Halter für den Vorratsbehälter der Servo-Lenkung an einer Schraube lösen und Vorratsbehälter beim Herausheben des Motors auf die Seite ziehen (Bild 00-1/8).

22 Motor einschließlich Getriebe mit dem Kran etwas anheben, in eine Schräglage von etwa 45° bringen und nach oben herausziehen (Bild 00-1/9).

Zur Erläuterung:
(1) Bei diesem Text handelt es sich um die Ausbauanleitung für einen Kraftfahrzeugmotor. Er steht in einem Werkstatthandbuch, das Hinweise zur Wartung und Reparatur von Kraftfahrzeugen gibt. Der Text gehört damit zu solchen Fachtexten, die praktisches Wissen zur Lösung fachlicher Probleme vermitteln (sog. Instruktionstexte). Wenn die Probleme so kompliziert sind wie hier, werden die Lösungsvorschläge meist in einzelne Schritte zerlegt.
(2) Diese Schritte bestimmen die Gliederung des Textes - erkennbar durch Absätze, Zahlen und Fettdruck. Eine solche Gliederung kann auf die sonst für Fachtexte charakteristische Verbindung der Textsegmente (=Arbeitsschritte) durch nebenordnende Konjunktionen *(und, dann, ferner, zuletzt)* ebenso verzichten wie auf die Verknüpfung durch Artikelwörter *(dieser, jener).*
(3) Die Hauptfunktion des Textes besteht darin, Anweisungen zur Lösung fachlicher Probleme in einzelnen Arbeitsabschnitten zu geben. Dem entspricht auf der Satzebene die Häufung von Aufforderungssätzen: *Motorhaube ausbauen.* Die Aufforderungen werden syntaktisch meist durch Infinitive ausgedrückt, genauer: durch den Infinitiv in Endstellung: *ausbauen, abschließen, abnehmen.* Der Infinitiv hat hier die grammatische Funktion des Imperativs (→S. 114). Besonderen Nachdruck erhält die Aufforderung durch Fettdruck und/oder durch Ausrufezeichen: *Sicherheitsvorschriften beachten!*
(4) An wen sich die Anweisung richtet, wird nicht gesagt; der Adressat bleibt anonym. Seine Fachkenntnis wird vorausgesetzt. Dagegen wird die Sache oder das Objekt der Handlung an den Satzanfang gestellt und damit in den Vordergrund des Interesses gerückt: *Schaltgestänge aushängen.* Wenn weitere Einzelheiten genannt werden müssen, werden sie meist als Ortsangaben oder als Zweck- bzw. Mittelangaben zwischen Ergänzung und Infinitivform des Verbs

gerückt: *Massekabel an der Batterie abschließen, Schlauch für Öldruckmesser abschließen, Anschlüsse mit Blindstopfen verschließen.* Von diesem für den Text typischen Satzmuster weicht man eigentlich nur dann ab, wenn der Geltungsbereich der Anweisung eingeschränkt werden soll, also zum Beispiel Sonderbedingungen genannt werden. Grammatisch wird das normalerweise durch ein Präpositionalgefüge ausgedrückt: *Bei Fahrzeugen mit Ölkühler ..., bei den 6-Zylinder-Motoren ...*

(5) Nebensätze werden nach Möglichkeit vermieden; an ihre Stelle treten Satzglieder: *Vorratsbehälter beim Herausheben des Motors auf die Seite ziehen.*
Das gleiche gilt für Attributsätze, die zu Präpositionalattributen verkürzt werden: *Bei Fahrzeugen mit Ölkühler für das automatische Getriebe ...*

(6) Auf der Wortebene fallen die erweiterten Handlungsverben auf, deren Vorsilbe die Richtung der Handlung anzeigt: *ausbauen, abschließen, abnehmen, aushängen, herausschrauben.*

(7) Die Wortbildungsmuster entsprechen meist denen, die für Fachsprachen typisch sind. So wird z. B. oft ein Grundwort durch Bestimmungswörter spezifiziert, die wiederum in ihrem Anwendungsbereich weiter eingegrenzt werden. In diesem Text gilt das vor allem für die Bezeichnungen für bestimmte Teile, Werkzeuge oder Handlungen: *Kühlerzarge, Visko-Lüfter, Auspuffkrümmer, Sechskantschrauben, abflanschen.* Typisch sind weiterhin die Bildungen auf *-er: Ölkühler, Stoßdämpfer, Motorträger,* die mehrgliedrigen Wortzusammensetzungen: *Sauggeräuschdämpfer, Auspuffrohrabstützung, Kältemittelkompressor,* die festen Fügungen: *dreirillige Kurbelwellen-Riemenscheibe,* die Zusammensetzungen mit Ziffern: *4-Zylinder-Vergaser-Motor,* die Wiederholung von Grundwörtern in der Zusammensetzung mit verschiedenen Bestimmungswörtern: *Gelenkwelle mit Gelenkscheibe ..., Klemm-Mutter an der Klemm-Verbindung lösen.*

(8) Auf der Textebene sticht die Gliederung nach bezifferten Segmenten ins Auge. Außerdem besteht ein enger Zusammenhang zwischen Text und Abbildungen (auf deren Erläuterung hier verzichtet wurde).

Wortschatz und Satzbau in Fachsprachen

Zeichenklassen

Fachtexte sind nicht nur durch die Fremdwörter schnell als solche zu erkennen. Ihr Aufbau folgt ganz bestimmten Konventionen; oft werden die Sätze durch Zahlen oder Formeln, Abbildungen, Schemata und Tabellen unterbrochen. So kann man eine Reihe verschiedener Zeichenklassen unterscheiden, die in Fachtexten in größerem Maße als sonst Verwendung finden:

- Wörter: *Morphem, Anamnese, Photosynthese*
- Abkürzungen: *PVC, OP, Btx, DNS, DIN, VP*
- Namen: *Bayer, Hoover, IBM*
- Lettern: *A-B-C-Waffen*, L_1, *α-Wellen*
- Zahlen: *7 C II/β*
- Formeln: $a^2+b^2=c^2$, $\sqrt[3]{227}$
- Symbole: ~, <, >, *, /g/, [g], ∞, ♀
- Tabellen
- Graphiken und Abbildungen

Wortschatz und Terminologie

Ein wesentliches Merkmal der Fachsprache ist ihr Vokabular zur Benennung von Gegenständen, Inhalten, Sachverhalten im Zusammenhang einer Disziplin. Freilich leidet die Erörterung und Erläuterung von Fachsprachen oft unter der Vielfalt von Bezeichnungen. Diese Vielfalt kann man etwas ordnen - je nachdem, ob man sich auf das Sprachsystem bezieht (z. B. Register, Terminologie), auf die Sprecher (z. B. Gruppensprache, Berufssprache), die Funktion (z. B. Technolekt, Funktionalstil), den Fachinhalt (z. B. Juristensprache, Medizinerjargon) oder auf die Situation (z. B. Behördendeutsch, Probensprache). Das jeweils gemeinsame Merkmal dieser Dimensionen ist der typische Wortschatz. Allerdings muß auch hier differenziert werden: Wortschatz als Inventarliste zu Fachtexten (lexikalisches Inventar) oder als Menge von fachspezifischen Ausdrücken, die in der Gemeinsprache nicht vorkommen (Terminologie).
Die sich ständig vergrößernden Fachwortschätze werden in der Regel durch wenige Prinzipien sprachlich strukturiert und damit überschaubar. Deshalb kann man sie meist auch leicht erlernen. So kann z. B. ein Grundwort durch weitere Bestimmungswörter näher spezifiziert werden: *Motor* → *Drehstromkurzschlußläufermotor.*
Gerade die technischen Fachsprachen nutzen die Möglichkeiten der Zusammensetzung im Deutschen, um die begriffliche Systematik im Terminus erkennbar werden zu lassen: ein allgemeines Grundwort *(Regler)* wird durch die Funktion konkretisiert *(für die Bremskraft),* die ihrerseits in ihrem Geltungsbereich weiter eingegrenzt werden kann *(von Anhängern: Anhängerbremskraftregler).* Dadurch können differenzierte terminologische Wortfelder gebildet werden.
Oder ein Sachverhalt kann durch ein System terminologischer Benennungen fixiert werden: so ist im Textilwesen ein *Loch* genau definiert als ein bestimmter Typ *perforierter Leerstellen im Gewebe,* der abgegrenzt wird von anderen Leerstellen wie *Lakune, Lücke* oder *Lunker.*
Einige Fächer schließlich haben Nomenklaturen entwickelt, die z. B. den Bereich der Medizin oder der Biologie möglichst vollständig durch festgelegte Benennungen abdecken sollen. Besondere Bedeutung wird hier in Zukunft der Entwicklung und Nutzung von Terminologiedatenbanken zukommen, aber auch der Terminologienormung im Zeichen interdisziplinärer und internationaler Zusammenarbeit.

Wortbildungsprozesse

Die Fachleute haben viele Möglichkeiten, ihren terminologischen „Bedarf" zu decken, Fachwörter zu bilden und den Wortschatz zu erweitern durch Bildung eigenständiger Formen mit fachspezifischer Bedeutung *(erden, weißen, auskolken, paßgenau, Härtling, Kolkung, Ritzel, Spreize).* Darüber hinaus durch:
- Übernahme von Wörtern mittelalterlichen Ursprungs, die in alten Fachsprachen überliefert sind:

Gezähe (< mhd. gezouwe = Gerät, Werkzeug)
sintern (< mhd. sindern = absondern)

- standardsprachliche Wörter, die fachspezifisch gebraucht werden:

  Wurzel (Mathematik), Kraft, Masse (Physik), Lösung (Chemie), Kamm, Mutter, Dorn, Schlitten, Flügel, Speicher (Technik)

- fest definierte Formen standardsprachlicher Wörter:

  Menge, Teilchen, Abseits

- Metaphern: *Dämon;* in der ‚Werkstattsprache' insbesondere durch Übertragung von Bezeichnungen für menschliche Körperteile auf Maschinenteile:

  Zahn (an der Kupplung), Nase (an der Lagerplatte), Kopf (an der Schraube), Finger (am Kontakt), Zunge (an der Reißschiene), Brust (an der Werkzeugschneide), Backe (am Schraubstock)

- Lehn- und Fremdwörter, meist griechisch-lateinischen oder anglo-amerikanischen Ursprungs:

  Appendizitis, Topoi, Psychogramm, Ulcus, erodieren, quadrieren, digital, analog, Container, Computer, Software, Textmarker, Foul, shunten, honen

- Eigennamen oder Ableitungen von bzw. Zusammensetzungen mit Eigennamen:

  Watt, Volt, Ampère; galvanisieren, röntgen, lumbecken; euklidisch; Blaugas, Halleffekt; IBM-Computer, Dieselmotor, Bunsenbrenner

- Verschmelzung zweier Wörter (Kontaminationen, portemanteau-Wörter):

  Ester (< Essig + Aether),
  Euratom (< Europa + Atom)

- Initialwörter (Akronyme):

  Radar (*ra*dio *d*etecting *a*nd *r*anging),
  Laser (*l*ight *a*mplification by *s*timulated *e*mission of *r*adiation),
  Aids (*A*cquired *i*mmuno *d*eficiency *s*yndrome)

- Neuschöpfungen (Neologismen):

  Gas, Quarks, Illokution

- Übersetzungen und Nachbildungen feststehender Wendungen:

  verteilte Wicklung, generative Transformationsgrammatik

- Ableitungen, z. B. mit Hilfe von Vor- und Nachsilben (Präfixe, Suffixe):

  chloren, verzinnen, textoid

- substantivierte Infinitive:

  Fräsen, Drehen, Eindocken, Eggen

- Substantive auf *-er:*

  Rechner, Zähler, Öldruckmesser, Gabelstapler, Starter

- Adjektive mit *-bar* und Nachsilben wie *-fest, -reich, -arm, -frei, -los, -sicher:*

  spannbar, bruchfest, vitaminreich, verzugsarm, lötfrei, salzlos, trittsicher

- Adjektive mit der verneinenden Vorsilbe *-nicht:*

  nichtleitend, nichtfest, nichteuklidisch, nichtrostend

- Fügungen mit Funktionsverben (→ S. 80ff.):

  Anwendung finden, in Anschlag bringen, eine Verfestigung erfahren, zum Vorschlag erheben

- Zusammensetzungen mit Ziffern, Lettern, Symbolen:

  6-Zylinder, T-Träger, ~-Spannung, ½″-Rohrgewinde

- Mehrwortbezeichnungen in festen Fügungen (Phraseolexeme):

  lombardischer Vorschlag, Westfälischer Friede; bewegliche Backe, nackte Elektrode; Schleifen mit losem Korn

- Zusammensetzungen:

  Wasserschenkel (am Fensterrahmen), Kaltgas, Starter-Stoppzug, Einscheibenkupplung; topfglühen, abbrennstumpfschweißen

Gerade diese Zusammensetzungen gelten oft als typisch für Fachsprachen im Deutschen. Dabei sind die gern als Beispiel genannten „Mammutwörter" wie *Überseereichweitenfernsehrichtfunkantenne* oder *Anhängerbremskraftregler* in der Praxis sehr selten.

Morphologie

(1) Die meisten Einträge (53%) für Fachwörter im Normenwerk des Deutschen Instituts für Normung (DIN) bestehen aus zwei Einheiten:
- Substantiv + Substantiv: *Ölwanne, Rechenlehre*
- Verb + Substantiv: *Frästisch, Schleifscheibe*
- Adjektiv + Substantiv: *Kaltgas, Roheisen*

(2) Nur 6% der Einträge bestehen aus vier- und mehrgliedrigen Ausdrücken: *Gleichstromflachmotor, Kurbelwellen-Riemenscheibe.* Denn meist werden solche Fachwort-Ungetüme für den praktischen Gebrauch wieder verkürzt: *Gaskraftmaschine > Gasmaschine, Vierkantstück > Vierkant.*

(3) Ein häufiges morphologisches Mittel ist dabei das *-er*-Morphem: *Füller* (< Füllfederhalter), *Kugelschreiber* (< Schreibgerät mit Kugelkopfschreibmine). Solche Verkürzungen haben dann auch eine grammatische Vereinfachung zur Folge, wenn z. B. nur ein Element der Zusammensetzung flektiert werden muß oder komplizierte Sachverhalte wie das „Aufbringen einer Kupferschicht vor der Vernickelung eines Werkstücks" mit einem einfachen Verb wie *unterkupfern* ausgedrückt werden kann.

(4) Verbverbindungen sind ein typisches Merkmal, das Fachsprachen von der Gemeinsprache unterscheidet:
- Verb + Verb: *beizblasen, preßschweißen*
- Substantiv + Verb: *schutzgaslichtbogenschweißen*
- Adjektiv + Verb: *schrägwalzen, dunkelglühen*

(5) Von der Norm der Standardsprache weichen die Fachsprachen oft auch in grammatischen Formen der Flexion, des Numerus oder des Genus ab:
- Plural: *Wässer, Tone, Sände; Dorne* (statt ‚Dornen')
- Genus: *das Filter* (statt ‚der Filter')

Syntax

(1) Auch im Satzbau weisen Fachsprachen einige Besonderheiten auf, die viele Menschen als Schwierigkeit empfinden. Einige Schwierigkeiten beruhen indes eher auf Vorurteilen als auf Fakten. So wird immer wieder die Länge der Sätze und ihre Verschachtelung für die schwere Verständlichkeit der Fachsprache verantwortlich gemacht (Satzgefüge). Tatsächlich ist heute aber - im Gegensatz etwa zum 19. Jh. - eher eine Tendenz zur Verkürzung festzustellen.
(2) Die empfundene Schwierigkeit muß also ihre Ursache in etwas anderem haben als (nur) in der Satzlänge. Während die Satzstruktur einfacher wird, kürzer, klarer, überschaubar gegliedert ist *(einerseits - andererseits),* werden die Satzglieder immer länger, weil die Nomina mit Attributen oder Komposita angereichert sind:

> Die über symbolische Deutungs- und Wertsysteme erzeugte Intersubjektivität des Erkenntnishandelns in einer sozialen Lebenswelt hat eine zu geringe Kapazität, um ...
>
> (Habermas)

(3) Einem anderen, teilweise berechtigten Vorurteil entspringt die weitgehende Übereinstimmung darüber, daß Fachsprachen nicht über spezifische Satzstrukturen verfügen, sondern jeweils eine Auswahl treffen aus den syntaktischen Strukturen der Gemeinsprache. Während sich also der Wortschatz der Fachsprachen ständig erweitert, je nach den speziellen Erfordernissen, ist der Satzbau im Verhältnis zu dem der Gemeinsprache eingeschränkt. So ergibt sich z. B. aus dem Ziel, fachliche Inhalte möglichst präzise, unpersönlich und knapp darzustellen, generell eine Tendenz zur Verwendung von:
- Nomina und nominalen Ausdrücken:

  im Nachgang zu ..., unter Bezugnahme auf ...

- Satzgliedern anstelle von Nebensätzen:

  beim Herausheben des Motors, nach der theoretischen Klärung

- Funktionsverbgefügen:

  Anklage erheben ≠ anklagen, käuflich erwerben ≠ kaufen, in Vollzug setzen ≠ vollziehen, zu Protokoll geben ≠ protokollieren

- erweiterten Attributen anstelle von Attributsätzen:

  der hier in Rechnung zu stellende Tatbestand, die zu verbindenden Flächen, eine durch Wahrnehmungskonsistenz erzeugte Verhaltensstabilität

- Univerbierungen, also Wörtern, die aus zwei Wörtern zu einem einzigen zusammengewachsen sind:

  elektronisches Datenverarbeitungsgerät > Rechner

- substantivierten Verben:

  Instandsetzung, Durchführungsverordnung

- Präpositionalgefügen statt Vollverben mit eigener Bedeutung:

  gerät ins Blickfeld
  kommt zur Durchführung

- *Ist*-Verben:

  ist, verhält sich, scheint, zeigt sich

- Infinitiv- und Passivkonstruktionen zur Angabe von Ursachen und Wirkungen, Orts- und Zeitverhältnissen:

  ist zu erkennen
  läßt sich zeigen
  wird angesehen als

- Depersonalisierungen:

  man definiert, das Institut behauptet, der Sachverhalt erscheint dem unvoreingenommenen Beobachter als ...

- Konditionalsätzen:

  Ist die Prüfung erfolgt, so ...
  Wenn eine Spannung auftritt, dann müssen ...

- Finalsätzen:

  Damit der Lärmpegel gesenkt werden kann, müssen ..., um den Schwingungsbereich konstant zu halten, wird ...

Gliederung der Fachsprachen

Fächer und Fachsprachen

Fachsprachliche Texte enthalten außer den fachsprachlichen Elementen stets gemeinsprachliche. Dies hat immer wieder das Problem der Abgrenzung zwischen der Gemeinsprache, über die alle Sprachteilhaber in annähernd gleicher Weise verfügen (vgl. Alltagssprache, Standardsprache, Muttersprache usw.), und den Fachsprachen aufgeworfen. Es gibt aber keine gültige Grenze: Fachsprachen machen von den lexikalischen und syntaktischen Mitteln der Gemeinsprache Gebrauch, und diese wandelt sich unter dem Einfluß der Fachsprachen, insbesondere durch die Bereicherung ihres Wortschatzes.
Fächer (als Fächer sind hier Arbeits-, Sach- oder Wissensgebiete gemeint, also Chemie, Philologie, Mathematik oder Jurisprudenz) mit den entsprechenden Fachsprachen kann man systematisch ordnen und die einzelnen Hauptgebiete oder Berufssparten weiter unterteilen, z. B.: Technik - Ingenieurwesen - Maschinenbau - Elektrotechnik - Nachrichtenelektronik, bzw. Bautechnik - Tiefbau - Gleisbauer, bzw. Landwirtschaft - Tierzucht - Pferdezüchter.
Fachsprachen und Berufssprachen müssen freilich unterschieden werden.

Fachsprachliche Ebenen, Stufen, Textsorten

(1) Weiterhin unterscheidet man Ebenen fachsprachlicher Kommunikation, wenn derselbe Sachverhalt je nach Adressat oder Gesprächspartner verschieden ausgedrückt wird, also z. B. der Arzt die wissenschaftliche Diagnose „diabetes mellitus" der Krankenschwester mitteilt („Altersdiabetes") oder dem Patienten („Zucker"):
- Wissenschaftssprache, Theoriesprache: Wissenschaft
- fachliche Umgangssprache, Werkstattsprache: Praxis
- Verteilersprache, Werbesprache: öffentliche Information

(2) Eine andere Gliederung unterscheidet Stufen der Fachlichkeit, je nachdem, ob Fachsprachen fachintern (z. B. zwischen zwei Wissenschaftlern einer Disziplin), interfachlich (z. B. zwischen zwei Experten verschiedener Disziplinen) oder fachextern (z. B. zwischen Experte und Laie) gebraucht werden.

(3) Wenn man mehrere Kategorien kombiniert, kann man fachsprachliche Texte auch danach klassifizieren, an wen sie sich wenden (z. B. an Forscherkollegen in der Wissenschaft, an Schüler oder Lehrlinge in Lehrbüchern oder Anleitungen), welche Funktionen die damit verbundenen sprachlichen Handlungen haben (z. B. Organisieren in Verfügungen, Informieren in Versuchsberichten, Instruieren in Bauanleitungen), schließlich, welche Distanz sie zu überwinden und wie viele Vermittlungsschritte sie dabei zu durchlaufen haben (z. B. von direkter Kommunikation unter Kollegen am Arbeitsplatz über betriebliche, fachinterne Dienstwege bis zu externen Mitteilungen an ein anonymes und heterogenes Publikum).

(4) Die fachexterne Kommunikation gewinnt im Alltag immer größere Bedeutung. Die Folge ist eine Fülle fachlich vermittelnder Textsorten - z. B.:
- Ratgeber- und Werbetexte
- Gebrauchsanweisungen, Bedienungsanleitungen
- Nachrichten, Reportagen
- Sachbücher, Lexika
- Rezensionen, Kommentare usw.

Fachsprachen als Geheimsprachen?

Bisher wurden vor allem die Vorteile von Fachsprachen angesprochen, ihre Notwendigkeit wurde nicht in Frage gestellt. Aber es gibt auch ein verbreitetes Mißtrauen gegenüber dem „Abrakadabra" mancher Wissenschaftler und Experten. Ihre Sprache wird zuweilen sogar als ‚Macht'-Instrument angesehen, mittels dessen fachliche Probleme eher verschleiert als erhellt werden sollen. Die Kehrseite ist freilich die Ohnmacht einer Expertensprache, die zur Geheimsprache wird und sich damit ihrer Wirkungsmöglichkeiten beraubt.
Diese Debatte um Fachchinesisch auf der einen Seite oder Fremdwortfeindlichkeit auf der anderen läßt jedoch andere Barrieren in den Hintergrund treten, die nicht einfach als Mißbrauch der (Fach-)Sprache einzustufen und also abzu-

bauen sind. Es ist die Rede von Problemen, die aus dem Gebrauch der Fachsprachen selbst erwachsen: zum Beispiel

- wenn Fachleute verschiedener Disziplinen aneinander vorbeireden oder unter gleichlautenden (polysemen, synonymen, homonymen) Begriffen jeweils etwas ganz anderes verstehen (wie Linguisten, Biologen oder Geologen unter *Morphologie*);
- wenn Experten desselben Faches über einen gemeinsamen Gegenstand reden und sich zuweilen nur deshalb nicht einigen können, weil sie im Begriffssystem ihrer jeweiligen Schule befangen bleiben;
- wenn ein Text so formuliert ist, daß er verschiedene Interpretationen zuläßt, was unter Literaturwissenschaftlern fruchtbare Diskussionen auslösen mag, Diplomaten bei kontrovers ausgelegten Vertragstexten zu Verhandlungen zwingt, Juristen über Instanzen hinweg beschäftigen und zu immer neuen Auslegungen beflügeln kann;
- wenn Forscher sich außerhalb ihres engeren Fachbezirks nicht mehr verständlich machen können und fassungslos die vereinfachenden (und manchmal verfälschenden) „Übersetzungen“ von Journalisten in den Medien hören oder lesen müssen, in denen sie ihre Äußerungen nicht wiederzuerkennen vermögen;
- wenn Patienten dankbar oder angstvoll jedes Diagnoseangebot hinnehmen, obwohl ihnen das Griechisch-Latein des Arztes eher spanisch vorkommt, oder wenn der Angeklagte bei der Verlesung der Anklageschrift nicht begreift, was er da alles an bedrohlichen Vergehen begangen haben soll;
- wenn Techniker sich über die nationalen Unterschiede sprachlicher Normung hinweg zu verständigen suchen oder Käufer sich durch die bewußt voneinander abweichenden Produktbeschreibungen und Benutzeranweisungen konkurrierender Firmen nicht mehr hindurchfinden (was im Pharmasektor, im Computerbereich oder bei den neuen Medien auch versierte Fachleute verwirrt);
- wenn internationales Fachvokabular in die Sprachen agrarisch strukturierter Entwicklungsländer eindringt und dort neue soziale Schranken errichten hilft zwischen dem Volk und den neuen „Medizinmännern“ des technischen Zeitalters.

Die leicht zu verlängernde Liste der Beispiele zeigt, daß diese Konflikte keineswegs nur auf den gezielten Einsatz der Fachsprache zurückzuführen sind. Bei mangelnder Abstimmung zwischen den Gesprächspartnern sind manche Sprachkritiker und Sprachpfleger schnell mit dem Vorwurf bei der Hand, daß Fachsprache als gruppensprachlicher Prestige-Jargon mißbraucht werde. Solche Abstimmungsfehler sind nicht selten zu beobachten bei Sprechern, die einen Vortrag halten vor einem Publikum aus Laien und Spezialisten, bei Lehrern, die bei ihren Schülern zu viele Vorkenntnisse voraussetzen, bei Sachbuchautoren, die den Kreis ihrer Leser nicht genau einschätzen können, bei Studenten oder Auszubildenden, die sich an Fachbücher heranwagen, zu deren Lektüre sie noch nicht hinreichend vorbereitet wurden.

Die Sprachbarrieren lassen sich jedoch abbauen, wenn alle Beteiligten hinzulernen: der Laie (der Schüler, der Ausländer) lernt durch die Kenntnis linguistischer Strukturen der Fach- und Wissenschaftssprachen, sich leichter und schneller darin zu orientieren (und damit z. B. in den Medien, in der Politik und Werbung populärwissenschaftliche von pseudowissenschaftlichen Texten zu unterscheiden); der Experte (der Lehrer, der Forscher) lernt durch die Kenntnis der Unterschiede zwischen Fachsprache und Alltagsrede, sich seiner Verantwortung in der Vermittlung seines Wissens bewußt zu werden und sich der alltagssprachlichen Ausgangsbasis seiner Fachsprache zu erinnern und damit der sozialen Maßstäbe seines fachlichen Denkens.

Bungarten, Theo (Hrsg.) 1981: Wissenschaftssprache, München
Bungarten, Theo (Hrsg.) 1986: Wissenschaftssprache und Gesellschaft, Hamburg
Drozd, Lubomir/Wilfried Seibecke 1973: Deutsche Fach- und Wissenschaftssprache, Wiesbaden
Fluck, Hans-Rüdiger 1985: Fachsprachen, 3. Aufl., Tübingen
Hahn, Walther von 1983: Fachkommunikation, Berlin/New York
Klute, Wilfried (Hrsg.) 1975: Fachsprache und Gemeinsprache, Frankfurt/M.
Möhn, Dieter/Roland Pelka 1984: Fachsprachen, Tübingen

Sprache und Institution

Amtsdeutsch

Verunfallungen im Bürokratendeutsch

Das Gebot „Die Verwaltungssprache ist Deutsch" setzt sich offenbar nicht durch

Düsseldorf (dpa)

Wenn der letzte Strauch in einer „Entbuschungsaktion" fällt, könnte die Landschaft mittels einer „Berasung" wieder ein bißchen „eingegrünt" werden. Ganz schön naß wird, wer ohne Schirm in ein „Starkregenereignis" gerät. Und wenn das amtliche Interesse an einer Siedlung schwindet, kann man sie durch „horizontalen oder vertikalen Rückbau" verkleinern.

Berasung, Entbuschung, Starkregenereignis, Rückbau – diese Wortungeheuer gehören zu rund 270 Begriffen, die der Düsseldorfer Journalist Heinz-Josef Simons in den letzten Jahren als Musterbeispiele für häßliches Amtsdeutsch gesammelt und jetzt in einer Broschüre des Bundes der Steuerzahler veröffentlicht hat. Die Beispiele, die er aus Pressemitteilungen von Ministerien, amtlichen Erlassen und Parlamentsprotokollen zusammentrug, lassen Zweifel aufkommen, ob das zehn Jahre alte „Verwaltungsverfahrensgesetz" mit seinem Gebot „Die Verwaltungssprache ist Deutsch" jemals in den Amtsstuben zwischen Konstanz und Flensburg „zur Kenntnis genommen" wurde.

Die Sprachschöpfungen aus Deutschlands Behörden, die der Pressereferent des Bundes der Steuerzahler Nordrhein-Westfalen in Düsseldorf notierte, reichen von der „abgeschlossenen geschlechtsbezogenen WC-Anlage" (Damen- oder Herrenklo) bis zum „Zuweisungsbescheid". Unter den Fundstücken befinden sich sprachliche Ungetüme wie „Abplatzung" (Putz bröckelt), „Anrampung" (Bau einer Rampe), „bachbegleitende Vegetation" (Blümchen am Bachufer), „Beaufschlagung" (Originalzitat: „Die Beaufschlagung der Straßenfläche durch Öl und Fett hat Umleitungen zur Folge gehabt"), „Eingrünung" (Gegenteilung von Zubetonierung), „Entmüllung", „in Fortfall geraten", „Inresthaltung", „Mindestzügigkeit", „Parkierungsmöglichkeit" (der gute alte Parkplatz), „Straßung" (gemeint ist wohl der Bau einer Straße, Simons bezeichnet diese Schöpfung als eine Kostbarkeit seiner Sammlung), „Unterschutzstellung" und „Verunfallung".

Simons meint, daß sich das Bürokratendeutsch inzwischen fast zu einem eigenständigen Idiom, zum „Bürokratisch", verselbständigt hat, erkennt allerdings die Schwierigkeiten an, den Bürgern Verordnungen und Erlasse korrekt verständlich zu machen. Manchmal aber, so vermutet er, weichen Behörden aus Tarnungsgründen ganz bewußt auf Amtsdeutsch aus: „Natürlich gäbe es einen Aufschrei der Bürger, wenn sie hörten, daß die Stadt Sträucher, Büsche und Bäume einfach wegholzen will", erläuterte er. „Bei ‚Entbuschungsaktion' muß jeder erst einmal überlegen."

(„Süddeutsche Zeitung", 3.2. 1987)

Bürokraten als Sprachschöpfer: das ist immer wieder Anlaß für Spott und Kritik. Was ein Journalist im täglichen Umgang mit Ämtern an sprachlichen Auswüchsen gesammelt hat, läßt Zweifel aufkommen, ob das Gebot ‚Die Verwaltungssprache ist Deutsch' auch immer beachtet wird. Was da zwar deutsch klingt, aber doch auch ziemlich fremd, ist eine Form des Sprachgebrauchs, dessen Fremdheit aus anderen Ursachen herrührt als bei den Fremdwörtern der Fachsprachen. Offenbar trägt die Bürokratie dem Erfordernis der genauen begrifflichen Festlegung auf eine Weise Rechnung, die vielleicht dem internen Behördenverkehr gerecht wird, aber nicht den Bedürfnissen der Bürger. Wenn es um Sprache und Verständigung geht, muß man jedoch beide Seiten sehen: die Bürokratie mit ihren Aufgaben, Vorschriften, Richtlinien, Traditionen und die Bürger mit ihren Problemen, deren Lösung erst auf einen Verwaltungsvorgang zurechtgeschnitten wird.

Da kommt es fast notgedrungen zum Konflikt. Seine Ursachen sind jedoch leichter zu durchschauen, wenn man sich den Charakter der Verständigung auf Ämtern klarmacht. In unserer verwalteten (vielleicht überverwalteten) Welt ist jedermann ständig mit solchen Problemen konfrontiert, die letztlich auch Probleme der sprachlichen Verständigung sind. Da lernt ein 18jähriger Lehrling,

Auto zu fahren, und er will seinen Führerschein machen. Antwort der Behörde: „Der am 2. Februar 1987 eingegangene Antrag eines Verfahrens zur Erteilung der Erlaubnis zum Führen eines Kraftfahrzeugs auf öffentlichen Straßen wird bearbeitet." Ob der Lehrling das verstanden hat?
Aber man darf nicht resignieren im Umgang mit Behörden. In unserer Gesellschaft ist jeder auf sie angewiesen, keiner kann sich ihnen ganz entziehen. Vom ersten Schrei bis zum letzten Seufzer ist man Gegenstand amtlicher Vorgänge auf Meldeämtern, Schulämtern, Standesämtern, Arbeitsämtern, Sozialämtern, Finanzämtern. Aber auch auf Polizeirevieren, im Krankenhaus, bei Gericht, ja sogar in der Kirche, im Gefängnis oder im Theater ist man Kunde einer Art von Behörde. Sie alle meinen wir mit dem Begriff Institution (→ S. 531). Und die besonderen Formen der Verständigung zwischen ihren Vertretern und ihren Kunden fassen wir zusammen als institutionelle Kommunikation. Und die unterscheidet sich erheblich von der im Alltag.

Alltagssprache und institutionelle Kommunikation

Im Alltag sind die Gesprächspartner in der Regel mehr oder weniger gleichberechtigt, zumindest was die Dialogrollen betrifft (→ S. 461, 466). Jeder ist berechtigt, die Rolle des Sprechers zu übernehmen oder das Thema zu wechseln. Man ist kooperativ, damit das Gespräch reibungslos verläuft. Das Thema ist meist schnell ausgehandelt und wird selten erschöpfend behandelt. Auch die Beendigung des Gesprächs verläuft nach vertrauten Mustern. Das alles geschieht routiniert, automatisch; man vertraut auf bewährte Lösungen und verzichtet auf Überprüfung des Selbstverständlichen. Man traut dem Gesprächspartner ungefähr das gleiche Wissen zu und unterstellt ihm eine ähnliche Sicht der Welt. Jeder versucht, so gut es geht, das Verständnis zu sichern (Rückfragen, Paraphrasen), den Kontakt aufrechtzuerhalten (Kontaktparenthesen, Hörersignale; → S. 459, 463), Konflikte zu vermeiden, seine Meinungen zu begründen, eine Einigung herzustellen; und dort, wo man sich nicht einig ist, einigt man sich eben darüber, daß man sich nicht einig sei.
Bei der sog. institutionellen Kommunikation ist das alles anders. Da sind die Rollen streng verteilt und festgelegt: auf der einen Seite die Experten und Autoritäten, die Juristen, Ärzte, Lehrer, Amtspersonen, kurz die Vertreter der Institution. Auf der anderen Seite die Laien, die etwas von ihnen wollen, ihre ‚Kunden' oder ‚Klienten'. Das Wissen ist unterschiedlich verteilt, damit auch die ‚Macht'. Die institutionelle Sicht der Dinge unterscheidet sich nun mal von der des Klienten. Der soziale Rahmen (→ S. 464) der Institution hat bestimmte Verhaltensrituale ausgebildet, die der Klient nicht immer beherrscht. Das macht ihn zusätzlich unsicher und erschwert ihm, seine Interessen wahrzunehmen. Wer aber die ‚Spielregeln' nicht kennt, ist im Nachteil, die gleiche Behandlung eines jeden ‚ohne Ansehen der Person' erweist sich in der Praxis oft als Theorie.
Umgekehrt unterscheidet sich der soziale Rahmen des Klienten von dem des Vertreters der Institution; ihre Interessen divergieren, ihr Wissen, ihr Verhalten, ihre Sprache. Die Sprache der Institution ist fallbezogen, sachbezogen, neutral, objektiv, wertfrei. Die individuelle Vielfalt der Vorgänge muß in über-individu-

ell festgelegte Schemata passen. Aus der persönlichen Leidensgeschichte eines Patienten filtert der Arzt zunächst vor allem die Anhaltspunkte, die ihm für seine Diagnose wichtig erscheinen. Zur Linderung individueller Notsituationen gibt es auf dem Sozialamt ‚Verwaltungsvorschriften‘. Der persönliche Ausdruck wird in den unpersönlichen der Institution übersetzt *(... es wird ersucht).* Alltagssprache wird so zur Fachsprache.
Der Vertreter der Institution tritt als Handelnder und persönlich Haftender hinter die Institution zurück - mit entsprechenden sprachlichen Folgen: unpersönliche Konstruktionen, Imperative mit *ist zu, hat zu.* Eine individuelle Geschichte wird zum Fall, zum Vorgang, zum Akt, zur Krankengeschichte. Für ihre Bearbeitung gibt es Richtlinien, Vorschriften, Dienstordnungen - meist in hierarchischer Gliederung: Dienstwege, Instanzenwege. Dies wirkt sich auf den Umgang mit dem Kunden aus. Der knappe Ton (Imperative, Passivkonstruktionen, Tilgung von Artikeln, Nominalisierungen usw.) dient aus der Sicht der Institution dem reibungslosen Ablauf, der klaren Anweisung, der eindeutigen Definition dessen, was ‚zu tun ist‘, was ‚zu erfolgen hat‘. Der Betroffene fühlt sich zurechtgewiesen, gegängelt, als Einzelfall nicht ernst genommen. Dies führt nicht selten zu Mißverständnissen, zum offenen oder verdeckten Konflikt. Solche Konflikte sind nicht nur auf Sprachbarrieren (→S. 511) zurückzuführen (Hochsprache/Dialekt, Standardsprache/Gastarbeiterdeutsch, Fachsprache/Alltagssprache), sondern gründen in der Konfrontation zweier Welten, der des ‚Alltags‘ und der der ‚Institution‘.

Zum Begriff der ‚Institution‘

Was heißt hier Institution? Mehrere Aspekte muß man dabei unterscheiden. Institutionen können kleinere soziale Einheiten sein wie Ehe, Familie, Therapiegruppe. Solche ‚Einrichtungen‘ regeln das Zusammensein von Menschen unter dem Aspekt ihrer kulturellen Geltung, ihrer rechtlichen Absicherung usw. Oder man hat größere soziale Einheiten im Auge wie Schule, Behörde, Kirche, Partei, auch Medien oder Staat. Sie regeln das Handeln, die sozialen Beziehungen und Rollen ihrer Mitglieder im Hinblick auf gesellschaftliche Zwecke *(funktionaler Aspekt).* Sie legen die dazu nötigen Maßnahmen und Verantwortlichkeiten fest *(organisatorischer Aspekt).* Das schlägt sich nieder in den Ritualen und Symbolen der Institution - vor allem auch in der Sprache *(kultureller Aspekt).* Die Verhaltensregeln gelten nicht nur nach innen; sie haben auch Konsequenzen nach außen. Denn Institutionen sind keine in sich geschlossenen Systeme. Sie treten in Kontakt mit der ‚Außenwelt‘ des Alltags, in dem andere Regeln gelten. Dies ist eine Quelle möglicher Konflikte (→S. 527, 529).
Institutionen haben sich im Laufe der Geschichte entwickelt und verändert *(historischer Aspekt).* Man denke an die Entwicklung der Gesetzessprache aus Magie und Ritualen oder die Geschichte des Gesundheitswesens, an historische Institutionen wie die Klosterschulen des Mittelalters, an die Zünfte des Handwerks, die Hanse im Handelsverkehr. Manche Kulturen haben ganz andere Institutionen ausgebildet, als wir sie kennen; und wo sie vom Zweck her übereinstimmen, unterscheiden sie sich wie bei bestimmten Sippen, Kasten, Bruderschaften oft erheblich in ihrer inneren Struktur *(interkultureller Aspekt).* Die Ent-

wicklung einer sozialen Bewegung zur Partei, einer Sekte zur Kirche *(genetischer Aspekt)* kann hier ebensowenig betrachtet werden wie Fragen der Feldforschung, Datenerhebung und -auswertung *(methodischer Aspekt).*

Die Vielfalt der Institutionen

(1) Unsere Gesellschaft ist durch eine Vielzahl von Institutionen geprägt. Da sind zunächst die Institutionen der Sozialisation und Erziehung. Eine der ältesten in der Entwicklung der Menschheit ist zweifellos die Familie. Mit der Aufzucht, der primären Sozialisation der Kinder, der Vermittlung von Sprache und anderen sozialen Fähigkeiten und Fertigkeiten übernimmt sie wichtige Funktionen in der Gesellschaft. Ihr treten später mit privaten, kommunalen oder staatlichen Erziehungsinstitutionen wie Kindergarten und Schulen, dann Hochschulen und Universitäten, Einrichtungen der Betriebs- und Berufsausbildung weitere Sozialisationseinrichtungen zur Seite. Zu diesen gehören zweifellos auch die ‚peer groups' der Spielgefährten und Altersgenossen, die Nachbarschaftsgruppen und Cliquen. Sie sind dann zu den Institutionen der Sozialisation zu rechnen, wenn sie sich zu solchen verfestigt haben und entsprechende Merkmale der Organisation, Arbeitsteilung, Rechtsgarantie aufweisen: Kindergärten, Jugendgruppen, Pfadfindervereine, Jugendverbände, kirchliche Jugendscharen usw.
(2) Zu den Institutionen gerechnet werden auch Asyle, Jugend- und Obdachlosenheime, Jugendstrafanstalten, Gefängnisse, psychiatrische Kliniken. Sie werden als totale Institutionen zusammengefaßt. Ihre Strukturen und Funktionen wurden in der Soziologie genau beschrieben. Die in ihnen ausgebildeten besonderen Sprach- und Kommunikationsformen sind dagegen - abgesehen von ein paar Hinweisen in der Volkskunde zu Sondersprachen wie Häftlingsjargon, Knastalphabet, Klopfsprachen (→ S. 504) - noch so gut wie gar nicht untersucht. Hier ist man auf literarische Zeugnisse von ehemaligen Insassen angewiesen, die wertvolle Hinweise enthalten. Natürlich sind totale Institutionen dem Zugang des Beobachters eher verschlossen als öffentliche Institutionen der Erziehung, Politik, Verwaltung oder Medien. In dieser Hinsicht ähneln sie eher Institutionen der Diplomatie, der Geheimdienste, Logen, auch des Militärs.
(3) Besser bestellt ist es mittlerweile mit den Institutionen der Justiz und des Rechtswesens. Hier gibt es nicht nur eine klassische Tradition der Rhetorik, zu deren wichtigsten Zweigen das *genus iudiciale,* die Gerichtsrede, gehört (→ S. 485). Auch innerhalb der Philosophie und der Rechtswissenschaft wurde der ‚forensischen Argumentation' besondere Aufmerksamkeit geschenkt. Neuerdings wird aber auch das Verhalten vor Gericht als durch die Institution bedingte Besonderheit thematisiert. Das liegt insofern nahe, als ‚Recht' in sprachlichen Texten niedergelegt ist. Rechtsauslegung ist daher immer auch Textauslegung. Eine Gerichtsverhandlung ist sprachliche Interaktion, die bestimmten Regeln unterworfen ist. Polizeiliche Vernehmungen und Protokolle sind Kommunikationsrituale und Textsorten, die festumrissenen Mustern folgen. Urteilsbegründungen sind logischer und rhetorischer Analyse leicht zugänglich.
(4) Eine ebenso lange Tradition hat auch die Anleitung zu und die Analyse von

politischer Rede, das *genus deliberativum* der antiken Rhetorik (→ S. 485). Heute tritt sie unter dem Aspekt des öffentlichen Sprachgebrauchs in den Institutionen der Politik und Verwaltung ins Zentrum des Interesses. Sie stehen in enger Nachbarschaft zu den juristischen Institutionen, von deren Sprachgebrauch sie stark und, wie es scheint, zunehmend mehr beeinflußt sind. Das zeigt sich in der Errichtung neuer Sprachbarrieren zwischen den Funktionsträgern der Bürokratie und denen, für die sie eigentlich da sind. Diese dienende Funktion scheint im Selbstverständnis der Bürokraten und Verwalter in dem Maße zurückzutreten, in dem sie ihr Wissen zugleich als Machtinstrument zu nutzen lernen. Die Gefahr des Konfliktes zwischen Vertretern und Kunden von Institutionen der Verwaltung ist hier besonders augenfällig. Das zeigt sich sowohl in der gesprochenen Sprache, z. B. in Beratungsgesprächen auf den Ämtern (Sozialamt, Meldeamt, Ausländeramt), als auch in der geschriebenen, z. B. in Akten, die man nicht durchschaut, Bescheiden, die man nicht versteht, Formularen, die man falsch ausfüllt. Wenn aber eine öffentliche Bürokratie sich zu einer Art Geheimbund entwickelt, so steht das im Gegensatz zu ihrer Funktion. Politiker sind sich dessen zunehmend bewußt, denn ihr Erfolg ist entscheidend davon abhängig, inwieweit sie sich dem Bürger verständlich machen können. Sie dringen daher in politischen Institutionen wie Parteien und Gewerkschaften, Gemeinde- und Verwaltungsräten auf größere Transparenz, Durchlässigkeit und ‚bürgernahen' Sprachgebrauch. Nicht immer ist ihr Bemühen von Erfolg gekrönt.

(5) Aber die Demokratie lebt davon, Informationen und Argumente auf ‚öffentlichem Forum' auszutauschen und durchschaubar zu machen. Die Funktion des antiken Forums haben heute die Massenmedien übernommen. Die Institutionen der Massenkommunikation rücken daher zunehmend ins Blickfeld: Presse, Hörfunk, Fernsehen. Auf die politische Rede der Nachrichten hat sich denn die Erforschung des Sprachgebrauchs in den Massenmedien bislang auch konzentriert. Die rasche Entwicklung neuer Massenkommunikationsmittel wird auf unsere Sprache und die Formen des Umgangs miteinander nicht ohne Einfluß bleiben (→ S. 545 ff.).

(6) Im Zusammenhang mit den Massenmedien gerät zugleich der heterogene Bereich der kulturellen Institutionen in den Blick. Vieles von dem, was man zu den Merkmalen literarischer Kommunikation zählt, hat nicht nur mit Dichtung und Genie zu tun, sondern auch mit den Institutionen des Literaturbetriebs. Oper und Theater sind nicht nur Kulturtempel. sondern auch hochkomplizierte Apparate mit allen Merkmalen von Institutionen. Dies gilt auch für das kaum überschaubare Feld der institutionalisierten Freizeitgestaltung (Sport, Kneipe, Diskothek).

(7) Eher werden die religiösen Institutionen in ihrem institutionellen Charakter wahrgenommen. Das liegt vermutlich an den - ähnlich wie im Gericht und Strafvollzug - strengeren Regeln ihrer Kommunikationsrituale vor allem im Gottesdienst bzw. der Messe. Künftig wird man neben den sakralen Handlungen oder Testamenten (Taufe, Vermählung usw.) auch die Kirchen als Behörden zu untersuchen haben, nebst ihren Unterinstitutionen wie kirchliche Bildungseinrichtungen, Missionswerke, Erziehungsheime, Altersheime, Pflegestätten, Krankenhäuser usw.

(8) Dies führt zu den Institutionen des Gesundheitswesens. Auch im Zeitalter der ‚Gerätemedizin' ist die Kooperation von Arzt und Patient eine wesentliche Voraussetzung für den Heilungsprozeß. Dieser Sachverhalt lenkt den Blick auf die Gespräche zwischen Ärzten, Therapeuten, Heilpraktikern als Vertretern der Institutionen des Gesundheitswesens einerseits und den Patienten als ihren Klienten andererseits. Das psychotherapeutische Gespräch in seiner je nach Therapieform (Einzeltherapie, Gruppentherapie, Psychodrama, Gesprächstherapie, Verhaltenstherapie usw.) unterschiedlichen Ausprägung hat dabei besonderes Interesse gefunden, weil es mit der Ausbildung einer eigenen Fachsprache institutionell streng definiert ist. Hier soll das Kommunikationsverhältnis Arzt/Patient, insbesondere bei der Visite im Krankenhaus, als ein Beispiel aus diesem Bereich genauer betrachtet werden.

Institution und Sprache

Institutionelle Kommunikation im Gesundheitswesen: Gespräche zwischen Arzt und Patienten

Die heilende Tätigkeit des Arztes hatte schon immer auch mit Sprache zu tun. Bereits in den Ritualen der Medizinmänner kam ihr eine besondere Bedeutung zu. Das Gespräch zwischen Arzt und Patienten spielt eine zentrale Rolle für die Information des Behandelnden und die Gesundung des Patienten. Diesem gemeinsamen Interesse zum Trotz ist es nicht selten durch die institutionellen Rahmenbedingungen, in denen es stattfindet, verzerrt und konfliktträchtig. Von anderen institutionellen Gesprächen wie Vernehmungen, Beratungen, Prüfungen usw. unterscheidet es sich dadurch, daß es nicht öffentlich stattfindet. Dies gilt im Prinzip auch für ein ärztliches Gruppengespräch, zu dem es beispielsweise bei Visiten kommt.

Die Visite ist ein gutes Beispiel für die institutionsbedingte Konfliktträchtigkeit von Gesprächen zwischen Arzt und Patienten im Krankenhaus (Bliesener 1982). Der Konflikt muß dabei den beteiligten Gesprächspartnern keineswegs als solcher bewußt sein, ist es meistens auch nicht, aber seine Wirkung äußert sich in dem verbreiteten Unbehagen, das viele Patienten empfinden (und artikulieren), wenn sie sich vom Krankenhauspersonal manchmal nicht individuell wahrgenommen fühlen. Der Konflikt hat dann seine Ursache in der Asymmetrie des Kommunikationsverhältnisses zwischen den beiden Gesprächsparteien: sie zeigt sich in der unterschiedlichen Aktionsfähigkeit (krank - gesund), Betroffenheit (existentiell - professionell), Handlungsrolle (passiv - aktiv), Macht (Objekt der Weisung - Weisungsbefugnis), Wissen (Laie - Experte), Sprache (Alltagssprache - Fachsprache).

Die fachsprachliche Sprachbarriere (→ S. 526f.) ist dabei freilich nur ein Aspekt, der augenfälligste vielleicht. Die Ursachen des Unbehagens, das viele Patienten empfinden, liegen in der Art der Gesprächsführung, die viele im Alltagsgespräch geltende Regeln verletzt. Das Personal der Institution spricht oft weniger mit dem Patienten als über ihn, und in einer Lautstärke, daß der Patient zwar sieht, daß über ihn gesprochen wird, aber nicht hört, was über ihn gesagt wird. Sollte er doch etwas akustisch mitbekommen, erschwert ihm der klinische Jar-

gon (zur Laborsprache: → S. 526), dem Gespräch gedanklich zu folgen. Dieser Jargon enthält eine Fülle von Ellipsen, Andeutungen, Verkürzungen, die dem Personal aufgrund seines Wissens und seiner Erfahrungen vertraut sind, aber dem Patienten normalerweise nicht. Außerdem sind ihm die Themen des Gesprächs meist schon deshalb unverständlich, weil sie ein Fachwissen voraussetzen, über das er nicht verfügt. Oft sind Teilthemen auch noch so ineinander verschachtelt, daß er sie im schnellen Wechsel nicht nachvollziehen kann. Im übrigen muß er sich schon dadurch von dem Gespräch ausgeschlossen fühlen, daß über ihn in der dritten Person gesprochen wird, als sei er gar nicht da, und ihm kaum eine Chance gegeben wird, sich in das Gespräch einzuflechten, ohne daß dies als Störung empfunden würde.
Im Gegenteil: seinen Versuchen, sich als Gesprächspartner einzubringen und zu behaupten, wird oft und trotz bester Absichten des Personals mit unbewußten ‚Abweisungsstrategien' begegnet. Schon gegebene Informationen werden wiederholt, aber seine Frage nicht beantwortet. Er fühlt sich überfahren, wenn der Arzt andere inhaltliche Schwerpunkte setzt als er selbst, übersättigt mit Informationen, die er nicht schnell genug verarbeiten kann. Er meint, hingehalten zu werden durch plötzliche Abschweifungen, und ist verunsichert durch ungeduldige Hörersignale, die zum Sprecherwechsel führen sollen, oder eingeschüchtert durch Richtigstellungen und Zurückweisungen seiner eigenen Vermutungen.
Solche Strategien des Abweisens kommen natürlich nicht immer vor, schon gar nicht in dieser Häufung. Aber es gibt sie: sie werden als Mittel der Gesprächssteuerung vom Arzt eingesetzt und dienen der zeitlichen Begrenzung des Gespräches, das ja aus der Sicht der Institution möglichst effektiv sein soll. Daß diese konfliktträchtigen Strategien die Kommunikation dennoch nicht zusammenbrechen, sie oft nicht einmal als konflikthaft bewußt werden lassen, liegt vielleicht daran, daß die dazu genutzten sprachlichen Mittel meist dieselben sind, wie sie in Alltagsgesprächen gebraucht werden. Die Rückfragen, Erläuterungen, Wiederholungen, Paraphrasen, Ergänzungen, Richtigstellungen, Begründungen, die normalerweise Verständigung sichern sollen, bewirken zugleich massive einseitige Steuerung: eine etwas zu ausführliche Begründung führt dazu, daß sich der Patient mit Informationen übersättigt fühlt, eine fachsprachlich zu präzise Erläuterung schüchtert ihn ein, eine zu beharrliche Paraphrase führt dazu, daß er resigniert. Die Steuerung ist ebenso wirksam wie unauffällig, weil von dem einen Gesprächspartner als Mittel der Verständnissicherung geltend gemacht werden kann, was von dem anderen eher als Mittel der Verständnishinderung erfahren wird.

Institutionelle Kommunikation im Rechtswesen: Gespräche zwischen Richter und Angeklagtem

Rechtliches Handeln ist sprachliches Handeln. Recht ist in Texten niedergelegt, an denen sich seine Anwendung orientiert. Dazu hat sich eine Fachsprache des Rechts ausgebildet: ihr Gegenstand ist das Gebiet des Rechts, sie wird gebraucht von Rechtsexperten innerhalb der Institutionen des Rechtswesens. Diese sind in sich nach vielen verschiedenen Funktionen gegliedert, die zu einer

Vielfalt von Textarten und Kommunikationsmustern geführt hat: z. B. die Sprache der Gesetze, der Urteile und Bescheide, der Rechtswissenschaft, der Gutachten, des behördlichen Schriftverkehrs, des Verwaltungsjargons usw. Die Rechtssprache soll gleichzeitig präzise, effizient und allgemein verständlich sein - denn ‚vor dem Recht sind alle gleich'. Alle drei Forderungen werden in der Praxis selten zugleich erfüllt. Die sich daraus ergebenden Verständigungsprobleme dringen zunehmend ins öffentliche Bewußtsein. Sie gründen nicht nur in den fachsprachlichen Eigenheiten der Rechtssprache, den besonderen rhetorischen Strukturen der forensischen Argumentation (z. B. in Urteilsbegründungen, Bescheiden, Gutachten usw.) oder den Prinzipien des Textaufbaus von Gerichtsakten und behördlichen Formularen, sondern sind auch in einer Verhandlung zwischen Richter und Angeklagtem immer wieder zu beobachten.
Schicht- und geschlechtsspezifische Unterschiede im Sprachverhalten führen da nicht selten zu unterschiedlichem Erfolg der Klienten in juristischen Institutionen. In Strafverhandlungen von Verkehrsdelikten etwa hatten (nach Leodolter 1975) die Angehörigen der Unterschicht, namentlich die Frauen, Nachteile (ganz konkret im Strafmaß) durch ihr Sprachverhalten, das den Anforderungen der Situation weniger gut entsprach als vergleichsweise das von Männern der Mittelschicht.
Diese Situation ist nämlich strengen Regeln unterworfen. Das Strafverfahren gliedert sich in mehrere Phasen, die zugleich die Rolle des Klienten je nach dem Stand des Verfahrens festlegen: Vorgeschichte - Ermittlung (Beschuldigter) - Anklage (Angeschuldigter) - Eröffnung des Hauptverfahrens (Angeklagter) - Urteil (Täter) - Nachgeschichte (Strafgefangener, Vorbestrafter). Die Phasen des Prozesses lassen sich aber noch erheblich genauer untergliedern. Die Strafprozeßordnung schreibt allein für die Hauptverhandlung 25 Einzelsegmente verbindlich vor. Aus diesen Segmenten seien hier nur zwei genauer betrachtet: die Vernehmung des Angeklagten ‚zur Person' und ‚zur Sache' (vgl. Hoffmann 1983).
(1) Die *Vernehmung des Angeklagten zur Person* ist von den Phasen davor und danach deutlich zu trennen. Das geschieht meist durch explizite Einleitungsformeln *(Kommen wir zur Vernehmung zur Person. Also nun zur Person)* und abschließende Überleitungen *(Dann bitte die Verlesung der Anklage).* Diese Phase dient nicht nur der Identifikation der angeklagten Person oder zur Überprüfung der in den Akten festgehaltenen Daten. Sie dient auch dazu, alle dem Gericht für die Urteilsbildung bedeutsam erscheinenden Merkmale zur Sprache zu bringen, die es ihm erlauben, sich ein Bild von der Person des Angeklagten zu machen. Die Form des Dialogs ist dabei wiederum durch Vorschriften geregelt, die das Frage/Antwort-Schema bestimmen. Der Vorsitzende stellt die Fragen, der Vernommene muß antworten, er darf (anders als bei der ‚Vernehmung zur Sache') die Aussage nicht verweigern.
Deshalb ist es für ihn schwer, sich gegen die feststellenden - vielleicht aber auch verdeckt wertenden - Vorgaben des Richters etwa zu Familien- und Einkommensverhältnissen, gegebenenfalls zu Schulden, Vorstrafen, Staatsangehörigkeit zu wehren. Durch die institutionelle Rollenverteilung kann der Angeklagte kaum verhindern, daß der Richter nach dem einfachen Muster verfährt: ‚P gehört zur Kategorie K' - ‚Wer zur Kategorie K zählt, neigt zu Straftaten des

Typs T' - ‚Also neigt P zu T und ist entsprechend zu be-/verurteilen'. Wie soll z. B. ein der Unterschlagung Bezichtigter auf die ‚Feststellung' seiner Schulden reagieren, wie ein als Dieb verdächtigter Ausländer auf die Frage nach seiner Arbeitserlaubnis?

Da er die Antwort nicht verweigern darf, muß er zwischen folgenden Möglichkeiten wählen: er kann die Antwort verzögern, kann vorgeben, nicht verstanden zu haben, kann die Berechtigung (Legitimität) der Frage anzweifeln oder die in ihr enthaltenen Aussagen oder Unterstellungen (Propositionen, Präsuppositionen (→S. 455) zurückweisen. Aber solche ‚Vermeidungsstrategien' sind von der Kenntnis der Verfahrensregeln abhängig. Die meisten Angeklagten reagieren mit der Verzögerungsstrategie. Sie hilft ihnen aber nichts, denn sie hat nur zur Folge, daß der Richter immer neue Fragen stellt, die zunehmend drängender, nachdrücklicher, genauer werden.

Das Dilemma des Angeklagten ist, daß der ungleiche Dialog zugleich auf einen Modus der Zusammenarbeit festgelegt ist, von dem er praktisch nur unter der Bedingung abweichen kann, daß er dem Richter einen Verfahrensfehler nachweist. Aber das setzt auch wieder verfahrensrechtliche Kenntnisse voraus, über die er in der Regel nicht verfügt. Deshalb spielt sich ein solcher Dialog, wenn er überhaupt versucht wird, denn auch meist an ihm vorbei zwischen Richter und Verteidiger ab, der seiner ‚Dolmetscherfunktion' schon aus Zeitgründen meist nicht gerecht werden kann.

(2) Anders bei der *Vernehmung des Angeklagten zur Sache,* die auf die ‚Verlesung der Anklageschrift' folgt. In dieser Phase wird er entsprechender Festlegung gemäß als erstes „darauf hingewiesen, daß es ihm freistehe, sich zur Anklage zu äußern oder nicht auszusagen" (§ 243, Abs. 4 StPO). Diese Belehrung muß der Richter geben, aber durch die Art der Formulierung und Betonung kann er die Antwort sehr wohl beeinflussen. Viele Richter lassen es nicht bei dem Zitat des Gesetzestextes bewenden, sondern fügen eine alltagssprachliche ‚Übersetzung' an *(Also, Sie müssen jetzt nichts dazu sagen)* oder ersetzen die formelle ‚Belehrung' durch eine ‚Kooperationsfrage' *(Wollen Sie sich zu diesem Vorwurf äußern?),* die der Angeklagte als ‚Aufforderung' (miß)verstehen kann. Wenn er die Frage jedoch verneint, wirkt das wie eine Aufkündigung der ‚Kooperation', aus der der Richter vielleicht Schlüsse zu seinen Ungunsten zieht.

(3) Wenn er aber aussagen will, wird er vom Richter zur *Darstellung des Tatsachverhalts* aufgefordert. In dieser Phase hat er wieder die Wahl zwischen mehreren Möglichkeiten: Er kann die Tat gestehen oder sie leugnen, umdeuten, rechtfertigen, entschuldigen, er kann dem Vorwurf ausweichen oder seine Schuldfähigkeit bestreiten usw. Von der Entscheidung für eine dieser Strategien hängt viel ab. Es ist ratsam, bei einer einmal gewählten Strategie zu bleiben, denn wenn der Angeklagte innerhalb seiner Aussage die Strategie wechselt, hat dies sofort Auswirkungen auf seine Glaubwürdigkeit und damit auf die Interpretation seiner Darstellung durch das Gericht. Wenn er gar zwei nicht miteinander zu vereinbarende Strategien koppelt, etwa die Tat leugnet und im übrigen die diesbezügliche Rechtsnorm angreift oder erst die Schuldfähigkeit bestreitet und dann Wiedergutmachung anbietet, gerät er in doppelten Rechtfertigungsdruck: er muß sich nicht nur für den Schuldvorwurf, sondern auch noch für die Art seiner Verteidigung verantworten.

Wählt er jedoch die Handlungsstrategie des ‚Ausweichens', wird das vom Richter ebenfalls entsprechend interpretiert und bewertet. Wenn er schweigt, fragt der Richter, ob er die Aussage doch verweigern will. Bestreitet er dem Gericht die Zuständigkeit, wird es ihm die Verfahrensvoraussetzungen erläutern und damit seine Legitimität nachweisen. Wenn er das Thema zu wechseln versucht oder es mißzuverstehen vorgibt, wenn er um den Vorwurf ‚herumredet' oder einen Gegenvorwurf erhebt, stets wird das Gericht es ihm als ‚Ausweichen' auslegen und darauf bestehen, ‚zur Sache zu kommen'. Wenn er sie dann zu bagatellisieren versucht, wird das als ein Angriff auf die Rechtsnorm aufgefaßt, über deren Einhaltung die Institution zu wachen hat. Und diese selbst anzugreifen durch Beschimpfung oder Drohung wird ihm allenfalls eine Ordnungsstrafe einbringen. Die einzige Möglichkeit, auf den ‚Vorhalt' eines bestimmten Sachverhalts nicht einzugehen, besteht für den Angeklagten also in der Verweigerung der Aussage, was freilich wiederum seine Bereitschaft zur Kooperation in Frage stellt.

(4) Läßt er sich jedoch auf die vom Richter gewünschte ‚Darstellung des Tatsachverhalts' ein, folgt als nächste Phase die ‚Befragung'. Jetzt muß er beweisen, daß seine Einlassung plausibel und folgerichtig ist. Wenn seine Argumentation Widersprüche enthält, leidet seine Glaubwürdigkeit. Selbst wenn seine Argumentation in sich schlüssig ist, können Widersprüche zu dem auftauchen, was in den Akten steht, die der Richter schon kennt, er aber nicht.

(5) Nach dem förmlichen Abschluß dieser Phase folgen dann die Phasen der Beweisaufnahme mit den Vernehmungen der Zeugen zur Person und zur Sache, gegebenenfalls der Anhörung von Sachverständigen, der Plädoyers, des Schlußwortes des Angeklagten, der Urteilsberatung, -verkündung und -begründung und der Rechtsmittelbelehrung.

Der durch die Strafprozeßordnung festgelegte Ablauf gilt natürlich nur für den hier beispielhaft hervorgehobenen Fall. Aber er enthält einige typische Merkmale: das Ungleichgewicht der Redekonstellation, in der der Vorsitzende die Gesprächsführung übernimmt, das Rederecht vergibt, die Dauer der Redebeiträge bestimmt, Themen einführt und wechselt, die Sprachebene wählt und Bewertungen vornimmt. Gleichzeitig werden hohe Anforderungen an den Klienten gestellt. Er muß den thematischen Vorgaben möglichst genau folgen: seine Beiträge müssen logisch plausibel sein und den Sachverhalt treffen, den der Vertreter der Institution meint; die Argumentationsschritte müssen folgerichtig aufeinander aufbauen und dürfen keine Widersprüche enthalten, sie müssen vom Gegenüber als zur Sache gehörig empfunden werden; man darf nicht erzählen, was einem selber wichtig erscheint. Jeder Verstoß gegen solche Maximen hat Sanktionen zur Folge, sofern der Klient nicht Motive, Erklärungen für die Verstöße oder deren Korrektur anbietet.

Das in institutionelle Kommunikation grundsätzlich eingebaute Ungleichgewicht kann wegen der ungleichen Macht- und Wissensverteilung wohl nicht vollständig ausgeglichen werden. Aber es ließe sich in seinen Auswirkungen lindern (Stichwort Bürgernähe). Die Sprache spielt dabei eine zentrale Rolle. Dieser Aufgabe sind sich heute bereits viele Juristen (wie auch manche Mediziner) bewußt, auch wenn diese Einsicht noch nicht bis in alle Gerichte, Amtsstuben, Verwaltungsbehörden vorgedrungen ist.

Institutionelle Kommunikation in Verwaltungsbehörden: Gespräche auf dem Sozialamt

Das Sozialamt eignet sich besonders gut als Beispiel für institutionelle Kommunikation, da es eine Verwaltungsbehörde mit sehr viel Publikumsverkehr ist, also mit häufigem Kontakt zwischen Vertretern der Institution und ihren ‚Kunden'. Außerdem sind die Resultate in den Verwaltungsakten festgehalten. Auf diese Weise kann man verschiedene schriftliche und mündliche Textarten miteinander vergleichen: die behördeninterne Aktenführung und den behördenexternen Briefverkehr mit den Bürgern (Gloy 1981) und die direkten Gespräche der Bürger mit den Beamten des Sozialamts (Wenzel 1984). Hierbei bestätigt sich die Erfahrung, die wohl jeder schon gemacht hat, der bei der Polizei eine Anzeige erstatten wollte, der mit einem Rechtsanwalt die Chancen eines Prozesses abzuschätzen suchte, der dem Steuerbeamten seine Werbungskosten zu erläutern suchte: die eigene Situation wird ihrer persönlichen Färbung entkleidet und nach den Gesichtspunkten abgeklopft, die für die Institution bedeutsam sind.

Der Anwalt fordert Fakten, die ‚rechtserheblich' sind, nicht Vermutungen. Der Beamte des Sozialamts sucht aus den Erzählungen des Antragstellers Merkmale herauszufiltern, die im Sinne der gesetzlichen Bestimmungen die Gewährung von Sozialhilfe rechtfertigen.

Dazu bedient er sich einer Reihe von Strategien. Diese können mehr oder weniger bürgerfreundlich sein, dienen aber dem gleichen Ziel, die Informationen zu objektivieren und in die Amtssprache zu übersetzen. Jeder Einzelfall wird daraufhin geprüft, ob er ‚ins Schema paßt', ob er die gesetzlich festgelegten Voraussetzungen erfüllt. Die Antragsteller und Sozialhilfe-Empfänger empfinden diese Prüfung oft als demütigend. Ihr Gefühl der Ohnmacht gegenüber der Institution schlägt sich in dem oft gehörten (Vor-)Urteil über die Beamten des Sozialamtes nieder: ‚Die tun so, als müßten sie's aus eigener Tasche bezahlen.' Der Beamte steht dabei in dem ständigen Konflikt, einerseits individuell helfen und Not lindern zu sollen, andererseits auf das Gesetz zur Sparsamkeit der Allgemeinheit gegenüber verpflichtet zu sein. Dieser Konflikt führt bei manchen zu widersprüchlichem Verhalten: sie bedienen sich sowohl kooperativer, bürgerfreundlicher Gesprächsstrategien als auch (manchmal im selben Gespräch) autoritär-direktiver, bürgerfeindlicher Gesprächsstrategien (Wenzel 1984).

(1) Zu den kooperativen Strategien gehört das aufmerksame Zuhören, das sich in zahlreichen Hörersignalen *(hm, ja, ach, so)* ausdrückt. Der Beamte bemüht sich, den Bürger zu verstehen und zu gewährleisten, daß dieser ihn versteht. Das Verstehen sichert er dadurch ab, daß er sich bestätigen läßt, ob er richtig verstanden worden ist (Verständnisabsicherung), ob umgekehrt der Bürger seine Äußerungen, Paraphrasen, Zusammenfassungen richtig verstanden hat (Verstehensabsicherung) und ob er sie inhaltlich akzeptieren kann (Einverständnisabsicherung). Dadurch soll festgelegt werden, worauf sich beide Partner in der Folge berufen können.

Genaues Zuhören und wechselseitiges Überprüfen, ob man verstanden worden ist, dienen dazu, die für die Institution wichtigen und notwendigen Informationen zu erhalten.

Der Beamte steuert daher das Gespräch, indem er den Bürger auffordert, den Anlaß, Sachverhalt und seine Lage zu schildern; er fragt nach Einzelheiten und versucht, sie genauer voneinander abzugrenzen.
Wenn der Bürger dabei zu weit ausholt oder in eine Richtung zielt, die von dem Interesse des Beamten abweicht, unterbricht dieser ihn, faßt das bisher Gesagte zusammen und zieht seine Schlüsse daraus. Oder er spitzt das Thema zu in der von ihm gewünschten Richtung. Wenn der Bürger seine Lage aus persönlicher Betroffenheit sehr emotional schildert, ‚übersetzt' der Beamte das in sachliche Amtssprache. Wenn der Bürger um Klärung oder Auskunft bittet, insbesondere um eine Begründung dafür, daß der Antrag abgelehnt ist, verweist der Beamte auf die gesetzlichen Bestimmungen, zitiert und erläutert sie, übersetzt den Behördenjargon der Abkürzungen (BSHG = Bundessozialhilfegesetz, HZL = Hilfe zur Lebensführung) wieder zurück in die Standardsprache. Er versucht, seine Entscheidung zu rechtfertigen, sei es durch Bezug auf allgemeine Rechts- oder Verwaltungsnormen, sei es durch Hinweis auf seine Weisungsgebundenheit innerhalb der Institution.
Am Beispiel der Visite im Krankenhaus (→ S. 534) hatte sich gezeigt, daß alltagssprachliche Strategien der Verständnissicherung die Verständigung zugleich beeinträchtigen können. In der Vernehmung des Angeklagten vor Gericht (→ S. 535 ff.) werden beharrliche Wiederholungen, zuspitzende Paraphrasen, nachhakende Fragen als vermeintlich alltagssprachliche Mittel der Verständnissicherung ebenfalls im Sinne und im Interesse der Institution gebraucht. So auch hier beim Beispiel des Sozialamtes.
Sprachliche Strategien mit all ihren Varianten, die eine kooperative Gesprächsführung auszeichnen, können also als Mittel der direkten Gesprächssteuerung genutzt werden. Diese gilt aus der Sicht der Institution meist als zeitlich und finanziell effektiv.
(2) Direktive Strategien sind z. B. Hörersignale, die Zeichen von Ungeduld oder Desinteresse sind. Unterbrechungen zielen nicht nur auf straffere Darstellung und genauere Argumentation, sondern können auch dazu dienen, Informationen abzuwehren, die dem Beamten als im Sinne der Institution unerheblich erscheinen, an deren Vermittlung dem Bürger aber vielleicht gerade besonders gelegen ist.
Auch die Zusammenfassungen, Wiederholungen, Paraphrasen dienen nicht immer zur Kontrolle des Verstehens. Sie können auch als Mittel massiver Gesprächssteuerung eingesetzt werden, wenn sie Aspekte, die dem Bürger wichtig sind, unter den Tisch fallen lassen; durch scheinbare Schlußfolgerungen neue Aspekte einführen, die dem Beamten wichtiger erscheinen; durch Neuformulierung des Anliegens dem Bürger Absichten unterstellen, die dieser vielleicht gar nicht hatte.
Unterstellungen, Unterbrechungen, Fragen und Aufforderungen, Abwehr von Informationen, Rechtfertigungen, Hinweise auf das Gesetz und die eigene Weisungsgebundenheit, ein Ausweichen auf Gemeinplätze *(wir sind alle nur Menschen)* usw. können sich zu einer verhörähnlichen Gesprächsführung aufhäufen (‚Kumulationseffekt').
Sie läßt dem Bürger keine Möglichkeit zum Widerspruch, keine Zeit zum Nachdenken, keine Ruhe zum Sprechen. Gegen Begründungen, die auf Gemeinplät-

zen fußen, ist kaum zu argumentieren. Metaphorische und beschönigende Bewertungen der Lage des Bürgers verhindern dessen Widerspruch. Häufig verheddert er sich in Widersprüche. Durch diskriminierende Formen der Anrede *(Was will er denn?)* und zweideutige Botschaften des Beamten (Signale des Interesses und gleichzeitige Informationsabwehr) wird er verunsichert, durch persönliche Vorwürfe verblüfft *(Jetzt sind Sie aber unehrlich. Nun seien Sie doch nicht so aggressiv.).*

Der Konflikt in solchen Gesprächen erklärt sich aus der unterschiedlichen Wahrnehmung der Wirklichkeit. Der Bürger erklärt seine Lage aus Umständen, die er nicht selbst zu verantworten hat, die Bürokratie aus dem Verhalten, das er selbst zu verantworten hat. Die jeweilige Erklärung des Bürgers wird als Schutzbehauptung bewertet, der eine eigene Gesprächsstrategie entgegengesetzt wird, die dem Zweck der Institution dient und eine routinemäßige Bearbeitung garantiert.

Damit werden einerseits die für die Entscheidung (‚Bekommt X oder Y Sozialhilfe oder nicht') bedeutsamen Informationen ausgewählt, und diese werden dann andererseits bewertet im Hinblick auf die zu treffenden Maßnahmen (‚Liegen die Voraussetzungen A oder B vor, dann führen wir die Maßnahmen C oder D durch'). Erst kommt also die zweckmäßige Auswahl der Fakten, dann deren routinemäßige Einordnung. Deshalb prallen Appelle an den Beamten ab, seine Entscheidung nicht routinemäßig zu fällen. Denn die Feststellung des Sachverhalts ist mit der zu fällenden Entscheidung über die daraus zu ziehenden Konsequenzen auf eine gesetzlich festgelegte Weise verbunden: ‚Wenn X, dann Y'. Die Verbindung geschieht durch Sprache: das Amt erhält die Informationen, verarbeitet sie und teilt das Ergebnis anderen Stellen mit. Voraussetzung dafür ist, daß das Konkrete ins Abstrakte umgesetzt wird, d.h., das Einzelschicksal wird juristisch definierten Ordnungsprinzipien unterworfen. So trifft für die Behörde auf problematische Weise zu, was Luhmann als Kennzeichen des ‚Systems' beschrieben hat: sie „übersetzt Unregelmäßigkeit in Regelmäßigkeit".

Institutionelle Kommunikation in der Kirche: Gottesdienst als Ritual

Die Kommunikation in Institutionen ist in ihrem Ablauf durch Regeln mehr oder weniger festgelegt. Solche Regeln sind zum Teil in ‚Ordnungen' niedergelegt: die Strafprozeßordnung regelt die Gerichtsverhandlung, Geschäftsordnungen regeln die Sitzungen von Vereinen und Verwaltungsgremien. Ein extremes Beispiel institutionell geregelter Kommunikation ist der Gottesdienst der evangelischen Kirche oder die Römische Messe der katholischen Kirche. Sie werden durch die Agende der Gottesdienstordnung bzw. das Formular des Meßbuches bis in alle Einzelheiten, z.T. auch der sprachlichen Formulierung und körperlichen Haltung, hinein festgelegt.

Die Regelungen beziehen sich wie bei institutioneller Kommunikation allgemein u.a. auf den sozialen Rahmen (→ S. 464) der Veranstaltung, ihren Zweck, den Ort, die Zeit, die Teilnehmer sowie die Auswahl, Verteilung, Abfolge und Form der Kommunikationsmuster.

Die Bedeutung dieser Kommunikationsmuster liegt fest: Indem sie vollzogen werden, verweisen sie symbolisch auf bestimmte Normen oder Werte der Institution. Dies kennzeichnet sie als Rituale. Während die Gerichtsverhandlung im Vollzug bestimmter Formeln einzelne rituelle Elemente enthält (Rechtsfindung und Rechtsprechung gingen ja wie die Heilung aus der Magie hervor), ist der Gottesdienst bzw. die Messe insgesamt als Ritual anzusehen. Daraus ergibt sich, daß verschiedene Kommunikationsebenen einander überlagern: rituelle, institutionelle, alltägliche Handlungsmuster. Der Pastor oder Priester spricht in seiner Rolle als Verkünder und Vermittler der heiligen Botschaft, als Regisseur und Organisator, als Individuum und Alltagsperson. Diese Rollen sind sprachlich (Personalpronomina, Formeln, Zitate), meist auch durch eine veränderte Sprechweise (Lautstärke, pastorale Intonation), deutlich voneinander unterschieden:

Pfarrer: Zu Beginn - dieses Gottesdienstes möchte ich Sie herzlich begrüßen ↗ hier im Gemeindehaus ↗ - und Ihnen noch einmal sagen warum wir - ein wenig improvisieren mußten und hierher gehn ↗ - (es folgt eine Erklärung über notwendige Renovierungsarbeiten in der Kirche) ich denke - Sie werden sich auch hier in diesem neu gemachtn Saal wohlfühlen ↗ - und ich frage Sie gleich einmal ob Sie mich so verstehen können ↘ -

verschiedene Stimmen: ja

Pfarrer: wir ham auch eine Verstärkeranlage ↗ aber es wäre ja besser es ginge - *ohne* ↘ - (. . .) wir singn zu Anfang das Lied zweihundertsechsundvierzig ↗ - (. . .)

(es folgt das Lied)

Pfarrer: (sehr artikuliert) im Namen des Vaters und des Sohnes und des heiligen Geistes ↘ -

Gemeinde: (im Chor) Amen ↘ -

Pfarrer: (sehr artikuliert) unsere Hilfe steht im Namen des Herren ↘ -

Gemeinde: (im Chor) der Himmel und Erde gemacht hat ↘

Dieser Ausschnitt (wie die folgenden zitiert nach Gülich 1981) ist zugleich ein Beispiel für die Eröffnung eines evangelischen Gottesdienstes. Der alltagssprachlichen Begrüßung folgt die von der institutionellen Regelung (Agende I, 121) her vorgeschriebene Eröffnung. Sie ist erst mit der rituellen Äußerung der Formel *Im Namen des Vaters und des Sohnes und des Heiligen Geistes* ‚vollzogen'. Das Recht zur Eröffnung steht wie das der Beendigung nur dem Vertreter der Institution zu, dem Pfarrer oder Priester. Auch für die Beendigung gibt es eine vorgeschriebene Form, im evangelischen Gottesdienst der ‚Segen', der mit entweder förmlicher oder alltagssprachlicher Einleitung auf das Gebet des ‚Vaterunser' folgt:

Pfarrer: Geht hin im Frieden des Herrn

Gemeinde: Gott sei ewiglich Dank

Pfarrer: Der Herr segne Dich und behüte Dich / der Herr lasse sein Angesicht leuchten über Dir und sei Dir gnädig / der Herr erhebe sein Angesicht auf Dich / und gebe Dir Frieden.

Gemeinde: Amen.

Die Beendigung kann von den Teilnehmern nicht wie in Alltagsgesprächen ausgehandelt werden (z. B. in Telefonaten: *Solln wa jetz nich ma Schluß machn? Wird zu teuer . . .*), sondern folgt zwingend, wenn alle vorgeschriebenen Phasen durchlaufen sind. Diese einzelnen Phasen sind nicht wie in der Strafprozeßordnung so festgelegt, daß sie in bestimmter Folge zu durchlaufen sind (Aufruf zur Sache ... Verlesung der Anklage ... Vernehmung zur Person usw.; → S. 536). Vielmehr sind sie in bestimmten Redeanteilen und vor allem in der Markierung der Phasengrenzen vorgeschrieben. Das Meßbuch beschreibt die einzelnen Phasen der Römischen Messe sehr detailliert (vgl. Werlen 1984): *ritus initiales, liturgia verbi, liturgia eucharistica, ritus communionis, ritus conclusionis* (Eröffnungen, Wortgottesdienst oder Lesung, Eucharistiefeier, mit Gabenbereitung und Hochgebet, Kommunion oder Abendmahl, Entlassungsriten).
Diese Phasen enthalten sprachliche Elemente (Gebete, Lesungen, Segen, Bekenntnis, Hymnen, Lieder, Responsorien, Litaneien, Überleitungsformeln und Grenzmarkierungen) und nichtsprachliche Elemente (Raum, Gegenstände, Kleidung, Körperhaltung, Gesten, Essen und Trinken, Weihrauch und Weihwasser). Die Phasen und ihre Elemente werden vom Priester nach überliefertem Schema organisiert. Dazu bedient er sich bestimmter sprachlicher Strategien. So wird eine obligatorische Phase des evangelischen Gottesdienstes vom Pfarrer z. B. eingeleitet mit dem Hinweis auf das nun folgende ‚Glaubensbekenntnis‘:

(a) Pfarrer: wir bekennen unseren christlichen Glauben ↗ und sprechen miteinander ↘ -
Pfarrer und Gemeinde: (im Chor) ich glaube an Gott den Vater (. . .)

(b) Pfarrer: lasset uns Gott loben mit dem Bekenntnis unseres Glaubens ↘

(c) Pfarrer: laßt uns jetzt mit den Worten der Kirche unseren Glauben bekennen ↘ -

(d) Pfarrer: wir hören das Nicäische Glaubensbekenntnis ↘ -in ihm haben Christen des vierten Jahrhunderts ↗ ihren Glauben ↗ vor dem Hintergrund *ihrer* Weltvorstellung zur Sprache gebracht ↘ - ich glaube an einen einigen allmächtigen Gott

Der Hinweis verpflichtet die Gemeinde zum Vollzug des Interaktionsschemas, das sie natürlich kennen muß. Außerdem muß sie wissen, was sie dabei zu tun hat (z. B. Aufstehen, im Chor sprechen). Diese ‚rituelle Kompetenz‘ (Paul 1983) betrifft also die Ausführung des Rituals (Kenntnis der Agende oder des Meßbuches, der Lieder, Psalmen usw.) und dessen symbolischen Gehalt. Die rituelle Kompetenz geht zurück: könnte dies ein Hinweis auf Kommunikationsstörungen (auch) in der Institution Kirche sein?
Auf die Kommunikationsstörungen reagiert die Institution mit Korrekturen an dem Ritual. Die evangelische Kirche beispielsweise versucht mit vielfältigen Mitteln (profane Predigttexte, Diskussion, Weihnachtsbasar, Rockmusik usw.), den Gottesdienst attraktiver zu gestalten. Die Wirkung ist zwiespältig. Die Verkündigung des Evangeliums soll einerseits zeitgemäß sein, den modernen Menschen ansprechen. Der sieht jedoch die Autorität des Heiligen gerade in der Unwandelbarkeit der liturgischen Formeln verbürgt. Werden sie geändert in Form und Folge, geht die rituelle Kompetenz noch weiter zurück, mehr ‚Regieanweisungen‘ des Pfarrers in seiner Rolle als Organisator des Rituals werden

erforderlich (Programme, Liedzettel, Hinweise). Dadurch tritt die Institution als Vermittler zwischen Ritual und Routine in den Vordergrund - zu Lasten der Verständigung im Ritual?

Bliesener, Thomas 1982: Die Visite - ein verhinderter Dialog, Tübingen
Coulmas, Florian 1981: Routine im Gespräch, Wiesbaden
Ehlich, Konrad / Jochen Rehbein 1980: „Sprache in Institutionen“, in: Lexikon der germanistischen Linguistik, 2. Aufl., Tübingen, S. 338-345
Gloy, Klaus 1981: „Deutungsschemata des Sozialamts - Zur linguistischen Analyse von Institutionen als Konfliktherden“, in: Klein/Presch (Hrsg.), S. 87-125
Grosse, Siegfried / Wolfgang Mentrup (Hrsg.) 1980: Bürger - Formulare - Behörde, Tübingen
Gülich, Elisabeth 1981: „Dialogkonstitution in institutionell geregelter Kommunikation“, in: Schröder/Steger (Hrsg.), S. 418-456
Hoffmann, Ludger 1983: Kommunikation vor Gericht, Tübingen
Klein, Josef / Gunter Presch (Hrsg.) 1981: Institutionen - Konflikte - Sprache, Tübingen
Leodolter, Ruth 1975: Das Sprachverhalten von Angeklagten vor Gericht, Kronberg/Ts.
Lörcher, Helgard 1983: Gesprächsanalytische Untersuchungen zur Arzt-Patienten-Kommunikation, Tübingen
Paul, Ingwer 1983: „Der evangelische Gottesdienst als institutionell inszeniertes Ritual“, in: Redder (Hrsg.), S. 91-106
Radtke, Ingulf (Bearb.) 1981: Die Sprache des Rechtes und der Verwaltung (= Der öffentliche Sprachgebrauch Bd. 3), Stuttgart
Redder, Angelika (Hrsg.) 1983: Kommunikation in Institutionen, Osnabrück
Schröder, Peter / Hugo Steger (Hrsg.) 1981: Dialogforschung, Düsseldorf
Wenzel, Angelika 1984: Verstehen und Verständigung in Gesprächen am Sozialamt, Tübingen
Werlen, Iwar 1984: Ritual und Sprache, Tübingen

Sprache in den Massenmedien

Öffentliche Kommunikation

Journalisten-Jargon

> Wir schmeißen Vogel vorne raus. Genscher kann dann umlaufen, mit Kohl machen wir auf und lassen den Sport sterben. Rau kommt halbspaltig in die Aufmachung, Karajan wird vorne Kasten. Juan Carlos geht als Flachmann, Strauß wird Leiter. Den Präsidenten bauen wir auf zwei neu auf, und Wörner läuft als Schmonzette.

Dieses nur in seinen Namen geänderte Stenogramm aus einer Redaktionskonferenz bei der Koblenzer „Rhein-Zeitung" veranschaulicht den Jargon vieler Zeitungsjournalisten am Arbeitsplatz. Sie sprechen ihre eigene Berufs- und Fachsprache, die der Laie kaum versteht. Hier ging es um die Aufteilung der Berichte des Tages auf dem zur Verfügung stehenden Raum, also um das *Layout:* Eine Nachricht über den Fraktionsvorsitzenden der SPD wird aus der Titelseite herausgenommen, um Platz zu schaffen für den Teilabdruck einer Erklärung des Außenministers, die auf Seite 2 fortgesetzt wird. An die Stelle eines vorgesehenen Sportberichtes soll eine Aussage des Bundeskanzlers als Hauptbericht rücken; dafür wird ein Foto des Kanzlerkandidaten der Opposition in einer halben Spalte hinzugesetzt. Eine Karajan-Meldung soll durch eine Umrandung hervorgehoben werden. Dem spanischen König wird auf Seite 2 ein Hintergrundbericht gewidmet. Der bayrische Ministerpräsident ist das Thema des Leitartikels. Ein Bericht über den Bundespräsidenten von Weizsäcker auf Seite 2 wird auf der Titelseite angekündigt. Der Verteidigungsminister schließlich wird das Opfer einer Kurz-Glosse in der Rubrik „Aufgelesen" auf Seite 2.

Die ‚Übersetzung' des Stenogramms belegt den Werkstattcharakter des belauschten Gesprächs, das in einer Redaktionssitzung geführt wurde und – unabhängig von den genannten Personen oder Nachrichten – so ähnlich wohl auch in veränderter politischer Konstellation klingen würde. Handbücher für Journalisten führen mittlerweile in den speziellen journalistischen Fachwortschatz ein. Sie erläutern z.B. bei der Presse geläufige Ausdrücke: von der *Abnahme* (letzte Begutachtung der *Blaupause* durch die *Imprimatur*-Abteilung) über *Aufmacher* (das Thema auf der Titelseite mit der größten Schlagzeile), *Eckenbrüller* (einspaltige Meldung oben rechts oder links auf der Titelseite), *Layout* und *Lead* (fettgedruckter Vorspann zwischen Schlagzeile und Text der Nachricht oder deren erster Satz), *Umlauf* und *Überlauf* (Fortsetzung einer Nachricht auf der nächsten Seite) bis *Zwiebelfisch* (Letter einer anderen als im Text gebrauchten Schrifttype) und *Zwischentitel* (Auflockerung längerer Artikel durch Absatzüberschriften).

Aber nicht nur der angehende Zeitungsredakteur muß sich eine neue Fachsprache aneignen. In noch stärkerem Maße gilt dies für Hörfunk- und Fernsehjournalisten, wenn sie *live* vor dem *Galgen* stehen (Gestell für das Mikrophon, das nicht im Bild erscheint), ihrem Funk-Interview einen *Balkon* vorbauen (Einleitungstext), eine Sendung *mazen* (magnetische Bildaufzeichnung während der live-Sendung zur Archivierung, Kontrolle oder Wiederholung in *slow-motion*

bzw. *Zeitlupe*) oder ihre Texte mit Hilfe von *Negern* aufsagen (Schrifttafeln, die nicht im Bild erscheinen). *Aufsager* sind übrigens Korrespondentenberichte, in denen der Reporter *on-statements* macht, also seinen Text im Bild spricht, z. B. vor dem Hintergrund von Standbildern, die den Ort oder die Institution mit der Meldung optisch verknüpfen sollen: das Weiße Haus, der Elysee-Palast.
Die Beispiele kennzeichnen den Jargon der Journalisten, die die *Features* machen und sich der Wirkungen von Einstellungsgrößen der Kameras (von *Detail* über *Amerikanisch, Halbnah, Halbtotal* bis *Total*) ebenso bewußt sind wie der jeweiligen Perspektive, etwa *Frosch-* oder *Vogelperspektive*. Gewissenhafte Fernsehjournalisten überlassen die Entscheidung über Stand, Schwenk oder Fahrt der Kamerabewegung nicht dem Kameramann allein, wenn sie bestimmte Aspekte ihres Textes z. B. durch *Ranfahrt, Rückfahrt, Parallelfahrt, Aufzugsfahrt, Zoom* usw. illustrieren wollen. Und sie lernen sich der Mittel des *Achsensprungs*, des *Schnitts* oder der *Blende* bei der *Montage* von *Einstellungen* praktisch bedienen, ohne sich oft des fachsprachlichen Charakters ihrer Redeweise bei der Arbeit bewußt zu sein.

Die Verständlichkeit von Texten: Produktion und Rezeption

Mag die Sprache der Journalisten untereinander für Außenstehende oft schwer verständlich sein, ihre Texte dürfen das nicht. Dennoch wird immer wieder die schwere Verständlichkeit z. B. der Nachrichten im Fernsehen oder Radio beklagt.
Praktiker wissen inzwischen längst, daß sie bei der Textformulierung, der Textproduktion, die verschiedenen Bedingungen der Übermittlung („Kanal") berücksichtigen müssen. Also ob der Empfänger, der die Information erhält (Textrezeption), sie als geschriebenen Text wahrnimmt, und zwar entweder in der Presse (beliebige Wiederholbarkeit der Lektüre, Wahl des Lesetempos) oder im Fernsehen (z. B. Texteinblendungen bei Korrespondentenberichten oder Werbefilmen). Oder ob er die Information als gesprochenen Text ohne gleichzeitiges visuelles Angebot wahrnimmt (Hörfunk). Oder als gesprochenen Text beim Fernsehen - der Sprecher ist im *Off*, d. h. man sieht ihn nicht - mit gleichzeitiger Darbietung eines Films, von Fotos oder Graphiken. Oder ob der Empfänger den Text sowohl visuell als auch akustisch präsentiert bekommt wie z. B. bei der Presseschau im Fernsehen, in der eingeblendete Zeitungsmeldungen vorgelesen werden.
Und wieder anders sehen Texte aus, deren Sprecher man agieren sieht. Dabei muß man unterscheiden zwischen schriftlich konzipierten Texten - wie sie vom Sprecher der „Tagesschau" im *On* verlesen werden -, vorbereiteten (einschließlich simuliert spontanen) Texten z. B. von Moderatoren oder Conférenciers und spontanen Äußerungen etwa in Studiodiskussionen. Zwischenformen und Grenzfälle wie z. B. die Erläuterung von Computergraphiken in Wahlsendungen und Satellitenfotos in Wetterberichten oder die Stichwortgliederung zu Beginn eines Nachrichtenmagazins kommen noch hinzu. Es gibt also folgende Formen der Textproduktion/-rezeption in den Massenmedien:
- geschriebene Texte in der Presse
- geschriebene Texte im Fernsehen

- gesprochene Texte im Radio
- gesprochene Texte ohne sichtbaren Sprecher mit gleichzeitigen visuellen ‚Texten' (Film, Foto, Graphik)
- gesprochene geschriebene (im *Off* verlesene) Texte
- gesprochene geschriebene (im *On* verlesene) Texte
- gesprochene spontane situativ eingebettete Texte

In Ansätzen ist erst erforscht, wie die Verständlichkeit der dargebotenen (gesendeten, übermittelten und empfangenen) Information von der jeweiligen Form der Darbietung beeinflußt wird. Bislang hat man sich überwiegend auf die Untersuchung schriftlicher Texte konzentriert und dabei herausgefunden, daß die Texte desto schlechter verstanden werden, je länger und verschachtelter die Sätze sind, je mehr schwierige Fach- und Fremdwörter sie enthalten, je komplexer die darin enthaltenen Informationen sind (Fehlen von Redundanz), je umständlicher die Kerninformation, das Thema eines Satzes, mit Zusatzinformationen befrachtet wird (durch Attributketten erweiterte Substantivgruppe).
Der Journalist muß also aufpassen, daß er bestimmte sprachliche Schwierigkeitsgrade nicht überschreitet, will er sein Publikum nicht überfordern. Freilich kann er es auch unterfordern, wenn er zu einfach formuliert, schon Bekanntes zu oft wiederholt: dann fühlt sich der Empfänger nicht ernst genommen, langweilt sich, seine Aufmerksamkeit sinkt, sein Interesse nimmt ab.

Massenkommunikation

Wie selbstverständlich haben wir bislang unter dem Stichwort ‚öffentliche Kommunikation' nur von Presse, Hörfunk und Fernsehen gesprochen. Das ist insofern gerechtfertigt, als man meist an diese Medien denkt, wenn man im Alltag von Massenkommunikation spricht. ‚Öffentliche Kommunikation' kann aber weit mehr umfassen. Genaugenommen müßte man alle optischen und akustischen Formen institutionell produzierter und von einer nicht überschaubaren Gruppe von Menschen aufgenommener Texte berücksichtigen. Denn auch Flugblätter, Bücher, Kalender, Postwurfsendungen, Prospekte, Warenkataloge, Firmenetiketten, Formulare, Telefon- und Adressenverzeichnisse, Fahrpläne, Verkehrszeichen, Piktogramme, Graffiti, Plakate, Plastiktüten, Predigten, Büttenreden, Kinofilme, Dia-Shows, Schallplatten, Bildplatten, Audio- und Videocassetten, Bildschirmtext und Teletext, Kabelbreitband und Satelliten usw. können Medien der Massenkommunikation sein. Sie alle sind öffentlich, verteilen Informationen, die von einer Quelle ausgehen und sich an ein nicht genau abzugrenzendes (‚disperses') Publikum wenden. Diese Vielfalt muß man ordnen. So kann man die Medien danach sortieren, ob man sie als Mittel der Speicherung von Informationen oder als Apparaturen zu deren öffentlicher Verbreitung verstehen will: zu der ersten Sorte würden dann etwa Zeitungen, Zeitschriften, Bücher, Plakate, Filme, Schall- und Bildplatten, Tonbänder, Cassetten usw. gerechnet; mit der zweiten Sorte würde man Presse, Hörfunk, Fernsehen, Kino, Satelliten usw. bezeichnen.
‚Öffentliche Kommunikation' ist nicht dasselbe wie ‚Kommunikation in der Öffentlichkeit' (die durchaus privaten Charakter haben kann). Sie ist auch nicht dasselbe wie ‚Massenkommunikation'. Diese unterscheidet sich von jener

dadurch, daß die Teilnehmer eine in Größe und Zusammensetzung nicht genau zu definierende Menge von Menschen bilden, die sich nicht zur gleichen Zeit am gleichen Ort befindet. Briefe sind keine Massenmedien, Postwurfsendungen wohl; Lautsprecherdurchsagen im Supermarkt oder der U-Bahn sind öffentliche Kommunikation, aber keine Massenkommunikation; eine Theateraufführung oder Sportveranstaltung, ein Kammerkonzert oder eine Karnevalssitzung sind öffentlich, ihre Aufzeichnung und Übertragung im Fernsehen, ihre Kritik anderntags in der Zeitung sind massenmedial.
Hier geht es in erster Linie um die Sprache in den Massenmedien. Diese Einschränkung suggeriert bereits, daß sich der Sprachgebrauch in den Massenmedien von dem im Alltag unterscheidet. Tatsächlich ist eine solche Abgrenzung aber sehr schwierig. Gerade die Vielfalt der vorkommenden Mediensorten, Textarten, Stilformen, der Informationsanlässe und -ziele, der Autoren und Konsumenten macht die Redeweise von der ‚Sprache in den Massenmedien' fragwürdig. Dennoch haben die spezifischen Bedingungen der Massenkommunikation Auswirkungen auf deren Form. Die Arbeitsteilung, der Zeitdruck, die Technik, der verfügbare Raum, die Kosten, das Verhältnis von Informationsmenge und der Kapazität zu ihrer Aufnahme, die Forderung sowohl von Objektivität als auch von Aktualität der Berichterstattung haben in der Sprache z. B. der Nachrichten typische Spuren hinterlassen. Hier können nur einige dieser Spuren verfolgt werden.

Mediensorten

Printmedien: Presse

(1) Zu den historisch frühesten Mediensorten gehört zweifellos der Brief, mittels dessen der Freund dem Freunde Neuigkeiten übermittelt, später der offizielle Kanzleibrief mit seinem streng festgelegten Textaufbau. Im 14. und 15. Jahrhundert entwickelt sich in Deutschland ein ausgedehnter Briefverkehr, in dem unter der Rubrik „Newe Zeytung" auch Nachrichten über den eigentlichen Anlaß des Briefes hinaus beigefügt werden, die der Empfänger weitergeben kann. Daraus entstehen die „Korrespondenzen" („Fugger-Zeitungen") und später die „Meßrelationen", die dem Austausch wirtschafts- und handelspolitischer Informationen dienen. Diese Vorformen öffentlicher Kommunikation finden heute ihre Fortsetzung in den „Wirtschaftsbriefen".
(2) Das klassische Medium Buch reicht historisch gewiß noch weiter zurück. Zum Mittel der Massenkommunikation wird es aber erst durch die Entwicklung des Buchdrucks, der die Verbreitung des Buches in großen Auflagen ermöglicht.
(3) Weitere Arten von Printmedien entstehen: Traktate, Sendschreiben, Satiren, Erbauungsschriften, Breviere und Broschüren, Flugblätter und Flugschriften. Der Erfolg der Flugschriften im 15. und 16. Jahrhundert führt zur Berichterstattung in geregelten Abständen. Nach Wochenblättern wie dem Wolfenbütteler „Aviso" oder der „Straßburger Relation" (1609) erscheinen seit 1636 schließlich auch Tageszeitungen, gegen Ende des 17. Jahrhunderts bald ergänzt durch regelmäßig erscheinende gelehrte oder populäre Zeitschriften zu verschiedenen Themenbereichen.

(4) Zeitungen und Zeitschriften gelten als klassische Massenmedien im heutigen Sinne, als die ersten technischen Mittel zur massenhaften, periodischen, indirekten, einseitigen und öffentlichen Verbreitung von Informationen an ein disperses Publikum. Ihre Vielfalt kann man durch einige Kriterien übersichtlich machen:

Zeitungen:

- Periodizität: Tageszeitung, Wochenzeitung, Sonntagszeitung
- Regionalität: Lokalzeitung, Provinzzeitung, Stadtzeitung, überregionale Zeitung, nationale Zeitung
- Vertriebsform: Abonnementzeitung, Boulevardzeitung usw.
- Funktion: Wirtschaftszeitung, Gewerkschaftszeitung, Kirchenzeitung, Parteizeitung

Zeitschriften:

- Sachgebiete: Nachrichtenmagazine, Sportzeitschriften, Automobilzeitschriften, Kultur- und Literaturzeitschriften, HiFi- und Videomagazine usw.
- Funktion: Hobby-Zeitschriften, Wissenschaftsjournale, Berufs- und Fachzeitschriften, Anzeigenblätter, Mitgliederzeitschriften usw.
- Adressaten: Frauenzeitschriften, Jugendmagazine, Betriebszeitschriften, Soldatenzeitungen, Sponti-Blätter usw.

Zu der Massenpresse gehören darüber hinaus neben den Illustrierten, Programmzeitschriften, Musik- und Modezeitschriften, der Boulevard- und Regenbogenpresse auch die Heftchen, Comics, Plakate.

Auditive Medien: Radio

Auditive Medien kann man nach dem Verfahren der Tonübertragung (Lichtton, Nadelton, Magnetton) gliedern: Hörfunk, Schallplatten, Tonband. Sie haben heute auf zahlreichen Gebieten Bedeutung erlangt. Die Methodik des Sprachunterrichts wurde durch auditive Medien (Sprachlabor) verändert. Die moderne Bürotechnik mit ihren verschiedenen Diktiersystemen oder der Flugverkehr mit seinen Aufzeichnungsgeräten sind ohne die Entwicklung der auditiven Medien nicht denkbar. Das Telefon verdrängt zunehmend den privaten Briefverkehr. MusiCassette, Laser- und Compactdisc, Stereo- und Quadrophonie, ‚sprechende Computer' (z. B. im Auto) und auditive Textverarbeitungssysteme (z. B. für Blinden-Arbeitsplätze) markieren neue Entwicklungsschritte dieses Mediensektors.

Der Hörfunk hat zunächst die in der Presse entwickelten Text- und Stilprinzipien weitgehend übernommen, etwa die Orientierung an den Normen der gehobenen Schriftsprache. Bei manchen Hörern führt das mitunter zu Verständigungschwierigkeiten, zumal häufig auch andere Merkmale der Pressesprache übernommen werden: Leadstil, Nominalstil, Fremdwörter, komplizierte Satzstrukturen.

In der gesprochenen Alltagssprache besteht ein Satz durchschnittlich aus sechs bis acht Wörtern. In den Radionachrichten wurde dagegen eine mittlere Satzlänge von 12 bis 16 Wörtern festgestellt. Die Satzanfänge sind häufig durch mehrere präpositionale Zeit- und Ortsangaben gekennzeichnet. Auch dies geht auf journalistische Konventionen der Textproduktion zurück: ‚wann ist wo was wie warum passiert?'. Fachsprachliche Merkmale erschweren dann oft noch zusätzlich die Verständlichkeit der Rundfunknachrichten (Funktionsverbgefüge, erweiterte Nominalgruppen: → S. 524).

Manchmal wird auch empfohlen, den Gebrauch des Präteritums zugunsten des Perfekts oder den des Konjunktivs zugunsten des Indikativs einzuschränken, um die Texte den Gebrauchsnormen der Alltagssprache anzunähern. Ob damit viel gewonnen ist, scheint fraglich. Die bei den Perfektformen erforderliche Satzklammer (→ S. 403 ff.) würde die Verständlichkeit längerer, schriftsprachlich konzipierter Sätze kaum erleichtern. Und die Aufgabe des Konjunktivs wäre zugleich erkauft mit dem Verzicht auf ein wirkungsvolles Mittel zur Unterscheidung von Nachricht und Kommentar, von direkter und indirekter Rede.

Außerdem gibt es große schichtspezifische Unterschiede beim Verstehen der Radionachrichten: Angehörige der Mittelschicht registrieren eher Einzelmeldungen mit den dazugehörigen Daten und Fakten, die der Unterschicht eher anschauliche Geschichten, die sie selber oder ihren Alltag betreffen.

In neuerer Zeit versucht man nun, Radionachrichten ähnlich wie Fernsehnachrichten aufzulockern. So werden in längere Nachrichtensendungen Berichte und Interviews eingebaut. Sie sollen die Sendung lebendiger, dialogischer machen. Diesem Ziel dienen auch Sendungen mit Hörerbeteiligung, sei es durch das zusätzliche Medium des Telefons *(phone-in)*, durch das Hörer ihre Meinung zum Thema der Sendung kundtun oder Experten im Studio um Rat fragen (Ratgebersendungen), oder sei es durch Übertragung von *live*-Interviews mit ‚Leuten von der Straße' wie in der beliebten WDR-Sendung „Hallo, Ü-Wagen".

Audiovisuelle Medien: Film und Fernsehen

Dasselbe gilt für das Fernsehen. Hier ist jedoch zusätzlich von Interesse, wie der Zusammenhang von Text und Bild die Sprache beeinflußt, wie filmische Mittel zur Präsentation von Personen oder Inhalten genutzt werden. Filmische Mittel wie Montage, Einstellungsgröße oder Kameraperspektive (→ S. 546) werden zuweilen als die ‚Sprache' des Films bezeichnet; und es gab Versuche, eine ‚Filmgrammatik' zu schreiben. In der Faszination des bewegten Bildes sehen Kulturkritiker wie Neil Postman (1984) aber auch eine Gefahr für die Sprache:

> Für Bilder gibt es kein ABC. Um die Bedeutung von Bildern verstehen zu lernen, benötigen wir keinen Unterricht in Grammatik, Rechtschreiben, Logik oder Wortkunde. Wir benötigen nichts, was einer Schulfibel entspräche, keine Hausaufgaben und keine Voraussetzungen schaffende Ausbildung. Das Fernsehen verlangt keine besonderen Fähigkeiten und entwickelt auch keine Fähigkeiten.

Diese Kritik ist freilich ebenso schlicht wie einseitig. Natürlich gibt es ein ‚Alphabet' filmischer Zeichen, das gelernt werden kann.

Auch wenn der Sprecher im Bild erscheint, entspricht die Situation für den Zuschauer nur zum Teil seiner Erfahrung in Gesprächen von Angesicht zu

Angesicht. Seine Perspektive ist die der Kamera. Sie wählt für ihn aus. Ihre Auswahl *(Focus)* ist meist von der Sprache, vom Textinhalt, bestimmt. Der Zuschauer nimmt das Gezeigte und Gehörte so wahr, wie es seiner Alltagserfahrung entspricht. Dennoch folgt er, ohne sich dessen bewußt zu sein, einer gezielten Ton- und Bildregie. Das ist die Fiktion, nicht nur im Spielfilm, auch in der Fernsehdokumentation realer Geschehnisse. In Studio-Gesprächen wird das im Detail deutlich: der jeweilige Sprecher erscheint im Bild, die Reaktionen des Angesprochenen entgehen dem Zuschauer. Dabei sind sie für den tatsächlichen Gesprächsablauf nicht minder wichtig. Die nichtsprachlichen Steuerungsmittel des Sprecherwechsels bleiben ausgeblendet. Manchmal wird die Verteilung der Redebeiträge nicht nur durch den Diskussionsleiter organisiert, sondern auch durch die Kameraführung beeinflußt, die kurz vor dem Ende eines Redebeitrags den vermuteten nächsten Sprecher vorweg in den ‚Blick' nimmt.

Andererseits ist richtig, daß eine Konzentration auf das Nur-Sprachliche dem Medium nicht gemäß ist. Man kann das an der Entwicklung der Nachrichtensendungen sehen. Eine „Tagesschau" vor 20 Jahren sah anders aus als heute. Der Sprecher, der Meldungen verliest, ist heute eher die Ausnahme. Meist werden die Meldungen ‚bebildert', sei es durch Fotos oder kurze Filme, der Sprecher bleibt unsichtbar im *Off.* Das ist übrigens ein wichtiger Unterschied des Fernsehens gegenüber dem Spielfilm. Dort agieren die Akteure meistens sichtbar, die Kamera folgt ihrer Perspektive, der Zuschauer kann sich mit ihnen identifizieren.

Im Fernsehen gewinnt die Trennung von bildlicher Darstellung und sprachlicher Begleitung überall dort an Bedeutung, wo gerade nicht Identifikation, sondern Information das Ziel ist. Die Information wird dabei - trotz dieser Trennung auf zwei Kanäle ihrer Übermittlung - als einheitlich aufgefaßt. Dabei kann mal der eine Kanal, mal der andere wichtiger sein. Eine Fußballreportage im Fernsehen ‚hört' sich anders an als die über das gleiche Spiel im Radio. Hier dient die Sprache dem Bild. Bei der Erläuterung von Wahlergebnissen oder Wirtschaftsdaten werden Graphiken eingeblendet: das Bild dient der Sprache. Jeder Fernsehzuschauer kann selber prüfen, welcher Kanal für das Verstehen der Information jeweils wichtiger ist, indem er entweder den Ton oder das Bild abstellt. Öfter als vermutet wird sich erweisen, daß er der Sprache bedarf, wenn er die Bilder verstehen will.

Normalerweise ergänzen die Kanäle einander. So kann der sprachliche Text explizit auf den bildlichen verweisen (Deixis): *Hier in den Straßen von Beirut ist es heute wieder ruhig. Das ist das Haus, in dem der Spion bis gestern wohnte.* Der Hinweis muß aber nicht immer ausgesprochen werden, er kann auch implizit sein, weil der Bezug von Text und Bild als bekannt vorausgesetzt wird. Während der Korrespondent sagt: *Das Weiße Haus mochte sich dazu heute nicht äußern,* erscheint hinter ihm *(on screen)* ein Bild vom Amtssitz des amerikanischen Präsidenten als bildliches Symbol der Institution.

Damit ist zugleich ein wesentlicher Unterschied zwischen Sprache und Bild angesprochen. Bilder zeigen konkrete und individuelle Gegenstände, die beliebig deutbar sind: den Soldaten im Schützengraben, den Teilnehmer an einer Konferenz. Was es damit jeweils auf sich hat, erklärt erst der Text. Er macht das

Bild eindeutig, auch wenn es vielleicht gar nicht von dem Schauplatz stammt, von dem gerade die Rede ist. Denn es kann Zeit nicht zeigen, das kann nur der Text. Zeitliche Prozesse darzustellen, bedarf daher einer eigenen Technik (z. B. die *Rückblende* im Film).

Der Bezug von Text und Bild muß freilich nicht immer so eindeutig sein wie in Informationssendungen, in denen die Botschaften beider Codes mehr oder weniger dasselbe meinen oder gemeinsam einen einheitlichen Sinn ergeben. Bei manchen Werbefilmen hat der Zuschauer zuweilen den Eindruck, Text und Bild hätten so gut wie nichts miteinander zu tun. Aber der indirekt durchaus gegebene Zusammenhang muß ihm nach dem Willen der Werbefilmer auch gar nicht bewußt werden. Es genügt, wenn er bestimmte positive Gefühle, wie sie Bilder von schönen Menschen, weiten Stränden, fernen Welten, von „Freiheit und Abenteuer" auslösen, mit bestimmten Produktnamen verknüpft. Text und Bild bezeichnen nicht einen gemeinsamen Sachverhalt oder Gegenstand (Denotation), sondern werden miteinander verknüpft durch Assoziationen, die durch Bilder ausgelöst werden, die das im Text Mit-Gemeinte symbolisieren (Konnotation; →S. 453).

Textsorten in den Massenmedien

Das Interesse an der Sprache in den Massenmedien ergibt sich aus deren Verbreitung; allein schon die Fülle der Inhalte, die Vielfalt der Textsorten, die Breite der Produktions- und Rezeptionsbedingungen hat eine Vielfalt grammatischer und stilistischer Eigenschaften zur Folge.

(1) Nachrichten wurden von allen Textsorten der Massenmedien bislang am eingehendsten untersucht. Die Journalisten unterscheiden dabei meist noch zwischen „hard news" und „soft news", d. h. zwischen der sachlichen Wiedergabe politischer Meldungen und Informationen aus dem „human interest-Bereich", also über Unglücksfälle und Naturkatastrophen, Verbrechen, Skandale, Prominentenklatsch. Auch die Textstruktur ist verschieden. Sie wird bei den „harten Nachrichten" geprägt durch zunehmende Spezifikation bzw. abnehmende Relevanz (d. h. zuerst das Wichtige, dann die Details), durch achronologische Darstellung der Ereignisse (d. h. nicht nach ihrer tatsächlichen Reihenfolge), durch neutrale Beschreibung der Fakten (keine persönlichen Meinungen und Wertungen). Bei den „soft news" stehen am Anfang und Ende des Textes oft Aufmerksamkeitssignale (rhetorische Gags, Zitate, Pointen), die zum Lesen reizen sollen. In der Meldung selbst gibt es häufig Stilmittel, wie sie auch Erzählungen kennzeichnen (Zeitadverbiale, Partikeln, Präteritalformen), und Appellsignale an den Leser (rhetorische Figuren, Sprachspiele, drucktechnische Hervorhebungen).

(2) Der Bericht ist demgegenüber vom Korrespondenten gezeichnet, bietet nach mehrteiliger Überschrift (Schlagzeile, Aufhänger, Lead) eine chronologische Schilderung des Geschehens, oft ergänzt durch Hintergrundinformationen, Zitate, pointierte Zwischenüberschriften und Stellungnahmen. Dies gilt ähnlich auch für die Rundfunkreportage, aus der der Bericht hervorgegangen ist. Sie ist die klassische Form des Augenzeugenberichtes des ‚vor Ort' recherchierenden Journalisten. Er muß sein Engagement nicht verleugnen, solange er sich an den

Fakten orientiert. Sprachlich wirkt sich das so aus: Anschaulichkeit, konkrete Details, präzise Orts- und Zeitangaben, authentische Eindrücke. Das macht die Reportage auch so besonders geeignet für das Fernsehen. Das ‚Dabeisein' kann durch den Film plastisch und aktuell eingefangen werden. Natürlich müssen die Textsorten überhaupt nach den Mediensorten (→ S. 548) unterschieden werden. Ein Korrespondentenbericht in der Zeitung unterscheidet sich verständlicherweise von dem im Fernsehen, weil das Medium Bild zusätzliche Informationen liefert (Einschnitt von Kurzinterviews, Statements von Betroffenen usw.). Zum Bericht gehört übrigens auch der Wetterbericht mit seinem typischen Aufbau und Stil (→ S. 468).

(3) Zu den meinungsbetonten Textsorten gehören der Kommentar, sei es in der Form des Leitartikels und der kurzen Glosse in der Zeitung, sei es in der Form einer persönlichen Stellungnahme zu einem Thema der Fernsehnachrichten oder eines Moderators in einem Magazinbeitrag. Typische Sprachmittel sind Metaphern, Hyperbeln, Reizwörter, Anspielungen, Ironiesignale, rhetorische Fragen. Hierher gehört auch die Kritik von Büchern, Filmen, Konzerten, Theater- und Opernpremieren in den Feuilletons der Zeitungen oder den Kulturmagazinen des Fernsehens.

(4) Einen erheblichen Raum nehmen darüber hinaus die Anzeigen und Werbespots ein, Rubriken mit „praktischen Tips", Ratgeberteile und Anleitungen.

Hierher gehören auch die Horoskope, Konsultationstexte wie die Kummerkasten-Ecken mit Briefwechseln von Lesern mit Ärzten oder Psychologen, Rätsel und Rezepte, im Fernsehen die Ratgeber-Serien zu Fragen des Rechts, der Gesundheit, der Freizeitgestaltung.

(5) Hörfunk und Fernsehen haben eine Reihe weiterer Textsorten entwickelt: Magazin, Feature, Hörspiel, Fernsehspiel, Dokumentarspiel, TV-Serie, Literaturverfilmung, Kinderprogramm, Interview, Studio-Diskussion, Talk-Show u. v. a. Man kann diese Textsorten ordnen nach dem Inhalt (Sport, Politik, Wissenschaft), der Funktion (Werbung, Information), den Adressaten (Kinder, Jugendliche), der Vorlage (Literatur, Theater), der Darstellungsart (Feature, Magazin), der Programmsparte (Unterhaltung, Kultur), dem Diskurstyp (Interview, Diskussion), der Herkunft (Talk-Show, Personality-Show). Nur ein Beispiel aus dieser Textsorten-Vielfalt kann hier herausgegriffen und genauer vorgestellt werden.

Zum Beispiel: Nachrichten

Die Textsorte ‚Nachrichten' ist nach den Mediensorten zu unterscheiden. Radio- und Fernsehnachrichten haben sich historisch aus den Pressenachrichten entwickelt.

(1) Die sprachliche Verdichtung von Nachrichtentexten allgemein (Tendenz zur Nominalisierung, Kompositareihung, Blockbildung usw.) erklärt sich beispielsweise auch durch die Kette von Bearbeitungsinstanzen, die der Text in Agenturen („AP", „dpa", „UPI", „Reuter" usw.) und Redaktionen in Presse, Funk und Fernsehen durchläuft. Dabei ergibt sich meist die Notwendigkeit der Zusammenfassung, der Einfügung neuer Details, der Kürzung. Das verleiht dem

Nachrichtentext seine typische Struktur. Zu seinen weiteren Merkmalen gehören die Schlagzeile, der Leadstil, die Quellenangaben („Eig. Ber.“, „AP Bonn“), indirekte Redewiedergaben *(X unterstrich, forderte Y, nach den Worten von Z),* Glaubwürdigkeitsformeln *(nach offiziellen Angaben, wie aus gewöhnlich gut unterrichteten Kreisen verlautet)* oder Distanzierungsmuster *(nach Angaben aus der Umgebung des Ministers X, soll Y erklärt haben).* Außerdem kommt es noch darauf an, was die vermuteten Adressaten nach Auffassung der Redakteure erwarten. Da sieht der Text je nach Zielgruppe anders aus. Derselbe Sachverhalt wird in der „Welt“ anders dargestellt als in der „taz“, im „ZDF-Magazin“ anders als im Magazin „Kennzeichen D“, in der „BILD“-Zeitung anders als der „Frankfurter Allgemeinen Zeitung“. Durch das „Pyramiden-Prinzip“ der Agenturmeldungen können die Texte vom Ende her gekürzt werden, ohne daß der Rest unverständlich wird. Nicht immer wird die Quelle genannt. Die Boulevardpresse geht mit den Vorlagen sehr freihändig um: *hard news* und *soft news* gehen durcheinander, Pseudo-Zitate sind einmontiert. Es gilt nicht das Prinzip der Relevanz, sondern das der Attraktivität; es geht weniger um Beleg der Fakten als um Zustimmung zur Recherche des Reporters.

(2) Eine typische Nachricht läßt sich wie beim folgenden Beispiel (nach Lüger 1983) so kommentieren: das Neue und Wichtigste steht, verkürzt und durch

Spanien: Krise nach Sieg der Sozialisten?

dpa Madrid. Der haushohe Sieg der Sozialisten und das totale Debakel der Regierungspartei Zentrumsunion (UCD) in den ersten Wahlen zu einem autonomen Regionalparlament in Andalusien haben gestern die Gefahr einer schweren Regierungskrise in Spanien verstärkt.

Die „Sozialistische Arbeiterpartei Spaniens“ (PSOE) von Oppositionsführer Felipe Gonzalez gewann in Andalusien 52,56 Prozent der Stimmen und 66 der 109 Sitze im autonomen Regionalparlament. Sie steigerte ihren Stimmenanteil gegenüber den allgemeinen Wahlen vom März 1979 von 33,6 Prozent um fast 70 Prozent und 511000 Stimmen. Die in Madrid regierenden Zentrumsunion verlor hingegen über eine halbe Million Stimmen gegenüber 1979 und erreichte nur 13,02 Prozent der Stimmen (15 Mandate).

Sie wurde noch von der bislang in Andalusien unbedeutenden konservativen „Volksallianz“ des ehemaligen Franco-Innenministers, Manuel Fraga Iribarne, überrundet, die 17 Prozent der Stimmen (1979: 4,3 Prozent) errang. Auch die Kommunistische Partei und die andalusische Regionalpartei PSA erlitten schwere Schlappen.

Titel:	Basisinformation	Möglichkeit einer Krise nach einem Wahlsieg der Sozialisten
Lead:	erweiterte Darstellung der Basisinformation	Angaben zum Wahlausgang und zur neuen politischen Situation
Abschnitt 1:	durch Einzelheiten erläuterte Basisinformation	Wahlergebnisse in Zahlen
Abschnitt 2:		zusätzliche Details

Fettdruck hervorgehoben, in der Schlagzeile und im Vorspann oder Lead. Danach folgen Präzisierungen, Zusatz- und Hintergrundinformationen mit abnehmender Wichtigkeit (→ S. 554).
Die Fakten werden nicht in der chronologischen Reihenfolge der Geschehnisse präsentiert, und sie werden auch nicht vom Autor kommentiert. Daher überwiegen Aussagen über die Tatsachen (‚Assertionen'). Das Ziel ist eine möglichst genaue Beschreibung des Themas in möglichst gedrängter Form. Das führt zu einer Häufung von Adjektiven, Partizipien, Adverbien, Attributen. Allein der Lead-Satz enthält vier Präpositional- und drei Genitivgefüge. Anders als in Fachsprachen (→ S. 518) gilt häufig noch das Prinzip der ‚lexikalischen Varianz': der gleiche Sachverhalt wird mit verschiedenen Ausdrücken umschrieben. Die relativ langen Sätze und ihre syntaktische Struktur widersprechen der Forderung journalistischer Ratgeber nach kurzem, klarem Satzbau.
(3) Die Radionachrichten sind von den Prinzipien der Pressenachrichten geprägt. Sie schöpfen aus den gleichen Quellen. Immerhin zeichnet sich besonders bei den stündlichen Nachrichten innerhalb der Musik- und Magazinprogramme deutlich eine Tendenz zum vereinfachten Satzbau und zum Abbau der Variation im Wortschatz ab. Dadurch werden sie leichter verständlich, zumal man sie ja nicht nachlesen kann. Andererseits sind die Sätze oft nur auf den ersten Blick scheinbar einfacher, weil die Nebensätze fehlen. Dafür sind diese oft in Partizipialkonstruktionen verborgen, die die Satzglieder aufblähen:

> In der zweiten Runde der sowjetisch-japanischen Fischereiverhandlungen soll ein Zwischenabkommen ausgehandelt werden, das es den japanischen Fischern gestattet, *innerhalb der von der Sowjetunion auf 200 Seemeilen erweiterten Fischereischutzzone* weiterhin dem Fischfang nachzugehen.

Schwierige Fachbegriffe werden inzwischen gelegentlich kurz erläutert:

> Eine Erhöhung der Leitzinsen erwarten Fachleute von der heutigen Sitzung des Zentralbankrats der Deutschen Bundesbank. Man nimmt an, daß der *Lombardsatz* heraufgesetzt wird. Zum Lombardsatz können sich die Kreditinstitute gegen Verpfändung von Wertpapieren kurzfristig Gelder bei der Bundesbank leihen.

Ein weiteres Problem bei der ‚Übersetzung' der graphisch vorliegenden Agenturmeldungen in den akustischen Text sind die Zitate. Wie sollen die Anführungsstriche phonetisch umgesetzt werden? Aus der Einbettung von Teilzitaten in übergeordnete Satzkonstruktionen folgen grammatische Probleme im Bereich der Modi und der Personalpronomina. Indirekte Rede fordert den Konjunktiv. Redeanzeigende Verben *(verba dicendi)* sind nicht immer neutral *(behauptete X)*. Aus Parenthesen *(wie es hieß)* sind Anfang und Ende des Zitats nicht immer genau zu erkennen. Direkte Zitate werden daher gern vermieden, schon aus Zeitgründen, sind aber gerade bei juristisch heiklen Meldungen kaum zu umgehen, z. B. zur sog. Kiessling-Affäre:

> Bundesverteidigungsminister Manfred Wörner [hatte] gestern in einem Fernsehinterview erklärt, ihm lägen Erkenntnisse vor, die - *Zitat* - zusammen mit anderen nachweisbaren Umständen den dringenden Verdacht begründen, daß sich der Betroffene in einem Milieu bewegt hat, das bei einem so exponierten Geheimnisträger ein hohes Sicherheitsrisiko bedeutet - *Zitat Ende*.

(4) Bei Fernsehnachrichten gibt es eine Entwicklung von der Verlesung der Meldungen durch einen Sprecher im On wie beim Radio zum Nachrichtenmagazin, in dem ein Moderator den Zuschauer durch Sprechermeldungen, Nachrichtenfilme, Korrespondentenberichte, live-Reportagen, Kommentare, Interviews, Statements, Photos, Graphiken, Trickfilme geleitet. Sprachlich ähneln sich dabei am ehesten Sprechermeldungen und Filmberichte (die Texte werden von derselben Redaktion gemacht), Kommentare und Korrespondentenberichte bzw. Reportagen (die Verfasser sind als Personen gefragt), Interviews und Statements (letztere sind häufig aus längeren Interviews herausgeschnitten und in eine Meldung einmontiert). In den moderierten Nachrichtenmagazinen verschwimmen die Grenzen zwischen den Textsorten. Der Moderator hat viele Funktionen: Er stellt den Kontakt zum Zuschauer her; er führt in die Themen der Sendung ein, er gliedert und leitet über; er stellt Zusammenhänge her und erläutert eingeblendete Graphiken; er verliest Meldungen im On

Text	Bild
[Moderator off:] Heute in Genf - ein Amerikaner,	 Konferenzsaal: Nitze und Kwizinski schütteln sich die Hände (Halbtotale)
ein Russe und ein Händedruck.	 Porträt v. Andropow an der Wand (Nahaufnahme)
Und an der Wand der sowjetischen Staatschef Jurij Andropow. - In der Mission der UdSSR begann heute vormittag die entscheidende Runde der amerikanisch-sowjetischen Verhandlun-	Kamera zoomt weg vom Porträt nach unten auf die in den Saal eintretenden Konferenzteilnehmer (Totale)

gen über die Mittelstreckenwaffen in Europa. - Der Unterhändler aus Washington, Paul Nitze, verhandelte in dieser ersten Konferenz zwei Stunden lang mit dem Mann aus Moskau - Juli Kwizinski.

Kamera beginnt Nitze aus den Teilnehmern herauszuzoomen (Totale)

Kamera schwenkt weg von Nitze zu Kwizinski
Nahaufnahme von Kwizinski

Moderator

[Moderator on:]
Guten Abend und willkommen - beim HEUTE-JOURNAL. - Trotz alledem - es geht weiter zwischen Washington und Moskau. Weiter, weil es weitergehen muß. - Der Abschuß der koreanischen Passagiermaschine hat die Beziehungen verhärtet. Aber auf jeden Kontakt, auf jede Möglichkeit der Einflußnahme und des politischen Drucks jetzt zu verzichten, wäre kurzsichtig. Dazu hängt von Genf zu viel ab, die Sicherheit Europas, die Frage, wieviele Raketen der Osten behalten will, und wieviele der Westen dann ab Dezember neu stationieren müßte. - Daß darüber der Luftzwischenfall in Ostasien nicht in Vergessenheit gerät, dafür wird gesorgt.

und kommentiert sie zuweilen; er spricht die Texte zu Filmberichten im Off oder ‚übersetzt' Behördendeutsch und Politikerphrasen in eine verständliche Form; er stellt Korrespondenten vor, nennt Quellen und faßt die Themen zusammen. Ein kurzer Ausschnitt vom Beginn einer „Heute"-Sendung vom 7.9. 1983 (nach Burger 1984) illustriert neben dem ausgeklügelten Moderationsmanagement zugleich den Zusammenhang von Text und Bild in den Fernsehnachrichten: → S. 556.

Alternative Medien, Neue Medien

Alternativ-Presse

Das Gebiet alternativer Medien ist so breit und bunt wie das der subkulturellen Szenen: Pop-Magazine und underground-Presse, „Fanzines" und Freie Radios, „Offener Kanal" und Pay-TV, multimedia-show und alternative Videoarbeit. Sprachwissenschaftler haben sich damit noch kaum befaßt. Eine gewisse Aufmerksamkeit, zumindest der Pädagogen, hat bislang allenfalls die kommerzielle Jugendpresse gefunden. Meist handelt es sich um Musik-Magazine im Medienverbund von Schallplatte, Cassette, Radio, Film und Fernsehen. Ihre Verbreitung und wirtschaftliche Bedeutung - die Gesamtauflage der sieben wichtigsten Zeitschriften übersteigt drei Millionen - macht sie eher geeignet zur Beobachtung und Untersuchung als die meist kurzlebigen Alternativmedien.
Aber auch die Alternativpresse im engeren Sinne ist mehr als eine vorübergehende Randerscheinung. Das Spektrum reicht von Stadtteil-Zeitungen über regionale Jugendzeitungen bis zur alternativen Tageszeitung, von Ökologie-Zeitungen über Blätter für Frauen, Männer, Rentner und Sekten-Jünger bis zu Politik-, Theorie- und Literaturzeitschriften. Die Kennzeichnung ‚alternativ' (*alternatief* schreibt der Frankfurter „Pflasterstrand") faßt also sehr Unterschiedliches zusammen. Nicht immer wird der Anspruch alternativer ‚Blattmacher' eingelöst, unabhängig zu sein, Informationen zu bringen, die in der bürgerlichen Presse fehlen, die ‚Einwegkommunikation' zu durchbrechen. Die meist jugendlichen Journalisten lehnen im allgemeinen konventionelle Formen der Arbeitsteilung, des Spezialistentums, der objektiven Berichterstattung, des Drucks und Layouts, der Orthographie und Silbentrennung ab.
Ihre Sprache ist experimentierfreudig und orientiert sich an den Normen der in ihren jeweiligen Gruppen gesprochenen Alltagssprache. Merkmale der Annäherung des schriftlichen Ausdrucks an die mündliche Rede sind die eingeschobenen Anredefloskeln, Gesprächspartikeln, Verzögerungslaute und Kontaktparenthesen:

> Jeder muß [...] die Scheibe gut finden. Wenn nicht?? Hm, hm ... Äh, hm - ach, den Fall gibt's doch gar nicht. Oder?

Der Leser wird direkt angesprochen *(Kommt alle! Schreibt uns!)*, der Redakteur kommentiert seinen Bericht *(da staunste nur!)*; sogar der Setzer nimmt sich das Recht zur Ironisierung komplizierter Fachwörter *(Toll, wa? d. säzzer)*. Die Schlagzeilen treiben zuweilen ein clever-böses Spiel mit Assoziationen und Assonanzen - ein von der Boulevard-Presse zum „Bum-Bum-Boris" hochgejubelter Tennisspieler wird in einer Stadtzeitung stabreimend angekündigt: ***Boom-***

Boom-Boris bumst in Berlin! Die Stilebene des Wortschatzes suggeriert eine salopp-schnoddrige Alltagssprache in *relaxter* Atmosphäre. Verben wie *pennen, poofen, pleitegehen, abklappern,* Adjektive wie *scheißegal, verdammt, bekloppt,* Mehrwortfügungen wie *Bock haben, für Putz sorgen, Scheiße bauen, Durchblick haben, einen durchziehen* signalisieren den Abstand zur *cleanen* Sprache der Erwachsenen, Normalen, Bürgerlichen.
Sprachspiele verstärken den Gruppenbezug, den Zusammenhalt zwischen Produzenten und Rezipienten, Machern und Gemeinde. Bestimmte neuartige Wendungen *(fetzenscharfe Klamotten, total geile wurstpellartige Strumpfhosen)* tragen zum Sprachwandel bei. Ihr Anteil ist in der Alternativpresse sehr viel höher als in der Pop-Presse und den kommerziellen Jugendzeitschriften. Entsprechend schnell veralten sie indessen *(steiler Zahn> geile Tussi).* Oder ihre Bedeutung schwächt sich ab *(cool, geil).* Diesem Verschleißprozeß unterliegen besonders die Adverbien der Intensität *(total Spitze, tierisch laut, wahnsinniges Feeling, der absolute Horror).* Die Sprache in der Alternativ-Presse ist nicht isoliert zu betrachten von den Entwicklungen in der Jugendsprache (→ S. 507 ff.).
Andere und neue Medien müßten einbezogen werden: die alternativen Programme der Freien Radios, subkulturellen Kinos, Offenen-Kabel-Kanäle; Videokooperativen werden in ihrer Bedeutung nicht zuletzt auf Grund der technischen Entwicklung zunehmen.

Lernen mit Neuen Medien

Jeder ist gegenwärtig Zeuge einschneidender Veränderungen der Massenkommunikation. Zu den ‚alten Medien' treten ‚neue Medien' hinzu. Kabel- und Satellitenfernsehen ermöglichen mehr Programme; ihre Inhalte verschieben sich. Die Medien der Fachkommunikation werden durch Teletext, Videotext, Bildschirmtext, Textverarbeitungssysteme in der Bürokommunikation erweitert. Die Grenzen zwischen Fach- und Massenkommunikation verschwimmen, wenn das häusliche Fernsehgerät als Dialogbildschirm mit externen Datenverarbeitungsanlagen verbunden wird. Durch ihre elektronischen Bauelemente, kürzeren Informationsverarbeitungszeiten, höheren Speicherkapazitäten und potentiellen Rückkoppelungsverfahren werden die neuen Medien das Verhalten der Medienkonsumenten verändern.
Durch das Prinzip der Integration bzw. der Kompatibilität lassen sich die neuen Medien miteinander kombinieren und um einen TV-Bildschirm als Informationszentrale gruppieren: der Empfänger wird nicht nur zwischen den Programmen der Sendeanstalten, des Kabelfernsehens und Satellitenfernsehens wählen können. Der Bildschirm kann die Videotext-Signale sichtbar machen, über Modem und Tastenfeld an Heimcomputer angeschlossen werden, über Dia- oder Filmabtaster als Projektionsfläche für Dia- und Filmprojektoren fungieren, über Videokameras, Videorekorder und Bildplattenspieler mit Signalen gespeist und schließlich über Telefon und Modem mit externen Speichern oder Rechenanlagen verbunden werden.
Diese letzte Möglichkeit verspricht als Btx-System auch in der Sprachvermittlung neue Anwendungsmöglichkeiten. Sprachkurse werden als Videocassetten produziert. Herkömmliche Lehrmaterialien müssen in Btx-Programme ‚über-

setzt' werden. Dabei werden Chancen und Grenzen des Mediums deutlich. Da die Gesamtmenge an Zeichenplätzen pro Bildschirmseite beschränkt ist, entstehen Probleme bei der Textgestaltung. Meist müssen Gliederung und Argumentation geändert werden. Die von den Lehrbüchern her gewohnten Möglichkeiten lassen sich nicht alle auf das neue Medium übertragen.
Dies erfordert eine Änderung des Rezeptionsverhaltens. Die Informationen können nur nacheinander serviert werden. Erst im Medienverbund entfalten daher solche Lehrmaterialien ihre Wirkung. Das Lernen mit neuen Medien wird auch den Sprach- und Fremdsprachenunterricht verändern. Die Möglichkeiten des selbstgesteuerten Lernens mit Hilfe der Medien ‚individualisierter Massenkommunikation' erfordern neue Überlegungen zur Formulierung der Texte, zur Abfolge des Lernstoffes und seiner visuellen Gestaltung.
Der Lehrer muß sich fragen, wie er das individuelle außerschulische Lernen der Schüler für den Unterricht fruchtbar machen kann, wie er stoffliches Wissen mit sinnlicher Erfahrung verknüpft. Er muß lernen, Texte medienspezifisch und mediengerecht zu verfassen, und seinen Schülern vermitteln, wie man das macht. Man mag es beklagen oder begrüßen: der Sprachgebrauch wird sich durch die Medien unvermeidlich verändern - so wie die Schrift einst die schriftlose Sprache verändert hat.

Bentele, Günter/Ernest W. B. Hess-Lüttich (Hrsg.) 1985: Zeichengebrauch in Massenmedien. Zum Verhältnis von sprachlicher und nicht-sprachlicher Information in Hörfunk, Film und Fernsehen, Tübingen
Burger, Harald 1984: Sprache der Massenmedien, Berlin/New York
Faulstich, Werner (Hrsg.) 1979: Medienwissenschaft, München
Hess-Lüttich, Ernest W. B. (Hrsg.) 1982: Multimedial Communication, Tübingen
Holly, Werner/Peter Kühn/Ulrich Püschel 1986: Politische Fernsehdiskussionen, Tübingen
Kreuzer, Helmut 1982: Sachwörterbuch des Fernsehens, Göttingen
Kreuzer, Helmut/Karl Prümm (Hrsg.) 1979: Fernsehsendungen und ihre Formen, Stuttgart
Lüger, Heinz-Helmut 1983: Pressesprache, Tübingen
Maletzke, Gerhard 1975: Einführung in die Massenkommunikationsforschung, Berlin
Mogge, Birgitta (Bearb.) 1980: Die Sprachnorm-Diskussion in Presse, Hörfunk und Fernsehen, Stuttgart
Muckenhaupt, Manfred 1986: Text und Bild, Tübingen
Postman, Neil 1984: Das Verschwinden der Kindheit, Frankfurt/M.
Raasch, Albert/Wolfgang Kühlwein (Hrsg.) 1984: Bildschirmtext, Tübingen
Straßner, Erich 1982: Fernsehnachrichten, Tübingen

Sprache und Erziehung

Sprachnorm und Sprachpflege

Einheit der Normen und Vielfalt der Sprache: ein Rückblick

„Sprich deutsch!", sagt der alte Meier Helmbrecht zu seinem Sohn. Nicht nur dessen Kleidung und Haartracht ärgern ihn; auch durch seine Sprache fühlt er sich provoziert. Welchem Vater klingt das nicht vertraut? Die Szene entstammt einer kleinen Erzählung des späten 13. Jh. Der Autor, Wernher der Gartenaere, prangert darin die allgemeine Verwilderung der Sitten an. Und die „Verunreinigung" der Sprache ist dafür ein Symptom. Er fürchtet ihre Verfälschung und „Verwelschung" durch Wörter aus der Fremde. Diese Furcht hat die (meist selbsternannten) Heger und Pfleger der deutschen Sprache seit je und bis heute umgetrieben.

Die heutigen Vereine zur Pflege der deutschen Sprache setzen eine alte Tradition fort. Die Satzungen der Sprachgesellschaften, die im 17. Jh. gegründet worden sind, verpflichten ihre Mitglieder auf den Kampf für die „reinlichkeit der reden", wie sie 1624 Martin Opitz fordert, und gegen die „einmischung frembder ausländischer wort", was sich 1617 die ‚Fruchtbringende Gesellschaft' zum Ziel setzt.

Das Ziel wurde verfehlt. Die ‚Reinheit' der Sprache, die Einheit der Norm, für alle verbindlich, von allen geachtet: kann es sie geben in einer lebendigen Sprache? Soll es sie überhaupt geben? Die Frage ist durchaus strittig. Welches Deutsch soll man sprechen und schreiben? „Gepflegtes Hochdeutsch", sagen die einen. „Sprich, wie dir der Schnabel gewachsen ist", sagen die anderen. „Wir brauchen eine einheitliche Norm, eine Normal- und Einheitssprache, die Richtschnur ist für alle. Sonst herrscht Chaos." - „Die Vielfalt der sprachlichen Ausdrucksformen zu beschneiden und sie in das Prokrustesbett von Einheitsregeln und Sprachvorschriften zu zwingen, bedeutet einen Verlust sprachlichen Reichtums, der durch den Gewinn verbindlicher Maßstäbe nicht ausgeglichen wird."

Die Debatte dauert an und spiegelt sich in den unterschiedlichen Richtlinien und Lehrplänen für den Deutschunterricht wider. Sie reicht bis weit zurück zu den Ursprüngen einer deutschen Einheitssprache und darüber hinaus. Die frühesten Bestrebungen, die vielen regionalen Mundarten zu vereinheitlichen, stammen schon von Karl dem Großen. Auf der Grundlage des Fränkischen suchte er einen Ausgleich und bemühte sich, zum Teil gegen den Widerstand der Kirche, den Gebrauch deutscher Entsprechungen von lateinischen Wörtern (z. B. Monatsnamen) durchzusetzen. Aber das Nebeneinander der altdeutschen Mundarten des Fränkischen, Sächsischen, Alemannischen, Bairischen usw. blieb bis weit ins 12. Jh. bestehen. Auch die Entwicklung einer oberdeutschen Dichtersprache änderte daran nicht viel. Aber sie ist ein Indiz für das sich verstärkende Bedürfnis nach einer einheitlichen Verkehrssprache: Im 14. und 15. Jh. bildete sich eine obermitteldeutsche Ausgleichssprache heraus, die später durch die Luthersche Bibelübersetzung rasche Verbreitung fand. Die Entwicklung einer deutschen Standardsprache war nicht mehr aufzuhalten; sie wurde

gefördert durch Handel und Verkehr, verstärkt und ideologisch überhöht durch die Sehnsucht nach einem einheitlichen Nationalgefühl, dessen Ausdruck die Sprache aller Deutschen sein sollte.
Aus dieser historischen Entwicklung erklärt sich, warum die Frage der sprachlichen Norm zunächst vor allem unter dem Aspekt der sprachlichen ‚Reinheit' diskutiert wurde. Die Bewegung der Sprachreiniger suchte im 18. Jh. alle Gutwilligen zu einigen in der Abwehr sprachlicher „Eindringlinge". Der Kampf gegen die „Fremdwörterei" verstärkte sich noch im 19. Jh.:

> Der Allgemeine Deutsche Sprachverein will nach seinen Satzungen: den echten Geist und das eigentümliche Wesen der deutschen Sprache pflegen, Liebe und Verständnis für die Muttersprache wecken, den Sinn für ihre Reinheit, Richtigkeit, Deutlichkeit und Schönheit beleben, demgemäß ihre Reinigung von unnötigen fremden Bestandteilen fördern und auf diese Weise das deutsche Volksbewußtsein kräftigen.

Solcher Grundsatz beseelt die Sprachpflege noch in der ersten Hälfte unseres Jahrhunderts. Hermann Dunger ficht in der Zeitschrift des Vereins unermüdlich „Wider die Engländerei in der deutschen Sprache"; Eduard Engel ruft in seinen „Verdeutschungsbüchern" zur „Entwelschung" der Sprache in Literatur und Alltag auf. Die Spirale sprachpuristischer Forderungen dreht sich weiter bis zu den aberwitzigen „Sprachregelungen" der Nationalsozialisten, die uns noch heute ‚die Sprache verschlagen'.
Die Hypothek dieser Tradition belastet die heutige Diskussion auch innerhalb der institutionellen Sprachpflege im Westen wie im Osten Deutschlands. In der DDR ist die Vorgabe dennoch eindeutig: die Erziehung zur Einheitssprache, zur Literatur- und Schriftsprache ist nationales Ziel. Im Westen halten sich Normorientierung und Normkritik die Waage. „Normen? Ja - aber meine": so überschreibt ein Sprachwissenschaftler sein Plädoyer für eine größere Normtoleranz in bezug auf die Sprache. Didaktiker empfehlen in einigen Lehrplänen für den Deutschunterricht an Hauptschulen, „von der zielvorstellung ‚befähigung zur beherrschung der hochsprachlichen norm' abstand" zu nehmen. Gleichzeitig scheitern immer mehr Schüler und Lehrlinge an den sprachlichen Anforderungen, die an sie gestellt werden. Also doch Normen - aber welche sollen dann Richtschnur sein? Und wer entscheidet darüber? Vielleicht die Deutsche Akademie für Sprache und Dichtung? Sie hat die Frage gründlich diskutiert und sich die Antwort nicht leicht gemacht.
Anders als die großen Sprachgesellschaften in der Vergangenheit versteht sie sich nicht mehr als die „fraglos normsetzende Instanz für die deutsche Sprache", sondern sieht ihre Aufgabe darin, „möglichst viele Personen und Institutionen im deutschen Sprachraum dafür zu gewinnen, den Gebrauch der deutschen Sprache, zumal im öffentlichen Leben, zum Gegenstand einer beständigen Aufmerksamkeit und einer ebenso kritischen wie aufmunternden Förderung zu machen" (Weinrich 1982). Dazu kann sie beitragen, indem sie durch Sachverstand Position bezieht, nicht vorschreibend und autoritativ, sondern durch diskrete Empfehlung. Sie kann Orientierungshilfen bieten im Streit darüber, welches das Ziel sprachlicher Bildung und Erziehung sei: „richtiges Deutsch" oder „kommunikative Kompetenz", die Beherrschung grammatischer Regeln oder das Gelingen der Verständigung.

Der Streit freilich ist, in dieser zugespitzten Gegenüberstellung, eigentlich müßig. Die Normen des Sprachsystems haben sich historisch entwickelt: die Regeln der Grammatik sind zu lernen, auch wenn sie nicht immer logisch konsequent erscheinen, auch wenn sie nicht alle Schwankungen des Sprachgebrauchs gültig entscheiden. Der öffentliche Sprachgebrauch in den Medien, in der Politik, in Wissenschaft und Verwaltung verstößt kaum gegen die Normen der Grammatik - aber ist er deshalb automatisch immer ‚gutes Deutsch'? Die Sprache vieler Jugendlicher verweigert sich den vorgegebenen Normen gern und geht respektlos mit ihnen um - ist sie ‚schlechter' als die gestanzte Fertigbauweise der Sprache politischer Phraseologie und öffentlicher ‚Verlautbarungen'?

Sprachpflege muß beidem gelten: der Vielfalt der Sprache im Respekt vor der Einheit der Normen. In einer Erziehung zur Sprachkultur, der es in Harald Weinrichs Worten (1982) „nicht nur um den Nutzwert der Alltagssprache, sondern immer auch um den Würzwert der sprachlichen Imagination zu tun ist, brauchen auch die Sprachnormen nicht aus einem System oder einem Katalog entnommen zu werden, sondern können - lebendig sie selber - aus dem lebendigen Sprachgebrauch derer geschöpft werden, die Liebe zur Sprache haben und das auch auszudrücken wissen". Das bedeutet indes auch, „daß die Ziele all unserer Sprachnormbemühung höher gesteckt werden müssen und vom *richtigen* Sprachgebrauch auf seine geselligere und kultiviertere Variante, den *guten* Sprachgebrauch, anzuheben sind".

Vom richtigen und vom guten Sprachgebrauch

Die Erziehung zur ‚Hochsprache' ist, wenn man die Entwicklung des Deutschen als ‚Nationalsprache' historisch betrachtet, eine vergleichsweise junge Errungenschaft. Erst in der zweiten Hälfte des 20. Jh. setzt sich die Einsicht durch, daß die ‚Hochsprache' der Elite zur ‚Standardsprache' aller werden muß, wenn zumindest die sprachlichen Voraussetzungen für eine Chancengleichheit geschaffen werden sollen. Niemand muß deshalb seinen heimatlichen Dialekt aufgeben. Wer neben der Standardsprache weitere Varietäten in seinem Repertoire hat, ist sogar im Vorteil. Aber die Vermittlung der Standardsprache und ihrer Regeln und Normen ist eine nicht zu unterschätzende Aufgabe von Eltern und Schulen. Auch die Medien tragen dazu bei. Dennoch haben viele Deutsche nach wie vor große Probleme, die Standardsprache redend und schreibend aktiv zu gebrauchen. Die Mehrzahl der Menschen fühlt sich außerstande, sich in der Öffentlichkeit mündlich zu äußern, fehlerfreie Texte zu verfassen, den Inhalt von Nachrichtensendungen wiederzugeben usw., weil sie ihrer standardsprachlichen Fähigkeiten nicht sicher sind. Sie haben deshalb Nachteile in Schule und Beruf (→ S. 503); sie sind auch beeinträchtigt in der Wahrnehmung ihrer politischen Rechte.

Diesem Umstand ist mit Sicherheit nicht dadurch abzuhelfen, daß man den Deutschunterricht an den Schulen weiter vermindert, daß man die sprachlichen Defizite bagatellisiert oder die Erziehung zur Standardsprache den Gymnasiasten vorbehält und die anderen mit bescheideneren Zielsetzungen abfindet. Die Einschränkung der sprachlichen Bildung ist eine Beschränkung der ‚volkstümli-

chen' Bildung, die nicht hingenommen werden sollte, unabhängig vom politischen Standort jedes einzelnen. Ebenso ist der einseitig an Inhalten orientierte Deutschunterricht ein didaktischer Irrweg, wenn er auf die gleichzeitige Vermittlung der Formen richtigen Sprachgebrauchs verzichtet.
Das gilt für alle sprachlichen Ebenen und Fertigkeiten: das grammatisch richtige Sprechen, das artikulatorisch verständliche Sprechen, das Lesen und Schreiben von Texten, den Normen der Standardsprache und Konventionen der Textarten und Gesprächsformen gemäß (→ S. 464, 468). Dabei ist zwischen Normen der Korrektheit und solchen der Angemessenheit zu unterscheiden. Nicht jeder grammatisch korrekte Sprachgebrauch ist auch ‚gut'. Das im Sprachunterricht gern geübte Antworten in vollständigen Sätzen kann in Situationen unangemessen sein, in denen damit überflüssigerweise etwas sprachlich ausgedrückt wird, was den Gesprächsteilnehmern durch die Situation und ihre Wahrnehmung ohnehin bewußt ist. Wenn es im vertrauten Kreise angemessen sein kann, Dialekt zu sprechen, kann es in der Schule, beim Bewerbungsgespräch, in der Betriebsversammlung die Wirkung des Gesagten beeinträchtigen. Für die geschriebene Sprache gelten andere Normen als für die gesprochene Sprache (→ S. 457 ff.).
(1) Für die gesprochene Sprache etwa gelten bestimmte artikulatorische Normen, die Gegenstand bewußter Sprecherziehung sein können (und u. E. sein sollten). Das Lautsystem des Deutschen kennt z. B. kein */th/* wie das Englische, deshalb fällt das Anstoßen mit der Zunge an die Vorderzähne als Lispeln auf. Die Laute dienen zur Unterscheidung von Bedeutungen, ihre artikulatorische Unterscheidung dient also kommunikativer Zweckmäßigkeit, ohne daß deshalb jeder deklamieren muß wie ein Schauspieler auf der Bühne.
(2) Unfreiwillige Abweichungen von den grammatischen Normen fallen besonders auf: der Sprecher wird trotzdem zwar meist verstanden, aber seine Fehler tragen ihm negative Einschätzungen ein. Das ist keine Frage der politisch progressiven oder konservativen Einstellung. Grammatische Normen sind außerordentlich stabil. Ihre Veränderung kann kein Deutschlehrer, Präsident oder Diktator einfach verordnen. Auch nach Revolutionen bleibt die Grammatik dieselbe. Das grammatische System des Deutschen behält auch in den verschiedenen Gesellschaftssystemen der deutschen Staaten seine Gültigkeit. Welche Fälle die Präpositionen regieren, steht weder hier noch dort zur Disposition. Und wenn im Einzelfall heute viele Sprecher *wegen* nicht mehr mit dem Genitiv, sondern mit dem Dativ gebrauchen, dann zeichnen sich Veränderungen im grammatischen System ab (hier: allmählicher Wegfall des Genitivs; → S. 261), die das Ergebnis langer historischer Entwicklungen sind.
Toleranz gegenüber Abweichungen von den Normen der Grammatik und Syntax, der Lexik und Semantik ist dabei u. E. nicht ausschließlich an der Zweckmäßigkeit der Verständigung und Ökonomie der Mitteilung zu bemessen, sondern auch an der Wirkung des Gesagten, an der Ästhetik des Ausdrucks, an seiner sozialen und symbolischen Funktion, an seiner wechselseitigen Bewertung. Der Rückgang des Genitivs läßt die Kommunikation noch nicht zusammenbrechen; verstanden wird auch, wer *brauchen* ohne *zu* oder den Imperativ von *essen* als *eß!* verwendet, *kleiner wie er* sagt statt *kleiner als er* oder *trotzdem* an die Stelle von *obwohl* setzt. Aber ist ohne den Gebrauch des Konjunktivs

immer jedem klar, was eigene Position und indirekt wiedergegebene Rede ist? Wird das gegenseitige Verstehen besser durch ein Übermaß an Indefinitpronomina und Kontaktparenthesen *(Also, du, irgendwie hab ich da so'n komisches Gefühl, ne, irgendwie unheimlich irre, wa)?* Wird die Mitteilung ertragreicher durch die Allerweltsfloskeln, mit denen man täglich ‚zu-geredet' wird *(Ich würde sagen; ich gehe davon aus)?*

(3) Damit sind wir jedoch schon bei den stilistischen und ästhetischen Normen des Sprachgebrauchs. Sie betreffen die rhetorischen Strategien (→S.485f.), die Textformen im Alltag (Erzählung, Anleitung, Wetterbericht usw.; →S.468ff.), die literarischen Mittel und Genres (Reim, Alliteration usw.; Drama, Roman, Gedicht usw.). Die Möglichkeiten der Sprache kann man am besten im Umgang mit der Literatur erfahren. Sie widerstrebt der Einförmigkeit alltäglichen Redens und Schreibens und ertastet die Grenzen der sprachlichen Norm. Sie ist unverzichtbarer Teil einer Spracherziehung, die sich nicht mit dem Ziel des bloß richtigen Sprachgebrauchs bescheidet. Und selbst dieses Ziel wird von nicht wenigen als zu anspruchsvoll bezeichnet. Nur eine Minderheit lerne etwa, ‚richtig' zu schreiben, was gesagt werde.

(4) Die orthographischen Normen sind daher nach wie vor Gegenstand heftiger Diskussion darüber, was als ‚Fehler' zu gelten habe und was nicht. Das rührt nicht zuletzt daher, daß die ‚rechte Schreibung' kein natürliches Element der Sprache ist, sondern ihr künstlich beigegeben. Dies unterscheidet die orthographischen Normen grundsätzlich von allen anderen, vorher genannten Normen. Sie sind deshalb auch leichter wieder zu verändern.

Freilich nicht allzu leicht, wie die Diskussion um die Reform der Rechtschreibung zeigt. Seit ihrer einheitlichen Festlegung reißt die Kritik an ihren Ungereimtheiten nicht ab. Wie immer man indes im einzelnen stehen mag zu Fragen der Groß- und Kleinschreibung (*im folgenden* gegenüber *zum Folgenden*), der Längenzeichen (*Lid* gegenüber *Lied, Ohren* gegenüber *Ofen*), der *s*- oder *f*-Schreibung *(das, daß; Telephon/Telefon, Photographie/Fotografie, Telegraph),* der Trennung („trenne nie st ..." - warum eigentlich nicht?) usw. oder auch des respektlosen Spiels mit orthographischen Normen bei der Aneignung fremder Wörter *(Äktschen, Sien, Kommicks);* eines ist gewiß, daß nämlich eine verantwortungsvolle Spracherziehung auf die Vermittlung auch dieser Normen nicht verzichten darf, solange sie nicht nur der Abbildung des Lautsystems dienen, sondern auch soziales Symbol sind. Solange Lehrlinge keine Lehrstelle erhalten (und Studenten durchs Examen fallen), weil sie nicht richtig schreiben und lesen können, erscheint der Ratschlag einflußreicher Didaktik-Professoren weltfremd, den Sprachunterricht zu „demokratisieren" und die lästigen Fesseln standardsprachlicher Normen abzustreifen. Normenschelte allein hilft denen nicht, deren Interessen man zu vertreten wähnt. Wer Toleranz gegenüber grammatischen Fehlern mit der im Grundgesetz verbürgten Achtung vor der Würde des anderen Menschen meint rechtfertigen zu können, läßt außer acht, daß man kennen sollte, was man kritisiert. Sprachkritik überzeugt eher, wenn sie nicht nur auf Zweifel gründet, sondern auch auf Wissen. Normtoleranz fällt dem leichter, der vom Gegenstand seiner Kritik nicht nur ungefähre Ahnung hat. Erziehung zur Sprache legt dazu den Grund, nicht erst in der Schule, sondern vom ersten Tag an, an dem ein Mensch beginnt, seine Sprache zu erwerben.

Spracherwerb und Sprachunterricht

Spracherwerb und Sprachentwicklung

Wie ein Mensch seine Sprache erwirbt, haben zuerst die Psychologen beobachtet. Wir erinnern uns bedeutender Namen: Stern, Bühler, Piaget, Vigotskij. Ihre Forschungen haben grundlegende Erkenntnisse über den Prozeß des Spracherwerbs hervorgebracht. Die psycho-linguistische Untersuchung dieses Prozesses ist demgegenüber meist eingeschränkt auf grammatische Probleme und die Entwicklung syntaktischen Regelwissens. Diese Fragestellung ist aber für uns zu eng. Denn es geht hier nicht nur um den Erwerb der Sprache als eines grammatischen Systems, sondern auch um die Entwicklung des Individuums zu einer sozialen Person und die Entfaltung seiner Fähigkeiten zum Gebrauch von Zeichen als Mittel der Verständigung. Das Interesse gilt - gemäß den Leitlinien dieses Teils der Grammatik vom ‚Text' und vom ‚Sprachgebrauch' - nicht so sehr den Gemeinsamkeiten, den allgemeinen Regeln und Modellen des Spracherwerbs, als vielmehr den Bedingungen für die Verschiedenheiten, die wir in der Wirklichkeit vorfinden.
Jedes Kind wird in einen bestimmten historischen, gesellschaftlichen, ethnischen, kulturellen Zusammenhang hineingeboren, im Verhältnis zu dem es seine kommunikativen Fähigkeiten und Gewohnheiten entwickelt. Im Rahmen der in ihm geltenden Normen und mit den Mitteln der in ihm gebrauchten Sprachformen lernt das Kind allmählich, sich ‚seine Welt' zu erschließen. Dieser Zusammenhang ist dem Kind in der Regel zunächst über die Familie vermittelt, in der es aufwächst. Sie ist die erste und lange zentrale Sozialisationsinstanz, die dem Kind den Gebrauch kultureller Muster und sprachlicher Mittel sozusagen ‚vorlebt'. Je mehr Aufmerksamkeit und Zuwendung das Kind dabei erfährt, desto besser sind seine Fortschritte im Spracherwerb. Freilich ist auch der Einfluß anderer Faktoren zu beachten: z.B. Zahl, Alter und Geschlecht der Geschwister, die soziale Position, Einstellungen und Verhaltensgewohnheiten der Eltern, ihre Ausbildung und berufliche Tätigkeit.
Der Einfluß des sozialen Milieus auf den Spracherwerb ist insofern wichtig, als das Kind anderer Personen bedarf, um die angeborenen Dispositionen zur Entfaltung zu bringen und durch soziale Angebote seine ‚Persönlichkeit' zu entwickeln. Solche sozialen Angebote betreffen nicht nur den Spracherwerb, sondern bestimmen die Orientierung des Kindes vom ersten Lebenstage an: durch sie werden Zuordnungen von Symbolen und Bedeutungen, äußeren Merkmalen und sozialen Sachverhalten eingeschliffen und zu Erwartungsmustern aufgebaut, die sich im Laufe des Lernprozesses zu ‚Assoziationsnormen' verfestigen. Diese Assoziationsnormen oder Verknüpfungsregeln (z.B. die Verbindung von Lautketten mit Bedeutungen) sind von Kultur zu Kultur verschieden, aber auch innerhalb einer Gesellschaft unterschiedlich. So kann die Zugehörigkeit zu verschiedenen sozialen Schichten unterschiedliches Rollenverhalten hervorbringen. Oder das Rollenverhalten wird geschlechtsspezifisch eingeübt.
Im Hinblick auf die geschlechtsspezifische Sprachentwicklung hat man früher z.B. oft angenommen, daß die Mädchen dabei den Jungen voraus seien. Dieser Vorsprung bezieht sich aber in der Regel nur auf bestimmte Bereiche der Syntax und des Wortschatzes, nicht auf die Kommunikationsfähigkeit insgesamt.

Was nicht heißt, daß Jungen und Mädchen später nicht auch geschlechtsspezifische Kommunikationsrituale entwickeln, aber das hat weniger biologische als soziale Gründe. Das gilt allgemein für die Ausbildung des typischen Rollenverhaltens.

Soziales Milieu, pädagogische Praxis und kommunikative Entwicklung sind also stets im Zusammenhang zu sehen. Der Beginn des Spracherwerbs setzt nicht erst mit dem Äußern von Wörtern oder gar Wortverbindungen ein. Schon im ersten Lebensjahr lernt das Kind, sich durch Blicke, Gesten und paraverbale Artikulationen bemerkbar zu machen. Diese ‚Protosprache' des Kindes während der ersten 18 Monate unterscheidet sich von der Sprache der Erwachsenen durch das Fehlen eines lexikogrammatischen Systems. Gleichwohl interpretiert die Mutter die Blicke, Laute und Gesten ihres Kindes als ‚bedeutungsvolle' Äußerungen. Sie versteht den auf sie gerichteten Blick des Kindes, das gleichzeitig die Hand nach einem Gegenstand ausstreckt, als ein bestimmtes Interesse des Kindes an diesem Gegenstand.

Mutter und Kind verfolgen wechselseitig ihre Blickrichtungen, beobachten die Mimik des Gesichtes, und allmählich verwandeln sich die Greifgebärden des Kindes unter dem Einfluß der Mutter - die diese Bewegungen als Mitteilungen interpretiert - in Zeigehandlungen und Hinweisgesten. Solche Akte sind schon im Alter von sechs Monaten zu beobachten und differenzieren sich immer weiter. Bald geht es immer weniger um den Besitz der Gegenstände als um deren Benennung und die Beziehungen zwischen ihnen. Im Zusammensein mit anderen lernt das Kind, daß Verständigung wie das Spiel der Kooperation bedarf: abwechselnd reden, sich in den anderen hineinversetzen, Rollen tauschen. Auf diese Weise lernt es schließlich die Regeln dialogischer Interaktion.

Schon im dritten Lebensjahr ist so etwas wie Sprachbewußtsein zu beobachten. Wenn sich die Mutter über die Bedeutung kindlicher Zeichen nicht sicher ist und zurückfragt, oder das Kind durch entsprechende Signale auf die Unzulänglichkeit seiner Äußerung aufmerksam macht, dann bedeutet das einen großen Lernschritt für das Kind. Der Lernstoff, den es bewältigen muß, wenn es sprechen lernt, ist größer als in jeder anderen Altersstufe. Deshalb ist Kommunikation mit dem Kind in dieser Zeit für die Entwicklung zur Dialogfähigkeit ganz besonders wichtig. Die Bezugsperson hilft durch ihre Zuwendung, das soziale Lernfeld zu schaffen, in dem das Kind die Kenntnisse erwerben und die Fähigkeiten ausbilden kann, die es zur Verständigung mit anderen braucht.

Die Bedeutung der elterlichen Zuwendung wird in Familien der Unterschicht oft noch unterschätzt. Es gibt einen Zusammenhang zwischen der frühkindlichen Interaktion, der sozialen Schichtzugehörigkeit und der späteren Sprachleistung. Daraus läßt sich schließen, daß Unterschiede in der Sprachleistung und Dialogfähigkeit, die später als verschiedene Sprachschichten oder Redestile erscheinen (‚elaborierte' und ‚restringierte Codes': → S. 512), bereits in der vorsprachlichen Phase durch unterschiedliches Verhalten der Mütter gegenüber ihren Kindern begründet werden. Das zeigt sich besonders bei Kindern, die aus sozialen oder medizinischen Gründen in Heimen oder Kliniken aufwachsen: Mangel an persönlicher Zuwendung und ständiger Wechsel der Bezugspersonen können zu schweren Behinderungen führen.

Neben dem sozialen Milieu wird wenig später auch die Interaktion mit

gleichaltrigen Kindern (‚peer group') für die Entwicklung wichtig. Die Spielformen sind ein Lernfeld, das für den Spracherwerb ungeheuer bedeutsam ist. Je nach Spielsituation und Alter kann im Kindergarten oft eine erstaunliche Flexibilität der Kinder in der Rollenübernahme und Wahl des sprachlichen Registers beobachtet werden.
Schließlich tritt noch die Schule hinzu, denn der Spracherwerb ist mit dem Eintritt in das Schulalter keineswegs abgeschlossen. Familie, Kindergarten, ‚peer group' und Schule sind die für den Spracherwerb wichtigsten Sozialisationsinstanzen.
Die Schule ist eine von den Normen der Mittelschicht geprägte Institution. Kinder aus der Unterschicht erfahren daher oft den Eintritt in die Schule als Bruch zwischen den Erfahrungen in dem Milieu, dem sie entstammen, und den Anforderungen und Erwartungen, die nun an sie gerichtet werden. Plötzlich sind Lern- und Gesprächsstile gefordert, die den Kindern aus der Mittelschicht schon vertraut sind, während sie den Kindern aus der Unterschicht neu, fremd, vielleicht unangemessen und abweisend erscheinen. Deshalb reagieren sie darauf oft mit schüchterner Zurückhaltung, zuweilen auch mit aggressiver Unsicherheit. Die Kommunikationssituation ist für sie einfach unnatürlich im Vergleich zu der zu Hause oder unter Freunden. Dem muß die Schule Rechnung tragen. Etwa durch Lernstile, die dem individuellen Hintergrund der Kinder jeweils besser angepaßt sind. Manche Kinder lernen besser in Gruppen unter sich und durch Anschauung und Imitation als durch Fragen des Lehrers, durch Tests und Simulation. Solche Arbeitsgruppen ähneln vielleicht eher den ‚peer groups' im Alltag, in denen sich ja auch Kinder mit unterschiedlichen Fähigkeiten und unterschiedlichem sozialen Hintergrund in alltagspraktisch authentischen Lernsituationen befinden. Für andere Kinder mag eine andere Form des Unterrichts und der damit verbundenen Kommunikation gemäßer sein. Aber alle Formen sollten dazu dienen, sprachbezogenes, sachbezogenes und soziales Lernen miteinander zu verbinden.

Sprachunterricht und Spracherziehung

Den Übergang vom Sprachgebrauch der Vorschulzeit zu den in der Schule gebräuchlichen Formen lernt das Kind am besten im Dialog mit dem Lehrer. Er muß durch geeignete Strategien des Fragens, Lobens, Kritisierens, Hervorlokkens, Ermutigens, Korrigierens, Wiederholens usw. die sprachliche Flexibilität der Schüler zu fördern suchen. Meistens finden es die Schüler völlig in Ordnung, daß in der Schule eine ‚andere Sprache' gesprochen wird als zu Hause oder mit Gleichaltrigen. Dennoch kommt es häufig zu stilistischen Unsicherheiten, zu umgangssprachlichen Saloppheiten im Ausdruck (*Das hat ja nochmal gutgegangen, der hat mich angemacht* o.ä.). Das Bewußtsein für die je nach Anlaß, Situation, Partner, Textsorte angemessene Form des Redens und Schreibens zu schärfen, ist eine wichtige Aufgabe des Sprachunterrichts, wobei übrigens alle Fächer immer auch Sprachunterricht sind. Wenn der Lehrer sich damit begnügt, Skepsis gegenüber den sprachlichen Normen zu nähren, ohne zugleich den flexiblen Umgang mit ihnen zu vermitteln, tut er den Schülern keinen Gefallen.

Es geht, wohlgemerkt, nicht um die Anpassung an vorgegebene Muster des Redens, Routinen des Handelns, Konventionen der Institution. Vielmehr geht es um die Vermittlung eines dauerhaft verankerten Wissens und gesicherten Sprachstandes, der spontan sich immer wieder neu bewähren muß. Die gängigen Tests zur Prüfung des Sprachstandes allein geben noch keinen ausreichenden Aufschluß über die Fähigkeiten der Schüler zur sprachlichen Bewältigung neuer und unvorhergesehener Situationen und kommunikativer Aufgaben. Schon von den Schulanfängern wird die Beherrschung komplexer sprachlicher Muster erwartet: sie müssen etwa den Unterschied zwischen ‚echter Frage' (ich frage nach etwas, was ich nicht weiß) und ‚didaktischer Frage' (ich frage etwas, was ich weiß und weil ich wissen will, ob der Gefragte es auch weiß) erkennen, eine ‚Bitte' als ‚Aufforderung' verstehen, eine ‚Erzählung' als ‚Informationsvermittlung' akzeptieren können.
Die in den Lehrplänen vorgesehene Entfaltung des Spracherwerbsprozesses trägt der unterschiedlichen Ausprägung solcher schon vorausgesetzter kommunikativer Fähigkeiten in der Grundschule nur ungenügend Rechnung. Defizite auf diesem Gebiet der Sprachbeherrschung sind später immer schwerer auszugleichen. Deshalb muß jeder Lehrer, der gerade die vom häuslichen Sprachmilieu benachteiligten Schüler gezielt fördern will, den Zusammenhang zwischen sprachlicher Flexibilität, soziologischen Voraussetzungen und institutionellen Konventionen kennen. Denn die gerechte Beurteilung der schulischen Leistung hängt nicht nur von den Ergebnissen der Messungen des Sprachstandes ab, sondern auch davon, daß der Lehrer sich der Wirkungen seines eigenen Handelns genau bewußt ist, seiner Vorurteile vielleicht, seiner unmerklichen Etikettierungen und Stigmatisierungen, die die Identität seiner Schüler, ihre Selbsteinschätzung u. U. mit prägen.
Das muß keineswegs immer sprachlich in Lob und Tadel manifest sein, sondern kann sich in Tonfall, Geste oder Seitenblick ausdrücken, deren Einfluß auf das Unterrichtsgeschehen vielleicht weder Lehrer noch Schüler bewußt ist. Die Wirksamkeit der Körpersprache ist nicht zu unterschätzen. Der Lehrer konzentriert sich darauf, was er sagt, aber die Schüler nehmen auch wahr, was er tut: wie er einen unruhigen Schüler verbal zu ignorieren trachtet, aber non-verbal seine zunehmende Nervosität nicht verdecken kann; wie er durch Kopfnicken das Recht zu reden verteilt, durch Veränderung der Position das Unterrichtsgespräch steuert, durch Blicke ermuntert, durch Gesten abwertet.
Der Lehrer soll ja, das ist sein Bildungsauftrag, zugleich ‚lehren' und ‚erziehen', Wissen vermitteln und die Persönlichkeit zur Entfaltung bringen, Lernerfolge kontrollieren und zur Leistung motivieren. Nicht jedem Lehrer fällt es leicht, beides zugleich zu leisten. Er will den Schüler nicht frustrieren und vermeidet den Tadel, aber seine Mimik verrät seine Enttäuschung: Der Schüler merkt den Widerstreit der Zeichen und wird unsicher, er bricht ab oder versucht einen neuen Anlauf. Er verhält sich den Erwartungen gemäß, die er in der Institution an sich herangetragen sieht. Das ‚Gespräch' zwischen Lehrer und Schüler ist, das weiß er, kein Gespräch von gleich zu gleich wie das mit seinen Freunden.
Von diesem unterscheidet es sich nicht nur in Gegenstand und Wortwahl. Auch bestimmte formale Merkmale des Unterrichtsgespräches kennzeichnen es als typisches Ritual der Institution: Die häufigeren Pausen (weil diese nicht sofort

durch Vorstöße anderer Gesprächspartner gefüllt werden, um das Rederecht für sich zu beanspruchen, denn das wird ja vom Lehrer verteilt), die selteneren Überlappungen von Redebeiträgen (weil die Schüler den Lehrer nicht unterbrechen dürfen), der regelmäßige Wechsel der Sprecher (weil das Rederecht nach dem Beitrag eines Schülers immer zunächst an den Lehrer zurückgeht). Andere schulische Rituale finden ihren Ausdruck in den Prüfungen und Entlassungsfeiern, den Schul- und Sportfesten, in sogenannten Interessenvertretungen der Schüler, den Elterntagen. Die Formen ändern sich natürlich, neue treten hinzu. Am wichtigsten bleibt jedoch die Organisation des Kommunikationsverhaltens im Unterricht als eines pädagogischen Gruppenprozesses.
Insgesamt setzt das Unterrichtsgeschehen also die Sprachlernprozesse fort, die in der ersten Phase des primären Spracherwerbs in der Familie begonnen haben. Die Schule ist der Ort des sekundären Spracherwerbs. Sein Erfolg hängt auch davon ab, inwieweit der Lehrer sprachliches Vorbild ist. Er muß selbst den sprachlichen Normen genügen, die zu vermitteln sein Auftrag ist.
Gerade weil die Lehrer von vielen Heranwachsenden nicht mehr uneingeschränkt als Vorbild akzeptiert werden, muß ihnen bewußt werden, daß ihre Emanzipation ohne ausreichende Sprachfähigkeit zum Scheitern verurteilt ist. Kritik der Sprachnormen setzt ihre Kenntnis voraus: sie befähigt zur Toleranz gegenüber der Abweichung und zum Engagement für die Reform. Und gerade die sprach-skeptischen und normkritischen Lehrer sollten sich stets vor Augen halten, daß korrekter Sprachgebrauch und angemessener Sprachgebrauch eine Einheit bilden in dem Sinne, daß die Normen der Standardsprache kein Selbstzweck sind, sondern Voraussetzung für Mit-sprache jeder Art und Basis humaner Verständigung. Im Umgang mit der Sprache verrät sich der Umgang mit den Menschen.

Sprachkritik und Sprachkultur

„Sprachkritik ist etwas für alle" (Heringer 1982). Nicht nur etwas für Linguisten und Journalisten, die sprachlichen Normen Geltung zu verschaffen suchen. Möglicherweise neigen sie auch dazu, die Normen der Standardsprache überzubetonen und den Reichtum des Sprachgebrauchs, die individuelle Kreativität und Originalität eines Sprechers, die sozialen und regionalen Varianten, die Fach- und Gruppensprachen zu vernachlässigen. Man gewinnt diesen Eindruck, wenn man die sprachkritischen Glossen mancher Journalisten liest oder wenn man ein Wörterbuch, eine Grammatik aufschlägt. Das „Deutsche Universalwörterbuch" (1983) beispielsweise stellt sich bewußt „in den Dienst der Sprachkultur. Es will dazu beitragen, daß die deutsche Standardsprache nicht in Varianten zerflattert, sondern weiterhin als Trägerin der politischen, kulturellen und wissenschaftlichen Entwicklung verläßlich bleibt". So die DUDEN-Redaktion in ihrer Vorbemerkung.
Nur die Standardsprache trägt demnach zur Sprachkultur bei? Die sprachkulturellen Leistungen, die den Varianten zu danken sind, werden dabei jedenfalls verkannt. Und wer setzt die Normen fest? Für Normen gilt kein Wahrheitsanspruch, sondern nur ein Anspruch der Angemessenheit. Dieser Anspruch ist zu rechtfertigen und kritisch zu prüfen. Normen sind lediglich allgemeine Bestim-

mungen für das menschliche Handeln in sozialen Ordnungen. Eine ‚von oben' verordnete Reglementierung der Sprachnormen garantiert noch keine Sprachkultur. Diese erwächst vielmehr aus dem kritisch reflektierten Sprachgebrauch aller. Sprachkritik und Sprachkultur sind kein Gegensatz - beide gehören zusammen, sofern man ‚Kultur' nicht nur mit Begriffen der Elite, Ordnung, System, Norm und Regelwerk in Zusammenhang bringt, sondern auch mit der Vielfalt des Lebens im Alltag, mit Wandel und Erneuerung, mit Freiheit, Farbigkeit und Einfallsreichtum, mit dem Beitrag jedes einzelnen zur Gemeinschaft. Nicht jeder Verstoß gegen die Normen der Standardsprache muß bereits ein Zeichen für Sprachverfall sein; vielleicht ist er auch ein Hinweis auf den Wandel einer Gebrauchsnorm. Wer die Regeln der Standardsprache peinlich befolgt, muß deshalb nicht immer auch Kluges oder Wesentliches sagen. Auch Dummheiten, Lügen, leere Phrasen lassen sich grammatisch korrekt ausdrükken. Das Mißtrauen vieler junger Leute gegenüber der „cleanen" Sprache der Medien kommt nicht von ungefähr. Täglich sind sie dort mit Normen der Standardsprache konfrontiert. „In solcher Allgegenwart der ordentlichen, glatten und ach so normgerechten Sprache der professionellen Sprecher und Schreiber - wozu soll ein junger Mensch da noch gutes Deutsch lernen!", fragt Harald Weinrich (1982) und plädiert mit Nachdruck dafür, „dieser pflegeleichten Hochglanzsprache hier und dort ein anderes Deutsch entgegenzusetzen. Ein kraftvolleres und zugleich differenzierteres, zur rechten Zeit aber auch kantigeres und ungeschliffeneres Deutsch, mit dem man vielleicht einmal sagen kann, was nicht andere schon hundertmal vorher gesagt haben."

Erziehung zur Sprache, zu einem kritischen, reflektierten, selbstbewußten Umgang mit ihr, ein Umgang, der nicht ängstlich beherrscht wird von den Normen, sondern frei über sie zu verfügen weiß, Erziehung zur Sprache in diesem Sinne steht nicht im Widerspruch zum Plädoyer für den Erwerb der Standardsprache. Eltern und Schulen sollen sie vermitteln, aber nicht um den Preis, ihre Vielfalt aufzugeben, ihre Möglichkeiten zu beschneiden. ‚Gepflegtes Deutsch' heißt immer auch ‚pfleglicher' Umgang mit der Sprache im Hinblick auf Gegenstand und Adressaten. „Sprachkultur ist die Kunst, andere zu verstehen und sich anderen verständlich zu machen", heißt es in den Mitteilungen des Instituts für Deutsche Sprache über „Aspekte der Sprachkultur" (1984). Diese Kunst ist keinem angeboren. Aber man kann sie lernen. E i n e Lehrmeisterin ist gewiß die Grammatik. Eine andere aber ist - die Literatur. Sie lese, wer nicht nur richtigen, sondern auch guten Gebrauch von ‚der Sprache' machen und ‚seine Sprache' finden will.

Deutsche Akademie für Sprache und Dichtung (Hrsg.) 1982: Schulen für einen guten Sprachgebrauch (= Der öffentliche Sprachgebrauch, Band III, bearb. v. Birgitta Mogge und Ingulf Radtke), Stuttgart

Heringer, Hans-Jürgen (Hrsg.) 1982: Holzfeuer im hölzernen Ofen. Aufsätze zur politischen Sprachkritik, Tübingen

Institut für deutsche Sprache (Hrsg.) 1984: Aspekte der Sprachkultur, Mannheim

Weinrich, Harald 1982: „Der richtige und der gute Sprachgebrauch", in: Dt. Akad. f. Sprache u. Dichtung (Hrsg.) 1982, S.7-14

Wimmer, Rainer (Hrsg.) 1986: Sprachkultur, Düsseldorf

ABKÜRZUNGEN UND ZEICHEN

Abkürzungen

A	Akkusativ, Akkusativergänzung
ahd.	althochdeutsch
Ar	Artergänzung
bair.	bayerisch
Bd.	Band
bergmänn.	bergmännisch
bzw.	beziehungsweise
D	Dativ, Dativergänzung
d.h.	das heißt
dt.	deutsch
E	Einordnungsergänzung
eigtl.	eigentlich
engl.	englisch
f, Femin.	Femininum
f., ff.	folgende Seite(n)
fachspr.	fachsprachlich
frz.	französisch
G	Genitiv, Genitivergänzung
gr.	griechisch
i	imperfektiv
I	Infinitivergänzung
ind.	indisch
Inf.	Infinitivsatz
Jh.	Jahrhundert
K	Konjunktiv
lat.	lateinisch
lit.	literarisch
m, Mask.	Maskulinum
mhd.	mittelhochdeutsch
n, Neutr.	Neutrum
N	Nominativ
NS	Nebensatz
p	perfektiv
P	Präpositionalergänzung
Pers.	Person
Pert.	Pertinenzdativ
Pl.	Plural
Präp.	Präposition
Prät.	Präteritum
Pron.	Pronomen
R	Richtungsergänzung
reg.	regional
russ.	russisch
s.	siehe
S	Subjekt (Nominativergänzung)
S.	Seite
Sil	Situativergänzung (lokal)
Sing.	Singular
Sit	Situativergänzung (temporal)
s.o.	siehe oben
sog.	sogenannt
techn.	technisch
u.a.	unter anderem, und andere(s)
u.ä.	und ähnliche
u.E.	unseres Erachtens
u.v.a.	und viele andere, und vieles andere
usw.	und so weiter
vgl.	vergleiche
z.T.	zum Teil

Zeichen

Ø	endungslos, Nullartikel
≠	ist nicht gleich
→/>	wird verändert zu
<	hat sich entwickelt aus, ist gebildet worden aus
*	falsch, ungrammatisch
:	Zeichen für Länge des unmittelbar davorstehenden Vokals
ˈ	Zeichen für betonte Silbe
→	siehe

SACHREGISTER

Wird von einem Schlagwort auf ein anderes verwiesen, und steht hinter diesem, durch Komma getrennt, ein weiteres, so ist dieses der Oberbegriff, unter dem auch das Schlagwort zu finden ist, auf das verwiesen wurde. Ein Beispiel: Folgesatz → Konsekutivsatz, Angabesatz. Der ‚Folgesatz' ist als ‚Konsekutivsatz' unter dem Schlagwort ‚Angabesatz' zu finden.

F

R

S

WORTREGISTER

H

I-J

K